Vahlen Studienreihe Jura

v. Arnim, Staatslehre der Bundesrepublik Deutschland

Staatslehre der Bundesrepublik Deutschland

von

Dr. Hans Herbert v. Arnim

o. Professor an der
Hochschule für Verwaltungswissenschaften Speyer

Verlag Franz Vahlen München

CIP-Kurztitelaufnahme der Deutschen Bibliothek

Arnim, Hans Herbert von:
Staatslehre der Bundesrepublik Deutschland von
Hans Herbert v. Arnim. – München: Vahlen, 1984.
(Vahlen-Studienreihe Jura)
ISBN 3 8006 1024 8

ISBN 3 8006 1024 8

Satz und Druck: C. H. Beck'sche Buchdruckerei, Nördlingen

Vorwort

Die Anregung, dieses Buch zu schreiben, habe ich bei meinen Vorlesungen „Allgemeine Staatslehre“ und „Deutsches Staatsrecht“ an der Universität Marburg erhalten. Das Buch unterscheidet sich aber von den herkömmlichen Werken zur Allgemeinen Staatslehre, weil es sich nicht auf Staaten im allgemeinen, sondern speziell auf die Bundesrepublik Deutschland bezieht. Es unterscheidet sich von den Einführungsbüchern in das Deutsche Staatsrecht durch seinen Grundlagencharakter und durch die betonte Einbeziehung des Wirkens auch der realen politischen Mächte. Es unterscheidet sich schließlich von politikwissenschaftlichen Einführungen in das Regierungssystem der Bundesrepublik durch Hervorhebung der Rechtsordnung und durch die Orientierung an Grundwerten. Ein Anliegen besteht auch darin, den wirtschaftlichen und finanzpolitischen Aspekten, die bisher von Staatsrechtslehre und Politikwissenschaft vernachlässigt worden sind, die Beachtung zu schenken, die sie verdienen.

Ziel des Buchs ist die Entwicklung einer übergreifenden, Staat und Gesellschaft umfassenden Konzeption, die es erlaubt, die Struktur unserer Gemeinschaftsordnung zu verstehen, zu analysieren und kritisch fortzuentwickeln. Dreh- und Angelpunkt sind bestimmte Grundwerte, die sich in jahrhundertelanger abendländischer Tradition herausgebildet haben; sie stehen auch hinter dem Grundgesetz und bilden die verbindende Basis seiner einzelnen Bestimmungen. Die Ordnung von Staat und Gesellschaft kann nur im Lichte der Geschichte verstanden werden. Dieser Ansatz erlaubt es auch, die Wandlungen zu erkennen, die die staatsrechtlichen Grundsätze und Einrichtungen erfahren haben und erfahren müssen, um unter geänderten Verhältnissen noch Wirkkraft zu entfalten.

Die Vielzahl der Gruppierungen und Ideologien in der modernen pluralistischen Demokratie hat die Frage aufgeworfen, ob es heute überhaupt noch Sinn haben kann, von „Gemeinwohl“ (als Topos für Gemeinschaftsrichtiges) zu sprechen. Diese Frage berührt den Kernpunkt des heutigen Staatsverständnisses; ihre Beantwortung strahlt auf die Beurteilung vieler Einzelfragen aus und muß deshalb auch im Zentrum einer Staatslehre der Bundesrepublik stehen. Im übrigen sei hinsichtlich der Aufgaben der Staatslehre auf die Einleitung verwiesen.

Als Leser stelle ich mir Studenten der Rechts- und der Sozialwissenschaften vor, hoffe aber auch, Fortgeschrittene oder gar Meister ihres Fachs zur kritischen Lektüre reizen zu können.

Für die Durchsicht einzelner Kapitel und die Hilfe bei der Erstellung des Registers danke ich Frau Rechtsassessor *Else Kirchhof,* die mich zusammen mit Frau Diplom-Volkswirt *Dagmar Weinberg* auch beim Lesen der Korrekturen tatkräftig unterstützt hat.

Speyer, im Januar 1984 H. H. v. A.

Übersicht

Inhaltsverzeichnis

Kapitel 4: Parteien und Verbände

Kapitel 5: Parlament, Regierung und Verwaltung

Kapitel 6: Rechtsprechung, Finanzkontrolle, Wissenschaft, Medien

Kapitel 8: Wandlung staatlicher Grundsätze

Literatur*

v. Arnim, Hans Herbert, Gemeinwohl und Gruppeninteressen. Die Durchsetzungsschwäche allgemeiner Interessen in der pluralistischen Demokratie. Ein Beitrag zu verfassungsrechtlichen Grundfragen der Wirtschaftsordnung, Frankfurt a. M. 1977

– Volkswirtschaftspolitik, 4. Aufl., Frankfurt a. M. 1983

Badura, Peter, Art. „Allgemeine Staatslehre (politische Theorie)", in: Badura/Deutsch/Roxin, Fischer-Lexikon „Recht", Frankfurt a. M. 1977, S. 10

– Die Methoden der neueren allgemeinen Staatslehre, Erlangen 1959

Bäumlin, Richard, Die rechtsstaatliche Demokratie, Zürich 1954

Benda, Ernst/Maihofer, Werner/Vogel, Hans-Jochen (Hrsg.), Handbuch des Verfassungsrechts, Berlin u. a. 1983

Bernholz, Peter, Grundlagen der politischen Ökonomie, Bde. 1–3, Tübingen 1972–1979

Böckenförde, Ernst-Wolfgang, Gesetz und gesetzgebende Gewalt, 2. Aufl., Berlin 1981

Brecht, Arnold, Politische Theorie. Die Grundlagen politischen Denkens im 20. Jahrhundert, Tübingen 1961

Brunner, Georg, Vergleichende Regierungslehre, Bd. 1, Paderborn u. a. 1979

Ellwein, Thomas, Das Regierungssystem der Bundesrepublik Deutschland, 4. Aufl., Opladen 1977

Ermacora, Felix, Grundriß einer allgemeinen Staatslehre. Systemausgleich in der westlichen Industriegesellschaft, Berlin 1979

– Allgemeine Staatslehre, 2 Teilbände, Berlin 1970

Eschenburg, Theodor, Staat und Gesellschaft in Deutschland, München 1963

Evers, Hans Ulrich, Art. „Staatslehre, allgemeine", in: Evangelisches Staatslexikon, Stuttgart 1975, Sp. 2509

Finer, Herman, Der moderne Staat – Theorie und Praxis – Bd. I, Stuttgart u. a. 1957

Fleiner-Gerster, Thomas, Allgemeine Staatslehre, Berlin u. a. 1980

Forsthoff, Ernst, Der Staat der Industriegesellschaft. Dargestellt am Beispiel der Bundesrepublik Deutschland, München 1971

– Deutsche Verfassungsgeschichte der Neuzeit, 2. Aufl., Stuttgart 1961

Friedrich, Carl Joachim, Zur Theorie und Politik der Verfassungsordnung, Heidelberg 1963

– Der Verfassungsstaat der Neuzeit, Berlin u. a. 1953

Hartung, Fritz, Die Entwicklung der Menschen- und Bürgerrechte von 1776 bis zur Gegenwart, 2. Aufl., Göttingen u. a. 1954

– Deutsche Verfassungsgeschichte vom 15. Jahrhundert bis zur Gegenwart, 6. Aufl., Stuttgart 1954

v. Hayek, Friedrich A., Die Verfassung der Freiheit, Tübingen 1971 (Übersetzung von „The Constitution of Liberty", 1960)

Helfritz, Hans, Allgemeines Staatsrecht, Erlangen 1949

---

* Aufgeführt sind solche Werke, die im Text häufiger zitiert werden. Weitere Literatur ist in den jeweiligen Kapiteln gesondert genannt.

Heller, Hermann, Staatslehre, 3. Aufl., Leiden 1963
Hermens, Ferdinand A., Verfassungslehre, Köln u. a. 1968
Herzog, Roman, Allgemeine Staatslehre, Frankfurt a. M. 1971
Hesse, Konrad, Grundzüge des Verfassungsrechts der Bundesrepublik Deutschland, 12. Aufl., Heidelberg u. a. 1980
v. Hippel, Ernst, Allgemeine Staatslehre, Berlin u. a. 1963
Holubek, Reinhard, Allgemeine Staatslehre als empirische Wissenschaft. Eine Untersuchung am Beispiel von Georg Jellinek, Bonn 1961
Huber, Ernst Rudolf, Deutsche Verfassungsgeschichte seit 1789, 5 Bände, Stuttgart u. a. 1957–1978
Imboden, Max, Die politischen Systeme, Basel u. a. 1962
Jaeggi, Urs, Kapital und Arbeit in der Bundesrepublik, Frankfurt a. M. 1973
Jellinek, Georg, Die Erklärung der Menschen- und Bürgerrechte. Ein Beitrag zur modernen Verfassungsgeschichte, München u. a. 1919
– Allgemeine Staatslehre, 3. Aufl., 7. Neudruck, Darmstadt 1960
Jerusalem, Franz W., Der Staat. Ein Beitrag zur Staatslehre, Jena 1935
Kägi, Werner, Die Verfassung als rechtliche Grundordnung des Staates, Zürich 1945
Kaiser, Joseph H., Die Repräsentation organisierter Interessen, Berlin 1956 (2. unveränderte Aufl., 1978)
– Art. „Staatslehre", in: Staatslexikon, Bd. 7, Freiburg 1962, Sp. 589
Kelsen, Hans, Allgemeine Staatslehre, Berlin 1925
Kimminich, Otto, Einführung in das öffentliche Recht, Freiburg 1972
Koellreutter, Otto, Staatslehre im Umriß, Göttingen 1955
Kriele, Martin, Einführung in die Staatslehre, Reinbek bei Hamburg 1975 (2. Aufl., Opladen 1981)
– Theorie der Rechtsgewinnung. Entwickelt am Problem der Verfassungsinterpretation, Berlin 1967
Krüger, Herbert, Allgemeine Staatslehre, 2. Aufl., Stuttgart u. a. 1966
Küchenhoff, Günther und Erich, Allgemeine Staatslehre, 7. Aufl., Stuttgart u. a. 1971
Kuhn, Helmut, Der Staat, München 1967
Laski, Harold J., Einführung in Staatsrecht und Politik, Berlin o. J. (Übersetzg. der 8. Aufl. von „Introduction to Politics"), London 1945
Laun, Rudolf, Allgemeine Staatslehre im Grundriß, 8. Aufl., Schloß Bleckede an der Elbe, 1961
Loewenstein, Karl, Verfassungslehre, 2. Aufl., Tübingen 1969
Menger, Christian Friedrich, Deutsche Verfassungsgeschichte der Neuzeit. Eine Einführung in die Grundlagen, 2. Aufl., Heidelberg u. a. 1979
Möbus, Gerhard, Die politischen Theorien im Zeitalter der absoluten Monarchie bis zur Französischen Revolution, Politische Theorien Teil II, Köln u. a. 1966
Nawiasky, Hans, Allgemeine Staatslehre, 4 Teile, Einsiedeln u. a. 1958
Oestreich, Gerhart, Die Entwicklung der Menschenrechte und Grundfreiheiten. Eine historische Einführung in: Bettermann/Neumann/Nipperdey (Hrsg.), Die Grundrechte, Handbuch der Theorie und Praxis der Grundrechte, 1. Band, 1. Halbband, Berlin 1966, S. 1
Peters, Hans, Geschichtliche Entwicklung und Grundfragen der Verfassung, Berlin u. a. 1969 (bearbeitet von Jürgen Salzwedel und Günter Erbel)
Pütz, Josef, Allgemeines Staatsrecht und Bundesstaatsrecht, 3. Aufl., Berlin 1958
Radbruch, Gustav, Rechtsphilosophie, 6. Aufl., Stuttgart 1963
Rawls, John, Eine Theorie der Gerechtigkeit, Frankfurt a. M. 1975
Rausch, Heinz (Hrsg.), Zur heutigen Problematik der Gewaltenteilung, Darmstadt 1969

v. Rotteck, Carl/Welcker, Carl (Hrsg.), Das Staats-Lexikon, Encyklopädie der sämtlichen Staatswissenschaften für alle Stände, 12 Bände, Altona 1845–1848
Ryffel, Hans, Rechts- und Staatsphilosophie, Philosophische Anthropologie des Politischen, Neuwied u. a. 1969
Schmidt, Richard, Allgemeine Staatslehre, I. Band, Leipzig 1901
Schmitt, Carl, Verfassungslehre, 4. unveränderte Aufl., Berlin 1965
Schnur, Roman (Hrsg.), Zur Geschichte der Erklärung der Menschenrechte, Darmstadt 1964
Schumpeter, Joseph A., Kapitalismus, Sozialismus und Demokratie, 2. Aufl., Bern 1950
Smend, Rudolf, Staatsrechtliche Abhandlungen, Berlin 1955
Sontheimer, Kurt, Grundzüge des politischen Systems der Bundesrepublik Deutschland, 5. Aufl., München 1976
Stammler, Rudolf, Rechts- und Staatstheorien der Neuzeit, 2. Aufl., Berlin u. a. 1925
Steffani, Winfried, Pluralistische Demokratie, Opladen 1980
Stein, Ekkehard, Staatsrecht, 6. Aufl., Tübingen 1978
Stern, Klaus, Das Staatsrecht der Bundesrepublik Deutschland, Bd. 1, München 1977; Bd. 2, München 1980
Stolleis, Michael (Hrsg.), Staatsdenker im 17. und 18. Jahrhundert. Reichspublizistik, Politik, Naturrecht, Frankfurt a. M. 1977
Sweezy, Paul Marlor, Theorie der kapitalistischen Entwicklung, Frankfurt a. M. 1970
Thoma, Richard, Grundriß der Allgemeinen Staatslehre, Bonn 1948
Volkmann-Schluck, Karl Heinz, Politische Philosophie, Frankfurt a. M. 1974
Weber, Max, Gesammelte Aufsätze zur Wissenschaftslehre (1922), 2. Aufl., hrsg. von Johannes Winckelmann, Tübingen 1951
Weber, Werner, Spannungen und Kräfte im westdeutschen Verfassungssystem, 3. Aufl., Berlin 1970
Willms, Bernard, Selbstbehauptung und Anerkennung. Grundriß einer politischen Dialektik, Opladen 1977
Zippelius, Reinhold, Allgemeine Staatslehre (Politikwissenschaft), 6. Aufl., München 1978
– Geschichte der Staatsideen, München 1976

Abkürzungen

Abs.	Absatz
AfP	Archiv für Pressewesen
Anm.	Anmerkung
AöR	Archiv des öffentlichen Rechts
Art.	Artikel
BAG	Bundesarbeitsgericht
BayVBl.	Bayerische Verwaltungsblätter
BB	Der Betriebs-Berater
BBankG	Gesetz über die Deutsche Bundesbank
BGBl.	Bundesgesetzblatt
BGHZ	Entscheidungen des Bundesgerichtshofs in Zivilsachen
BHO	Bundeshaushaltsordnung
BMBl.	Bundesministerialblatt
BMF	Bundesminister der Finanzen
BRHG	Gesetz über Errichtung und Aufgaben des Bundesrechnungshofs
BVerfG	Bundesverfassungsgericht
BVerfGE	Entscheidungen des Bundesverfassungsgerichts
BVerfGG	Gesetz über das Bundesverfassungsgericht
BT-Drucks.	Drucksachen des Deutschen Bundestags
BVerwG	Bundesverwaltungsgericht
BWG	Bundeswahlgesetz
DÖH	Der Öffentliche Haushalt
DÖV	Die Öffentliche Verwaltung
DStZ	Deutsche Steuer-Zeitung
DVBl.	Deutsches Verwaltungsblatt
E	Entscheidung
EStG	Einkommensteuergesetz
EuGRZ	Europäische Grundrechte-Zeitschrift
FA N. F.	Finanzarchiv Neue Folge
FN	Fußnote
FS	Festschrift
GG	Grundgesetz
GGO	Gemeinsame Geschäftsordnung der Bundesministerien
GO BReg.	Geschäftsordnung der Bundesregierung
GO BT	Geschäftsordnung des Deutschen Bundestages
GV	Gemeindeverbände
GVG	Gerichtsverfassungsgesetz
GWB	Gesetz gegen Wettbewerbsbeschränkungen
HdF	Handwörterbuch der Finanzwissenschaft
HdSW	Handwörterbuch der Sozialwissenschaften
HdWW	Handwörterbuch der Wirtschaftswissenschaft
HGrG	Gesetz über die Grundsätze des Haushaltsrechts
h. L.	herrschende Lehre
Hervorh.	Hervorhebung
Hrsg.	Herausgeber
i. d. F.	in der Fassung

i. w. S.	im weiteren Sinne
JA	Juristische Arbeitsblätter
JöR	Jahrbuch des öffentlichen Rechts der Gegenwart
JZ	Juristenzeitung
Kap.	Kapitel
MdB	Mitglied des Deutschen Bundestages
m. w. N.	mit weiteren Nachweisen
NJW	Neue Juristische Wochenschrift
OVG	Oberverwaltungsgericht
PartG	Gesetz über die politischen Parteien
PVS	Politische Vierteljahresschrift
RGBl.	Reichsgesetzblatt
RGZ	Entscheidungen des Reichsgerichts in Zivilsachen
RHO	Reichshaushaltsordnung
RN	Randnummer
Sp.	Spalte
StabG	Gesetz zur Förderung der Stabilität und des Wachstums der Wirtschaft
StGB	Strafgesetzbuch
StRK	Steuerrechtsprechung in Karteiform. Höchstgerichtliche Entscheidungen in Steuersachen
UWG	Gesetz gegen den unlauteren Wettbewerb
Verf.	Verfasser
VerwArch	Verwaltungsarchiv
VVDStRL	Veröffentlichungen der Vereinigung der Deutschen Staatsrechtslehrer
WährG	Währungsgesetz
WD	Wirtschaftsdienst
WRV	Weimarer Reichsverfassung
ZfbF N. F.	Schmalenbachs Zeitschrift für betriebswirtschaftliche Forschung, Neue Folge
ZfP	Zeitschrift für Politik
ZgStW	Zeitschrift für die gesamte Staatswissenschaft
ZHR	Zeitschrift für das gesamte Handelsrecht und das Wirtschaftsrecht
ZParl	Zeitschrift für Parlamentsfragen
ZRP	Zeitschrift für Rechtspolitik
ZfPol	Zeitschrift für Politik. Organ der Hochschule für Politische Wissenschaften in München
ZSR N. F.	Zeitschrift für Schweizerisches Recht, Neue Folge

Kap. 1: Einleitung

In einer „Staatslehre der Bundesrepublik" wird der Leser zunächst einmal darüber Aufklärung erwarten, was Gegenstand der Darstellung sein soll. Abstrakt-begriffliche Definitionen wären hier allerdings wenig fruchtbar. Der Gegenstand wird im Zuge der Darstellung selbst zu entfalten sein; so gesehen, wird dieses Buch als Ganzes versuchen, eine Antwort zu geben. Einige Klarstellungen sind jedoch schon hier angezeigt.

I. Gegenstand und Aufgaben einer Staatslehre der Bundesrepublik

1. Allgemeine Staatslehre und (besondere) Staatslehre der Bundesrepublik

Die herkömmliche – von Juristen betriebene – Allgemeine Staatslehre versucht nach ihrem idealen Anspruch aufzuzeigen, „was *allen* Staaten, unabhängig von ihrem Ort, ihrer Zeit und ihrem gesellschaftlichen Hintergrund, gemeinsam ist"[1], und auf diesem Fundament eine Theorie des *Staates an sich* zu entwickeln. In den einschlägigen Lehrbüchern ist dieser Anspruch allerdings niemals eingelöst worden. Selbst *Georg Jellineks* umfassende Allgemeine Staatslehre bleibt – trotz Heranziehung außereuropäischer Verfassungssysteme – „im Kern doch lediglich eine Theorie des europäischen Staatstypus".[2] *Herbert Krüger* macht allein den „Modernen Staat" zum Gegenstand seiner Allgemeinen Staatslehre.[3] *Roman Herzog* beschränkt seine Allgemeine Staatslehre auf den „modernen Staat demokratischer Prägung".[4] Ähnlich behandelt *Martin Kriele* in seiner Einführung in die Staatslehre nur den Typus des „demokratischen Verfassungsstaats",[5] und *Thomas Fleiner-Gerster* konzentriert sich in seiner Allgemeinen Staatslehre auf „Fragen, welche die Menschen von heute beschäftigen".[6]

Die vorliegende Staatslehre geht nun in der Konzentration des Blick-

---

[1] *Herzog*, Staatslehre, 35.

[2] *Herzog*, Staatslehre, 36.

[3] *Krüger*, Staatslehre, 1ff., 83ff.

[4] *Herzog*, Staatslehre, 37.

[5] *Kriele*, Staatslehre, 11.

[6] *Fleiner-Gerster*, Staatslehre, 3f. Ähnlich schon *Zippelius*, Staatslehre, Vorwort zur 1. Aufl. (1969).

winkels noch einen Schritt weiter. In der knappen Zeit, die der Leser erübrigen kann, und auf dem knappen Raum, der dem Verfasser folglich nur zur Verfügung steht, versucht sie, sich auf das Wichtigste zu beschränken. Und das Wichtigste für den bundesdeutschen Leser liegt im **Verständnis** des Funktionierens seiner konkreten staatlichen Gemeinschaft heute: **der Bundesrepublik Deutschland.**

Andererseits ist es durchaus sinnvoll, ja unerläßlich, auch auf *geschichtliche* Entwicklungen und auf Erscheinungen in *Nachbarstaaten* einzugehen. Der Blick einerseits in die Vergangenheit, andererseits über die nationalen Grenzen hinweg ist dann aber nicht Selbstzweck, sondern Mittel zum Zwecke der besseren Darstellung, Erklärung und auch der Kritik (einschließlich der Entwicklung von Verbesserungen) unserer konkreten bundesrepublikanischen Gemeinschaft.

2. Aufgaben und Programm der Staatslehre

Aufgaben und Programm der Staatslehre lassen sich gedanklich unter vier Aspekten betrachten, die mit folgenden Stichworten gekennzeichnet werden können: Beschreiben – Erklären – Bewerten und Kritisieren – Entwickeln von Verbesserungsvorschlägen.

Aufgabe der Staatslehre ist es zunächst einmal, das konkrete Erscheinungsbild des Staates und seiner Einrichtungen in den Grundzügen zu beschreiben. Staatslehre muß also **deskriptiv** sein. Sie muß z. B. darlegen, wer welche Entscheidungen zu treffen hat und wie diese Entscheidungen zustandekommen. Die deskriptive Staatslehre antwortet also auf die Fragen „Wie ist der Staat beschaffen?“[7] und „Was tut der Staat?“.

Darüber hinaus muß die Staatslehre erklären, *warum* die staatliche Willensbildung gerade so, wie von der deskriptiven Staatslehre beschrieben, vor sich geht. Die Behandlung der Ursachen und Zusammenhänge setzt eine Analyse voraus. Staatslehre muß deshalb auch **analytisch** sein. Der Sinn der staatlichen Institutionen ist darzulegen und ihr Funktionieren zu erläutern. Die Frage, auf die die Staatslehre hier antwortet, lautet also: „Warum ist der Staat so und nicht anders beschaffen, wie ist es dazu gekommen, welche Kräfte und Überlegungen haben es bewirkt?“[8]

Die Staatslehre kann sich aber nicht darin erschöpfen, überkommene Rechtfertigungen unbesehen zu übernehmen. Es gehört auch zu ihren Aufgaben, die staatlichen Einrichtungen und ihr Funktionieren im Lichte der heutigen Wirklichkeit und der heute maßgeblichen Werte kritisch zu überdenken. Staatslehre muß auch **kritisch** sein. Es ist ja möglich, daß die historischen Gründe und Rechtfertigungen wegen geänderter Ver-

---

[7] *Kriele,* Staatslehre, 15.
[8] *Kriele,* Staatslehre, 15.

hältnisse heute überholt sind oder daß sie, bei genauem Hinsehen, eigentlich schon früher nicht überzeugend waren.[9] Hier antwortet die Staatslehre also auf die Frage, ,,Wie sind der Staat und seine Einrichtungen zu beurteilen?"

Bei aller Kritik darf man schließlich nicht übersehen, daß jede menschliche Einrichtung unter *irgend*einem Gesichtspunkt unvollkommen ist. Die bloße Kritik ist deshalb ihrerseits unvollständig, weil die kritisierte Einrichtung oder Entwicklung neben den herausgestellten Mängeln meist auch Vorzüge besitzt, Vorzüge die so gewichtig sein mögen, daß eine Gesamtwürdigung es vielleicht ratsam erscheinen läßt, die Mängel in Kauf zu nehmen. Eine Kritik ist deshalb nur dann abgerundet, wenn sie gleichzeitig zeigt, wie der kritisierte Mangel behoben werden kann, ohne daß andere größere oder mindestens ebenso große Mängel hervorgerufen werden. Staatslehre muß also auch **konstruktiv** sein. Die Fragestellung lautet hier: ,,Wie kann man den Staat verbessern?"[10] Soweit eine solche Verbesserung im Ergebnis nicht zu erwarten ist, die Mängel vielmehr nur die Kehrseite unverzichtbarer Vorzüge sind, muß die Staatslehre die Einsicht in das Unvermeidliche vermitteln, lehren, jene Mängel gelassen zu ertragen und unsere Kritik auf das zu konzentrieren, was wirklich verbessert werden kann, ohne daß man jene Vorzüge wieder aus der Hand gibt.

Die Differenzierung der Aufgaben und des Programms der Staatslehre unter den dargelegten vier Aspekten soll der gedanklichen Orientierung und Klärung dienen, nicht indessen der gegenseitigen Abschottung. Es handelt sich nämlich nicht um Bereiche, die bei Behandlung von praktischen Problemen säuberlich voneinander getrennt werden sollten (oder auch nur könnten). Vielmehr bestehen vielfältige **wechselseitige Verbindungen** und Übergänge. So ist eine vollständige Beschreibung einer Erscheinung, will sie nicht nur am Äußeren hängen, kaum ohne analysierende Erklärung möglich. Auch Bewertung, Kritik und das Entwickeln von Verbesserungsvorschlägen sind miteinander verzahnt. Die vier genannten Aspekte ergänzen sich also und müssen zusammenwirken, wenn die Staatslehre ihren Aufgaben insgesamt gerecht werden soll.

3. Einbeziehung von Staat *und* Gesellschaft

Das Wort ,,*Staats*lehre" könnte Anlaß zu dem Mißverständnis geben, es ginge hier nur um den ,,Staat", nicht auch um die ,,Gesellschaft" der

---

[9] So schon *Schmidt,* Staatslehre, 5, 7, 26ff., 32, der bemerkenswerterweise die Kritik der staatlichen Ordnung als bedeutsamsten Teil der Staatslehre bezeichnet. Vgl. auch *Herzog,* Staatslehre, 33f.; *Kriele,* Staatslehre, 15.

[10] *Nawiasky,* Staatslehre I, 15: ,,Geforderte Gestaltung". *Kriele,* Staatslehre, 15: ,,Wie sollte der Staat beschaffen sein?"

Bundesrepublik (wobei diese überkommenen Begriffe hier noch nicht problematisiert werden sollen). In Wahrheit kann die Staatslehre sich keinesfalls auf die Behandlung des Staates und der Staatsorgane, etwa der Regierung, des Bundespräsidenten, des Bundestags etc., beschränken, sondern muß auch die Gesellschaft (einschließlich der besonders wichtigen Wirtschaft) einbeziehen. Zwischen beiden Bereichen besteht ein wechselseitiges Beziehungsgeflecht, welches auszuklammern die Sicht verzerren müßte: Einerseits versucht der Staat, gesellschaftliche Entwicklungen zu steuern, z. B. Arbeitslosigkeit und Energieknappheit zu bekämpfen. Andererseits wirken die gesellschaftlichen Kräfte auf die Willensbildung des Staates ein. So besitzen z. B. die Interessenverbände und die Presse einen machtvollen Einfluß auf die politische Willensbildung. Wollte die Staatslehre sich auf einen wie immer zu isolierenden Staat beschränken, so könnte sie ihre Aufgaben gar nicht erfüllen. Beschreibung, Erklärung, Kritik und die Konstruktion von Verbesserungen setzen voraus, daß die Einbettung des Staates in den gesellschaftlichen Gesamtprozeß erkannt und daraus die nötigen Folgerungen gezogen werden. Staatslehre kann ohne Gesellschaftslehre heute nicht mehr sinnvoll betrieben (d. h. entwickelt, gelehrt und verstanden) werden.[11]

4. Einbeziehung von Normen *und* Wirklichkeit

Die Staatslehre kann sich schließlich auch nicht auf die (auf irgendeine Weise zu isolierende) Behandlung von Rechtsnormen beschränken und die Wirklichkeit, auf die diese Rechtsvorschriften sich beziehen, ausklammern. Die Aufgaben der Staatslehre verlangen vielmehr, daß sie auch die sozialen Verhältnisse, also den Gegenstand, den die Normen ordnen sollen, einbezieht. Beschreibung, Erklärung, Kritik und die Konstruktion von Besserungen lassen sich nur vornehmen, wenn man von den Rechtsvorschriften *und* der zu ordnenden sozialen Wirklichkeit ausgeht. Die Staatslehre hat sich in Wahrheit auch nie auf die Behandlung von Normen beschränkt. So umfaßt *Georg Jellineks* Werk neben der (Allgemeinen) „Staats*rechts*lehre" auch eine (Allgemeine) „*Soziale* Staatslehre".[12] *Günther* und *Erich Küchenhoff* sprechen in Fortführung dieser Unterscheidung von der „Doppelnatur des Staates als gesellschaftlichem Gebilde und rechtlicher Institution" und stellen der „juristischen Staatslehre" die „soziologische Staatslehre" an die Seite.[13]

Die Frage ist allerdings, ob die strikte Trennung zwischen beiden Bereichen, die *Jellinek* auf der Grundlage des Positivismus glaubte vorneh-

---

11 So z. B. auch *Herzog*, Staatslehre, 31; *Stern*, Staatsrecht I, 39; *Hesse*, Verfassungsrecht, 8.

12 *Jellinek*, Staatslehre, 11.

13 *Küchenhoff*, Staatslehre, 17.

men zu müssen, heute noch sinnvoll ist, ja ob diese Trennung, die auf der rigorosen Abschottung der sog. juristischen Methodik von der sozialwissenschaftlichen Methodik beruht, heute überhaupt noch durchführbar ist. Auf diese Frage wird noch zurückzukommen sein (unten II 4). Hier bleibt lediglich festzuhalten, daß die Staatslehre sowohl die Rechtsnormen, die sich mit Staat und Gesellschaft befassen, als auch die zugeordneten sozialen Erscheinungsformen einzubeziehen hat.

II. Staatslehre im Kreise der Staats- und Gesellschaftswissenschaften

1. Angewiesenheit der Staatslehre auf die Sozialwissenschaften

Da es zu den Aufgaben der Staatslehre gehört, auch die (staatliche und gesellschaftliche) Wirklichkeit einzubeziehen, sie zu beschreiben und zu analysieren, liegt es nahe, daß sie sich dabei der Hilfe der primär „zuständigen" Sozialwissenschaften bedient. Die Beschreibung und die Analyse der Wirklichkeit unternimmt heute vor allem die **Soziologie.** Speziell mit der staatlichen Wirklichkeit beschäftigt sich dabei die „politische Soziologie"; sie stellt zugleich ein zentrales Gebiet der **Politikwissenschaft** dar, deren Relevanz für die Staatslehre auch sonst auf der Hand liegt[14]. Ein wichtiger Bereich der Gesellschaft, nämlich die Wirtschaft, ist Domäne der **Volkswirtschaftslehre,** einer besonders weit entwickelten Disziplin der Sozialwissenschaften. Daraus folgt ohne weiteres, daß die Staatslehre nicht ohne Rückgriff auf die Ergebnisse der Soziologie, der Politikwissenschaft und der Volkswirtschaftslehre auskommt. Auch die **Finanzwissenschaft,** die von der Einnahmen- und Ausgabenwirtschaft der öffentlichen Hand handelt, ist heranzuziehen. Von Bedeutung für die Staatslehre ist schließlich die **Politische Ökonomie,** die u. a. dadurch gekennzeichnet ist, daß sie die Beziehungen zwischen Politik und Wirtschaft zentral in den Blick nimmt. Die Politische Ökonomie umfaßt – entgegen landläufiger Auffassung – durchaus nicht nur marxistische Ansätze; sie vermag vielmehr ihrerseits auch das Instrumentarium zu bieten, um Schwächen des Marxismus bloßzulegen.

Tatsächlich sind Politikwissenschaft, Staatsrechtslehre und die Allgemeine Staatslehre noch zu einem guten Teil von **Ökonomieferne und Finanzblindheit** gekennzeichnet, was sich in einer verbreiteten Scheu, sich mit Wirtschaft und Staatsfinanzen zu befassen, ausdrückt, so als

---

[14] Da der Gegenstand von Staatslehre und Politikwissenschaft in den Hauptproblemen geradezu identisch sei, hat die Vereinigung der Deutschen Staatsrechtslehrer 1964 in einer Entschließung eine vermehrte Pflege der Politologie empfohlen.

handle es sich dabei um etwas Minderwertiges. In Wahrheit spiegeln sich aber gerade in Wirtschaft und Finanzen oft allgemeine Entwicklungslinien deutlicher als anderswo. Die Staatslehre muß die Wirtschaftsfremdheit deshalb möglichst überwinden. Wer Staat und Gesellschaft behandeln will, kann den wichtigsten Teil der Gesellschaft: die Wirtschaft, und die Disziplinen, die sich damit befassen, nicht ausklammern.

2. Wertorientierung der Staatslehre

Aus den Aufgaben der Staatslehre ergibt sich weiter, daß sie auch Wertungen voraussetzt. Die Beschreibung von Staat und Gesellschaft kommt zwar noch ohne wertende Stellungnahmen aus. Das gleiche gilt für die Erklärung und analytische Durchleuchtung. Anders ist es aber mit der Kritik und der Erarbeitung von Verbesserungsvorschlägen, die ja ebenfalls zu den Aufgaben der Staatslehre gehören. Sie bedürfen der **Maßstäbe,** anhand derer die Institutionen, die politischen Akteure und ihre Entscheidungen gemessen und beurteilt werden können. Wertende Maßstäbe braucht man auch, wenn man die Existenz des Staats überhaupt rechtfertigen will; denn solche Rechtfertigung läuft ja darauf hinaus zu zeigen, zur Realisierung welcher Werte der Staat unerläßlich ist.

Es fragt sich nun allerdings, woher die Werturteile zu nehmen sind, die der Staatslehre mit Anspruch auf Allgemeinverbindlichkeit zugrundegelegt werden können. Mit sozialwissenschaftlichen Methoden läßt sich die Richtigkeit von Werturteilen nicht beweisen oder widerlegen. Das ist seit *Max Weber* anerkannt. Deshalb haben die *Sozial*wissenschaften, insbesondere die Wirtschaftswissenschaft, die Soziologie und die Politikwissenschaft, es lange abgelehnt, sich überhaupt mit Werturteilen zu befassen. Das galt als unwissenschaftlich.

Bei der Suche nach möglichen Lieferanten für eine verbindliche Wertbasis richtet sich der Blick deshalb beinahe zwangsläufig auf die **Philosophie,** besonders auf die Rechts- und Staatsphilosophie. Die Fundamentalfrage geht dahin, welches die **höchsten und letzten Werte** sind, denen sich die hier zu behandelnde Gemeinschaft, also die der Bundesrepublik, verschrieben hat. Lassen sich solche letzten Werte überhaupt einheitlich und verbindlich bestimmen?

Eben auf diese Fragen gibt die Philosophie aber keine einheitliche Antwort. Eine wichtige rechtsphilosophische Richtung, der sog. **Wertrelativismus,** betont, daß es auch keine einheitliche Antwort geben *könne:* Die Festlegung absoluter, für alle verbindlicher Grundwerte sei nämlich wissenschaftlich nicht möglich. Ihre bekanntesten Vertreter waren *Georg Jellinek* (1851–1911), *Max Weber* (1864–1920) und *Gustav Radbruch* (1878–1949). Konsequenterweise läßt der philosophische Wertrelativismus **zwei** ganz unterschiedliche **Grundauffassungen** in gleicher Weise als vertretbar gelten: Die eine geht vom *Menschen* als letztem absoluten Wert, als Selbstzweck und als alleinigem Interessenträger aus. Die andere Grundauffassung schreibt umgekehrt dem *Staat* Eigenwert zu. Nach der erstgenannten Auffassung ist der Staat um des Menschen willen, nach letzterer Auffassung der Mensch um des Staates willen da. Nach letzterer Auffassung soll sich der Staat also nicht darin erschöpfen, dem Wohle der Menschen zu dienen; vielmehr ist er Selbstzweck, der sich nicht (jedenfalls nicht nur) vom Menschen her rechtfertigen läßt.

Hat man sich für die eine oder die andere Grundauffassung entschieden, so lassen sich aus dieser Grundentscheidung weitere Werte ableiten, die in ihrer Gesamtheit ein ganzes Wertsystem ergeben können. Dementsprechend sah der philosophische Wertrelativismus die Aufgabe der Wissenschaft darin, die Konsequenzen der jeweiligen Grundentscheidung zu entwickeln.[15] Der philosophische Wertrelativismus hielt sich jedoch nicht für kompetent, für die eine oder andere Grundentscheidung zu optieren. Die Wissenschaft müsse sich vielmehr damit bescheiden, Wertgruppen zur Entscheidung bereitzustellen.

Muß der unentschiedene Standpunkt des Wertrelativismus auch heute einer Staatslehre zugrundegelegt werden? Die Frage ist nachdrücklich zu verneinen. Der Ausgangspunkt *Jellineks, Webers* und *Radbruchs* ist zwar durchaus richtig: Die Sozialwissenschaften können letzte Werte nicht als absolut und universell richtig (oder unrichtig), als unabhängig von Ort und Zeit verbindlich (oder unverbindlich) nachweisen. Diese Feststellung besitzt für *unsere* Fragestellung aber nur begrenzte Relevanz. Denn einmal geht es einer Staatslehre der Bundesrepublik ja nicht um die rechtsphilosophische Ermittlung absoluter, allen Zeiten und Völkern gemeinsamer Werte, sondern – viel bescheidener – um die Ermittlung der hier und heute in der Bundesrepublik Deutschland geltenden. Im übrigen meint der Relativismus mit seiner Aussage, die Wissenschaft könne Werturteile nicht begründen, ja nur die empirischen Sozialwissenschaften, nicht auch die Rechtswissenschaft, die die Rechtsordnung der Bundesrepublik zum Gegenstand hat. Die Feststellung, daß die Frage nach letzten Werten für die Seinswissenschaften unzugänglich ist, schließt deshalb nicht aus, daß die *Rechts*wissenschaft, speziell die Wissenschaft vom Verfassungsrecht, hier eine Antwort zu geben vermag. Und in der Tat enthält das Grundgesetz der Bundesrepublik in seinem Art. 1 I eine eindeutige Entscheidung für eine der beiden vom Wertrelativismus als gleichwertig angesehenen Grundauffassungen. **Art. 1 I GG** enthält das legal nicht abänderbare (Art. 79 III GG) **Bekenntnis zum Menschen als** letztem und **oberstem Wert,** dem alles staatliche Tun zu dienen hat.

---

15 *Max Weber,* Die „Objektivität" sozialwissenschaftlicher und sozialpolitischer Erkenntnis, in: Gesammelte Aufsätze zur Wissenschaftslehre, 146 (148ff.); *Radbruch,* Rechtsphilosophie, 100ff.

Dem Grundgesetz liegt also eine Auffassung zugrunde, die man mit *Roman Herzog* als „anthropozentrische" Auffassung bezeichnen könnte, deren Kennzeichen eben darin liegt, daß der Mensch mit seinen Bedürfnissen, Zielen und Wertvorstellungen Ausgangspunkt auch aller Staatsfunktionen sein muß.[16]

Es wird später noch darauf einzugehen sein, welche einzelnen Werte sich aus der anthropozentrischen Grundentscheidung ableiten lassen. Im Augenblick ist lediglich festzuhalten, daß eine Staats- und Verfassungslehre der Bundesrepublik nicht die Unentschiedenheit des wissenschaftlichen Wertrelativismus zu übernehmen braucht. Sie kann und muß vielmehr von der eindeutigen und legal unabänderlichen Entscheidung des Grundgesetzes zugunsten der anthropozentrischen Grundauffassung ausgehen.

3. Verhältnis von Staatslehre und Staats*rechts*lehre

Es wurde schon hervorgehoben, daß die Staatslehre auch Rechtsnormen behandelt, wozu natürlich zunächst einmal die den Staat betreffenden gehören. Der Staat ist keine außerhalb der Verfassung stehende Größe, die ihr sozusagen vorgegeben wäre; vielmehr wird er selbst erst durch die Verfassung konstituiert. Die Lehre vom Staat kommt deshalb nicht ohne Einbeziehung der Verfassung und der Lehre vom Verfassungsrecht aus. Ein Beispiel für die Angewiesenheit der Staatslehre auf das Verfassungsrecht haben wir bereits kennengelernt: Der anthropozentrische Ausgangspunkt des Grundgesetzes verhilft auch der Staatslehre zu einer tragfähigen Basis für die Wahrnehmung ihrer kritischen und ihrer konstruktiven Funktionen.

Damit stellt sich aber die Frage nach dem Verhältnis zur Staats*rechts*lehre, welche ja ebenfalls die den Staat betreffenden Rechtsvorschriften zum Gegenstand hat. Es ist klar, daß zwischen beiden eine besonders enge Beziehung und ein besonders lebhafter Austausch bestehen müssen. Beziehung und Austausch verlaufen allerdings nicht auf einer Einbahnstraße, sondern in beiden Richtungen: Einerseits braucht die Staatslehre eine Vorstellung von den staatsrechtlichen Bestimmungen. Diese legen die Kompetenzen des Staates fest, organisieren die staatlichen Institutionen und legen ihren möglichen Aktivitäten zugleich Zügel an. Da die Auslegung der einzelnen Verfassungsbestimmungen und sonstigen staatsrechtlichen Normen Sache der Wissenschaft vom Staatsrecht ist, liegt ihre Relevanz für die Staatslehre auf der Hand.

Die Staatslehre erschöpft sich aber durchaus nicht in der Übernahme der Ergebnisse des Staatsrechts und der Staatsrechtslehre. Vielmehr be-

---

[16] *Herzog*, Staatslehre, 141 f.

faßt sie sich etwa auch mit der Frage, ob die Verfassung evtl. geändert werden sollte und, wenn ja, in welche Richtung. Gegenstand der Staatslehre sind also nicht nur Fragen der Verfassungsauslegung, sondern auch solche der Verfassungs*politik*. Hinzu kommt: Die Wissenschaft vom Staatsrecht ist bei der Interpretation des Grundgesetzes durchaus nicht autonom, sondern bedarf ihrerseits der Unterstützung durch die **Staatslehre,** immer vorausgesetzt, daß man diese als Staats- und **Verfassungstheorie der Bundesrepublik Deutschland** versteht, wie dies hier geschieht.

Die Bestimmungen des Grundgesetzes sind oft nur vage, generalklauselartige Formulierungen. Die Verfassung ist deshalb alles andere als ein offenes Buch, das jeder des (juristischen) Lesens Kundige nur zu studieren brauchte, um klare und eindeutige Aussagen zu erhalten. Sie gibt nur mehr oder weniger unvollständige Anhaltspunkte, die ihrerseits der Konkretisierung bedürfen. Der Verfassungsinterpret kann deshalb seine Ergebnisse nicht mit Hilfe abstrakter Logik allein aus der Verfassung ableiten. Vielmehr fließt sein **Vorverständnis** hier bewußt oder unbewußt ein und gewinnt deshalb maßgebliches Gewicht für das Auslegungsergebnis.

Die Anerkennung der zentralen Bedeutung dieses Vorverständnisses für das erzielte Ergebnis darf nicht mißverstanden werden, etwa im Sinne einer Ermächtigung oder gar Aufforderung an den Interpreten, der Auslegung kurzerhand seine unreflektierten Vorurteile unterzuschieben; das wäre nichts anderes als ein Freibrief für Irrationalismus und Dilettantismus. Vielmehr ist es erforderlich, das Vorverständnis, von dem man bei der Auslegung ausgeht, offenzulegen, systematisch zu begründen, rationaler Kritik zugänglich zu machen und es dadurch selbst zu rationalisieren. Solcher **Rationalisierung des Vorverständnisses** soll die Staats- und Verfassungstheorie dienen. Sie kann sich deshalb nicht auf Verfassungen im allgemeinen beziehen, sondern muß eine Theorie dieser unserer konkreten Gemeinschaft in der Bundesrepublik Deutschland sein.

4. Zusammenwirken von juristischen, sozialwissenschaftlichen und normativen Methoden

Wenn es zum Programm der Staatslehre gehört, Staat und Gesellschaft zu beschreiben, zu erklären, zu kritisieren und gegebenenfalls Verbesserungsvorschläge zu entwickeln, so ist offensichtlich, daß ein solches Programm die Zusammenarbeit mit zahlreichen wissenschaftlichen Disziplinen verlangt. Auch die Anwendung unterschiedlicher Methoden wird vorausgesetzt: spezifisch juristischer, sozialwissenschaftlicher und normativer, oder doch jedenfalls die Berücksichtigung der mittels dieser

Methoden gewonnenen Ergebnisse. Staatslehre läßt sich deshalb sinnvoll nur fächerübergreifend behandeln. **Staatslehre ist** heute **interdisziplinär** oder sie ist überhaupt nicht.

Die Notwendigkeit, die Erkenntnisse der Disziplinen, die sich mit dem Staat beschäftigen, in eine Staatslehre zu integrieren, war noch zu Anfang des vorigen Jahrhunderts Allgemeingut der Staatswissenschaft. In der zweiten Hälfte des 19. Jahrhunderts trennten sich jedoch die Disziplinen immer mehr. Es entwickelten sich einerseits der juristische, andererseits der sozialwissenschaftliche Positivismus, die jeweils streng für „Methodenreinheit" eintraten. Der juristische Positivismus wollte die Rechtswissenschaft auf die Anwendung der **sog. juristischen Methode** beschränkt wissen. Diese besteht, in aller Kürze gesagt, darin, mittels einer rein begrifflichen Technik aus dem Gesetz abzuleiten, was im konkreten Fall rechtsrichtig sein soll. Das Verfahren beschränkt sich auf eine als formallogische Ableitung (sog. Syllogismus) gedachte Subsumtion eines Sachverhalts unter einen Rechtssatz. Der Jurist sollte sich bei der Auslegung von Rechtssätzen auf die Anwendung dieser „rein juristischen Methode" beschränken und alle historischen, ökonomischen, soziologischen, politologischen und sonstigen sozialwissenschaftlichen Erwägungen als irrelevant ausschließen, eine Lehre, die für das Staatsrecht von *Carl Friedrich v. Gerber* und *Paul Laband* entwickelt und von *Hans Kelsen* schließlich auf die Spitze getrieben worden war.

Parallel dazu erklärte es der (insbes. von *Max Weber* zur Herrschaft gebrachte) **sozialwissenschaftliche Positivismus** zur alleinigen Aufgabe der Sozialwissenschaften, soziale Erscheinungen zu beschreiben, in ihrer Entwicklung zu erklären und die Folgen möglicher politischer Maßnahmen zu ermitteln. Der positivistischen Lehre entsprach *Jellineks* Zweiteilung seiner Staatslehre in eine Staats*rechts*lehre und in eine *soziale* Staatslehre.

Rechtswissenschaftlicher und sozialwissenschaftlicher Positivismus stimmten beide in einem Negativum überein, nämlich darin, daß sie *Wertungen* als unwissenschaftlich diskreditierten und aus ihrem Zuständigkeitsbereich ausschlossen. Die Frage, ob die Folgen politischer Maßnahmen wünschenswert seien oder nicht, wurde weder vom Rechts- noch vom Sozialwissenschaftler behandelt, sondern von beiden der **„Politik"** oder der **Philosophie** überlassen. Dementsprechend geht noch *Nawiasky* von einer Dreiteilung aus. Seine Allgemeine Staatslehre umfaßt neben der Staats*rechts*lehre auch eine Staats*gesellschafts*lehre und eine Staats*ideen*lehre.[17] Dem kommt *Laun* nahe, wenn er neben die *juristische* eine *soziologische* und eine *ethische* Staatslehre stellt.[18]

Heute wissen wir, daß die vom Positivismus postulierte Methoden-

---

[17] *Nawiasky*, Staatslehre I, 1ff.

[18] *Laun*, Staatslehre.

reinheit gerade bei allen schwierigen und problematischen Fällen nicht mehr aufrechtzuerhalten ist, schon weil es am Vorliegen eindeutiger subsumtionsfähiger Obersätze meist fehlt. Das wird besonders deutlich bei **Auslegung des Grundgesetzes.** Dieses ist z. T. gar nicht verständlich, wenn man nicht gleichzeitig die mitschwingende Ideenwelt einbezieht, die dieses Recht geprägt hat. Eine Trennung von Staatsrechtslehre und Staatsideenlehre bzw. Staatsphilosophie ist deshalb künstlich und unfruchtbar; sie würde das für das Verständnis letztlich Unerläßliche gerade ausblenden. Auch die Einbeziehung der sozialen Wirklichkeit ist unumgänglich. Anderenfalls ließe sich z. B. der **Verfassungswandel** nicht erfassen, dem Rechtsnormen unterliegen müssen, wenn sie ihren Sinn auch bei sich ändernden Verhältnissen in der Praxis möglichst bewahren sollen.

Es kann also (auch für den Juristen) nicht darum gehen, Wertungen und tatsächliche Entwicklungen zu ignorieren. Sie fließen vielmehr beide zwangsläufig in den Prozeß der Verfassungsauslegung mit ein. Will man dieses Einfließen rationalisieren, so bleibt nur eine Möglichkeit: Man muß versuchen, die den Staat prägenden Ideen und die sozialen Verhältnisse (und die Wissenschaftszweige, die sich damit befassen) einzubeziehen und auf diese Weise eine umfassende **Gesamtsicht** zu entwickeln.

Diese Auffassung stimmt mit den soeben genannten Autoren darin überein, daß die Staatslehre Rechtsvorschriften, soziale Wirklichkeit und Werte behandeln muß. Der Unterschied liegt aber darin, daß hier eine getrennte Behandlung nicht für angemessen gehalten wird; vielmehr kann nur eine gleichzeitige, integrierende **Heranziehung aller drei Aspekte** den zu behandelnden Problemen gerecht werden.

5. Staatslehre als Grundlagen-Lehre

Das weitgesteckte Programm der Staatslehre bringt es mit sich, daß eine Unmasse von Stoff für sie von Bedeutung ist. Die Notwendigkeit, relevante Erkenntnisse aller Wissenschaften, die sich mit Staat und Gesellschaft befassen, einzubeziehen, kann andererseits nicht bedeuten, daß das Studium der Staatslehre gleichzeitig auch ein vollständiges Studium aller dieser anderen Wissenschaften erforderte. Hier ist eine Auswahl unerläßlich, schon um nicht an der Stoffülle zu ersticken.

So kann es, um ein Beispiel zu nennen, der Staatslehre weder um die Einzelheiten des Grundgesetzes gehen noch um einzelne Gesetze oder sonstige Maßnahmen. Im Mittelpunkt der Staatslehre stehen vielmehr die Ordnung der Verfahrensweisen, mittels derer gemeinschaftserhebliche Entscheidungen zustandekommen, und die Einrichtungen und politischen Kräfte, welche jene Prozesse wesentlich beeinflussen. Die **Konzentration auf Verfahrensordnungen, Institutionen und Akteure** der gemeinschaftlichen Willensbildung ist auch deshalb sinnvoll, weil sie die Generallinie des staatlichen Wirkens festlegen und damit sozusagen die *strategischen Punkte* markieren.

Es geht der Staatslehre also *nicht* darum, den bestmöglichen Inhalt *einzelner* gemeinschaftserheblicher Entscheidungen zu ermitteln – dies ist ohnehin meist nur innerhalb weitgesteckter Grenzen möglich. Die Staatslehre setzt vielmehr auf einer Vorstufe an. Durch **Darstellung und Kritik der staatlichen Grundordnung**[19] **und des Wirkens der politischen Kräfte,** welche den Inhalt der Entscheidungen wesentlich bestimmen, führt sie zu der Frage hin, ob die Ordnung angemessen, ausgewogen und richtig ist. Dann ist nämlich auch die Richtigkeitschance für die jeweilige einzelne Entscheidung denkbar groß.

Weist die Ordnung der Willensbildung Mängel auf, so gilt es, über Verbesserungsmöglichkeiten nachzudenken. Die dafür erforderlichen Maßstäbe kann nur eine **Wertelehre** liefern. Auch sie ist zentraler Gegenstand der Staatslehre (oben II 2). Um dies herauszustellen, könnte man statt von Staats- auch von **Gemeinwohllehre** sprechen. Auch sie kann sich nicht auf Einzelheiten beziehen, sondern nur auf die Grundlagen. Sie muß also vor allem **Grundwerte** erarbeiten. Staatslehre muß also auch in diesem Sinne eine **Staats-Grundlehre** sein.[20]

,,Was nicht mehr begriffen werden kann, ist nicht mehr", hat *Hegel* einmal gesagt. Das gilt in besonderem Maß für den Staat. Er verliert seine Legitimation in den Augen seiner Bürger und damit seine innere Lebenskraft, wenn die Menschen seinen Sinn und seine Aufgaben nicht mehr verstehen. Solches Verständnis setzt aber das Herausarbeiten seiner Grundstrukturen voraus. Die wissenschaftlichen Einzeldisziplinen, die sich mit Staat und Gesellschaft beschäftigen, erweisen sich dazu um so weniger in der Lage, je spezialisierter sie sind. Dementsprechend geht das Anliegen der Staatslehre dahin, den Gesamtüberblick zu vermitteln, Zusammenhänge herzustellen und so zu verhindern, daß der Betrachter vor lauter Bäumen den Wald nicht mehr sieht. Die Staatslehre verlangt also von ihrem Jünger zurückzutreten, um **das Ganze,** seine **Grundstrukturen** und die darin angelegten **Entwicklungstendenzen** in den Blick zu bekommen, was wiederum Voraussetzung ist für fundierte Kritik und die Entwicklung von Verbesserungsvorschlägen.

Im übrigen: Wenn zum Wesen einer Staatslehre ohnehin Lücken gehören, so hat der Verfasser auch keine Skrupel gehabt, sich auf einige wichtige Problembereiche zu konzentrieren und andere auszulassen. (Nicht behandelt werden etwa die Bereiche Familie, Gemeinde, Föderalismus mit Ausnahme des Bundesrats, Europäische Gemeinschaften, in-

---

[19] Ähnlich schon *Schmidt,* Staatslehre, 28f.: Gegenstand der Staatslehre ist die Ordnung des Staates, nicht die Einzelakte.

[20] *Stern,* Staatsrecht I, 39.

ternationale Beziehungen, militärische Verteidigung, Wirtschaftsunternehmen der öffentlichen Hand.) Dadurch wurde der Umfang begrenzt und, hoffentlich, die Übersichtlichkeit erhöht. Zugleich hat der Verfasser sich – dem Anliegen dieses Buches, die verfestigten Grenzen zwischen den Fachgebieten zu überwinden, getreu – um einen für Juristen *und* Sozialwissenschaftler lesbaren Stil bemüht. Inwieweit das gelungen ist, wird der Leser beurteilen müssen.

Kap. 2: Das überlieferte Fundament

A. Aktuelle Bedeutung der Geschichte

Ein besonders geeigneter Weg, ein vertieftes Verständnis der Grundlagen unserer heutigen staatlichen Gemeinschaft zu gewinnen, geht dahin, ihre Elemente „bis zu ihrer geschichtlichen Wurzel zurückzuverfolgen“ *(Kriele)*. Eine Momentaufnahme genügt nicht. „Der **Charakter des modernen Staates** ist eine **Folge der geschichtlichen Entwicklung,** die er durchgemacht hat, und man kann ihn nicht anders verstehen als im Lichte dieser geschichtlichen Entwicklung“ *(Laski)*. Was für „den Staat“ als Ganzen gesagt wird, gilt auch für einzelne Elemente, Einrichtungen und Prinzipien: Die verfassungsrechtlichen Grundwerte, der Sinn und die Funktion der Grundrechte, der Gewaltenteilung, des Gesetzmäßigkeitsgrundsatzes, der Demokratie, des Parlaments, des Sozialstaatsprinzips erschließen sich nur dem voll, der die historischen Gründe für ihre Einführung kennt. Diese Kenntnis liefert zugleich die Basis für ein **kritisches Überdenken und** sinngerechtes **Fortentwickeln,** weil sie uns die Prüfung erlaubt, ob (und inwieweit) die früheren Gründe auch heute – im Lichte geänderter Gegebenheiten und Wertvorstellungen – noch tragfähig sind. „Allein dadurch, daß man das Gegenwärtige aus der Vergangenheit entwickelt, kann man ihm eine Dauer für die Zukunft versichern“ *(Frhr. v. Stein)*.

Der geschichtliche Nachvollzug ist uns dabei nicht Selbstzweck, wie dies für die Geschichtswissenschaft der Fall sein mag. Es geht vielmehr darum, das herauszuschälen, was in die Gegenwart hin ausstrahlt und deshalb für das heutige Verfassungsverständnis noch relevant ist. Auf die Einzelheiten kommt es dabei nicht an. Wir nehmen uns deshalb die Freiheit zu einer gewissermaßen holzschnittartigen Darstellung und zu einer vereinfachenden **Stilisierung der Vergangenheit,** die dadurch aber das Wesentliche um so deutlicher hervortreten lassen soll.

I. Systemleitende Rolle der Grundwerte

Eine staatliche Gemeinschaft beruht auf bestimmten grundlegenden Wertvorstellungen, die man (mit einer heute verbreiteten Terminologie) Grundwerte nennen kann. Von ihnen hängt die Art und Weise der Organisation der staatlichen Gemeinschaft weitgehend ab. Ihre Einrichtungen und Verfahrensweisen sind nämlich so konstruiert (oder sollten doch so konstruiert sein), daß sie jene Wertvorstellungen möglichst verwirklichen. Und soweit sie dies nicht tun, ist eben dies Auseinanderfallen die Quelle berechtigter Kritik. Daraus folgt zweierlei: Einmal lassen sich die staatliche Gemeinschaft und ihre Einrichtungen nur voll erfassen, wenn man sie in ihrer instrumentalen Funktion zur Realisierung der jeweiligen Grundwerte versteht. Zum zweiten müssen, wenn sich die Grundwerte wandeln oder neue Grundwerte an die Seite der bisherigen treten, auch die Institutionen und Verfahrensweisen entsprechend angepaßt und geändert werden. Gleiches gilt, wenn neue politische Akteure die geschichtliche Bühne betreten, auf deren Wirken die Einrichtungen noch nicht zugeschnitten sind. Auch hier können Anpassungen nötig werden, um die Grundwerte auch unter geänderten Verhältnissen zu verwirklichen.

II. Wirkungskreislauf von Theorie und Praxis

Die Grundwerte, auf denen das Grundgesetz beruht (und die Einrichtungen und Verfahrensweisen zu ihrer Verwirklichung) sind aus einer Entwicklung erwachsen, die Jahrhunderte umfaßt. Wer Sinn und Bedeutung des Grundgesetzes wirklich verstehen, gleichzeitig aber auch die Richtung, in die es fortentwickelt werden muß, erkennen will, tut deshalb gut daran, die relevanten Epochen der Geschichte, „auf denen die Gegenwart wie auf einem Fundament fest aufruht" *(Willi Geiger)*, zumindest in großen Zügen einmal nachzuvollziehen.

Die heutigen **Grundwerte** haben sich erst in **Reaktion auf** bestimmte **historische Mißstände** gebildet. Da – je nach der geschichtlichen Lage – ganz unterschiedliche Mißstände im Vordergrund standen, entwickelten sich auch die Grundwerte und die zugehörigen Institutionen und Verfahrensweisen erst allmählich und vervollständigten sich von einer Epoche zur nächsten immer mehr: Mit der Bekämpfung eines jeden Mißstandes wurden die anerkannten Grundwerte jeweils um einen weiteren ergänzt – ähnlich dem Wachstum der Jahresringe eines Baumes. Jeder dieser Grundwerte (und die entsprechenden Einrichtungen und Verfahrensweisen) wurde in Gestalt einer umfassenden und tiefgehenden Theorie über den Sinn und Zweck der staatlichen Gemeinschaft konzipiert. Von größtem Interesse für Wissenschaft und Praxis sind dabei die **Einflußströme,** die **zwischen** den historischen **Fakten** einerseits **und** der **Theorie** andererseits wirkten. Die Beeinflussung war eine wechselseitige, kreislaufförmige: Einmal empfing der Theoretiker aus der tatsächlichen historischen Lage, die er als Mißstand empfand, die Anregung, neue staatstheoretische Vorstellungen zu entwickeln, die, wenn man sie nur verwirklichte, dem Mißstand abzuhelfen versprachen. Sobald die neue Theorie sich dann (zumeist allerdings in stark vergröberter Form) in den Köpfen einflußreicher Männer festzusetzen begann, gewann sie ihrerseits Auswirkungen auf die Praxis; der Einflußstrom lief von der Theorie nun zurück zu den tatsächlichen Verhältnissen hin, die in Bewegung gesetzt wurden – der Kreis schließt sich. So waren es oft große Theoretiker, die mit ihren Konzepten die tatsächliche Entwicklung mitbewegt und auf diese Weise Geschichte gemacht haben und in der Regel auch machen wollten. **Staatstheorien** hatten und **haben** häufig einen **„politisch-agitatorischen Kern"** *(Georg Jellinek)*. Die „Feder" hat sich über die Jahrhunderte hinweg als sehr mächtig erwiesen – mächtiger oft als das „Schwert".

Staat und Staatstheorie haben sich auf diese Weise in einer Art rhythmischem Zusammenspiel von praktischem Mißstand, theoretischer Neukonzeption und Verbesserung der Lage durch Bekämpfung des Mißstandes fortentwickelt. In dieser **Folge von „challenge and response"** *(Russel)* wurden immer neue Grundwerte (und immer neue Einrichtungen und Verfahrensweisen zu ihrer Verwirklichung) herausgebildet. So gesehen, sind die verschiedenen Staatstheorien historisch bedingte Antworten, die jeweils in Reaktion auf die Gefährdung und Unterdrückung bestimmter Werte gegeben wurden – Werte, deren Bedeutung erst durch die Unterdrückung ins allgemeine Bewußtsein gehoben und von der Theorie strukturiert und rationalisiert wurden. Dies soll im folgenden näher dargelegt werden.

B. Sicherheit und Ordnung: Absolute Monarchie

I. Theoretische Konzepte

1. *Jean Bodin*

Die **Grundaufgabe** des modernen Staats, Sicherheit und Ordnung zu wahren, wird so recht deutlich erst vor dem Hintergrund der Geschichte. Ausgangspunkt war der Bürgerkrieg, wie er vor allem in Frankreich in der zweiten Hälfte des 16. Jahrhunderts wütete. Der Hugenottenkrieg, in dem sich die katholischen Guisen und die hugenottischen Stände und Städte bekämpften, dauerte nicht weniger als 36 Jahre (1562–1598) und wurde mit Erbitterung und Grausamkeit, auch mit List und Verrat (Bartholomäusnacht 1572) geführt.[1]

Die französischen Könige waren noch nicht in der Lage, Frieden zu gewährleisten, und dies hatte nicht zuletzt staatstheoretische Gründe: Die Könige verfügten über keine den Bürgerkriegsparteien überlegene Autorität, mit der sie sich gegenüber diesen hätten behaupten und den Frieden hätten erzwingen können. Sie waren eben noch nicht souverän, sondern den Ständen ausgeliefert, deren Macht auf eigenen überlieferten Rechten beruhte, gegen welche sich die französischen Könige nicht durchsetzen konnten. In dieser Lage wurde die moderne Vorstellung von der **souveränen Staatsgewalt** geboren.

Zu den wichtigsten geistigen Vätern der Souveränität gehörte eine Gruppe von Juristen und Intellektuellen, die sich in der zweiten Hälfte des 16. Jahrhunderts in Frankreich zusammenfand. Ihr Ziel ging dahin, den König so zu stärken, daß er in die Lage versetzt wurde, sich gegenüber allen Bürgerkriegsparteien durchzusetzen und den Frieden zu erzwingen. Voraussetzung war ein theoretisches Konzept, das eine hinreichend starke Loyalitätsgrundlage abgeben konnte, eine Loyalitätsgrundlage, die jedenfalls stärker war als die feudalständischen und söldnerischen Bindungen, mit denen sich die Bürgerkriegsparteien bisher ihrer Gefolgsleute versichert hatten.

Diesem Zweck sollte die Souveränitätsdoktrin dienen, die *Jean Bodin* (1530–1596), der bedeutendste Vertreter der genannten Gruppe, entwarf. Sein Hauptwerk, das den Titel **Les six livres de la république** trug

[1] Dazu *Kriele,* Staatslehre, §§ 9–11, an dessen gelungene Ausführungen sich der vorliegende und der folgende Abschnitt z. T. anlehnen.

und im Jahre 1577 veröffentlicht wurde, war direkt unter dem Eindruck des Bürgerkriegs und des daraus resultierenden Wunsches nach Sicherheit und Ordnung geschrieben worden.[2] Kennzeichen von *Bodins* Staatstheorie ist, daß er der Staatsführung „souveräne Gewalt" zuerkennt, d. h. das absolute und immerwährende **Monopol jeglicher Gewaltanwendung.** Analog der Herrschaft des Familienvaters über Frau, Kinder und Knechte komme auch der Regierung die Befugnis zu, „mit den Gütern, den Personen und dem ganzen Staat zu schalten und zu walten, wie es ihr gutdünkt".[3] Der souveräne Herrscher habe die Gewalt, Gesetze zu geben und zu brechen, ohne daß er dafür in irgendeiner Weise der Zustimmung der Rechtsunterworfenen bedürfe. Er stehe *über* den Gesetzen und ist von der Bindung an sie ausgenommen („legibus absolutus", daher das Wort „Absolutismus").

Die Gewalt, Gesetze zu geben, schließt alles andere mit ein, vor allem auch die Entscheidung über Krieg und Frieden und das Recht, „ohne Vorbehalt von Untertanen und Vasallen den Treueid zu verlangen".[4] Dieses Recht war deshalb so wichtig, weil es – sozusagen als staatstheoretischer Zauberstab – dem Herrscher die Macht in die Hände spielte, die er brauchte, um sich gegen jede Bürgerkriegspartei durchsetzen und so Sicherheit und Ordnung wirklich gewährleisten zu können. Auf diese Weise wurden nämlich die überkommenen eigenständigen Rechte der Stände, Gefolgsleute an sich zu binden, zur Disposition des Monarchen gestellt, die Loyalitätsbindung der Söldner an die bürgerkriegsführenden Parteien erschüttert und so die Legitimitätsgrundlage für ein überlegenes königliches Heer geschaffen.

Bodins Staatstheorie wurde zur theoretischen Grundlage der absoluten Monarchie in Frankreich.

2. *Thomas Hobbes*

Der andere große Theoretiker von „Sicherheit und Ordnung" war *Thomas Hobbes* (1588–1679). Auch seine Staatslehre war – in ähnlicher Weise wie die von *Bodin* – von der historischen Situation, die er unmittelbarer miterlebte, geprägt: *Hobbes* war Zeitgenosse des englischen Bürgerkriegs. Er hatte das Bild eines Krieges aller gegen alle vor Augen, in dem mangels wirksamer Staatsgewalt der Kampf bis aufs Messer, Selbstsucht und Todesfurcht herrschen.

In seinen beiden Hauptwerken **De cive** (1642) und **Leviathan** (1651) entwickelte *Hobbes* deshalb eine Staatstheorie, die – kurz gesagt – darauf hinauslief, dem Staat unbeschränkte Macht zu geben, damit er Sicherheit

[2] Zur Lehre *Bodins: Imboden,* Johannes Bodinus und die Souveränitätslehre, 1963; *Quaritsch,* Staat und Souveränität, Bd. 1, 1970, 243ff.

[3] *Bodin,* Sechs Bücher über den Staat, I, 9.

[4] *Bodin* (oben FN 3), I, 11.

im Innern und gegenüber Angreifern von außen schaffen könnte.[5] Da der Mensch von Natur aus selbstsüchtig und impulsiv sei und Haupttriebfedern seines Handelns die natürlichen Leidenschaften und Begierden seien, bedürfe es des Staates als einer zentralen, über den einzelnen stehenden Macht, ,,welche die Leidenschaften durch Furcht vor Strafe gehörig einschränken kann"[6] und so Ordnung und Frieden sichert. Je stärker der Staat, desto besser könne er das Leben seiner Bürger schützen. So entsteht der allgewaltige Staat, den *Hobbes* – in Anlehnung an einen biblischen Mythos von einem Seeungeheuer – ,,Leviathan" nannte, weil er alle öffentliche Macht verschlingt und sie dadurch in der Hand des Herrschers vereinigt. Alle anderen sind ihr untertan – und zwar unbedingt und unwiderruflich, denn gerade ein Streit über die Fortdauer der höchsten Gewalt würde den Frieden wieder gefährden, dessen Sicherung gerade Sinn ihrer Einsetzung ist. *Hobbes* wird damit – in stärkerem Maße noch als *Bodin* – zum Philosophen des (monarchischen) Absolutismus.

II. Die Akteure: Monarch, Heer, bürokratische Verwaltung

Zur wirksamen Friedenssicherung bedurfte der Herrscher vor allem eines schlagkräftigen Heeres, einer wirksamen Polizei und – gemäß dem treffenden Wort *Bodins* von den Finanzen als Nerven des Staates – einer zuverlässigen Finanzverwaltung. So entstanden stehende Heere und eine Verwaltung im neuzeitlichen Sinn. Die Entwicklung zeigte sich beispielhaft in Brandenburg-Preußen, wo der *Große Kurfürst* (1640–1688) ganz bewußt die Grundlage für eine bürokratische Verwaltungsherrschaft gelegt hatte, die der ,,Soldatenkönig" *Friedrich Wilhelm I* (1717–1740) dann zur Perfektion ausbaute.[7]

Hier entwickelten sich auch bereits die **Charakteristiken,** die **der** heutigen **Verwaltung** und ihren personellen Trägern, den Beamten, noch weitgehend eigen sind. Die Verwaltung ist – wie die militärische Organisation – durch die strenge Unterworfenheit des Beamten unter Weisung und Aufsicht seiner Vorgesetzten gekennzeichnet. An der Spitze dieser Befehls- und Kontrollhierarchie steht der Monarch, der sich der persönlichen Treue der Beamten (wie der Soldaten) durch einen Treueid versichert. In seinen Händen laufen somit die Fäden der Macht zusammen und machen das Beamtentum zu einem schlagkräftigen Instrument

[5] Zur Lehre von *Hobbes: Koselleck/Schnur* (Hrsg.), Hobbes-Forschungen, 1969; *Schelsky,* Thomas Hobbes. Eine politische Lehre, 1981.

[6] *Hobbes,* Leviathan II, 17.

[7] *Friedrich,* Verfassungsstaat, Kap. II; *Hattenhauer,* Geschichte des Beamtentums, 1980, 91 ff.

seiner Herrschaft. Der persönlichen Treue entspricht umgekehrt die Pflicht des Herrschers für das Wohl seiner Bediensteten, auch für das wirtschaftliche, Sorge zu tragen. Aus der Funktion der Beamtenschaft, ein möglichst wirksames Instrument der Herrschaft des absoluten Monarchen zu bilden, folgen weiter die Grundsätze der Leistung und der Eignung. Die Leistungskraft der Verwaltung soll durch Einstellung und Beförderung der für ein Amt jeweils Bestgeeigneten gesteigert werden. Dem gleichen Ziel dient die arbeitsteilende Differenzierung der Funktionen und die dadurch ermöglichte Spezialisierung der Beamten ebenso wie der Grundsatz der Objektivität und Unabhängigkeit der Amtsführung, welche nicht durch die Verfolgung von Privatinteressen der Amtsinhaber verzerrt werden soll.

III. Kritik

Die Kritik an der absolutistischen Staatstheorie setzt vor allem an einem Punkt an, den man geradezu als ihre Achillesferse bezeichnen könnte. *Hobbes* ging von der Vorstellung aus, der absolute Herrscher sei aufgeklärt, vernünftig und gerecht. Insofern ist sein **Menschenbild,** d. h. seine Vorstellung von der strukturellen Veranlagung des Menschen und seinen typischen Eigenschaften, **gespalten**: Einerseits ist er, was die Menschen im allgemeinen anlangt, von einem extremen Pessimismus erfüllt, andererseits spart er aber den absoluten Herrscher von diesem anthropologischen Pessimismus aus. So gerät er beinahe ins Schwärmen, wenn er die Tugend *Karls I.* rühmt, der „keinen größeren Ruhm auf der Erde" gesucht habe „als milde gegen sein Volk und frommer Verteidiger der englischen Kirche zu sein".[8] Nach aller geschichtlichen Erfahrung muß man aber fragen, ob nicht auch die Machthaber in das pessimistische Menschenbild mit eingeschlossen werden müssen, ja, ob man nicht noch einen Schritt weiter gehen und die Verführungskraft bedenken muß, die von der Macht erst ausgeht. *Lord Acton* hat diesem Gedanken klassischen Ausdruck gegeben mit den Worten „Power tends to corrupt and absolute power corrupts absolutely".

Hobbes achtete die Gefahren, die durch **Mißbrauch der absoluten Macht** entstehen können, aber auch aus einem anderen Grunde gering im Verhältnis zu den Gefahren im Falle eines „Krieges aller gegen alle". Auch wenn, wie *Hobbes* gelegentlich selbst anerkennt, die Lage der Untertanen prekär sein kann, wenn sie sich auf Gedeih und Verderb in die Hand eines absoluten Herrschers begeben haben, so sieht er darin doch das kleinere Übel. Er betont, daß die Umstände, unter denen die Men-

[8] The English Works of *Thomas Hobbes,* collected and edited by *William Molesworth,* Reprint of the edition 1840, 1962, Vol. VI, S. 17.

schen leben, stets irgendwelche Nachteile und Unbequemlichkeiten mit sich brächten. Selbst die größten Unannehmlichkeiten, unter welcher Herrschaftsform auch immer, seien aber gering zu achten, verglichen mit dem Elend und dem Schrecken eines Bürgerkrieges, der ohne ordnende Zwangsgewalt unausweichlich sei.[9]

Beide Prämissen von *Hobbes,* das optimistische Bild von der Güte des Herrschers und die relative Geringachtung der Unterdrückung durch den Staat im Verhältnis zu den Gefahren eines Bürgerkrieges, bildeten den wesentlichen Kritikansatz für die demokratischen und insbesondere die liberalen Bewegungen, die sich schließlich auch durchsetzten.

Bei aller Kritik ist aber festzuhalten, daß der monarchische Absolutismus wesentliche Spuren hinterlassen hat, die fortwirkten und auch unser heutiges Verständnis von den Grundwerten, denen der Staat zu dienen hat, und von den Mitteln zu ihrer Realisierung noch wesentlich mitbestimmen. Seit *Bodin* und *Hobbes* wird es als ein fundamentaler Zweck des Staates anerkannt, Ordnung und Sicherheit, inneren und äußeren Frieden zu garantieren.

Die Gewährleistung dieses Grundwertes ist heute sogar noch wichtiger als früher. Das hängt mit der hohen Empfindlichkeit des modernen, vielfach verzahnten arbeitsteiligen wirtschaftlichen, gesellschaftlichen und staatlichen Systems zusammen. Es ist – wegen dieser Verzahnungen – in besonderem Maße auf störungsfreien Ablauf in *allen* seinen Teilen angewiesen. Treten (etwa durch Gewaltanwendung) Störungen an *einer* Stelle auf, so wird das ganze System sehr viel stärker in Mitleidenschaft gezogen, als dies früher der Fall gewesen wäre[10] – ein Faktum übrigens, das sich zeitgenössische Terroristengruppen zunutze zu machen suchen.

Als notwendige **Instrumente** zur Erfüllung dieser staatlichen ,,Urfunktion" *(Herzog)* gelten seitdem ein schlagkräftiges Heer und eine straff und wirksam organisierte öffentliche Verwaltung. Man erkannte zwar später, daß der Absolutismus zu unerträglichen Mißständen führen kann. Diese Erkenntnis bewirkte aber nicht, daß die Friedenssicherung als Grundwert und fundamentale Aufgabe des Staates etwa wieder verworfen, Heer und Verwaltung desorganisiert worden wären. Man behielt stattdessen die aus der geschichtlichen Erfahrung gewonnenen Wertvorstellungen und Institutionen zu ihrer Sicherung bei und fügte ihr lediglich – sozusagen als weitere ,,Jahresringe" (vgl. oben A II) – neue Grundwerte hinzu und ersann neue Institutionen, um auch diese zu verwirklichen.

---

[9] *Hobbes,* Leviathan II, 18.

[10] *Laski,* Staatsrecht und Politik, 55: ,,Die moderne Zivilisation hängt von Einrichtungen ab, die so verwickelt und so zerbrechlich sind, daß sie kaum imstande sind, die Anwendung von Gewalt in beträchtlichem Maßstab zu überleben.

C. Politische Selbstbestimmung des Volkes: Demokratie

I. Historische Ausgangsposition

Mit dem Ausbau des monarchischen Absolutismus traten auch die **Schattenseiten** dieser Regierungsform immer stärker in Erscheinung: die Prunksucht, Sittenlosigkeit und Verschwendung, die an vielen Fürstenhöfen herrschte, und die Rechtlosigkeit des Volkes, welches, der Willkür des absoluten Herrschers unterworfen, seine Unterdrückung und Ausplünderung ohnmächtig zu dulden hatte.

Diese Mißstände traten deshalb besonders scharf hervor, weil das **Zeitalter der Aufklärung** die Menschen gelehrt hatte, ihre kritische Vernunft zu gebrauchen. Die Kritik machte vor dem Monarchen nicht halt, sondern unterwarf auch seine Person (ebenso wie seinen Herrschaftsapparat, die Verwaltung) ihrem unbestechlichen Maßstab. Gewiß gab es einige große Herrscherpersönlichkeiten, viele Fürsten aber konnten – gemessen mit den Kriterien der Vernunft – nicht bestehen; vielmehr zeigte sich ihre Unzulänglichkeit nur um so deutlicher. *Voltaire* (1694–1778), einer der Wortführer der Aufklärung, hatte das Wort geprägt, die schlechteste aller Regierungen sei die unter einem schwachen und dummen Monarchen,[1] und damit der kritischen Grundeinstellung gegenüber der Monarchie in bissiger Weise Ausdruck gegeben.

Hinzu kam, daß in Frankreich die konfessionelle Toleranz, die *Bodin* befürwortet und die *Heinrich IV.* mit dem Edikt von Nantes (1598) gewährt hatte, in der Folgezeit allmählich wieder abgebaut worden war. Ein absoluter Herrscher, der die streitenden Gruppen zum Frieden zwingt, mag noch einigermaßen erträglich sein, wenn er überparteilich ist. Absolute Macht wird aber **prekär,** wenn sie die **Überparteilichkeit aufgibt** und sich auf eine Seite schlägt. Und genau *das* war die Situation, die sich in der zweiten Hälfte des 17. Jahrhunderts in Frankreich – zu Lasten der Hugenotten – entwickelte. Die religiöse Toleranz wurde schließlich auch formell beseitigt, das Edikt von Nantes durch das Revokationsedikt von Fontainebleau (1685) aufgehoben und die evangelische Konfession unter Strafe gestellt. Zugleich wurde ein Emigrationsverbot verhängt. Die Hugenotten, die der Unterdrückung durch Auswanderung entgehen wollten, mußten dies in gefahrvollen Nachtmärschen tun. So wurde aus dem Bürgerkrieg, den *Bodin* und *Hobbes* mit der

---

[1] *Voltaire,* Commentaire sur l'esprit des lois de Montesquieu, 1748, XXI.

Einrichtung des absoluten Herrschers für immer hatten unmöglich machen wollen, ein **Bürgerkrieg mit Polizeimitteln,**[2] der von einer brutalen Soldateska gegen die Hugenotten vollstreckt wurde. In der Zeit nach Aufhebung des Edikts von Nantes verlor Frankreich (durch Mord und Auswanderung) ein Viertel seiner Bevölkerung.

Bei dieser Zwangsbekehrung mit Polizei und Militär konnte sich der absolute Fürst auf *Hobbes* berufen. *Hobbes* hatte den Souverän von vornherein gar nicht (wie *Bodin)* auf Überparteilichkeit in den konfessionellen Auseinandersetzungen festlegen wollen, sondern ihm empfohlen, die Einheitlichkeit des Bekenntnisses seiner Untertanen notfalls mit Gewalt zu erzwingen. Führt man sich jedoch vor Augen, wie ernst die Menschen es in jenem Jahrhundert mit ihren konfessionellen Überzeugungen meinten und welche Opfer sie für ihren Glauben auf sich zu nehmen bereit waren, dann wird klar, wie leicht aus der Empfehlung *Hobbes'* Gewalt und Mord resultieren konnten.

Gewiß, für *Hobbes* schien es kein schrecklicheres Übel als Bürgerkrieg geben zu können. Die mögliche Tyrannei absoluter Fürsten konnte er sich nur mehr oder weniger abstrakt vorstellen. Die Perspektive verschiebt sich aber für den, der wirklich unter einer Gewaltherrschaft zu leiden hat: Er mag eine gefahrvolle Freiheit durchaus einer ruhigen Knechtschaft vorziehen[3] und wird schließlich vielleicht lieber einen Bürgerkrieg riskieren als eine Fortsetzung der Tyrannei ertragen.

In dieser Situation trat deshalb allmählich ein anderer Grundwert, als *Bodin* und *Hobbes* ihn propagiert hatten, in den Vordergrund der Geschichte. Nicht mehr nur Ordnung und Sicherheit schienen begehrenswert, immer stärker wurde vielmehr der Wunsch, **das Volk** möge das Joch der Tyrannei abschütteln und selbst die **politische Herrschaft** übernehmen.

Dies war die Ausgangslage, die *Jean Jacques Rousseau* (1712–1778) vor Augen hatte, als er seine Staatstheorie entwickelte. Zugleich erklärt jene Lage, warum *Rousseaus* Gedanken so weite Verbreitung in den Köpfen der Menschen fanden. *Rousseau* war ja keineswegs der erste, der eine Theorie der Demokratie durchdacht hatte,[4] und sein Werk ist auch keineswegs frei von Mängeln und Widersprüchen. Aber *Rousseau* schrieb seine Theorie nieder, als die Zeit reif geworden war für die Idee der politischen Selbstbestimmung des Volkes. Das sicherte seinem Werk die gewaltige politische Wirkung und entwicklungsgeschichtliche Bedeutung. So wurde *Rousseau* zum wichtigsten Wegbereiter der Demokratie.

---

[2] *Kriele,* Staatslehre, § 11.

[3] So die Worte, die *Rousseau* einem polnischen Reichstagsmitglied in den Mund legt (Contrat social III, 4).

[4] Übersichtsskizze der theoretischen Vorgänger bei *Zippelius,* Staatslehre, § 41 III.

II. Die Staatstheorie *Rousseaus* – Skizze und Kritik

Rousseau entwickelte seine Staatstheorie, die er mit der Sprachgewalt eines weltlichen Propheten vortrug, vor allem in seiner Schrift „Contrat social" (1762), zu deutsch: Gesellschaftsvertrag.[5] Auch er erkennt – ebenso wie *Bodin* und *Hobbes* – die Notwendigkeit eines Staates, der für Sicherheit und Ordnung zu sorgen hat, an – und zwar eines möglichst starken Staates, „denn aus der Stärke des Staates ergibt sich die Freiheit seiner Glieder".[6] Er will die Leitung des Staates allerdings nicht einem vom Volk zu trennenden (Fremd-)Herrscher übertragen; das Volk soll vielmehr die Herrschaft selbst übernehmen und so jede Tyrannei ein für allemal unmöglich machen. Aus dem Staatsverständnis des absoluten Monarchen: „L'Etat c'est moi" wird das demokratische „Der Staat sind wir".

Mit dem **Gesellschaftsvertrag** meint *Rousseau* eine Art Staatsgründungsvertrag, der allerdings nicht zu verstehen ist im Sinne einer Erklärung für die tatsächliche historische Entstehung des Staates, sondern als theoretisch gedachte Rechtfertigung der Staatsgewalt. Dabei geht *Rousseau* von der Grundannahme aus, daß der **Mensch von Natur aus frei** und diese Freiheit unveräußerlich ist. Der Contrat social beginnt demgemäß mit den programmatischen Worten: „Der Mensch ist frei geboren, ist frei und liegt doch überall in Ketten." Jeder Bürger werde durch die staatliche Gewalt nur deshalb (und insoweit) gebunden, weil er an den gemeinschaftserheblichen Entscheidungen, sprich: den Gesetzen,[7] selbst mitgewirkt hat. Das eigentlich Bestechende der Konstruktion liegt darin, daß der einzelne dem Staat nicht nur untertan ist, sondern gleichzeitig als Aktivbürger auch an der staatlichen Willensbildung teilhat.[8] Wenn der Bürger nur solchen Gesetzen gehorchen muß, denen er vorher zugestimmt hat, so ist er keinem Dritten, sondern nur sich selbst unterworfen. Es besteht Identität von Herrschenden und Beherrschten; **aus der Fremdherrschaft des Absolutismus wird** so die **Selbstherrschaft des Volkes.** Der Bürger ist hier keinem größeren Zwang ausgesetzt als jemand, der einen Kaufvertrag geschlossen hat und sich nun an die mit dem Vertragspartner getroffene Abrede halten muß. Für die Pflicht zur Vertrags- bzw. Gesetzestreue wird der Bürger aber dadurch reichlich entschädigt, daß auch die anderen gebunden sind.

---

[5] Dazu *Fetscher,* Rousseaus politische Philosophie, 5. Aufl. 1968; *Imboden,* Rousseau und die Demokratie, 1963.

[6] Contrat social II, 12.

[7] Contrat social II, 4. *Rousseau* unterscheidet zwischen allgemeiner Gesetzgebung, die vom Volk als Souverän unmittelbar ausgeübt wird (Contrat social II, 6), und der vollziehenden Gewalt, die sich auf einzelne bestimmte Gegenstände bezieht (Contrat social III, 1).

[8] Contrat social I, 6.

Erst die Gesetze und ihre zwangsweise Durchsetzung ermöglichen den ungestörten und ungefährdeten Genuß der Freiheit und des Eigentums;[9] erst sie setzen an die Stelle der „natürlichen Freiheit", die nichts anderes ist als die Macht des Stärkeren – aber auch „der Stärkste ist nie stark genug, um immerdar Herr zu bleiben"[10] – die durch Gesetze gesicherte bürgerliche Freiheit. (Wegen der Bindung an das Gesetz spricht man auch von „gesetzlicher Freiheit".)[11] So gehorcht der Bürger nach dem viel zitierten Wort *Rousseaus,* „obwohl er sich mit allen zusammenschließt, dennoch nur sich selbst ... und bleibt ebenso frei wie zuvor",[12] oder genauer gesagt: er wird sogar **freier als zuvor,** weil er **für** die **natürliche Freiheit** der Willkür und Gefahr die gesicherte **bürgerliche Freiheit** erhält.

Hier drängt sich allerdings ein **Einwand** auf: Ist die Auffassung, daß der Bürger, der dem Gesetz gehorcht, stets nur sich selbst gehorche, nicht schon deshalb eine starke Vergröberung, weil Gesetze ja auch nach den Vorstellungen *Rousseaus* durch **Mehrheitsentscheidung** zustandekommen und der einzelne Bürger dabei überstimmt werden kann? – *Rousseau* ließ den Einwand nicht gelten. Er geht nämlich davon aus, der Bürger wolle im allgemeinen das Richtige, weil es dem Wohl des ganzen Volkes diene. (Jedenfalls habe er dies in seiner Eigenschaft als Bürger zu wollen.) Und, was vernünftig ist, könne der normale verständige Bürger auch erkennen. Zugrunde liegt also die Vorstellung, es gebe ganz bestimmte, allein richtige Antworten auf alle gemeinschaftserheblichen Fragen. Trifft diese Vorstellung wirklich zu, so hat das in der Tat zur Konsequenz, daß das Volk – oder doch jedenfalls seine vernünftigen und sozial eingestellten Mitglieder – in politischen Angelegenheiten gleicher Meinung sein müssen. Erweisen sich *Rousseaus* Annahmen als tragfähig,

---

[9] Contrat social I, 6: Durch den Gesellschaftsvertrag „gewinnt man für alles, was man verliert, Ersatz und mehr Kraft, das zu bewahren, was man hat". So gesehen, ist der Zwang, die Gesetze einzuhalten, nichts anderes als der Zwang, frei zu sein (Contrat social I, 7). An anderer Stelle sagt *Rousseau* dies noch einmal besonders deutlich (Contrat social II, 4): „Die Behauptung einer wirklichen Entsagung von seiten der einzelnen im Gesellschaftsvertrag (ist) ... falsch, ... vielmehr (läßt) sich eine wesentliche Verbesserung ihrer Lage gegen früher als Folge dieses Vertrages nachweisen ... Anstatt einer Veräußerung haben sie nur einen vorteilhaften Tausch gemacht, indem sie für eine unsichere und ungewisse Lebensweise eine bessere und gesicherte, für die natürliche Unabhängigkeit Freiheit, für die Macht, anderen zu schaden, ihre eigene Sicherheit und für ihre Kraft, die andere zu überwinden vermochten, ein Recht eintauschten, das die gesellschaftliche Verbindung unbesieglich macht."

[10] Contrat social I, 3.

[11] Vgl. in diesem Sinn schon *Montesquieu,* Vom Geist der Gesetze XI, 3: „Freiheit ist das Recht, alles zu tun, was die Gesetze erlauben. Wenn ein Bürger alles tun könnte, was die Gesetze verbieten, so hätte er keine Freiheit mehr, weil die anderen ebenfalls die Macht hätten."

[12] Contrat social I, 6.

so ergibt sich also, daß der „normale Bürger", wenn er den Gesetzen gehorcht, tatsächlich nur sich selbst gehorcht, da er eben diesen Gesetzen ja zugestimmt haben wird. Wer dennoch und trotz eingehender Diskussion anderer Meinung ist, muß dann schon von Dummheit geschlagen sein oder asoziale Interessen statt der Gemeinschaftsinteressen verfolgen und deshalb – letztlich auch zu seinem eigenen Besten – überstimmt werden. Dies geschehe auch tatsächlich, einmal, weil vernünftige und gute Bürger durchaus in der Überzahl seien, darüber hinaus aber auch deshalb, weil die Sonderwünsche der Individuen, die in ihrer Summe die von *Rousseau* so genannte „volonté de tous" bilden, sich nach dem Gesetz der großen Zahl gegenseitig aufhöben.[13]

Der Überstimmte gehorcht hier zwar nicht seinem Willen, aber doch seinem wohlverstandenen Besten. Und die Höherbewertung des wahren Interesses gegenüber dem irrenden Wollen wird man nachvollziehen und teilen können.

Rousseaus Gedankengebäude erscheint also in sich durchaus schlüssig; die Bewertung steht und fällt mit den **Prämissen,** auf denen es aufbaut, einer anthropologischen und einer soziologischen:

Rousseaus **Menschenbild** ist – ganz im Gegensatz zu dem von *Hobbes* – ein von Natur aus guter und verständiger Mensch, der erst durch die Zivilisation verdorben worden ist. *Rousseaus* Lösung lautet deshalb: „Zurück zur Natur!"[14] Der vernünftige und gute Normalbürger ist in der Lage und geradezu dazu bestimmt, seine Gemeinschaftsinteressen zu erkennen und sich entsprechende Gesetze selbst zu geben.[15]

Die **soziologische Prämisse** *Rousseaus* rührt daher, daß er bei Konzeption seiner Theorie offenbar die Verhältnisse seiner Vaterstadt *Genf* mit ihrer relativ ausgeglichenen, einheitlichen bürgerlichen Struktur vor Augen hatte – ein soziales Umfeld, das die **Annahme einer Interessenparallelität der Bürger** bei der Staatswillensbildung geradezu suggerieren mußte.[16] *Rousseau* weist auch ausdrücklich darauf hin, sein Staatsmodell

---

[13] Contrat social II, 3.

[14] *Rousseau,* Emile ou sur l'éducation (1762).

[15] Sicher übersieht *Rousseau* nicht, daß es unvernünftige und asoziale Menschen geben kann. Diese bleiben aber, wie bereits dargelegt, Ausnahmeerscheinungen, die eher die Regel bestätigen; zudem heben sich ihre Einflüsse gegenseitig auf, so daß die angenommene Identität der Gemeinschaftsentscheidungen der Bürger mit dem Gemeinwohl (der volonté générale) nicht berührt wird.

[16] Contrat social IV, 1: „Solange mehrere vereinigte Menschen sich als einen einzigen Körper betrachten, haben sie nur einen einzigen Willen" und „keine verwickelten einander widersprechenden Interessen; das Gemeinwohl tritt überall sichtlich hervor, und es bedarf nur gesunder Vernunft, um es wahrzunehmen". Die Möglichkeit, daß auch gegensätzliche Interessen verschiedener Schichten und Gruppen aufeinandertreffen und bei Volksabstimmungen die Interessen einer Gruppe unterliegen können, entging *Rousseau* zwar durchaus nicht, er sah darin jedoch eine Entartung der Demokratie – die Folge einer von Anfang an schlechten Verfassung.

verlange ,,fast vollkommene Gleichheit in bezug auf Stand und Vermögen".[17]

Auch in einem weiteren Punkt ist die Theorie *Rousseaus* offenbar von den Verhältnissen Genfs und anderer Schweizer Kantone geprägt (daneben auch von den antiken Vorbildern Athen und Rom):[18] *Rousseaus* **Demokratie** ist notwendigerweise eine **unmittelbare.** Nur sie ist für ihn ein wirklich rechtmäßiger Staat. Seine Vorstellung von der Identität von Herrschenden und Beherrschten setzt voraus, daß der Gemeinschaftswille direkt aus dem Willen der Bürger gebildet wird – ohne Dazwischentreten von Abgeordneten oder sonstigen Volks-,,Vertretern".[19] Dies aber läßt sich, wie *Rousseau* gelegentlich selbst erkennt, nur erreichen in ,,einem sehr kleinen Staat, in dem das Volk leicht zu versammeln ist".[20] Zugleich wendet sich *Rousseau* auch **gegen** jede andere Form intermediärer **Gruppenbildung,** insbesondere also gegen Parteien und Interessenverbände.[21]

Das demokratische **Modell** *Rousseaus* war, wie man heute sagen würde, das **einer atomistischen Demokratie,** also einer Demokratie, in der die politische Willensbildung durch das Zusammenspiel einer Vielzahl von Bürgern zustande kommt, von denen jeder nur ein Atom in der Menge ist und in der ,,die Staatsbürger keine Verbindung untereinander" haben,[22] so daß ,,jeder Staatsbürger vollkommen unabhängig von allen anderen ist".[23] Weder Partei noch Interessenverband sollte die Bildung der volonté générale und damit das Finden des im Sinne des Ge-

---

[17] Contrat social III, 4. – Contrat social II, 11: ,,Will man dem Staate Bestand verleihen, so muß man also die äußersten Endpunkte einander möglichst nähern; man darf weder zu Reiche noch Bettler dulden. Diese beiden von Natur aus untrennbaren Stände sind dem Gemeinwohl in gleicher Weise verhängnisvoll." Ebenso schon *Montesquieu,* De l'esprit des lois V, 3–6.

[18] Contrat social III, 12, 13.

[19] Contrat social III, 15.

[20] Contrat social III, 4. – Ist der Staat zu groß, so diskutiert *Rousseau* immerhin eine Art Kompromiß: ,,Kann man nun den Staat nicht auf die gehörigen Grenzen beschränken, so bleibt immer noch ein Ausweg, und zwar keine Hauptstadt dulden, jede Stadt der Reihe nach zum Sitze der Regierung zu machen und in ihnen auch abwechselnd die Volksversammlungen abzuhalten" (Contrat social III, 13).

[21] Contrat social II, 3: ,,Um eine klare Darlegung des allgemeinen Willens zu erhalten, ist es ... von Wichtigkeit, daß es im Staate möglichst keine besonderen Gesellschaften geben und jeder Staatsbürger nur für seine eigene Überzeugung eintreten soll ... Gibt es nun solche besonderen Gesellschaften, so muß man ihre Anzahl vermehren und ihrer Ungleichheit vorbeugen ... Diese Vorsichtsmaßregeln können es einzig und allein bewirken, daß der allgemeine Wille immer klar ersichtlich ist und das Volk sich nicht irrt."

[22] Contrat social II, 3.

[23] Contrat social II, 12.

meinwohls Richtigen direkt aus dem Zusammenspiel der Willen der vielen einzelnen Bürger stören.[24]

Auch diese Konzeption läßt sich im modernen Flächenstaat in der Praxis nicht verwirklichen.[25] Vielmehr kommen Groß-Staaten ohne Parlamente schlechterdings nicht aus. Die Entwicklung in den modernen Staaten hat darüber hinaus auch Parteien und Interessenverbände unerläßlich gemacht.

Im Ergebnis schuf *Rousseau* – in Reaktion auf die absolute Monarchie und die Mißstände, die diese bewirkt hatte – eine **Theorie der absoluten Demokratie.** Dabei bedeutete das Wort ,,absolut" – ebenso wie in der Verbindung ,,absolute Monarchie" –, daß der Staat jedes Thema zum Gegenstand seiner Entscheidung machen kann, also allzuständig ist, und keine Grenzen für seine Macht bestehen.[26] *Rousseau* unterscheidet sich von *Bodin* und *Hobbes* nur dadurch, daß er die unbeschränkte Staatsmacht nicht einem über dem Volk stehenden Souverän, sondern dem Volk selbst übertragen möchte, so daß dieses selbst zum Souverän wird; *Rousseau* glaubte, schon darin läge die Gewähr gegen Machtmißbrauch.[27] Geht man von den gefestigten sozialen Verhältnissen der schweizerischen Stadtstaaten aus, die *Rousseau* Modell gestanden hatten, so mußte die Gefahr, daß die unbegrenzte Macht auch ,,ausgereizt" würde, in der Tat wenig aktuell erscheinen. Die Gefahren des Totalitarismus – und sei es auch eines (radikal) demokratischen – traten zurück. Die wirtschaftlich und sozial ausgewogenen Verhältnisse seiner Modellstaaten bewirkten zudem, daß *Rousseaus* Theorie an der Frage eines Ausgleichs von Klassengegensätzen völlig vorbeiging.

Die Probleme der *Rousseau*schen Doktrin wurden dort besonders

---

[24] Contrat social II, 3.

[25] Das räumt übrigens *Rousseau* gelegentlich auch selbst ein (Contrat social III, 15).

[26] Zwar ist das 4. Kapitel des II. Buches des Contrat social überschrieben mit ,,Grenzen der Staatsgewalt". Die Grenzen bestehen darin, daß ,,der Träger der Staatsgewalt ... dem Untertanen keinen für die Gemeinschaft überflüssigen Zwang auferlegen darf". Dies erscheint indes reichlich platonisch, denn was ein überflüssiger Zweck ist, bedarf einer Entscheidung, die eben das Volk selbst treffen muß. Dementsprechend heißt es denn auch weiter: ,,Aber es ist ebenso klar, daß der Träger der Staatsgewalt allein über das Maß des Bedürfnisses entscheidet." Keine wirkliche Begrenzung liegt schließlich auch in der religiösen Duldsamkeit, die *Rousseau* empfiehlt – vorausgesetzt, daß die religiösen Bekenntnisse den Bürger lehren, seine staatsbürgerlichen Pflichten zu lieben. Denn der Probierstein für das Vorliegen dieser Voraussetzung ist das Bekenntnis des Menschen zu einem ,,staatsbürgerlichen Glaubensbekenntnis, dessen Artikel der Träger der Staatsgewalt zu bestimmen hat" (Contrat social IV, 8).

[27] Contrat social I, 7: ,,Da der Träger der Staatsgewalt nur durch die einzelnen existiert, die im Staat vereinigt sind, so kann sein Interesse nicht ihrem widersprechen; folglich braucht für die Staatsgewalt keiner bei den Untertanen zu bürgen, weil der Körper unmöglich seine Glieder schädigen wird.

handgreiflich, ,,wo seine Ideen – dazu noch falsch verstanden – auf die Massenstruktur revolutionärer Bewegungen wie die der französischen Revolution übertragen wurden".[28]

So wurde *Rousseau* einerseits zum großen Theoretiker der neuen Volkssouveränität, andererseits barg seine radikal-demokratische Konzeption die Gefahr, in der Praxis leicht in eine **demokratische Diktatur** umzuschlagen. Auf diese Weise wurde *Rousseau* auch zum Propheten des Totalitarismus und der demokratischen Diktatur. *Robespierre* (1758–1794), der Wortführer der Jakobiner während der französischen Revolution, berief sich denn auch ausdrücklich auf *Rousseau*. Der Contrat social wurde geradezu zum Katechismus der französischen Revolution. In einer Rede vor dem Nationalkonvent am 7. Mai 1794 feierte *Robespierre Rousseau* als ,,Lehrer des Menschengeschlechts" und Vorläufer der Revolution, der die ,,Sache der Gerechtigkeit und Gleichheit verteidigt" habe. Symbolischer Ausdruck für diese theoretische Einvernahme *Rousseaus* durch die Jakobiner war die – von *Robespierre* selbst verfügte – Überführung der Asche *Rousseaus* ins Panthéon.

Allerdings nahmen die Jakobiner einige sehr weitherzige Interpretationen von *Rousseaus* Lehre vor (zu denen diese wegen ihrer teilweisen Unbestimmtheit und ihrer Widersprüche aber selbst einzuladen schien). So hatte *Rousseau* an einigen Stellen des Contrat von einem weisen Gesetzgeber gesprochen, der die Gesetze entwerfen sollte, über die das Volk dann abzustimmen habe[29] – ohne allerdings zu sagen, wie jener Gesetzgeber bestellt werden sollte. Diese Textstelle mußte geradezu zum klassischen Argument werden, mit dem diktatorische Macht sich ein rechtfertigendes Mäntelchen überzustreifen versucht: Diejenigen, die die Macht haben, brauchen sich nur als jener Gesetzgeber im Sinne *Rousseaus* auszugeben, was natürlich auch die Jakobiner taten. – Da *Rousseau* Parteien ablehnte, glaubte die jakobinische Diktatur sich auf ihn insoweit berufen zu können, als sie alle Parteien (außer der eigenen) verbot. – *Rousseau* hatte die Todesstrafe oder die Verbannung vorgeschlagen für den, der das bürgerliche Glaubensbekenntnis bricht oder sich nicht zu ihm bekennt.[30] Daraus nahmen die Jakobiner das Recht zu Mord und Massenterror. *Rousseau* hatte für Ausnahmesituationen nach dem Vorbild Roms eine ,,auf einen sehr kurzen Zeitraum beschränkte" Diktatur ohne Gesetzgebungsrecht empfohlen,[31] die Jakobiner leiteten daraus eine unbefristete Herrschaft *mit* Gesetzgebungsrecht ab.[32]

So führte der demokratische Absolutismus, jedenfalls in der Ausprägung, die er in der jakobinischen Schreckensherrschaft gefunden hatte, ebenso zu Auswüchsen und unerträglichen Mißständen wie der monarchische. Während die große und bleibende staatstheoretische Bedeutung *Rousseaus* darin liegt, daß er der Idee der Selbstbestimmung des Volkes, der Volkssouveränität, zum Durchbruch verhalf, die hinfort für

---

28 *Eschenburg,* Staat und Gesellschaft, 74.
29 Contrat social II, 6, 7.
30 Contrat social IV, 8.
31 Contrat social IV, 6.
32 *Eschenburg,* Staat und Gesellschaft, 75.

das Staatsverständnis der westlichen Demokratie grundlegend wurde, liegt die historische Bedeutung der Jakobiner-Herrschaft darin, daß sie eindrucksvoll die Gefahr aufzeigte, daß *Rousseaus* – für Großstaaten unrealistisches und alle Sicherungen gegen Machtmißbrauch entbehrendes – Modell pervertieren und zu einer totalitären Terrorherrschaft werden kann.

D. Bürgerliche Freiheit durch Begrenzung der Staatsgewalt: Liberaler Rechtsstaat

I. Vorbemerkung

In Reaktion auf die absolutistische Willkürherrschaft gewann gegen Ende des 18. Jahrhunderts eine Auffassung immer mehr Gewicht, die die Notwendigkeit einer **Begrenzung staatlicher Macht** hervorhob und die Eigenrechte eines jeden Menschen gegen staatliche Bevormundung und Mißbräuche wirksam sichern wollte. Diese – aus zahlreichen Quellen gespeiste – politische Strömung läßt sich schlagwortartig mit dem Sammelbegriff **Liberalismus** kennzeichnen.

Zwar stellte „der" Liberalismus an sich durchaus keine geschlossene und einheitliche Bewegung dar und war auch nicht nur auf die Beschränkung des staatlichen Wirkens gerichtet. Dennoch wollen wir von allem Facettenreichtum absehen und uns auch hier ganz bewußt auf eine holzschnittartige Darstellung beschränken.

Wer eine Begrenzung der Staatsgewalt erreichen möchte, für den gibt es vor allem zwei Wege: Einmal kann man bestimmte Sachbereiche ausgrenzen, die dem Zugriff des Staates entzogen sind und dem freien Schalten und Walten der einzelnen Menschen vorbehalten bleiben. Das ist der Gedanke der **Grundrechte.** Zum zweiten kann man die staatliche Gewalt organisatorisch so aufgliedern und die Staatsorgane gegenseitig binden, daß im Ergebnis ebenfalls ein Freiheitsbereich für den einzelnen Menschen zustandekommt. Dieser zweite Weg ist der der **Gewaltenteilung.** Beide Wege ergänzen sich. Wer sichergehen will, beschreitet deshalb beide gleichzeitig. Dementsprechend äußerte sich die Forderung nach Begrenzung der staatlichen Macht vor allem in der Forderung nach Grundrechten und nach staatlicher Gewaltenteilung. Haupttheoretiker der Grundrechte wurde der Engländer *John Locke,* während der Gedanke der Gewaltenteilung vornehmlich von dem Franzosen *Charles de Montesquieu* entwickelt wurde.

II. Angeborene und unveräußerliche Menschenrechte

1. *John Locke*

John Locke (1632–1704) macht in seinem Buch **Two Treatises of Government**[1] (1690) ganz bewußt front gegen die absolute Monarchie.[2] Er geht dabei – wie *Hobbes* und *Rousseau* – von der Vorstellung eines Gesellschaftsvertrages aus, durch den die Bürger den Staat gründen. Der Staat soll das Leben, die Freiheit und das Vermögen seiner Mitglieder schützen. Zu diesem Zweck übertragen die Bürger ihm durch den Gesellschaftsvertrag die Befugnis, Gesetze zu erlassen und für ihre Einhaltung – notfalls auch mit Gewalt – zu sorgen.

Locke hatte aber – im Gegensatz zu *Hobbes* und *Rousseau* – durchaus einen Sinn für die Gefahren des Macht*mißbrauchs* und die Notwendigkeit, Vorkehrungen dagegen zu treffen. Dem dient die Vorstellung von natürlichen und unveräußerlichen, also vor- und überstaatlichen **Menschenrechten,**[3] an denen alle Staatsgewalt ihre Grenze finde.[4] Folglich ist es, wie *Locke* in direktem Angriff gegen den Absolutismus schreibt, „ein Irrtum zu glauben, die höchste oder legislative Gewalt eines Staates könne tun, was sie will".[5] Sie kann „nie ein Recht haben, die Untertanen zu vernichten, zu unterjochen oder mit Vorbedacht auszusaugen". Sie kann „keinem Menschen einen Teil seines Eigentums

---

[1] Zwei Abhandlungen über den Staat.

[2] Two Treatises of Government II, §§ 123–127.

[3] *Locke* bezeichnet die natürlichen Rechte, weil sie dem Menschen „eigen" sind, insgesamt mit dem Begriff *„property"*, der in seiner Bedeutung also weit über „Eigentum" in unserer heutigen Vorstellung hinausgeht (Two Treatises of Government II, §§ 123–127).

[4] Ansätze des Grundrechtsgedankens waren allerdings schon früher, vor allem in den Religionskriegen entstanden. So kann man die Toleranzedikte als Vorläufer der Religionsfreiheit und der Grundrechtsidee überhaupt verstehen. Bereits *Baruch Spinoza* (1632–1677) hatte den Zweck des Staates in der Wahrung der Freiheit des Menschen gesehen. *Spinoza* hatte höchst persönlich Erfahrungen mit religiöser Unterdrückung gemacht: Er war wegen „ketzerischer Anschauungen" aus der Synagogengemeinde ausgeschlossen worden. – Dieses Staatsverständnis fand seine Fortsetzung und fundierte Verstärkung dann durch *Locke,* der in seinen „Four Letters Concerning Toleration" (besonders im 1. Brief von 1685) nachdrücklich für religiöse Toleranz eintrat. Interessanterweise lehnte er aber Toleranz gegenüber Atheisten ab: „Letztlich sind diejenigen ganz und gar nicht zu dulden, die die Existenz Gottes leugnen. Versprechen, Verträge und Eide, die das Band der menschlichen Gesellschaft sind, können keine Geltung für einen Atheisten haben. Gott auch nur in Gedanken wegnehmen, heißt alles auflösen. Auch abgesehen davon können die, die durch ihren Atheismus alle Religion untergraben und zerstören, sich nicht auf eine Religion berufen, auf die hin sie das Vorrecht der Toleranz fordern können" (1. Brief über Toleranz).

[5] Two Treatises of Government II, § 138.

wegnehmen ohne seine Zustimmung". Der Staat darf vielmehr nur insoweit tätig werden, als es zur Erhaltung von Leben, Eigentum und Freiheit der in ihm zusammengeschlossenen Menschen erforderlich ist, insbesondere kann er die Bürger zwingen, zu den Unterhaltskosten der Regierung im Verhältnis ihrer Vermögen beizutragen.[6]

Hier stellt sich allerdings die „Gretchenfrage": Wer ahndet es, wenn der Staat seine so gezogenen Grenzen überschreitet? *Lockes* Antwort: Gegen staatlichen Machtmißbrauch habe jeder Bürger ein **Widerstandsrecht.** Da die Bürger sich im Gesellschaftsvertrag nur zur Erhaltung ihrer Menschenrechte zum Staat zusammengeschlossen und ihm Macht verliehen haben, seien sie berechtigt, sich gegen staatliche Übergriffe zur Wehr zu setzen. Die eigentlichen Rebellen seien dann nicht diejenigen, die sich widersetzten, sondern diejenigen, die den Gesellschaftsvertrag gebrochen hätten. Das Widerstandsrecht wird allerdings nur bei eindeutigen Verletzungen des Naturrechts gegeben, nicht schon in Zweifelsfällen.[7]

Einen zweiten, wirksameren Schutz vor Verletzungen der Menschenrechte sah *Locke* in der **Aufteilung der Staatsgewalt** auf verschiedene Träger und in ihrer gegenseitigen Balancierung und Kontrolle. Dementsprechend trat er dafür ein, die Aufgaben der Gesetzgebung von denen der Vollziehung zu trennen und beide Faktoren auf verschiedene Organe zu übertragen. *Locke* muß deshalb auch als Vorläufer des Gewaltenteilungsgedankens angesehen werden (der dann später von *Montesquieu* voll entfaltet wurde). Da *Locke* bei der Entwicklung seiner Konzeption die damalige konstitutionelle Lage Englands vor Augen hatte, will er die Legislative schwerpunktmäßig in die Hand gewählter Repräsentanten, d. h. des Parlaments, gelegt, die Exekutive dagegen auf den Monarchen übertragen wissen.[8]

2. Die Menschenrechtserklärungen

Locke hatte seine Theorie zwar als Antwort auf die Befürworter des monarchischen Absolutismus entwickelt, also auf *Bodin* und *Hobbes*. Entscheidende Wirkung und Zugkraft erhielten sie aber erst in der zweiten Hälfte des 18. Jahrhunderts. *Locke* hatte besonders großen Einfluß auf die **Erklärung der Menschenrechte in den Vereinigten Staaten.** Dort bildete die allgemeine politische „Gestimmtheit" einen höchst fruchtbaren Boden für die begeisterte Übernahme seiner Vorstellung, weil sie dem ausgeprägten Freiheitssinn der amerikanischen Siedler Ausdruck

---

[6] *Locke* bindet also letztlich alle Staatsgewalt an das „Naturrecht" (Two Treatises of Government II, §§ 134–136, 138).

[7] Two Treatises of Government II, §§ 202–204, §§ 223–227.

[8] Two Treatises of Government II, §§ 143, 144.

verlieh, deren Väter zum großen Teil um ihrer Freiheit willen in die Neue Welt ausgewandert waren. So beriefen sich die Kolonien bei ihrem Streit mit dem englischen Mutterland, ob ihnen auch ohne Vertretung im Parlament Lasten auferlegt werden dürften („no taxation without representation!") nachdrücklich auf naturrechtlich begründete, eben „angeborene und unveräußerliche" Menschenrechte, die dem Staat vorgegeben und deshalb auch seinem Zugriff entzogen sind (sofern ihm eine Zugriffsmöglichkeit nicht ausdrücklich eingeräumt wird). Und es war kein Zufall, daß die **amerikanische Unabhängigkeitserklärung** vom 4. 7. 1776, die es als selbstverständliche Wahrheit bezeichnete, daß die Menschen mit unveräußerlichen Rechten ausgestattet sind, genau mit den ersten Menschenrechtserklärungen zusammenfiel. Der Einfluß *Lockes* ging so weit, daß *Thomas Jefferson,* der die Unabhängigkeitserklärung entworfen hatte, sich sogar den Vorwurf gefallen lassen mußte, er habe Teile einfach von *Locke* abgeschrieben.

Ausführliche Menschenrechtserklärungen finden sich in den „Bills of Rights" der amerikanischen Einzelstaaten. Zum Vorbild wurde hier die **Bill of Rights of Virginia** vom 12. 6. 1776, in deren **Art. 1** es hieß:

> „Alle Menschen sind von Natur aus gleichermaßen frei und unabhängig und besitzen gewisse angeborene Rechte, deren sie, wenn sie den Status der Gesellschaft annehmen, ihre Nachkommenschaft durch keine Abmachung berauben und entkleiden können, und zwar auf Genuß des Lebens und der Freiheit und dazu die Möglichkeit, Eigentum zu erwerben und zu besitzen und Glück und Sicherheit zu erstreben und zu erlangen."

In besonderen Artikeln waren die **Pressefreiheit** (Art. 12) und die **freie Religionsausübung** (Art. 16) gewährleistet.[9] Die Erklärungen anderer Unionsstaaten fügten noch die **Auswanderungsfreiheit,** die **Versammlungsfreiheit** und das **Petitionsrecht** hinzu. Art. 4 der Erklärung von Maryland bezeichnete zudem „the doctrine of nonresistance against arbitrary power and oppression" als „absurd, slavish and destructive of the good and happiness of mankind".[10] Hier wird *Lockes* Lehre vom **Widerstandsrecht** aufgenommen.

Die amerikanische Bundesverfassung von 1787 enthielt zwar zunächst keine Menschenrechtserklärungen; dies wurde aber schon 4 Jahre später nachgeholt, als die Verfassung um entsprechende Zusatz-Artikel („amendments") erweitert wurde.

Die amerikanischen Bills of Rights haben ihrerseits der **französischen Erklärung der Menschen- und Bürgerrechte** von 1789 Modell gestanden.[11] Dabei spielte *La Fayette* eine wichtige Verbindungsrolle. Als lei-

---

9 *F. Hartung,* Entwicklung der Menschen- und Bürgerrechte, 2ff., 24ff.

10 *Georg Jellinek,* Erklärung der Menschen- und Bürgerrechte, 21.

11 *Georg Jellinek* (oben FN 10). – Die französische Erklärung der Menschen- und Bürgerrechte von 1789 wurde später Bestandteil der französischen Verfassung vom 3. 9. 1791.

denschaftlicher Freiheitskämpfer hatte er bereits am amerikanischen Bürgerkrieg teilgenommen und war als Freund *Washingtons* mit dem Gedankengut der Freiheitsbewegung vertraut. Auf seinen Vorschlag verabschiedete die französische Nationalversammlung im August 1789 die ,,Déclaration des droits de l'homme et du citoyen".[12] Die wichtigsten Passagen finden sich in der Präambel und in den Artikeln 1 und 2:

,,Die Repräsentanten des Volkes, konstituiert als Nationalversammlung, ... haben ... beschlossen, in einer feierlichen Erklärung die natürlichen, unveräußerlichen und geheiligten Menschenrechte darzulegen ...

Daher erkennt und erklärt die Nationalversammlung ... folgende Rechte des Menschen und des Bürgers:

Art. 1 Die Menschen werden frei und gleich an Rechten geboren und bleiben es. Die gesellschaftlichen Unterschiede können nur auf dem gemeinsamen Nutzen gegründet sein.

Art. 2 Der Endzweck aller politischen Vereinigung ist die Erhaltung der natürlichen und unabdingbaren Menschenrechte. Diese Rechte sind die Freiheit, das Eigentum, die Sicherheit, der Widerstand gegen Unterdrückung."

Die Erklärung der Menschen- und Bürgerrechte sollte dann ihrerseits zum Fanal für die kontinental-europäische Grundrechtsentwicklung werden. In **Deutschland** gewann sie – allerdings mit der Verzögerung von mehr als einem halben Jahrhundert[13] – starken Einfluß auf den Grundrechtsteil der Paulskirchen-Verfassung von 1849, der wiederum in der Weimarer Reichsverfassung von 1919 und im Grundgesetz von 1949 (natürlich mit Ergänzungen und Modifikationen) fortlebte.[14] Das *Grundgesetz* greift den Gedanken der unverletzlichen Menschenrechte ausdrücklich auf und knüpft damit bewußt an die klassische Tradition an. In *Art. 1 Abs. 2 GG* heißt es:

,,Das deutsche Volk bekennt sich darum zu unverletzlichen und unveräußerlichen Menschenrechten als Grundlage jeder menschlichen Gemeinschaft, des Friedens und der Gerechtigkeit in der Welt."

---

[12] An dem Entwurf von *La Fayette* hatte auch *Jefferson,* damals amerikanischer Gesandter in Paris, mitgewirkt. Vgl. *Oestreich,* Entwicklung der Menschenrechte und Grundfreiheiten, 57.

[13] Die frühen Verfassungen der süddeutschen Staaten (1818–1820) enthielten zwar auch schon gewisse Grundrechte. Ihre gedankliche Basis war aber nicht die Konzeption *vor*staatlicher unveräußerlicher Menschenrechte, sondern entweder ein Pakt zwischen Monarch und Volk oder die Gewährung aufgrund ,,monarchischer Huld". Die eigentliche Grundrechtsentwicklung auf der Basis der naturrechtlichen Staatstheorie von *Locke* wurde erst in der Paulskirchen-Verfassung wieder aufgenommen.

[14] BVerfGE 1, 97 (104): ,,Die Grundrechte haben sich aus den im 18. Jahrhundert proklamierten Rechten der Freiheit und Gleichheit entwickelt."

3. Die Grundrechte als Konstitutionsprinzipien der „Gesellschaft“

Mit der Entwicklung der Grundrechte als Ausgrenzung staatsfreier Bereiche eng verknüpft ist die Entstehung des bürgerlich-liberalen Begriffs der **Gesellschaft.**

Ihr Kennzeichen ist Freiheit vom staatlichen Zugriff. Gesellschaft ist also gleichbedeutend mit nicht-staatlicher Sphäre.[15] Und wesentliche Mittel zur Erhaltung der Staatsfreiheit, d. h. zum Schutz der Gesellschaft, sind eben die Grundrechte, die staatliche Eingriffe nur im Ausnahmefall und bei Vorliegen eng umschriebener Voraussetzungen zulassen.

Zur „Gesellschaft“ in diesem bürgerlich-liberalen Sinne gehören vor allem folgende Bereiche:

- Privatleben,
- Kirche und Religion,
- Kunst,
- Wissenschaft,
- Wirtschaft,
- öffentliche Meinung.

Jeder dieser Bereiche ist durch einen Kranz von Grundrechten gegen staatliche Interventionen gesichert, so z. B. der Bereich des Privatlebens durch die Grundrechte auf Leben, auf körperliche Unversehrtheit, auf Freiheit der Person (Schutz vor willkürlicher Verhaftung), auf Unverletzlichkeit der Wohnung, des Brief-, (später auch) des Post- und Fernmeldegeheimnisses.

Den Siegeszug des Liberalismus kann man jedoch nur nachvollziehen, wenn man sich vor Augen führt, daß sein Anliegen durchaus nicht nur ein negatives war. Es ging nicht nur darum, **staatliche Gewalt** zu **begrenzen,** sondern auch positiv darum, möglichst **gute inhaltliche Resultate** menschlichen Handelns zu gewährleisten. Mit anderen Worten: Die grundrechtliche Freiheit, (innerhalb der Grenzen der Sozialverträglichkeit) zu tun, was einem beliebt, wurde nicht nur deshalb gewährt, weil man sich zur Selbstbestimmung als aus der Würde des Menschen fließendem Eigenwert bekannte, sondern auch deshalb, weil man davon ausging, daß die Betätigung in Freiheit zu bestmöglichen Ergebnissen führe. Dies läßt sich anhand der Beispiele „Wirtschaft“ und „öffentliche Meinung“ besonders deutlich machen. So erbrachte *Adam Smith* für den Bereich der Wirtschaft den Nachweis, daß die Begrenzung und Zurück-

---

[15] Da die Freiheit vom Staat das Kernanliegen des Liberalismus war, versteht es sich, daß die Vorstellung von einer (staatsfreien) „Gesellschaft“ in engem Zusammenhang steht mit dem Aufkommen des Liberalismus überhaupt. Im absolutistischen Polizeistaat hatte es den Begriff der Gesellschaft (jedenfalls in dem vom Liberalismus gemeinten Sinn) noch nicht gegeben.

haltung des Staates nicht nur der Freiheit der Bürger als solcher dient, sondern das dadurch freigesetzte Spiel der wirtschaftlichen Kräfte – unter bestimmten Voraussetzungen – auch Rechtssicherheit und Wohlstand bestmöglich fördert. Analog dazu zeigte *John Stuart Mill,* daß auch die öffentliche Meinung dann am ehesten zum inhaltlich Richtigen tendiert, wenn sie sich in freier Diskussion entwickeln kann und der Staat auf jede Gängelung verzichtet. Die staatliche Nichteinmischung war also nicht etwa Ausdruck von Wertblindheit, sondern zielte auf bestimmte Werte. Nur glaubte man, diese Werte eben besser durch Nichtintervention als durch Intervention erreichen zu können.

4. Freiheit der Wirtschaft

4.1. *Adam Smith*

Der Kerngedanke des wirtschaftsliberalen Konzepts läßt sich am besten vor dem Hintergrund *der* Auffassungen darstellen, die den Staatsabsolutismus vor allem im 18. Jahrhundert im Bereich der Wirtschaft systemkonform ergänzt hatten und gegen die der wirtschaftliche Liberalismus seinerseits front machte: der **Colbertinismus** in Frankreich, der **Merkantilismus** in England und die **Kameralistik** in Preußen und in anderen deutschen Staaten.[16] Diese Auffassungen gingen zwar in manchen Einzelheiten auseinander; sie stimmten aber alle darin überein, daß der *Staat* die Steuerung des Wirtschaftsprozesses selbst in die Hand nehmen müsse, weil nur dann eine sinnvolle Wirtschaftsordnung entstehen könne.[17] Die wohlweisliche Obrigkeit meinte, auch im Bereich der Wirtschaft den beschränkten Untertanenverstand lenken zu müssen. Ihre Devise ging dahin, alles *für* das Volk zu tun, jedoch nichts *durch* das Volk tun zu lassen.

Für eine solche staatswirtschaftliche Auffassung mußte es wie eine gedankliche Revolution erscheinen, wenn der Wirtschaftsliberalismus nunmehr behauptete, eine sinnvolle wirtschaftliche Ordnung ergebe sich auch ohne staatliche Lenkung, ja staatliche Eingriffe würden den Wirtschaftsablauf im Gegenteil nur stören und seien deshalb möglichst zu unterbinden. Die wirtschafts- und staatstheoretische Grundlegung dieser – ursprünglich auf die sog. **Physiokraten** zurückgehenden – Auffassung entwickelte *Adam Smith* (1723–1790) in seinem epochemachenden Werk **Eine Untersuchung über Natur und Wesen des Reichtums der Nationen** (1776). Vergröbern wir seine Gedanken, wie dies in der wirtschafts-

---

[16] Dazu *Finer,* Der moderne Staat, 73ff.

[17] Diese Auffassung ist namentlich durch die Philosophie *Christian Wolffs* und unter dem Einfluß der vor allem von *v. Justi* begründeten Theorie des Polizeistaates entwickelt worden.

politischen Diskussion meist geschah, so ergibt sich aus ihnen die Empfehlung, die **wirtschaftlichen Kräfte** nur **sich selbst** zu **überlassen,** um sie zur Entfaltung zu bringen, und – im Wege der Selbststeuerung – den bestmöglichen Ablauf des Wirtschaftsprozesses zu gewährleisten.[18] Der Staat sollte sich auf die Setzung einer Rahmenordnung beschränken.

Zugrunde lag der Glaube an die automatische Harmonie des Wirtschaftsgeschehens, das durch die spontanen Kräfte der Gesellschaft von selbst auf dem bestmöglichen Pfad gehalten werde. Man sprach deshalb von „prästabilierter Harmonie". Charakteristisch für diese Auffassung ist eine Äußerung des englischen Historikers und Politikers *Thomas Macaulay* (1800–1859):

„Unsere Herrscher werden dem Fortkommen der Nation am besten dann dienen, wenn sie sich strikt auf ihre legitimen Pflichten beschränken, wenn sie es dem Kapital überlassen, seine ergiebigste Anlage, den Waren, ihren angemessenen Preis, der Industrie und Intelligenz, ihre materielle Entlohnung, der Faulheit und Dummheit, ihre natürliche Bestrafung zu finden".[19]

Dementsprechend lautete die wirtschaftspolitische Leitregel: „Laissez faire, laissez passer, le monde va de lui-même" **(Laissez-faire-Konzept).** *Adam Smith* geht von einem **realistischen Menschenbild** aus: Die stärkste Motivation für den wirtschaftenden Menschen sei im allgemeinen das Bestreben, seinen eigenen Vorteil und Nutzen zu mehren.[20] Während nun aber die naive, unreflektierte Anschauung meint, der Eigennutz der einzelnen müsse notwendig zum Nachteil der Mitmenschen, also zulasten der Gesamtheit ausschlagen, erbrachte *Smith* den Nachweis, daß dies durchaus nicht der Fall zu sein braucht. Vor allem zeigte er, daß das Gewinnmotiv der Unternehmer für die Masse der Verbraucher höchst förderlich sein kann, wenn – das ist die zentrale Voraussetzung – **Wettbewerb** zwischen den Unternehmern besteht. In dem Nachweis, daß das Eigeninteresse der Menschen durch den Wettbe-

---

18 Näheres hierzu und zum folgenden bei *v. Arnim,* Volkswirtschaftspolitik, 27f., 57ff., 65ff. m. w. N.

19 Zit. nach *Eschenburg,* Staat und Gesellschaft, 78.

20 *Adam Smith,* Wohlstand der Nationen, Erstes Buch, 2. Kapitel: „Der Mensch ... braucht fortwährend die Hilfe seiner Mitmenschen, und er würde diese vergeblich von ihrem Wohlwollen allein erwarten. Er wird viel eher zum Ziele kommen, wenn er ihren Egoismus zu seinen Gunsten interessieren und ihnen zeigen kann, daß sie ihren eigenen Nutzen davon haben, wenn sie für ihn tun, was er von ihnen haben will. Wer einem anderen irgendeinen Handel anträgt, macht ihm einen Vorschlag. Gib mir, was ich will, und du sollst haben, was du willst, ist der Sinn eines jeden solchen Anerbietens; und auf diese Weise erhalten wir voneinander den weitaus größten Teil der guten Dienste, die wir benötigen. Nicht von dem Wohlwollen des Fleischers, Brauers oder Bäckers erwarten wir unsere Mahlzeit, sondern von ihrer Bedachtnahme auf eigenes Interesse. Wir wenden uns nicht an ihre Humanität, sondern an ihren Egoismus, und sprechen ihnen nicht von unseren Bedürfnissen, sondern von ihren Vorteilen."

werb kontrolliert und die Aktivität der Menschen auf diese Weise in eine Richtung gelenkt werden kann, die letztlich der Gesamtheit dient, besteht geradezu der Kern der liberalen Wirtschaftstheorie. Wettbewerb setzt seinerseits voraus, daß möglichst viele, nicht miteinander verbundene Wirtschafter vorhanden sind. *Adam Smiths* **Modell der Wirtschaft** ist also ein **atomistisches,** ebenso wie *Rousseau* ein atomistisches Modell der Demokratie konzipiert hatte.[21]

Das Konzept des wirtschaftlichen Laissez-faire wurde in der politischen Praxis zwar nie vollständig befolgt, war jedoch die vorherrschende Auffassung des 19. Jahrhunderts und übte auch im ersten Drittel des 20. Jahrhunderts noch beträchtlichen Einfluß aus.

4.2. Die ökonomischen Grundfreiheiten

Adam Smiths Wirtschaftsmodell hatte, was oft übersehen wird, auch wichtige **rechtliche Konsequenzen:** Wenn man davon überzeugt ist, die spontanen Kräfte der Wirtschaft spornten sich gegenseitig derart an und pendelten sich gleichzeitig derart aus, daß ihr Zusammenwirken zu bestmöglichen Resultaten führt, so ergibt sich daraus zwangsläufig das politische Postulat, die Rechtsordnung so zu gestalten, daß die Entfaltung der Wirtschaftskräfte möglichst wenig beeinträchtigt wird. Der wirtschaftliche Liberalismus verlangte deshalb zu seiner rechtlichen Absicherung bestimmte Freiheitsverbürgungen: die **Vertragsfreiheit** als Recht eines jeden, selbst frei zu entscheiden, ob, mit wem und mit welchem Inhalt er Verträge abschließt, die **Garantie des Privateigentums,** die einmal das Recht umfaßt, über das eigene Hab und Gut frei disponieren zu können; zum zweiten ist sie rechtliches Instrument, den ökonomischen Erfolg privatinitiierter Leistung dem Individuum zuzurechnen. Die Eigentumsgarantie bewirkt so, daß Privatinitiative und Leistung sich wirtschaftlich lohnen; sie entfaltet eine Anreizfunktion und setzt auf diese Weise unerhörte Aktivitäten frei, die die Marktwirtschaft wie ein starker innerer Motor zur Höchstleistung bringen. Hinzu kamen die **Berufs- und Gewerbefreiheit** als Freiheit, jeden Beruf zu wählen und auszuüben und jedes Gewerbe zu begründen, und die **Freizügigkeit und Niederlassungsfreiheit.** Gerade die Berufsfreiheit ist von zentraler Bedeutung für die Persönlichkeitsentfaltung, weil die Wahl des Berufs eine *strategische,* das ganze Berufs-, aber auch das Privatleben berührende, später nur noch schwer reversible Grundentscheidung für die Gestaltung eines Menschenlebens darstellt.

Diese Freiheiten konstituieren als **ökonomische Grundrechte** die freie Wirtschaft; sie fanden im Kern bereits ihren Niederschlag in den amerikanischen und französischen Grundrechtserklärungen, strahlten von

---

21 Oben C II.

dort auf die Paulskirchen-Verfassung und die Weimarer Reichsverfassung aus und markieren auch heute noch den grundrechtlichen Ausgangspunkt der Wirtschaftsordnung der *Bundesrepublik*.

4.3. Privatautonomie, Marktwirtschaft und Grundwerte

Gewiß, die ökonomischen Grundfreiheiten wurden nicht erst seit *Adam Smith* postuliert. Insbesondere den Grundsatz der Vertragsfreiheit und die rechtliche Anerkennung des Privateigentums hatte schon das römische Recht als Ausdruck der Privatautonomie der Menschen, als Basis und Instrument für Privatinitiative und als Zurechnungspunkt für individuelle Verantwortung ins Zentrum seiner Zivilrechtsordnung gestellt (die im 15. und 16. Jahrhundert auch nach Deutschland rezipiert worden war). Das *Neue* von *Adam Smiths* Theorie der freien Wirtschaft bestand demgegenüber darin, daß die Freiheiten nicht mehr allein um der ungegängelten Selbstbestimmung der Menschen willen gefordert wurden, sondern die Forderung sich nun auch auf die Verheißung gesamtwirtschaftlicher Wohlfahrt stützen konnte. Bürgerlich-rechtliche Privatautonomie erschien nicht mehr nur als *Eigen*wert, sondern auch als *Dienst*wert zur Realisierung von nationalen, gesamtwirtschaftlichen Interessen.

Hier erweist sich, daß das marktwirtschaftlich-wettbewerbliche System und die vom Prinzip der Autonomie beherrschte Privatrechtsordnung *einander* strukturell *zugeordnet* sind und sich gegenseitig ergänzen. Der Jurist, der im Vertrag nur die bloße Übereinstimmung der Willenserklärungen zweier Partner sieht, bleibt in seiner Betrachtungsweise deshalb ebenso einäugig wie der Volkswirt, der seine Aufmerksamkeit auf den Ablauf von Preis-Mengen-Modellen konzentriert. Beide Betrachtungsweisen stehen vielmehr im Verhältnis der Komplementarität. Sie gehören zusammen, will man das Ganze in den Blick bekommen. Das **Zusammenwirken von Rechtsinstituten** einerseits **und wirtschaftlichen Kräften** andererseits läßt sich noch verdeutlichen, wenn man sich im folgenden einmal vor Augen führt, wie die freie – durch die ökonomischen Grundrechte konstituierte – wettbewerbliche Marktwirtschaft im bürgerlich-liberalen Modell den Grundwerten des Liberalismus gerecht wird und ein Optimum an freiheitlicher Selbstbestimmung, an Gleichheit, Integration, Wohlstand und Rechtssicherheit bewirkt.

Die Garantie der Vertragsfreiheit als Kern der Privatautonomie ermöglicht **freiheitliche Selbstbestimmung** und **Gleichheit.** Niemand kann die Bedingungen, zu denen Güter ausgetauscht werden, diktieren. Jeder einzelne bestimmt selbst, ob und mit wem er ein Austauschgeschäft vornehmen will. Auch wenn sich Partner von unterschiedlicher wirtschaftlicher Potenz gegenüberstehen, führt dies – jedenfalls solange Wettbewerb herrscht – zu keiner Abhängigkeit des einen vom anderen, weil der Wettbewerb eine „Entmachtung“ des wirtschaftlich Potenteren bewirkt, so daß dieser keine Möglichkeit hat, seinen Freiheitsraum auf Kosten seines Vertragspartners auszudehnen. Da niemand ohne seine Zustimmung gebunden werden kann, ist das mögliche Maximum an Selbstbestimmung verbürgt. Der Vertrag, der zwischen den Parteien ähnlich wirkt wie ein (Individual-)Gesetz, ist vor allem freiheitlicher als staatliche Gesetze, eben weil an den Vertrag nur gebunden ist, wer ihm selbst persönlich zugestimmt hat, was für staatliche Gesetze offenbar nicht (oder doch nur in der *Rousseau*schen Utopie) zutrifft. Beim (funktionierenden) Vertrag gehorcht jeder Bürger in der Tat nur sich selbst.

Die vertragliche Selbstbestimmung begünstigt mittelbar auch das innere Einverständnis der Beteiligten mit den Resultaten des marktwirtschaftlichen Prozesses. Denn die aus der Selbstbestimmung resultierende Verantwortung der Kontrahenten für den Abschluß des Vertrages und für seinen Inhalt trägt zu seiner Akzeptierung bei und entfaltet so **Integrationswirkung.**

Das durch die Vertragsfreiheit freigesetzte und durch die Garantie des Privateigentums wie durch einen machtvollen Motor angetriebene marktwirtschaftliche Konkurrenzmodell tendiert auch zur bestmöglichen Ausnutzung der volkswirtschaftlichen Produktivkräfte an Kapital, Boden und Arbeit und dient damit in vorzüglicher Weise der **Wohlstandsmehrung** – ein Ziel, welches nicht von ungefähr im Titel von *Adam Smiths* theoretischer Grundlegung der Marktwirtschaft ausdrücklich genannt wird. Auch ein allwissender und allmächtiger Zentralplaner könnte keinen besseren Einsatz der Produktionsfaktoren finden, als ihn der vollständige Wettbewerb im marktwirtschaftlichen Modell zustande bringt. Dies läßt sich in der Wirtschaftstheorie nachweisen und kommt auch darin zum Ausdruck, daß in einer Zentralverwaltungswirtschaft, die sich nach den Wünschen der Konsumenten richtet und ihren Wohlstand maximieren will, genau *die* Bedingungen realisiert werden müssen, die sich auch aus dem marktwirtschaftlichen Konkurrenzmodell ergeben.

Auch in der Praxis hat sich die marktwirtschaftliche Steuerung als außerordentlich wirksam erwiesen, um ein hohes und sich mehrendes Wohlstandsniveau zu sichern. Die Fähigkeit der Marktwirtschaft, unerhörte Wachstumskräfte freizusetzen, zeigte sich nicht nur im klassischen Kapitalismus des 19. Jahrhunderts, sondern auch nach dem Zweiten Weltkrieg, als 1948 im Gebiet der (späteren) *Bundesrepublik* die Bewirtschaftung in vielen Bereichen mit einem Schlag aufgehoben, die Preise und die meisten sonstigen Wirtschaftsdaten dem Spiel der marktwirtschaftlichen Kräfte überantwortet wurden und dadurch das sog. Wirtschaftswunder ermöglicht wurde.

Die Anerkennung des geschlossenen Vertrages als rechtlich verbindlich („pacta sunt servanda“) verbürgt schließlich **Rechtssicherheit,** weil dadurch die Diskussion um die inhaltliche Angemessenheit des Vertragsinhalts abgeschnitten wird. Die Rechtssicherheit fördert ihrerseits wieder die Entfaltung der wirtschaftlichen Entwicklung, weil Rechtssicherheit es den Wirtschaftern erleichtert, sich rational zu verhalten.

5. Freiheit der öffentlichen Meinung

In Analogie zu den wirtschaftlichen Gütermärkten, wo die besten und billigsten Güter sich im Wettbewerb mit anderen durchsetzen, geht die liberale Theorie der öffentlichen Meinung davon aus, auch auf dem „Meinungsmarkt" fänden die vernünftigsten Auffassungen die größte Anerkennung und Verbreitung. Auf diese Weise bewirke Freiheit von staatlicher Unterdrückung und Lenkung größtmögliche **Richtigkeit** der öffentlichen Meinung. Dabei ist der *Begriff* „öffentliche Meinung" schwer zu definieren. Während das Wort **Meinung** eine bestimmte Ansicht über einen Gegenstand bezeichnet, umfaßt das Adjektiv **öffentlich** unterschiedliche Aspekte: Einmal hebt das Wort auf den Kreis der Adressaten ab. Danach ist eine Meinung dann „öffentlich", wenn sie sich an eine unbestimmte Vielzahl von Adressaten richtet und jedermann zugänglich ist (Gegensatz: Brief). Öffentliche Meinung ist hier gleichbedeutend mit *ver*öffentlichter Meinung. Der Begriff öffentlich bezieht sich aber auch auf den Gegenstand der Äußerung; „öffentlich" bedeutet dann die Allgemeinheit interessierend und die Menschen in ihrer Eigenschaft als Staatsbürger betreffend. Schließlich kann das Wort „öffentlich" auch dahin verstanden werden, daß es die Einwirkung von Ansichten und Diskussionen auf die politische Willensbildung kennzeichnen soll. Keine dieser Umschreibungen ist erschöpfend, jede betrifft einen wichtigen Teilaspekt, der aber der Ergänzung durch die anderen Teilaspekte bedarf. Öffentliche Meinung ist danach dadurch charakterisiert, daß sie sich an eine unbestimmte Vielzahl von Adressaten wendet, jedermann zugänglich ist, allgemeine Belange betrifft und sich auf die politische Willensbildung bezieht. Sie kann einheitlicher Natur sein, in vielen Fällen aber wird sie das Resultat eines Widerstreits unterschiedlicher Ansichten sein.

5.1. *John Stuart Mill*

Ein beredter und einflußreicher Theoretiker einer freien öffentlichen Meinung war *John Stuart Mill* (1806–1873). Sein 1859 veröffentlichtes Werk **On Liberty** („Die Freiheit")[22] handelt im 2. Kapitel „von der Denk- und Redefreiheit". *Mill* begründet darin ausführlich, warum Mei-

---

[22] *John Stuart Mill,* Die Freiheit, hrsg. von *Grabowsky,* 1945. Vgl. auch schon *Welcker,* Art. „Öffentlichkeit", in: *v. Rotteck/Welcker* (Hrsg.), Das Staats-Lexikon, Bd. 10, 246–282.

nungsfreiheit und freie Diskussion die sichersten Mittel seien, der Wahrheit zumindest so nahe zu kommen, wie dies Menschen überhaupt möglich sei. Die freie öffentliche Diskussion führe nämlich dazu, daß alle bedeutsamen Gesichtspunkte aufgedeckt würden und die besseren Argumente sich schließlich durchsetzten. Denn der Mensch besitze die Fähigkeit, seine Irrtümer durch Erfahrung und Erörterung zu berichtigen, „nicht durch Erfahrung allein; Erörterung muß stattfinden, um zu zeigen, wie die Erfahrung zu deuten ist. Falsche Meinungen und Gewohnheiten weichen allmählich vor Tatsachen und Beweisen; aber Tatsachen und Beweise müssen, wenn sie auf den Geist überhaupt wirken sollen, vor ihm ausgebreitet werden.“[23] Aus diesen Gründen dürfe keine Regierung die freie Meinungsbildung und Diskussion unterdrücken.

5.2. Die Kommunikationsfreiheiten und der Grundsatz der Öffentlichkeit

Der Staat hat die öffentliche Meinung also ihrer Eigengesetzlichkeit zu überlassen, damit sie insgesamt zum „Richtigen“ hin tendiert. Das Funktionieren dieses Prozesses setzt ebenso wie das des marktwirtschaftlichen Ablaufs Sicherungen gegen staatliche Gängelung und Lenkung voraus. Dem dienen die grundrechtlichen Kommunikationsfreiheiten: die **Meinungsfreiheit** als Freiheit der Information, der Meinungsbildung und der Meinungsäußerung, als Freiheit der Kritik und der Diskussion, die **Freiheit der Presse** als der wichtigsten Lieferantin von Informationen für das „Publikum“ und zugleich als seiner wichtigsten Wortführerin, die **Versammlungsfreiheit** und das **Petitionsrecht.**

In engem Zusammenhang mit den genannten Freiheiten steht der Grundsatz der **Öffentlichkeit** des **staatlichen Lebens;** die vernünftige Diskussion über staatliche Probleme und die wirksame Kontrolle der politisch Verantwortlichen durch das „Publikum“ setzt ja voraus, daß dieses die relevanten Fakten kennt. „Das Öffentliche soll öffentlich sein“ *(Carl Welcker):* Was alle angeht, soll auch allen zugänglich sein. Diese in polemischer Wendung gegen die Arkanpraxis der absoluten Monarchie entstandene Devise entwickelte sich im ausgehenden 18. und 19. Jahrhundert zu einer zentralen Maxime der liberalen Staatstheorie.[24]

Die verfassungsrechtliche Verbürgung dieser Grundrechte und Grundprinzipien der freien öffentlichen Meinung bildet naturgemäß ein wesentliches Anliegen des bürgerlichen Liberalismus, das über die Menschenrechtserklärungen und die Paulskirchenverfassung seinen Niederschlag auch in der Weimarer Reichsverfassung und im *Grundgesetz* fand.

---

[23] *Mill* (oben FN 22), 139f.

[24] Näheres bei *v. Arnim,* Die Öffentlichkeit kommunaler Finanzkontrollberichte als Verfassungsgebot, 1981 m. w. N.

III. Gewaltenteilung und Gewaltenkoordinierung

Die zweite – neben den Grundrechten stehende und diese ergänzende – Einrichtung zum Schutz der Menschen vor staatlichem Machtmißbrauch ist die Gewaltenteilung. Ihr Grundgedanke liegt in der Beschränkung der Staatsgewalt durch Herstellung von **Machtbalance:** Aller Erfahrung nach streben die Mächtigen im Staat danach, ihre Macht zu erweitern – und zwar solange, bis sie auf wirksame Schranken stoßen (*Kägi:* **Gesetz der Macht**). Diesem Bestreben und der darin liegenden Mißbrauchsgefahr soll im Interesse der Freiheit der Bürger dadurch begegnet werden, daß die **Staatsgewalt auf verschiedene Träger verteilt** wird, die sich gegenseitig kontrollieren, so daß ,,die Macht der Macht Schranken setzt".[25] Man hat in diesem Zusammenhang das Märchen vom tapferen Schneiderlein bemüht, das in genialer Weise die Riesen gegeneinanderbrachte und so vor ihnen Ruhe hatte. Diese Parabel mag als schlaglichtartige Illustrierung ihren guten Dienst tun. Sie ist allerdings etwas mißverständlich, weil es dem Konzept der Gewaltenteilung keinesfalls darum geht, die Staatsgewalt zu paralysieren. Die Folge wäre Anarchie. Es geht vielmehr um die Verhinderung von Machtmißbrauch durch Errichtung wirksamer Beschränkungen. Zugleich geht es (wie allem liberalen Denken) aber auch hier letztlich darum, durch Verschränkung der Machtträger und durch konstruktive Ordnung ihres Zusammenwirkens etwas Positives zu gewährleisten, nämlich die möglichst große Chance für die inhaltliche Richtigkeit der Staatswillensbildung.

1. *Charles de Montesquieu*

Die Theorie der Gewaltenteilung ist vor allem mit dem Namen von *Charles de Montesquieu* (1689–1755) verknüpft.[26] Er war zwar keineswegs der erste Gewaltenteilungs-Theoretiker,[27] wohl aber derjenige, der im politischen Raum die stärkste Wirkung entfalten sollte. *Montesquieu* hat seine staatstheoretische Konzeption in dem Buch **De l'esprit des lois**

---

25 *Montesquieu,* Vom Geist der Gesetze XI, 4: ,,Le pouvoir arrête le pouvoir."

26 Sein ürsprünglicher Name lautete *Charles-Louis de Secondat.* Die *Secondats* waren in öffentlichen Diensten zu Ansehen und Vermögen gekommen. *Charles-Louis'* Vater war der zweite Sohn des *Barons von Montesquieu,* des Parlamentspräsidenten von Guyenne. 1716 wurden Amt und Vermögen *Charles-Louis* übertragen, der fortan den Namen *Montesquieu* führte. – Adelige Herkunft und praktische politische Erfahrung übten wesentlichen Einfluß auf *Montesquieus* Werk aus.

27 Übersicht über die ,,gedanklichen Ahnen" der Gewaltenteilungslehre von *Montesquieu* bei *Zippelius,* Staatslehre, § 24 I 1: *Aristoteles, Platon, Polybios, Machiavelli, Locke* (dazu oben D II 1), *Althusius, Bolingbroke.*

(1748), zu deutsch: ,,Vom Geist der Gesetze", niedergelegt. Das Thema ,,Gewaltenteilung" spielt darin an sich keine beherrschende Rolle: In dem 31 Bücher umfassenden Werk war der Gewaltenteilung nur ein einziges Unterkapitel gewidmet, nämlich *das 6. Kapitel des XI. Buchs*[28]. Und auch bei der stürmischen Aufnahme, die der ,,Esprit" bei seinem Erscheinen fand, wurde dieses Kapitel nicht besonders hervorgehoben. Allerdings sollte es ihm vorbehalten bleiben, auf die spätere Entwicklung durchschlagenden Einfluß zu gewinnen und der Gewaltenteilung im nordamerikanischen und kontinentaleuropäischen politischen Bewußtsein die Bahn zu brechen. Da die Gewaltenteilungslehre sich somit als wichtigster und bleibender Beitrag *Montesquieus* zur Staatslehre erwiesen hat, erscheint es heute gerechtfertigt, *Montesquieu* als den Anwalt der Gewaltenteilung vorzustellen und dabei sowohl sein sonstiges Werk als auch die anderen geistigen Väter der Gewaltenteilung auszublenden.

Montesquieu kleidete sein Gewaltenteilungskonzept in eine (allerdings etwas idealisierte) Darstellung des englischen Verfassungssystems, das er während eines zweijährigen Aufenthalts in England (1729–1731) kennengelernt hatte. Das 6. Kapitel des XI. Buches trägt dementsprechend die Überschrift ,,Von der Verfassung Englands". *Montesquieu* gliedert, wie dies bereits *Aristoteles* getan hatte, die Staatsgewalt in **drei Gewalten:** die gesetzgebende, die vollziehende und die rechtsprechende Gewalt. Bei der Organisation dieser Gewalten sind zwei Fragen wichtig: wem die Gewalten anvertrauen und wie ihr Verhältnis zueinander bestimmen.

Was die **Zuordnung** der drei Gewalten **an verschiedene Träger** anlangt, so lag es für *Montesquieu* nahe, von den realpolitischen Potenzen seiner Zeit auszugehen: dem Monarchen, dem Adel und dem Volk. Die **Exekutivgewalt** wird dem **Monarchen** übertragen (wobei *Montesquieu* unter Exekutivgewalt im wesentlichen die auswärtige Gewalt und die militärische Kommandogewalt verstand). Denn die Exekutive bedürfe ,,fast immer der augenblicklichen Handlung" und werde deshalb ,,besser durch einen als durch mehrere verwaltet".

Die **Gesetzgebung,** die umgekehrt ,,häufig besser durch mehrere als durch einen" vorgenommen werde, wird dem **Volk** und dem **Adel** gemeinsam anvertraut, welche diese Funktion allerdings nicht direkt ausüben können, weil ,,das in den großen Staaten unmöglich, in den kleinen mit vielen Mißhelligkeiten verbunden" sei. Die Gesetzgebung wird deshalb **Repräsentativorganen,** d.h. einer Volks- und einer Adelskammer, übertragen. Die Mitgliedschaft in der Adelskammer ist erblich. Die Mitglieder der Volkskammer werden gewählt.

---

[28] Die folgenden Zitate sind diesem Kapitel entnommen.

Die gewählten Repräsentanten sind dann ihrerseits in ihrer Beschlußfassung frei; sie bedürfen keiner Anweisungen.[29] ,,Der große Vorteil der Repräsentanten besteht darin, daß sie fähig sind, die Angelegenheiten zu verhandeln. Das Volk ist dazu keinesfalls geschickt. Das macht einen der großen Nachteile der Demokratie aus." Deshalb will *Montesquieu* das Volk an der Gesetzgebung nur dadurch teilhaben lassen, daß es die Abgeordneten wählt, ,,was seinen Fähigkeiten durchaus entspricht".[30]

Die **Rechtsprechung** schließlich soll von Personen ausgeübt werden, ,,die zu bestimmten Zeiten des Jahres in gesetzlich vorgeschriebener Weise aus der Mitte des Volkes entnommen werden, um einen Gerichtshof zu bilden", der nach Erfüllung seiner Aufgabe wieder aufgelöst wird.

Die richterliche Gewalt ist an keinen besonderen Stand gebunden. *Montesquieu* verlangt nur, daß der Richter dem Stand des Angeklagten angehört, damit Höherstehende nicht unter Neid und Mißgunst ihrer Richter zu leiden haben. Deshalb schlägt er vor, daß die Rechtsprechung über den Adel durch die Adelskammer ausgeübt wird.[31]

Das Wesen der Gewaltenteilungskonzeption *Montesquieus* liegt nun aber nicht nur darin, daß die Staatsgewalt auf verschiedene politische Akteure verteilt wird, sondern auch und vielleicht sogar in erster Linie darin, daß die **Gewalten** vielfach **miteinander verschränkt** werden. (Insofern ist der Terminus ,,Gewaltenteilung" also zu eng; man würde besser von ,,Gewaltenteilung und -koordinierung" sprechen.[32]) Dadurch entsteht ein **System echter Hemmungen und Kontrollen.** Allerdings schließt *Montesquieu* die Rechtsprechung davon praktisch aus, weil die Dritte Gewalt eigentlich gar keine wirkliche Gewalt und deshalb seiner Meinung nach in gewisser Weise gar nicht vorhanden sei (,,en quelque façon nulle"). ,,Es bleiben also nur zwei übrig."

Die Geringschätzung der politischen Bedeutung der Rechtsprechung erklärt sich aus zwei Gründen: Einmal sollen die Richtersprüche durch das Gesetz bereits derart festgelegt sein, ,,daß sie niemals etwas anderes sind als eine genaue Formulierung des Gesetzes"; die Richter seien also nur ,,der Mund, der die Worte des Gesetzes ausspricht, willenlose Wesen ...". Zum zweiten versteht *Montesquieu*

---

[29] Sonst käme es zu nicht endenden Verzögerungen, jeder Abgeordnete würde ,,zum Herren aller übrigen" gemacht, ,,und in den dringendsten Angelegenheiten könnte die ganze Kraft der Nation durch eine Laune gehemmt sein".

[30] ,,Zwar gibt es wenige, die den genauen Grad der Fähigkeiten der Menschen kennen; trotzdem ist jeder in der Lage, im allgemeinen zu wissen, ob derjenige, dem er seine Stimme gibt, aufgeklärter als die meisten übrigen ist."

[31] Darin liegt eine von *Montesquieu* bewußt vorgenommene Ausnahme vom Grundsatz, daß Gesetzgebung und Rechtsprechung nicht in einer Hand liegen dürfen. Zwei weitere Ausnahmen: Die Adelskammer ist zugleich Appellationsgericht, das die Urteile der Gerichte mildern darf. Die Volkskammer darf Rechtsverletzungen, gegen welche die Behörden nicht vorgehen, vor der Zweiten Kammer zur Anklage bringen.

[32] So *Loewenstein,* Verfassungslehre, 109ff.

unter Rechtsprechung nur Zivil- und Strafgerichte; Verwaltungs- und vor allem Verfassungsgerichte (deren politische Bedeutung alles andere als „nulle" zu sein braucht) gab es zu seiner Zeit noch nicht.

Die gesetzgebende Gewalt wird bereits durch die Mitwirkung der Adelskammer in Schranken gehalten. Jede Kammer hat grundsätzlich das Recht der aktiven Bestimmung und Beschlußfassung,[33] es besteht aber ein **wechselseitiges Vetorecht.** Darüber hinaus räumt *Montesquieu* auch dem Monarchen ein Vetorecht bei der Gesetzgebung (nicht aber ein Recht der Gesetzesinitiative) ein. „Ohne diese Befugnis wäre er bald seiner Vorrechte beraubt"[34] – Vorrechte, die *Montesquieu* durchaus für berechtigt hält. Entsprechende Gegenrechte der gesetzgebenden Körperschaften hält er für überflüssig, weil die **vollziehende Gewalt** ja bereits durchgehend **an** die **Gesetze gebunden** und dadurch dem Erfordernis der Mäßigung genüge getan sei. Dabei komme der Bindung der vollziehenden Gewalt an die **Steuerbewilligung** als „einem der wichtigsten Punkte der Gesetzgebung" besonderes Gewicht zu. Diese Bewilligung dürfe nur jeweils **von Jahr zu Jahr,** nicht auf Dauer erfolgen. Andernfalls liefe die gesetzgebende Gewalt „Gefahr, ihre Freiheit zu verlieren, weil die vollziehende Gewalt dann nicht mehr von ihr abhängen würde". Ebenso habe die gesetzgebende Gewalt die Bestimmung über die **Streitkräfte,** die sie der vollziehenden Gewalt anvertrauen muß, von Jahr zu Jahr zu treffen. Darüber hinaus wird der gesetzgebenden Gewalt die Möglichkeit gegeben **„nachzuprüfen, wie** die von ihr erlassenen **Gesetze ausgeführt** worden sind". Zwar sei die Person des Monarchen unantastbar. Da er aber „nichts schlecht vollziehen" könne „ohne schlechte Ratgeber", müßten diese Ratgeber, d. h. die Minister, verantwortlich gemacht, „zur Untersuchung gezogen und bestraft werden" können. Auf diese Weise könne das Volk sich für „Ungerechtigkeiten Genugtuung verschaffen".

Montesquieus Lehre hat großen Einfluß ausgeübt auf die Verfassung der Vereinigten Staaten von Amerika, aber auch auf die Verfassungsentwicklung in Europa, die ihren fanalartigen Ausdruck bereits in *Art. 16 der Erklärung der Menschen- und Bürgerrechte* v. 1789 (1791) fand, wo es hieß, eine Gemeinschaft ohne Gewaltenteilung „hat keine Verfassung". Von dort strahlte die Lehre von der Gewaltenteilung auf das 19. und 20. Jahrhundert aus. (Vgl. für die *Bundesrepublik* Art. 20 Abs. 2 Satz 2 GG, wonach die staatliche Gewalt „durch besondere Organe der Gesetz-

---

[33] *Montesquieu* macht aber eine Ausnahme: „In den Angelegenheiten, in denen ein starkes Interesse an Bestechung obwaltet, wie in den Gesetzen, welche die Steuererhebung betreffen", soll die Adelskammer „an der Gesetzgebung teilnehmen lediglich mit dem Vetorecht, nicht aber mit dem Beschlußrecht".

[34] Weiter macht er die Gesetzgebungskörperschaften dadurch von der Initiative der vollziehenden Gewalt abhängig, daß er ihr das Recht zur Selbstversammlung und der eigenen Vertagung abspricht.

gebung, der vollziehenden Gewalt und der Rechtsprechung" ausgeübt wird.)

2. Exkurs: Gewaltenteilung und Gewaltenkoordinierung in den USA

Ebenso wie die Grundrechte in den Vereinigten Staaten von Amerika die besten Entwicklungsbedingungen vorfanden, so wurde auch der Gedanke der Gewaltenteilung dort alsbald in die verfassungspolitische Praxis übertragen. Auf diese Weise wurde die amerikanische Bundesverfassung von 1787 zu *dem* Typ einer gewaltenteilenden Verfassung. (Die amerikanische Verfassung ist auch heute, fast 200 Jahre nach ihrer Entstehung, noch in Kraft, wenn sie auch durch eine Reihe von Zusätzen [amendments] ergänzt worden ist.)

Die Väter der amerikanischen Verfassung wurden wesentlich geleitet von der Furcht vor staatlicher Machtkonzentration und konstruierten ganz bewußt ein Verfassungssystem, in welchem ,,die öffentliche Gewalt unter mehrere Träger derart aufgeteilt und ausbalanciert wurde, daß keiner in der Lage sein sollte, seine verfassungsrechtlichen Kompetenzen zu überschreiten, ohne von den anderen wirksam daran gehindert und in seine Grenzen verwiesen zu werden" *(Jefferson)*. Wie bei *Montesquieu* wird die gesamte Staatsgewalt in drei Funktionen unterteilt und jede der drei auf einen gleichrangigen Träger übertragen: die Gesetzgebung auf den Kongreß, die vollziehende Gewalt auf den Präsidenten und die Rechtsprechung auf die Gerichte. Dabei besteht zwischen den drei Funktionsträgern keine starre Isolierung, sondern eine Koordinierung, welche eine gegenseitige Ausbalancierung erleichtert.

Gewaltenteilung

Der für die Gesetzgebung zuständige **Kongreß** besteht – wie bei *Montesquieu* – aus zwei Kammern: dem vom ganzen Volk jeweils auf zwei Jahre gewählten Repräsentantenhaus und dem aus Vertretern der Einzelstaaten bestehenden Senat. Der **Präsident** als Träger der vollziehenden Gewalt wird (nicht durch den Kongreß, sondern) vom Volk alle vier Jahre über Wahlmänner gewählt. Auch hier wird die Erkenntnis von *Montesquieu* beherzigt, daß die Exekutive ,,besser durch einen als durch mehrere verwaltet" werde, weil sie fast immer augenblickliche Handlungen verlange (wenn auch an die Stelle des von *Montesquieu* empfohlenen Monarchen in den USA der demokratisch gewählte Präsident getreten ist.) Die **Rechtsprechung** wird durch unabhängige, nur dem Gesetz unterworfene Gerichte ausgeübt, an deren Spitze das oberste Bundesgericht *(Supreme Court)* steht.

Gewaltenverschränkung und -koordinierung

Eine Beschränkung der gesetzgebenden Gewalt liegt bereits in ihr selbst begründet. Ähnlich wie *Montesquieu* es vorgeschlagen hatte, können Gesetze nämlich nur zustandekommen, wenn **beide Häuser** (Repräsentantenhaus und Senat) **zustimmen.** Darüber hinaus räumt die amerikanische Verfassung auch dem **Präsidenten** ein **Vetorecht** gegen alle vom Kongreß beschlossenen Gesetze ein und folgt auch insoweit *Montesquieu.* (Ein Veto des Präsidenten kann allerdings durch ⅔-Mehrheiten in beiden Häusern überwunden werden, welche in der Praxis aber nur schwer zu erreichen sind.)

Ähnlich wie der Präsident durch sein Vetorecht in den Stand gesetzt wird, mäßigend und kontrollierend auf die Gesetzgebung einzuwirken, so gibt die amerikanische Verfassung auch umgekehrt dem Kongreß die nötigen Kompetenzen, um den Präsidenten am Mißbrauch der vollziehenden Gewalt zu hindern. Besondere Bedeutung kommt hier dem schon von *Montesquieu* hervorgehobenen Recht der **Steuer- und Budgetbewilligung** zu. Weiter hat der Kongreß z. B. das Recht der Amtsanklage des Präsidenten, welche im ,,Watergate-Skandal" eine Rolle gespielt hat, die Befugnis zur Ratifikation internationaler Verträge und das Recht, Untersuchungsausschüsse einzusetzen. Auch diese Befugnisse tragen zur wirksamen Kontrolle der vollziehenden Gewalt bei.

Im Gegensatz zu *Montesquieu* steht allerdings die Rolle, die der Supreme Court im System der ,,checks and balances" spielt. Seit einem berühmten Urteil aus dem Jahre 1803 *(Marbury vs. Madison)* überprüft der Supreme Court nämlich Gesetze darauf, ob sie mit der Verfassung übereinstimmen (sog. **Normenkontrolle**). Da die Verfassung aber häufig nur sehr vage Vorschriften enthält, hat die Rechtsprechung hier einen beträchtlichen Interpretationsspielraum. Sie ist in keiner Weise mehr ,,en quelque façon nulle", wie *Montesquieu* noch meinte, sondern ein erheblicher Faktor im gewaltengeteilten Kräftespiel der USA geworden.

IV. Liberale Repräsentation: Parlament und freies Mandat

Bei Darstellung der Konzepte von *Locke* und *Montesquieu* wurde bereits deutlich: Im Rahmen der Grundrechts- und Gewaltenteilungslehre nimmt das Parlament eine zentrale Rolle ein. Sein wichtigstes Aktionsinstrument ist das **Gesetz.** Parlament und Gesetz sind folglich selbst zentrale Institutionen des liberalen Staates. Das Gesetz bindet die Exekutive und fungiert so als Hebel, mittels dessen das Parlament der Exekutive im Sinne des Gewaltenteilungsprinzips Schranken setzt. Zugleich konkretisiert das Gesetz die Reichweite der Grundrechte, indem es ihm vorbehalten bleibt, die dem Staatseingriff offenstehende Sphäre von der ihm verschlossenen abzugrenzen; dabei gewährleistet die Zuständigkeit der Volksvertretung für die Gesetzgebung, daß wirklich nur unerläßliche Staatseingriffe gestattet werden.

Das Parlament ist Ausdruck der mittelbaren Demokratie. *Rousseaus* Ideal war noch dahin gegangen, das Volk solle sich seine Gesetze in Volksversammlungen selbst geben. Solche direkte Demokratie ist aber allenfalls in Stadtstaaten wie Genf praktikabel, die *Rousseau* bei seiner Theorie ja auch Modell gestanden hatten, nicht aber in größeren Territorialstaaten, wo es schon aus räumlichen Gründen unmöglich ist, daß alle Bürger jeweils über alle gemeinschaftsrelevanten Angelegenheiten beschließen. Hier liegt das Maximum an Selbstbestimmung des Volkes deshalb darin, daß es seine Repräsentanten, d. h. die Mitglieder des Parlaments, wählt und diese ihrerseits dann für das Volk entscheiden, ihre Entscheidungen aber gegenüber dem Volk zu verantworten haben. Diese Verantwortung wird dadurch praktisch wirksam, daß die Abgeordneten nur für eine begrenzte Zeit gewählt sind und sich nach Ablauf der Wahlperiode dem Volk zur Wiederwahl stellen müssen. Auf diese Weise wird eine gewisse Anbindung der Abgeordneten an die Interessen und die Wünsche ihrer Wähler gewährleistet. Das Volk übt die Staatsgewalt also nicht mehr selbst aus, aber es bestimmt, wer sie für es ausüben soll.

Gemessen an *Rousseaus* Idealvorstellung stellt die Gesetzgebung durch Repräsentanten nur eine *Notlösung* dar, einen Kompromiß, weil die Gesetzgebung durch das volksgewählte Parlament die einzige Möglichkeit ist, auch im Flächenstaat (und erst recht bei immer umfangreicher und komplizierter werdender Gesetzgebung) noch ein relatives Maximum an Selbstbestimmung des Volkes zu erreichen. So gesehen, erscheint die parlamentarische Demokratie als „Staatsform faute de mieux" (*Zippelius*).

Die **liberale Parlamentstheorie** – entwickelt vor allem von *Abbé Sieyès* (1748–1836) in Frankreich und von *Edmund Burke* (1729–1797) in England – verläßt hier aber den Ausgangspunkt *Rousseaus*. Indem sie ein Positivum der Repräsentation hervorkehrt, macht sie nämlich aus der Notlösung „Parlament" sozusagen eine Tugend. Dieses Positivum beruht auf der Vorstellung, ins Parlament gelangten nicht durchschnittliche, mittelmäßige Mitglieder der Gesellschaft, sondern die besten, klügsten und weisesten, kurz die „Elite der Nation", weil die Bürger eben diejenigen ins Parlament wählten, denen sie ein hohes Urteilsvermögen zutrauen.[35] Die im Parlament versammelten Honoratioren erscheinen deshalb besonders prädestiniert, das jeweils Gemeinwohlkonforme zu ermitteln. Bei Behandlung der öffentlichen Meinung ist bereits dargelegt worden, daß die liberale Vorstellung ganz allgemein davon ausgeht, die

---

35 Vgl. dazu die Auffassung *Montesquieus*, wiedergegeben oben D III 1 zu FN 30.

freie Information und Diskussion der Bürger, der Austausch von Argumenten und Gegenargumenten, böten die beste Gewähr, daß die vernünftigsten Ansichten sich letztlich durchsetzten. An dieser Diskussion hat nun das Parlament als wichtige Verkörperung der Öffentlichkeit wesentlichen Anteil. Und die liberale Vorstellung, ins Parlament gelangten gerade die Besten des Volkes, verheißt für die vom Parlament erlassenen Gesetze sogar noch eine Steigerung der Richtigkeitsgewähr. Das Gemeinwohl ergebe sich also nicht aus dem natürlichen Willen der Bürger, sondern aus der im Parlament als der Nationalrepräsentation gebildeten ,,volonté commune représentative" (*Abbé Sieyès*).

Diese Zusammenhänge führten auch ganz natürlich und zwingend zu dem Postulat, daß die Beratungen des Parlaments **öffentlich** sein mußten. Öffentlichkeit war dabei nicht nur Voraussetzung für eine effektive Kontrolle der Repräsentanten durch das Volk, sondern ,,sie war ein Konstituens für den Vorgang der Repräsentation und zugleich für den Vorgang der Entstehung eines echten Gemeinwillens" *(Roman Herzog)*.

Aus der Vorstellung der **Repräsentation** ergibt sich schließlich eine wesentliche Konsequenz für die Frage, ob die Abgeordneten an Instruktionen gebunden werden dürfen: Wenn die im Parlament versammelten Abgeordneten eine Elite darstellen, dann wissen sie offenbar besser Bescheid als ihre Wähler. Sie können klarer erkennen, was das Wohl des ganzen Volks, das Gemeinwohl, verlangt. Dann aber haben die Abgeordneten die Aufgabe, für Wähler und Volk richtungsweisend zu wirken. Voraussetzung dafür ist wiederum, daß die Abgeordneten frei sind, also nicht an Aufträge und Weisungen (etwa ihrer Wähler) gebunden, sondern nur ihrem Gewissen unterworfen sind. Dies ist der **Grundsatz des freien Mandats.**

Edmund Burke hat den verfassungstheoretischen Grundlagen des freien Mandats in einer 1774 an die Wähler von Bristol gerichteten Rede klassischen Ausdruck verliehen: ,,Sicherlich ... muß es das Glück und der Ruhm eines Abgeordneten sein, in der strengsten Verbundenheit, der engsten Beziehung und der offensten Kommunikation mit seinen Wählern zu leben. Ihre Wünsche sollen für ihn großes Gewicht haben, ihre Meinung hohen Respekt, ihr Interesse uneingeschränkte Aufmerksamkeit ... Aber seine vorurteilsfreie Meinung, sein reifes Urteil, sein aufgeklärtes Gewissen darf er Ihnen, irgendeinem Menschen oder irgendeiner Gruppe nicht opfern. ... Ihr Abgeordneter schuldet Ihnen nicht nur seinen Fleiß, sondern sein Urteilsvermögen, und er betrügt Sie, statt Ihnen zu dienen, wenn er es Ihrer Meinung opfert. ... Autoritative Instruktionen, Mandate, denen ... zu gehorchen, nach ihnen zu stimmen und für sie zu sprechen der Abgeordnete verpflichtet wäre, auch wenn sie der klarsten Überzeugung seines Urteils und seines Gewissens zuwiderliefen – diese Dinge sind dem Recht des Landes ganz und gar unbekannt und entspringen einem fundamentalen Mißverständnis der ganzen Ordnung und des ganzen Geistes unserer Verfassung. Das Parlament ist *nicht* ein Kongreß von Botschaftern verschiedener sich bekämpfender Interessen, die jeder wie ein Agent und Advokat gegen andere Agenten und Advokaten verfechten müßte, sondern das Parlament ist eine frei ihre Meinung bildende Versammlung einer Nation mit einem Interesse, nämlich dem des Ganzen, in der nicht lokale Bestrebungen, nicht lokale Vorurteile leitend sein dürfen, sondern das Gemeinwohl, das aus der allgemeinen Vernunft des Ganzen hervorgeht. Sie sind es in der Tat, die einen Abgeordneten wählen, aber wenn Sie ihn gewählt haben, ist er nicht ein Abgeordneter für Bristol, sondern er ist ein Abgeordneter des Parlaments."[36]

Darüber hinaus hat die Freiheit des Mandats noch einen höchst *praktischen* Grund: Sie erleichtert das Ab- und Zugeben bei der Willensbildung im Parlament und damit die Erzielung von angemessenen Kompromissen. Müßte jeder Abgeordnete vor jeder Entscheidung erst Weisung von irgendwelchen Auftraggebern einholen, so würde die Willensbildung im Parlament unerträglich erschwert und blockiert.

Die (rechtliche) Freiheit des Abgeordneten stellt ihn nicht von jeder *politischen* Verantwortung frei. Es wurde bereits hervorgehoben, daß gewisse Rückbindung des Abgeordneten an den Willen und die Wünsche seiner Wähler durch die periodisch wiederkehrenden Wahlen gewährleistet wird. Bei der einzelnen Entscheidung ist der Abgeordnete aber frei; dadurch erhält er die Möglichkeit, seine Wähler von der Richtigkeit seiner Entscheidung zu überzeugen, auch wenn diese ursprünglich anderer Auffassung waren.

Die Lehre von der parlamentarischen Repräsentation (einschließlich des freien Mandats) ging in die Verfassungsgesetzgebung der USA und der französischen Revolution ein, beherrschte die Verfassungstheorie des 19. Jahrhunderts und wirkt auch im Verfassungsrecht der Gegenwart noch fort (vgl. für die *Bundesrepublik* Art. 38 GG).

V. Herrschaft des Gesetzes

Es wurde bereits hervorgehoben, daß das vom Parlament gemachte Gesetz die Einhaltung der Grundrechte sichert, die Gewaltenteilung effektuiert und so ein **Herzstück der** ganzen **liberalen Staatskonstruktion** bildet.[37] Wie alle liberalen Institutionen bezieht aber auch das Gesetz seine staatstheoretische Faszination keinesfalls nur aus etwas Negativem, der Beschränkung staatlicher Eingriffe; nicht weniger wichtig ist eine positive Komponente: Das Gesetz sollte nicht nur Übergriffe des Staates unterbinden, sondern gleichzeitig auch die für den Ablauf der gesellschaftlichen Prozesse unerläßlichen Voraussetzungen schaffen.

---

36 Nach dem Auszug bei *Strathean Gordon,* Our Parliament, 5. Aufl., 1958, 54 ff.; leichter zugängliche Fundstelle und Übersetzung bei *Badura,* Bonner Kommentar, Zweitbearbeitung des Art. 38 (1966), RN 7.

37 Zur *Steuergesetzgebung* und *Haushaltsbewilligung* als Vorläufer des Parlamentarismus und damit auch der Gesetzgebung unten V vor I.

1. Gesetz als notwendiger Rahmen der Selbststeuerung

Der liberale Rechtsstaat ist, wie oben für die Bereiche Wirtschaft und öffentliche Meinung näher dargelegt, wesentlich von der Vorstellung einer optimalen gesellschaftlichen Selbststeuerung geprägt, welche jede Art von staatlicher Lenkung erübrigt. Andererseits steht sie einer staatlichen Rechtsordnung, die den Rahmen für die Selbststeuerung abgibt, durchaus nicht entgegen, ja sie setzt eine solche ihrerseits voraus, um funktionieren zu können: Die Rechtsordnung muß sicherstellen, daß Freiheit und Eigentum vor Verletzungen geschützt und Verträge eingehalten werden. Dazu bedarf es bestimmter Vorkehrungen. Einmal müssen gewisse allgemeine Entscheidungen getroffen werden, es muß also z. B. klargestellt werden, unter welchen Voraussetzungen Verträge gültig sind oder wie man Eigentum an einem Gegenstand erwirbt, weiter: welche Strafen oder sonstigen Sanktionen ein Vertragsbruch oder die Verletzung von Freiheit und Eigentum (oder gar Leben und Gesundheit) eines Mitbürgers nach sich ziehen. Es ist auch sicherzustellen, daß die festgesetzten Sanktionen im Falle eines Rechtsbruchs möglichst durchgesetzt werden, die Rechtsordnung muß also einen wirksamen Schutz gegen Verletzer vorsehen. Letzteres geschieht dadurch, daß der Staat Gerichte einrichtet, vor denen vertragliche Ansprüche eingeklagt und Rechtsbrecher auf Schadensersatz verklagt oder strafrechtlich verurteilt werden können. Staatliche Vollstreckungsbehörden sind erforderlich, welche die Durchsetzung von Vertragspflichten ermöglichen, ebenso eine effektive Polizei, die Verletzungen des Eigentums und der Person durch Rechtsbrecher nach Möglichkeit unterbindet.

Solche Einrichtungen bringen ihrerseits Kosten mit sich; es muß deshalb entschieden werden, wie die zu ihrer Finanzierung erforderlichen Mittel aufgebracht werden, insbesondere nach welchen Maßstäben die finanziellen Lasten auf die Schultern der Staatsbürger zu verteilen sind.

All diese Entscheidungen müssen durch Gesetz getroffen werden. Man könnte nun allerdings meinen, Gesetze seien eigentlich überflüssig, weil die Einhaltung der in den Gesetzen niedergelegten Regeln allen Bürgern Vorteile bringe und diese Regeln deshalb freiwillig, also auch ohne staatliche Gesetze, befolgt würden.

In der Tat bringt die Einhaltung von Rahmenregeln der genannten Art für alle Vorteile. Der einzelne verzichtet zwar auf die Möglichkeit, gegen die Regeln zu verstoßen, also z. B. einen Schwächeren zu töten oder eine Schuld nicht zu bezahlen, wird dafür aber dadurch mehr als entschädigt, daß er nun seinerseits sicher ist (jedenfalls sehr viel sicherer als ohne entsprechende Vorkehrungen), nicht von einem stärkeren Mitbürger getötet zu werden und seine Forderungen bezahlt zu erhalten. Klassiker der Demokratie und des Rechtsstaats wie *Locke, Montesquieu* und *Rousseau* wurden nicht müde, diese Zusammenhänge immer wieder hervorzuheben (oben C II, um FN 9–11).

Dennoch wäre es ein Irrtum, aus der Vorteilhaftigkeit solcher Rahmenregeln für alle zu schließen, sie würden von allen auch *freiwillig* befolgt. Selbst wenn der einzelne willens ist, sich daran zu halten, so wird er im konkreten Fall ohne gesetzliche Festlegung doch häufig nicht *wissen,* was die Regel exakt verlangt. Darüber hinaus muß bezweifelt werden, ob ein solcher *Wille* ausnahmslos vorhanden ist. Der einzelne kann nämlich durchaus einen Vorteil daraus ziehen, daß er von einer Regel abweicht; vorausgesetzt, daß er nur einer von vielen ist, braucht er nicht zu befürchten, daß als Folge seines eigenen Verstoßes die anderen ebenfalls von der Regel abweichen. Umgekehrt kann der einzelne, der sich an die Regel hält, dadurch ebensowenig sicherstellen, daß auch die anderen dies tun. Jeder *einzelne* wird deshalb seinem eigensüchtigen Interesse dann am besten dienen, wenn er sich *nicht* an eine solche Rahmenregel hält. *Alle zusammen* schaden dadurch allerdings letztlich nur sich selbst. Sie stehen gemeinsam schlechter, als wenn sie sich daran halten würden. Zudem ergeben sich grobe Ungerechtigkeiten, wenn diejenigen, die sich selbst nicht an die Regeln halten, dennoch in ihren Genuß kommen, weil andere sie beachten.

Diese Erscheinung, die man auch als **Abweichung der individuellen von der kollektiven Rationalität** kennzeichnen kann,[38] und die darauf beruht, daß etwas, was für den einzelnen gilt, für die Gesamtheit durchaus nicht zuzutreffen braucht, läßt sich auch an alltäglichen Beispielen illustrieren: Wenn jemand im Kino aufsteht, sieht er besser als die anderen (allerdings auf deren Kosten); stehen dagegen alle auf, so sehen alle schlechter. Der einzelne kann durch Taschendiebstahl reicher werden; für die Gesamtheit gilt dies offenbar nicht.

Da der Grund für derartige Abweichungen darin liegt, daß das (regelmäßige oder regelwidrige) Verhalten eines einzelnen Menschen – jedenfalls dann, wenn er nur einer von sehr vielen ist – keinen Einfluß auf das Verhalten eines jeden anderen Menschen besitzt, kommt alles darauf an, die wechselseitige Unabhängigkeit zu beseitigen; gelingt dies, so ändert sich die Situation: Wenn jedermann davon ausgeht, daß es von ihm abhängt, ob auch die anderen die Regeln einhalten, schließt sich die Kluft zwischen individueller und kollektiver Rationalität. Dann ist für den einzelnen die Möglichkeit ausgeschlossen, ohne sich selbst an die Regeln zu halten, dennoch in ihren Genuß zu kommen; ,,Trittbrettfahren" wird unmöglich. Es geht also darum, das Individuum in seinem eigenen wohlverstandenen Interesse zu einem *solidarischen* Verhalten zu bewegen und dadurch eine erhebliche Besserstellung aller zu ermöglichen.

Ein Versuch, individuelle und kollektive Rationalität zur Deckung zu bringen, ist *Kants* berühmter **kategorischer Imperativ,** wonach jeder-

---

38 *v. Arnim,* Gemeinwohl und Gruppeninteressen, 119ff., m. w. N.

mann so handeln soll, daß die Maxime seines Handelns allgemeines Gesetz sein könnte. Dabei geht es praktisch um einen Appell zur Solidarität. Ein *anderer* Weg besteht darin, eben ein solches allgemeines Gesetz tatsächlich zu erlassen, für seine Durchsetzung zu sorgen und so die nötige Solidarität zu erzwingen.

Der sog. *Kant*sche Appell an die Solidarität vertraut, falls er wirklich meint, ohne Gesetze auskommen zu können,[39] nicht nur darauf, daß der einzelne Mensch erkennen kann, was die Solidarität jeweils verlangt, sondern auch, daß er willens ist, entsprechend diesem ethischen Postulat zu handeln. Der *Kant*sche Appell setzt also auf die jederzeitige moralisch-ethische Ansprechbarkeit des Menschen, ja aller Menschen; zugrundeliegt ein äußerst optimistisches **Menschenbild.** Dagegen ist das Menschenbild, welches dem zweiten Weg zugrundeliegt, weniger optimistisch, erscheint dafür aber realistischer, entspricht es doch der täglichen Erfahrung, daß Gesetze um der Rechtsklarheit willen nötig sind und darüber hinaus auch immer wieder der sanktionsbewehrten Durchsetzung im Einzelfall bedürfen.

Das Menschenbild des zweiten Weges ist aber durchaus nicht nur von anthropologischem Pessimismus geprägt, sondern zugleich auch von einem gewissen Optimismus; man geht zwar einerseits davon aus, daß die Menschen solch ordnende Gesetze brauchen, andererseits aber auch davon, daß sie sie sich selbst geben können und dies auch tun. Wie *Odysseus* sich an den Mast seines Schiffes binden ließ, um nicht dem Gesang der Sirenen zu verfallen, so erscheint der Mensch imstande, sich Gesetze zu geben und für ihre zwangsweise Durchsetzung zu sorgen (bzw. solche Gesetze und ihre Durchsetzung zu billigen), um im eigenen weitsichtigen Interesse zu verhindern, daß er den täglichen Versuchungen zu egoistischem, unsolidarischem Verhalten erliegt. Diese in realistischer Weise differenzierende Sicht, die auf die **unterschiedlichen Perspektiven des Menschen als** allgemeinem **Gesetzgeber und als Privatperson** abhebt, läßt sich auch so formulieren: Des Menschen Egoismus macht Gesetze nötig, seine Vernunft macht sie möglich.

Entscheidend für das Verständnis dieses Satzes ist, daß die Vernunft nicht *gegen* den Egoismus durchgesetzt werden muß, sondern beide sich zusammen tun und in die gleiche Richtung wirken: Die am eigenen Interesse orientierte Vernunft drängt auf die Schaffung von solchen Rechtsregeln, die die Befriedigung der gesellschaftlichen Interessen unabhängig macht von der ethischen Disziplinierungskraft des einzelnen Bürgers. Dies aber sind die Gesetze.

---

[39] So wird der *Kant*sche Appell bisweilen vereinfachend verstanden. In Wahrheit vertraute *Kant* durchaus nicht nur auf den moralischen Appell, sondern hielt um der Sicherheit willen auch förmliche Gesetze für erforderlich. *Kant,* Metaphysik der Sitten, 1. Teil, §§ 43 ff.

2. Gesetz als Garant von Gleichheit: allgemeine Norm

Aus der Funktion des Gesetzes, eine Rahmenordnung für die gesellschaftliche Selbststeuerung zu bilden und individuelle und kollektive Rationalität zur Deckung zu bringen, folgt bereits, daß Gesetze generelle Regeln enthalten. Sonderbelastungen und Privilegierungen sind ausgeschlossen. Das Gesetz ist also dadurch charakterisiert, daß es für alle in gleicher Weise gilt. Es ist Ausdruck der Gleichheit schlechthin. Nur derartige allgemeine Regeln sollen bestimmen können, was rechtens ist. Wozu jemand im Interesse der Gemeinschaft von Staats wegen gezwungen werden darf, soll sich also nicht nach den willkürlichen Launen irgendwelcher Staatsfunktionäre richten, sondern nach allgemeinen, für alle gleichen Regeln; herrschen sollen „rules, not men". Willkürentscheidungen im Einzelfall bleiben ausgeschlossen.

3. Gesetz als Garant von Rechtssicherheit: Dauer und Bestimmtheit

Das Gesetz verbürgt Rechtssicherheit und zwar bezüglich ihrer beiden Erscheinungsformen. Rechtssicherheit bedeutet einmal **Sicherheit in der Zeit,** also Unverbrüchlichkeit, Stetigkeit des Rechts. Dieses Moment der Dauer steht in Verwandtschaft mit der soeben behandelten Allgemeinheit des Gesetzes: „La permanence est la généralité dans le temps" *(Barthélmy/Duez).* Die Vorstellung des Dauerhaften ist mit dem liberalen Gesetzesbegriff ebenso verbunden wie die der Allgemeinheit. In der Tat konnten die genannten gesetzlichen Rahmenregeln als Ausdruck bleibender Vernunft verstanden werden. Im Verfassungsentwurf der Girondisten von 1793 wurde dies ausdrücklich festgehalten: „Les caractères, qui distinguent les lois, sont leur généralité et leur durée indéfinie".

Die zweite Komponente der Rechtssicherheit meint die **Eindeutigkeit und Klarheit** der rechtlichen Fixierung. Sie steht in engem Zusammenhang mit der Eigenverantwortlichkeit des Bürgers, die der liberale Rechtsstaat in den Mittelpunkt stellt. Der Bürger kann nur dann sinnvoll handeln, wenn er die Auswirkungen möglicher Handlungsalternativen kennt, wenn er also weiß, wie er einen bestimmten Rechtserfolg herbeiführen kann, welche Handlungen verboten oder steuerpflichtig sind. Nur dann, wenn der Bürger all dies weiß, kann er sich darauf einstellen und zielbewußt und eigenverantwortlich tätig werden. Auch dieser Komponente der Rechtssicherheit wird das liberale Gesetz gerecht, weil es dem Bürger genau sagt, was erlaubt und was verboten ist. Es steckt den Rahmen ab, innerhalb dessen der Bürger tun darf, was er will. Zugleich sagt das Gesetz ihm, wie er das, was er will, rechtlich erreichen kann, indem es z. B. festlegt, auf welche Weise ein rechtsgültiger Verpflichtungsvertrag zustande kommt und wie das Eigentum an einer Sache wirksam auf einen anderen übertragen wird.

4. Gesetz als Ausdruck der Selbstbestimmung des Volkes

Auf eine weitere – demokratische – Eigenschaft des Gesetzes ist bereits wiederholt hingewiesen worden: Es ist Ausdruck der Selbstbestimmung des Volkes. Gesetze werden nicht von dritter Seite oktroyiert, sondern das Volk setzt sich die Regeln, denen es gehorchen muß, selbst. Zwar kann der Bürger regelmäßig nicht persönlich an den Entscheidungen mitwirken, die Mitwirkung wird aber dadurch vermittelt, daß Gesetze nur durch Beschluß des vom Volk gewählten Parlaments zustande kommen können.

5. Gesetz als Verkörperung von Vernunft

Die vorstehenden Ausführungen machen bereits deutlich, warum man im Gesetz die Verkörperung von Vernunft schlechthin erblickte. Gesetze waren ja nur Ausdruck dessen, was der kategorische Imperativ *Kants* ohnehin verlangte. Im Einzelfall kann zwar zweifelhaft sein, welchen Inhalt ein Gesetz erhalten soll. Aber auch insoweit glaubte man an die Richtigkeit des Gesetzes, weil man in ihm das Ergebnis vernunftbestimmter öffentlicher Diskussion erblickte, die im Parlament als Versammlung der Besten des Volkes noch eine erhöhte Qualität versprach.

Die Vorstellung vom Gesetz als geronnener Vernunft wurde noch dadurch vertieft, daß – z. T. allerdings unbewußt – auch eine Verbindung mit göttlichen Setzungen assoziiert wurde, wie sie schon durch die suggestive Kraft des Wortes ,,Gesetz" nahegelegt wird. Der Ausdruck ,,Gesetz" wird in ganz verschiedener Weise gebraucht. Bisher haben wir nur von ,,Gesetz" im staatstheoretischen Sinn gesprochen. In einem anderen Zusammenhang verwenden aber auch die Naturwissenschaften und Gesellschaftswissenschaften den Begriff. Die *Naturwissenschaften* hatten seit dem 15. Jahrhundert die regelmäßige Wiederkehr bestimmter Vorgänge beobachtet, besonders im planetarischen System. Unter ,,Gesetzen" verstehen sie deshalb unveränderliche Regeln, nach denen etwa die Gestirne ihre Bahnen ziehen. Hier scheinen vielfach Kräfte zusammenzuwirken und gemeinsam eine große Harmonie zu schaffen – ein Wunderwerk, welches man sich nur als von Gott geschaffen und deshalb als natürlich und ,,richtig" vorstellen konnte. Ähnliche vorgegebene Regelmäßigkeiten versuchten auch die *Gesellschaftswissenschaften* für den Bereich der Gesellschaft zu entdecken. Wie die Sterne ihre feste Bahn ziehen, so bewegen sich, wie man glaubte, auch die einzelnen Mitglieder der Gesellschaft in einem harmonischen gesamtgesellschaftlichen Gleichgewicht. Dabei richten sie sich nach bestimmten Gesetzen aus, die kein anderer als Gott selbst dem Geschehen eingepflanzt haben konnte. Nicht nur zufällig spricht deshalb *Adam Smith* hinsichtlich der „Marktgesetze" von einer „unsichtbaren Hand", die die Wirtschaft harmonisch steuere.[40] Die Vorstellung von der Gottgewolltheit der naturwissenschaftlichen und sozialwissenschaftlichen Gesetze und damit auch ihrer zwangsläufigen Richtigkeit wurde nun mehr oder weniger bewußt auch auf den *staatstheoretischen Gesetzesbegriff* übertragen. Jedenfalls verband man auch mit ihm die Assoziation von natürlicher vorgegebener Richtigkeit. Diese Suggestionswirkung des Gesetzesbegriffs hat ebenfalls ihren Teil dazu beigetragen, daß das Gesetz in liberal-rechtsstaatlicher Vorstellung als Ausdruck von Vernunft und Richtigkeit erschien.

6. Gesetz und Grundwerte

Das liberal-rechtsstaatliche Gesetz dient den gleichen Grundwerten wie die Privatautonomie, die das Ergebnis der gesellschaftlichen Selbststeuerung festhält. Das ist weniger überraschend, als es zunächst scheinen mag. Denn welchen Grundwerten sollten Gesetz und Vertrag, die zentralen Verfahrensweisen des liberalen Staates zur Erzielung gemeinschaftserheblicher Entscheidungen, denn sonst dienen als eben jenen, die der liberalen Staatsvorstellung zugrundeliegen? Das Gesetz fördert den **Wohlstand,** weil es als Rahmenordnung erst die Basis für das Funktionieren der gesellschaftlichen Selbststeuerung schafft. Das Gesetz schafft **Gleichheit,** weil es allgemein gilt, also jeden in gleicher Weise berechtigt und verpflichtet. Es gewährleistet weiter **Rechtssicherheit,** indem es detaillierte Regelungen enthält und auf Dauer gilt. Dadurch, daß die Bürger nur solchen Regeln unterworfen sind, denen ihre gewählten Repräsentanten zugestimmt haben, garantiert das Gesetz unter den gegebenen Umständen auch ein Maximum an **Selbstbestimmung.** Die positive Wirkung des Gesetzes auf Wohlstand, Gleichheit, Rechtssicherheit und Selbstbestimmung fördert zugleich seine **integrative Kraft.**

---

[40] Die Überzeugungskraft der *Smith*'schen Überlegungen spiegelt sich auch etwa in den Äußerungen *Hegels,* Grundlinien der Philosophie des Rechts, § 189 (Ausg. 1972, hrsg. und eingeleitet von *H. Reichelt,* S. 174f. mit Zusatz auf S. 175): „... dieses anscheinend Zerstreute und Gedankenlose wird von einer Notwendigkeit gehalten, die von selbst eintritt. Dieses Notwendige hier aufzufinden, ist Gegenstand der Staatsökonomie, einer Wissenschaft, die dem Gedanken Ehre macht, weil sie zu einer Masse von Zufälligkeiten die Gesetze findet. Es ist ein interessantes Schauspiel, wie alle Zusammenhänge hier rückwirkend sind, wie die besonderen Sphären sich gruppieren, auf andere Einfluß haben und von ihnen ihre Beförderung oder Hinderung erfahren. Dies Ineinandergehen, an das man zunächst nicht glaubt, weil alles der Willkür des einzelnen anheimgestellt scheint, ist vor allem bemerkenswert und hat eine Ähnlichkeit mit dem Planetensystem, das immer dem Auge nur unregelmäßige Bewegungen zeigt, aber dessen Gesetze doch erkannt werden können."

7. Folgerungen

7.1. Gesetzmäßigkeit der Verwaltung

Wir haben bereits gesehen, daß das Gesetz eine zentrale Rolle bei der Verwirklichung der Gewaltenteilung und der Grundrechte spielt: Die Bindung auch der Exekutive an die vom Parlament gemachten Gesetze bewirkt, daß die Exekutivgewalt im Sinne des „le pouvoir arrête le pouvoir" begrenzt wird. Die Regel, daß die Exekutive für Eingriffe in den Grundrechtsbereich der Ermächtigung bedarf und diese dem parlamentarischen Gesetzgeber vorbehalten bleibt, stellt – wegen der Wahl des Parlaments durch die Grundrechtsträger – sicher, daß nur wirklich unerläßliche Eingriffe zugelassen werden.

Dem entsprechen die Grundsätze des Vorrangs und des Vorbehalts des Gesetzes. **Vorrang des Gesetzes** besagt, daß die Exekutive sich nicht über bestehende Gesetze hinwegsetzen darf; das Prinzip beinhaltet also nichts anderes, als daß die Exekutive an Gesetze gebunden ist, und versteht sich, sollen die Gesetze ihre Funktion erfüllen, eigentlich von selbst. Nach dem Prinzip des **Vorbehalts des Gesetzes** darf die Exekutive in die Sphäre des Bürgers, in seine Freiheit und in sein Eigentum, kurz: in seinen Grundrechtsbereich, nur eingreifen, wenn ein (vom Parlament verabschiedetes) Gesetz dazu ermächtigt. Die Entwicklung beider Grundsätze gehört zu den zentralen Anliegen der bürgerlich-liberalen Theorie; sie liegen auch dem Grundgesetz der Bundesrepublik noch zugrunde. (Vgl. *Art. 20 Abs. 3 GG,* wonach „die vollziehende Gewalt ... an Gesetz ... gebunden" ist. In dieser Vorschrift ist trotz des insoweit nicht eindeutigen Wortlauts nach herrschender Auffassung neben dem Vorrang auch der Vorbehalt des Gesetzes niedergelegt.)

So darf die Finanzverwaltung Steuern nur von dem erheben, bei welchem die Tatbestandsmerkmale vorliegen, die ein Steuergesetz zur Entstehung einer Steuerschuld vorsieht. Sind z. B. nach dem Einkommensteuergesetz Lottogewinne steuerfrei, so darf die Finanzverwaltung nicht von sich aus von einem glücklichen Gewinner Einkommensteuer fordern. – Die Ausländerverwaltung darf einen Ausländer (sofern dieser, wie in der Bundesrepublik, ebenfalls Grundrechtsträger sein kann) nicht einfach des Landes verweisen. Voraussetzung ist vielmehr, daß ein Gesetz dazu ermächtigt und die im Gesetz genannten Voraussetzungen (z. B. Verurteilung wegen einer Straftat) vorliegen.

Vorrang und Vorbehalt des Gesetzes, die unter dem Oberbegriff der **Gesetzmäßigkeit der Verwaltung** zusammengefaßt werden, bewirken, daß die (gesetzesgeleitete) Exekutive an den trefflichen Eigenschaften des Gesetzes teilhat. Die Vorstellung vom Gesetz als schlechthin Richtigem wird insoweit auch auf die Exekutive übertragen: Gesetzmäßigkeit der Verwaltung bedeutet mittelbar **Bindung an den Volkswillen,** da das Gesetz nicht ohne Zustimmung der vom Volk gewählten Parlamentarier zustande kommen kann. Gesetzmäßigkeit bedeutet weiter **Rechtssicher-**

heit für die Bürger, weil sie den Tätigkeitsbereich der Verwaltung begrenzt, ihre möglichen Aktionen also für den Bürger voraussehbar macht. Und auch die **Allgemeinheit, Gleichheit und Wohlstandsförderung,** die Gesetze bewirken, übertragen sich durch die Gesetzesbindung der Verwaltung auch auf diese.

Wie oben dargelegt, ist die Verwaltung im modernen Sinne, z. B. die Polizei und die Steuerverwaltung, im absolutistischen Staat entstanden.[41] Es wäre nun voreilig gewesen, wenn der bürgerlich-liberale Staat in übertriebener Reaktion auf die absolutistische Vergangenheit der Verwaltung diese einfach hätte abschaffen wollen. Auch der liberale Rechtsstaat kann nämlich nicht ohne Verwaltung auskommen.

Dies läßt sich am Beispiel der Steuerverwaltung zeigen: Die Steuergesetze legen fest, unter welchen Voraussetzungen jemand wieviel Steuern zu zahlen hat. Ob diese Voraussetzungen im konkreten Fall vorliegen, muß aber zuverlässig ermittelt werden, und diese Ermittlung kann dem Steuerzahler nicht allein überlassen werden, einmal wegen ihrer Kompliziertheit, zum zweiten wegen der naheliegenden Versuchung, steuerlich erhebliche Umstände, insbesondere die Höhe des Einkommens, zu unterdrücken, um weniger Steuern zahlen zu müssen. Sorgfältige Berechnung und Überwachung sind also nötig; ebendies aber ist die Aufgabe der Steuerverwaltung, die auch im bürgerlich-liberalen Staat unverzichtbar ist.

Wenn auch der liberale Rechtsstaat also nicht auf eine wirksame Verwaltung verzichten kann, so domestiziert er sie doch durch das Gesetzmäßigkeitsprinzip.

7.2. Verwaltungsgerichtsbarkeit

Um eine wirksame rechtsstaatliche Domestizierung der Verwaltung zu gewährleisten, reicht die Bindung an das Gesetz aber nicht aus. Vielmehr müssen Vorkehrungen getroffen werden, um die Bindung auch *durchzusetzen*. Der Bürger braucht ein Instrument, mit dem er sich gegen Akte der Verwaltung zur Wehr setzen kann, die (ihn belasten, aber) nicht auf gesetzlicher Grundlage beruhen. Ein solches Instrument ist die Gewährung gerichtlichen Rechtsschutzes: „Recht und Gesetz können nur da wahre Bedeutung und Macht gewinnen, wo sie einen Richterspruch zu ihrer Verwirklichung bereit finden" *(Otto Bähr).* Ein wesentliches Anliegen des liberalen Rechtsstaats war deshalb die Errichtung von Gerichten, vor denen der Bürger Akte der Verwaltung auf ihre Gesetzmäßigkeit überprüfen und rechtswidrige Akte für ungültig erklären lassen kann.

Unterschiedliche Auffassungen bestanden lediglich hinsichtlich der Frage, ob es notwendig sei, besondere Gerichte für das öffentliche

---

[41] Oben B II.

Recht zu schaffen (so *Rudolf Gneist*)[42], oder ob man die Überprüfung von Verwaltungssachen in die Hände der bereits bestehenden Zivilgerichte legen sollte (so *Otto Bähr*).[43] Durchgesetzt hat sich schließlich *Gneist* mit seiner Forderung nach Schaffung einer **besonderen Verwaltungsgerichtsbarkeit.** So besteht heute in der *Bundesrepublik* ein ausgebauter dreistufiger verwaltungsgerichtlicher Rechtsweg: Unterste Instanz sind die Verwaltungsgerichte, zweite Instanz die Oberverwaltungsgerichte (die in manchen Bundesländern auch Verwaltungsgerichtshöfe heißen); an der Spitze steht das Bundesverwaltungsgericht in Berlin.

In einigen speziellen Verwaltungssachen sind jedoch Ausnahmen vorgesehen; hier sind die **Zivilgerichte** kraft ausdrücklichen grundgesetzlichen Vorbehalts zuständig, so z. B. bei Entscheidung über die Höhe einer Enteignungsentschädigung (Art. 14 Abs. 3 Satz 3 GG). Insofern hat also auch die Auffassung von *Bähr* ihre Auswirkungen noch aufs heutige Recht.

Die Forderung nach gerichtlicher Prüfung von Verwaltungsakten setzte die **Unabhängigkeit der Richter** voraus. Während diese Forderung hinsichtlich der für die Entscheidung von privaten Rechtsstreitigkeiten und von Strafsachen zuständigen Zivil- und Strafrichter auch im Absolutismus schon zu einem guten Teil gesichert war, erfolgte die Durchsetzung unabhängiger Verwaltungsrichter erst nach langem Kampf. Sie ist heute (wie auch schon durch Art. 102 der Weimarer Reichsverfassung) durch Art. 97 GG gewährleistet.

7.3. (Materielle) Bindung des Gesetzgebers an die Verfassung?

7.3.1. Europäische Tradition

Die Vorstellung der bürgerlich-liberalen Theorie, das Gesetz sei die Verkörperung von Vernunft und Richtigkeit schlechthin, hatte Auswirkungen auf die Frage, ob der Gesetzgeber seinerseits an den Inhalt der Verfassung, vor allem an die Grundrechte, gebunden ist: Wenn die Gesetze von vornherein richtig sind, braucht der Bürger vor dem Gesetzgeber offenbar nicht geschützt zu werden; der Schutz ist überflüssig, weil Übergriffe des Gesetzgebers nicht zu befürchten sind. Daraus ergab sich die handfeste staatstheoretische Folgerung, daß den **Grundrechten** Geltung nur **nach Maßgabe der Gesetze** zuerkannt wurde, sie also keinen Schutz *gegen* den Gesetzgeber boten.

Daraus folgte weiter, daß der Bürger auch keinen *gerichtlichen* Schutz gegen Grundrechtsverletzungen des Gesetzgebers hatte. Solche Verletzungen konnte der Gesetzgeber ja gar nicht begehen, weil die Grund-

---

[42] *Gneist,* Der Rechtsstaat, 1. Aufl., Berlin 1872, 160ff.
[43] *Bähr,* Der Rechtsstaat, 1. Ausgabe, Cassel 1864, Neudruck Aalen, 1961, 71f.

rechte nicht gegen ihn gerichtet waren. Eine Überprüfung von Gesetzen auf ihre Verfassungsmäßigkeit durch die Gerichte war dementsprechend nicht vorgesehen. Dies war jedenfalls die Lage im 19. Jahrhundert in Europa und entsprach im wesentlichen auch noch dem Stand der Rechtstheorie unter der *Weimarer Reichsverfassung*.

7.3.2. Nordamerikanische Tradition

Einen anderen Weg nahm die Entwicklung in den Vereinigten Staaten von Amerika. Auch dies hatte seine geschichtlichen Gründe. Denn hier hatte man von Anfang an gesehen, daß der Bürger möglicherweise auch vor dem *Gesetzgeber* geschützt werden muß. Die amerikanische Freiheitsbewegung hatte ihren Ausgangspunkt ja vom Kampf gegen Gesetze, nämlich die englischen Steuergesetze, genommen. Die amerikanischen Kolonisten wehrten sich gegen Steuergesetze, an deren Erlaß sie mangels Vertretung im englischen Parlament nicht teilhatten: „No taxation without representation!“ Dementsprechend ergingen die Menschenrechtserklärungen in den USA als selbständige bills of rights, die von vornherein auch als Bindungsnormen für den Gesetzgeber gedacht waren.

Die Bindung auch des Gesetzgebers an die Verfassung machte auch eine gerichtliche **Normenkontrolle** möglich, welche der amerikanische Supreme Court denn auch seit seiner berühmten Entscheidung *Marbury vs. Madison* im Jahre 1803 in Anspruch nimmt.

Die Väter des *Grundgesetzes* folgten bewußt dem amerikanischen Vorbild. Entscheidend waren wiederum historische Gründe: In den „tausend Jahren“ des Dritten Reiches hatte man erfahren, wie notwendig ein wirksamer Schutz des Bürgers auch gegen den Gesetzgeber sein kann. Hier war drastisch, wie kaum je zuvor, demonstriert worden, wie Gesetzgebung pervertieren kann. Die Bindung auch des Gesetzgebers an die Grundrechte ist nunmehr im Grundgesetz ausdrücklich in *Art. 1 Abs. 3* niedergelegt (vgl. auch *Art. 20 Abs. 3*). Dadurch hebt sich das Grundgesetz von der Weimarer Reichsverfassung ab, die keine Bindung des Gesetzgebers an die Grundrechte vorsah. Die Grundrechte gelten heute nach der Formulierung *Herbert Krügers* nicht mehr nach Maßgabe der Gesetze, sondern umgekehrt die Gesetze nach Maßgabe der Grundrechte.

Das Grundgesetz übernahm vom amerikanischen Vorbild nicht nur die Bindung des Gesetzgebers unmittelbar an die Verfassung, sondern auch die Überwachung dieser Bindung durch die Gerichte. Dabei ging das Grundgesetz über die amerikanische Regelung noch dadurch hinaus, daß es ausdrücklich ein spezielles Gericht für die Verfassungskontrolle einrichtete und diesem weite Zuständigkeiten einräumte: das *Bundesverfassungsgericht*.

VI. Grundsätze für das Verhältnis Staat – Gesellschaft

Auch in liberaler Vorstellung ist der Staat keineswegs überflüssig. Dies wurde oben dargelegt. Kennzeichen des Liberalismus ist jedoch, daß er den Staat auf das Notwendigste beschränken und die Regelung im übrigen der gesellschaftlichen Selbststeuerung überlassen möchte. Die zugrundeliegenden – innerhalb der Prämissen zwingenden – Überlegungen sollen im folgenden noch einmal skizziert werden. Dabei wird der Vertrag als wichtigster Regelungsmechanismus der Selbststeuerung dem Gesetz als wichtigstem Instrument staatlicher Regelung gegenübergestellt.

1. Überlegenheit des Vertrages gegenüber dem Gesetz

Gesetz und Vertrag dienen im bürgerlich-liberalen Modell der Verwirklichung der gleichen Grundwerte.[44] Bemerkenswert ist nun, daß der Vertrag typischerweise die Grundwerte in höherem, weitergehendem Maße realisiert als das Gesetz (soweit der Vertrag überhaupt als Entscheidungsmittel in Frage kommt):

Der Vertrag läßt dem einzelnen mehr Raum für *Selbstbestimmung* als das Gesetz, weil durch den Vertrag tatsächlich nur gebunden wird, wer ihm selbst zugestimmt hat, was auf das Gesetz offenbar nicht zutrifft. Durch Gesetz werden auch diejenigen gebunden, die sich über die Frage gar keine Gedanken gemacht haben und sogar diejenigen, die entschieden gegen die gesetzliche Regelung sind.

Die unmittelbare Verantwortlichkeit der Vertragschließenden für den Inhalt des Vertrages trägt zu seiner Akzeptierung bei, entfaltet *Integrationswirkung* und dient dem sozialen Frieden – all dies in höherem Maße als bei Festlegung durch das Gesetz, bei der die Verantwortlichkeit des einzelnen und damit auch die daraus resultierende Integrationswirkung sich weitgehend verflüchtigen.

Der Vertrag dient der *Einzelfallgerechtigkeit* in höherem Maße als das Gesetz. Denn dieses muß generalisieren, typisieren und eine gewisse Kontinuität in der Zeit aufweisen, damit es übersichtlich und praktikabel bleibt und die Rechtsgenossen sich bei ihren Dispositionen darauf einstellen können. Es muß deshalb von vornherein eine gewisse Einbuße an situationsorientierter Einzelfallgerechtigkeit in Kauf nehmen. Anders der Vertrag, der, wenn er funktioniert, eine nach Personen und Situationen individualisierte bindende Einzelfallregelung schaffen kann, ohne dabei doch den Wert der Rechtssicherheit zu beeinträchtigen: Jeder Rechtsgenosse braucht ja nur die ihn selbst betreffenden und von ihm

---

[44] Oben D II 4.3 und V 6.

abgeschlossenen Verträge zu überblicken und ist auch nur an diese gebunden. Der geschlossene Vertrag kann deshalb – anders als das Gesetz – beiden Werten voll gerecht werden: der situationsbedingten Einzelfallgerechtigkeit *und* der Rechtssicherheit.

Hinzu kommt, daß die Tätigkeit des Gesetzgebers (wie alle staatliche Tätigkeit) besondere finanzielle *Kosten* für den Unterhalt der zuständigen Staatsorgane verursacht.

2. Subsidiarität, Minimierung und Neutralität der Staatstätigkeit

Die Überlegenheit des Vertrages gegenüber dem Gesetz gilt natürlich nur für diejenigen Bereiche, in denen überhaupt ein Konkurrenzverhältnis zwischen beiden besteht, nicht also in solchen Bereichen, in denen vertragliche Entscheidungen von vornherein gar nicht möglich sind.[45] Aus der Überlegenheit des Vertrages folgt aber, daß der Staat im übrigen der gesellschaftlichen Selbststeuerung Raum lassen sollte. Im einzelnen ergeben sich drei Prinzipien: Subsidiarität, Minimierung der Staatstätigkeit und Neutralität.

Der Grundsatz der **Subsidiarität** besagt: Der Staat soll und darf nur dann eingreifen, wenn die Gesellschaft ihrer Probleme nicht allein Herr wird.

Der Grundsatz der **Minimierung** verlangt, daß die Staatstätigkeit und demgemäß auch die Staatsausgaben (und die Staatseinnahmen) möglichst gering gehalten werden. Der Staat soll sich auf das Bereitstellen der Rahmenordnung beschränken, die für das Funktionieren der Selbststeuerung unerläßlich ist. Die tatsächliche Bedeutung des Minimierungsprinzips läßt sich an der Entwicklung der Staatsausgaben ablesen. So fiel der Anteil der Staatsausgaben am Sozialprodukt (= Staatsquote) in Deutschland von 1821 bis 1865 kontinuierlich ab und blieb dann bis zum Jahre 1913 einigermaßen konstant (unten U II 1).

Aus der Betonung der gesellschaftlichen Selbststeuerung läßt sich auch das **Neutralitätsprinzip** ableiten. Geht man davon aus, die Selbststeuerung führe zu optimalen Ergebnissen, so können Staatseingriffe offenbar nur schaden. Sind Eingriffe dennoch nicht zu umgehen, wie z. B. die Steuererhebung, die zur Finanzierung der Staatsausgaben unerläßlich ist, so muß der Staat sich bei diesen Eingriffen jedenfalls neutral verhalten, d. h. er darf die von ihm vorgefundenen Situationen und Verhältnisse nicht lenken und verändern („leave them as you find them"). Der Staat hat diesem Neutralitätsprinzip im 19. Jahrhundert in weitem Umfang (wenn auch nicht ausnahmslos) entsprochen; Kritiker wie *Lassalle* nannten ihn deshalb abfällig einen bloßen „Nachtwächter-Staat".

---

[45] Oben D V 1.

VII. Kritik des bürgerlich-liberalen Konzepts

Viele Bestandteile der bürgerlich-liberalen Theorie prägen auch unser heutiges Verständnis noch. Andererseits wird unsere Vorstellung von Staat und Gesellschaft *nicht nur* von ihrem Gedankengut bestimmt. Wesentliche Teile des überkommenen Konzepts unterlagen heftiger Kritik, die schon im 19. Jahrhundert aufkam, allmählich immer mehr als berechtigt anerkannt wurde und sich dann im 20. Jahrhundert durchgesetzt hat. Die Kritik kreiste vor allem um einen Punkt: Das Konzept des liberalen Rechtsstaats war letztlich auf eine bestimmte Volksschicht bezogen, das Bürgertum. Dementsprechend verstand der Liberalismus unter Gesellschaft allein die *bürgerliche Gesellschaft,* also den sog. Dritten Stand. Zugrunde lag das **Menschenbild** vom **Bürger von Besitz und Bildung.** Beides, Besitz und Bildung, fehlte aber den Lohnabhängigen, den *Arbeitern.* Ihre Interessen mußten deshalb zu kurz kommen. Wie die liberale Theorie unter „Gesellschaft" stillschweigend nur die bürgerliche Gesellschaft verstanden hat, so wurde auch das Parlament ohne weiteres mit *bürgerlichem Parlament* gleichgesetzt. Auch dies hatte weittragende und für die Arbeiter nachteilige Auswirkungen: Das Recht, die Mitglieder des Parlaments zu wählen und selbst als Abgeordneter ins Parlament gewählt zu werden, besaßen nur Bürger; Arbeiter hatten weder aktives noch passives Wahlrecht.

So waren Staat und Gesellschaft des liberalen Rechtsstaats letztlich eine ausschließliche Veranstaltung des Bürgertums. Einer der theoretischen Köpfe der französischen Revolution, *Abbé Sieyès,* hatte dies auf die programmatische Kurzformel gebracht: „Was ist der Dritte Stand? Die Nation!" Die Monopolisierung von Staat und Gesellschaft durch eine Schicht des Volkes (und der Ausschluß einer anderen) läßt sich historisch dadurch *erklären,* daß das Bürgertum es war, das die Freiheitsbewegung gegen den monarchischen Absolutismus trug. Dieser Kampf gegen die überkommenen Mächte, der schließlich zum Erfolg führte, stand lange ganz im Vordergrund der allgemeinen Aufmerksamkeit und hinderte so die Erkenntnis, daß das Volk keinesfalls nur aus Bürgern im liberalen Sinne, also nicht nur aus Selbständigen bestand, sondern auch aus abhängig Tätigen. Mit der zunehmenden technischen und industriellen Entwicklung nahm dieser „Vierte Stand" aber auch zahlenmäßig rasch zu, so daß es schließlich immer unhaltbarer erschien, ihn einfach zu ignorieren. Die Kritik führte zu einem allmählichen Strukturwandel von Staat und Gesellschaft; seine Richtung ging dahin, auch die bisher ausgeschlossenen Schichten des Volkes einzubeziehen und ihnen soziale Gerechtigkeit und politische Gleichberechtigung zu verschaffen: Aus dem bürgerlich-liberalen Rechtsstaat entwickelte sich der egalitäre Sozialstaat.

E. Politische Gleichheit und soziale Gerechtigkeit: Demokratisch-sozialer Rechtsstaat

I. Aufbau auf dem liberalen Rechtsstaat

Die meisten Elemente des bürgerlich-liberalen Rechtsstaats wurden trotz der sich durchsetzenden Kritik nicht einfach beseitigt, sondern blieben bestehen und wurden lediglich durch neue Elemente, die an ihre Seite traten, ergänzt. Der demokratisch-soziale Rechtsstaat beruht also zu einem guten Teil auf Grundvorstellungen der liberalen Theorie, die sich denn auch im Grundgesetz wiederfinden.[1] Der Staat des Grundgesetzes versucht aber, darüberhinauszugehen und die offensichtlichen Mängel des rein liberalen Konzepts zu beheben. Diese Mängel, die im folgenden etwas genauer in den Blick genommen werden, hatten sich vornehmlich in den Bereichen der Wirtschaft (wo sich grobe Ungerechtigkeiten ergeben hatten) und des politischen Wahlrechts (welches auf das Bürgertum beschränkt gewesen war) gezeigt. Dementsprechend geht es dem demokratisch-sozialen Rechtsstaat vor allem um zweierlei: die Herstellung sozialer Gerechtigkeit (*sozial*staatliche Komponente) und die Erstreckung des Wahlrechts auf alle, einschließlich der Nichtbesitzenden (*demokratische* Komponente).[2]

II. Wirtschaftliche Ausgangslage

1. Ausbeutung der Arbeiter

Ein krasser Mangel des liberalen Staates war die wirtschaftliche Benachteiligung der Arbeiter. *Adam Smith* hatte gelehrt, man müsse die wirtschaftlichen Kräfte nur sich selbst überlassen, um harmonisch-ausgewogene Ergebnisse zu erhalten.[3] Diese Lehre der freien Marktwirtschaft mag Gütermärkten einigermaßen gerecht werden, auf *Arbeits-*

---

1 Daß das Grundgesetz ,,an die Tradition des ‚liberalen bürgerlichen Rechtsstaats'" anknüpft, ,,wie er sich im 19. Jahrhundert allmählich herausgebildet hat", betont auch das Bundesverfassungsgericht: BVerfGE 5, 85 (197).

2 Das Bundesverfassungsgericht hebt deshalb in der soeben genannten Entscheidung weiter hervor, daß der Staat des Grundgesetzes den ,,Fortschritt zu ‚sozialer Gerechtigkeit'" zum Leitprinzip hat und vom ,,Ideal der ‚sozialen Demokratie' in den Formen des Rechtsstaates" getragen wird (S. 198).

3 Oben D II 4.1.

märkte paßt sie jedoch in keinem Fall. Dennoch wurde der Grundsatz des Laissez-faire unbedenklich auch auf den Bereich der abhängigen Arbeit ausgedehnt. Die Arbeitsleistung wurde als eine marktfähige Ware angesehen, die der Arbeiter für einen bestimmten Preis, den Lohn, verkauft. Dementsprechend erwartete die liberale Harmonievorstellung, im ,,freien" Lohnvertrag zwischen Unternehmer und Arbeiter setze sich das wirtschaftlich Richtige und Angemessene aufgrund der auch dort wirksamen ,,unsichtbaren Hand" von selbst durch. Die Resultate dieses Kräftespiels hielt man auch im Bereich der unselbständigen Arbeit für so selbstverständlich richtig, daß man vom ,,natürlichen Lohn" sprach.

Voraussetzung dafür, daß der natürliche Lohn zustandekommen könne, war nach liberaler Theorie, daß am Arbeitsmarkt Wettbewerb herrscht und zwischen Unternehmern und Arbeitnehmern *Einzel*verträge geschlossen werden. Daraus ergab sich wiederum eine einschneidende Konsequenz: Den Arbeitern wurde der kollektive Zusammenschluß zu Gewerkschaften verboten. Wie bereits erwähnt, wurde das Modell der bürgerlichen Gesellschaft ja bestimmt von der ,,Vorstellung des Nebeneinanders einer Vielzahl freier und unverbundener Individuen, die sich im Wettbewerb begegnen".[4] Organisierte Gruppen schienen mit einer solchen freien Wettbewerbsgesellschaft unvereinbar. Denn sie hätten die atomistische Marktstruktur, die man zur Wahrung des Wettbewerbs für erforderlich hielt, aufgehoben. Die radikale Ablehnung jeder Form von ,,intermediären Gewalten" im Zwischenfeld zwischen Individuum und Staat, die schon *Rousseau* herausgestellt hatte,[5] beherrschte auch die Französische Revolution. Deshalb enthielt die Erklärung der Menschen- und Bürgerrechte von 1789 kein Grundrecht der Vereinigungsfreiheit. Die *Loi Le Chapelier* v. 14./17. 6. 1791 sprach sich umgekehrt gegen jede Art von Vereinigungen aus:

> ,,Die Vernichtung aller Arten von Vereinigungen der Bürger desselben Standes und desselben Berufes ist ein Fundamentalprinzip der Französischen Verfassung. Es ist verboten, sie wieder zu errichten, aus welchem Vorwand und in welcher Form auch immer."

Diese Grundtendenz beherrschte auch die folgende Zeit.[6]

Sie schlug sich z. B. noch in den §§ 181–184 der preußischen Gewerbeordnung von 1845 nieder. Danach waren alle Arbeitnehmer- und Arbeitgeberverbände verboten, die ihre Ziele mit Mitteln des Arbeitskampfes (Streik, Aussperrung) durchzusetzen suchten. Hinsichtlich anderer, sog. wirtschafts*friedlicher* Koalitionen unterschied die Gewerbeordnung: Wirtschaftsfriedliche *Unternehmer*vereinigungen waren erlaubt. Wirtschaftsfriedliche *Arbeitnehmer*vereinigungen waren

---

4 *Huber,* Verfassungsgeschichte IV, 988.

5 Oben C II.

6 Zur Entwicklung: *Huber,* Verfassungsgeschichte IV, 788f., 1134f.

dagegen grundsätzlich verboten und nur bei besonderer polizeilicher Erlaubnis gestattet. Wer gegen die Verbote verstieß, machte sich sogar strafbar.[7]

Die liberale Theorie hatte die Einschränkung der Koalitionsfreiheit und die Strafbarkeit von Arbeitskämpfen als angebliche Voraussetzungen für einen harmonischen Kräfteausgleich gerechtfertigt. Die soziale Wirklichkeit schlug der Harmonieerwartung allerdings ins Gesicht. Das *tatsächliche Bild,* welches die soziale Lage der Arbeiter im 19. Jahrhundert bot, war durch krasse Mißstände gekennzeichnet, durch kümmerlichen Lohn, der kaum ausreichte, um die bloße Existenz zu fristen, durch unmenschliche Arbeits- und Wohnverhältnisse, durch Kinderarbeit von unglaublicher Länge und Härte.

Das freie Spiel der Kräfte, von dem die liberal-bürgerliche Theorie Harmonie und Gerechtigkeit auch auf dem Arbeitsmarkt erhofft hatte, kann eben nur dann zu ausgewogenen Ergebnissen führen, wenn die Kräfte einigermaßen gleichgewichtig sind. Besitzt dagegen eine Seite ein Übergewicht, so muß das Spiel der ungleichen Kräfte zur Unterdrükkung und Ausbeutung der anderen Seite führen. *Talleyrand* soll einmal gesagt haben: „Nichtintervention ist ein schwieriger Begriff, er bedeutet ungefähr das gleiche wie Intervention." Den – nur scheinbar paradoxen – Sinn dieses Wortes, das ursprünglich auf die Außenpolitik gemünzt war, versteht man, wenn man sich die Lage der Arbeiter im 19. Jahrhundert vor Augen führt: Die Nichtintervention des dem Laissez-faire-Konzept verhafteten Staates mußte im Ergebnis auf eine Intervention zugunsten der Stärkeren hinauslaufen. Und stärker waren bei sog. „freien" Lohnverträgen eben die Unternehmer. Sie saßen aufgrund ihres **Eigentums an den Produktionsmitteln** bei den Vertragsverhandlungen mit den Arbeitern sozusagen am längeren Hebel. Denn der Arbeiter ist auf den ununterbrochenen Bezug von Lohn zum Leben angewiesen. Er kann deshalb selbst dann, wenn er mit den ihm angebotenen Arbeitsbedingungen nicht zufrieden ist, nicht abwarten, sondern muß trotzdem akzeptieren.

Die Übermacht der Unternehmer wurde noch verstärkt durch die sog. **anomale Marktreaktion der Arbeiter.** Damit ist ein einfacher, in seiner Wirkung für die Arbeiter aber verheerender Mechanismus angesprochen, der sich folgendermaßen skizzieren läßt: Zu den „Marktgesetzen" gehört es, daß von irgendeinem Wirtschaftsgut um so weniger am Markt angeboten wird, je niedriger der Preis ist. Durch diesen Mechanismus wird ein zu starkes Absinken der Preise verhindert.

---

[7] Der Wortlaut der §§ 181–184 der preußischen Gewerbeordnung vom 17. 1. 1845 ist wiedergegeben bei *Huber,* Dokumente zur Verfassungsgeschichte, Bd. II, 1964, 247, Anm. 15.

Beispiel: Mit fallendem Preis etwa für Sperrholz sind immer weniger mögliche Anbieter von Sperrholz bereit, ihre Bestände zu verkaufen, d. h. die Gesamtmenge des Angebots auf dem Sperrholzmarkt sinkt, je tiefer der Marktpreis fällt.

Dieser Mechanismus funktioniert hinsichtlich der ,,Ware" Arbeit nun aber gerade nicht. Im Gegenteil: Sinkt der Lohn, den der Arbeiter (pro Arbeitsstunde) erhält, so wird er nicht weniger, sondern mehr Stunden arbeiten wollen. (Dies gilt jedenfalls bei einem insgesamt niedrigen Lohnniveau.) Denn er sieht sich gezwungen, um seinen Lebensstandard oder auch nur seine physische Existenz aufrechtzuerhalten, Überstunden zu machen oder Frauen und Kinder vermehrt in die Fabriken zu schikken. Aufgrund dieser ,,anomalen Marktreaktion" der Arbeiter konnten die Unternehmer also dadurch mehr Arbeit für weniger Lohn erhalten, daß sie die Löhne senkten.

So wurde der ,,freie" **Arbeitsvertrag** im Ergebnis zu einem **Instrument der** sozial-wirtschaftlichen **Herrschaft** der Unternehmer und der Ausbeutung der Arbeiter. Das ,,Quasimonopol" *(Preiser)* der Unternehmer erlaubte es ihnen, den Arbeitern die Bedingungen weitgehend zu oktroyieren[8] – jedenfalls solange die Arbeiter vereinzelt und allein auf sich gestellt waren.

2. Vermachtung der Wirtschaft

Eine zweite Fehlentwicklung in der freien Marktwirtschaft wird meist unter dem Stichwort ,,Monopolproblem" behandelt. ,,Monopol" ist der Gegenbegriff zu ,,Wettbewerb". Die Bildung eines Monopols ist dadurch gekennzeichnet, daß der Wettbewerb ausgeschlossen wird und bestimmte Güter nur noch von einem einzigen Unternehmer angeboten werden.[9] Entsprechendes gilt auch dann, wenn zwar noch mehrere Unternehmen vorhanden sind, diese sich aber untereinander keinen Wettbewerb machen (,,Kollektiv-Monopol").

Wie kann es zur Bildung solcher Monopole kommen? Eine Möglichkeit besteht darin, daß ein Wettbewerber die anderen vom Markt verdrängt, indem er bessere oder billigere Waren anbietet und auf diese Weise die Marktanteile der Konkurrenten dezimiert. In der Durchsetzung des Besseren im Wettbewerb ist an sich noch nichts Negatives zu erblicken, wenn das für die Verbraucher günstige Angebot auf entsprechend höherer Leistung beruht (Leistungskonkurrenz). Höchst problematisch ist aber der sog. **ruinöse Wettbewerb;** hier werden die Konkurrenten nicht aufgrund besserer Leistung unterboten, vielmehr werden

---

[8] Dazu *v. Arnim,* Die Verfallbarkeit von betrieblichen Ruhegeldanwartschaften, 1970, 46–52 m. w. N.

[9] Entsprechendes kann man auch für die Nachfrageseite sagen: Man spricht dann von *Nachfrage*-Monopol.

die Preise unter die eigenen Selbstkosten gedrückt, um Konkurrenten mit kürzerem finanziellen Atem zur Aufgabe zu zwingen und dann deren Marktanteile zu übernehmen. Auf diese Weise setzen sich nicht die bessere Leistung durch, sondern die größeren wirtschaftlichen und finanziellen Reserven. Man spricht hier plastisch auch von halsabschneiderischer Konkurrenz. In Deutschland gab es seit Beginn der siebziger Jahre des 19. Jahrhunderts auf vielen Märkten ruinösen Wettbewerb, der letztlich die Konzentration und die Entstehung von Monopolen begünstigt hat.

Ein anderer Weg, wie es zu (Kollektiv-)Monopolen kommen kann, ist der Abschluß von sog. **Kartellen,**[10] d. h. von wettbewerbsbeschränkenden Absprachen zwischen Unternehmern, die sich auf die Preise (oder andere marktrelevante Daten) der von den Unternehmen angebotenen Güter beziehen. Kartelle führen dazu, daß, soweit die Absprache reicht, jede Form von Wettbewerb, also auch der erwünschte und für das Funktionieren der Marktwirtschaft unerläßliche Leistungswettbewerb, ausgeschaltet wird. Auch derartige Kartelle entwickelten sich im letzten Drittel des 19. Jahrhunderts in Deutschland bereits in großem Umfang.[11]

Die *Folgen* der Monopolisierung sind gewichtig. Ohne die disziplinierende Kraft des Wettbewerbs wird es den Monopolunternehmen erleichtert, ihre Abnehmer oder Lieferanten zu beherrschen. Die Preissenkungsfunktion des Wettbewerbs entfällt mit diesem. Es entstehen sog. Monopolgewinne, also übermäßig hohe Gewinne, die ihrerseits die Gewinn- und Vermögenskonzentration begünstigen. Die Konzentration in der Wirtschaft kann auch Auswirkungen auf den politischen Bereich haben, soweit die wirtschaftlich Mächtigen sich einen entsprechenden politischen Einfluß zu sichern vermögen. Schließlich kann das Außerkraftsetzen des Wettbewerbsdrucks dazu führen, daß der Anreiz zur Einführung technischer, organisatorischer und sonstiger Neuerungen nachläßt und so das Wohlstandsniveau für alle abnimmt oder jedenfalls langsamer zunimmt, als es bei Wettbewerb möglich wäre.

3. Massenarbeitslosigkeit

Ein weiterer schwerer Mangel der freien Marktwirtschaft stellt ihre Anfälligkeit für Wirtschaftskrisen mit Massenarbeitslosigkeit dar. Derartige Krisen traten während des ganzen 19. Jahrhunderts in periodischem

---

10 Ein dritter Weg ist die **Fusion.** Hier schließen sich mehrere Unternehmen zu einem einheitlichen Gesamtunternehmen zusammen.

11 Zum Aufkommen der Kartelle in Deutschland *Huber,* Verfassungsgeschichte IV, 1107 ff.

Rhythmus auf, einmal stärker, einmal schwächer, dauerten einige Zeit und vergingen dann wieder. Wirtschaftlichen Wechselbädern gleich reihten sich Zeiten des Niedergangs und der Arbeitslosigkeit an Zeiten des Aufschwungs und der Prosperität.

Die bürgerlich-liberale Markttheorie rechtfertigte die zyklusartig wiederkehrenden Wirtschaftskrisen mit dem Argument, die Wirtschaft müsse sich gesundschrumpfen: Überzählige, in Wahrheit nicht lebensfähige Unternehmen, welche die vorangehende Prosperitätsphase hochgespült habe, müßten eliminiert werden („Reinigungskrisen"). Die Krisen wurden als Bestandteile des Lebensprinzips der Wirtschaft angesehen, ähnlich wie Krankheiten beim Menschen nötig seien, damit die Keime durch Fieber abgetötet werden. Derartige Beschwichtigungen verloren ihre Überzeugungskraft in dem Maße, in dem die Krisen schlimmer wurden und schließlich im Jahre 1929 ihren Höhepunkt in der **Weltwirtschaftskrise** fanden. Die Weltwirtschaftskrise machte allein in Deutschland sechs Millionen Menschen arbeitslos, was fast einem Drittel der abhängigen Erwerbspersonen entsprach. Die Folgen der Arbeitslosigkeit waren einschneidend. Die Arbeitslosenversicherung ersetzte nur einen Bruchteil des Lohnausfalls; von nicht geringerem Gewicht sind die psychischen Folgen: In einer Leistungsgesellschaft wird Arbeitslosigkeit von den Betroffenen als eine Art „Verbannung" empfunden. Auch die Folgen für Staat und Gesellschaft insgesamt erwiesen sich als schwerwiegend: Die Weltwirtschaftskrise erschütterte die westlichen Staaten in ihren Grundfesten. Sie führte zu einer politischen Radikalisierung, die in Deutschland der Weimarer Republik den Todesstoß versetzte und das Nazi-Regime an die Macht brachte.

III. Abhilfekonzepte

Die offensichtlichen Mißstände führten dazu, daß etwa seit Mitte des 19. Jahrhunderts **Gegenbewegungen** immer stärkeres Gewicht erlangten. Sie prangerten vor allem die wirtschaftliche Ausbeutung der Arbeiter, aber auch die Vermachtung der Wirtschaft und ihre Krisenanfälligkeit an und traten in *zwei* verschiedenen *Richtungen* auf. Beide waren sich im Ziel einig; es ging um die Schaffung sozialer Gerechtigkeit. Sie unterschieden sich jedoch in den Mitteln und Wegen, die sie zur Erreichung dieses Zieles für erforderlich hielten. Die *einen* befürworteten soziale **Reformen** bei prinzipiellem Festhalten am System, die *anderen* traten dagegen für die **Revolution** ein, weil sie davon ausgingen, innerhalb des Systems sei eine wirkliche Reform gar nicht möglich. Letztere Position vertrat vor allem *Karl Marx*.

1. *Karl Marx:* Abhilfe durch Revolution

Auch *Karl Marx* (1818–1883) nimmt seinen Ausgangspunkt von den drei Hauptmißständen der freien Marktwirtschaft: dem Arbeiterelend, der zunehmenden Monopolisierung und Vermögenskonzentration und der Krisenanfälligkeit. *Marx* entwickelt auch spezielle Hypothesen, mit denen er *erklärt,* warum es in der freien Marktwirtschaft mit Privateigentum an den Produktionsmitteln zu derartigen Mißständen kommen müsse: die **Verelendungsthese,** die **Konzentrationsthese** und die **These von** den zunehmend schwerer werdenden **„Handelskrisen".** Die Hypothesen waren allerdings weniger revolutionär, als es zunächst erscheinen mochte; die Verelendungs- und die Konzentrationsthese finden sich nämlich bereits bei dem deutschen Philosophen *Hegel*[12] (1770–1831), der sie seinerseits von den englischen Nationalökonomen *Malthus* (1766–1834) und *Ricardo* (1772–1825) übernommen hatte.

Wirklich revolutionär waren dagegen die *Abhilfe*vorschläge. Da *Marx* meinte, von einer Reform nichts erwarten zu können, hielt er eine durchgreifende Besserung der Stellung der Arbeiterklasse nur durch Revolution für möglich. Dabei ging er davon aus, die Fehlentwicklungen würden zwangsläufig immer mehr zunehmen und immer unerträglicher werden, bis schließlich die ausgebeutete Arbeiterklasse ihre wirtschaftlichen Fesseln sprenge. Die Essenz der Thesen von *Marx* findet sich in seinem Hauptwerk **Das Kapital** (1867):

> „Mit der beständig abnehmenden Zahl von Kapitalmagnaten ... wächst die Masse des Elends, ... der Ausbeutung, aber auch die Empörung der stets anschwellenden und durch den Mechanismus des kapitalistischen Produktionsprozesses selbst geschulten, vereinten und organisierten Arbeiterklasse ... Die Zentralisation der Produktionsmittel und die Vergesellschaftung der Arbeit erreichen einen Punkt, wo sie unverträglich werden mit ihrer kapitalistischen Hülle. Sie wird gesprengt. Die Stunde des kapitalistischen Privateigentums schlägt. Die Expropriateurs werden expropriiert."[13]

Das ist dann die Stunde der Revolution und der Machtergreifung des Proletariats. Es lohnt sich, die *Marx*sche These von der **Unmöglichkeit der Reform** einmal etwas näher zu betrachten; denn man kann ihr in der Lage, die *Marx* vor Augen hatte, die *innere Logik* nicht absprechen. Die zentrale Frage, der sich die Reformer stellen mußten, ging ja dahin, *wer* die Fehlentwicklungen korrigieren könne. Und eben darauf sah *Marx* keine überzeugende Antwort. Vor allem der Staat schien ihm zu einer durchgreifenden Reform nicht in der Lage zu sein. In seinen Augen wurde der Staat umgekehrt dazu benutzt, dem Besitzbürgertum als der *ökonomisch* herrschenden Klasse auch die *politische* Herrschaft zu sichern.

---

[12] *Hegel,* Grundlinien der Philosophie des Rechts, 1821, §§ 243/4.
[13] Das Kapital, 24. Kap., VII. Abschnitt.

Der **Staat** war für Marx nur das **Instrument der herrschenden Klasse,** um die Unterdrückung der Beherrschten aufrechtzuerhalten und zu verstärken, ,,nur ein Ausschuß, der die gemeinschaftlichen Geschäfte der ganzen Bourgeoisklasse verwaltet" (Kommunistisches Manifest).[14] Und diese Vorstellung schien in der Tat viel für sich zu haben. Man versetze sich in die damalige Lage! Das ,,Kommunistische Manifest" erschien im Jahre 1848. Zu dieser Zeit aber hatten die Arbeiter nicht die mindesten wirtschaftlichen und politischen Mittel, um ihre Interessen im Wege der friedlichen Evolution durchzusetzen. Vor allem das (aktive und passive) *Wahlrecht* war noch weitgehend den ,,Bürgern von Besitz und Bildung" reserviert. Die Arbeiter waren ausgeschlossen. Ihnen fehlte also der politische Einfluß auf den Staat, insbesondere auf das Parlament als Gesetzgeber. Gerade des Gesetzgebers hätte es bedurft, um ihre hoffnungslose Lage zu bessern. Dieser aber war fest in der Hand des Besitzbürgertums und damit in der Hand derer, *gegen* die der Schutz durchgesetzt werden mußte. Ein Reformansatz schien in dieser Situation dem Versuch gleichzukommen, sich wie *Münchhausen* am eigenen Schopf aus dem Sumpf zu ziehen. Vor diesem Hintergund besaß die *Marx*sche Auffassung vom Staat als Instrument zur politischen Absicherung der wirtschaftlichen Herrschaft des Besitzbürgertums große Überzeugungskraft. Waren es nicht auch die von den Besitzbürgern gewählten Parlamente gewesen, die den Arbeitern den gewerkschaftlichen Zusammenschluß untersagt und Streiks sogar unter Strafe gestellt hatten?[15] So schien es, als könne der Ausbeutung der Arbeiterklasse nur durch Revolution ein Ende gesetzt werden. Reformpolitik hatte in diesem Konzept keinen Platz.

Marx sah die eigentliche **Wurzel** für die Ausbeutung der Arbeiterklasse **im privaten Eigentum** der Besitzbürger **an** den **Produktionsmitteln.** Wer über die Produktionsmittel verfüge, könne die Arbeiter ausbeuten und letztlich den Staat beherrschen. Demgemäß glaubte er, eine durchgreifende Besserung der Lage der Arbeiter trete nur dann ein, wenn die Produktionsmittel dem Bürgertum entrissen würden, wenn also die Expropriateurs expropriiert würden.

Diese Auffassung hat Geschichte gemacht; sie beherrscht in fortentwickelter und modifizierter Form heute die Staaten des sog. Ostblocks. Sie hat aber auch auf die Väter des Grundgesetzes gewissen Einfluß ausgeübt. Das *Grundgesetz* enthält (zwar kein Gebot, wohl aber) die Möglichkeit, privaten Unternehmern ihr Eigentum an Produktionsmitteln zu entziehen. Art. 15 GG ermächtigt den Gesetzgeber, ,,Grund und Boden, Naturschätze und Produktionsmittel zum Zwecke der Vergesell-

---

[14] Das ,,Manifest der Kommunistischen Partei" von 1848 war eine Art Parteiprogramm, das *Marx* zusammen mit *Friedrich Engels* im Anschluß an den Kongreß des Bundes der Kommunisten vom November 1847 in London verfaßt hat.

[15] Oben E II 1.

schaftung in Gemeineigentum oder in andere Formen der Gesamtwirtschaft" zu überführen. Solche Sozialisierung ist allerdings nur gegen angemessene Entschädigung zulässig.

Das Grundgesetz enthält somit zweierlei: Die auf bürgerlich-liberale Wurzeln zurückgehende Garantie des Privateigentums (auch an Produktionsmitteln) in Art. 14 *und* gleichzeitig in Art. 15 eine Ermächtigung des Gesetzgebers, die Produktionsmittel zu sozialisieren. In dieser unentschiedenen **Doppelgesichtigkeit** spiegeln sich die unterschiedlichen Kräfte im Parlamentarischen Rat wider: Bei den Beratungen über das Grundgesetz traten die FDP und auch die CDU (die gerade dabei war, ihr noch sozialisierungsfreundliches Ahlener Programm von 1947 zu revidieren) dafür ein, Marktwirtschaft und insbesondere privates Eigentum auch an Produktionsmitteln im Grundgesetz zu verankern. Dagegen hatte die SPD seinerzeit noch grundlegende Sozialisierungspläne und hätte dem Grundgesetz nicht zugestimmt, wenn darin nur die bürgerlich-liberalen Grundfreiheiten festgeschrieben worden wären. Umgekehrt hätten FDP und CDU das Grundgesetz abgelehnt, wenn darin eine staatskapitalistische Wirtschaftsordnung niedergelgt worden wäre. Um dem Grundgesetz die von allen erstrebte breite Zustimmung zu sichern, mußten beide bei der Erarbeitung der Verfassung beteiligten Hauptrichtungen der Versuchung widerstehen, ihre jeweiligen Vorstellungen über das beste Wirtschaftssystem konstitutionell zu fixieren, und überließen der künftigen Entscheidung durch den Gesetzgeber damit einen breiten Gestaltungsraum. So kam es, daß in Art. 14 GG zwar das private Eigentum auch an Produktionsmitteln geschützt ist, dem Gesetzgeber in Art. 15 aber gleichzeitig die rechtliche Möglichkeit eingeräumt wird, Produktionsmittel gegen Entschädigung in Gemeineigentum zu überführen.

Nach diesem Ausflug in die Gegenwart unseres Grundgesetzes zurück ins 19. Jahrhundert!

2. *Lorenz v. Stein* und die *Katheder-Sozialisten:* Abhilfe durch Reform

Während *Marx* eine Besserung nur durch Revolution für möglich hielt, waren die Anhänger der Reformrichtung von der Notwendigkeit überzeugt, der Staat müsse die Verantwortung für die Lösung der „sozialen Frage" (und auch der übrigen Probleme der freien Marktwirtschaft, die allerdings noch weniger im Vordergrund standen) übernehmen und entsprechende Reformen in die Wege leiten. Prominente Vertreter der Reformrichtung gründeten in Deutschland im Jahre 1873 den sog. **Verein für Socialpolitik,** der fortan ihr publizistisches Forum wurde. (Der Verein, der im Jahre 1973 sein 100-jähriges Jubiläum feierte, besteht auch heute noch.) Auf einer die Gründung vorbereitenden Sitzung[16] umriß *Gustav Schmoller* (1838–1917), einer der Wortführer,[17] das Programm: Es gelte, die Zweifel an der Richtigkeit der ,,herrschenden volkswirtschaftlichen Doktrin" des Liberalismus zu vertiefen und zu einem Gegenkonzept zu verdichten, ,,um eine Basis für die Reform" der sozialen Verhältnisse zu gewinnen. Als wichtigstes **Reformanliegen** nannte *Schmoller:* die Einführung der **Koalitionsfreiheit** und des **Streikrechts** der Arbeiter, die Durchführung der sog. **Fabrikgesetzgebung** (d. h. einer Form des Arbeitsschutzes) und die **Verbesserung des Wohnungswesens.**

Da viele Professoren (vornehmlich der Volkswirtschaftslehre) zum Verein für Socialpolitik gehörten, verspotteten die Gegner sie als ,,Katheder-Sozialisten". Diese nahmen den Begriff auf und suchten, ihn bewußt ins Positive zu wenden.

Was die *Durchsetzung* des Programms anlangt, teilten die Katheder-Sozialisten den *Marx*schen Pessimismus nicht. Vielmehr hielten sie eine Reform durchaus für möglich. Die entscheidende Frage, mit der die Marxisten sie konfrontierten, ging dahin, von welchen politischen und sozialen Kräften sie eine Verwirklichung ihrer Pläne erwarteten. Hier setzten die Reformer teils auf die Monarchie, teils auf eine Fortentwicklung der Demokratie.

Der Teil der Reformkräfte, der auf die Unterstützung seitens des Monarchen hoffte, knüpfte dabei an *Lorenz v. Steins* Konzept des **Sozialen Königtums** an.[18] *v. Stein* hatte dem König als vornehmste Aufgabe die Verpflichtung zugewiesen, für einen gerechten Ausgleich der Interessen von Unternehmern und Arbeitern einzutreten:

Es sei selbstverständlich, ,,daß der beherrschte Teil der Gesellschaft sich ... an das Königtum als seinen natürlichen *Schutzherrn und Helfer* wendet. Da auf der anderen Seite das Königtum ... erst in der Erhebung der bisher unterworfenen, armen und mittellosen Klasse die Entwicklung der Staatsidee in ihrem ganzen Umfange erkennt, so ist es gleichfalls natürlich, daß das Königtum ... Arbeit und Kraft seiner hohen Stellung wesentlich der Wohlfahrt dieser Klassen zuwendet, die in sich selber nicht die Mittel haben, vorwärts zu kommen, und die von denen, welche diese Mittel besitzen, vielmehr in immer größere Abhängigkeit gebracht werden".[19]

---

[16] Sog. Erste Eisenacher Tagung von 1872.

[17] Neben *Schmoller* ist vor allem *Adolph Wagner* (1835–1917) als führendes Mitglied des Vereins für Socialpolitik zu nennen.

[18] *v. Stein,* Geschichte der sozialen Bewegung in Frankreich von 1789 bis auf unsere Tage (1850). Die erste Bearbeitung war 1842 unter dem Titel ,,Der Sozialismus und Kommunismus des heutigen Frankreich. Ein Beitrag zur Zeitgeschichte" erschienen.

[19] *v. Stein* (oben FN 18), III, 1. Teil, zit. nach der Ausgabe der Wissenschaftlichen Buchgesellschaft, Darmstadt 1959, Band III, 37 (Hervorh. nicht im Original).

In der Tat schien der König durchaus in der Lage zu sein, ein wirksames Gegengewicht zu bilden. Denn er war vom Bürgertum, zu dessen Lasten soziale Reformen durchgesetzt werden mußten, relativ unabhängig; vor allem war er – anders als das Parlament – nicht auf periodische Wahlen durch die Bürger angewiesen.

Zugleich packte *v. Stein* die Monarchen auch bei ihrem *Eigen*interesse: Wenn das Königtum ,,für die Hebung der niederen, bisher gesellschaftlich und staatlich unterworfenen Klasse auftrete", so festige es auch seine eigene Stellung, denn: ,,Es ist eine entschiedene Tatsache, daß niemals das Königtum mächtiger ist als dann, wenn es das Volk im engeren Sinn des Wortes für sich hat".[20]

Der Appell an den Monarchen sollte sich in Deutschland auch durchaus als nicht ganz unwirksam erweisen. So beruhte die Errichtung der Sozialversicherungen in den 80er Jahren des 19. Jahrhunderts auf Initiativen *Bismarcks,* der sich dabei von der kaiserlichen Unterstützung getragen sah.[21]

Sicher verfolgte *Bismarck* mit der Sozialgesetzgebung *auch* den Zweck, den ,,Sozialisten" den Wind aus den Segeln zu nehmen. Das änderte jedoch nichts an der segensreichen Wirkung dieser neuen Einrichtung für die Arbeiter.

In erster Linie setzten die Reformer aber auf eine Fortentwicklung der Demokratie; den entscheidenden Durchbruch erhofften sie von einer **Ausdehnung des** (aktiven und passiven) **Wahlrechts** auf alle volljährigen Menschen, also auch auf die bislang davon ausgeschlossenen Arbeiter. Sie gingen dabei von der berechtigten Erwartung aus, ein auch von der Masse der Arbeiter gewähltes Parlament sei eher geneigt, deren Interessen bei der Gesetzgebung angemessen zu berücksichtigen, als ein nur vom Besitzbürgertum gewähltes. Dementsprechend nahm die Forderung nach Einführung des allgemeinen, gleichen Wahlrechts einen zentralen Platz in den Programmen reformorientierter politischer Parteien ein. Hier wird der innere Zusammenhang zwischen der Ausdehnung des Wahlrechts und der Bewältigung der sozialen Frage deutlich, ein Zusammenhang, der dann durch die weitere Entwicklung voll bestätigt werden sollte: Mit der Einführung des aktiven und passiven Wahlrechts auch für die Arbeiter[22] sollte die soziale Gesetzgebung erst zu ihrer vollen Entfaltung kommen.[23]

---

[20] *v. Stein* (oben FN 18), 38, 40.

[21] Dazu im einzelnen unten E V 1.

[22] Unten E IV 1.2.

[23] Daraus erklärt sich umgekehrt auch, daß die bürgerlich-liberale Doktrin die Erstreckung des Wahlrechts auf die Arbeiter auch aus Furcht vor einer Art von legaler Revolution ablehnte (*Braunias,* Das parlamentarische Wahlrecht, II. Bd., 1932, 91), während *Marx* seinerseits die von ihm prophezeite Revolution nicht näher umriß, so daß darunter auch die durch Egalisierung des Wahlrechts ermöglichte ,,Machtergreifung" der Masse der Arbeiter, die in einem Industriestaat leicht die Mehrheit bilden, und die dadurch bewirkte soziale Umwälzung ver-

Die *tatsächliche Entwicklung* hat in Deutschland nicht den Weg der Revolution genommen; vielmehr erwies sich eine Reform durchaus als möglich, wenn der Reformprozeß sich auch lange hinzog. – Im folgenden wird zunächst die Einführung des allgemeinen, gleichen Wahlrechts (und weiterer Einrichtungen, die dem „Vierten Stand" politische Mitsprache gaben) behandelt, sodann die (wesentlich darauf beruhende) Förderung der sozialen Gerechtigkeit (unter V), die Bekämpfung wirtschaftlicher Krisen (unter VI) und schließlich die Anti-Monopolgesetzgebung (unter VII).

IV. Politische Gleichheit durch Beteiligung der Nichtbesitzenden an der staatlichen Willensbildung

1. Verallgemeinerung des Wahlrechts

1.1. Ausgangslage: Beschränkung des Wahlrechts auf das Bürgertum

Der Freiheitskampf gegen den Absolutismus war nicht im Namen und im Interesse aller geführt worden; es war ein Kampf des Bürgertums gewesen, und dies hatte ganz handfeste staatsrechtliche Konsequenzen: Vor allem das politische Wahlrecht blieb auf „Bürger von Besitz und Bildung" beschränkt.

Dementsprechend nahmen die **französischen Revolutionsverfassungen** von 1791 und 1795 (und das entsprechende Wahlgesetz) *Lohnempfänger* ausdrücklich vom Wahlrecht aus.[24] Gleiches gilt z. B. für die **frühkonstitutionellen Verfassungen** von Bayern (1818), Baden (1818), Württemberg (1819) und Hessen (1820), die das Wahlrecht auf *Grundbesitzer* beschränkten; da die Grundsteuer damals die einzige Form der direkten Steuer war, waren dies die Zahler von direkten Steuern.[25] Ausgeschlossen waren (neben den Frauen) alle abhängig Tätigen.[26]

1.1.1. Rechtfertigung durch die Staatstheorie des Liberalismus

Die Regelungen wurden durch die herrschende Auffassung der damaligen Zeit gedeckt. Die Staatstheorie lehrte bis weit ins 19. Jahrhundert,

---

standen werden konnte (vgl. auch *Fetscher,* Art. „Marxismus", Ev. Staatslexikon, 2. Aufl., 1975, Sp. 1522 [1526f.]).

24 *Kriele,* Staatslehre, § 81. – Auch in den USA war das Wahlrecht zunächst durch einen Vermögens- und Steuerzensus beschränkt. Dazu *Georg Meyer,* Das parlamentarische Wahlrecht, herausgegeben von *Georg Jellinek,* 1901, 41; *Braunias* (oben FN 23), 93f. – Zur Entwicklung in England: *Georg Meyer,* ebenda, 3ff.; *Braunias,* ebenda, I. Bd., 205ff.

25 In Baden waren daneben auch öffentliche Beamte wahlberechtigt.

26 *Huber,* Verfassungsgeschichte I, 344–346.

nur der Bürger von Besitz und Bildung bringe die Voraussetzungen für die Übernahme politischer Verantwortung mit; nur ein „freier Mann" dürfe die Parlamente wählen und in die Parlamente gewählt werden, und als frei galt nur, wer wirtschaftlich selbständig war. Die abhängig Tätigen, d.h. die **Arbeitnehmer,** gehörten nicht dazu; ebensowenig die **Frauen,** die der Hausgewalt des Familienvaters unterworfen und deshalb gleichfalls **nicht frei** waren. Abhängige seien unfähig, sich in politischen Fragen ein eigenes Urteil zu bilden und letztlich nur Spielmaterial für Demagogen. Ihnen dürfe kein Wahlrecht eingeräumt werden, ja man sprach ihnen sogar die Staatsbürgerschaft insgesamt ab, was kein geringerer als *Immanuel Kant* in die Worte kleidete: „Der Hausbedienstete, der Ladendiener, der Tagelöhner ... sind nicht Staatsglieder, mithin auch nicht Bürger zu sein qualifiziert".[27] Über die politischen Geschicke der Gemeinschaft sollten nur diejenigen befinden dürfen, bei denen man einerseits ein Mindestmaß an *Gemeinschaftsinteresse,* andererseits *Unabhängigkeit und Ausgewogenheit des Urteils* glaubte voraussetzen zu können. Ersteres sollte seinen Ausdruck in Besitz und Steuerleistung, letztere im Vorhandensein von Bildung finden, wobei die Wahlgesetze zumeist den Besitz und die Steuerleistung in den Vordergrund stellten, weil in ihnen im allgemeinen zugleich die mittelbare Garantie für Bildung und eigenständige Urteilsfähigkeit erblickt wurde.

1.1.2. Exkurs: Preußisches Drei-Klassen-Wahlrecht

Auf solcher theoretischen Grundlage beruhte auch noch das preußische Drei-Klassen-Wahlrecht, das durch Verordnung vom 30. 5. 1849 eingeführt, darauf in die revidierte Verfassung von 1851 (Art. 71) übernommen wurde und bis zum Jahre 1918 in Kraft blieb. Es lohnt sich, das Drei-Klassen-Wahlrecht etwas genauer zu betrachten und es dabei anhand der Kriterien Allgemeinheit, Gleichheit, Unmittelbarkeit und Geheimnis der Wahl zu beurteilen.

Unter einer **allgemeinen** Wahl versteht man, daß jeder das Wahlrecht besitzt, der eine bestimmte Altersgrenze überschreitet. Gemessen an diesem Kriterium war das preußische Wahlrecht immerhin besser als die frühkonstitutionellen Verfassungen. Das Recht zu wählen hatten nunmehr nämlich auch Nicht-Grundbesitzer und abhängig Tätige („Tagelöhner" und „Dienstboten"). **Ausgeschlossen** blieben allerdings Frauen und **Fürsorgeempfänger.** Der Ausschluß der Fürsorgeempfänger wurde mit der Überlegung begründet, über die Besetzung des Parlaments sollten solche Personen nicht befinden, die von diesem Organ Mittel bewil-

---

[27] *Kant,* Über den Gemeinspruch: Das mag in der Theorie richtig sein, taugt aber nicht für die Praxis, in: Werke in 6 Bänden, hrsg. v. *Weischedel,* Bd. VI, Darmstadt 1964, 125 (150f.); ebenso (und besonders ausführlich) *Kant,* Metaphysik der Sitten, 1. Teil, § 46.

ligt bekommen.[28] Darin liegt noch ein Relikt der Vorstellung, daß das Wahlrecht auf Steuerzahler beschränkt werden müsse. (Zur Begründung für den Ausschluß von **Frauen** soeben unter 1.1.1.)

Negativer fällt die Beurteilung anhand der Kriterien Unmittelbarkeit und Gleichheit aus. Eine Wahl ist dann **unmittelbar**, wenn zwischen Wähler und Gewählten nicht noch Wahlmänner treten, die die Abgeordneten nach ihrem Ermessen auswählen, sondern der Wähler selbst bestimmt, welchem Mandatsbewerber seine Stimme zugutekommt. Eine Wahl ist **gleich,** wenn jeder Wähler gleichviel Stimmen besitzt. Das Drei-Klassen-Wahlrecht war weder unmittelbar noch gleich.[29] Zur Durchführung der Wahl wurde das gesamte Staatsgebiet in Wahlbezirke eingeteilt. Jeder Wahlbezirk wählte einen, zwei oder drei Abgeordnete. Dabei wählten die „Urwähler" ihre Abgeordneten aber nicht unmittelbar, sondern sie wählten lediglich *Wahlmänner,* die dann ihrerseits die Abgeordneten des Bezirks bestimmten. Die Urwähler eines jeden Bezirks waren je *nach* ihrer *Steuerleistung in drei Klassen aufgeteilt:* Die Zahler der höchsten Steuern gehörten zur ersten Klasse und diejenigen, die die geringsten oder gar keine Steuern zahlten, zur dritten Klasse. Entscheidend war, daß jede Klasse, die ein Drittel des Gesamtsteueraufkommens erbrachte, ein Drittel der Wahlmänner wählte. Da der obersten Klasse nur sehr wenige (manchmal nur ein einziger) Steuerzahler angehörten, hatten diese bei der Wahl ein viel größeres Stimmgewicht als die Angehörigen der mittleren und erst recht der unteren Klassen, die aus der Masse der Wähler bestanden. Das preußische Drei-Klassen-Wahlrecht war somit **plutokratisch.** Es begünstigte die direkte Umsetzung der wirtschaftlich-materiellen Macht in politisch-staatliche. Dieses System vor Augen, mußte *Marx'* These, daß die wirtschaftlich Mächtigen den Staat beherrschen,[30] um so einleuchtender erscheinen.

Ein weiterer Mangel des Drei-Klassen-Wahlrechts war die **Öffentlichkeit der Wahl.**[31] Sie war ganz bewußt mit dem Ziel eingeführt worden, die Wähler dem wirtschaftlich-sozialen Druck der Regierung und der herrschenden sozialen Gewalten zu unterwerfen. So drohten den Beamten Maßregelungen, wenn sie von den Wahlempfehlungen der vorgesetzten Behörde abwichen, die Industriearbeiter mußten um ihren Arbeitsplatz fürchten, wenn sie entgegen den Interessen der Unternehmer, die Landarbeiter, wenn sie anders als die Gutsbesitzer stimmten. Die Öffentlichkeit der Wahl setzte also diejenigen Wähler, deren Wahlverhalten den Interessen der politischen und gesellschaftlichen Machthaber entgegenlief, empfindlichen Repressalien aus (wohingegen die sich spä-

---

28 *Huber,* Verfassungsgeschichte III, 86.

29 *Huber,* Verfassungsgeschichte III, 86f.

30 Dazu oben E III 1.

31 *Huber,* Verfassungsgeschichte III, 87f.

ter durchsetzende **geheime** Stimmabgabe die beste Gewähr für die Freiheit der Wahl darstellt).

1.2. Wahlrechtsreformen

Gegen die wahlrechtliche Benachteiligung eines Teiles der Bevölkerung entwickelte sich schon im 19. Jahrhundert eine **Gegenbewegung.** Die Zahl der abhängig Tätigen hatte als Folge der *Industrialisierung* immer mehr zugenommen, und mit der Quantität wuchs auch die Qualität des Problems. Es erschien immer bedenklicher, einen großen Teil des Volkes von den politischen Mitwirkungsrechten einfach auszuschließen, zumal das allgemeine *Bildungsniveau* mit der Einführung der Schulpflicht angestiegen und damit ein Einwand gegen die Egalisierung zurückgetreten war. Dies bewirkte allmählich eine **schrittweise Erweiterung des Wahlrechts.**

Bereits das *Frankfurter Reichswahlgesetz von 1849* hatte ein allgemeines und gleiches Wahlrecht für alle (männlichen) Deutschen über 25 Jahren vorgesehen.[32] Das Gesetz trat allerdings wegen des Scheiterns der Paulskirchen-Verfassung nicht in Kraft. Das allgemeine und gleiche Wahlrecht wurde dann aber in der Verfassung des *Norddeutschen Bundes* niedergelegt und von dort in die Verfassung des *Deutschen Reiches* von 1871 (Art. 20) übernommen.[33] Den endgültigen Durchbruch, der auch das Drei-Klassen-Wahlrecht in Preußen beseitigte, bewirkte schließlich der **Erste Weltkrieg.** Ein Volkskrieg mußte die Einführung des allgemeinen, gleichen Wahlrechts geradezu aufdrängen. Wer elementare staatsbürgerliche Pflichten zu tragen und sein Leben für Staat und Gesellschaft einzusetzen hat, dem kann man auch die elementaren staatsbürgerlichen Rechte, vor allem das Wahlrecht, nicht mehr vorenthalten.[34]

So bestand seit 1919 in allen Staaten des Deutschen Reichs und im Deutschen Reich selbst allgemeines, gleiches, unmittelbares und gehei-

---

32 *Huber,* Verfassungsgeschichte II, 789ff. Zur Vorgeschichte: ebenda, 602, 607f.

33 Ausdrücklich spricht der Verfassungstext (und das diesen konkretisierende Wahlgesetz) zwar nur von allgemeinem Wahlrecht, dies umfaßte nach Auffassung der zeitgenössischen Staatsrechtslehre aber auch die Gleichheit des Wahlrechts. Ausgeschlossen vom Wahlrecht waren allerdings die Personen, die unter Vormundschaft standen, sich im Konkurs befanden oder öffentliche Armenunterstützung erhielten.

34 *Krüger,* Staatslehre, 158. *Forsthoff,* Verfassungsgeschichte, 163: „Dem Bewußtsein immer breiterer Schichten erschien es als inkonsequent, im Wege einer totalen Mobilmachung die Gefahren und Lasten des Krieges jedermann aufzubürden, auf der anderen Seite aber dem im Reichstag repräsentierten Volk einen bestimmenden Einfluß auf die immer mehr unter den Druck der obersten Heeresleitung geratende Reichspolitik zu versagen. Die Forderung nach Abschaffung des Drei-Klassen-Wahlrechts in Preußen und Schaffung einer parlamentarisch verantwortlichen Reichsregierung wurde immer nachdrücklicher erhoben."

mes Wahlrecht (vgl. *Art. 22 Abs. 1 WRV*) – unter Einbeziehung nunmehr auch der Frauen. Entsprechend sieht auch *Art. 38 Abs. 1 Satz 1 GG* vor, daß die Abgeordneten des Deutschen Bundestages „in allgemeiner, unmittelbarer, freier, gleicher und geheimer Wahl gewählt" werden.[35] Gleiches gilt nach *Art. 28 Abs. 1 Satz 2 GG* für die Volksvertretungen der Länder, Kreise und Gemeinden. Allgemeinheit, Gleichheit und Freiheit beziehen sich dabei auf die *aktive und* die *passive Wahl* (= Wählbarkeit).

1.3. Zusammenhang zwischen Wahlrecht und Sozialreformen

Die Erstreckung des Wahlrechts auch auf die Arbeitnehmer hat nicht nur eine staatspolitische, sondern auch eine eminent *sozial*politische Komponente. Das ist an anderer Stelle schon angesprochen worden,[36] soll hier wegen seiner zentralen Bedeutung aber noch einmal aufgegriffen werden. Von den bürgerlich-liberalen Parlamenten hatte man offenbar nur bedingt erwarten können, daß sie die im 19. Jahrhundert so hoffnungslose Lage der Lohnabhängigen durch eine soziale Gesetzgebung verbesserten. Denn Abgeordnete und Wähler entstammten der Schicht des gebildeten Besitzbürgertums, auf deren Kosten die Maßnahmen zur Entschärfung der sozialen Frage gehen mußten. Zwar waren die Abgeordneten *rechtlich* nicht etwa an Weisungen ihrer Wählerschaft gebunden, denn es galt der Grundsatz des freien Mandats,[37] und die Abgeordneten hatten die Aufgabe, das *ganze* Volk (einschließlich der Nichtwahlberechtigten) zu repräsentieren. Aber die Herkunft der Abgeordneten und ihrer Wählerschaft (auf deren Wohlwollen die Abgeordneten angewiesen blieben, wenn sie wiedergewählt werden wollten) begünstigte faktisch doch eine Haltung, die dazu neigte, die Vorzüge des bürgerlich-liberalen Modells herauszustreichen und seine Fehlentwicklungen zu verharmlosen oder gar als notwendige, wenn auch möglicherweise harte Konsequenzen eines richtigen Systems hinzustellen.

In dieser Situation schien die **marxistische Lehre** viel für sich zu haben; einer ihrer Kernsätze lautete, der Staat sei nichts anderes als das Instrument der herrschenden Klasse zur Aufrechterhaltung ihrer wirtschaftlich begründeten Herrschaft. Und eben diese These war am Beispiel des bürgerlich-liberalen Staats entwickelt worden, der in der Tat in der Hand des Besitzbürgertums war und dem es deshalb schwer fiel, die wirtschaftliche Ausbeutung der Arbeiter wirksam zu bekämpfen – ja, sie überhaupt als solche zu erkennen –, weil dies eine Einschränkung der

---

[35] Hinzugekommen ist gegenüber der Weimarer Verfassung die Freiheit der Wahl, von der der wichtigste Teilbereich aber bereits durch das Geheimnis der Wahl gesichert wird.

[36] Oben E III 1.

[37] Oben D IV.

Rechte und der Macht des Bürgertums erfordert hätte, von dem die Parlamente als zentrale staatliche Institution gerade abhängig waren.

Vor diesem Hintergrund wird die Bedeutung der Erstreckung des Wahlrechts auf alle volljährigen Bürger, insbesondere auch auf die (von *Marx* so genannten) „Proletarier“, deutlich. Die Demokratisierung des Wahlrechts erwies sich geradezu als der *strategische Punkt* für die Schaffung sozialer Gerechtigkeit. Nunmehr müssen die Abgeordneten nämlich etwas für die Masse der Arbeiter tun, wenn sie gewählt oder wiedergewählt werden wollen. Damit verlor die marxistische Behauptung, der Staat sei lediglich ein Instrument in der Hand des Besitzbürgertums, ihre frühere Plausibilität. So überzeugend die These *früher* gewesen war, so gekünstelt müssen alle Versuche erscheinen, sie auch unter völlig gewandelten Verhältnissen noch aufrechtzuerhalten.

Bemerkenswert ist dabei, daß der Entwicklung ein **selbstverstärkender Effekt** innewohnt. Denn die sozialen Reformen, die durch Einführung des allgemeinen Wahlrechts ermöglicht worden waren, trugen ihrerseits zur Stärkung des politischen Einflusses der Masse der Arbeiter bei. Die staatlichen Umverteilungsmaßnahmen und die Öffnung der Schulen und Universitäten für alle Bevölkerungskreise erleichterten es den bislang unterprivilegierten Schichten, ihre Interessen zu erkennen, ihr Wahlrecht in ihrem Sinne zu gebrauchen und so zu verhindern, daß es für sie ein lediglich formales Recht blieb. Damit schließt sich der Kreis: Die Gewährung formaler politischer Gleichheit für die Arbeiter erleichterte die Herstellung sozialer Gerechtigkeit, die ihrerseits wiederum die reale politische Einflußmöglichkeit verstärkte und den weiteren Ausbau des Sozialstaats begünstigte. So ermöglichte das allgemeine, gleiche, geheime und unmittelbare Stimmrecht soziale Reformen, die nur zwei oder drei Generationen zuvor noch als absolut undurchführbar gegolten hatten.

2. Einführung und Ausbau der Abgeordneten-Diäten

Die Demokratisierung des Wahlrechts findet eine Ergänzung in der Gewährung von Abgeordneten-Diäten. Das Wort „Diäten“ bedeutete ursprünglich „Tagegelder“ (dies [lat.] = Tag). Heute versteht man darunter Entschädigungsleistungen, die Parlamentsabgeordnete für ihre Tätigkeit erhalten.

Ohne Diäten besteht oft keine wirkliche Gleichheit des passiven Wahlrechts: Ist das Abgeordnetenamt ein Ehrenamt ohne Vergütung, so kann sich – angesichts des beträchtlichen, im Laufe der Zeit immer mehr zugenommenen Aufwandes an Zeit und Kraft, den seine Ausübung verlangt – die Übernahme nur einer leisten, der von den Erträgen seines Vermögens (mindestens teilweise) leben kann, nicht aber derjenige, der auf den Ertrag seiner Arbeit angewiesen ist, um seinen Lebensunterhalt zu verdienen. Darin sah die liberale Vorstellung allerdings durchaus keinen Mangel. Sie hielt ja ohnehin nur den Bürger von Besitz und Bildung für kompetent, ein Abgeordnetenmandat auszuüben. Die Diätenlosigkeit war in dieser Sicht geradezu ein Mittel, um die abhängigen Massen – trotz der sich allmählich durchsetzenden Egalisierung des Wahlrechts – von der politischen Macht möglichst fernzuhalten. Der Diätenlosigkeit wurde so die Funktion eines ,,Korrektivs gegen das allgemeine Wahlrecht"[38] zugeschrieben. Dementsprechend enthielt die *Verfassung des Deutschen Reiches von 1871* noch ein ausdrückliches **Diätenverbot.** Art. 32 lautete:

,,Die Mitglieder des Reichstages dürfen als solche keine Besoldung oder Entschädigung erhalten."[39]

Dagegen gehörte es zum Programm etwa der deutschen Sozialdemokratischen Partei, deren Ziel die Emanzipation der Arbeiterklasse war, eine finanzielle Entschädigung für die gewählten Parlamentsabgeordneten durchzusetzen.[40] Erst die Gewährung von Diäten macht es auch dem Besitzlosen, dem Unselbständigen, der nicht bereit ist, seine Unabhängigkeit an interessierte Financiers zu verkaufen, faktisch möglich, ein Parlamentsmandat zu übernehmen. Die Gewährung von Diäten ist somit die materielle **Ergänzung des** formell **gleichen** passiven **Wahlrechts.** Zugleich wird es erschwert, wirtschaftliche Macht durch Zuwendungen an Abgeordnete in politische Macht zu transformieren und so die Gleichheit der politischen Mitwirkung aller Bürger faktisch zu unterlaufen. Dem entsprach es, daß die Diäten eingeführt und allmählich immer weiter ausgebaut wurden. Dies geschah in mehreren Etappen. Der erste Schritt erfolgte im Reich im Jahre *1906* durch *Änderung des Art. 32* der Reichsverfassung, welcher nunmehr folgende Fassung erhielt:

,,Die Mitglieder des Reichstags dürfen als solche keine Besoldung beziehen. Sie erhalten eine Entschädigung nach Maßgabe des Gesetzes."[41]

Nach dieser Bestimmung durfte nur eine Entschädigung für mandatsbedingten Mehraufwand, also nur eine echte Aufwandsentschädigung, nicht aber ein Abgeordnetengehalt gezahlt werden. Art. 40 der *Weimarer Reichsverfassung* von 1919 gab den Reichstagsabgeordneten dann einen Anspruch auf ,,Entschädigung nach Maßgabe eines Reichsgesetzes". In Ausführung dieser Bestimmung erhielten die Abgeordneten auf Grund

---

[38] Vgl. *Hatschek,* Das Parlamentsrecht des Deutschen Reiches, 1. Teil, 1915, 611.

[39] Dazu *Huber,* Verfassungsgeschichte III, 893f.

[40] Vgl. das sog. Erfurter Programm von 1891. Dazu *Nawiasky,* Staatslehre IV, 91f.

[41] RGBl. S. 467.

des Gesetzes vom 26. 6. 1923 eine Entschädigung in Höhe eines Viertels des Grundgehalts eines Reichsministers. – Nach dem *Grundgesetz* haben die Abgeordneten nunmehr einen Anspruch auf eine „angemessene, ihre Unabhängigkeit sichernde Entschädigung" *(Art. 48 Abs. 3)*. Das Bundesverfassungsgericht interpretiert diese Bestimmung in Anbetracht der großen Arbeitsbelastung der heutigen Abgeordneten in Bund und Ländern dahin, daß die Abgeordneten neben dem Ersatz der mandatsbedingten Mehraufwendungen ein angemessenes, ihren Lebensunterhalt sicherndes Gehalt bekommen müssen.[42] Dieses beträgt seit dem Jahre 1977 für Bundestagsabgeordnete monatlich 7500 DM (seit 1983 7820 DM). Zusätzlich erhalten sie eine pauschalierte, steuerfreie Aufwandsentschädigung in Höhe von monatlich 4500 DM (seit 1983 4700 DM) und neben einem Übergangsgeld eine Pension, die ihren Lebensunterhalt im Alter sichern soll.[43]

3. Verallgemeinerung der Bildungschancen

Die Egalisierung des Wahlrechts und die Einführung von Abgeordneten-Diäten reichen allein nicht aus, um den Interessen auch des „Vierten Standes" angemessene Durchsetzungskraft zu verschaffen. Die Übermachtposition des „Bürgers von Besitz und Bildung" beruhte nicht nur auf der wirtschaftlichen Macht und den wahlrechtlichen Privilegien, sondern auch auf seiner überlegenen Bildung. Diese trug dazu bei, daß die öffentliche Meinung im liberalen Staat wesentlich vom Bürgertum bestimmt wurde. Die öffentliche Meinung beeinflußt und durchdringt aber auch die Einstellung der unselbständig Tätigen. Wird sie vom Besitzbürgertum – in seinem eigenen bewußten oder unbewußten Interesse – „gemacht", so kann dies den breiten Massen die angemessene Durchsetzung ihrer Interessen erschweren – ja es mag ihnen schon schwerfallen, diese Interessen überhaupt zu erkennen.

Aus diesen Gründen ist es – neben der Egalisierung des politischen Wahlrechts – für eine Demokratie wichtig, daß eine gewisse wirtschaftliche und soziale Ausgewogenheit unter den Mitgliedern der Gesellschaft besteht. Das bedeutet, daß Besitz und Bildung nicht auf wenige beschränkt sein dürfen. Deshalb ist die angemessene **Beteiligung der Arbeitnehmer am Volkseinkommen und am Volksvermögen** von großer Bedeutung.[44] Wohl noch wichtiger aber ist die **Gleichheit der Bil-**

---

42 BVerfGE 40, 296.

43 Gesetz über die Neuregelung der Rechtsverhältnisse der Bundestagsabgeordneten v. 18. 2. 1977, BGBl. I S. 297. Einzelheiten bei *v. Arnim,* Bonner Kommentar, Zweitbearbeitung des Art. 48 GG (1980). Die Erhöhung erfolgte durch Gesetz v. 22. 12. 1983, BGBl. I S. 1513.

44 Vgl. auch schon die dahingehende Auffassung von *Montesquieu* und *Rousseau* (oben C, FN 17).

dungschancen.[45] Sie ist eine wichtige Voraussetzung wirklicher Demokratie.[46] Die Chance der Bildung für jedermann ist in Deutschland durch Einführung der Schulgeld- und Hochschulgebührenfreiheit, durch Einführung der Lernmittelfreiheit an den Schulen und durch Gewährung von Unterstützungszahlungen an bedürftige Studenten gefördert worden.

V. Soziale Gerechtigkeit durch Entwicklung des Sozial- und des Arbeitsrechts

Die Förderung der sozialen Gerechtigkeit bildet einen Prozeß, der bereits in den 80er Jahren des letzten Jahrhunderts begonnen hat, mit der Durchsetzung des allgemeinen, gleichen Wahlrechts seine volle Schwungkraft erlangte[47] und sich seit nunmehr etwa einem Jahrhundert vollzieht. Die Entwicklung brachte zwei ganz neue Rechtsgebiete hervor: das Sozialrecht und das Arbeitsrecht. Beide hatte es zur Zeit (und nach dem Konzept) des bürgerlich-liberalen Rechtsstaats noch nicht gegeben.[48] Beide beinhalten die Intervention des Staates zum Schutz der sozial Schwächeren, d. h. insbesondere der abhängig Tätigen, und zielten darauf ab, ein Gleichgewicht zwischen Unternehmern und Arbeitnehmern zu schaffen.

1. Sozialrecht

Der erste große Schritt, den die Gesetzgebung tat, um den Arbeitern unter die Arme zu greifen und das soziale Elend zu mildern, war die Einführung der gesetzlichen Sozialversicherung.

Um die Bedeutung der Sozialgesetze der 80er Jahre des 19. Jahrhunderts zu erfassen, muß man sich die damalige *Ausgangslage* vor Augen führen: Einerseits bestanden für die Masse der Industriearbeiter die sozia-

---

45 Dazu, daß ein Mindestniveau an Volksbildung seinerseits Voraussetzung für das allgemeine, gleiche Wahlrecht ist, oben E IV 1.3.

46 *Laski,* Staatsrecht und Politik, 32: „Das Recht auf Bildung (ist) grundlegend für die Staatsbürgerschaft. Denn ohne Erziehung und Bildung ist ein Mensch, wenigstens in der Regel, verloren in einer großen Welt, die er nicht versteht. Er kann nicht das Beste aus sich selbst machen; er kann seine Erfahrung nicht kritisch beurteilen. Der Mensch ohne Bildung ist inmitten der verwickelten modernen Zivilisation wie ein Blinder, der Ursache und Wirkung nicht zusammenbringen kann."

47 Oben E IV 1.2.

48 Das Bürgerliche Gesetzbuch vom 1. 1. 1900, eine „Spätblüte" des bürgerlich-liberalen Konzepts, ignorierte die sozialen Erfordernisse noch weitgehend (dazu *v. Arnim,* Gemeinwohl und Gruppeninteressen, 92ff. m. w. N.), so daß sich die neuen Rechtsgebiete neben und außerhalb des BGB entwickeln mußten.

len Sicherungen der vorindustriellen Zeit nicht mehr, die immerhin ein gewisses Auffangnetz gegen Lebensrisiken dargestellt hatten. Die industrielle Revolution, welche die von ständischen Bindungen befreiten Bauern und Handwerker in die Städte strömen ließ, hatte nämlich zur *Auflösung der* früheren *Großfamilie* geführt, in der auch Alte und Kranke mitversorgt worden waren. Hinzu kam ein Zweites: Während der landwirtschaftliche oder handwerkliche Betrieb der vorindustriellen Zeit seinen Mitgliedern zumindest einen gewissen tatsächlichen Schutz gegen die Wechselfälle des Lebens gesichert hatte, entfiel auch diese Sicherung im *industriellen* Betrieb.

Andererseits waren die **Löhne** für die gewerblichen Arbeiter so **niedrig,** daß sie kaum das Existenzminimum abdeckten und die Arbeiter keine Ersparnisse für Notzeiten bilden konnten. Das hatte zur Folge, daß die Arbeiter im Falle von Krankheit oder Unfall praktisch vor dem finanziellen Nichts standen, weil dann auch noch der – wenngleich kümmerliche – Lohn ausblieb. In der gleichen Lage war der Arbeiter im Alter und bei Arbeitslosigkeit. Er blieb der Armenpflege und Mildtätigkeit seiner Mitmenschen überantwortet (auf die zu *bauen* sich aber nach aller Erfahrung nicht empfiehlt).

Diese für die Arbeitnehmer fürchterlichen, menschenunwürdigen Verhältnisse sollten durch die Einführung der Sozialversicherung verbessert werden. Nach programmatischen Thronreden *Wilhelms I.* vom 25. 2. und 17. 11. 1881 (sog. Kaiserliche Botschaften) wurde im Jahre 1883 die obligatorische **Krankenversicherung** der Arbeitnehmer eingeführt, 1884 folgte die **Unfallversicherung** und 1889 die **Alters- und Invaliditätsversicherung.**[49] Die drei Gesetze brachten eine öffentlich-rechtliche Zwangsversicherung für die meisten Arbeiter und einen Teil der Angestellten und gaben ihnen bei Krankheit, Arbeitsunfall, Erwerbsunfähigkeit und im Alter einen Anspruch auf eine – nach heutigen Vorstellungen allerdings recht bescheidene – *Mindestrente.* Diese wurde finanziert durch Beiträge der Arbeitnehmer und der Unternehmer, teilweise auch durch Staatszuschüsse.[50] Die **Arbeitslosenversicherung,** vor deren Einführung *Bismarck* wegen der „unabsehbaren finanziellen Tragweite" noch zurückgeschreckt war,[51] wurde erst 1927, also rund 40 Jahre später, eingeführt.

Seit jener Zeit wurden die Leistungen der Sozialversicherungen beträchtlich ausgebaut; der Kreis der Versicherten wurde erweitert und die Leistungen wurden erhöht. Insbesondere die Rentenversicherung wurde **1957** durch die sog. **Rentenreform** auf eine neue Basis gestellt: Die *Al-*

---

49 Dazu *Huber,* Verfassungsgeschichte IV, 1199 ff.

50 So ursprünglich nur die Invaliditätsversicherung, später auch die Rentenversicherung.

51 *Huber,* Verfassungsgeschichte IV, 1196.

tersrenten wurden *dynamisiert,* d. h. in ihrer Höhe an die allgemeine Einkommensentwicklung geknüpft. Seitdem wachsen sie im gleichen Schritt wie die durchschnittlichen Einkommen der aktiven Arbeitnehmer.[52]

Darüber hinaus wurde eine Fülle **weiterer Sozialleistungen** eingeführt, auf deren Zahlung das Gesetz den jeweiligen Begünstigten einen Rechtsanspruch gibt, so z. B. die Sozialhilfe, die ein wirtschaftliches Existenzminimum sicherstellen soll, das Wohngeld, welches Bedürftigen einen Zuschuß zur Wohnungsmiete gibt, und die Ausbildungsförderung, die eine gewünschte Ausbildung auch dem ermöglichen soll, der sie sich finanziell nicht leisten kann.

Einen Überblick über das Ausmaß derartiger Sozialleistungen in der Bundesrepublik gibt die folgende **Tabelle.** Sie zeigt, daß im Jahre 1980 insgesamt 387 Mrd. DM an finanziellen Sozialleistungen seitens des Staates gewährt wurden; das ist mehr als *ein Viertel* des Bruttosozialprodukts (1980: 1494 Mrd. DM).

Der Schutz der sozial Schwachen durch finanzielle Zahlungen seitens des Staates wird *verfahrensrechtlich* ergänzt durch die Einrichtung eines besonderen Zweiges von Gerichten, die **Sozialgerichtsbarkeit.** Sie ist zuständig für die Entscheidung von Streitigkeiten in sozialrechtlichen Angelegenheiten. Wer z. B. meint, die zuständige Stelle hätte ihm zu Unrecht die Gewährung einer Unfallrente abgelehnt oder ihre Höhe zu niedrig berechnet, kann Klage vor den Sozialgerichten erheben und so eine unabhängige Prüfung erreichen.

Nach Art. 95 Abs. 1 GG hat der Bund als Obersten Gerichtshof das Bundessozialgericht (in Kassel) errichtet. Durch das Sozialgerichtsgesetz von 1953 wurden in den Ländern Sozialgerichte und Landessozialgerichte errichtet, so daß die Sozialgerichtsbarkeit insgesamt einen 3-stufigen Instanzenzug aufweist.

Der eigentliche *Sinn* der Einführung einer Sozialgerichtsbarkeit liegt darin, der besonderen Schutzbedürftigkeit der Empfänger von Sozialleistungen auch im gerichtlichen Verfahren gerecht zu werden. Die *Schutzbedürftigkeit* beruht auf zwei Gründen: der finanziellen Schwäche und der mangelnden Rechtskunde der Betroffenen. Deshalb steht das sozialgerichtliche Verfahren unter dem **Grundsatz der Klägerfreundlichkeit:** Das Verfahren vor den Sozialgerichten ist in allen drei Instanzen *gerichtskostenfrei.* Darin liegt eine Ausnahme von dem ansonsten geltenden Grundsatz, daß die unterliegende Partei die Gerichtskosten zu bezahlen hat. Im Normalfall hat der Unterliegende auch die außergerichtlichen Kosten, vor allem die *Rechtsanwaltsgebühren,* zu begleichen. Das darin

---

[52] Die Renten wachsen sogar *schneller,* weil sie an die Brutto-Einkommen der Aktiven angeknüpft sind, im Gegensatz zu diesen aber nicht versteuert zu werden brauchen.

liegende Prozeßrisiko wird in der Sozialgerichtsbarkeit dadurch gemindert, daß der Kläger sich nicht von einem Rechtsanwalt vertreten lassen muß. Zugelassen sind auch sog. Verbandsvertreter, also Angestellte und Mitglieder von Gewerkschaften, Kriegsopferverbänden etc., denen in der Regel kein Honorar bezahlt zu werden braucht, deren Leistung vielmehr mit dem Mitgliedsbeitrag abgegolten ist. Auch dadurch wird die Beschreitung des Rechtswegs für den finanziell Schwachen erleichtert. – Um schließlich auch den Rechtsunkundigen und Unbeholfenen zu seinem Recht kommen zu lassen, bestehen weitgehende **Aufklärungspflichten** von Seiten der Sozial*behörden;* auch den *Gerichten* ist eine Aufklärungs- und Untersuchungspflicht auferlegt. Zudem wird im gerichtlichen Verfahren auf Formalien weitestgehend verzichtet.

Sozialleistungen in der Bundesrepublik 1980

Bereiche	Mio. DM
Rentenversicherungen	141 543
Krankenversicherung	86 536
Unfallversicherung	9 962
Arbeitsförderung	22 657
Pensionen der Beamten	34 978
Altershilfe für Landwirte	2 794
Zusatzversicherung im öffentlichen Dienst	4 308
Zusatzversicherung für einzelne Berufe	139
Beihilfen der Beamten	5 623
Kindergeld	17 605
Familienzuschläge der Beamten	7 616
Versorgung der Kriegs- und Wehrdienstopfer	13 400
Lastenausgleich, Wiedergutmachung und sonstige Entschädigungen	1 719
Sozialhilfe	13 944
Jugendhilfe	5 876
Ausbildungsförderung	3 322
Wohngeld	2 046
Öffentlicher Gesundheitsdienst	1 472
Vermögensbildung	11 935
Leistungen insgesamt	387 475

Quelle: Sozialbudget der Bundesregierung 1980, in: Sozialbericht des Bundesministers für Arbeit und Sozialordnung 1980, 61 ff.

2. Arbeitsrecht

Das zweite große Gebiet, auf dem der Staat zugunsten der Arbeitnehmer intervenierte, ist der Bereich der unselbständigen Arbeit. Auch hier ist – vor allem seit dem Ende des 1. Weltkrieges – ein neues Rechtsgebiet entstanden, welches es nach der bürgerlich-liberalen Konzeption noch gar nicht gegeben hatte: das Arbeitsrecht. Sein *Entstehungsgrund ist die Schutzbedürftigkeit der Arbeitnehmer.* Man kann das Arbeitsrecht deshalb pauschal als **Arbeitnehmer-Schutzrecht** bezeichnen. Es soll, wie das Bundesverfassungsgericht einmal formuliert hat, die „Ausnutzung der Arbeitskraft zu unwürdigen Bedingungen und unzureichendem Lohn" unterbinden.[53] Zur Verbesserung der Lage der Arbeiter wurden verschiedene Wege beschritten; dementsprechend läßt sich das Arbeitsrecht in *drei Gebiete* unterteilen: das kollektive Arbeitsrecht, das Individualarbeitsrecht und das Recht der Mitbestimmung.

2.1. Kollektive Selbsthilfe der Arbeitnehmer: Koalitionsfreiheit, Tarifautonomie und Arbeitskampffreiheit

Das Sozialmodell der bürgerlich-liberalen Theorie war von der Vorstellung des Nebeneinanders einer Vielzahl freier unverbundener Individuen (atomistische Struktur) beherrscht, von deren Zusammenwirken man, wie selbstverständlich, harmonische und gerechte Resultate erwartete. Von daher wurde auch das Verbot von Arbeitnehmerkoalitionen begründet, ein Verbot, welches in der *Loi Le Chapelier* von 1791 exemplarischen Ausdruck gefunden hatte und auch noch in der preußischen Gewerbeordnung von 1845 (wenn auch abgeschwächt) enthalten war.[54] Die Harmonieerwartung übersah aber, daß der einzelne Arbeitnehmer dem Arbeitgeber, welcher über die Produktionsmittel verfügt, unterlegen ist. Insbesondere wurde ignoriert, daß der Unterbietungswettbewerb der Arbeiter (zusammen mit der „anomalen Marktreaktion") zu einem immer stärkeren Abfall des Lohnes bis hin zum Existenzminimum tendiert und gleichzeitig zu einer immer weiteren Ausdehnung der Arbeitszeit bis an die Grenze des physisch überhaupt Möglichen.[55] Diese für die Arbeiter schier hoffnungslose Lage wurde nun durch das Verbot kollektiver Selbsthilfe auch *rechtlich* lange noch festgeschrieben.

Die preußischen Verfassungen von 1848/50 führten zwar (im Anschluß an die Paulskirchen-Verfassung) den Grundsatz der Vereinigungsfreiheit ein, von dem auch das preußische Vereinsgesetz vom 11. 3. 1850 ausging. Aufgehoben wurde dadurch aber nur § 183 der Preußischen Gewerbeordnung von 1845[56] (Erforder-

---

[53] BVerfGE 5, 85 (206).
[54] Oben E II 1.
[55] Oben E II 1.
[56] Dazu ebenfalls oben E II 1.

nis der besonderen polizeilichen Erlaubnis für ,,wirtschaftsfriedliche" Arbeitnehmerkoalitionen). In Kraft blieb aber das **Verbot „arbeitskämpferischer" Arbeitnehmer-Vereinigungen,** weil die Vereinigungsfreiheit nicht galt für solche Vereine, die strafbare Ziele verfolgten. Unter Strafe gestellt blieb aber nach § 184 Preußische Gewerbeordnung der in der Teilnahme am Streik liegende sog. Kontraktbruch.[57] Die Aufhebung aller Verbote und Strafbestimmungen für Koalitionen brachte erst *§ 152 der Gewerbeordnung vom 21. 6. 1869.* Danach waren auch solche Koalitionen erlaubt, welche ihre Ziele mit Streik und Aussperrung verfolgen wollten. Die Gewerbeordnung war ein Reichsgesetz. Damit waren Koalitionsfreiheit und das Recht zum kollektiven Arbeitskampf gewährleistet. Eine gerichtliche Einklagbarkeit von Tarifabsprachen wurde aber immer noch vorenthalten (§ 152 Abs. 2 GewO 1869).[58]

Die volle **Gewährleistung der Koalitionsfreiheit** brachten dann Art. 159 und 165 der Weimarer Reichsverfassung. Auf diesem Gedankengut baut auch **Art. 9 Abs. 3 GG** auf; er lautet:

> ,,Das Recht, zur Wahrung und Förderung der Arbeits- und Wirtschaftsbedingungen Vereinigungen zu bilden, ist für jedermann und für alle Berufe gewährleistet."

Die Vorschrift enthält **drei verfassungsrechtliche Verbürgungen:** die Koalitionsfreiheit, die Tarifautonomie und die Arbeitskampffreiheit.

Koalitionsfreiheit ist das Recht, sich zu Vereinigungen zur Förderung der Arbeits- und Wirtschaftsbedingungen, eben zu Koalitionen, zusammenzuschließen, also die Freiheit der Arbeitnehmer, Gewerkschaften, und die Freiheit der Arbeitgeber, Arbeitgeberverbände zu bilden. Die Gewährleistung der Koalitionsfreiheit ergibt sich unmittelbar aus dem *Wortlaut* der Vorschrift. Koalitionen sollen nun ihrerseits einem bestimmten *Zweck* dienen, nämlich der ,,Wahrung und Förderung der Arbeits- und Wirtschaftsbedingungen". Dies verlangt den Abschluß von Tarifverträgen. Voraussetzung dafür ist aber **Tarifautonomie** als kollektive Vertragsfreiheit, welche deshalb durch Art. 9 Abs. 3 GG mitgewährleistet sein muß. In die gleiche Richtung weist auch die Entstehungsgeschichte. Die *Weimarer Reichsverfassung* enthielt noch eine ausdrückliche Gewährleistung der Tarifautonomie. Art. 165 Abs. 1 lautete:

> ,,Die Arbeiter und Angestellten sind dazu berufen, gleichberechtigt mit den Unternehmern an der Regelung der Lohn- und Arbeitsbedingungen sowie an der gesamten wirtschaftlichen Entwicklung der produktiven Kräfte mitzuwirken. Die beiderseitigen Organisationen *und ihre Vereinbarungen* werden anerkannt."

Es steht fest, daß die Väter des Grundgesetzes im Parlamentarischen Rat nicht dahinter zurückstehen wollten. Das *Bundesverfassungsgericht* geht deshalb mit Recht davon aus, daß durch Art. 9 Abs. 3 GG nicht nur die Freiheit der Koalitionen gewährleistet ist, sondern auch ihr Recht, durch spezifisch koalitionsmäßige Betätigung die in Art. 9 Abs. 3 GG

---

[57] *Huber,* Verfassungsgeschichte IV, 1136f.
[58] *Huber,* Verfassungsgeschichte IV, 1137ff.

genannten Zwecke zu verfolgen. Hierzu gehört der Abschluß von Tarifverträgen, durch die die Koalitionen insbesondere Lohn- und sonstige materielle Arbeitsbedingungen regeln.[59] Die Tarifautonomie bedarf allerdings, ebenso wie die Koalitionsfreiheit, der gesetzlichen Ausgestaltung. Dies ist bereits durch das **Tarifvertragsgesetz** vom 9. April 1949[60] geschehen (ohne daß das Tarifvertragsgesetz aber die einzig mögliche Ausgestaltung der Tarifautonomie wäre).[61]

Worin besteht nun die **Wirkung von Tarifverträgen?** Ihre *rechtliche* Wirkung liegt darin, daß sie wie Rechtsnormen gelten (§ 1 Abs. 1 TVG) und den Inhalt der einzelnen Arbeitsverträge, die Arbeitgeber und Arbeitnehmer miteinander geschlossen haben, festlegen. Abweichende Regelungen im Einzelvertrag sind nur dann zulässig, wenn der Tarifvertrag sie entweder ausdrücklich zuläßt oder wenn die Regelung im Einzelvertrag für den Arbeitnehmer günstiger ist als die im Tarifvertrag (§ 4 Abs. 3 TVG). Die *wirtschaftliche* Auswirkung ist weittragend: Der Tarifvertrag verhindert, daß die Arbeitnehmer sich gegenseitig unterbieten können und so der Lohn gedrückt und die Arbeitszeit verlängert wird. Umgekehrt wird durch Festsetzung der Höchstarbeitszeit im Tarifvertrag das Gesamtangebot an Arbeit gemindert und so der Preis der Arbeit, also der Lohn, tendenziell erhöht.

Als dritte Komponente (neben Koalitionsfreiheit und Tarifautonomie) folgt aus Art. 9 Abs. 3 GG schließlich die sog. **Arbeitskampffreiheit,** also das Recht der Arbeitnehmer-Koalitionen zu **streiken,** und wohl auch das Recht der Arbeitgeber-Koalitionen, Arbeitnehmer **auszusperren.** Auch die Arbeitskampffreiheit ergibt sich zwar nicht unmittelbar aus dem Wortlaut des Art. 9 Abs. 3 GG, aber doch aus dem Sinn dieser Vorschrift, die den Koalitionen nicht nur die Freiheit geben will, sich zu bilden, sondern auch das Recht, durch spezifisch koalitionsmäßige Betätigung die in Art. 9 Abs. 3 genannten Zwecke zu verfolgen. Dazu aber gehört das Streikrecht; inwieweit auch das Recht der Aussperrung von Art. 9 Abs. 3 GG mit umfaßt wird, ist dagegen umstritten.[62]

2.2. Individualarbeitsrecht

Neben der Ermöglichung der kollektiven Selbsthilfe durch die Bildung von Gewerkschaften hat der Gesetzgeber zahlreiche weitere Geset-

---

[59] BVerfGE 50, 290 (367).

[60] Jetzt gültig i. d. F. v. 11. 1. 1952, BGBl. I S. 19.

[61] BVerfGE 50, 290 (369): Die Tarifautonomie „umfaßt nicht die besondere Ausprägung, die das Tarifvertragssystem in dem zur Zeit des Inkrafttretens des Grundgesetzes geltenden Tarifvertragsgesetz erhalten hat. Sie läßt dem Gesetzgeber einen weiten Spielraum zur Ausgestaltung ..."

[62] Vgl. zur Auffassung der Rechtsprechung: BAG, NJW 1980, 1642; BAG, NJW 1980, 1653.

ze zum Schutz der Arbeitnehmer erlassen. Während man das Recht der Koalitionen als kollektives Arbeitsrecht bezeichnet, machen jene anderen Schutzregelungen das Individualarbeitsrecht aus. *Beispiele* für solche Schutzgesetze sind das Kündigungsschutzgesetz, das Bundesurlaubsgesetz und das Mutterschutzgesetz. Durch das **Kündigungsschutzgesetz** wird es dem Arbeitgeber erschwert, Arbeitnehmer zu entlassen. Willkürliche Kündigungen sind unzulässig; es bedarf vielmehr besonderer rechtfertigender Gründe. Das **Bundesurlaubsgesetz** legt einen Mindesturlaub für alle Arbeitnehmer fest, auf den sie auch dann einen Anspruch haben, wenn Tarif- oder Individualarbeitsverträge von einem geringeren Urlaub ausgehen. Das **Mutterschutzgesetz** gewährt Frauen, die in abhängiger Tätigkeit stehen und ein Kind bekommen, für eine bestimmte Zeit vor und nach der Niederkunft bezahlten Urlaub.

Alle derartigen Regelungen sind *unabdingbar,* d. h. der Arbeitnehmer kann in einem Individualarbeitsvertrag nicht wirksam auf sie verzichten. Der Sinn liegt auch auf der Hand: Die Gesetze sollen den einzelnen Arbeitnehmer gerade *wegen* seiner Verhandlungsschwäche davor schützen, daß er zu ungünstige Arbeitsbedingungen vereinbart. Diese Schutzfunktion können die Gesetze aber nur ausüben, wenn sie nicht ihrerseits durch Individualvereinbarungen durchbrochen werden können.

Die materiellen Schutzgesetze für den Arbeitnehmer werden *verfahrensrechtlich* ergänzt durch die Einrichtung eines besonderen Gerichtszweiges: die **Arbeitsgerichtsbarkeit.**

Nach Art. 95 Abs. 1 GG errichtet der Bund das Bundesarbeitsgericht als Obersten Gerichtshof. Die beiden unteren Instanzen (Arbeitsgerichte und die Landesarbeitsgerichte) sind durch das Arbeitsgerichtsgesetz von 1953 errichtet worden.

Die *Besonderheiten* dieses Gerichtszweiges bestehen darin, daß die Gerichtskosten gering sind, ein Anwaltszwang (mit Ausnahme der Verfahren vor dem Bundesarbeitsgericht) nicht besteht, auch Gewerkschaftsvertreter ihren Mitgliedern Hilfe gewähren und vor Gericht als Prozeßbevollmächtigte auftreten dürfen und weitgehende Aufklärungs- und Beratungspflichten seitens der Gerichte bestehen. Dadurch soll es auch dem finanziell schwachen und rechtsunerfahrenen Arbeitnehmer ermöglicht werden, zu seinem Recht zu kommen. Es bestehen also Parallelen zur Sozialgerichtsbarkeit.[63]

2.3. Betriebliche Mitbestimmung

Ein weiterer Bereich, in dem die Interessen der Arbeitnehmer zunehmend gestärkt worden sind, ist die betriebliche Mitbestimmung.

Die *Weimarer Reichsverfassung* enthielt bereits eine einschlägige Bestimmung. Nach Art. 165 Abs. 1 Satz 1 waren die Arbeiter und Angestellten

---

[63] Oben E V 1.

„dazu berufen, gleichberechtigt in Gemeinschaft mit den Unternehmern … an der gesamten wirtschaftlichen Entwicklung der produktiven Kräfte mitzuwirken". Nach Abs. 2 erhielten die Arbeiter und Angestellten „zur Wahrung ihrer sozialen und wirtschaftlichen Interessen gesetzliche Vertretungen in Betriebsarbeiterräten und in einem Reichsarbeiterrate". Im *Grundgesetz* findet sich zwar keine derartige Regelung. Durch einfache Gesetze ist den Arbeitnehmern bzw. ihren Vertretern aber ein zunehmender Einfluß auf die Unternehmensführung (= Mitbestimmung) gegeben worden. Hier sind **drei gesetzliche Regelungen** zu unterscheiden.

Nach dem sog. *Montanmitbestimmungsgesetz* vom 21. 5. 1951 bestimmen die Arbeitnehmer in Unternehmen des Bergbaus und der Eisen- und Stahlerzeugenden Industrie in Aufsichtsräten und Vorständen in der Weise mit, daß der Aufsichtsrat der Montan-Unternehmen von Vertretern der Anteilseigner und der Arbeitnehmer paritätisch, d. h. je zur Hälfte, besetzt wird. Ein weiteres Mitglied des Aufsichtsrats wird auf Vorschlag der übrigen Aufsichtsratsmitglieder von der Hauptversammlung gewählt. Der Aufsichtsrat hat für die Unternehmenspolitik eine zentrale Stellung inne, weil er den Vorstand des Unternehmens, also das Vertretungs- und Geschäftsführungsorgan, zu bestellen hat. Dabei gehört dem Vorstand auch ein sog. Arbeitsdirektor an, der nicht gegen die Stimmen der Mehrheit der Arbeitnehmerbank im Aufsichtsrat gewählt werden darf.

Einen zweiten Regelungsstrang begründete das *Betriebsverfassungsgesetz* vom 11. 1. 1952. Nach diesem Gesetz besteht der Aufsichtsrat von Aktiengesellschaften, Gesellschaften mit beschränkter Haftung und bergrechtlichen Gewerkschaften, sofern sie normalerweise mehr als 500 Arbeitnehmer haben, zu einem Drittel aus direkt gewählten Arbeitnehmervertretern und zu zwei Dritteln aus Mitgliedern, die von der Hauptversammlung, d. h. von der Vertretung der Anteilseigner, gewählt werden.

Darüber hinaus gewährt das Gesetz von 1952 den Arbeitnehmervertretungen zahlreiche sonstige Mitbestimmungs-, Mitwirkungs- und Informationsrechte, die die laufende Tätigkeit des Unternehmens in starkem Maße beeinflussen.

Eine wesentliche Erweiterung der betrieblichen Mitbestimmung wurde schließlich durch das *Mitbestimmungsgesetz* vom 4. 5. 1976[64] eingeführt. Das Gesetz gilt für Unternehmen, die in der Rechtsform juristischer Personen betrieben werden, also vor allem für Aktiengesellschaften und Gesellschaften mit beschränkter Haftung, soweit diese in der Regel mehr als 2000 Arbeitnehmer beschäftigen. Die Mitwirkung der Arbeitnehmer erfolgt auch hier, wie nach dem Montanmitbestim-

---

64 BGBl. I S. 1153.

mungsgesetz dadurch, daß sie den Aufsichtsrat der genannten Unternehmen zur Hälfte wählen. Die andere Hälfte wird von den Anteilseignern gewählt. Der Aufsichtsrat bestellt seinerseits den Vorstand. Trotz der hälftigen Zusammensetzung des Aufsichtsrats haben die Anteilseigner aber letztlich eine stärkere Stellung. Das äußert sich darin, daß dann, wenn die Arbeitnehmervertreter und die Vertreter der Anteilseigner sich nicht einigen können, der Vorsitzende des Aufsichtsrats mit seiner Stimme den Ausschlag gibt. Und der Vorsitzende wird wiederum von den Vertretern der Anteilseigner bestellt (sofern eine einvernehmliche Bestellung zusammen mit den Vertretern der Arbeitnehmer nicht möglich ist).

Die Mitbestimmungsregelung nach dem Gesetz von 1976 ist also *keine vollparitätische Mitbestimmung*. Sie bleibt hinter der Regelung des Montanmitbestimmungsgesetzes von 1951 zurück. Andererseits geht sie über die Mitbestimmungsregelung nach dem Betriebsverfassungsgesetz hinaus.

Durch die Mitbestimmung wird den Arbeitnehmern und ihrer Vertretung ein beträchtlicher Einfluß auf die Unternehmensleitung insgesamt eingeräumt. Die Regelung ist auch mit dem Grundgesetz vereinbar, wie das Bundesverfassungsgericht in einer Entscheidung vom 1. 3. 1979 entschieden hat.[65]

2.4. Sozialstaatsprinzip

Die Regelungen, die Sozialrecht und Arbeitsrecht zum Schutze der Arbeitnehmer und anderer sozial Schwacher treffen, entsprechen durchaus den Prinzipien des Grundgesetzes. Dies ergibt sich (neben Art. 9 Abs. 3) aus Art. 20 Abs. 1 und Art. 28 Abs. 1 Satz 1 GG, worin die Bundesrepublik ausdrücklich als „sozialer" Staat bezeichnet wird. Was das darin niedergelegte – zunächst recht vage anmutende – Sozialstaatsprinzip besagt, wird deutlich, wenn man sich die geschichtliche Entwicklung vor Augen führt, insbesondere die Tatsache, daß der Sozialstaatsgedanke entstanden ist in bewußter Reaktion auf den neutralen „Nachtwächterstaat" bürgerlich-liberaler Herkunft. Solange man davon ausging, die wirtschaftlich-gesellschaftliche Selbststeuerung bringe von sich aus harmonische und gerechte Ergebnisse hervor, bestand scheinbar keine Notwendigkeit für den Staat, in die Wirtschaft zu intervenieren. Er konnte sich auf die Gewährleistung der inneren und äußeren Sicherheit und auf die Bereitstellung bestimmter Gemeinschaftsleistungen beschränken und die Wirtschaft im übrigen (auch im Bereich der unselbständigen Arbeit) sich selbst überlassen. Auf dieser Grundvorstellung beruhten die bürgerlich-liberalen Grundsätze der Neutralität und der Minimierung der Staatstätigkeit.[66] Dies mußte sich aber ändern, sobald

---

[65] BVerfGE 50, 290.
[66] Oben D VI 2.

sich gravierende wirtschaftlich-gesellschaftliche Fehlentwicklungen zeigten und auch als solche erkannt wurden. Vor diesem Hintergrund erschließt sich der eigentliche *Kern* des Sozialstaatsprinzips. Es wird von einer Anschauung getragen, die der ,,prästabilierten Harmonie", die der bürgerliche Liberalismus propagiert hatte, kritisch gegenübersteht. Das Sozialstaatsprinzip enthält vielmehr die Aufforderung an den Staat, aktiv tätig zu werden, um Mängel, die im Selbststeuerungsprozeß der Wirtschaft auftreten, zu verhindern oder zu bekämpfen. Das Sozialstaatsprinzip erweist sich somit als **Gegenprinzip zum bürgerlich-liberalen Neutralitätsprinzip.** Es spiegelt die Erkenntnis wider, daß Neutralität des Staates im Spiel ungleicher wirtschaftlich-sozialer Kräfte einer Parteiergreifung für den Stärkeren gleichkommt, und zieht daraus die Konsequenz, daß der Staat den Schwächeren unterstützen und seine Position stärken muß.

VI. Wohlstand durch Verhinderung wirtschaftlicher Krisen

Die sog. freie Marktwirtschaft bewirkte neben der (zunächst im Vordergrund stehenden) Ausbeutung der Arbeiter auch andere Mißstände, vor allem die periodisch auftretenden Wirtschaftskrisen mit Massenarbeitslosigkeit.[67] Schon *Karl Marx* hatte auf die Krisenanfälligkeit der kapitalistischen Wirtschaft hingewiesen und prophezeit, die Krisen würden im Laufe der Zeit ein immer größeres Ausmaß annehmen. Bemerkenswert war, daß *Marx* die Entwicklung noch nicht vollständig aus eigener Anschauung kennen konnte. Zwar traten auch zu seinen Lebzeiten schon Krisen auf; die wirtschaftlichen Wechselbäder hielten sich im 19. Jahrhundert und im ersten Drittel des 20. Jahrhunderts jedoch noch in Grenzen und vermochten noch keine systemerschütternde Dynamik zu entwickeln. Erst die große **Weltwirtschaftskrise,** die 1929 begann und bis in die Mitte der 30er Jahre andauerte, eröffnete einen wirtschaftlichen Abgrund, der so gewaltig war, daß er die westlichen Staaten in ihren Grundfesten erschütterte und sie zu verschlingen drohte. Durch die Große Krise wurde nun für jedermann offenbar, daß das Credo von der automatischen Harmonie des wirtschaftlichen Kräftespiels offenbar falsch war. Spätestens jetzt erhielt die Laissez-faire-Doktrin ihren endgültigen Todesstoß. Zugleich wuchs dem Staat nach allgemeiner Anschauung ein neuer Zweck zu: die Bekämpfung von Krisen mit Massenarbeitslosigkeit (und den daraus folgenden allgemeinen Wohlstandsverlusten).

Auch *Adam Smith* hatte die Erhaltung und Mehrung des Wohlstandes eines Volkes bereits als wesentliches Ziel des wirtschaftlichen Prozesses

---

[67] Oben E II 3.

herausgestellt. Sein grundlegendes Werk trug denn auch den programmatischen Titel ,,Eine Untersuchung über Natur und Wesen des Reichtums der Nationen". Zur Mehrung des Volksvermögens und des Volkseinkommens gehörte natürlich auch ein hoher Beschäftigungsstand. Bloß war *Smith* – und mit ihm die klassische Nationalökonomie – davon ausgegangen, Wohlstand und Vollbeschäftigung ergäben sich sozusagen von selbst, wenn nur der Staat *nicht* interveniere. Als dann die Große Krise das wirtschaftspolitische Konzept des Laissez-faire gründlich diskreditiert hatte, änderte sich zwar nicht das Ziel – es ging nach wie vor um die Sicherung von Beschäftigung und Wohlstand. Was sich änderte, war die Vorstellung von den Mitteln und Wegen zur Erreichung dieses Ziels. Nach der Erfahrung mit der Weltwirtschaftskrise war es unmöglich geworden, weiterhin auf staatliche Abstinenz zu vertrauen. Der Staat wurde vielmehr aufgefordert, Krisen und Arbeitslosigkeit durch aktive Intervention entgegenzuwirken.

1. *John Maynard Keynes*

Der theoretische Wegbereiter für die neue Staatsaufgabe ,,Krisenbekämpfung" war *John Maynard Keynes* (1883–1946). Sein Hauptwerk, welches (in der deutschen Übersetzung) den Titel trägt **Allgemeine Theorie der Beschäftigung, des Zinses und des Geldes,** erschien 1936 und bewirkte eine Art Revolution der Wirtschaftswissenschaft seiner Zeit. *Keynes* wies nach, daß es – entgegen der klassischen Nationalökonomie – *keine* automatische Tendenz zur Vollbeschäftigung in der Wirtschaft gäbe. Seine Diagnose unterscheidet sich im Ergebnis also nicht von der, die *Karl Marx* fast ein Jahrhundert vorher gestellt hatte.[68] *Marx* und *Keynes* unterschieden sich aber in ihrer Vorstellung über die richtige *Therapie,* mit der Wirtschaftskrisen geheilt werden können. *Marx* hatte den Standpunkt vertreten, eine Reform sei unmöglich, vielmehr müsse das Privateigentum an den Produktionsmitteln vergemeinschaftet werden; dies gehe aber nur durch Revolution und Umsturz. Demgegenüber entwickelte *Keynes* konkrete Instrumente, die der Staat nur aufzugreifen brauche, um durch aktive Wirtschaftspolitik die Vollbeschäftigung zu sichern. Vor dem Hintergrund der *Marx*schen These wird denn auch die grundlegende wirtschaftspolitische Bedeutung des *Keynes*schen Kon-

[68] In der *Begründung* bestehen dagegen große Unterschiede. So begründet *Keynes* die Möglichkeit lang andauernder Krisen auch mit der relativen Starrheit der Löhne nach unten, die wesentlich durch die Gewerkschaften bewirkt wird, die sich auch bei großer Arbeitslosigkeit einer erheblichen Senkung der Löhne widersetzen, wie sie nach den Lehren der klassischen Ökonomie aber erforderlich ist, um die Unternehmer zur Beschäftigung auch der Arbeitslosen zu veranlassen.

zepts und seine Bezeichnung als ,,Weg zur Rettung der Marktwirtschaft"[69] verständlich. *Keynes'* Konzept bewirkte zwar auch eine Art von Revolution; er aber revolutionierte die volkswirtschaftliche *Theorie* und die *Wirtschaftspolitik* und entzog dadurch der von *Marx* gepredigten gesellschaftlichen und staatspolitischen Revolution weitgehend den Boden.

Keynes' Doktrin setzte sich in Wissenschaft und Politik relativ rasch durch und bewirkte eine Ergänzung im Kanon der anerkannten Staatsaufgaben: Es wurde nunmehr als eine zentrale Aufgabe des Staates angesehen, für einen ausgewogenen Wirtschaftsablauf zu sorgen, insbesondere Krisen mit Massenarbeitslosigkeit durch aktive staatliche Wirtschaftspolitik zu verhindern.

2. Niederschlag im Grundgesetz und im Stabilitätsgesetz

Auch in der Bundesrepublik hatte die Wirtschafts- und die Finanz*wissenschaft* bereits in den 50er Jahren eine umfassende Wirtschaftssteuerung (Globalsteuerung) à la *Keynes* empfohlen. Ihr Ziel sollte natürlich vor allem die **Sicherung eines hohen Beschäftigungsstandes** sein, d. h. die Vermeidung von Krisen mit Arbeitslosigkeit. Darüber hinaus sollten auch die Ziele **Preisstabilität, außenwirtschaftliches Gleichgewicht** und **Wirtschaftswachstum** gefördert werden. Bis der *Gesetzgeber* allerdings eingriff, dauerte es noch eine Reihe von Jahren. Es bedurfte erst der wirtschaftlichen Rezession von 1966/67, der ersten in der Geschichte der Bundesrepublik, um den Anstoß zu geben. 1967 wurde Art. 109 Abs. 2 ins *Grundgesetz* eingefügt,[70] gleichzeitig das *Gesetz zur Förderung der Stabilität und des Wachstums der Wirtschaft* (StabG) verabschiedet[71] und dadurch die öffentliche Hand auf die Globalsteuerung nach *Keynes*schem Muster rechtlich festgelegt. *Art. 109 Abs. 2 GG* lautet:

> ,,Bund und Länder haben bei ihrer Haushaltswirtschaft den Erfordernissen des gesamtwirtschaftlichen Gleichgewichts Rechnung zu tragen."

Der zentrale Begriff des **gesamtwirtschaftlichen Gleichgewichts** ist im Grundgesetz nicht definiert. Eine Interpretationshilfe bietet aber *§ 1 StabG.* Nach *Satz 1* dieser Vorschrift haben Bund und Länder bei ihren wirtschafts- und finanzpolitischen Maßnahmen die Erfordernisse des gesamtwirtschaftlichen Gleichgewichts zu beachten. (Diese Vorschrift entspricht weitgehend Art. 109 Abs. 2 GG.) In § 1 *Satz 2* StabG heißt es dann: ,,Die Maßnahmen sind so zu treffen, daß sie im Rahmen der

---

[69] *Karl Schiller,* Preisstabilität durch globale Steuerung der Marktwirtschaft, Walter-Eucken-Institut, Vorträge und Aufsätze Nr. 15, 1966, 20.

[70] BGBl. I S. 581.

[71] BGBl. I S. 582.

marktwirtschaftlichen Ordnung gleichzeitig zur Stabilität des Preisniveaus, zu einem hohen Beschäftigungsstand und außenwirtschaftlichem Gleichgewicht bei stetigem und angemessenem Wachstum beitragen". Daraus folgt: Das gesamtwirtschaftliche Gleichgewicht im Sinne des § 1 Satz 1 StabG (und auch des Art. 109 Abs. 2 GG) setzt offenbar einen Zustand voraus, in dem die genannten vier Ziele – bei Aufrechterhaltung der marktwirtschaftlichen Ordnung – möglichst weitgehend verwirklicht werden.

Das Stabilitätsgesetz gibt dem Gesetzgeber auch eine Reihe von **Instrumenten** an die Hand, damit er die Wirtschaft so steuern kann, daß die genannten Ziele nach Möglichkeit erreicht werden. *Keynes* hatte gelehrt, daß wirtschaftliche Krisen mit Arbeitslosigkeit darauf beruhen, daß die gesamtwirtschaftliche Nachfrage zu gering ist: Ist die Nachfrage zu niedrig, so wird entsprechend wenig produziert; sind die Produktionskapazitäten nur zum Teil ausgenutzt, so findet ein Teil der Arbeitnehmer keine Verwendung und wird entlassen. Aus der *Keynes*schen Diagnose ergibt sich auch die Therapie: Ist das Ausbleiben einer ausreichenden gesamtwirtschaftlichen Nachfrage der eigentliche Grund für Wirtschaftskrisen mit Arbeitslosigkeit, so fällt dem Staat die Aufgabe zu, diese „Nachfragelücke" auszufüllen.

Die **gesamtwirtschaftliche Nachfrage** setzt sich (wenn man die wirtschaftlichen Verflechtungen mit dem Ausland einmal außer Betracht läßt) aus drei globalen Größen zusammen: der Nachfrage des Staates nach Sachgütern und Dienstleistungen, der Nachfrage privater Haushalte nach Konsumgütern und der Nachfrage von Unternehmen nach Investitionsgütern.

Der Staat fragt Sachgüter nach, wenn er z. B. Ausrüstungsgegenstände für die Verteidigung kauft; er fragt Dienstleistungen nach, wenn er Beamte für ihre laufende Tätigkeit besoldet. Zum privaten Konsum gehören etwa die Käufe der Menschen für Kleidung und Nahrung, die Ausgaben für ein privat genutztes Kraftfahrzeug u. ä. Die Investitionen von Unternehmen sind Ausgaben für betriebliche Neubauten, für den Kauf von Produktionsmaschinen etc.

Der Staat hat es nach der *Keynes*schen Konzeption nun in der Hand, die genannten drei Blöcke, die zusammen die gesamtwirtschaftliche Nachfrage bilden, auszuweiten und auf diese Weise eine Wirtschaftskrise mit Arbeitslosigkeit zu bekämpfen. So kann er die Staatsausgaben dadurch erhöhen, daß er das Haushaltsvolumen ausdehnt (und die entsprechenden Mehrausgaben durch Kredite finanziert). Dementsprechend ermächtigt das Stabilitätsgesetz die Bundesregierung, die Staatsausgaben bei Nachlassen der Wirtschaftstätigkeit auszuweiten. Das Stabilitätsgesetz gibt der Bundesregierung darüber hinaus auch Mittel in die Hand, um die privaten Konsumenten zur Ausweitung ihrer Konsumausgaben zu veranlassen. Es sieht nämlich die Möglichkeit vor, zu diesem Zweck die Lohn- und Einkommensteuer zu senken. Die dadurch freiwerdende zusätzliche Kaufkraft können die privaten Verbraucher für Konsumausgaben verwenden. Einen Einfluß auf die privaten Investitionen gibt das Stabilitätsgesetz der Bundesregierung dadurch, daß es sie ermächtigt, die Körperschaftsteuer zu senken oder die Abschreibungen zu erhöhen, was ebenfalls eine geringere Steuerbelastung und damit eine Erhöhung des für die Nachfrage nach Investitionsgütern zur Verfügung stehenden Einkommens bewirkt.

Die gesamtwirtschaftliche Nachfrage kann aber nicht nur zu gering, sie kann umgekehrt auch *zu hoch* sein (d. h. höher als das bei voller Auslastung der sächlichen und personellen Ressourcen produzierbare Angebot). Als Folge einer solchen Übernachfrage steigt das Preisniveau, es ergibt sich also eine allgemeine Teuerung, die man bei besonderer Nachhaltigkeit auch **Inflation** nennt. Die Therapie, d. h. das wirtschaftspolitische Gegenmittel, ist hier genau umgekehrt wie bei Wirtschaftskrisen mit Arbeitslosigkeit. Hier muß die öffentliche Hand versuchen, die Gesamtnachfrage zu senken. Dies kann dadurch geschehen, daß sie die Staatsausgaben einschränkt, indirekt auch dadurch, daß sie etwa durch eine Steuererhöhung eine Verringerung der privaten Konsum- und Investitionsausgaben bewirkt. Dementsprechend räumt das Stabilitätsgesetz der Bundesregierung derartige Möglichkeiten ebenfalls ein.[72]

VII. Staatliche Wettbewerbspolitik

Nun zur dritten großen Fehlentwicklung der freien, d. h. unkontrollierten, Marktwirtschaft, dem Monopolproblem![73] Auch insoweit verlor der bürgerlich-liberale Grundsatz des Laissez-faire allmählich an Überzeugungskraft. Umgekehrt gewann die Auffassung immer mehr Anhänger, daß der Staat der Konzentration in der Wirtschaft nicht tatenlos zusehen dürfe, sondern ihr energisch entgegentreten müsse.[74] Der Wandel in der Beurteilung zeigt sich am Beispiel der Kartelle. Ursprünglich rechtfertigte man Kartellverträge mit dem Grundsatz der *Vertragsfreiheit.*[75] Damit wird jedoch der Sinnzusammenhang, in dem die Vertragsfreiheit steht, zerrissen. *Voraussetzung* dafür, daß Vertragsfreiheit zu einigermaßen befriedigenden Ergebnissen führt, ist nämlich, daß zwischen den Kontrahenten eine halbwegs *ausgeglichene Machtlage* besteht. Gerade diese Voraussetzung beseitigen nun aber Kartelle im Verhältnis

---

72 Näheres bei *v. Arnim,* Volkswirtschaftspolitik, 184ff. m. w. N.

73 Oben E II 2.

74 Hierzu und zum folgenden *v. Arnim,* Volkswirtschaftspolitik, 95ff. m. w. N.

75 So auch noch das *Reichsgericht* in einem berühmt-berüchtigten Urteil von 1897, RGZ 38, 155.

zur Marktgegenseite. Denn die Angehörigen der Marktgegenseite, z. B. die Konsumenten, stehen nun einem übermächtigen Kollektivmonopol gegenüber, welches seinerseits mangels Wettbewerbs die Vertragsbedingungen faktisch weitgehend diktieren kann. Aus diesem Grund sind Kartelle heute in der Bundesrepublik – das sei hier im Vorgriff schon gesagt – grundsätzlich verboten.

1. *Walter Eucken, Franz Böhm* und die *Freiburger Schule*

Der Auffassung, der Staat müsse der Monopolbildung entgegentreten, hat in Deutschland vor allem die sog. Freiburger Schule zum Durchbruch verholfen.

Zur Freiburger Schule wird eine Gruppe von Nationalökonomen und Juristen gezählt, die zwischen 1930 und 1950 vor allem in Freiburg i. B. gewirkt haben und deren maßgebliche Köpfe der Nationalökonom *Walter Eucken* (1881–1950) und der Jurist *Franz Böhm* (1895–1977) waren.

Ihr *Anliegen* ging dahin, Monopolbildungen zu verhindern und Wettbewerb möglichst weitgehend zu erhalten und zu garantieren. *Euckens* zentrales Werk, welches seine Lehren zusammenfaßt, trägt den Titel **Grundsätze der Wirtschaftspolitik** (1952).

2. Niederschlag im Gesetz gegen Wettbewerbsbeschränkungen

Wenn die Thesen der Freiburger Schule im einzelnen auch umstritten geblieben sind, so haben sie doch maßgeblichen Einfluß auf die Entwicklung in der Bundesrepublik, insbesondere auf den Erlaß des Gesetzes gegen Wettbewerbsbeschränkungen von 1957, ausgeübt. Das Gesetz wurde mehrmals, vor allem durch Änderungen im Jahre 1973, ergänzt. Es enthält folgende **Grundtatbestände: Kartellverträge** sind grundsätzlich **verboten**.[76] Weiter sieht das GWB seit 1973 die sog. **Zusammenschlußkontrolle** vor. Danach kann die Kartellbehörde einen Zusammenschluß von Unternehmen unter bestimmten Voraussetzungen untersagen. Schließlich kann die Kartellbehörde auch dann einschreiten, wenn ein marktbeherrschendes Unternehmen seine Marktstellung mißbraucht (sog. **Mißbrauchsaufsicht**).

Ob das Gesetz ausreicht, um der Tendenz zur Konzentration in der Wirtschaft wirksam zu begegnen, ist fraglich. Von solchen Zweifeln war auch der Gesetzgeber bei der Ergänzung des Gesetzes im Jahre 1973 nicht frei. Er hat deshalb eine besondere Kommission eingerichtet, die sog.

---

[76] § 1. Ausnahmen: §§ 2–8.

Monopolkommission. Ihre Aufgaben bestehen darin, die Unternehmenskonzentration zu beobachten, die Wirksamkeit der gesetzlichen Vorschriften über die Fusionskontrolle und die Mißbrauchsaufsicht zu beurteilen und evtl. Änderungen der gesetzlichen Bestimmungen vorzuschlagen.[77]

[77] Näheres bei *v. Arnim,* Volkswirtschaftspolitik, 118f.

Kap. 3: Pluralismus und Gemeinwohl

F. Konzept des Pluralismus

I. Von der atomistischen Demokratie zum Parteien- und Verbandspluralismus

Die Erstreckung des Wahlrechts auf die Lohnabhängigen und die Ermöglichung des gewerkschaftlichen Zusammenschlusses waren zentrale Voraussetzungen für die Entwicklung des Sozialstaats. Zugleich erwuchsen damit ganz **neue** politische **Akteure,** die auf der geschichtlichen Bühne alsbald eine Hauptrolle übernehmen sollten: Die Demokratisierung des Wahlrechts ließ machtvolle **politische Parteien** entstehen. Die Garantie von Vereinigungsfreiheit, Tarifautonomie und Streikrecht machte den Weg frei für das Aufkommen organisationsstarker **Interessenverbände.**

Zwar hatte es bereits in der bürgerlich-liberalen Ära lockere partei- und fraktionsähnliche Gebilde gegeben; sie hatten aber noch keine große Rolle gespielt. Die gewaltige Machtsteigerung der Parteien und ihre Entwicklung zur heutigen Gestalt war erst Folge des Massenwahlrechts. Die Parteiengeschichte zeigt, daß organisierte Parteien im heutigen Sinne zunächst einmal von der „Arbeiterklasse" gebildet wurden, die sich damit ein Instrument zur Überwindung der politisch-sozialen Übermacht des Bürgertums formte. Auch bei den Interessenverbänden bildeten die Organisationen der Arbeitnehmer den Ausgangspunkt der Entwicklung; Gewerkschaften waren die ersten Interessenverbände im modernen Sinn.

Parteien und Interessenverbände prägen die Politik in der *Bundesrepublik* heute in weitem Umfang. Damit ist aus der atomistischen Demokratie der bürgerlich-liberalen Konzeption die moderne **pluralistische Demokratie** geworden; sie ist dadurch gekennzeichnet, daß sich eine Mehrzahl von Parteien und eine Vielzahl von Interessenverbänden als Organisatoren des politischen Prozesses zwischen Bürger und Staat schieben.

Als Folge dieser Entwicklung hat sich die **Struktur** der überkommenen politischen Institutionen grundlegend **gewandelt.**[1] Regierung, Parlament und Verwaltung sind nur noch vor dem Hintergrund des Wir-

---

[1] Vgl. *Leibholz,* Der Strukturwandel der modernen Demokratie (1952), in: *ders.,* Strukturprobleme der modernen Demokratie, 3. Aufl., 1967 (Taschenbuchausgabe 1974, 78ff.).

kens der Parteien und Verbände zu verstehen, die wie ein mächtiger Überbau die überlieferten staatlichen Institutionen in ihr Kraftfeld einspannen und sie so in weitem Umfang ihrer Gesetzlichkeit unterwerfen.[2] Andererseits müssen sich die Parteien und Verbände dadurch, daß sie ins überkommene Gehäuse der parlamentarischen Einrichtungen und Verfahrensweisen gezwungen werden, ihrerseits den dort herrschenden formalen Regelungen fügen, was durchaus Rückwirkungen auf das politische Kräftespiel haben kann. Es besteht also eine *wechselseitige Beeinflussung:* Einerseits zwingen die pluralistischen Organisationen den parlamentarischen Insititutionen ihr Kräftespiel auf, andererseits müssen sie sich den institutionellen Anforderungen und Gegebenheiten fügen. Der Strukturwandel erfaßt im übrigen nicht nur die Institutionen als solche, sondern auch Grundprinzipien wie Gewaltenteilung und Öffentlichkeit, die gleichfalls einen erheblichen Sinnwandel erfahren[3] (unten Kap. 8).

Die Entwicklung entspringt einer inneren Notwendigkeit: Parteien und Verbände sind zugleich Produkte und Vehikel der sozialen Emanzipation. Ohne Mitwirkung der *Parteien* und ohne ihre Vermittlung kann in der modernen Massendemokratie eine Volksvertretung nicht gewählt werden und funktionieren. Erst die politischen Parteien bewirken durch Sammlung von Gleichgesinnten, durch Aufstellung von Wahlprogrammen und Kandidaten die unerläßliche Strukturierung der politischen Willensbildung. Erst sie vermögen die politischen Meinungen, Interessen und Bestrebungen in sich auszugleichen und sie zu Alternativen zu bündeln, unter denen die Bürger auswählen können. Dementsprechend sieht auch das *Grundgesetz* in *Art. 21 I 1* ausdrücklich die **Mitwirkung der Parteien bei der politischen Willensbildung** vor – ein Novum in der deutschen Verfassungsgeschichte (wenn man von einigen nach 1945 erlassenen Landesverfassungen absieht). Noch in der Weimarer Verfassung waren politische Parteien nicht oder doch nur in negativem Zusammenhang erwähnt.[4]

Eine nähere rechtliche Ausgestaltung der Stellung der Parteien in der Bundesrepublik findet sich im *Parteiengesetz* von 1967, zu dessen in Art. 21 III GG vorgesehenem Erlaß die Parteien allerdings (wegen Uneinigkeit über die Regelung der Parteienfinanzierung) fast 20 Jahre gebraucht hatten.

Auch die Unverzichtbarkeit der *Verbände* ist heute anerkannt. Dies gilt nicht nur für die Tätigkeit der **Gewerkschaften und Arbeitgeberver-**

---

[2] Hinsichtlich der Parteien schon *Radbruch,* Die politischen Parteien im System des deutschen Verfassungsrechts, in: *Anschütz/Thoma,* Handbuch des Deutschen Staatsrechts, Bd. 1, 1930, 285 (294): Vom Wirken der Parteien gehen „unwiderstehliche Verfassungswandlungen" aus.

[3] Vgl. *Habermas,* Strukturwandel der Öffentlichkeit (1962), 4. Aufl., 1969.

[4] Art. 130 I WRV: „Die Beamten sind Diener der Gesamtheit, nicht einer Partei."

bände, welche kollektive Arbeitsverträge abschließen, sondern auch für die sog. **Einflußverbände,** welche die Interessen ihrer Mitglieder gegenüber Regierung, Verwaltung, Parteien und Parlamenten zur Geltung bringen. Der einzelne Bürger ist in aller Regel nicht in der Lage, einen merklichen Einfluß auszuüben. Erst durch den Zusammenschluß zu einem Interessenverband wird die Plattform geschaffen, um dem besonderen Interesse der Mitglieder Gehör zu verschaffen **(Artikulationsfunktion).** Auch die Exekutive, die die Gesetze vorbereitet, das Parlament, das sie beschließt, und die Parteien, die in Parlament und Regierung wirken, fühlen sich auf die Mitarbeit von Interessenverbänden angewiesen: Sie versprechen sich von den Verbänden Informationen über die Wünsche der in ihnen organisierten Menschen und über deren voraussichtliche Reaktion auf beabsichtigte Maßnahmen **(Rückkoppelungsfunktion).** Darüber hinaus besitzen Verbandsvertreter oft ein hohes Maß an Sachkunde in bezug auf die jeweiligen Spezialprobleme. Umgekehrt leiten die Verbandsvertreter wichtige Informationen über Gesetze, Gesetzesvorhaben oder sonstige staatliche Maßnahmen an die Mitglieder weiter. Die Verbände bilden auf diese Weise also *Vermittler* für den (in beide Richtungen laufenden) Informationsfluß zwischen Mitgliedern und politischen Entscheidungsinstanzen (**Informationsfunktion** der Verbände). Weiter leisten sie, vor allem die Spitzenverbände, durch Vorsortieren und Bündeln der Interessen eine die Politiker bis zu einem gewissen Grad entlastende Vorarbeit **(Abstimmungsfunktion).** Schließlich wird den Interessenverbänden in ihrem Zusammenspiel eine wechselseitige Eindämmung und zugleich auch eine Begrenzung der Macht anderer Akteure, insbes. der politischen Parteien, und damit eine **freiheitssichernde Funktion** zugesprochen. Aus diesen Gründen wird heute allgemein davon ausgegangen, daß neben einem System von zwei (oder mehr) Parteien auch ein System von zahlreichen Interessengruppen eine legitime Funktion in der Demokratie hat **(Verbindung von Mehr-Parteien- und Viel-Verbändesystem).**

Der verfassungsrechtlichen Anerkennung der Parteien in Art. 21 GG entspricht die Legitimierung der Tarifvertrags-Kontrahenten durch *Art. 9 Abs. 3 GG.* Dagegen werden die politischen Einflußverbände von der Verfassung noch verschwiegen. Insoweit sind Verbände und Gruppenmächte heute in einer ähnlichen Lage, in der die Parteien sich befunden hatten, bevor Art. 21 GG ihre politische Mitwirkung ausdrücklich legitimiert hat. Dies steht der verfassungsrechtlichen Zulässigkeit ihrer Einwirkung auf die politische Willensbildung aber nicht grundsätzlich entgegen. Vielmehr umfaßt die Gewährleistung der Vereinigungsfreiheit des *Art. 9 Abs. 1* GG nach herrschender Auffassung grundsätzlich auch das Recht der Vereinigung, sich entsprechend ihrer Zwecksetzung zu betätigen (vgl. aber auch unten G II 1.3); das bedeutet für einen Einflußverband das Recht, auch politischen Einfluß zu suchen und zu nehmen.[5]

Die Notwendigkeit von Parteien und Verbänden anerkennen heißt aber nicht auch vor **Fehlentwicklungen und Mißständen** die Augen verschließen. Das Wirken der Parteien und Verbände ist wie alles menschliche Tun nicht vollkommen, sondern weist Mängel auf, die zu „orten" erste Voraussetzung für ihre Eindämmung ist. Dabei muß man sich in gleicher Weise von zwei Extremen fernhalten: Weder darf man die Notwendigkeit der Arbeit der Parteien und Verbände verkennen noch sie andererseits verherrlichen und auf diese Weise auch der berechtigten Kritik entziehen.

Rousseau[6] und in seiner Tradition viele Vertreter der älteren deutschen Staatsrechtslehre haben vor den intermediären Gruppen gewarnt – und sie hatten recht: Die Interessen von Parteien und Verbänden (und die ihrer Funktionäre) entwickeln leicht ein Eigenleben, welches sie von den Interessen des Volkes entfernt. *Andere* heben demgegenüber hervor, daß wir heute ohne Parteien und Verbände (einschl. ihrer Funktionäre) nicht auskommen können, wenn wir unseren freiheitlichen demokratischen Grundstatus bewahren wollen – und sie haben ebenfalls recht. Der Mangel beider Standpunkte liegt in ihrer Einseitigkeit, in ihrem – je mit umgekehrtem Vorzeichen angestellten – Versuch nachzuweisen, daß nur einer von beiden recht und der andere unrecht habe, statt zu sehen, daß an beiden Standpunkten etwas Richtiges ist, und daraus Konsequenzen zu ziehen. Aus der These *Rousseaus* und der Antithese der Pluralisten muß eine zeitgemäße Synthese entwickelt werden. Parteien und Verbände sind heute unverzichtbar. Aber man muß sie unter Kontrolle halten, ihnen Grenzen setzen, sie am Mißbrauch ihrer Macht hindern und ihr Wirken möglichst so kanalisieren, daß es zum allgemeinen Besten ausschlägt. Dies ist zwar als „drängende Frage" *(Badura)* anerkannt. *Joseph H. Kaiser* hat schon in den 50er Jahren in bezug auf die *organisierten Interessen* sogar von der „Verfassungsfrage dieses Jahrhunderts" gesprochen, und in bezug auf die *Parteien* und ihre „ständig wachsende Expansion und Etatisierung" hat *Dieter Grimm* erst jüngst die Öffentlichkeit, die Wissenschaft und die Verfassungsrechtsprechung zur „Gegensteuerung" aufgerufen. Die Bewältigung der Problematik ist aber deshalb so schwierig, weil die überkommene historische Frontstellung noch fortbesteht: Die intermediären Kräfte hatten sich ja als Frucht und Vehikel der sozialen Emanzipation gegen die fundamentale Verbandskritik des

---

5 BVerfGE 20, 56 (107): „Die freie Darstellung organisierter Gruppeninteressen gegenüber Staat und Parteien ist Bestandteil der Betätigungsfreiheit, die Art. 9 GG diesen Vereinigungen gewährleistet."

6 Zu *Rousseaus* Verbandsfeindlichkeit oben C II und ausführlich *Friedrich Müller,* Korporation und Assoziation, 1965, 61 ff.

bürgerlichen Liberalismus durchsetzen müssen. Folge dieses Kampfes war, daß die Befürworter der sozialen Emanzipation nicht nur die Notwendigkeit von Parteien und Verbänden hervorhoben, sondern auch hinter jeder Form von Parteien- und Verbands*kritik* eine Verneinung ihrer Legitimation überhaupt, einen Angriff auf die Daseinsberechtigung der pluralistischen Kräfte vermuteten (und damit teilweise auch recht hatten). In dieser Lage ergab sich ganz natürlich eine *Tendenz zur Verherrlichung:* „Parties can do no wrong". Dem entspricht der gängige Versuch, Kritiker von Parteien und auch von Verbänden ins Lager der ewig Gestrigen zu stellen. Heute muß eine Immunisierung der Parteien und Verbände gegen Kritik aber entschieden zurückgewiesen werden. Dahingehende Versuche sind ihrerseits noch in längst geschlagenen Schlachten befangen und laufen Gefahr, unsere wichtigsten aktuellen Probleme nicht in den Blick zu bekommen, sondern unter den Teppich zu kehren. „Die Geschichte prüft in Prima, wir aber sagen weiterhin unser Sekundapensum auf" *(Walter Eucken),* wenn es uns nicht gelingt, jenen „Themenwechsel der Geschichte" *(Dahrendorf)* zu erfassen. Das uralte „Gesetz der Macht" *(Kägi),* wonach die Mächtigen im Staat dazu neigen, ihre Macht solange auszuweiten, bis sie auf wirksame Grenzen stoßen, gilt auch hier. Zu den politisch Mächtigsten im Staat gehören heute aber Parteien und Verbände (und ihre Funktionäre).

Im folgenden wird zunächst die Konzeption dargestellt, die das Wirken der intermediären Kräfte im Zusammenhang legitimiert und gegen die Fundamentalkritik von rechts und links absichert: die sog. Pluralismustheorie, um von dort dann auf die Gefahren des Pluralismus und die Notwendigkeit eines Gegenhaltens zu sprechen zu kommen. Es wird sich allerdings zeigen, daß bereits die Ermittlung solcher Gefahren nur auf der Grundlage eines „Gemeinwohlkonzepts" erfolgen kann und deshalb eines längeren Ausholens bedarf (unten G und H). Eine nähere Darstellung des Wirkens der Parteien und Verbände folgt dann in den Abschnitten I, J und K.

II. Pluralismustheorie

Es mag kühn erscheinen, von „Pluralismustheorie" im Singular zu sprechen. Ihr in der Bundesrepublik einflußreichster Vertreter, *Ernst Fraenkel* (1898–1975), hat seine Konzeption nicht systematisch entwikkelt, so daß aus seinen zahlreichen über viele Jahre hinweg publizierten Vorträgen, Aufsätzen etc.[7] im einzelnen durchaus Unterschiedliches her-

---

[7] Vgl. insbes. *Fraenkel,* Deutschland und die westlichen Demokratien, 7. Aufl., 1979 (Zusammenfassung von neun schon vorher veröffentlichten Beiträgen); *ders.,* Reformismus und Pluralismus, 1973. Aus dem Kreis der *Fraenkel*-Schule

ausgelesen werden kann und auch herausgelesen worden ist. Dennoch, die Grundstrukturen sind klar. *Fraenkel* macht front gegen den Antipluralismus von rechts und links, der den Parteien und Verbänden ihre Existenzberechtigung abspricht und im Einfluß der Interessen auf die staatliche Willensbildung von vornherein einen Verfall von Staat und Gemeinwohl sehen zu müssen glaubt. Dementsprechend betont *Fraenkel* die Notwendigkeit des Interessenkonflikts und die Legitimität des Wettbewerbs der Parteien und des Einflusses der Verbände. Sie seien als ,,pouvoirs intermédiaires" die wichtigsten Garanten der Freiheit. Was Gemeinwohl sei, lasse sich ohnehin im vorhinein nicht ausmachen (**Ablehnung** der Vorstellung **eines a-priori-Gemeinwohls**), sondern ergebe sich erst im nachhinein als Kompromiß aus dem vielfältigen Wirken der pluralistischen Kräfte **(a-posteriori-Gemeinwohl).** Zentral für *Fraenkels* Demokratieverständnis sind (1) das Konzept der Parteienkonkurrenz, (2) die Vorstellung eines gewissen Interessenverbandsausgleichs und (3) die Unterscheidung zwischen streitigem und unstreitigem Sektor.

1. Parteienkonkurrenz

Das Konzept der Parteienkonkurrenz geht davon aus, daß Parteien in periodischer Wiederkehr um die Macht kämpfen, wobei die Wähler den Kampf durch ihre Stimme entscheiden: Sieger und damit zur Besetzung der staatlichen Machtzentralen für die Zeit bis zur nächsten Wahl legitimiert ist die Partei, die die Mehrheit der Stimmen erhält. **Voraussetzung** für das befriedigende Funktionieren des Modells ist, daß (zwei oder) **mehrere Parteien** miteinander konkurrieren. Eine Monopolpartei (wie im Hitler-Deutschland und in den sog. Demokratien des Ostblocks) darf es also nicht geben. Vielmehr muß die jeweilige Regierungspartei (bzw. müssen die Regierungsparte*ien*) dem Wettbewerb einer oder mehrerer Parteien ausgesetzt sein. Zugrunde liegt folgende Vorstellung: Wenn die Mehrheit der Wahlbürger den Eindruck gewinnt, die Regierungspartei würde ihre Interessen nicht mehr angemessen wahren, so wird diese bei den nächsten Wahlen dadurch ,,abgesetzt", daß die Oppositionspartei gewählt und dadurch an die Macht gebracht wird. Schon die bloße Möglichkeit eines Machtwechsels und die daraus resultierende Einsicht der jeweiligen Mehrheit ,,in die Labilität ihrer Position" *(Bundesverfassungsgericht)* wirken einem Machtmißbrauch entgegen und veranlassen die Mehrheit, auch die Interessen der Minderheit grundsätzlich mitzuberücksichtigen. Der Wettbewerb zwingt jede Partei dazu, ihre Willensbil-

---

vgl. bes. *Kremendahl,* Pluralismustheorie in Deutschland, 1977; *Steffani,* Pluralistische Demokratie, 1980.

dung an den Interessen der Bürger – und zwar möglichst vieler Bürger – auszurichten.

2. Interessenverbandsausgleich

Die – offenbar aus dem Tarifkonflikt von Gewerkschaften und Arbeitgebern[8] – gewonnene Vorstellung vom Ausgleich der Verbandsinteressen geht davon aus, jedes bedeutsame Interesse könne sich organisieren und dadurch politisch Gehör verschaffen. Keine der autonomen Verbände sei, wie *Fraenkel* hervorhebt, „aus dem Prozeß der politischen Meinungs- und Willensbildung ausgeschaltet und jedem von ihnen" stehe „es nach Belieben frei, sich einzuschalten".[9]

Die aus dem Parallelogramm der Verbandskräfte resultierenden politischen Kompromißentscheidungen seien dadurch gekennzeichnet, daß sie die Interessen aller Gruppen in etwa angemessen berücksichtigten (a-posteriori-Gemeinwohl).

3. Unstreitiger Sektor

Von zentraler Bedeutung ist schließlich *Fraenkels* Vorstellung eines unstreitigen, dem Parteien- und Verbandskonflikt entzogenen Bereichs. Diese Vorstellung ist aufgrund der Erfahrungen gegen Ende der Weimarer Republik entstanden, als radikale Parteien, die einen gemeinsamen Grundkonsens von vornherein infrage stellten, eine entscheidende Rolle spielten.[10] Als Reaktion auf *solchen* Pluralismus schien sich für *viele* eine „Hinwendung zum totalen Staat" anzubieten.[11] *Fraenkels* Anliegen ging

[8] Zum Ursprung der Konzeption *Fraenkels* aus dem kollektiven Arbeitsrecht *Kremendahl* (oben FN 7), 147ff.

[9] *Fraenkel,* Deutschland (oben FN 7), 198. Zwar war *Fraenkel* durchaus kein Anhänger eines bedingungslosen und naiven pluralistischen Harmonieglaubens; das sei den Gralshütern seiner Lehre (vgl. *Steffani,* Pluralismus – Neopluralismus, Konzeptionen, Positionen und Kritik, in: *Oberreuter* (Hrsg.), Pluralismus, Grundlegung und Kritik, 1979, 31 [50f.]) gern zugestanden (so im übrigen auch schon *v. Arnim,* Gemeinwohl und Gruppeninteressen, 150, FN 21; vgl. auch *Quaritsch,* Zur Entstehung der Theorie des Pluralismus, Der Staat 1980, 29 [41 m. FN 8]). *Fraenkels* Frontstellung gegen die in Deutschland überkommene pluralismusfeindliche Staatsauffassung – ebenso wie gegen den nationalsozialistischen und den kommunistischen Totalitarismus – veranlaßte ihn aber, die Position der Harmonisten hervorzuheben.

[10] Seit dem 14. 9. 1930 zählte der Reichstag 107 Abgeordnete der NSDAP und 77 der KPD, und 1932 war bereits die absolute Mehrheit an diese beiden Parteien gefallen.

[11] So namentlich *Carl Schmitt* (dazu unten L II 2.1). Vgl. aber auch die Klarstel-

demgegenüber dahin, ,,durch eine Negation der Negation" zu versuchen, den Totalitarismus durch einen **„Neo-Pluralismus** zu überwinden";[12] sein zentrales Element besteht im Konsens über einen Wertkodex, ,,der neben verfassungsrechtlichen Verfahrensvorschriften und Spielregeln eines fair play auch ein Minimum von regulativen Ideen generellen Charakters enthalten muß".[13] In einem bereits 1932 veröffentlichten Aufsatz, der, wie *Fraenkel* selbst bemerkt hat, im Kern ,,alles Wesentliche enthält", was er in seinen späteren Arbeiten über Pluralismus gesagt hat,[14] schrieb er: ,,In der politischen Gemeinschaft zerfällt der Gesamtbereich der sozialen Ordnung in einen streitigen und einen unstreitigen Sektor ... Eine dialektische Demokratie (von der *Fraenkel* damals noch statt von einer ,,pluralistischen" sprach) ist nur solange möglich, wie eine Garantie dafür gegeben ist, daß ein Minimum von Gemeinsamkeit im sozialen Leben des Volkes, das zu einem Staat zusammengefaßt ist, vorhanden bleibt".[15]

Die Richtigkeit dieser Auffassung läßt sich am **Beispiel der Parteienkonkurrenz** verdeutlichen: Elementare Bedingung für das Funktionieren jenes Wettbewerbsmechanismus ist – neben den periodisch wiederkehrenden Neuwahlen und der begrenzten Wahlzeit –, daß der Wettbewerb *offen*gehalten wird. Neue Parteien müssen sich ungehindert bilden können, und keine darf im Wettbewerb mit anderen durch staatliche Regelungen benachteiligt werden.

Auch das *Grundgesetz* geht davon aus: Die **Freiheit der Gründung** von Parteien ist in Art. 21 I 2 GG ausdrücklich verbrieft. Ihre Aufrechterhaltung ist auch dann wichtig, wenn es – etwa in einem bestehenden System von zwei oder mehr etablierten Parteien – zu einer Neugründung tatsächlich gar nicht kommt. Die bloße Gründungs*möglichkeit* kann nämlich bereits Rückwirkungen auf das Verhalten der Etablierten haben und diese davon abhalten, ihre Macht zu mißbrauchen. Auch der Grundsatz der **Chancengleichheit** der Parteien entspricht geltendem bundesdeutschen Verfassungsrecht. Das Grundgesetz nennt ihn zwar nicht ausdrücklich; das *Bundesverfassungsgericht* hat ihn aber schon früh aus der Gründungsfreiheit, dem Mehrparteienprinzip und der Wahlgleichheit

---

lungen durch *Quaritsch* (oben FN 9), 47–51, aus denen sich ergibt, daß der Beitrag *Carl Schmitts* differenzierter zu sehen ist als gemeinhin angenommen. Aufschlußreich ist, daß auch *Fraenkel* ursprünglich mit radikalen, nämlich marxistischen Lehren sympathisierte, bevor er sich – vor allem dann unter amerikanischem Einfluß – für die Entwicklung eines Pluralismuskonzepts entschied.

[12] *Fraenkel,* Der Pluralismus als Strukturelement der freiheitlich-rechtsstaatlichen Demokratie (1964), in: *Nuscheler/Steffani* (Hrsg.), Pluralismus – Konzeptionen und Kontroversen, 3. Aufl., 1976, 158 (166).

[13] *Fraenkel,* Pluralismus als Strukturelement (oben FN 12), 161.

[14] Vgl. *Steffani,* Pluralismus – Neopluralismus (oben FN 9), 48 m. FN 63.

[15] *Fraenkel,* Pluralismus als Strukturelement (oben FN 12), 156.

entwickelt und auf seine strenge Einhaltung besonderen Nachdruck gelegt[16] (vgl. auch unten G II 3.1 und 3.5).

Die Übereinstimmung überrascht nicht: *Fraenkel* versuchte, eine Antwort auf den Totalitarismus zu geben, und war deshalb von der gleichen Grundhaltung beherrscht wie die Väter des Grundgesetzes, welche die nationalsozialistische Einheitsdiktatur noch frisch in Erinnerung und die kommunistischen Diktaturen unmittelbar vor Augen hatten und verhindern wollten, daß derartiges im Gebiet der Bundesrepublik je wieder entstehen könnte. Dieser Antwortcharakter des Grundgesetzes auf offenbare staatliche Fehlentwicklungen soll im folgenden noch näher dargestellt werden.

III. Wertbezogene und wehrhafte Demokratie des Grundgesetzes

Verfassungen lassen sich als Antworten auf geschichtliche Herausforderungen verstehen, die ein Volk erfahren und verarbeitet hat (oben Kap. 2). Es ist deshalb nur natürlich, daß auch das Grundgesetz von der jüngsten und schrecklichsten Katastrophe der deutschen Geschichte, der nationalsozialistischen Herrschaft (1933–1945) und ihren Folgen, wesentlich geprägt und in vielen Teilen nur als Reaktion auf die Perversion jener Zeit zu verstehen ist.

Der Soziologe *Karl Mannheim* hat in einem berühmten Vortrag, den er 1941 in Oxford hielt, versucht, eine ,,Diagnose unserer Zeit" zu stellen, und die Antwort auf die Herausforderung der Diktatur mit folgenden Worten zusammengefaßt:

,,Die Herausforderung von seiten des Nazisystems hat uns, mehr als alles andere, die Augen geöffnet und klar gemacht, daß die Demokratien in den grundlegenden Werten, die sie hochhalten, ein Gemeingut verwalten, das sie vom klassischen Altertum und mehr noch vom Christentum ererbt haben, und daß es nicht allzu schwer ist, diese begrifflich klar zu formulieren und als allgemein verbindlich darzustellen ... Um zu überleben, muß unsere Demokratie eine streitbare Demokratie werden." Es kommt darauf an, ,,gemeinsam vereinbarte, rechtlich festgelegte Methoden sozialer Neugestaltung zu verteidigen und jene grundlegenden moralischen Werte, wie Brüderlichkeit, gegenseitige Hilfe, soziale Gerechtigkeit, Freiheit, Anständigkeit, Menschenwürde usw., welche Grundlagen für ein friedliches Funktionieren einer sozialen Ordnung darstellen". –

---

[16] Vgl. z. B. BVerfGE 52, 63 (88 f. m. w. N.). Die Strenge des Grundsatzes der Chancengleichheit der Parteien äußert sich darin, daß das Bundesverfassungsgericht eine unterschiedliche Behandlung der Parteien nur dann zuläßt, wenn sie ,,aus einem besonderen zwingenden Grunde" geboten ist. Dagegen ist eine unterschiedliche Behandlung zweier Sachverhalte mit dem *allgemeinen* Gleichheitssatz (Art. 3 I GG) nach der Rechtsprechung des Gerichts schon dann vereinbar, wenn sich dafür überhaupt Gründe anführen lassen.

„Abgesehen von jenen grundlegenden Wertbegriffen" müsse eine Vielheit von Werten und Interessen aber gestattet bleiben.[17]

Die Verwandtschaft mit *Fraenkels* Unterscheidung von unstreitigem und streitigem Sektor ist unübersehbar.

Die Väter des *Grundgesetzes* haben – bewußt oder unbewußt ganz auf der Linie *Mannheims* und *Fraenkels* – den geschichtlich gewachsenen Kreis von Grundwerten und den gesicherten Schatz von Antworten vieler Generationen auf historisch empfundene Herausforderungen und Gefährdungen entschieden wieder aufgegriffen und die *Bestandteile des demokratischen, sozialen Rechtsstaats,* die oben in den Abschnitten B – E entwickelt worden sind, im Grundgesetz verankert. (Hier wird einmal mehr deutlich, daß der eingangs vorgenommene Abstecher in die Geschichte kein Selbstzweck war, sondern notwendige, wenn auch nicht hinreichende Bedingung für das Verständnis des Grundgesetzes.) Die Grundprinzipien des demokratischen, sozialen Rechtsstaats hatte allerdings auch schon die *Weimarer Verfassung* von 1919 enthalten. Bloß hatten dort die gesamte Verfassung und damit auch alle in ihr enthaltenen materialen Werte *zur Disposition der Mehrheit* gestanden (wobei teilweise formale Qualifikationen: Zwei-Drittelmehrheiten vorgeschrieben waren), sei es, daß man davon ausging, die Mehrheit würde materiale Verfassungswerte, wie Menschenwürde, Freiheit und Gerechtigkeit ohnehin unangetastet lassen, sei es, daß man den Gedanken der formalen Demokratie letztlich als vorrangig ansah. Das *Neue* am *Grundgesetz* liegt demgegenüber darin, daß **bestimmte** materiale **Werte** auch der Entscheidung **der Mehrheit** (wie überwältigend sie auch sein mag) **entzogen,** also auch für den demokratischen Gesetzgeber unverfügbar gemacht werden. Berücksichtigt man, daß das Verfahren der Mehrheitsentscheidung selbst ein wichtiger Wert in der Demokratie ist, so zeigt sich: Das Wesen der sog. Wertgebundenheit des Grundgesetzes besteht nicht in der Orientierung an Werten überhaupt, sondern in der Festlegung eines *Rang*verhältnisses; gewisse materiale Verfassungswerte werden der formalen Mehrheitsentscheidung übergeordnet. Darin liegt – politisch – eine Absage an die relative Demokratie, – philosophisch – eine Absage an den Wertrelativismus. Das bedarf der Erläuterung.

Die u.a. von *Max Weber* aufgezeigte Unmöglichkeit, bestimmte **Grundwerte,** an denen das Zusammenleben der Menschen in der staatlichen Gemeinschaft sich auszurichten habe, mit den Mitteln der Wissenschaft als allein richtig nachzuweisen,[18] schien die Wahl der Grundwerte

---

[17] *Mannheim,* Diagnose unserer Zeit, 1951, 9 (17f.). Vgl. auch schon *Loewenstein,* Militant Democracy and Fundamental Rights, in: American Political Science Review 31 (1937), 417ff. und 638ff.; *Popper,* Die offene Gesellschaft und ihre Feinde (1944), 1. Bd., 2. Aufl., 1970, 359.

[18] *Max Weber,* Gesammelte Aufsätze zur Wissenschaftslehre.

individueller Beliebigkeit zu überantworten. Der auf dieser Basis gegründete **philosophische Wertrelativismus**[19] war nicht nur von wissenschaftsmethodischem Interesse, sondern hatte weittragende Auswirkungen auf das Verständnis vom Staat. Gibt es nämlich keine Grundwerte, die Allgemeinverbindlichkeit beanspruchen können, dann ist eine Eingrenzung staatlicher Macht letztlich nicht möglich; alles wird ihr verfügbar. Staatstheoretische **Konsequenz** ist die **relative Demokratie.** Angesichts der wissenschaftlichen Unmöglichkeit einer allgemein verbindlichen Bestimmung von elementaren Grundwerten schien nichts anderes übrig zu bleiben, als der Mehrheit unbeschränktes Entscheidungsrecht zu geben. Ausfluß dieser Konzeption ist der **Rechtspositivismus** mit seinem zentralen Satz „Gesetz ist Gesetz".[20]

Diese Vorstellung ist heute **überholt.** Der Ausgangspunkt *Gerbers, Labands, Max Webers, Radbruchs* und *Kelsens* (wie auch der von *Popper* und *Hans Albert*) ist zwar durchaus richtig: Die Wissenschaft kann letzte Werte nicht als absolut und universell richtig, als unabhängig von Ort und Zeit verbindlich nachweisen. Doch diese Feststellung besitzt für *unsere* Fragestellung nur begrenzte Bedeutung. Denn einmal geht es einer Staatslehre der *Bundesrepublik* ja nicht um die rechtsphilosophische Ermittlung absoluter, allen Zeiten und Völkern gemeinsamer Werte, sondern – viel bescheidener – um die Ermittlung der *hier und heute* geltenden. Zum zweiten meint der Relativismus mit „Wissenschaft" ja nur die empirische Seinswissenschaft, nicht auch die *Rechts*wissenschaft, die die Rechtsordnung der Bundesrepublik zum Gegenstand hat.[21] *Radbruch* selbst hat unter dem noch frischen Eindruck des nationalsozialistischen Regimes in seinem berühmten Aufsatz „Gesetzliches Unrecht und übergesetzliches Recht" (1946)[22] eine bewußte **Abkehr vom Wertrelativismus und** vom **Rechtspositivismus** vollzogen und sich zum übergesetzlichen „Naturrecht" bekannt. Ihm hatte er Maßstäbe entnehmen wollen, um die Gemeinschaft gegen die „Wiederkehr eines solchen Unrechtsstaates zu wappnen". Von ähnlichem Anliegen ist *Kägis* Versuch getragen, durch Herausarbeitung bestimmter unverzichtbarer Grundwerte eine **materiale Verfassungstheorie** zu entwerfen, „die den essentialia ge-

---

19 *Radbruch,* Rechtsphilosophie, § 2.

20 Bekannte Vertreter des Rechtspositivismus waren *Carl Friedrich v. Gerber* (1823–1891), Grundzüge eines Systems des deutschen Staatsrechts, 1865; *Paul Laband* (1838–1918), Das Staatsrecht des Deutschen Reiches, 3 Bde. (1876–1882); *Gustav Radbruch* (1878–1949), Rechtsphilosohphie, 1914; *Hans Kelsen* (1881–1973), Allgemeine Staatslehre, 1911.

21 Es ist das Verdienst von *Arnold Brecht,* nachdrücklich hervorgehoben zu haben, daß der unentschiedene Standpunkt des Wertrelativismus nicht auch für die *Rechts*wissenschaft zu gelten braucht. *Brecht,* Politische Theorie, 191 ff.

22 Abgedr. in: *Radbruch,* Rechtsphilosophie, 347 ff.

genüber den naturalia und accidentalia der Verfassung wieder das nötige Relief verleiht" und allein verhindern könne, daß die Staatsrechtslehre zur „Magd der Politik" werde.[23]

Diese Lehrmeinungen waren allerdings mit der Schwäche behaftet, daß sie ihre Basis im *ungeschriebenen* Recht suchen mußten, dessen Verbindlichkeit bestreitbar blieb. Diese Bestreitbarkeit hat das *Grundgesetz* bewußt und ausdrücklich beseitigt,[24] indem es die Staatsfundamentalnormen in besonderer Weise gesichert hat, um sie ein für allemal vor Durchbrechungen zu schützen. Hierin liegt in der Tat eine „kopernikanische Wende" *(Klaus Stern)* unseres Staatsverständnisses, deren Bedeutung kaum überschätzt werden kann.

Das normative Bollwerk des Grundgesetzes hat mehrere Pfeiler: Art. *79 III GG* entzieht die Grundsätze des Art. 1 GG und des Art. 20 GG (und die Gliederung des Bundes in Länder und die grundsätzliche Mitwirkung der Länder bei der Gesetzgebung) der Änderung durch den Gesetzgeber, auch wenn dieser über die ansonsten zur Verfassungsänderung ausreichenden Zwei-Drittelmehrheiten in Bundestag und Bundesrat (Art. 79 II GG) verfügt, und erklärt die darin enthaltenen **Staatsfundamentalnormen** damit für **sakrosankt.**[25] Die Parallele zu *Fraenkels* Konzept ist deutlich erkennbar.[26]

Zusätzlich trifft das Grundgesetz besondere Vorkehrungen, um ein aktives Vorgehen gegen Parteien, Verbände oder einzelne Bürger zu ermöglichen, die sich als Feinde jener Fundamentalprinzipien erweisen. Sie sollen ins verfassungsrechtliche Abseits gestellt werden und ihr Kampf gegen jene Prinzipien soll illegalisiert werden können. Hierzu sieht das Grundgesetz *viererlei* vor:

---

[23] *Kägi,* Die Verfassung als rechtliche Grundordnung, 57, 62 und durchgehend.

[24] Das Grundgesetz hat ein übriges getan und die Geltung auch von *überpositivem Recht* als möglich anerkannt. Dies wird an zwei Stellen deutlich, so wenn Art. 1 II GG sich zu „unverletzlichen und unveräußerlichen Menschenrechten" bekennt und Art. 20 III GG von der Bindung der Verwaltung und Rechtsprechung an „Gesetz und Recht" spricht. Die Verfassungsväter standen hier offenbar unter dem Eindruck der von *Radbruch* angeführten Nachkriegsdebatte. Demgemäß geht auch das Bundesverfassungsgericht unter ausdrücklichem Hinweis auf *Radbruch* von der Möglichkeit übergesetzlichen Verfassungsrechts aus (BVerfGE 3, 225 [232f.]). Angesichts der Positivierung der zentralen „naturrechtlichen" Grundsätze durch das Grundgesetz ist die Frage aber bisher nicht praktisch geworden.

[25] Dies gilt allerdings nicht für den Fall, daß das gesamte Deutsche Volk sich in freier Entscheidung eine Verfassung gibt (Art. 146 GG in Verbindung mit der Präambel). Die „Ewigkeitsbestimmungen" des Grundgesetzes sollen einer möglichen Wiedervereinigung nicht im Wege stehen.

[26] *Fraenkel* hat gelegentlich selbst bemerkt, daß die von ihm geforderte „Bejahung eines allgemein verbindlichen Wertkodex" mit Art. 79 III grundgesetzlich festgeschrieben ist. *Fraenkel,* Strukturanlayse der modernen Demokratie (1969), etwas gekürzt in: *Fraenkel,* Reformismus und Pluralismus (oben FN 7), 404 (430).

Nach *Art. 18 GG* können bestimmte, vor allem politisch relevante **Grundrechte,** wie z. B. die Meinungsfreiheit, **verwirkt** werden, wenn sie „zum Kampf gegen die freiheitliche demokratische Grundordnung mißbraucht" werden. Um andererseits den Mißbrauch dieses schneidigen Schwertes möglichst zu verhindern, setzt die Verwirkung eine entsprechende Entscheidung des *Bundesverfassungsgerichts* voraus. Dazu ist es bisher noch niemals gekommen.

Nach *Art. 21 II GG* können gleichfalls **Parteien,** die „darauf ausgehen, die freiheitliche demokratische Grundordnung zu beeinträchtigen oder zu beseitigen", als verfassungswidrig **verboten** werden. Auch hier ist, wiederum um Mißbrauch vorzubeugen, eine Entscheidung des *Bundesverfassungsgerichts* erforderlich, welches aber, wie übrigens auch im Falle der Grundrechtsverwirkung, nicht von Amts wegen einschreitet; es kann nur *auf Antrag* des Bundestags, des Bundesrats oder der Bundesregierung (§ 43 I BVerfGG) tätig werden. Auf diese Weise bleibt den Antragsberechtigten die Möglichkeit, sich, statt ein richterliches Verbot zu erwirken, *politisch* mit der betreffenden Partei auseinanderzusetzen.

Das Bundesverfassungsgericht hat bisher zwei Parteien für verfassungswidrig erklärt: 1952 die SRP,[27] 1956 die KPD.[28] Weitere Anträge waren nicht gestellt worden, insbes. auch nicht hinsichtlich der DKP und der NPD.

Nach *Art. 9 II GG* können andere **Vereinigungen** (als Parteien), „die sich gegen die verfassungsmäßige Ordnung oder gegen den Gedanken der Völkerverständigung richten", **verboten** werden. (Dabei bedeutet „verfassungsmäßige Ordnung" hier das gleiche wie „freiheitliche demokratische Grundordnung" in Art. 18 und 21 II GG.) Zuständig ist der *Innenminister* des Bundes oder eines Landes, gegen dessen Entscheidung aber natürlich Gerichtsschutz besteht. Von den Möglichkeiten des Art. 9 II GG ist in der Bundesrepublik wiederholt Gebrauch gemacht worden.

Größte praktische Bedeutung haben schließlich die Bestimmungen der Beamtengesetze des Bundes und der Länder (vgl. § 4 I Nr. 2 BRRG), nach denen **ins Beamtenverhältnis nur** berufen werden darf, **wer** die Gewähr bietet, jederzeit **für** die **freiheitliche demokratische Grundordnung** einzutreten. Nach der Rechtsprechung des Bundesverfassungsgerichts handelt es sich nicht nur um einfaches Gesetzesrecht, sondern um eine Konkretisierung des Grundgesetzes *(Art. 33 II und V).*

Alle diese Regelungen sollen ein aktives Vorgehen gegen Feinde der freiheitlichen demokratischen Grundordnung und ihre Entwaffnung ermöglichen. Die Demokratie des Grundgesetzes soll vor solchen Personen, Parteien, Vereinigungen und „Staatsdienern" geschützt werden, die ihre Grundstruktur beseitigen wollen (Prinzip der **streitbaren, mili-**

---

[27] BVerfGE 2, 1.
[28] BVerfGE 5, 85.

tanten, wehrhaften Demokratie).[29] Niemand soll das Recht haben, die vom Grundgesetz gewährleistete Freiheit dazu zu benutzen, die Freiheit der *anderen* abzuschaffen: ,,Keine unbedingte Freiheit für die Feinde der Freiheit!" *(Bundesverfassungsgericht).*

Der Begriff der **freiheitlichen demokratischen Grundordnung** ist enger als der von Art. 79 III GG umfaßte Bereich.[30] Er enthält als Kern des Kerns die zentralen geschichtlich gewachsenen Elemente des Rechtsstaats (,,freiheitlich") und der Demokratie. Das *Bundesverfassungsgericht* hat den vom Grundgesetz nicht ausdrücklich definierten Begriff in den beiden Parteienverbotsurteilen wie folgt umrissen:[31]

Freiheitlich demokratische Grundordnung ist eine Ordnung, ,,die unter Ausschluß jeglicher Gewalt und Willkürherrschaft eine rechtsstaatliche Herrschaftsordnung auf der Grundlage der Selbstbestimmung des Volkes nach dem Willen der jeweiligen Mehrheit und der Freiheit und Gleichheit darstellt.

Zu den grundlegenden Prinzipien dieser Ordnung sind mindestens zu rechnen: die Achtung vor den im Grundgesetz konkretisierten Menschenrechten, vor allem vor dem Recht der Persönlichkeit auf Leben und freie Entfaltung, die Volkssouveränität, die Gewaltenteilung, die Verantwortlichkeit der Regierung, die Gesetzmäßigkeit der Verwaltung, die Unabhängigkeit der Gerichte, das Mehrparteiensystem und die Chancengleichheit für alle politischen Parteien mit dem Recht auf verfassungsmäßige Bildung und Ausübung einer Opposition."

In dieser Definition gehören zum Prinzip des **Rechtsstaats** der Ausschluß von Gewalt und Willkürherrschaft, die Gewaltenteilung, die Gesetzmäßigkeit der Verwaltung, die Unabhängigkeit der Gerichte und das Bestehen von Grundrechten. Das **demokratische Prinzip** umfaßt die Volkssouveränität, die Verantwortlichkeit der Regierung, das Mehrparteiensystem und die Chancengleichheit für alle politischen Parteien einschl. der Oppositionsrechte.

Der Begriff der freiheitlich demokratischen Grundordnung stimmt also in weiten Teilen mit den durch Art. 79 III GG für unabänderlich erklärten Prinzipien überein. Eine *Abweichung* liegt darin, daß die freiheitliche demokratische Grundordnung nicht die Prinzipien der Bundesstaatlichkeit und der Republik (verstanden als Nicht-Monarchie) umfaßt und auch nicht das Prinzip der Sozialstaatlichkeit. Die letztere Aussage ist zwar besonders umstritten,[32] folgt aber aus dem Wortlaut, der historischen Auslegung (Wehrhaftigkeit des Grundgesetzes als Antwort auf die Verletzung rechtsstaatlicher und demokratischer Grundsätze im Hitlerreich) und vor allem daraus, daß in einer Demokratie mit allgemeinem, gleichen Stimmrecht ohnehin kaum ein Bedürfnis für eine ausdrückliche Verbriefung der Sozialstaatlichkeit besteht; ein solcher Staat wird nämlich – mit oder ohne eine solche Verbriefung – ohnehin eine sozialstaatliche Tendenz haben (oben E IV 1.3).

---

29 Der Begriff der militanten Demokratie geht auf *Karl Loewenstein,* der Begriff der streitbaren Demokratie auf *Karl Mannheim* zurück (oben FN 17).

30 Herrschende Auffassung. Anderer Ansicht *Schmitt-Glaeser,* Mißbrauch und Verwirkung von Grundrechten im Meinungskampf, 1968, 46.

31 Zuerst 1952 in BVerfGE 2, 1 (12ff.).

32 Überblick bei *Stern,* Staatsrecht I, 421ff.

Es ergibt sich also: Alle Bestandteile der freiheitlichen demokratischen Grundordnung sind durch Art. 79 III GG für unabänderlich erklärt (und durch die Möglichkeit des militanten Vorgehens gegen Feinde der freiheitlichen Demokratie noch zusätzlich bewehrt). Umgekehrt gehört aber nicht alles, was in Art. 79 III GG genannt ist, zur freiheitlichen demokratischen Grundordnung. Man kann also folgende *Stufung* vornehmen. Die wichtigsten Kernprinzipien des Grundgesetzes werden von der freiheitlichen demokratischen Grundordnung umfaßt. Art. 79 III enthält darüber hinaus weitere, nicht mehr ganz so wichtige, aber immerhin noch zu den Fundamentalnormen zu rechnende Prinzipien. Eine dritte Stufe bilden alle anderen Grundgesetznormen, die ebenfalls den Gesetzgeber (soweit er nicht selbst mit den nötigen Mehrheiten das Grundgesetz ändert) und alle anderen Staatsorgane binden.

Die Wertbezogenheit und Wehrhaftigkeit der Demokratie des Grundgesetzes liegt seit einiger Zeit unter Beschuß. *Kritisiert* wird z. B. das Fernhalten von Radikalen vom öffentlichen Dienst und das absolute Gewaltverbot[33] etwa bei Demonstrationen. Hier zeigt sich ein grundlegender Wandel. Während in den 50er Jahren die Erfahrungen mit der abwehrschwachen Weimarer Demokratie und ihren Folgen allen Menschen noch aus eigenem Erleben präsent waren und die Wehrhaftigkeit des Grundgesetzes als so selbstverständlich akzeptiert wurde, daß man sie in Politik und Wissenschaft kaum thematisierte, ist inzwischen eine andere Generation herangewachsen, die weder Nazi-Diktatur noch Nachkriegszeit erlebt hat. Der zunächst ganz unproblematische Konsens scheint Risse zu bekommen. Schon wird von mancher Seite die besorgte Frage gestellt, ob die grundgesetzliche Konzeption nicht überzogen sei und deshalb keinen Bestand haben werde.[34] Auch die **Diskussion um die Grundwerte,** die in jüngerer Zeit entbrannt ist,[35] ist Ausdruck ihrer Gefährdung. Solange die Grundwerte sich für alle von selbst verstanden, war für Diskussion noch kein Bedarf.

In der Auseinandersetzung wird oft (mehr oder weniger deutlich) behauptet, die normative Niederlegung der Grundwerte und ihre militante Verfestigung im Grundgesetz könne keinen Schutz bieten. Entscheidend sei der *Konsens der Menschen* über die normativen Grundlagen; sei *er* erst verloren, könne auch das Grundgesetz die freiheitliche demokratische Grundordnung nicht mehr bewahren.

---

33 Zu letzterem die Gegenkritik von *Merten,* Rechtsstaat und Gewaltmonopol, 1975.

34 Vgl. vor allem *Steinberger,* Konzeption und Grenzen freiheitlicher Demokratie, 1974, 1.

35 Vgl. aus dem umfangreichen Schrifttum z. B. *Isensee,* Verfassungsgarantie ethischer Grundwerte und gesellschaftlicher Konsens, NJW 1977, 545; *Kimminich,* Die Entwicklung des öffentlichen Wertbewußtseins und die Verantwortung des Staates, in: Arbeitshilfen 19 (hrsg. v. Sekretariat der Deutschen Bischofskonferenz), 1980, 5, jew. m. w. N.

Diese Auffassung ist teils richtig, teils falsch. Die Verteidigung der Grundwerte setzt voraus, daß die Bürger sich zu ihnen bekennen. Das Grundgesetz ist kein „normativistisches perpetuum mobile" *(Isensee)*, sondern kann nur über die Rechtsüberzeugung von Menschen wirken. In solcher Einwirkung auf die Überzeugung von Amtsträgern und Bürgern besteht nun aber gerade eine ganz wesentliche ratio der Verfassung. Sie konstitutionalisiert Werte, *damit* die Bürger sich über ihr Geltensollen einig sind,[36] auch und gerade dann noch, wenn der tiefere Sinn der Werte und der Verfahren und die Gefahren, die sie bannen sollen, zu verblassen drohen. Die **Verfassung** soll sozusagen die Erinnerung der Bürger an die früheren Herausforderungen, auf die das Grundgesetz Antworten gegeben hat, wachhalten und so den Konsens fördern. Sie ist also ein **Instrument, um** die **Wertüberzeugungen** immer wieder **zu erneuern und zu verteidigen.** Es gibt nicht nur eine „normative Kraft des Faktischen" *(Georg Jellinek)*, sondern auch eine faktenbildende Kraft des Normativen.[37]

Das soeben Gesagte soll im folgenden noch in einen größeren Zusammenhang gestellt werden. Dadurch sollen nicht nur die bisherigen Ausführungen untermauert, sondern zugleich auch der Einblick in den Sinn des Grundgesetzes vertieft werden.

IV. Von der Weisheit des Grundgesetzes

Die bisherige Darstellung hat insgesamt deutlich gemacht, daß das Grundgesetz Produkt der historischen Erfahrung *zahlreicher Generationen* ist. Die jeweiligen Erfahrungen wurden durch Staatsdenker theoretisch verarbeitet und führten zu je spezifischen Staats- und Gesellschaftstheorien. Diese waren ihrerseits zwar meist einseitig, weil ihre „Väter" den Blick fast ausschließlich auf die aktuelle historische Herausforderung geheftet hatten. Das Grundgesetz hat aber Teile von *all* diesen Konzeptionen in sich aufgenommen, wodurch es ihm gelingt, die Einseitigkeiten der verschiedenen Staatstheorien zu vermeiden. Zugleich wird der Staat auf diese Weise so konstruiert, daß er einer ganzen Fülle von – historisch allerdings jeweils von verschiedenen Generationen erlebten – Herausforderungen zu begegnen in der Lage ist. Weil sich in der Verfassung die Erfahrung vieler Generationen niedergeschlagen hat, kann man davon sprechen, daß die Verfassung klüger ist als der einzelne und klüger auch als eine einzelne Generation.[38] Man kann und soll also aus der Verfassung lernen. In Anbetracht der geschilderten Bedeutung des Kon-

---

36 *Smend,* Staatsrechtliche Abhandlungen, 265; *Scheuner,* VVDStRL 22, 1 (53).
37 *Hesse,* Die normative Kraft der Verfassung, 1959.
38 Vgl. auch *Kriele,* Staatslehre, § 35.

senses der Menschen über wichtige Grundwerte ist es Aufgabe gerade der *Staatslehre,* die **Lernquelle Grundgesetz** in möglichst breitem Strom am Fließen zu halten.

Die These, daß die Verfassung klüger ist als die jeweilige Generation, darf allerdings nicht dahin mißverstanden werden, es solle eine Weiterentwicklung abgeblockt werden. Auch der gegenwärtigen Generation ist es aufgegeben, die Verfassung so fortzubilden, daß die von ihr konstituierte Gemeinschaft den Herausforderungen *unserer* Zeit gerecht werden kann. Die genannte These soll lediglich verhindern, daß die neuen Herausforderungen unsere Aufmerksamkeit so gefangen nehmen, daß wir in dem Bestreben, ihnen zu begegnen, zu einseitig reagieren, die Sicherungen gegen andere, vermeintlich längst gebändigte Mißstände leichtfertig über Bord werfen und damit frühere Fehler noch einmal begehen.

V. Verdienst und Dilemma der Pluralismustheorie

Wenn wir nunmehr noch einmal auf die Pluralismustheorie zurückkommen, so deshalb, weil gerade diese Theorie große Wirkung entfaltet und auch die Staatsrechtslehre wesentlich beeinflußt hat. Vor allem *Ernst Fraenkel* selbst hat sie mit seinen Veröffentlichungen[39] in der bundesdeutschen Rechtsprechung und Rechtslehre heimisch gemacht.[40]

Die Pluralismustheorie hat große **Verdienste,** die entsprechend ihrer ,,dialektischen" Aussage in zwei Richtungen gehen: Sie hat dazu beigetragen, die Notwendigkeit und zentrale Bedeutung des Konsensbereichs zu verdeutlichen und damit die Verteidigungskraft der grundgesetzlichen Fundamentalprinzipien gegen rechte und linke Extremisten zu stärken. Sie hat andererseits aber – im Konfliktbereich – auch die Anerkennung der Interessen*auseinandersetzung* als legitim gefördert und bewirkt, daß in der Interessenwahrnehmung, im Konflikt, in der Opposition nicht mehr von vornherein etwas Schlechtes und Unstaatliches gesehen wurde. Sie hat zur Akzeptierung von Parteien und Interessenverbänden als notwendigen Faktoren der Freiheit und ihres Kampfes als Ausdruck freiheitlichen Verhaltens geführt. Sie hat gezeigt, daß der Staat in einer Demokratie nicht etwas der Gesellschaft Fremdes sein kann und darf, kein aliud, sondern Organisation und Verfahren *der* Gesellschaft *für* die Gesellschaft zu sein hat. Sie hat mit ihrer Konzeption der Ablehnung von

39 Vgl. vor allem den Vortrag ,,Der Pluralismus als Strukturelement der freiheitlich-rechtsstaatlichen Demokratie", den *Fraenkel* 1964 auf dem Deutschen Juristentag gehalten hat, abgedruckt in: *Nuscheler/Steffani,* Pluralismus (oben FN 12), 158–182.

40 Nachweise bei *v. Arnim,* Gemeinwohl und Gruppeninteressen, 151 FN 22, 390 m. FN 19 und 20.

Interessen und intermediären Kräften durch einen Teil der älteren deutschen Staatsrechtslehre den Boden entzogen und die Vorstellung von einem vorgegebenen, unabhängig von den Interessen und Wertungen der Menschen zu schauenden Gemeinwohl zurückgedrängt. **Ohne** diese von der **Pluralismustheorie** gelegte Basis **ist** die **heutige Problemlage** von Staat und Gesellschaft gar **nicht** mehr **verständlich und analysierbar.**

So richtig und wichtig die Anerkennung von Parteien und Interessenverbänden durch die Pluralismustheorie ist, so sicher ist dies doch nur die halbe Wahrheit. Die *andere* Hälfte liegt in der Erkenntnis, daß Parteien und Gruppen zu den Mächtigsten in Staat und Gesellschaft aufgestiegen sind und nach dem Gesetz der Macht heute zentrale staatstheoretische Gefahren von ihnen ausgehen können. Was nottut, ist nicht primär ihre Stützung – einer solchen bedürfen sie nicht mehr –, sondern ein **Gegensteuern** im Sinne eines Kontrollierens, Kanalisierens und Eindämmens ihrer in die unterschiedlichsten Richtungen gehenden Expansionstendenzen und sonstiger durch ihr Wirken drohender Fehlentwicklungen (dazu oben F I und unten Kap. 4).

Das **Dilemma der Pluralismustheorie** besteht nun darin, daß sie diese aktuelle Aufgabe nur unzureichend erfaßt. Das mag damit zusammenhängen, daß die Pluralismustheorie – jedenfalls in ihrer deutschen Ausprägung – aus der Theorie der Arbeiterbewegung und des Arbeitsrechts hervorgegangen ist. *Ernst Fraenkel* war Schüler *Hugo Sinzheimers,* des ,,Vaters des (kollektiven) deutschen Arbeitsrechts", und hat die pluralistische Demokratie von Anfang an unter dem Aspekt ihrer Eignung ,,für den Emanzipationskampf des Proletariats" gesehen.[41] Auch später hat *Fraenkel* immer wieder auf die Bedeutung der Parteien und Verbände und der ,,Waffengleichheit" ,,zwischen den verschiedenen Gesellschaftsgruppen" für die Lösung der ,,sozialen Frage" abgehoben.[42]

Nun ist es natürlich völlig zutreffend, daß Parteien und Verbände Vehikel der sozialen Emanzipation waren und ohne sie die soziale Frage nicht hätte gelöst werden können. Heute aber, nachdem die geschichtliche Aufgabe weitgehend bewältigt ist, verstellt das überkommene Denken im Klassenantagonismus den Blick auf die *aktuellen* Gefährdungen, die nicht mehr so sehr in einem Zukurzkommen von Gruppen, sondern von *Jedermanns*-Interessen liegen und ihrerseits gerade von einem Gruppenkampf, der alles in seinen Bann zieht, an die Wand gedrückt zu werden drohen.

Die Pluralisten hatten diejenigen, die diese Auswüchse (wenn auch ihrerseits übertrieben und auf ein heute nicht mehr akzeptables Staatsverständnis gegründet) gesehen hatten: die idealistischen, von *Rousseau* und

---

[41] *Fraenkel,* in: *Nuscheler/Steffani,* Pluralismus (oben FN 12), 150 (156).

[42] *Fraenkel,* Reformismus und Pluralismus (oben FN 7), 432f.

Hegel beeinflußten Vertreter der älteren deutschen Staatsrechtslehre, zu sehr verdammt, als daß sie glaubten, von ihnen noch etwas lernen zu können. So hat der Abwehrkampf gegen eine den Staat überhöhende Lehre die Pluralisten ziemlich hilflos gegen die *neu* aufkommenden Gefahren gemacht. Heute gilt es demgegenüber, *beides* zu leisten: die Notwendigkeit und Existenzberechtigung des Parteien- und Verbandspluralismus anzuerkennen und doch gleichzeitig die Fähigkeit zu bewahren, seine *Mängel* festzustellen und nach Möglichkeit zu bekämpfen.

Reflex jenes Streitstandes ist ein unterschiedliches **Gemeinwohlverständnis.** *Rousseau,* die klassische Repräsentationsvorstellung und ein wesentlicher Teil der älteren deutschen Staatsrechtslehre waren davon ausgegangen, die Findung des Gemeinwohls, der volonté générale, werde durch das Dazwischentreten von Parteien und Interessengruppen durchkreuzt. Just diese intermediären Gruppen waren zur Emanzipation der Arbeiterklasse aber unerläßlich. Ihre Befürworter glaubten deshalb, die Gemeinwohlvorstellung, also die Vorstellung von einem im vorhinein Richtigen, überhaupt bekämpfen zu müssen. Dadurch entsteht aber die Gefahr, daß die pluralistischen Kräfte auch gegen berechtigte Kritik *immunisiert* werden. Denn eine solche Kritik bedarf ihrerseits der Maßstäbe und damit jedenfalls gewisser Elemente eines a-priori-Gemeinwohls.

In Wahrheit hat auch die Pluralismustheorie selbst bereits beträchtliche Abstriche an ihrer verbalen Ablehnung von vorab Richtigem vorgenommen: durch die Anerkennung eines nicht-kontroversen Konsensbereichs und vor allem durch das Aufgreifen der Pluralismuskritik „von links" etwa durch *Kremendahl.*[43]

Das Aufgreifen der Pluralismuskritik verbleibt allerdings weitgehend im Verbalen. Die Pluralisten tun sich schwer, das pluralistische Kräftespiel unvoreingenommen zu kritisieren,[44] Mängel des Parteien- und Verbände-Kräftespiels zu orten und dabei etwa auch die Gewerkschaften zu kritisieren. So läßt z. B. *Kremendahl* bei Erörterung der Ursachen für die wirtschaftliche Krise Mitte der 70er Jahre die Gewerkschaften und Arbeitgeberverbände gänzlich unerwähnt,[45] obwohl doch die von ihnen festgelegten überhöhten Löhne in Wirtschaft und Verwaltung eine wichtige Krisenursache darstellen, wie nicht nur der Sachverständigenrat zur Begutachtung der gesamtwirtschaftlichen Entwicklung hervorgehoben hat (vgl. auch unten P V 2). *Kremendahl* plädiert gar für eine Ausweitung

---

[43] *Kremendahl* (oben FN 7).

[44] Auch *Kriele,* dessen Staatslehre *Steffani* als „einen bedeutsamen Beitrag zur Herausarbeitung der Geschichte des pluralistisch-demokratischen Verfassungsstaats" (*Steffani,* Pluralistische Demokratie [oben FN 7], 99) bezeichnet, läßt die Probleme und Gefahren des Pluralismus, obwohl er sie auf S. 14 anspricht, doch ganz unbehandelt. Ähnliches gilt auch für *Steffani* selbst.

[45] *Kremendahl* (oben FN 7), 372f.

des Staatsanteils, um Pluralismusmängel zu bekämpfen,[46] obwohl die Ausweitung des Staatsanteils selbst teilweise *Folge* des pluralistischen Kräftespiels und – im Wege einer Spiralenwirkung – auch *Ursache* für eine weitere Zunahme des Verbandseinflusses ist.[47]

Ein anderer Grund für das Dilemma der Pluralismustheorie liegt in einer gewissen **Ökonomieferne,** die *Fraenkel* genau wie seine Schüler kennzeichnet. Im Bereich der Wirtschaft, insbes. der öffentlichen Finanzen, werden nun aber Mängel der staatlichen Willensbildung nach aller Erfahrung meist zuerst manifest. Dies gilt, wie noch zu zeigen ist, in besonderem Maße auch hinsichtlich des Parteien- und Verbandspluralismus. Die Analyse der staatlichen Geldwirtschaft bietet deshalb einen erstrangigen Zugang zur Erkenntnis pluralistischer Strukturmängel und zur Entwicklung von Verbesserungsüberlegungen. Selbst dann, wenn man *wirtschaftliche Fehlentwicklungen* als solche für weniger gravierend halten sollte, sind sie doch *als Ausdruck* und Indikator *tiefergehender Strukturmängel* in jedem Fall von größter Bedeutung und ihre Analyse deshalb elementar. Man kann paradoxerweise die geistig-immateriellen Gefahren am deutlichsten durch die Darstellung materieller Fehlentwicklungen illustrieren.

Nun wäre es allerdings nicht fair, den Vorwurf der Ökonomieferne auf die Pluralismustheorie zu beschränken. Er trifft nicht nur weite (vornehmlich geisteswissenschaftlich ausgerichtete) Zweige der *Politikwissenschaft,* sondern in einigem Umfang auch die Rechtswissenschaft, speziell die *Staatslehre,* deren **Finanzblindheit** *Isensee* hervorgehoben hat. Hier schlägt immer noch die Verachtung durch, die schon *Rousseau* für alle diejenigen, die sich mit Finanzen beschäftigen, übrig hatte.[48]

Kremendahl wird allerdings für sich jegliche Ökonomieferne in Abrede stellen und auf seine Auseinandersetzung mit dem Marxismus hinweisen. In der Tat geht er immer wieder auf die ,,Kritik von links" ein. Just auf diese Weise bleibt er jedoch in einer – der Problematik nicht mehr adäquaten – Fragestellung befangen. Die Kritik und die Widerlegung des Marxismus verschleiern die wirklichen Probleme *unserer* Zeit nämlich eher, als daß sie sie erhellen. Statt sich mit aufgebauschten, durch die Geschichte längst widerlegten Dogmen zu beschäftigen, ist ein Eingehen auf nicht-marxistische, an unseren heutigen Problemen orientierte Kritik erforderlich. Hier aber liegt gerade die Schwäche der Pluralismustheorie. So erwähnt *Kremendahl* das wohl wichtigste Werk der politökonomischen Pluralismuskritik, *Mancur Olsons* ,,Theorie des kollektiven Han-

---

46 *Kremendahl* (oben FN 7), 306.

47 Unten J I 3.1.3.

48 *Rousseau,* Contrat social, III 15: Finanzen seien etwas für Sklaven, un ,,mot d'esclave". Andere Klassiker, wie *Hegel,* haben die Grundwerke der Ökonomie ihrer Zeit aber durchaus studiert (vgl. oben D V 5, FN 40).

delns" (1968),[49] mit keinem Wort – und das in einem Buch, welches *Steffani* als „wichtigste deutschsprachige Abhandlung zur Pluralismusforschung" und als „grundlegendes Standardwerk" bezeichnet.[50] Auf die Weise wird es erschwert, aus wichtigen Erkenntnisquellen zu schöpfen, vor allem aus der (nicht-marxistischen) **Neuen Politischen Ökonomie,** die in vielen Beiträgen Pluralismusmängel mit großer Deutlichkeit herausarbeitet.[51]

---

49 Amerikanische Originalausgabe: 1965. Dazu unten J II 1.

50 *Steffani,* Pluralistische Demokratie (oben FN 7), 47.

51 Gute Übersicht bei *Bernholz,* Grundlagen der politischen Ökonomie, Bde. 1–3, 1972–1979.

G. Die Lehre vom Gemeinwohl

I. Vorbemerkung: Gemeinwohl und Pluralismus

Der Begriff Gemeinwohl ist in Vergangenheit und Gegenwart vielfach *mißbraucht* worden, insbes. im Nazi-Staat und in anderen totalitären Systemen, so daß viele gegen seine Verwendung geradezu allergisch geworden sind.[1] Und dennoch ist der Topos Gemeinwohl als Orientierungshilfe für die Staats- und Verfassungslehre, als Richtschnur für die Bewertung und Kritik unserer Gemeinschaftseinrichtungen und ihrer Wirkungsweise und als Basis für die Entwicklung von möglichen Verbesserungsvorschlägen unverzichtbar. Genau genommen, ist **Gemeinwohl** nur ein **Synonym für Richtigkeit.** Das Gemeinwohlpostulat besagt also, daß gemeinschaftserhebliche Entscheidungen richtig zu sein haben. Hier beginnen aber bereits die Schwierigkeiten. Kann man überhaupt wissen, was für einen selbst und andere richtig ist? Ist das Richtige nicht immer ungewiß? Ist es nicht gerade das Kennzeichen des Pluralismus, daß verschiedene Richtigkeitsvorstellungen in Politik und Wissenschaft miteinander ringen? Besteht nicht die Gefahr, daß diejenigen, die von sich behaupten, das Gemeinwohl zu „schauen", zwangsläufig zur Intoleranz gegenüber anderen Vorstellungen neigen werden? Ist die Gemeinwohl-Vorstellung also nicht der Urfeind der Freiheit?

In der Tat beruht unsere pluralistische Sozialphilosophie – in gewisser Parallele zur *Popper-Albert*schen Erkenntnistheorie des kritischen Rationalismus – darauf, daß niemand im vorhinein mit Sicherheit sagen kann, was richtig ist. *Ernst Fraenkel* hat dies auf die Formel gebracht, es gebe kein a-priori-Gemeinwohl. „Das Gerechte ist ungewiß" *(Dahrendorf).* „Was Gemeinwohl ist, darüber besteht Streit" *(Steffani).*

All dies ist durchaus nicht falsch, aber doch nur die halbe Wahrheit. Es hat nämlich oft sehr wohl Sinn, von „Gemeinwohl" zu sprechen und bestimmte Handlungen daran zu messen, und die Menschen wissen das auch. *Kriele* hat daraus gefolgert, in Fragen der praktischen Philosophie sei „der common sense oft klüger als die Theorie".[2] Aus der Diskrepanz von common sense und Theorie darf allerdings kein Einwand gegen Theorie *als solche,* keine Theoriefeindlichkeit, abgeleitet werden. Die Diskrepanz kann vielmehr richtigerweise nur als Aufforderung zur Er-

---

[1] Zu den gängigen Einwänden gegen die Verwendung des Gemeinwohlbegriffs *v. Arnim,* Gemeinwohl und Gruppeninteressen, 5–8.

[2] *Kriele,* Staatslehre, 179.

neuerung und Verbesserung der Theorie verstanden werden. Einen zentralen Ansatz für die in diesem Buch vielfach unternommenen Versuche, in dieser Richtung weiterzukommen, gibt dabei folgende Überlegung ab: Wenn sich auch positiv nicht sagen läßt, was richtig ist, so läßt sich doch bisweilen *negativ* eindeutig klarlegen, daß etwas unrichtig ist. Diese Feststellung ist – entgegen dem möglichen ersten Schein – keine verbale Spielerei. Zugrunde liegt vielmehr die Vorstellung, daß trotz des Vorliegens eines Bouquets von unterschiedlichen Entscheidungsmöglichkeiten, die alle als auch noch richtig (oder besser: als nicht unrichtig) zu akzeptieren sind, doch andererseits *bestimmte* Möglichkeiten eindeutig als falsch, d. h. als gemeinwohl*widrig* feststellbar sind. Ein solches methodisches Vorgehen ist der Staatsphilosophie seit langem vertraut; *Aristoteles* bezeichnete Gerechtigkeit treffend als Vermeidung von Ungerechtigkeiten. Die gleiche Einsicht steht auch hinter dem nur scheinbar scherzhaften *Wilhelm Busch*-Vers: ,,Das Gute, dieser Satz steht fest, ist stets das Böse, das man läßt".

Diese Feststellungen sind deshalb von so großem Gewicht, weil das aus dem Pluralismuskonzept abgeleitete Toleranzgebot uns unfähig zu machen droht, effektive Mißstände und Fehlentwicklungen, wenn sie nur unter Mitwirkung etablierter politischer Kräfte, insbes. von Parteien und Verbänden, zustande gekommen sind, überhaupt noch als solche zu erkennen, beim Namen zu nennen und gehörig zu brandmarken. Erst die Hervorhebung der **Grenzen des** noch **Gemeinwohlkonformen** setzt uns in den Stand, gegen Fehlentwicklungen frontzumachen, weil sie zeigen, daß es auch einen Bereich ,,jenseits der Toleranz"[3] gibt.

Fraenkel hat dieses dialektische Verhältnis durchaus erkannt. Er unterscheidet zwischen Konsens- und Konfliktbereich. Der Konsensbereich solle dem Streit entzogen sein. Das Grundgesetz geht ebenfalls von dieser Grundvorstellung aus, wenn es den von Art. 79 III GG umfaßten Fundamentalnormen ,,Ewigkeitswert" beilegt und sie so dem politischen Streit entziehen will. Hier haben wir bereits eine erste Bestätigung unserer These, daß sich negativ bisweilen durchaus feststellen läßt, was nicht gemeinwohlkonform ist. *Dieser* von Art. 79 III GG, insbesondere von seinem Kern, der freiheitlich demokratischen Grundordnung, umfaßte Bereich ist allerdings weniger interessant, als es die exzessive Diskussion in der Öffentlichkeit, etwa um den Ausschluß von Radikalen aus dem öffentlichen Dienst, bisweilen zu signalisieren scheint. Denn die Grundthese, daß die Demokratie sich gegen ihre Feinde zur Wehr setzen darf, entspricht nicht nur unzweifelhaft positiv geltendem Verfassungsrecht, sondern ist in der überwältigenden Mehr-

---

[3] So der Titel eines Essays *Robert Paul Wolffs,* in: Kritik der reinen Toleranz, 3. Aufl., 1967, 9.

heit der Bevölkerung anerkannt. (Problematisch mag allerdings die Durchführung im einzelnen sein.)

Noch kaum diskutiert, aber keineswegs weniger bedeutsam ist dagegen die weitere Frage, ob es auch *innerhalb* des von Art. 79 III GG umschriebenen Bereichs Möglichkeiten gibt, etwas als eindeutig gemeinwohlwidrig zu brandmarken. Natürlich, so wird die Antwort lauten, alle sonstigen Bestimmungen des Grundgesetzes müssen zwingend beachtet werden. Die Vorstellung vom Grundgesetz als Gemeinwohlordnung ist vor allem von *Häberle* entwickelt worden. Indessen: Das Grundgesetz geht immer noch vom liberalen Rechtsstaat aus, dem ein *atomistisches* Modell zugrunde lag. Parteien und Verbände spielten noch keine große Rolle und waren in der *Hegel-Rousseau*schen Tradition sogar verpönt. Als zentrale politische Akteure fungieren Regierung und Parlament, die sich unmittelbar, also ohne Dazwischentreten intermediärer Gewalten, auf die Bürger und Wähler stützen. Dieses Modell trifft heute nicht mehr die Wirklichkeit. Als Folge der sozialen Emanzipation der Lohnabhängigen sind die Parteien und Verbände als neue Akteure entstanden, deren politische Mitwirkung die Väter des Grundgesetzes ausdrücklich als verfassungsrechtlich legitim anerkannt haben (Art. 21, 9 GG). Dabei wurde aber versäumt, gleichzeitig auch Schutzvorkehrungen *gegen* sie in die Verfassung einzubauen (die über den unter F III behandelten Schutz gegen direkte Angriffe auf die freiheitliche demokratische Grundordnung hinausgehen). Die Väter des Grundgesetzes waren noch zu sehr gegen den Nationalsozialismus gewendet, der Parteien (außer der eigenen) und Verbände unterdrückt hatte, so daß sie die in der anderen Richtung liegenden Gefahren noch kaum sahen.[4] Dies erweist sich heute als besonders mißlich, nachdem Parteien und Verbände zu den eigentlichen Machthabern erstarkt sind.

Handgreifliche Beispiele für gemeinwohlwidrige **Grenzüberschreitungen** liefert die Expansion der Parteien in Bereiche, die parteipolitischen Positionskämpfen an sich verschlossen bleiben sollten: den *öffentlichen Dienst* (Art. 33 GG) und den *Rundfunk* (Art. 5 GG). Darauf wird noch zurückzukommen sein (unten P IV und T III 2.4). Aber auch auf solchen Aktionsfeldern, auf denen die Parteien und Verbände legitimerweise an der Willensbildung mitwirken, kann es eindeutige Gemeinwohlwidrigkeiten geben. Hier stellt sich allerdings wieder die Grundfrage: Wie läßt sich Gemeinwohlkonformes vom Gemeinwohlwidrigen sondern? Auch hier erweist sich der hier vertretene Ansatz als fruchtbar.

---

[4] Immerhin ist in unserer Rechtsordnung schon einiges an Vorkehrungen angelegt. Es kommt darauf an, es hervorzuheben. Aufgabe der Verfassungstheorie ist es, gegen historisch neu auftretende Gefahren „auszuschwenken". Das gilt auch heute und kann auf zweierlei Wegen wirken: einmal über die Auslegung, zum zweiten über die Fortbildung durch Gesetz- oder Verfassungsgeber.

Unter Rückgriff auf das oben Gesagte lautet die Frage: Gibt es Kriterien, anhand derer man eindeutig sagen kann, daß etwas unrichtig, d.h. gemeinwohl*widrig,* ist. Um der Beantwortung dieser Frage näher zu kommen, müssen wir zunächst einmal darangehen, ein **Gemeinwohlkonzept** zu entwerfen. Da die Staats- und Gesellschaftsordnung der Bundesrepublik vom Grundgesetz verfaßt wird, fällt das Gemeinwohlkonzept im Kern mit einer **Verfassungslehre** der Bundesrepublik Deutschland zusammen.

II. Grundwerte

Wer sich auf das Gemeinwohl beruft, d.h. eine Handlung oder Verfahrensweise mit Gründen des Gemeinwohls rechtfertigt oder mißbilligt, bezieht sich immer auf **letzte Werte,** mag er sich dessen bewußt sein oder nicht. In der Tat liefern einige wenige fundamentale Werte den eigentlichen Kompaß, um in ständig wechselnden Situationen unrichtiges von richtigem Handeln, Unrecht von Recht scheiden zu können. Welches sind nun diese Grundwerte? Lassen sie sich überhaupt als allgemein verbindlich nachweisen? Die Behandlung dieser Frage füllt in der Philosophie und in den normativen Teilbereichen der Sozialwissenschaften Bände. Dabei wird der *verfassungs*theoretische Ansatz meist völlig übersehen, obwohl er der tragfähigste ist, um die normative Basis für eine Gemeinwohllehre der Bundesrepublik abzugeben.

Das *Grundgesetz* geht unübersehbar von bestimmten letzten Werten aus. Wenn sie auch nicht alle ausdrücklich genannt werden, so stehen sie doch wie ein geistiges Band *hinter* den positiven Regelungen des Grundgesetzes und lassen sich aus diesen rückschließen.[5] Wir haben am Anfang dieses Buches die „systemleitende Rolle der Grundwerte" hervorgehoben (oben A I) und damit zum Ausdruck bringen wollen, daß die Einzelvorschriften des Grundgesetzes auf Grundwerte bezogen und deshalb nur vor ihrem Hintergrund zu verstehen, auszulegen und fortzuentwikkeln sind. Bei Darstellung der aufeinanderfolgenden Epochen (oben B-E) ist diese Sicht immer wieder bestätigt worden: Das Grundgesetz beruht auf einer Reihe von Grundwerten, die sich im Laufe der Geschichte – jeweils mit den zugehörigen Organisationen und Verfahren zu ihrer Verwirklichung – einer nach dem anderen herausgebildet haben.

1. Menschenwürde als Mitte der Grundwerte

Die Grundwerte stimmen darin überein, daß sie sich alle auf den *Menschen* beziehen – oder genauer: auf sämtliche Menschen der verfaßten

[5] Näheres bei *v. Arnim,* Gemeinwohl und Gruppeninteressen, 35ff. m.w.N.

Gemeinschaft. Wenn **Art. 1 GG** dies noch einmal ausdrücklich hervorhebt, so bestätigt er nur, was die Grundwerte, die nur in ihrer Bezogenheit auf den Menschen sinnvoll sind, ohnehin implizieren. Dennoch ist die Klarstellung wichtig, weil sie das Fundament des verfassungstheoretischen Baus stärkt.

1.1. Die dienende Funktion des Staates

Der Wortlaut des Art. 1 I GG mag zwar zunächst etwas dunkel erscheinen: „Die Würde des Menschen ist unantastbar. Sie zu achten und zu schützen ist Verpflichtung aller staatlichen Gewalt." Der Sinn der Vorschrift wird aber klar, wenn man „Würde" entsprechend der etymologischen Bedeutung durch das Wort Wert ersetzt.[6] Gleiches ergibt sich aus der Entstehungsgeschichte. In Art. 1 I des Herrenchiemsee-Entwurfes eines Grundgesetzes von 1948 hieß es noch: „Der Staat ist um des Menschen willen da, nicht der Mensch um des Staates willen". Die schließlich beschlossene Formulierung des Art. 1 I GG soll, wie allgemein anerkannt, nichts Abweichendes aussagen. Damit trifft Art. 1 I GG aber eine fundamentale Wertentscheidung. Er entscheidet die uralte Streitfrage, ob der Staat um des Menschen willen oder umgekehrt der Mensch um des Staates willen da ist, im ersteren Sinn. Die Funktion, und zwar die alleinige Funktion des Staates besteht also darin, die zur staatlichen Gemeinschaft gehörenden Menschen zu schützen und zu fördern. Art. 1 I GG enthält das Bekenntnis zum Menschen als letztem Wert, dem alles staatliche Tun zu dienen hat.[7] Dem Grundgesetz liegt also eine Auffassung zugrunde, die man mit *Roman Herzog* als „anthropozentrische" bezeichnen kann und deren Kennzeichen darin liegt, daß der **Mensch** mit seinen Bedürfnissen, Interessen, Zielen und Wertvorstellungen **Ausgangspunkt aller Staatsfunktionen** sein muß. Die Staats- und Verfassungslehre der Bundesrepublik braucht somit nicht die Unentschiedenheit des wissenschaftlichen und des politischen Relativismus zu übernehmen (und *darf* es auch nicht).

Aus der anthropozentrischen Grundauffassung ergibt sich zunächst einmal die Konsequenz, daß der Staat, seine Organisation und jedes einzelne staatliche Tun sich vor der Frage rechtfertigen müssen, inwieweit sie den Interessen, der Entwicklung und Erhaltung der Menschen, d.h. aller Menschen der staatlichen Gemeinschaft, dienen. Der Staat stellt keinen Wert an sich dar. Es gibt kein von den Interessen der einzelnen unabhängiges autonomes Staatsinteresse. Der Staat erhält seinen Wert nur gleichsam als „Werkzeug", als „Instrument" der Menschen

---

[6] *Stein,* Staatsrecht, 208f.

[7] *Nipperdey,* Die Würde des Menschen, in: *Neumann/Nipperdey/Scheuner* (Hrsg.), Die Grundrechte, 2. Bd., 1953, 1 (8ff.).

zur besseren Wahrung ihrer Interessen. Er hat rein dienende, instrumentale Funktion.[8]

Das bedeutet: Der Staat darf seinen Machtbereich nicht um seiner selbst willen ausdehnen. Machttheorien, die das soziale Ideal im „siegreichen Krieg" und im „Ruhm des Staates" erblicken, sind mit der Wertordnung des Grundgesetzes nicht mehr vereinbar. Eine Politik, die nach dem Schicksal der Menschen nicht fragt, sondern im Kampf mit anderen Staaten und ihrer Überwindung einen Wert oder sogar den letzten Sinn der Staaten sieht, steht in Widerspruch zur anthropozentrischen Grundaussage. Jede Art von Politik darf danach nur den Sinn haben, die Situation der Menschen zu verbessern. Angriffskriege einschl. der Vorbereitungen dazu fallen von vornherein aus dem Bereich legitimer Staatsziele heraus (so auch ausdrücklich Art. 26 I GG). Damit sind alle rein etatistischen Interessen von vornherein illegitim (= gemeinwohlwidrig).

Gleiches gilt von den **Interessen** des Staatsapparats, d. h. genauer, den Interessen **der** ihn lenkenden **Funktionäre,** in erster Linie also ihrem Machtstreben. Die eigenen Interessen der den Staatsapparat „bedienenden" Funktionäre brauchen ja keinesfalls mit den Gesamtinteressen des Volkes zusammenzufallen. Derartige Eigeninteressen dürfen nicht um ihrer selbst willen, sondern nur – sozusagen als Reflex – insoweit gefördert werden, als es zur Sicherung der Funktionstüchtigkeit des Staates zur Wahrung seiner (eben wieder letztlich ausschließlich dem Volk als Ganzem dienenden) Aufgaben erforderlich ist. Damit scheiden alle nur den persönlichen Interessen der Staatsfunktionäre dienenden Zwecke ebenfalls als gemeinwohlwidrig aus. Staatsfunktionäre haben in der Demokratie des Grundgesetzes eine **Treuhänderstellung** inne. Ihnen ist die staatliche Macht ausschließlich als Amt[9] zur Wahrung der Belange der die Gemeinschaft bildenden Menschen anvertraut, denen gegenüber sie ihren Gebrauch zu rechtfertigen haben.[10]

Demgegenüber immunisiert die Vorstellung, welche dem Staat Eigenwert beimißt (Selbstwertvorstellung vom Staat), ihn praktisch gegen jede Kritik. Sie erlaubt ihm, die Aufgaben zu übernehmen, welche seine Funktionäre selbstherrlich und willkürlich für richtig halten, und macht so die Entwicklung einer Lehre von den Staatszwecken und den Staats-

---

[8] Eine Auseinandersetzung mit abweichenden Auffassungen, insbes. denen von *Herbert Krüger* und *Walter Leisner,* findet sich bei *v. Arnim,* Gemeinwohl und Gruppeninteressen, 14f. Vgl. auch unten G IV 1.

[9] Zum Zusammenhang zwischen dem Amtscharakter aller staatlichen Gewalt und Art. 1 I GG: *Hennis,* Amtscharakter und Demokratiebegriff (1962), in: *ders.,* Die mißverstandene Demokratie, 1973, 9 (12).

[10] Auch den Abgeordneten ist ihr freies Mandat (Art. 38 I 2 GG), den Richtern ihre Unabhängigkeit (Art. 97 GG) nur zur Wahrnehmung ihrer Aufgaben im Interesse der (die Gemeinschaft bildenden) Menschen gegeben.

aufgaben unmöglich. Es wird unten gezeigt, daß die vielbeklagte Nichtexistenz einer verfassungstheoretischen Staatsaufgabenlehre auch auf dem Fortleben der Selbstwertvorstellung vom Staat beruht (unten G IV 1 und 2; V II 1 und 2). Überhaupt wird sich immer wieder erweisen, daß die **Konsequenzen** aus der grundgesetzlichen Verwerfung der staatlichen Selbstwertvorstellung noch **nicht voll gezogen** sind. So hat, um zwei weitere Beispiele zu nennen, *Niklas Luhmann* die Selbstwachstumstendenzen in der öffentlichen Verwaltung gerechtfertigt, ja geradezu wissenschaftlich überhöht, ohne zu bemerken, daß dies mit der anthropozentrischen Grundwertung des Grundgesetzes unvereinbar ist (unten P III 4). Im Bereich der wissenschaftlichen Politikberatung wird teilweise nur die Beratung der staatlichen Positionsinhaber hinter verschlossenen Türen, also unter Ausschluß der Bürger (Herrschaftsberatung), für sinnvoll oder gar für verfassungsrechtlich zulässig gehalten, obwohl doch der anthropozentrischen Staatsauffassung grundsätzlich die Öffentlichkeitsberatung entspricht, da diese nicht nur die Beratung wirksamer, sondern auch das Volk als eigentlichen Souverän souveräner macht (unten S V 4.4).

Um naheliegende Mißverständnisse zu vermeiden, sei noch folgendes klargestellt: Der Satz, daß der Staat dem Menschen zu dienen hat, also lediglich eine Dienstfunktion besitzt, ist allerdings nicht gleichbedeutend damit, daß bei der Kollision ,,staatlicher" Interessen mit Privatinteressen die Privatinteressen zwangsläufig den Vorrang hätten. Vorrang der Menschenwürde heißt nicht Vorrang eines unsolidarischen Egoismus. Jener Satz besagt vielmehr, daß auch der Staat und seine Funktionäre nur die Interessen der in der Staatsgemeinschaft zusammengeschlossenen Menschen wahrnehmen dürfen und nicht irgendeinen hohen gloire de l'État oder ein niedriges Eigeninteresse der Funktionäre verfolgen dürfen. Die Unterscheidung von ,,staatlichen" und ,,privaten" Interessen bezieht sich also nicht auf verschiedene Interessen*träger* – diese müssen vielmehr in beiden Fällen die Menschen sein –, sondern auf verschiedene *Verfahrensweisen* der Interessenwahrnehmung. Über die Abwägung der vom Staat wahrgenommenen Interessen mit den von den einzelnen Menschen wahrgenommenen sagt Art. 1 I GG selbst nichts, da es ,,auf beiden Seiten um Menschen" geht.[11]

Was soeben pauschal für ,,den Staat" gesagt worden ist, gilt auch für die verschiedenen **Untergliederungen:** den Bund, die Bundesländer oder andere juristische Personen des öffentlichen Rechts. Sie besitzen keinen Eigenwert, sondern rechtfertigen sich allein aus ihren Leistungen für die Menschen. Eine wichtige praktische Folgerung daraus ist, daß die Grundrechte, welche von der Eigenwerthaftigkeit des Menschen getragen sind, für juristische Personen des öffentlichen Rechts nicht gelten.[12]

---

[11] *Stein,* Staatsrecht, 209.

[12] BVerfGE 21, 362 (369); 45, 63 (79). Eine Ausnahme macht das BVerfG mit Recht nur, wenn die Bildung und Betätigung der juristischen Person des öffentlichen Rechts ,,Ausdruck der freien Entfaltung der natürlichen Personen sind, besonders wenn der ‚Durchgriff' auf die hinter den juristischen Personen stehen-

1.2. Abgrenzungen (künftige Generationen und Ausländer)

Der Staat hat den Menschen zu dienen. Die Frage, welcher Kreis von Menschen dies ist, scheint zunächst klar zu beantworten zu sein: alle deutschen Staatsangehörigen. Und dennoch ergeben sich hier Zweifelsfragen. Deshalb ist noch eine Klarstellung nach zwei Richtungen hin vorzunehmen: In *zeitlicher* Hinsicht ist zu fragen, ob auch künftige Generationen, in *räumlicher* oder besser: staatsverbandlicher Hinsicht fragt sich, ob auch Ausländer einzubeziehen sind.

Die Frage, ob zu den Menschen, denen der Staat zu dienen hat, auch **spätere Geschlechter** gehören, wurde früher oft wie selbstverständlich bejaht. So war für *Adolph Wagner* klar, daß Volk „nicht nur das gerade lebende Geschlecht, sondern ... auch die späteren Generationen, die ‚noch ungeborenen Geschlechter'" mitumfasse. Daraus folge die Verantwortung für die „möglichste Erhaltung und richtige (schonsame) Benutzung der Naturschätze des Bodens, der Vorzüge des Klimas".[13] Der Staat sei der „geborene Vertreter aller derjenigen, welche sich nicht selbst zu schützen, ihre Interessen nicht wahrzunehmen vermögen", wozu neben der „unerwachsenen und der greisen Generation" auch die „zukünftigen Geschlechter" gehörten.[14] Auf heutige Verhältnisse übertragen, bedeutet dies: staatliche Verantwortung für die Erhaltung der Lebensgrundlage, für den Ressourcen- und Umweltschutz und ganz allgemein für die Sicherung von „Gerechtigkeit zwischen den Generationen".

Der Umstand, daß das Volk, von dem alle Staatsgewalt nach Art. 20 II 1 GG ausgeht, seine Ausübung nach Art. 20 II 2 GG in die Hände der Wahl- bzw. Abstimmungsberechtigten legt, die allein den Repräsentationsorganen durch Wahlen demokratische Legitimation verschaffen (und ggf. an Abstimmungen teilnehmen) können, spricht keinesfalls gegen die Einbeziehung auch zukünftiger Geschlechter. Die Frage nach der Mitwirkung an der Bestellung der Repräsentationsorgane ist von der Frage, in wessen Interesse die Repräsentation zu erfolgen hat, zu trennen. Das ergibt sich schon daraus, daß auch die „Unerwachsenen" mangels Stimmrechts noch nicht wählen können, gleichwohl eigenwerthafte Menschen sind, denen der Staat (gleichfalls) zu dienen hat, also Teile des „Volkes" i. S. des Art. 20 II 1 GG sind.[15] Gleiches muß aber auch für die

---

den Menschen dies als sinnvoll oder erforderlich erscheinen läßt" (E 21, 369), so z. B. bei den Universitäten.

13 *Wagner,* Grundlegung der politischen Oekonomie, 3. Aufl., 2. Hlbbd., 1893, 836.

14 *Wagner* (oben FN 13), 917.

15 Zur Unterscheidung zwischen der Aktivbürgerschaft als „politisch mobilisiertem Teil" *(Carl Schmitt)* des Volkes und dem Volk im „natürlichen" Sinn als „politisch ideeller Einheit": *Wernicke,* Bonner Kommentar, Erstbearbeitung des Art. 20 GG, S. 5 m. w. N.

noch *nicht geborenen* Menschen gelten. Durch Einführung der Demokratie sollte ja keinesfalls der zeitliche Horizont der Entscheidung verengt und begrenzt werden. Man ging vielmehr von der Erwartung aus, im Wege der Demokratie werde neben der Mitwirkung der Betroffenen auch die inhaltliche Richtigkeit der Entscheidungen so weitgehend, wie irgend möglich, realisiert. Würden z. B. durch gegenwärtigen Raubbau schwere und nicht wiedergutzumachende Schäden für die Zukunft hervorgerufen, so wäre dies eine Verfehlung gegenüber zukünftigen Generationen – nicht nur im moralisch-philosophischen Sinn,[16] sondern auch nach dem Maßstab der Grundwerte der bundesrepublikanischen Ordnung.[17] Zu den Menschen, denen der Staat zu dienen hat, d. h. zu der durch das Grundgesetz verfaßten Gemeinschaft und damit zum ,,Volk" i. S. des Art. 20 I 1 GG, gehören also auch die Angehörigen zukünftiger Generationen.[18]

Auf die Frage, ob zum Kreis der Menschen, denen der bundesrepublikanische Staat zu dienen hat, nur die zum deutschen Volk in der Bundesrepublik gehörenden Menschen oder auch **Ausländer** zu rechnen sind, gibt Art. 20 I 2 GG keine abschließende Antwort. Der Begriff ,,Volk", von dem nach Art. 20 I 2 GG alle Staatsgewalt ausgeht, schließt zwar Ausländer aus.[19] Diese haben deshalb kein Wahlrecht. Indes: Es wurde bereits dargelegt, daß zu den Menschen als Bezugspunkten des staatlichen Tätigwerdens keinesfalls nur die Aktivwählerschaft, sondern etwa auch Kinder und sogar künftige Generationen gehören. Von daher steht an sich nichts entgegen, auch Ausländer einzubeziehen. In diesem Sinne ist denn auch bisweilen die Verabschiedung der ,,staatlichen Gemeinwohlintrovertiertheit" *(Häberle)*, welche das personale Substrat der Demokratie nur auf die Menschen eines (Staats-)Volkes beschränkt, gefordert worden. Im gleichen Sinne könnte auch der Hinweis auf ,,Frieden und Gerechtigkeit *in der Welt*" in Art. 1 II GG verstanden werden. Ein Beweis, daß zu den ,,Menschen" i. S. des Art. 1 GG alle Menschen der Welt gehören, liegt darin allerdings nicht. Es gibt vielmehr auch wesentliche *Gegenargumente*. So weist der offenbare Bezug des Art. 1 auf Art. 20 GG, der von ,,Volk" spricht, genau in die gegenteilige Richtung. Denn

---

[16] So *Jonas*, Das Prinzip Verantwortung, 1979, durchgehend; vgl. auch *Rawls*, Theorie der Gerechtigkeit, 330f.

[17] Vgl. auch *Häberle*, Zeit und Verfassungskultur, in: *Peisl/Mohler* (Hrsg.), Die Zeit, Schriften der Carl-Friedrich-von-Siemens-Stiftung, Bd. 6, 1983, 289 (333ff. m. w. N.).

[18] Vgl. auch *Dürig*, Der Grundrechtssatz von der Menschenwürde, AöR 1956, 117 (126).

[19] Hinsichtlich der beiden bundesdeutschen Sonderprobleme, inwieweit auch die Deutschen in der DDR umfaßt sind und inwieweit es sinnvoll, zulässig oder geboten wäre, das politische Wahlrecht in der Bundesrepublik auch auf (nichtdeutsche) Gastarbeiter zu erstrecken, sei auf die umfangreiche Spezialliteratur verwiesen.

zum Volk in diesem Sinne gehören zwar auch Kinder und zukünftige Generationen, nicht aber eben die Angehörigen anderer Völker. Insgesamt gesehen, scheint das Grundgesetz einen *mittleren* Kurs zwischen beiden Extremen zu steuern. Dies wird auch an den grundrechtlichen Gewährleistungen deutlich: Eine Reihe von Grundrechten ist nicht auf Deutsche beschränkt und gilt deshalb auch für Ausländer, ganz zu schweigen von dem allein für Ausländer relevanten Recht auf Asyl bei politischer Verfolgung (Art. 16 II 2 GG).

1.3. Die dienende Rolle von Verbänden, politischen Parteien und sonstigen Vereinigungen

Ebensowenig wie der Staat besitzen andere menschliche Zusammenschlüsse wie Verbände, politische Parteien und sonstige Vereinigungen Eigenwert.[20] Nach Art. 9 I und III GG ist den Menschen zwar die allgemeine Vereinigungsfreiheit und die Koalitionsfreiheit garantiert, und Art. 19 III GG erstreckt die Geltung der Grundrechte auch auf „inländische juristische Personen, soweit sie ihrem Wesen nach auf diese anwendbar sind".[21] Dies geschieht aber nicht um der Eigenwerthaftigkeit solcher Zusammenschlüsse willen, die sie eben gerade *nicht* besitzen, sondern wegen ihres Charakters als Mittel zur besseren Wahrung der Interessen der in ihnen zusammengeschlossenen Menschen. Eigenwert besitzt, wie Art. 1 I GG klarstellt, allein der Mensch. Auch die sog. juristische Person ist deshalb „kein Wert an sich" und hat „am Grundrechtsschutz nur aus abgeleitetem Recht teil", abgeleitet aus der Wahrnehmung der Interessen der in ihr zusammengeschlossenen Menschen; Vereinigungen haben – genau wie der Staat in seinen verschiedenen Gliederungen – eine **Treuhänderstellung** gegenüber ihren Mitgliedern inne.[22] Das bedeutet keinesfalls einen Rückfall in gemeinschaftswidrigen

---

20 Eine Auseinandersetzung mit der abweichenden Auffassung von *Otto v. Gierke,* die heute in abgewandelter Form vor allem noch *Joseph H. Kaiser* vertritt, bei *v. Arnim,* Gemeinwohl und Gruppeninteressen, 9–12.

21 Für Parteien gilt die Sondervorschrift des Art. 21 GG.

22 *Rupp-v. Brünneck,* Zur Grundrechtsfähigkeit juristischer Personen, FS A. Arndt, 1969, 349 (Zitate aus S. 358f.); ebenso – und unter zutreffender Interpretation der insoweit nicht ganz eindeutigen Rechtsprechung – *Zöllner,* Die Rechtsprechung des Bundesverfassungsgerichts zu Art. 9 III GG, AöR 1973, 71 (79): „Die Gefahr muß vermieden werden, der Kollektivität Eigenwert und eigenständige Bedeutung zu verleihen, wo es in Wahrheit darum geht, das Zusammenwirken interessierter Arbeitnehmer oder Arbeitgeber zu ermöglichen ... Es gilt festzuhalten, daß die Koalition durch Art. 9 III GG nicht um ihrer selbst willen geschützt wird, sondern nur um der Verfolgung der mit dem Koalitionszweck umschriebenen Aufgabe willen". Anderer Ansicht *v. Mutius,* Bonner Kommentar, Art. 19 III (1975), RN 10, 29ff.; dagegen wiederum mit Recht *Dürig,* in: *Maunz/Dürig/Herzog/Scholz,* Grundgesetz Kommentar, Art. 19 III GG (1977), RN 1ff.

Individualismus. ,,Persönlichkeitsentfaltung in Gemeinschaft" *(Dürig)* wird im Gegenteil bewußt gefördert. Das Anliegen geht vielmehr dahin zu verhindern, daß die von der Verbandsführung geltend gemachten Interessen, die nicht notwendig die der Mitgliedermehrheit sein müssen, sich so verfestigen, daß die rechtliche Möglichkeit, sie zugunsten öffentlicher oder nicht verbandlich organisierter privater Interessen zurückzudrängen, verbaut wird.[23] Die Hervorhebung der dienenden Rolle der Vereinigungen enthält damit wesentlich auch eine **Spitze gegen Partei- und Verbandsfunktionäre.**

1.4. Menschenwürde, Freiheit und Gerechtigkeit

Aus der anthropozentrischen Grundentscheidung lassen sich weitere Grundwerte ableiten, die – ebenso wie jene Grundentscheidung selbst – aus der ,,humanen europäischen Rechtstradition" *(Scheuner)* erwachsen sind und dem Menschen ,,um seiner Würde willen" *(Bundesverfassungsgericht)* zukommen; dies sind vor allem zwei: Freiheit und Gerechtigkeit. Der Wert der **Freiheit,** verstanden als Selbstbestimmung, eigenverantwortliche Lebensgestaltung und Persönlichkeitsentfaltung, folgt aus der Eigenwerthaftigkeit des Menschen ohne weiteres. Der Wert der **Gerechtigkeit** als angemessene Verteilung der ,,Freiheiten" unter den Menschen ergibt sich ebenfalls aus dem Bekenntnis zur Menschenwürde und der darin enthaltenen *Gleichwertigkeit aller Menschen.* Das Grundgesetz sieht die Trias von Menschenwürde, Freiheit und Gerechtigkeit als ,,fundamental" an; diese drei machen die ,,obersten Grundwerte des freiheitlichen demokratischen Verfassungsstaats" *(Bundesverfassungsgericht)* aus und bilden die **Grundlage der gesamten Gemeinschaftsordnung.** Das versteht sich so sehr von selbst, daß das Grundgesetz sie teilweise gar nicht ausdrücklich oder nur nebenbei erwähnt; sie werden als ,,verfassungsimmanente Prinzipien" *(Hesse),* die ,,hinter den positivierten Rechtssätzen stehen" *(Scheuner)* vorausgesetzt. Dabei knüpft das Grundgesetz an die verfassungsgeschichtliche Entwicklung an, wie sie oben dargestellt worden ist (A–E).

---

[23] Aus gleichem Grund ist auch die These, wonach die Vereinigungsfreiheit des Art. 9 I GG und die Koalitionsfreiheit des Art. 9 III GG neben dem Individuum auch das Kollektivum berechtige (Theorie vom ,,Doppelgrundrecht" des Art. 9 GG; so z. B. *v. Mangoldt/Klein,* Grundgesetz, Art. 9, Anm. III 1) problematisch, weil sie leicht den Blick dafür trübt, daß die kollektive Berechtigung nur aus der individuellen abgeleitet, mit dieser also nicht gleichrangig sein kann und nur als Instrument zur Wahrung individueller, wenngleich in Gemeinschaft zu verwirkender Belange verstanden werden kann (*Scholz,* Koalitionsfreiheit als Verfassungsproblem, 1971, 121 ff.).

1.5. Weitere Grundwerte: Sicherheit und Wohlstand

Neben Freiheit und Gerechtigkeit lassen sich weitere Grundwerte nennen, nämlich Sicherheit – verstanden insbes. als Ausschluß von Gewalt und als Dauerhaftigkeit und Bestimmtheit der rechtlichen Fixierung – und Wohlstand als Basis ökonomischer Freiheit. Auch sie wurden oben ausführlich behandelt (z.B. B und E VI). Ihr Kennzeichen besteht allerdings darin, daß sie sich bei einer *bestimmten* Interpretation von „Freiheit" aus dieser ableiten lassen. Versteht man unter Freiheit nämlich nicht „natürliche", d.h. völlig ungebundene Freiheit, so lassen sich Sicherheit und Wohlstand auch als Attribute von Freiheit verstehen: als „gesicherte" Freiheit und als „ökonomische" Freiheit (vgl. auch sogleich unter 2.1). Bei Verwendung dieser Koppelbegriffe gehen jedoch wichtige Aspekte leicht verloren. Es dient deshalb der Klärung, wenn Sicherheit und Wohlstand zunächst gesondert analysiert werden.

1.6. Grundgesetz und Weimarer Reichsverfassung: Die Grundwertekonzeption von *Erich Kaufmann* und *Rudolf Smend*

Die Weimarer Reichsverfassung von 1919, die erste freiheitliche demokratische und sozialstaatliche Verfassung auf deutschem Boden, war bereits von den gleichen Grundwerten wie das Grundgesetz ausgegangen. In der Präambel wurde es zur Aufgabe des Staates erklärt, der „Freiheit und Gerechtigkeit ..., dem inneren und äußeren Frieden zu dienen und den gesellschaftlichen Fortschritt zu fördern". Daß der Jurist daraus (und aus einigen anderen Verfassungsbestimmungen) die „letztlich maßgebenden und leitenden Gesichtspunkte" sollte ablesen können; daß darin „ein bestimmtes Kultur- und Wertsystem, das der Sinn des von dieser Verfassung konstituierten Staatslebens" sein sollte, zum Ausdruck kam; daß in seinem Namen die gesamte positive Staats- und Rechtsordnung gelten sollte; daß dieses Wertsystem deshalb auch „Auslegungsregel" für die einzelnen Grundrechte „bis in die letzte spezialrechtliche Einzelfrage hinein" und auch für das ganze positive Recht sei – all das wurde auch damals schon von einem Teil der Lehre gesehen, besonders von *Erich Kaufmann*[24] und *Rudolf Smend*,[25] von denen die Zitate herrühren. Diese beiden Autoren haben denn auch später wesentlichen Einfluß auf die Rechtsprechung des Bundesverfassungsgerichts und die Verfassungsrechtslehre der Bundesrepublik ausgeübt.

---

24 *Erich Kaufmann,* Die Gleichheit vor dem Gesetz im Sinne des Art. 109 der Reichsverfassung, VVDStRL 3 (1927), 2 (6, 8, 16ff.).

25 *Smend,* Verfassung und Verfassungsrecht, 1928, 158ff.

2. Freiheitliche Selbstbestimmung und Persönlichkeitsentfaltung

Aus der Eigenwerthaftigkeit des Menschen (oben 1) folgt die Anerkennung der autonomen menschlichen Selbstbestimmung als Grundwert ohne weiteres. Dies bringt der Wortlaut des Grundgesetzes dadurch zum Ausdruck, daß es in Art. 1 II heißt, das Deutsche Volk bekenne sich ,,darum", d. h. *wegen* der Anerkennung der Eigenwerthaftigkeit des Menschen in Art. 1 I GG, ,,zu unverletzlichen und unveräußerlichen Menschenrechten". Damit wird die klassische, auf *Locke* zurückgehende Tradition (oben D II) aufgenommen und fortgeführt, deren ganze Konzeption ja vom selbstwerthaften freiheitlichen Menschen ausgeht.

Dem Wert der Selbstbestimmung liegt die Vorstellung zugrunde, jeder Bürger solle sein Leben möglichst auf die Weise gestalten und seine Persönlichkeit entfalten, welche ihm am besten dünkt. Freiheitliche Selbstbestimmung ist also unabhängig von den Inhalten der Entscheidungen ein Eigenwert (allerdings nicht der einzige und damit auch kein absoluter).

Soweit der Grundwert ,,freiheitliche Selbstbestimmung" trägt, besteht keine Rechenschaftspflicht gegenüber anderen; es herrscht Freiheit der Beliebigkeit. Darin liegt der Unterschied zu den Staats-, Partei- und Verbandsfunktionären, die alle keine Freiheit der Beliebigkeit in Anspruch nehmen dürfen, sondern ihre Entscheidungen im Interesse der Staatsbürger bzw. der Partei- oder Verbandsmitglieder zu treffen und diesen darüber Rechenschaft zu geben haben.

Der Grundwert ,,freiheitliche Selbstbestimmung" besagt, daß der Wille des Menschen, d. h. seine in Eigenverantwortung getroffene Entscheidung, grundsätzlich als maßgeblich anerkannt werden soll, solange andere nicht tangiert werden (Alleinbestimmung). Werden auch andere betroffen, so soll sich die Bestimmung grundsätzlich aus dem Zusammenwirken ihrer Willen ergeben (Mitbestimmung). Im folgenden wird der Grundwert ,,Freiheit" nach verschiedenen Richtungen hin diskutiert; dadurch sollen seine Konturen geschärft werden. Zugleich wird beispielhaft gezeigt, wie der Grundwert in Staat und Gesellschaft konkretisiert worden ist. Dabei sind dann auch gewisse Abwägungen zwischen verschiedenen Grundwerten unvermeidbar.

2.1. Natürliche und gemeinverträgliche Freiheit

Zwei Freiheitsbegriffe sind zu unterscheiden: die ,,natürliche" und die ,,gemeinverträgliche" Freiheit. Die **natürliche** Freiheit blickt nur auf den einzelnen und fragt nicht nach anderen, insbes. nach der Vereinbarkeit der Freiheit des einen mit der der anderen. Sie ist die Freiheit eines Robinson Crusoe, eines im ,,Naturzustand" lebenden Menschen. Die natürliche Freiheit ist nach einer schon bei *Georg Jellinek* anklingenden

Definition *Bertrand Russels*[26] um so größer, je mehr seiner Wünsche der Mensch erfüllen kann. Mit „Wünschen" sind dabei die Wünsche gemeint, die der jeweilige Mensch tatsächlich hat, nicht die, die er haben sollte. Natürliche Freiheit ist also die Freiheit des individuellen Beliebens. Absolute natürliche Freiheit läge vor, wenn der Erfüllung von Wünschen keine Schranken gesetzt wären. Es handelt sich um einen Zustand, der gekennzeichnet ist durch das „Fehlen von Hindernissen für die Verwirklichung der Wünsche" *(Russel)*. In der Realität erreicht aber wohl selten jemand die Erfüllung all seiner Wünsche. Freiheit in diesem Sinne ist regelmäßig durch eine Vielzahl von Faktoren eingeschränkt, vor allem durch rechtliche und ökonomische. „Individuen können nur relativ freier oder unfreier sein; für eine Beurteilung ist dieser graduelle Unterschied relevant und nicht der Unterschied zwischen relativer und absoluter Freiheit" *(Dahl/Lindblom)*.

Der natürliche Freiheitsbegriff erscheint höchst egoistisch, und man mag es für einseitig und gefährlich halten, eine derart verstandene „leere Freiheit" *(Herbert Krüger)* „privater Beliebigkeit" *(Hesse)* überhaupt als Grundwert zu bezeichnen, ohne gleichzeitig die aus der Gemeinschaftsgebundenheit des Menschen folgenden („immanenten") Einschränkungen mitzunennen. Es soll hier auch keinesfalls bestritten werden, daß Freiheit letztlich stets auch in bezug zu den Freiheiten anderer gesehen und dadurch begrenzt werden muß. Der analytischen Klärung kommt es jedoch zugute, wenn man Freiheit zunächst als „natürliche", also isoliert von den Freiheiten der Mitmenschen, definiert. Dabei bleibt die Feststellung unberührt, daß erst aus dem „dialektischen Zusammenspiel" *(Peter Schneider)* von Freiheit, Gerechtigkeit, Sicherheit etc. im Wege des Wertausgleichs ausgewogene Ergebnisse entstehen. Die Frage, ob ein „wertvoller" oder „falscher" Freiheitsgebrauch vorliegt, wird also nicht bei Behandlung der natürlichen Freiheit diskutiert, weil ihre Anerkennung als Wert von der Art des Gebrauchs unabhängig ist; sie wird aber auch nicht als unzulässige Fragestellung ausgeklammert, vielmehr ist sie bei Abwägung der natürlichen Freiheit mit anderen Grundwerten zu stellen und zu beantworten. Das Gemeinwohlpostulat erfordert die relative Maximierung der (natürlichen) Freiheit und der anderen Grundwerte; dazu muß „Freiheit" aber zunächst unabhängig von den anderen Grundwerten definiert werden.

Damit sind wir aber schon bei der **gemeinverträglichen Freiheit.** Denn der natürlichen Freiheit sind Schranken ja gerade zu dem Zweck gezogen, um die Freiheit des einen mit der der anderen zu versöhnen. Dadurch kann zugleich auch ein höheres Freiheitsniveau für alle erreicht werden. Durch bestimmte Gesetze wird zwar die natürliche Freiheit,

---

[26] *Russel,* Freedom and Government, in: *Anshen* (Hrsg.), Freedom. Its Meaning, 1940, 251.

alles zu tun, was einem in den Sinn kommt, z. B. den Nachbarn zu erschlagen oder Verträge zu brechen, eingeschränkt. Doch tauscht der einzelne für diesen Verzicht auf natürliche Freiheit ein Mehr an Sicherheit und Gerechtigkeit ein, das den Verzicht vielfach überwiegt. Aus der natürlichen Freiheit wird **gesicherte und gerechte Freiheit,** und die steht auf einem höheren Niveau, weil alle jetzt mehr von ihrer Freiheit haben als ohne jene Gesetze (Näheres oben D V 1).

Natürliche und gemeinschaftsverträgliche Freiheit sollten allerdings nicht derart gegeneinander ausgespielt werden, daß der eine Freiheitsbegriff als allein richtig, der andere dagegen als falsch bezeichnet wird; sie haben vielmehr je ihre eigene Funktion. Der natürliche Freiheitsbegriff lenkt den Blick darauf, daß Selbstbestimmung i. S. von Beliebigkeit unabhängig von ihrem Inhalt einen Eigenwert darstellt. Der gemeinschaftsbezogene Freiheitsbegriff hebt dagegen hervor, daß es auch andere Werte gibt und diese im Kollisionsfall auch Vorrang vor der Selbstbestimmung im genannten Sinn haben können.

2.2. Öffentliche und private Freiheiten

Es wurde bereits hervorgehoben, daß grundsätzlich alle Bürger die Möglichkeit haben sollen, an gemeinschaftserheblichen Entscheidungen mitzuwirken; was sich auf alle auswirkt, darauf müssen auch alle Einfluß haben. Je mehr Personen nun aber an der Entscheidung mitwirken, desto geringer ist der Einfluß jedes einzelnen. Bei Geltung des Mehrheitsprinzips kann der einzelne überstimmt werden, so daß die Mehrheit der Minderheit ihren Willen aufzwingen kann. Neben der Möglichkeit eines jeden, an Gemeinschaftsentscheidungen mitzuwirken, verlangt der Grundwert der Selbstbestimmung deshalb zusätzlich, daß bestimmte Freiheitsbereiche, die entweder besonders wichtig oder besonders gefährdet sind, vor der Mehrheitsentscheidung geschützt werden.

Ausdruck der **Mitwirkung an der Staatswillensbildung** ist das **aktive Wahlrecht,** also das Recht eines jeden Bürgers, an der Bestimmung des staatlichen Führungspersonals mitzuwirken, und – soweit direkt-demokratische Entscheidungselemente in der Verfassung vorgesehen sind (dazu unten Z) – das Recht, an Abstimmungen über Gesetze oder andere Sachfragen teilzunehmen. In diesem Sinn ist es zu verstehen, wenn es im Grundgesetz heißt, die Staatsgewalt werde vom Volk „in Wahlen und Abstimmungen" ausgeübt (Art. 20 II 2). Ausdruck demokratischer Selbstbestimmung ist weiter das **passive Wahlrecht** (Wählbarkeit), also das Recht, sich um ein Wahlamt zu bewerben und es im Falle der Wahl zu übernehmen, und der **freie Zugang zu** allen anderen **öffentlichen Ämtern,** d. h. ihre Besetzung allein nach fachlicher und persönlicher Eignung der Bewerber. Man kann diese Rechte der Bürger, an politischen Entscheidungen mitzuwirken und sich (mit fairen Chancen) um

Ämter bewerben zu können, auch unter dem Begriff **öffentliche Freiheiten** zusammenfassen.[27] Sie machen nach *Georg Jellinek* den **status activus** aus.

Dagegen dienen die **Grundrechte** dazu, die verschiedenen Freiheitsbereiche (Privatleben, Kirche und Religion, Kunst, Wissenschaft, Wirtschaft und öffentliche Meinung) vor staatlichen Eingriffen möglichst abzusichern (oben D II 3). So wird der Bereich des *Privatlebens* durch die Grundrechte auf Leben, auf körperliche Unversehrtheit, auf Freiheit der Person, d. h. auf Schutz vor willkürlicher Verhaftung (Art. 2 II 1 und 2, Art. 104 GG), der Unverletzlichkeit der Wohnung (Art. 13 GG) und des Brief-, Post- und Fernmeldegeheimnisses (Art. 10 GG) abgedeckt. Die *Wirtschaft* wird durch folgende Grundrechte umgrenzt: Die Vertragsfreiheit (welche im Grundgesetz zwar nicht ausdrücklich genannt ist, aber von der persönlichen Entfaltungsfreiheit des Art. 2 I umfaßt wird), die Eigentumsgarantie des Art. 14 GG, die Freizügigkeit (Art. 11 GG) und die besonders wichtige Berufsfreiheit (Art. 12 GG).[28] Man spricht hier, da es sich um Absicherungen gegen (staatliche) Mehrheitsentscheidungen handelt, herkömmlicherweise von privaten **Freiheiten vom Staat.**[29] *Georg Jellinek* faßte ihre Komponenten im **status negativus** zusammen.

Die öffentlichen Freiheiten sind entwicklungsgeschichtlich dem Konzept der *Demokratie* zuzuordnen (oben C), die privaten Freiheiten vom Staat dem liberalen *Rechtsstaat* (oben D II). Die öffentlichen Freiheiten betreffen die Willensbildung des *Staates,* die privaten Freiheiten sind, indem sie die Gesellschaft vor dem Staat schützen, Konstitutionsprinzipien der *Gesellschaft.*[30] (Doch darf die Unterscheidung beider Bereiche nicht in dem Sinne mißverstanden werden, daß nicht zahlreiche Berührungspunkte und Zusammenhänge beständen; vor allem muß man sich immer wieder daran erinnern, daß beide Arten von Freiheiten – ebenso wie die sogleich noch zu behandelnden – letztlich auf gleiche Grundwerte zurückgehen.)

2.3. Kommunikations- und Assoziationsfreiheiten

Zwischen den privaten und den öffentlichen Freiheiten sind die **Kommunikationsfreiheiten** und die Assoziationsfreiheiten einzuordnen. Erstere umfassen die Informations-, die Meinungs- und die Versammlungsfreiheit, die Freiheit der Presse und das Petitionsrecht (oben D II

---

27 Der Begriff „politische Freiheiten" ist weniger geeignet, weil auch die Ausgrenzung bestimmter Bereiche durch „private Grundrechte" politisch durchaus relevant sein kann.

28 Vgl. zu den wirtschaftlichen Grundfreiheiten auch oben D II 4.2.

29 Der Begriff „bürgerliche Freiheiten" ist weniger geeignet, weil mit der Tätigkeit des Bürgers (i. S. v. Staatsbürger) auch die verantwortliche Ausübung der öffentlichen Freiheit gemeint sein kann.

30 Zu den Begriffen „Staat" und „Gesellschaft" unten G III.

5.2), zu welchen aufgrund der neueren technischen Entwicklung noch die Rundfunkfreiheit hinzugekommen ist (unten T). Zu den **Assoziationsfreiheiten** gehören die Vereinigungsfreiheit (oben F I) und die Freiheit, eine politische Partei zu gründen (oben F II).

Diese Freiheitsrechte markieren einerseits Bereiche, die vor staatlichem Einwirken geschützt und insoweit dem *status negativus* zuzurechnen sind. Andererseits haben die Kommunikations- und Assoziationsfreiheiten große **Relevanz für die öffentliche Willensbildung,** indem sie es dem einzelnen erlauben, sich über die öffentlichen Angelegenheiten zu informieren (Informationsfreiheit) und seinerseits auf den politischen Prozeß Einfluß zu nehmen, etwa durch Mitwirkung in politischen Parteien, in Interessenverbänden, in Presse und Rundfunk. Dadurch wird – neben der periodischen Teilnahme an Wahlen und Abstimmungen – eine weitere, sozusagen alltäglich auszuübende politische Einwirkungsmöglichkeit für den Bürger offengehalten. Zugleich kann die durch die genannten Grundrechte konstituierte öffentliche Meinung ihrerseits erhebliche Auswirkungen auf das Wahl- und Abstimmungsverhalten der Bürger haben. Die Kommunikations- und Assoziationsfreiheiten sind deshalb nicht nur dem status negativus, sondern auch dem *status activus* zuzurechnen; sie gehören auch zu den öffentlichen Freiheiten.

2.4. Der Staat als Hort und als Gefahr für die Freiheit

Das Verhältnis von öffentlichen und privaten Freiheiten ist von einer gewissen *Ambivalenz* gekennzeichnet: Die öffentlichen Freiheiten können die privaten fördern und erweitern. Dann bedürfen die privaten Freiheiten offenbar eines besonderen Schutzes gar nicht. Nur wenn die Ausübung der öffentlichen Freiheiten die privaten zu gefährden und einzuschränken droht, wird ihre Verankerung in der Verfassung notwendig. Dies läßt sich wieder anhand der *Entwicklungsgeschichte* der Verfassungstheorie illustrieren: Solange die politische Willensbildung auf die Setzung einer (Sicherheit und Ordnung gewährleistenden) Rahmenordnung beschränkt wurde, erschöpfte sie sich in der Förderung und Entwicklung der privaten Freiheiten, ja die politische Willensbildung, der Staat, schuf erst die Grundlage für die privaten Freiheiten, indem er an die Stelle der „natürlichen Freiheit", alles zu tun (einschl. einer Verletzung von Leben, Körper und Freiheit der Mitmenschen), die gesicherte bürgerliche (= private) Freiheit setzte, wodurch eine auf Vertrauen und Kooperation gegründete Zusammenarbeit erst ermöglicht wurde (oben C II). Instrument zur Verbesserung der natürlichen zur bürgerlichen Freiheit war das Gesetz, welches im übrigen als Garant von Richtigkeit schlechthin erschien (oben D V). Bürgerliche Grundrechte, die auch gegenüber dem Gesetzgeber Schutz bieten, waren in dieser Vorstellung offenbar noch überflüssig (oben D V 7.3.1). Der **Gesetzgebungsstaat** erschien **als** der **Hort der Freiheit.**

Dies zeigt sich auch am Beispiel der *Besteuerung.* Solange durch den Gesetzesvorbehalt sichergestellt schien, daß Steuern nur zur Finanzierung staatlicher Einrichtungen erhoben wurden, die dem Schutz von Freiheit und Eigentum der Besteuerten dienten, bestand kein Bedürfnis, den Steuergesetzgeber an Grundrechte, etwa an die Eigentumsgarantie, zu binden.[31]

Sobald man aber erkannte, daß auch die Gesetzgebung pervertieren und sich *gegen* den Bürger wenden kann (wie dies in den Freiheitskämpfen der USA und in Deutschland aufgrund der Erfahrungen mit dem Hitler-Regime besonders deutlich wurde), wurden Schutzvorkehrungen auch gegen den Gesetzgeber notwendig (oben D V 7.3.2). Hier zeigt sich die Ambivalenz der politischen Willensbildung. Der **Staat** ist nicht nur der Hort der Freiheit; er **kann auch zur Gefahr** für sie **werden.** Das Grundgesetz bindet deshalb auch den Gesetzgeber ausdrücklich an die Grundrechte (Art. 1 III GG).

2.5. Gefährdung der Freiheit durch gesellschaftliche Mächte

Die Freiheit der Selbstbestimmung wird nicht nur vom Staat bedroht. Die Mißstände, die sich im bürgerlich-liberalen Staat ergaben, haben den Blick dafür geschärft, daß Gefahren für die Selbstbestimmung auch von seiten nichtstaatlicher gesellschaftlicher Mächte ausgehen können. Die frühere *Ausbeutung des Arbeiters* (oben E II 1) hat gezeigt, daß seine Vertragsfreiheit auf dem Papier steht, wenn er auf die Übernahme der Arbeit zu allen Bedingungen angewiesen ist und der Arbeitgeber die Vertragsbedingungen praktisch diktieren kann. Der formal freie Arbeitsvertrag konnte wegen der Übermacht der Unternehmer im Effekt zu einem Instrument ihrer sozial-wirtschaftlichen Herrschaft werden, was die Arbeiter letztlich „vogelfrei" machte. Die *Vermachtung der Wirtschaft* (oben E II 2) hat gezeigt, daß die Vertragsfreiheit desjenigen, der Monopolen und Kartellen ausgesetzt ist, gleichfalls beeinträchtigt wird. Er kann vielleicht noch über das Ob des Vertragsschlusses, aber nicht mehr über den Inhalt des Vertrages mitbestimmen. Und auch die Entscheidung über das Ob wird in dem Maße unfrei, indem er auf die Belieferung durch Monopol- oder Kartellunternehmen angewiesen ist.

Diese Art von Freiheitsbeschränkungen beruht nicht auf staatlichen Eingriffen, sondern auf **gesellschaftlichen Übermachtpositionen.** Hier kann wiederum nur der Staat helfen: z. B. durch arbeitsrechtliche Regelungen, welche die Arbeiter vor Ausbeutung schützen, durch Wettbewerbsgesetzgebung, die die Entstehung oder den Mißbrauch von Monopolen eindämmt (oben E V und VII).

---

[31] *v. Arnim,* Besteuerung und Eigentum, VVDStRL 39, 286 (288ff. m. w. N.).

2.6. Freiheit durch staatliche Leistungen

Auch das derart erweiterte Freiheitsverständnis läßt eine wesentliche Komponente der Freiheit noch außer acht. Dies haben Krisen mit Massenarbeitslosigkeit deutlich gemacht, vor allem die Weltwirtschaftskrise von 1929 (oben E II 3). Hier läuft die als Abwehrrecht gegen den Staat oder gegen gesellschaftliche Übermacht verstandene Garantie der Berufsfreiheit für diejenigen leer, die keinen Arbeitsplatz finden können, weil die vorhandenen Stellen nicht für alle ausreichen.

Hier zeigt sich, daß formale Freiheit wertlos werden kann, wenn die **ökonomischen Voraussetzungen** fehlen, um sie zu gebrauchen.[32] Damit wird die Zusammengehörigkeit von rechtlicher Regelung und ökonomischen Verhältnissen einmal mehr unterstrichen; *beide* müssen im Blick behalten werden. Daß die formal-rechtliche bürgerliche Freiheit reale, ökonomisch bedingte Unfreiheit nicht ausschließt, hat *Anatole France* in die ebenso berühmten wie sarkastischen Worte vom Gesetz gekleidet, ,,das dem Reichen wie dem Armen verbietet, unter den Brükken zu schlafen, auf den Straßen zu betteln und Brot zu stehlen".[33]

Auch hier kann nur der *Staat* helfen, etwa durch Herstellung eines möglichst hohen Beschäftigungsstandes im Wege gesamtwirtschaftlicher Stabilisierungspolitik. Dem Staat wächst also – ebenso wie bei der Neutralisierung gesellschaftlicher Übermachtpositionen – die Aufgabe zu, Freiheit zu ermöglichen und herzustellen. Er wird wiederum zum Hort und Garanten der Freiheit, wobei man aber das geschichtlich geschärfte Bewußtsein auch für die vom Staat möglicherweise ausgehenden Gefahren und damit für die Ambivalenz staatlicher Aktivitäten wachhalten muß.

3. Gleichheit, Gerechtigkeit

Gleichheit und Gerechtigkeit sind ebenfalls zentrale Werte des Grundgesetzes. Wenn *Art. 1 GG* den Menschen in den Mittelpunkt seiner Wertordnung stellt, so ist darin auch die **Gleichwertigkeit aller Menschen** der verfaßten Gemeinschaft enthalten. Sie müssen deshalb von Staat und Rechtsordnung gleichbehandelt, Interessengegensätze zwischen ihnen müssen gerecht ausgeglichen werden. Im folgenden unterscheiden wir zwischen *Gleichheit,* die sich auf die politischen Einflußrechte und die grundrechtlichen Freiheiten bezieht, und *Gerechtigkeit,* die die Verteilung ökonomischer Güter betrifft. (Beide, Gleichheit und Gerechtigkeit in diesem engeren Sinn, sind letztlich jedoch vom oben 1.4 genannten Grundwert ,,Gerechtigkeit" i. w. S. abgeleitet.)

---

[32] BVerfGE 33, 303 (331): ,,Das Freiheitsrecht wäre ohne die tatsächliche Möglichkeit, es in Anspruch nehmen zu können, wertlos."

[33] *Anatole France,* Die rote Lilie, Ausgabe Rowohlt, Hamburg 1964, 70.

3.1. Politische (öffentliche) Gleichheit

Der Einfluß auf die Politik, vor allem die Auswahl der politischen Führung, entscheidet über die Machtverteilung im Staat. Der Macht der politischen Mehrheit sind alle unterworfen. Um dies auch für die überstimmte Minderheit erträglich zu machen, ist Gleichheit der politischen Rechte ein zentrales Postulat im demokratischen Staat. Das ,,Recht des Bürgers auf gleiche Teilhabe an der politischen Willensbildung" *(Bundesverfassungsgericht)* muß deshalb möglichst rigoros gesichert werden. Dies verlangt **strikte** staatsbürgerliche **Gleichheit bei Wahlen und Abstimmungen.** Jeder hat eine Stimme (,,one man one vote") oder doch gleich viele Stimmen wie die anderen, und jede Stimme muß möglichst gleiches Gewicht haben. Entsprechendes gilt für das passive Wahlrecht, die ,,Wählbarkeit". Jeder hat gleiches Recht, sich um politische Ämter zu bewerben, sich zur Wahl zu stellen und das Amt ggf. zu übernehmen (Art. 38 I, 28 I 2, 48 I 2 GG). Ebenso gewährleistet Art. 33 II den **gleichen,** nur von der persönlichen und fachlichen Eignung abhängigen **Zugang zum öffentlichen Dienst.**

Die Gleichheit der Wahl bedarf der **Absicherung in mancherlei Richtungen:** Zunächst einmal muß verhindert werden, daß jemand bei seiner Stimmabgabe durch Androhung wirtschaftlich-sozialer Repressalien beeinflußt werden kann. Dies ist durch das *Wahlgeheimnis* recht wirkungsvoll geschehen (oben E IV 1). Zugleich dürfen *keine Partei* und die hinter ihr stehenden Menschen in ihren Chancen im Kampf um die Wählergunst (und damit um die Mehrheit und die Macht) *durch* die *Rechtsordnung benachteiligt oder bevorzugt* werden. Auch hier ist, wie das Bundesverfassungsgericht mit Recht hervorgehoben hat, der Grundsatz der Gleichheit des politischen Einflusses möglichst strikt einzuhalten (oben F II). Weiter muß verhindert werden, daß die Gleichheit der Wählbarkeit wirtschaftlich untergraben wird. So muß auch derjenige, welcher auf den Ertrag seiner Arbeit angewiesen ist, um seinen Lebensunterhalt zu erwerben, die effektive Möglichkeit haben, ein Mandat auch dann zu übernehmen, wenn wegen der großen zeitlichen Belastung durch das Amt die Fortführung eines Erwerbsberufs daneben nicht mehr möglich ist. Effektive, ,,reale" Gleichheit der Wählbarkeit wird also erst durch Gewährung eines angemessenen *Abgeordnetengehalts* erreicht (oben E IV 2).

Die Gleichheit der Bewerbungschancen um ein Parlamentsmandat war bis in die zweite Hälfte der 70er Jahre dadurch beeinträchtigt, daß Angehörige des öffentlichen Dienstes Anspruch auf *bezahlten* Wahlkampfurlaub bis zur Dauer von zwei Monaten hatten, während Angestellte aus der Privatwirtschaft zwar ebenfalls einen Urlaubsanspruch besaßen, aber keinen gesicherten Anspruch auf Fortlaufen der Bezüge, ganz zu schweigen von den Selbständigen. Die im Anschluß an das Diätenurteil des Bundesverfassungsgerichts von 1975 neugefaßten

Abgeordnetengesetze des Bundes und der Länder schließen nunmehr zwar einen Anspruch auf Fortzahlung der Bezüge aus – auch für Angehörige des öffentlichen Dienstes. Kaum weniger problematisch ist jedoch die Privilegierung der *bisherigen* Abgeordneten, deren Entschädigung auch während der Wahlkampfzeit voll weiterläuft, gegenüber denjenigen, die sich zum ersten Mal um ein Mandat bewerben.[34]

Das *Bundesverfassungsgericht* hebt hervor, daß die **politische Gleichheit streng einzuhalten** ist und Durchbrechungen verfassungswidrig sind, wenn sie nicht „durch einen besonderen ‚zwingenden Grund' gerechtfertigt" werden können.[35] Die Begründung mit der „demokratisch-egalitären Grundlage unserer Verfassungsordnung" und dem „formalisierten Gleichheitssatz" meint genau das soeben Hervorgehobene (wie etwa auch in einer neueren Entscheidung deutlich wird).[36] Das Bundesverfassungsgericht erstreckt die strenge politische Gleichheit auf das aktive und passive Wahlrecht, auf den Wettbewerb der politischen Parteien, auf die Verteilung von Sendezeit für Wahlpropaganda durch die öffentlich-rechtlichen Rundfunkanstalten, auf die direkte und indirekte Parteienfinanzierung aus öffentlichen Mitteln[37] und auf die Bemessung und Ausgestaltung der Abgeordnetenentschädigung.[38] Daß bislang eine (für die Bekämpfung von Ämterpatronage im öffentlichen Dienst wichtige) ausdrückliche Erstrekkung auch auf den gleichen Zugang zu den *Ämtern des öffentlichen Dienstes* noch aussteht, dürfte auf zweierlei zurückzuführen sein: einmal darauf, daß das Gericht mit diesem Bereich bisher noch nicht befaßt worden ist, zum zweiten aber auch darauf, daß die strenge Geltung des Gleichheitssatzes sich hier ohnehin von selbst versteht. Denn Art. 33 II GG bringt ja schon durch die Nennung der drei Kriterien Eignung, Befähigung und fachliche Leistung zum Ausdruck, daß andere Kriterien ausgeschlossen werden.

Auch im übrigen macht der Grundsatz der politischen Gleichheit aller Menschen Unterschiede in ihren politischen Einflußmöglichkeiten problematisch – vor allem dann, wenn sie auf wirtschaftlicher Macht beruhen. Die **Transformation wirtschaftlicher Macht in politischen Einfluß** ist **bedenklich.** Von dieser Grundwertung aus ist die aus Art. 21 I 4 GG zu entnehmende unbeschränkte Zulässigkeit von Spenden an politische Parteien verfassungspolitisch zweifelhaft. Das Bundesverfassungsgericht hat die Regelung dadurch immerhin etwas entschärft, daß es die steuerliche Abzugsfähigkeit von Spenden stark eingeschränkt und die Veröffentlichung von Großspenden verlangt hat. In den gleichen Zusammenhang gehört die Zulassung einer teilweisen staatlichen Finanzierung der politischen Parteien (unten I IV). Auch die Schaffung von Bildungschancen für wirtschaftlich Schwache erfüllt hier eine wichtige Ergänzungsfunktion (oben E IV 3).

---

[34] *v. Arnim,* Zweitbearbeitung des Art. 48 im Bonner Kommentar (1980), RN 27.

[35] BVerfGE 8, 51 (65).

[36] BVerfGE 52, 63 (93).

[37] Übersicht bei *Leibholz/Rinck,* Grundgesetz (Loseblatt-Kommentar), Art. 38, Anm. 2ff. Vgl. auch *v. Arnim,* Der strenge und der formale Gleichheitssatz, DÖV 1984, 85.

[38] BVerfGE 40, 296 (317f.).

3.2. Gleichheit der grundrechtlichen Freiheiten; Rechtfertigungsbedürftigkeit von Sonderfreiheiten

Grundsätzlich stehen die Grundrechte allen Deutschen in gleicher Weise zu, so etwa die Berufsfreiheit oder die Freiheit der Meinungsäußerung.[39] Daneben kennt das Grundgesetz aber noch besondere Rechte, die nur einem ausgewählten Kreis zugutekommen, so die Presse-, die Rundfunk- und auch die Wissenschaftsfreiheit. Diese Freiheiten verschaffen den Berechtigten eine **Sonderstellung,** welche sie gegenüber den Mitbürgern hervorhebt: Wissenschaftler sind im Gegensatz zum normalen öffentlichen Bediensteten grundsätzlich weisungs*un*gebunden, auch wenn sie aus öffentlichen Mitteln alimentiert werden. Der Presse- und der Rundfunkmann haben – im Gegensatz zum Normal-Bürger – gewisse Vorrechte, die ihnen eine Vorzugsstellung einräumen. Da der (Art. 1 GG zugrunde liegende) Eigenwert des Menschen *allen* in gleicher Weise zukommt, die Demokratie des Grundgesetzes also jede Art von Privilegien grundsätzlich ablehnt,[40] bedürfen die genannten Vorrechte einer besonderen verfassungstheoretischen **Rechtfertigung.** Mit anderen Worten: Es muß sich für die Gemeinschaft lohnen, bestimmten Mitbürgern Vorrechte einzuräumen. Dies ist nur dann der Fall, wenn die Gewährung der Sonderfreiheiten allen Mitbürgern zum Nutzen gereicht. Eine besondere Rechtfertigung erübrigt sich nicht etwa deshalb, weil das *Grundgesetz* die Sonderfreiheiten ausdrücklich verbrieft; sie ist vielmehr nötig, um die generalklauselartigen Bestimmungen des Grundgesetzes ihrerseits überhaupt sinnvoll auslegen zu können; diese Rechtfertigung kann nur von der Funktion ausgehen, welche Wissenschaft, Presse und Rundfunk im Interesse der gesamten Gemeinschaft haben, und muß darlegen, daß und auf welche Weise die Wahrnehmung dieser Funktionen die Vorrechte erfordert[41] (zur Rechtfertigung der Sonderstellung staatlich alimentierter Wissenschaftler unten S IV, zu Presse und Rundfunk unten T).

3.3. Wirtschaftlich-soziale Gerechtigkeit

Ebenso wie Gleichheit der politischen Rechte gehört auch wirtschaftlich-soziale Gerechtigkeit zu den Grundwerten.[42] Ihre Bedeutung als ein

---

[39] Zur Differenzierung zwischen Deutschen und Ausländern oben G II 1.2.

[40] BVerfGE 40, 296 (317).

[41] So BVerfGE 20, 176 z. B. in bezug auf die Pressefreiheit: „Die in gewisser Weise bevorzugte Stellung der Presseangehörigen ist ihnen um ihrer Aufgabe willen und nur im Rahmen dieser Aufgabe eingeräumt."

[42] Z. B. BVerfGE 42, 64 (78): „Materiale wertorientierte Gerechtigkeit" ist ein „Grundwert der Verfassung". Vgl. auch E 5, 85 (205 f.): „Die freiheitliche demokratische Grundordnung (entnimmt) dem Gedanken der Würde und Freiheit des Menschen die Aufgabe, auch im Verhältnis der Bürger untereinander für Gerechtigkeit und Menschlichkeit zu sorgen."

Eckpfeiler der materialen Wertordnung des Grundgesetzes zeigt sich zwar nicht so sehr in der ausdrücklichen Nennung; diese erfolgt nur einmal und dort eher beiläufig (Art. 1 Abs. 2 GG). Gerade diese fast beiläufige Erwähnung macht aber deutlich, daß das Grundgesetz vom Gerechtigkeitspostulat als verfassungsimmanentem Prinzip[43] wie selbstverständlich ausgeht. Es steht hinter den positivierten Rechtssätzen,[44] insbes. hinter dem Gleichheitssatz des Art. 3 I GG, der Entschädigungsgarantie bei Enteignung (Art. 14 III GG),[45] dem Rechtsstaatsprinzip (dessen Geltung im Bund allerdings ebenfalls als selbstverständlich vorausgesetzt wird, Art. 20 I, 28 I GG) und dem Sozialstaatsprinzip (Art. 20 I GG). Auch Tarifautonomie und Streikrecht haben direkten Bezug zur Gerechtigkeit (oben E V 2.1).

Während politische Gleichheit auf effektive Gleichverteilung des politischen Einflusses zielt (ohne allerdings alle Ungleichheiten wirklich beseitigen zu können), kann wirtschaftlich-soziale Gerechtigkeit von vornherein keine Gleichheit der ökonomischen Güterverteilung zum Ziel haben. Dies folgt zwingend aus dem Grundsatz der Selbstentfaltung. Angesichts der unterschiedlichen Begabungen und Motivationen der Menschen muß es auch im ökonomischen Bereich zu unterschiedlichen Ergebnissen kommen können, will man die Freiheit der Selbstentfaltung nicht abwürgen. Die Herstellung ökonomischer Gleichverteilung wäre deshalb mit dem Grundsatz der Selbstentfaltung unvereinbar.

Gerechtigkeit kann also nicht schematische Gleichheit bedeuten, sondern ist im Sinne eines „Jedem das Seine“ (suum cuique) zu verstehen. Herkömmlicherweise unterscheidet man hier zwischen Austauschgerechtigkeit (iustitia commutativa) und Verteilungsgerechtigkeit (iustitia distrubutiva).[46] Die **Austauschgerechtigkeit** betrifft das Verhältnis von Leistung und Gegenleistung in Austauschbeziehungen wie Kauf, Dienstvertrag oder Darlehen, also die Frage nach dem gerechten Preis für den Erwerb oder die zeitliche Überlassung einer Sache oder nach dem gerechten Lohn für eine Dienstleistung. Die **Verteilungsgerechtigkeit** betrifft, bezogen auf das Staat-Bürger-Verhältnis, die Verteilung von Lasten, die der Staat seinen Bürgern auferlegt (Wehrgerechtigkeit, Steuergerechtigkeit), und von Leistungen, die er seinen Bürgern erbringt (Übertragungsgerechtigkeit). Nimmt man ganz allgemein die Verteilung von ökonomischen Gütern unter die Bürger in den Blick, so gehen Fragen der Austauschgerechtigkeit und solche der

---

[43] *Hesse,* Der Rechtsstaat im Verfassungssystem des Grundgesetzes, in: Festgabe für Smend, 1962, 71 (73).

[44] *Scheuner,* Pressefreiheit, VVDStRL 22 (1965), 1 (51).

[45] *v. Arnim,* Besteuerung und Eigentum (oben FN 31), 318 ff.

[46] Die Unterscheidung geht auf *Aristoteles* (Nikomachische Ethik, 5. Buch, Kap. 5–7) zurück.

Verteilungsgerechtigkeit ineinander über, weil die Verteilung auch von den Austauschrelationen abhängt.

Will man Kriterien für eine gerechte Verteilung der ökonomischen Güter gewinnen, so stellt sich eine Reihe von Fragen. Zunächst einmal: Welches soll der *Maßstab* sein, mit welchem der Grad der Versorgung mit ökonomischen Gütern gemessen wird? Hier spielt das *Geldeinkommen* zweifellos eine wichtige Rolle. Aber ist nicht auch das vorhandene *Vermögen* ein wesentliches Kriterium? Ist weiter nicht auch das Maß an *Freizeit,* über das einer verfügt, miteinzubeziehen, weil der Genuß ökonomischer Güter in weitem Umfang (auch) Freizeit verlangt?

Eine andere, praktisch nicht zu bewältigende Schwierigkeit liegt in der Bestimmung der gerechten (Ideal-)Verteilung von Einkommen, Vermögen und Freizeit. Indes bedeutet die Unmöglichkeit, eine solche allein richtige Verteilung mit Anspruch auf Allgemeinverbindlichkeit zu ermitteln, durchaus noch nicht den Verzicht auf die Gewinnung von Kriterien der Verteilungsgerechtigkeit. Voraussetzung ist aber zweierlei: Einmal muß man an den *Verfahren* ansetzen und sie auf Unausgewogenheit überprüfen.[47] Eben in der Weise waren ja auch die Klassiker vorgegangen, wenn sie etwa den wirtschaftlichen Selbststeuerungsmechanismus auf seine Eignung zur Realisierung von Grundwerten abklopften (oben D II 4.3 und D VI). Zum zweiten muß man die umfassende Fragestellung in Einzelfragen auflösen.

3.3.1. Zum gerechten Lohn

Wenn wir erkennen, daß die Gerechtigkeit der Verteilung der ökonomischen Güter unter den Menschen auch von der Gerechtigkeit der Austauschrelationen abhängt, und uns zunächst auf Fragen des gerechten Lohnes für geleistete Arbeit beschränken, so ergeben sich folgende Überlegungen. Zunächst einmal lassen sich auch hier wieder zwei Ebenen unterscheiden: die Gerechtigkeit der Entlohnung im Verhältnis zur Vergütung für (die ebenfalls an der Produktion beteiligten) Unternehmerleistungen und Kapitalnutzungen einerseits und die Gerechtigkeit im Verhältnis der Arbeitseinkommen untereinander andererseits. Auch hier ist es zwar nicht möglich, eine in beiden Ebenen gerechte Verteilung positiv zu bestimmen. Wohl aber kann unter bestimmten Bedingungen durchaus etwas negativ als *un*gerecht gekennzeichnet werden (oben G I), besonders wenn man an den Verfahren ansetzt (unten G VII). So mußte die Lohnbestimmung durch Individualverträge von Arbeitnehmern, die in ihrer Vereinzelung faktisch dem Lohndiktat der Unternehmer ausgeliefert waren (oben E II 1), zu ungerechten Ergebnissen tendieren. Diese (sich aus der Unausgewogenheit des Verfahrens ergebende) Ungerechtigkeit der Lohnbildung gilt für die heute verfassungsrechtlich gewähr-

---

[47] Näheres zur Bedeutung der Verfahren unten G VII.

leistete und praktizierte **kollektive Lohnbestimmung** zwischen Gewerkschaften und (privaten) Arbeitgebern (bzw. ihren Verbänden) aber nicht mehr. Hier läßt sich ein Ungleichgewicht, welches zu Lasten einer der beiden Seiten ginge, nicht mehr allgemein überzeugend begründen. Assoziationsrecht, Tarifautonomie und das Recht zum Arbeitskampf sind ja gerade mit dem Ziel eingeführt worden, Lohngerechtigkeit herzustellen (oben E V 2). Insofern hat sich die Situation heute gewandelt gegenüber derjenigen, die *Adolph Wagner* noch vor Augen hatte (oben E III 2).

Auch für die etwaige These, die *Arbeitseinkommen* seien *untereinander* ungerecht verteilt, etwa im Sinne einer zu großen Streubreite, ist nichts Zwingendes ersichtlich.[48] Dabei ist auch zu berücksichtigen, daß die Tarifpartner, vor allem die Gewerkschaften, im Rahmen ihrer Autonomie dazu tendieren, den Beziehern kleinerer Einkommen höhere Zuwachsraten zu geben als anderen. Daraus ergibt sich eine Angleichung.

3.3.2. Zur Preisbildung für Kapitalnutzung

Neben der Bildung von Arbeitseinkommen ist natürlich auch die marktmäßige Bildung von Preisen für die Nutzung von Vermögensgütern von großer Bedeutung für die Beurteilung der Gerechtigkeit der ökonomischen Verteilung. Auch hier können sich Verzerrungen durch Übermachtbildung, vor allem durch Monopole, Kartelle etc. ergeben. Aus diesem Grund ist eine wirksame **Wettbewerbspolitik** – gerade auch unter Gerechtigkeitsgesichtspunkten – besonders wichtig (oben E II 2 und E VII).

Zu weiteren möglichen Verletzungen der Austauschgerechtigkeit führt die **Geldentwertung.** Ist in Dauerschuldverhältnissen die Leistung einer Seite in einem festen Geldbetrag vereinbart, so wird deren realer Wert durch Geldentwertung ausgehöhlt, wobei das Ausmaß der Entwertung von der Höhe der Entwertungsrate und der Dauer der Festlegung abhängt. Hier kann es selbst dann zu Abweichungen von den vertraglich festgelegten Austauschrelationen kommen, wenn die Vertragsschließenden die Geldentwertung vorausgesehen und entsprechend höhere Geldleistungen vereinbart haben. Denn die tatsächlich eintretende Geldentwertungsrate kann höher oder niedriger sein als die bei Vertragsschluß zugrundegelegte. Die Wahrung von Geldwertstabilität ist deshalb auch unter Gerechtigkeitsgesichtspunkten von großer Bedeutung.[49]

---

[48] Dies gilt zumal dann, wenn man aus einzelnen Fällen von spekulativen oder sonst leicht verdientem Einkommen nicht unzulässigerweise auf die Ungerechtigkeit der Bildung und Verteilung von Arbeitseinkommen insgesamt schließt.

[49] Dazu, daß die durch Geldentwertung bewirkten Ungerechtigkeiten durch das Steuerrecht noch verstärkt werden können, alsbald unter 3.4 und unten V II 4.2.2.

Da Geldwertstabilität aller Erfahrung nach aber kaum voll erreicht wird, muß wenigstens eine vertraglich vereinbarte Verknüpfung von Geldschulden mit der Rate der Entwertung **(Indexierung)** zugelassen werden, wodurch geldentwertungsbedingte Verzerrungen verhindert werden. Das bislang entgegenstehende grundsätzliche Verbot (§ 3 I WährG) muß beseitigt werden. Zwar wird immer noch behauptet, die Zulassung von Indexklauseln führe zu volkswirtschaftlichen Schäden. Dies trifft aber, wie die neuere Forschung ergeben hat, nicht zu. Im Gegenteil, es ergäben sich eine Reihe wichtiger volkswirtschaftlicher Vorzüge.[50]

Insgesamt wird man die Preise für Vermögensnutzungen schwerlich generell als überhöht oder als zu niedrig angreifen können.

3.3.3. Zur Gerechtigkeit der Vermögensverteilung

Das Verteilungsproblem besteht also nicht in der Preisbildung. Hier bewirkt der Markt immer noch halbwegs brauchbare Ergebnisse – jedenfalls bessere als denkbare Steuerungsalternativen. Das eigentliche Problem liegt vielmehr in der Verteilung der Vermögensgüter. Die Höhe der Einkünfte aus Vermögen hängt ja nicht nur von den *Preisen*, sondern auch von der *Menge* der Vermögensgüter ab, über die jemand verfügt. Damit geht die Frage über in die nach der Gerechtigkeit der *Vermögens*verteilung. Auch hier muß man aber wieder differenzieren und nach der *Quelle* des Vermögens*erwerbs* fragen. Soweit das Vermögen aus Erträgen *eigener* Tätigkeit angespart worden ist, dürfte es an der Gerechtigkeitsvermutung der Arbeitseinkommen weitgehend teilhaben. Anders ist es bei Erwerb durch **Erbschaft,** der nicht auf eigener Leistung des *Erben* beruht. Größere Vermögensübertragungen im Wege des Erbgangs stellen sich in dieser Sicht als Achillesferse einer gerechten Güterverteilung dar, weil sie auch dann, wenn die marktwirtschaftliche Preisbildung vollständig gerecht ist, zu einer nichtleistungsgerechten Verteilung führen. Die Vererbung größerer Vermögen könnte deshalb zum Ansatzpunkt für eine Umverteilungspolitik werden.[51] Gerade diesen Punkt hat nun aber die **Erbrechtsgarantie** des Art. 14 I GG besetzt. Aus dem Fehlen der eigenen Leistung des Erben kann der Gesetzgeber keinen Freibrief für die Umverteilung ableiten, da dieses Fehlen dem Erbrecht eigentümlich ist und die grundrechtliche Gewährleistung deshalb auf einer

---

50 Dazu *v. Arnim,* Der ausgebeutete Geldwertsparer, ZRP 1980, 201 m. w. N.; Replik von *Matthöfer,* ZRP 1980, 325, und Duplik von *K. Vogel,* ZRP 1981, 35. Vgl. auch *Giersch,* Konjunktur- und Wachstumspolitik in der offenen Wirtschaft, 1977, 278ff. Neuestens hat der *Wissenschaftliche Beirat beim Bundesministerium für Wirtschaft* wiederum die Zulassung von Indexklauseln vorgeschlagen.

51 Aus diesem Grund sind Liberale wie schon *John Stuart Mill* für eine erhebliche Beschränkung des Erbrechts eingetreten. *John Stuart Mill,* Grundsätze der politischen Ökonomie, I. Bd., 2. Buch, Leipzig 1881, 234ff.

anderen ratio beruhen muß.[52] Der Gesetzgeber hat allerdings Inhalt und Schranken des Erbrechts zu bestimmen (Art. 14 I 2 GG) und dabei die Sozialbindung des Art. 14 II GG, welche – entgegen dem Wortlaut – richtigerweise auch für das Erbrecht gilt,[53] konkretisiert, was vor allem durch die Erbschaftsteuer geschieht. Bei der erforderlichen Abwägung wird man davon ausgehen können, daß die Schutzintensität der Garantie des Erbrechts – wie auch die des Eigentums[54] – sich mit der Zunahme seines sozialen Bezugs verringert und der Übergang von Großvermögen durch Erbgang wegen der strategischen Bedeutung für die Verteilungsgerechtigkeit einen erheblichen sozialen Bezug besitzt.

Fassen wir zusammen: Die Verteilung der Einkommen aus unselbständiger Arbeit kann – im Verhältnis untereinander und im Verhältnis zur Vergütung der Kapitalnutzung und der Unternehmerleistung – schwerlich pauschal als ungerecht angesehen werden. Entsprechendes gilt für das durch eigene Arbeit erworbene Vermögen. Einschränkungen bestehen aber für ererbtes Vermögen.

3.3.4. Übertragungseinkommen

Damit ist allerdings nur etwas über Einkommen aus Teilnahme an der volkswirtschaftlichen Produktion ausgesagt. Es ist noch keine Aussage getroffen, welche Einkommen diejenigen, die (wegen Alter, Krankheit, Arbeitslosigkeit) nicht an der Produktion teilnehmen können, gerechterweise erhalten sollen. Hier geht es nicht um Austausch-, sondern allein um Übertragungsgerechtigkeit, wobei die Frage des „Ob" einer Unterstützung, die zunächst behandelt werden soll, von der Frage des „Wie hoch" zu unterscheiden ist.

Öffentliche Zahlungen an Alte und Kranke (und später auch an Arbeitslose) wurden bei ihrer Einführung wesentlich damit gerechtfertigt, daß die niedrigen Löhne allenfalls das Existenzminimum abdeckten und die Arbeiter deshalb gar nicht in der Lage waren, selbst Vorsorge für Krankheit, Alter oder Arbeitslosigkeit zu treffen (oben E V 1). Nach

---

[52] Die *ratio der Erbrechtsgarantie* liegt vor allem in zweierlei: Einmal ergibt sie sich sozusagen als Verlängerung der Eigentumsgarantie des Erblassers, die auch die Freiheit der Vermögensverfügung – einschl. der letztwilligen – mitumfaßt; zum zweiten muß die Erbrechtsgarantie auch in ihrem Zusammenhang mit dem verfassungsrechtlichen Schutz von Ehe und Familie (Art. 6 GG) gesehen werden. Das Erbrecht verstärkt diesen Schutz, indem es die Möglichkeit gibt, Vermögen über das Leben des Individuums hinaus für die Familie zu erwerben, in der Familie zu halten und dadurch, daß es das wirtschaftliche Streben, Erwerben und Besitzen von seinem ausschließlichen Bezug auf das Individuum löst und auf die Familie überträgt, die ökonomische Basis des familiären Verbunds als Wert anerkennt.

[53] So die h. L. Übersicht bei *Kimminich,* Bonner Kommentar, Art. 14 (Drittbearbeitung), RN 94 m. w. N.

[54] BVerfGE 50, 290 (341 m. w. N.).

dem gewaltigen Anstieg des Lohnniveaus, welches sich seitdem ergeben hat, steht diese Rechtfertigung heute auf einigermaßen schwankendem Boden. Hat der einzelne heute nicht die materielle Möglichkeit der Eigenvorsorge, etwa durch Abschluß von privaten Kranken-, Lebens- und Arbeitslosenversicherungen? Wenn wir dennoch zögern, diese Frage zu bejahen, so vor allem aus zwei Gründen. Einmal ist die Sicherheit privater Vorsorge beschränkt. Der Wert solcher – lediglich auf Geldtitel lautenden – Ansprüche hängt von einer intakten Währung ab, eine Voraussetzung, welche – wie in Deutschland die Inflation der 20er Jahre und die Währungsreform von 1948 gezeigt haben – durchaus nicht immer gegeben ist. Zum anderen hat der gewaltige wirtschaftliche Wachstumsprozeß, der sich seit dem Zweiten Weltkrieg noch beschleunigt hat, Rückwirkungen auf die Möglichkeit einer ausreichenden privaten Vorsorge. Wer nämlich in einer wachsenden Wirtschaft versucht, etwa für sein Alter privat vorzusorgen, müßte, um im Alter nicht allzu sehr hinter die Entwicklung des allgemeinen Lebensstandards zurückzufallen, Versicherungsprämien von enormer, praktisch wohl gar nicht aufzubringender Höhe bezahlen. Auch dieser Faktor spricht für eine öffentliche Versorgung. (Er hat allerdings in jüngster Zeit an Gewicht verloren. Die wesentlichen Gründe dafür sind die anhaltende wirtschaftliche Wachstumsschwäche und die in den kommenden Jahren zu erwartende starke Zunahme des Anteils der Rentner und Pensionäre an der Gesamtbevölkerung, die wesentliche Schnitte in den öffentlichen Altersversorgungssystemen unvermeidlich machen.) Im übrigen kann man selbst dann, wenn eine ausreichend hohe und sichere private Versorgung möglich wäre, diejenigen, welche aus eigenem Verschulden eine Vorsorge unterlassen haben, nicht verhungern lassen. Eine generelle Mindestversorgung für alle wirtschaftlich Bedürftigen (unabhängig vom Anlaß der Bedürftigkeit und dem eigenen Verschulden) wird also in jedem Fall vorgesehen werden müssen.

Über die **Höhe** der Übertragungseinkommen ist damit noch nichts gesagt. Hier wird es wichtig, einen deutlichen *Abstand* zum vergleichbaren Arbeitseinkommen einzuhalten. Dies gilt insbesondere für Zahlungen an Alte und Arbeitslose. Dabei ist auch der Umfang der Freizeit einzubeziehen. Während Freizeit beim Vergleich von Arbeitseinkommen untereinander noch weitgehend unberücksichtigt bleiben konnte, weil hier aus Gründen der Typisierung von einer im großen und ganzen einheitlichen Aufteilung der zur Verfügung stehenden Zeit in Arbeit und Freizeit ausgegangen werden konnte, trifft dies im Verhältnis zwischen Arbeitslosen und Alten einerseits und aktiv Tätigen andererseits nicht mehr zu. (Hinzu kommt, daß Freizeit auf vielfältige Weise zur Erhöhung des Geldeinkommens im Rahmen der sog. Schattenwirtschaft genutzt werden kann.)

3.3.5. Gerechtigkeit zwischen den Generationen

In diesen Zusammenhang gehören auch Fragen der Gerechtigkeit zwischen den Generationen (vgl. auch oben G II 1.2). Diese ist jedenfalls dann nicht gewährt, wenn Rentner auf Kosten der aktiven Generation – zusätzlich zum Mehr an Freizeit – auch noch ein höheres (Netto-)Geldeinkommen beziehen als diese, wie es bei einigen Gruppen ehemaliger Arbeitnehmer im öffentlichen Dienst der Fall ist.[55] Die soeben angesprochenen *Veränderungen im Altersaufbau* der Bevölkerung, die in den kommenden Jahrzehnten zu erwarten sind, werden Fragen der inter-generation-equity immer wichtiger machen.

3.4. Wehrgerechtigkeit und Steuergerechtigkeit

Eine *Zwischen*stellung zwischen politischer Gleichheit und wirtschaftlicher Gerechtigkeit nehmen Fragen der gerechten Verteilung des Wehrbeitrags und der Steuerlast ein. Einerseits handelt es sich hier um Entscheidungen, welche die Verteilung der ökonomischen Güter direkt (wie bei der Steuerlastverteilung) oder indirekt (wie bei der Verteilung der Lasten des Wehrdienstes) beeinflussen. Andererseits geht es um Pflichten, welche den Staat im Kern konstituieren und deren Erfüllung besonderen **Bezug zum Staatsbürgerstatus** besitzt.

Art. 12a I GG beschränkt die **Wehrpflicht** auf **Männer.** Die Freistellung der Frauen entspricht dem überkommenen Verständnis von der gesellschaftlichen und familiären Rollenverteilung zwischen Mann und Frau; sie wird aber verfassungspolitisch in dem Maße problematisch, wie diese Rollenverteilung durch gesellschaftliche und familiäre Angleichung obsolet wird.

Ein Fall von eindeutiger Verletzung der Wehrgerechtigkeit liegt dann vor, wenn für die nach Art. 4 II GG zugelassene Verweigerung des Wehrdienstes aus Gewissensgründen eine bloße Erklärung des Betroffenen ausreicht („Postkarte genügt"), für den Ersatzdienst aber derart wenig Stellen zur Verfügung stehen, daß praktisch keine Möglichkeit besteht, die Ersatzdienstpflicht zu realisieren.[56]

Steuergerechtigkeit wird im demokratischen Staat seit jeher als besonders wichtig angesehen. Auch das Bundesverfassungsgericht geht davon aus, daß Steuergesetze in erhöhtem Maß unter dem Gebot der Gerechtigkeit stehen und „dem Gedanken einer möglichst gleichmäßigen Belastung aller Steuerpflichtigen besonders Rechnung tragen" müs-

---

[55] Diese beziehen nach dem Eintritt in den Ruhestand z. T. weit über 100 v. H. ihres letzten Nettoeinkommens als Aktive. Für die Zukunft ist eine gewisse Einschränkung vorgesehen.

[56] BVerfGE 46, 337 (341).

sen.[57] Die Besonderheit der steuerlichen Gerechtigkeit zeigt sich vor dem Hintergrund der allgemeinen Gerechtigkeit von Wirtschaft und Gesellschaft. Im Bereich des Wirtschaftlich-Gesellschaftlichen kann der Staat sich – neben gewissen Grundsicherungen – darauf beschränken, Chancengleichheit möglichst zu gewährleisten; im übrigen sollen die Menschen sich entfalten können, was auch die Erzielung unterschiedlicher Erträge impliziert. Es geht also nicht darum, Gleichheit der ökonomischen Güterverteilung zu erreichen.

Soweit der Staat aber im Bereich von Wirtschaft und Gesellschaft im Namen der Verteilungsgerechtigkeit aktiv tätig wird, muß er sich auch selbst daran halten: Solche Gesetze stehen in besonderem Maß unter dem Gerechtigkeitsgebot. Dies gilt zunächst einmal für Steuergesetze, bei denen es von jeher um Herstellung von Gerechtigkeit, nämlich gerechte Lastenverteilung geht und die deshalb von jeher mit dem Anspruch der Gerechtigkeit in besonderem Maße verbunden sind. Steuergerechtigkeit ist *der* Fall der iustitia distributiva.

Entsprechendes muß auch für **Übertragungszahlungen** gelten. Auch mit ihnen wird der Staat tätig, *um* Gerechtigkeit herzustellen. Auch diese Zahlungen müssen sich deshalb in besonderem Maße an Prinzipien der Gerechtigkeit messen lassen. Daraus folgt z. B., daß zwischen Abgaben einerseits und Übertragungen andererseits eine Verknüpfung hergestellt werden muß. Die eine Hand des Staates, die Abgabenhand, muß wissen, was die andere, die Übertragungshand, tut. Beide müssen miteinander verzahnt und koordiniert werden. Diese Fragen können hier aber nicht vertieft werden.[58] Im folgenden seien – unter Außerachtlassung der Vielzahl von Einzelfragen – lediglich noch einige Grundfragen der Steuergerechtigkeit skizziert.

Man geht heute überwiegend davon aus, die Gesamtsteuerlast, welche zur Finanzierung der staatlichen Ausgaben erforderlich ist, solle auf die Schultern der Bürger im Verhältnis ihrer Mittel verteilt werden („ability-to-pay-principle“ = Prinzip der Besteuerung nach der Leistungsfähigkeit).[59] Art. 134 WRV bestimmte noch ausdrücklich, daß „alle Staatsbürger ohne Unterschied im Verhältnis ihrer Mittel zu allen öffentlichen Lasten nach Maßgabe der Gesetze“ beizutragen haben. Das Grundgesetz enthält zwar keine entsprechenden Vorschriften. Gleichwohl gilt die Besteuerung nach der Leistungsfähigkeit auch heute als Fundamentalnorm des Steuerrechts.[60] Das *Bundesverfassungsgericht*

57 BVerfGE 21, 12 (27f.). Dazu, daß das Bundesverfassungsgericht aus diesem Satz die Konsequenzen noch nicht voll gezogen hat, unten 3.5.

58 Vgl. dazu *Tipke,* Steuergerechtigkeit in Theorie und Praxis. Vom politischen Schlagwort zum Rechtsbegriff und zur praktischen Anwendung, 1981.

59 *Birk,* Das Leistungsfähigkeitsprinzip als Maßstab der Steuernormen. Ein Beitrag zu den Grundfragen des Verhältnisses Steuerrecht – Verfassungsrecht, 1983.

60 Statt vieler: Gutachten der Steuerreform-Kommission, 1971, Schriftenreihe des Bundesministeriums der Finanzen, Heft 17, 30.

versteht sie als Bestandteil des allgemeinen Gleichheitssatzes des Art. 3 I GG und des darin enthaltenen Grundsatzes der Steuergerechtigkeit.[61] Auf die Frage nach dem Maßstab für die Leistungsfähigkeit lassen sich ähnliche Antworten geben wie schon bei der Behandlung der allgemeinen Verteilungsgerechtigkeit. Geht man vom Geldeinkommen als zentralem Maßstab der Leistungsfähigkeit aus, so müssen jedenfalls gleich hohe Einkommen auch gleich hoch besteuert werden **(horizontale Steuergerechtigkeit),** wobei die Probleme einer Bestimmung dessen, was „Geldeinkommen" ist, hier außer Betracht bleiben.

Besondere Schwierigkeiten werfen Fragen der **vertikalen Steuergerechtigkeit,** d.h. der Verteilung der Steuerbelastung auf die Bezieher verschieden hoher Einkommen, auf. Klar ist zunächst, daß höhere Einkommen auch höher besteuert werden müssen. Klar ist weiter, daß bestimmte Mindestbeträge, die zur Fristung eines Existenzminimums unerläßlich sind, von der Besteuerung ausgenommen bleiben müssen (Existenzminimumsfreibetrag). Damit ist aber noch nichts darüber ausgesagt, ob die Besteuerung im übrigen ebenso schnell wie das Einkommen *(proportional),* langsamer *(degressiv)* oder schneller als das Einkommen *(progressiv)* anwachsen soll, und schon gar nichts über den *Grad* einer evtl. Progression. Die Finanzwissenschaft hatte lange gemeint, aus dem Prinzip der Besteuerung nach der Leistungsfähigkeit folge notwendig eine progressive Einkommensbesteuerung. Die Begründung beruhte auf der Annahme, mit zunehmendem Einkommen nehme der Nutzen jeder Zusatzeinheit (Grenznutzen) ab. Will man nun jedem Bürger ein relativ gleiches (Nutzen-)Opfer durch die Besteuerung auferlegen, so scheint daraus eine progressive Besteuerung zu folgen. Diese Thesen haben der neueren durchgreifenden Kritik nicht standgehalten. Heute gilt in der Finanzwissenschaft als erwiesen, daß die genannte Ableitung auch dann, wenn man die beiden Prämissen als richtig unterstellt, logisch nicht schlüssig ist, und deshalb **auch** eine **proportionale oder** gar **degressive Besteuerung mit** dem **Leistungsfähigkeitsprinzip** durchaus **vereinbar** ist.[62]

Die Progression der Einkommensbesteuerung wird häufig auch mit der angeblichen Ungerechtigkeit der Markteinkommen begründet. Dadurch, daß man den Beziehern hoher Einkommen mehr wegsteuere, also noch etwas Zusätzliches zu dem, was das Prinzip der Leistungsfä-

---

[61] BVerfGE 6, 55 (70); 8, 51 (68f.).

[62] Nachweise bei *v. Arnim,* Besteuerung und Eigentum (oben FN 31), 319 m.w.N. *Klaus Hermann Ossenbühl* versucht, die Progression der Einkommensteuer nicht mit der Höhe des individuellen Nutzens, sondern mit dem Grad der Dringlichkeit der Einkommensteile in bezug auf die Erhaltung und Entfaltung des Menschen zu rechtfertigen. Dies ergebe sich aus dem Prinzip des sozialen Rechtsstaats (*Ossenbühl,* Die gerechte Steuerlast, 1972, 102ff. m.w.N.). Dabei handelt es sich aber letztlich nur um eine andere Bezeichnung, eine neue Etikettierung für die alte Argumentation, so daß die Einwände im Text bestehen bleiben.

higkeit verlange, und den Beziehern niedriger Einkommen entsprechend weniger, korrigiere man die Marktverteilung in Richtung auf mehr Gerechtigkeit. Diese Argumentation steht aber schon deshalb auf tönernen Füßen, weil sich, wie bereits dargelegt, die vom Leistungsfähigkeitsprinzip verlangte gerechte Besteuerung gar nicht als solche abschichten läßt. Sie ist zusätzlich anfechtbar, weil sie generell und pauschal von der Ungerechtigkeit der Einkommensverteilung ausgeht. Dieser Ausgangspunkt war zur Zeit *Adolph Wagners* durchaus berechtigt.[63] *Wagners* Plädoyer für eine progressive Besteuerung[64] war denn auch insoweit innerlich begründet. Heute haben sich die Verhältnisse aber grundlegend gewandelt, so daß das Ziel einer generellen Umverteilung der Einkommen sich schwerlich noch mit Gerechtigkeitserwägungen begründen läßt (oben 3.3). Damit entfällt auch diese Begründung für eine notwendig progressive Besteuerung.

Das *Bundesverfassungsgericht* ist gelegentlich wie selbstverständlich davon ausgegangen, der Grundsatz der Steuergerechtigkeit verlange eine progressive Besteuerung des Einkommens.[65] Diese Aussage ist zunächst einmal interpretationsbedürftig; sie bezieht sich nach dem Zusammenhang, in dem sie ausgesprochen wurde, wohl nur auf die direkte Einkommensbesteuerung. Man muß nun aber berücksichtigen, daß das Einkommen nicht nur bei seiner Erzielung, sondern zusätzlich noch bei seiner Verausgabung besteuert wird, nämlich durch die auf den Preisen von Gütern und Diensten liegende indirekte Besteuerung. Und diese letztere wirkt degressiv, da mit steigendem Einkommen ein immer größerer Teil nicht für Konsumgüter verwendet, sondern gespart wird. Die Progression der direkten und die Degression der indirekten Einkommensbesteuerung wirken einander also entgegen und können sich möglicherweise in etwa ausgleichen.[66] Mit der Aussage des Bundesverfassungsgerichts wäre also eine proportionale *Gesamt*steuerbelastung vereinbar. Im übrigen darf die Bemerkung des Bundesverfassungsgerichts, die nur als obiter dictum, d. h. nebenher, ohne daß es für die Entscheidung relevant gewesen wäre, gemacht worden ist, nicht überschätzt werden. Sie beruht offenbar nicht auf einer tieferen Durchdringung der Problematik.

---

63 Dazu oben E III 2.

64 *A. Wagner,* z. B. in: Grundlegung der politischen Oekonomie (oben FN 13), 745 f.

65 BVerfGE 8, 51 (58 f.). Einen Überblick über die Rechtsprechung des Bundesverfassungsgerichts zum Begriff der Gerechtigkeit (einschl. der Steuergerechtigkeit) gibt *Robbers,* Gerechtigkeit als Rechtsprinzip, 1980; speziell zur Steuergerechtigkeit *Birk,* Das Leistungsfähigkeitsprinzip als Maßstab (oben FN 59), 72 ff.; *Tipke* (oben FN 58).

66 Die sog. Aufkommenselastizität des Gesamtsteuersystems ist derzeit allerdings nicht genau 1, sondern ca. 1,1.

Die Prinzipien der Steuergerechtigkeit verlangen also nicht zwingend eine progressive Einkommensteuer. Auch eine Proportionalsteuer wäre nicht von vornherein ungerecht.[67] Vieles mag auch für eine **Verbrauchsteuer** sprechen, weil sie gemäß den für den Verbrauch in Anspruch genommenen Gütern, nicht gemäß den (im Einkommen gemessenen) Leistungen belastet.[68]

Die Notwendigkeit der Einkommensteuerprogression bestreiten heißt andererseits nicht zu behaupten, sie müsse unbedingt auch ungerecht sein. Mit Sicherheit nicht zu rechtfertigen, weil völlig willkürlich, sind aber solche Resultate, die sich bei anhaltender Geldentwertung aus der Progression der Einkommensteuer ergeben. Hier sind die **heimlichen Steuererhöhungen** angesprochen. Sie resultieren daher, daß ein Teil der von Jahr zu Jahr zunehmenden Einkommen nichts anderes darstellt als ein Kompensat für den durch die Geldentwertung bewirkten Kaufkraftverlust. Das Einkommensteuerrecht berücksichtigt dies aber nicht, weil es am *Nominal*einkommen ansetzt. So werden Einkommensteile progressiv belastet, auch soweit sie nur Ausgleich für Geldentwertung darstellen. Das führt dazu, daß nicht nur die prozentuale steuerliche *Belastung* der Einkommen von Jahr zu Jahr *steigt*[69] – auch dann, wenn das Mehreinkommen gerade noch der Geldentwertung entspricht, kaufkraftmäßig also gar keine Einkommenserhöhung vorliegt –, sondern auch dazu, daß die Belastungs*relationen* zwischen den Steuerzahlern sich von Jahr zu Jahr *verschieben*. Man kann davon ausgehen, daß die ursprünglich vom Steuergesetzgeber festgelegte Verteilungsrelation von diesem für gerecht gehalten worden ist, also eine Konkretisierung des allgemeinen Gerechtigkeitspostulats darstellte. Das trifft auf die sich durch Geldentwertung ergebenden Belastungserhöhungen und -verschiebungen aber jedenfalls nicht mehr zu; sie sind vielmehr rein *willkürlich*.[70] An dieser Feststellung ändert sich auch dann nichts, wenn die aus

---

[67] Die aus bundesrepublikanischer Sicht vielleicht noch utopisch erscheinende Diskussion über eine proportionale Einkommensteuer ist in den USA in vollem Gange (vgl. z.B. *Wildavsky,* A Uniform Income Tax, Tax Notes 12 (1981), 611ff. Überblick bei *Folkers,* Begrenzungen von Steuern und Staatsausgaben in den USA, 1983, 40ff.).

[68] *Kaldor,* An Expenditure Tax, 1955; vgl. auch *Rawls,* Theorie der Gerechtigkeit, 312f.; *Klaus Vogel,* Perfektionismus im Steuerrecht, StuW 1980, 206 (211 m.w.N.). – *Kaldor* geht auch darauf ein, wie Merkmale wie der Familienstand etc. berücksichtigt werden können. Für eine Verbrauchsbesteuerung treten auch *Dieter Schneider,* Gewinnermittlung und steuerliche Gerechtigkeit, in: ZfbF, 23. Jg., N.F. 1971, 352ff., und *Wolfram Engels,* Staatsbürgersteuer, 1974 (Heft 26 der Schriftenreihe des Karl-Bräuer-Instituts des Bundes der Steuerzahler) ein. Eine kritische Auseinandersetzung mit *Kaldor* findet sich bei *Ulbrich,* Das Leistungsfähigkeitsprinzip der Besteuerung, 1975, 26ff.

[69] Zu den Auswirkungen auf den Staatsanteil unten V II 4.2.2.

[70] Dazu *v. Arnim,* Steuerrecht bei Geldentwertung, BB 1973, 621 (628).

heimlichen Steuererhöhungen resultierenden Belastungsveränderungen sich inhaltlich in dem Rahmen halten, den die Verfassung dem Steuergesetzgeber offenläßt. Denn hier beruhen die Belastungsveränderungen eben nicht auf einer abwägenden Entscheidung des Gesetzgebers, sondern wesentlich auf der Rate der Geldentwertung und den nominellen Einkommenserhöhungen, welche der Gesetzgeber bei der Festlegung des Tarifs noch gar nicht kennen und berücksichtigen konnte.[71]

Noch ungerechter ist die Einkommensbesteuerung der **Zinsen** auf Geldforderungen ohne Rücksicht darauf, daß ein Teil der Zinsen nur Ausgleich für Entwertung der Forderung durch die schleichende Inflation darstellt. Geldentwertung und Besteuerung zusammen können auf diese Weise leicht dazu führen, daß die Zinsen völlig *aufgezehrt* werden, also die realen Zinserträge unter Null gedrückt werden und die Besteuerung – bezogen auf die Realzinsen – 100 v. H. übersteigt. Diese Ergebnisse sind nicht nur vom Verfahren her angreifbar, sondern überschreiten auch *inhaltlich* den dem Steuergesetzgeber gesetzten verfassungsrechtlichen Rahmen.[72] Das *Bundesverfassungsgericht* hat die Chance, hier mit einem fundierten Urteil krasse Gerechtigkeitsverstöße abzuwehren, ausgelassen.[73]

3.5. Gerechtigkeit und Willkürausschluß

Was Gerechtigkeit konkret verlangt, ist oft nicht mit Sicherheit feststellbar. Diese Vagheit hat sie mit den anderen Grundwerten gemein. Andererseits gibt es durchaus Fälle, wo eine Regelung eindeutig als ungerecht festgestellt werden kann. In einem solchen Fall ist eine *Abwägung* mit den *für* die ungerechte Regelung sprechenden Gründen und den dahinterstehenden Grundwerten (z. B. Rechtssicherheit, Wirtschaftswachstum etc.) vorzunehmen.

Das *Bundesverfassungsgericht* und die herrschende Rechtslehre gehen allerdings in wesentlichen Bereichen anders vor. Sie unterscheiden zwischen dem Bereich der politischen Einflußnahme, wo der *strenge* Gleichheitssatz gilt (oben 3.1), und allen übrigen Bereichen und nehmen eine Abwägung in der genannten Weise nur bei Beeinträchtigung des strengen Gleichheitssatzes vor. Ansonsten wird Gerechtigkeit i. S. des *allgemeinen* Gleichbehandlungssatzes (Art. 3 I GG) in der überwiegenden Zahl der

---

[71] Vgl. auch *Papier,* Besteuerung und Eigentum, DVBl. 1980, 794.

[72] *v. Arnim,* Die Besteuerung von Zinsen bei Geldentwertung, 1978, Heft 40 der Schriftenreihe des Karl-Bräuer-Instituts des Bundes der Steuerzahler; dazu *Pfleiderer,* FA 37 (1979), 343.

[73] BVerfGE 50, 57. Die Entscheidung hat heftige Kritik erfahren: *Klaus Vogel,* NJW 1979, 558; *Kröger,* JZ 1979, 631 (632); *v. Arnim,* StRK-Anm. R 20, § 20 Abs. 1 Ziff. 4 EStG, S. 2ff.

Entscheidungen[74] mit dem **Ausschluß von Willkür** gleichgesetzt, Willkür aber nur angenommen, wenn es überhaupt an einem für die Regelung sprechenden Grund fehlt. Dies führt dazu, daß schon *irgend*ein für die Ungleichbehandlung sprechendes Argument den Gleichheitsverstoß ausschließen kann, sofern dieses Argument nicht neben der Sache liegt oder sonst offensichtlich falsch ist. Es bleibt kein Raum mehr für Fragen, wie z. B. die, ob es sich um einen besonders krassen und eklatanten Gerechtigkeitsverstoß handelt, ob der Gerechtigkeitsverstoß zur Erreichung der angestrebten Ziele erforderlich ist oder ob es noch andere gleichfalls geeignete Mittel gibt, die zu keiner oder nur einer geringeren Beeinträchtigung der Gerechtigkeit führen würden, und ob der Gerechtigkeitsverstoß nicht unverhältnismäßig schwer ist im Vergleich zu den mit der betreffenden Maßnahme angestrebten Zielen. Denn ein solcher Gerechtigkeitsverstoß liegt in dieser Sicht ex definitione gar nicht mehr vor. Dadurch, daß *einer* der kollidierenden Werte, nämlich der der Gerechtigkeit, vorab „weggezaubert" wird, erübrigt sich eine Abwägung. Der **Abwägungsprozeß** wird auf diese Weise von vornherein **zu Lasten der Gerechtigkeit abgeschnitten.**

Rechtsprechung und Rechtslehre haben diese **Minimal-Interpretation des Gleichheitssatzes** von der schweizerischen und der US-amerikanischen Judikatur übernommen, wobei *Gerhard Leibholz* eine wichtige Vermittlerrolle gespielt hat.[75] Die Unterwerfung auch des Gesetzgebers unter das Willkürverbot war in der Weimarer Zeit, als *Leibholz* sie in Anlehnung an die ausländischen Vorbilder nach Deutschland rezipierte, sicher ein großer Schritt nach vorn, weil sie der damals noch umstrittenen Bindung auch des Gesetzgebers an den Gleichheitssatz zum Durchbruch verhalf. Heute, wo das Grundgesetz diese Bindung ausdrücklich vorschreibt (Art. 1 III GG), wo Gerechtigkeit als ein grundlegender Verfassungswert anerkannt und die Methodik der Verfassungsinterpretation weit fortgeschritten ist, stellt das Festhalten an jener Minimalisierung des Gerechtigkeitsprinzips aber einen **Anachronismus** dar.

Nach allem besteht heute kein überzeugender Grund mehr, das verfassungsrechtliche Gerechtigkeitsprinzip auf Willkürausschluß in dem genannten engen Sinn zu beschranken.[76] Dies gilt besonders für die Bereiche, wo der Gesetzgeber selbst im Namen der Gerechtigkeit tätig

---

[74] Z. B. BVerfGE 50, 57 (77 m. w. N.).

[75] *Leibholz,* Die Gleichheit vor dem Gesetz, 1925, unveränderter Nachdruck der 2. Auflage 1959. Zur schweizerischen und amerikanischen Judikatur vgl. daselbst, 36ff., 112ff.

[76] So auch *Hesse,* Verfassungsrecht, 179: „Der Gesetzgeber hat nicht nur Regeln zu treffen, für die irgendein sachlich einleuchtender Grund zu finden ist und die sich in dem weiten Rahmen des Nicht-Willkürlichen halten, sondern er soll Gesetze schaffen, die in jeder Hinsicht sachgemäß und gerecht sind."

wird, so besonders im *Steuerrecht,*[77] aber auch im *Sozialrecht*[78] (oben 3.4).

Hans-Jürgen Papier stimmt diesem Ergebnis für den Bereich des Steuerrechts ausdrücklich zu und hat versucht, dies damit zu begründen, der strenge Gleichheitssatz, den das Bundesverfassungsgericht für die politische Einflußnahme entwickelt hat, sei auch auf das Steuerrecht zu übertragen; für die staatsbürgerlichen *Pflichten* müsse das gleiche gelten, wie für die staatsbürgerlichen Rechte.[79] Dabei wird aber übersehen, daß die *Gründe* für die besonders strenge Auslegung der Gleichheit der *politischen* Einflußnahme, nämlich die Unterworfenheit der Minderheit unter die Regierungsmacht der Mehrheit (oben 3.1) und die Entscheidung der Parlamentsmehrheit in eigener Sache, im Bereich des *Steuerrechts* im allgemeinen *nicht* vorliegen. Die Widerlegbarkeit von *Papiers* Argumentation darf jedoch nicht als Rechtfertigung mißverstanden werden, an der Auffassung vom Gleichheitssatz als bloßem Willkürverbot festzuhalten. Zwar wird ein Verstoß gegen die Steuergerechtigkeit meist weniger gewichtig sein als ein Verstoß etwa gegen die Gleichheit des politischen Wahlrechts; daraus ergeben sich Kriterien für das relative Gewicht der Abwägungselemente. So ist eine Abweichung von der Gleichheit des Wahlrechts überhaupt nicht oder doch nur bei Vorliegen massivster Gründe zulässig, während eine steuerliche Ungerechtigkeit sich i. a. schon mit weniger gewichtigen Gründen rechtfertigen läßt. Aber auch eine steuerliche (oder andere) Ungerechtigkeit kann gravierend sein, und es reicht keinesfalls schon jedes nicht ganz unberechtigte Ziel aus, um sie zu rechtfertigen. Es ist vielmehr auch hier aus den im Text genannten Gründen eine Abwägung geboten.

4. Sicherheit

4.1. Sicherheit durch Frieden

Den Grundwert „Sicherheit" – verstanden als Schutz vor Verletzungen von Personen und Vermögen – im *Grundgesetz* wiederzufinden, ist nicht ganz einfach. Das mag zunächst überraschen, markiert doch das Bestreben, Frieden zu verwirklichen, geradezu den Ursprung des modernen Staats. Die schreckliche Verletzung dieses Grundwertes in den französischen und englischen Bürgerkriegen hatte für *Bodin* und *Hobbes,* die Theoretiker der staatlichen Souveränität, ja den eigentlichen Antrieb für die Entwicklung ihrer Staatstheorien gebildet (oben B I). Schaffung von Sicherheit durch Frieden kann man deshalb geradezu als Urzweck des Staates bezeichnen.[80] Wenn das Grundgesetz dennoch weder Sicher-

---

[77] *v. Arnim,* Besteuerung und Eigentum (oben FN 31), 318ff. m. w. N.; Vgl. auch *Birk,* Das Leistungsfähigkeitsprinzip als Maßstab (oben FN 59), 155ff.

[78] *v. Arnim,* Gemeinwohl und Gruppeninteressen, 294ff.

[79] *Papier,* Steuerrecht und Grundgesetz, in: 50 Jahre Wirtschaftsprüferberuf, 1981, 303 (317ff.).

[80] Auch *Adolph Wagner* ging davon aus, daß der von ihm so genannte „Rechts- und Machtzweck" als „erster und Hauptzweck des Staates betrachtet werden" müsse. *Wagner* (oben FN 13), 886. Vgl. auch jüngst *Eichenberger,* Die Sorge für den inneren Frieden als primäre Staatsaufgabe, Schweizerisches Zentralblatt für Staats- und Gemeindeverwaltung 78 (1977), 433.

heit noch inneren Frieden als Grundwert ausdrücklich nennt,[81] bedeutet dies ebensowenig wie bei anderen Grundwerten, daß Sicherheit und Frieden normativ nicht anerkannt wären. Die Ursache liegt vielmehr umgekehrt darin, daß *ihr* Grundwertcharakter derart selbstverständlich ist, daß sich eine verfassungsrechtliche Regelung erübrigt. Die Nichtaufnahme einer ausdrücklichen Bestimmung erklärt sich auch daraus, daß Frieden bereits durch den absolutistischen Staat gesichert wurde; Verfassungen kamen aber erst eine historische Entwicklungsstufe später auf und enthielten als rechtlicher Schutzwall *gegen* den Staat verständlicherweise nur solche Grundwerte, deren Beachtung und Durchsetzung diesem abgerungen werden mußte.[82] Mit der Bezeichnung der Bundesrepublik als ,,Staat" (Art. 20 I GG) erkennt aber auch das Grundgesetz Sicherheit und inneren Frieden als Grundwerte an. Gleiches ergibt sich im übrigen auch daraus, daß Sicherheit bereits als vom Grundwert der Freiheit mitumfaßt vorgestellt werden kann. Freiheit wird hier also nicht als natürliche, sondern als ,,gesicherte" Freiheit verstanden (oben 2.1).

4.2. Rechtssicherheit, Tradition

,,Rechtssicherheit", die im Grundgesetz gleichfalls nicht ausdrücklich genannt ist, wird im allgemeinen als *Bestandteil des Rechtsstaatsprinzips* angesehen. (Zu den beiden Komponenten der Rechtssicherheit: der Bestimmtheit und Dauer rechtlicher Fixierungen, oben D V 3.) Der Mensch hat ein **Bedürfnis nach klaren und eindeutigen Regelungen.** Er will wissen, was er von Rechts wegen nicht tun darf, was er zu tun hat und was seiner eigenen Entscheidung überlassen bleibt. Ohne Rechtsgewißheit wird die Initiative gelähmt. Rechtssicherheit ist deshalb auch wichtig, um eigenverantwortliche Entfaltung und Wohlstand zu ermöglichen. Es war vor allem *Max Weber,* der die Bedeutung der Rechtssicherheit für die Entfaltung von Privatinitiative hervorgehoben hat. Der klassische Wert des Gesetzes und des Vertrages lebt zu einem guten Teil daraus, daß sie das Grundbedürfnis nach Rechtssicherheit weitgehend befriedigen können (oben D II 4.3 und D V 3). Zugleich erlangen sie ihren Wert auch daher, daß sie das Moment der **Dauer** in beträchtlichem Umfang erfüllen können, welches ebenfalls einem Grundbedürfnis der Menschen entspricht. Das heißt natürlich nicht,

---

[81] Das Wort ,,Frieden" in Art. 1 II GG bezieht sich im dortigen Zusammenhang (,,in der Welt") nur auf den äußeren Frieden mit anderen Völkern. Die Formulierung ist – ebenso wie das Verbot von Angriffskriegen (Art. 26 I GG) – als Reaktion auf den von Deutschland begonnenen Zweiten Weltkrieg zu verstehen.

[82] In *unter*verfassungsrechtlichen Gesetzen haben Sicherheit und Ordnung aber durchaus ihren Niederschlag gefunden, so vor allem im Polizei-, im Straf- und im Vollstreckungsrecht.

daß Sicherheit in diesem doppelten Sinn *immer* durchschlagen müßte. Es gibt Situationen, in denen eine Veränderung unerläßlich ist und auch Unsicherheiten inkaufgenommen werden müssen. Aber im Zweifel, d. h. wenn nicht sicher ist, daß eine geplante Änderung wirklich eine Verbesserung bringt, sondern die Gefahr, daß sie zu einer Verschlechterung führt, genau so groß ist, dann – das sagt der Grundwert der Sicherheit – muß die Veränderung unterbleiben. Keine Änderungen um ihrer selbst willen! Die **Tradition** gibt im Zweifel den Ausschlag.

Auch der Wert Rechtssicherheit folgt, genau genommen, bereits aus der Freiheit, verstanden wiederum als **„gesicherte" Freiheit:** Steht nicht genau fest, was man tun darf, so wird die Freiheit „durch eine vernünftige Furcht vor ihrer Wahrnehmung beschränkt" *(Rawls).* Kann man sich auf den Fortbestand des Rechts nicht verlassen, so werden die Grundlagen für verantwortliche Dispositionen erschüttert.

4.3. Sozialer Frieden

Sozialer Frieden bedeutet schließlich das Postulat, Spannungen zwischen einzelnen Menschen und verschiedenen Teilen der Bevölkerung und Unzufriedenheit mit anzustrebenden gemeinschaftlichen Ordnungen, Institutionen und Maßnahmen möglichst zu vermeiden. Auch hier ergeben sich Überschneidungen mit und Parallelen zu anderen Zielen. So werden eine gerechte Verteilung der Freiheitsräume, ihre eindeutige gegenseitige Abgrenzung, ihre Sicherung in der Zeit und die Mitbestimmung der Menschen an den sie betreffenden Entscheidungen den sozialen Frieden im allgemeinen fördern. Die Realisierung jener Werte wirkt friedenstiftend oder, in der Terminologie *Rudolf Smends,* integrierend. Der sozialen **Integration** dient es auch, wenn Änderungen *behutsam* und möglichst nicht zu abrupt vorgenommen werden.

5. Wohlstand?

„Wohlstand", verstanden als möglichst gute und sich bessernde Versorgung der Gemeinschaft mit Gütern, ist der klassische Gegenstand der Nationalökonomie. *Adam Smiths* grundlegendes Werk trug nicht nur zufällig den Titel „Reichtum der Nationen". Auch Wohlstand und seine Vermehrung sind allerdings kein *letzter* Wert. Die moderne Theorie der Wirtschaftspolitik versteht Wohlstandssteigerung (Wachstum) denn auch nur als einen *Zwischen*wert, welcher sein Gewicht von den Grundwerten Freiheit, Gerechtigkeit und Sicherheit her empfängt. Indirekt ist Wohlstand auch in Art. 109 II GG angesprochen, der Bund und Länder verpflichtet, das gesamtwirtschaftliche Gleichgewicht bei ihrer Haushaltswirtschaft zu berücksichtigen.[83]

Wohlstand wird hier „trotz aller Verlästerungen und Verketzerungen"[84] aus drei Gründen behandelt, einmal, weil Mißverständnisse bei der *Berechnung* des Wohlstands fälschlicherweise zur Diskreditierung des Zieles selbst geführt haben; zum zweiten, um die Bedeutung des Wohlstands für die Sicherung *anderer* Werte, zugleich aber auch – drittens –, um mögliche *Konflikte* aufzuzeigen.

5.1. Sozialprodukt als Wohlstandsindikator?

Die richtige Berechnung des Wohlstands und seines Wachstums macht Schwierigkeiten. Das in herkömmlicher Weise aus der volkswirtschaftlichen Gesamtrechnung ermittelte reale Bruttosozialprodukt ist kein zuverlässiger Indikator.[85] Das zeigt das Beispiel Umweltverschmutzung. Bei Berechnung des Sozialprodukts werden nämlich die „sozialen Kosten" (social costs) nicht abgezogen, die bei der Produktion oder dem Verbrauch bestimmter Güter in Form von Umweltschädigungen entstehen, obwohl sie den Wohlstand beeinträchtigen. Dieser hängt ja nicht nur ab von der möglichst guten und reichlichen Versorgung mit Gütern, die in privater Verfügungsgewalt stehen, sondern auch von der Versorgung mit Gütern der Allgemeinheit wie reiner Luft, reinem Wasser etc. Mangels Abzugs der sozialen Kosten wird das reale Sozialprodukt also überhöht ausgewiesen. Die Heranziehung des Sozialprodukts als Wohlstandsindikator ist auch deshalb unzureichend, weil es die Knappheit bestimmter Rohstoffe, deren Verbrauch das Wohlstandsniveau auf Dauer gefährden kann, möglicherweise nicht voll widerspiegelt. Umgekehrt kommt eine Senkung der allgemeinen Arbeitszeit im Sozialprodukt nicht zum Ausdruck, obwohl sie, wenn man richtigerweise zu den ökonomischen Gütern auch Freizeit zählt, den Wohlstand erhöhen kann. Auch die sog. Schattenwirtschaft wird typischerweise nicht erfaßt.

5.2. Wohlstand als Dienstwert für andere Grundwerte und Ziele

Eine möglichst gute und sich verbessernde Güterversorgung dient der Freiheit, weil die ökonomischen Beschränkungen der Freiheit mit wachsender Versorgung vermindert werden. Von hier gewinnt das Wachstum des Wohlstandes (etwa pro Kopf der Bevölkerung gemessen)[86] seine

---

[83] Näheres bei *v. Arnim,* Gemeinwohl und Gruppeninteressen, 42f.; *ders.,* Volkswirtschaftspolitik, 152ff. Zur staatlichen Wachstumsvorsorge auch *Nicolaysen,* Festschrift für H. P. Ipsen, 1977, 485.

[84] *Ryffel,* Rechts- und Staatsphilosophie, 468.

[85] *v. Arnim,* Volkswirtschaftspolitik, 137ff. m. w. N.

[86] Zu den Einzelheiten der Bestimmung der Maßstäbe für Wachstum *Dieter Schröder,* Wachstum und Gesellschaftspolitik, 1971, 116ff.

freiheitsrelevante Bedeutung. Dabei wird allerdings vorausgesetzt, daß die Wünsche und Bedürfnisse nicht als Folge der zunehmenden Versorgung ebenso schnell oder gar noch schneller wachsen, eine Voraussetzung, deren Vorliegen von soziologischer Seite in jüngster Zeit in Zweifel gezogen wird. Manches spricht dafür, daß der objektiven Vermehrung des Wohlstandes keine Erhöhung des subjektiven Wohlbefindens entspricht.[87]

Wohlstandsmehrung ermöglicht darüber hinaus eine gleichmäßigere Verteilung der ökonomischen Güter (zu der die Entscheidungsprozesse in der Demokratie leicht tendieren) *ohne* oder bei relativ geringem Verlust an Sicherheit, weil sich in einer wachsenden Wirtschaft Einkommen (und damit potentielle Vermögen) umverteilen lassen, ohne daß man größere bestehende Vermögen und Einkommen beschneiden müßte (was dem Sicherheitsziel zuwiderlaufen würde). Denn in einer wachsenden Wirtschaft kann schon eine Beschränkung des *Zuwachses* hoher Einkommen und Vermögen zugunsten eines erhöhten Zuwachses niedriger Einkommen und Vermögen einen Umverteilungseffekt haben. Wachstum wirkt auf diese Weise konfliktmindernd, fördert also den sozialen Frieden. Entsprechendes gilt für eine Mehrung der Sicherheit. Auch sie läßt sich in einer wachsenden Wirtschaft relativ komplikationslos erreichen.

Die Beziehungen zwischen Wachstum einerseits, gleichmäßiger Verteilung und Sicherheit andererseits sind allerdings komplexer: Wachstum besitzt nicht nur Einfluß auf die anderen Werte, indem es die ökonomische Basis der Freiheit verbreitert und die Schaffung von gleichmäßigerer Güterverteilung und Sicherheit erleichtert, sondern die Wachstumsrate wird ihrerseits von der bestehenden Freiheit, der ökonomischen Güterverteilung und der Sicherheit beeinflußt. Soweit hier Ziel*harmonie* besteht, wie wohl mit formaler ökonomischer Handlungsfreiheit und mit Rechtssicherheit, die beide wachstumsförderlich sein dürften, ergeben sich keine Probleme.

5.3. Konflikt zwischen Wachstum und Umverteilung

Konflikte ergeben sich zwischen Wachstum einerseits und gleichmäßigerer Verteilung und Sicherheit (ohne Rechtssicherheit) andererseits. Denn je gleichmäßiger die Einkommen verteilt sind, desto geringer wird tendenziell die Wachstumsrate der betreffenden Volkswirtschaft sein. Diese Zusammenhänge sind ein klassisches Thema der politischen Ökonomie, mit dem schon *Adolph Wagner* sich auseinandergesetzt hat. Eine Politik der Einkommensangleichung wird in ökonomischer Sicht im allgemeinen als Bremse für das volkswirtschaftliche Wachstum angese-

---

[87] *Klages,* Überlasteter Staat – verdrossene Bürger? Zu den Dissonanzen der Wohlfahrtsgesellschaft, 1981, 21ff., 48ff., 102ff. und durchgehend; vgl. auch *Glatzer,* Soziale Probleme und Zufriedenheit, in: *Hoffmann/Nowotny* (Hrsg.), 1982, 51ff.

hen, weil mit der Gleichmäßigkeit der Verteilung die volkswirtschaftliche **Spar- und** damit auch die **Investitionsrate sinkt** und so weniger Wachstum in der Zukunft möglich wird.

Diese rein *ökonomische* Sicht ist sicher nicht unrichtig. Sie bedarf jedoch der *Ergänzung*. Hervorzuheben ist nämlich zusätzlich, daß hinter Wachstum **Leistung, Privatinitiative und Verantwortung** stehen und in dem Maße, in dem eine gleichmäßige Verteilung erzwungen wird, diese Elemente der Selbstentfaltung berührt, beeinträchtigt und zum Schluß möglicherweise abgetötet werden (unten 6).

Es gibt allerdings zwei verbreitete volkswirtschaftliche Ansätze, die versucht haben aufzuzeigen, daß der klassische Gegensatz zwischen Umverteilung und Wohlstand in Wahrheit gar nicht bestehe.

5.3.1. Pigou

A. C. Pigou, der führende Kopf der älteren Wohlfahrtsökonomie, hatte unter Wohlfahrt den gedachten Gesamtnutzen aller Bürger verstanden. Er ging davon aus, mit zunehmender Gleichmäßigkeit der Verteilung wachse auch der Wohlstand, weil Personen mit geringerem Einkommen von jeder zusätzlichen Mark mehr profitierten als Personen mit hohem Einkommen. Der Gesamtnutzen, der Gesamtwohlstand des Volkes, werde also durch Umverteilungsmaßnahmen erhöht.[88]

Diese Argumentation, die auch schon *Benthams* Prinzip von der Schaffung des größten Glücks für die größte Zahl zugrunde gelegen hatte, kann jedoch nicht überzeugen. Einmal sind schon die unterstellten Zusammenhänge zweifelhaft: Daß jemand mit höherem Einkommen von einer zusätzlichen Mark stets weniger Nutzen habe als einer mit geringerem Einkommen ist nicht zu beweisen. Vor allem aber geht das Konzept davon aus, jemand solle auf einen Teil seines Einkommens verzichten, weil dieser Teil für einen *anderen* nützlicher sei als für ihn selbst. Der Gedanke der individuellen Nutzenmaximierung wird also kurzerhand auf die Gemeinschaft übertragen. Dies läuft aber auf eine **Gruppenorganismusvorstellung** hinaus, nach der alle einzelnen als Teile eines großen Ganzen zu betrachten wären, eine Vorstellung, die mit dem – wenngleich sozialbezogenen – Individualismus, der dem *Grundgesetz* zugrundeliegt, unvereinbar ist.

Im übrigen entsteht auch bei *Pigou* über die Zeit hinweg durchaus ein Widerspruch zwischen Güterversorgung und Gleichmäßigkeit der Verteilung, da mit zunehmender Gleichmäßigkeit die Spar- und damit auch die Investitionsrate sinkt, wodurch das Wachstum beeinträchtigt wird – ganz abgesehen von den bremsenden Wirkungen auf Privatinitiative und Leistung.

---

[88] *Pigou,* A Study in Public Finance, 3. Aufl., London 1947, 47f.

5.3.2. Keynes

Der zweite Versuch, den Gegensatz zwischen Wachstum und gleichmäßiger Einkommensverteilung aufzuheben, geht auf *John Maynard Keynes* zurück. *Keynes* ging davon aus, in reifen Volkswirtschaften nehme die gesamtwirtschaftliche Sparquote immer mehr zu, ohne daß dem eine entsprechende Investitionsquote gegenüberstehe. Die Unternehmen sähen keine ausreichenden Investitionsmöglichkeiten mehr. Die Folge sei Nachfragemangel und ,,säkulare", d.h. ständige Stagnation. Eine staatliche Umverteilungspolitik könne dem entgegenwirken, denn sie erhöhe die Konsumrate, ohne aber auf Kosten der Investitionsrate zu gehen. Da die Investitionstätigkeit ohnehin hinter der Gesamtersparnis zurückbleibe, brauche auch die Umverteilung, welche die Sparrate vermindere, nicht die Investition einzuschränken.[89] Auch dieser Ansatz überzeugt letztlich nicht. Schlagwortartig könnte man einwenden, er sei ausschließlich nachfrageorientiert und verliere seine Stichhaltigkeit mit der erforderlichen Einbeziehung auch der Angebotsorientierung. Tiefer angesetzt: Auch dieser Ansatz beschränkt sich auf die rein ökonomische Sicht und ignoriert die Auswirkungen der forcierten Umverteilung auf Privatinitiative und Leistungsbereitschaft.

Das Konfliktproblem läßt sich also nicht aus der Welt schaffen. Das gilt jedenfalls für eine prinzipiell marktwirtschaftliche Ordnung. Aber auch ihre Abschaffung wäre keine Lösung; denn einerseits bliebe auch dann der Konflikt zwischen Einkommensnivellierung und Wachstum, wenn auch wohl etwas abgeschwächt, bestehen. Andererseits würden sich zusätzliche und besonders gravierende Gefahren ergeben. Nun würde nämlich die Freiheit (vom Staat) zum primär gefährdeten Wert.

6. Die Gefahren wohlfahrtsstaatlichen Übermaßes

Die Übernahme der Verantwortung des modernen Sozialstaats für praktisch alle gesellschaftlichen Prozesse begründet – auf einem neuen Niveau der Entwicklung – auch eine neue Gefahrenzone: die Gefahr eines wohlfahrtsstaatlichen Übermaßes an Intervention. Das Bestreben, die Freiheit zu hüten und Gerechtigkeit, Sicherheit und Wohlstand zu fördern, beschwört seinerseits eine immer größer werdende Gefahr für Freiheit, Gerechtigkeit, Sicherheit und Wohlstand herauf. Angesichts der Aktualität soll auf diese Zusammenhänge hier etwas näher eingegangen werden.

Das Bekenntnis zur Menschenwürde, verstanden als ,,Eigenwert"

---

[89] *Keynes,* Allgemeine Theorie der Beschäftigung, des Zinses und des Geldes, 1936, Kap. 24.

des Menschen, bedeutet, daß dieser nicht Objekt fremden Willens sein darf, auch wenn der Wille noch so gut gemeint sein sollte. Der Mensch soll vielmehr – ungeachtet der vielfachen gegenseitigen sozialen Abhängigkeit der Menschen voneinander – eigenverantwortlich handeln und daraus ein Eigenwertgefühl ableiten können. *Kant,* der sein ganzes Gedankengebäude auf dem Eigenwert der menschlichen Persönlichkeit aufbaut, bringt dies dadurch zum Ausdruck, daß er zu den ,,untrennlichen Attributen" des Staatsbürgers neben Freiheit und Gleichheit das ,,Attribut der bürgerlichen Selbständigkeit" rechnet, was voraussetzt, daß man seine ,,Existenz und Erhaltung nicht der Willkür eines anderen im Volke, sondern seinen eigenen Rechten und Kräften" verdankt.[90] Diesen Wert der bürgerlichen Selbständigkeit hat *John Rawls* ausführlich diskutiert und dabei auch die Bedeutung des ,,Gefühls, etwas zu können" und zu leisten, herausgearbeitet.[91] Gleiches ergibt die verfassungstheoretische Wertung: Das *Grundgesetz* geht vom Menschenbild der eigenverantwortlichen Persönlichkeit aus, die sich innerhalb der sozialen Gemeinschaft frei entfaltet.[92] Dazu gehört ein gewisses Selbstvertrauen, begründet durch das Bewußtsein von der eigenen Leistungsfähigkeit. Von hier erhalten **Privatinitiative,** persönliche **Leistung** und **Eigenverantwortung** ihren Stellenwert. Die Möglichkeit der persönlichen Entfaltung ist im beruflichen Bereich, dem der Mensch in der Regel den größten Teil des Tages (und der Lebenszeit) widmet, besonders wichtig. Daraus ergibt sich die große Bedeutung der **Berufsfreiheit** (Art. 12 I GG), welche das Bundesverfassungsgericht auch von Anfang an unterstrichen hat, und die wichtige Rolle der **Eigentumsgarantie** (Art. 14 GG) als Garantie des durch die berufliche Tätigkeit Erworbenen. ,,Eigentum" in diesem Sinne ist heute weniger *Sach*eigentum, als vor allem (Markt-)*Einkommen,* welches die Beteiligung der Menschen am laufend produzierten Sozialprodukt vermittelt und sich rechtlich etwa als Lohnforderung oder als Mehrung des Betriebsvermögens niederschlägt.[93]

Kant hatte an das Fehlen bürgerlicher Selbständigkeit noch den Verlust des politischen Wahlrechts geknüpft (oben E IV 1.1.1). Solch rigorose Konsequenz ist mit dem modernen Demokratieprinzip nicht mehr vereinbar. Auch dem Sozialhilfeempfänger kann und soll das Wahlrecht nicht genommen werden. Doch sind drei andere, ,,weichere" Folgerungen unabweisbar: Einmal sind **Sozialleistungen,** welche der Staat Bedürftigen (in Form von Geld- oder Sachleistungen) zuwendet, **von min-**

---

[90] *Kant,* Metaphysik der Sitten I, § 46 (unveränd. Abdr. der 4. Aufl. von 1922, Leipzig 1945, hrsg. und mit Einl. von *Vorländer,* 136f.).

[91] *Rawls,* Theorie der Gerechtigkeit, Abschn. 67 (S. 479ff.).

[92] So BVerfG, z. B. E 30, 173 (193). Vgl. auch *Starck,* Ist der kategorische Imperativ ein Prinzip des Sozialstaats?, ZRP 1981, 97ff.

[93] *v. Arnim,* Besteuerung und Eigentum (oben FN 31), 304ff., 309f.

derem Wert als durch *eigene* Leistung Erworbenes.[94] Sicher gehört es zur Würde des Menschen, daß er über eine ökonomische Mindestausstattung verfügt. Daß sich damit die Würde aber nicht *voll* herstellen läßt, erfährt man schlaglichtartig, wenn Personen es bisweilen als „unter ihrer Würde" ablehnen, Sozialleistungen in Anspruch zu nehmen. Umverteilung ist nur eine Krücke für die Aufrechterhaltung der (ökonomischen Komponente der) Würde, deren *voller* Inhalt darin besteht, den Menschen die Möglichkeit zu geben, sich ihre ökonomische Grundlage *selbst* zu schaffen. Menschenwürdiger als die finanzielle Umverteilung ist immer die **Hilfe zur Selbsthilfe.**

Dies erklärt auch die große Bedeutung eines hohen Beschäftigungsstandes. Selbst wenn staatliche Zahlungen an Arbeitslose den materiellen Verlust voll ausglichen, wäre dies kein vollwertiger Ersatz, weil den Betroffenen mit der Arbeit und der beruflichen Entfaltung wesentliche Komponenten der persönlichen Selbstentfaltung und damit auch des Selbstwertgefühls vorenthalten werden. Arbeitslosigkeit wird deshalb auch bei voller wirtschaftlicher Absicherung durch kompensatorische Sozialleistungen oft als eine Art sozialer Aussperrung verstanden. Ein hoher Beschäftigungsstand verhindert demgegenüber, daß die verfassungsrechtliche Garantie der Berufsfreiheit faktisch teilweise leerläuft und entwertet wird.

Aus dem Leitbild vom selbstverantwortlichen Menschen folgt weiter – und das ist die *zweite Konsequenz* –, daß der Staat das soziale Leistungssystem derart einzurichten hat, daß eine **Korrumpierung** der Menschen **vermieden** wird. Was damit gemeint ist, ist so komplex, gleichzeitig aber auch von so elementarer Wichtigkeit und Aktualität, daß ein gewisses Ausholen unvermeidlich ist. Will man staatliche Interventionen beurteilen, so darf man nicht nur auf die jeweilige Einzelmaßnahme blicken, sondern muß auch und gerade das *Gesamtbild* mit seinen vielfachen Rückwirkungen und verästelten langfristigen Weiterungen ins Auge fassen. Dies deshalb, weil auch dann, wenn jede Einzelmaßnahme für sich genommen gerechtfertigt und notwendig erscheinen mag, eine alles berücksichtigende Gesamtbetrachtung doch zu einer anderen Beurteilung veranlassen und eher Zurückhaltung hinsichtlich der Staatsintervention nahelegen kann. Das soll am Beispiel staatlicher Leistungen an Arbeitslose illustriert werden. Arbeitslosigkeit ist in einer Leistungsgesellschaft ein schweres Los, weil sie den Betroffenen die berufliche Betätigung (und damit die Chance der beruflichen Entfaltung) nimmt. So gesehen, scheint, wenn Arbeitslosigkeit sich nicht unterbinden läßt, viel dafür zu sprechen, die Betroffenen wenigstens materiell möglichst umfassend zu

---

[94] Die Menschen haben dafür ein waches Gespür. Dies zeigt sich etwa daran, daß eine staatliche Leistung an den Bürger eine gleichzeitig erfolgende Belastung in der Wertung der Betroffenen auch dann nicht kompensieren kann, wenn beide Zahlungen gleich hoch sind. Dazu Bericht der Transfer-Enquête-Kommission, 1981, 15 u. 61.

entschädigen, d. h. Kompensationszahlungen dem Arbeitseinkommen möglichst anzunähern, den Abstand also gering zu halten oder ganz zu beseitigen, um zu dem sozialpsychischen Leid nicht noch materielles hinzukommen zu lassen.

Diese Argumentation beruht aber auf einer wichtigen – oft völlig übersehenen – *Voraussetzung*. Sie ist nämlich nur so lange schlüssig, als die Menschen tatsächlich auch ein Bedürfnis nach beruflicher Entfaltung, Betätigung und Leistung haben. Dieses Bedürfnis ist aber durchaus nichts unverrückbar Selbstverständliches. Es bedarf vielmehr der Pflege und Stützung. Es braucht eine soziale und rechtliche Ambiance, in der es gedeihen kann. Dazu gehört, daß auch der **Zusammenhang zwischen Leistung und materiellem Erfolg** aufrechterhalten bleibt: Leistung muß sich auch wirtschaftlich lohnen. Dieser Aspekt ist sogar immer wichtiger geworden. Je weniger Erfüllung eine – durch die Arbeitsteilung erzwungene – zunehmend einseitige Tätigkeit dem Durchschnittsmenschen bieten kann („Entfremdung"), desto mehr Gewicht muß das *materielle* Äquivalent der Leistung in der Einschätzung der Betroffenen gewinnen. Künstler, Wissenschaftler, Richter, Politiker und manch andere Arten von „Selbständigen" mögen bei ihrer beruflichen Tätigkeit ein so hohes Maß an Entfaltung und Erfüllung empfinden, daß, sofern nur gewisse materielle Mindeststandards erreicht sind, der *finanzielle* Erfolg für sie vielleicht recht nebensächlich erscheint. Solche Entfaltungsmöglichkeiten, wie sie die genannten Berufsgruppen noch haben, ist heute aber eher die Ausnahme. Auf den durchschnittlichen Arbeitnehmer trifft sie sicher nicht zu. Hohe Sozialleistungen, welche den Ausfall der eigenen Arbeits- und Erwerbsleistung kompensieren, begründen dann um so leichter die Gefahr, daß sich allmählich auch die Grundeinstellung der Menschen selbst wandelt. Wenn es sich nicht mehr lohnt, Leistung zu erbringen, könnte das heute noch warnend an die Wand gemalte Bild vom **Sozialschnorrer,** der eigene Leistung verweigert und – via staatliche Übertragungen – andere für sich arbeiten läßt, in nicht allzu ferner Zukunft Wirklichkeit werden. Diese Befürchtung ist um so realistischer, je mehr Einfluß die Betroffenen selbst auf den Eintritt und das Fortbestehen der Voraussetzungen für den Erhalt staatlicher Leistungen (Arbeitslosigkeit, Krankheit, Eintritt in den Ruhestand) erhalten.

Bei der Beurteilung von Sozialleistungen sind also – das sollte hier gezeigt werden – auch die Rückwirkungen auf den Leistungswillen der Menschen mit zu berücksichtigen und in die Beurteilung einzubeziehen. Der Staat hat die Funktion, die Entfaltung der Menschen – gerade auch im beruflichen Bereich – zu fördern. Dem widerspricht es, wenn die Menschen durch staatliche Regelungen und Leistungen derart umschlungen werden, daß Privatinitiative sich nicht mehr lohnt und im Keim erstickt wird. Dann ist für die Eigenverantwortlichkeit, die der Mensch wie ein Lebenselement für seine Entwicklung zur Persönlichkeit braucht, allmählich kaum mehr Platz.[95] Macht die staatliche Fürsorge Privatinitiative und Eigentätigkeit immer nutzloser, wird diese auch immer seltener. Man verlernt es, sich auf die eigenen Kräfte zu verlassen, wenn man überall die Möglichkeit hat, sich in die Obhut des Staates zu begeben. Der menschliche Wille wird, wie *Tocqueville* formuliert hat, auf diese Weise zwar nicht zerschlagen, aber gedämpft und gewandelt; die Menschen werden weniger mit Gewalt zu etwas gezwungen, als vielmehr dauernd von eigenem selbständigen Handeln zurückgehalten. ,,Solch eine Macht zerstört nicht, sondern untergräbt die menschliche Existenz".[96] Es droht der ,,Weg in die Knechtschaft".[97] Eine solche Entwicklung widerspräche dem eigenverantwortlichen Menschenbild des Grundgesetzes, liefe dem Solidaritätsprinzip diametral entgegen und würde mit der Leistungskraft der Wirtschaft letztlich auch die Basis der Sozialleistungen selbst gefährden.[98]

Man mag sich an *Aesops* Fabel vom Wolf und dem Hofhund erinnert fühlen und an die Worte des Wolfs, er bleibe lieber hungrig, aber frei, als wohlgenährt und in Ketten. Die Fabel bringt das für unser Problem Wesentliche allerdings noch nicht einmal voll zur Geltung: Während nämlich der Hofhund Nahrung und Schutz vom Bauern, also von einem *außenstehenden Dritten,* erhält, trifft dies auf die ,,vom Staat" gewährten Leistungen nur scheinbar zu. In Wahrheit müssen sie nämlich alle von den Menschen selbst aufgebracht werden. Dies aber setzt eine möglichst gut funktionierende Gesamtwirtschaft voraus, die ihrerseits von der Leistungsbereitschaft der Menschen lebt. Wird diese allmählich erdrosselt, dann entfällt mit der Freiheit auch der Wohlstand. Anders als in der Fabel haben wir also gar *keine Wahl* zwischen Freiheit und Wohlstand. Ein Übermaß an Staatsleistungen setzt vielmehr beides gleichzeitig aufs Spiel.

Schließlich – und das ist die *dritte Konsequenz* – geht die Gemeinschafts-

---

95 Auf die interessante Sonderproblematik der sog. Schattenwirtschaft kann hier nicht eingegangen werden.

96 *Tocqueville,* De la Démocratie en Amérique (1864), II. Bd., 4. Buch, VI. Kap. (übersetzt aus der amerikanischen Ausg.: *Alfred A. Knopf,* New York 1948, S. 319).

97 So der Titel des Buchs von *v. Hayek* (amerikanischer Originaltitel: Road to Serfdom [1944]). Auch *Tocqueville* spricht im gleichen Zusammenhang bereits von einem ,,Weg in die Knechtschaft" (oben FN 96), II. Bd., 4. Buch, I. Kapitel (S. 288 der angegebenen amerikanischen Ausgabe).

98 Entgegen *Luhmann,* Politische Theorie im Wohlfahrtsstaat, 1981, 143ff., läßt sich aus den Grundwerten also durchaus eine Zurückweisung wohlfahrtsstaatlichen Übermaßes ableiten. *Luhmanns* Argumentation ist von einem inneren Widerspruch gekennzeichnet. Einerseits kritisiert er die Irrlichter der Volksbeglückung und plädiert für eine Selbstbeschränkung der Politik, für ein restriktives Politikverständnis, andererseits kann er dieses Plädoyer – mangels Fundierung auf Grundwertungen – letztlich nicht begründen.

ordnung des Grundgesetzes nicht nur im Bereich der Gesellschaft von einem eigenverantwortlichen Menschen aus, sondern auch bei der *politischen* Willensbildung. Auch hier ist der selbstverantwortlich handelnde Bürger ,,unverzichtbare Voraussetzung des demokratisch organisierten Staates".[99] Auf welche Weise aber, so hat schon *Tocqueville* rhetorisch gefragt, sollen Menschen, die sogar im kleinen eigenen Kreis selbstverantwortliches Handeln verlernt haben, die Fähigkeit bewahren, vernünftige und verantwortliche *Wahl*entscheidungen zu treffen? Wie soll ein im privaten Bereich zunehmend Entmündigter seine Mündigkeit in öffentlichen Angelegenheiten erhalten?

III. Grundwerte in Staat und Gesellschaft

1. Einheit der Grundwerte in Staat *und* Gesellschaft

Die Grundwerte sind nicht auf die staatliche oder die gesellschaftliche Ordnung beschränkt, sondern umfassen *beide* Bereiche in gleicher Weise; sie sind Grundwerte der Gemeinschaft Bundesrepublik Deutschland,[100] die Staat *und* Gesellschaft umgreift. Dies ist oben bei Schilderung der Entwicklung der Grundwerte (unter B–E) ganz deutlich geworden; die Schilderung hat sich ja nicht auf den Staat oder die Gesellschaft beschränken können; vielmehr hat sie durch die Einbeziehung beider Ordnungen deren Zusammengehörigkeit und Wechselbezüglichkeit hervortreten lassen. Zugleich hat sich gezeigt, daß die eigentlichen Kriterien für die gegenseitige Zuordnung von Staat und Gesellschaft sich aus ihrer relativen Fähigkeit, die Grundwerte zu realisieren, ergeben. Das sei anhand einiger Beispiele noch einmal in Erinnerung gerufen: Den Grundwert *Sicherheit* können die gesellschaftlichen Selbststeuerungsverfahren nicht allein verwirklichen (oben B und D V 1). Deshalb müssen staatliche Entscheidungsmechanismen für seine Realisierung sorgen. Die Gängelung der Wirtschaft durch den absolutistischen Wohlfahrtsstaat führte zur Beschränkung der *Freiheit* und zur Minderung des Wirtschaftserfolges. Deshalb mußte der Staat sich zurückziehen (D I, II und VI). Sobald man erkannte, daß die selbstgesteuerte Wirtschaft *Krisen* nicht verhindern kann, wohl aber der Staat, muß dieser die Aufgabe der Krisenbekämpfung übernehmen (E II 3 und E VI). Ebenso wird es zur staatlichen Aufgabe, *soziale Gerechtigkeit* möglichst zu verwirklichen, wenn diese in der selbstgesteuerten Gesellschaft notleidet (E II 1 und E IV, V). Erträglich ist der Staat seinerseits aber nur, wenn seine Maßnahmen auf bestimmte Weise zustande kommen, nämlich demokratisch (allgemeines Wahlrecht

---

[99] *Starck,* Kategorischer Imperativ (oben FN 92), 98; vgl. auch *ders.,* Vom Grund des Grundgesetzes, 1979, 24ff., 56ff.

[100] Der Begriff ,,Gemeinschaft" ist aus Art. 1 II GG entnommen.

etc.) und rechtsstaatlich (Rechtssicherheit, Schutz bestimmter privater Bereiche).

Die Betonung, daß die Grundwerte für die staatliche und die gesellschaftliche Ordnung einheitlich gelten, steht in Gefahr, mißverstanden zu werden – und zwar in verschiedenen Richtungen. Die hier vertretene Ansicht scheint auf den ersten Blick die Folgerung zu enthalten, die *einzelnen Bestimmungen des Grundgesetzes,* welche ja durchweg nichts anderes als Konkretisierungen der Grundwerte darstellen, müßten auch innerhalb der *Gesellschaft* Anwendung finden. Solche Folgerung wäre jedoch kurzschlüssig.[101] Die *Grundwerte* umfassen zwar die staatliche und die gesellschaftliche Ordnung in gleicher Weise. Aus ihnen können sich für beide Bereiche aber durchaus *unterschiedliche* Konkretisierungen ergeben. Dies wird sogleich unter IV 2 und 3 noch näher dargelegt werden.

Die Feststellung, daß die Grundwerte für den staatlichen und den gesellschaftlichen Bereich gelten, darf schließlich auch nicht dahin mißverstanden werden, Staat und Gesellschaft würden ihnen tatsächlich in vollem Umfang stets entsprechen, sondern lediglich in dem Sinne, daß sie ihnen entsprechen *sollten.* Es gibt natürlich Abweichungen zwischen Ist und Soll. Das Aufkommen der Grundwertediskussion seit Anfang der 70er Jahre in der Bundesrepublik ist geradezu ein Symptom für solche Abweichungen. Grundwerte pflegt man immer erst dann zu beschwören, wenn es des Kompasses bedarf, um eine als unbefriedigend empfundene tatsächliche Entwicklung zu korrigieren. Die Grundwerte geben die Kriterien ab, die es erlauben, den tatsächlich vorgefundenen Zustand und die Entwicklung von Staat und Gesellschaft zu beurteilen, zu kritisieren und möglicherweise Verbesserungsvorschläge zu entwerfen.

2. Grundwerte als Basis der angewandten Sozialwissenschaften

Auch mehrere Zweige der Sozialwissenschaften, die sich als angewandte Wissenschaften Gedanken über die richtige Ordnung der Gesellschaft bzw. – Folge der Segmentierung der Wissenschaftsdisziplinen – der richtigen Ordnung bestimmter gesellschaftlicher *Teil*bereiche machen, gehen wie selbstverständlich davon aus, daß die maßgeblichen Grundwerte nicht nur für den staatlichen, sondern auch für den gesellschaftlichen Bereich der Gemeinschaft Geltung beanspruchen. Dementsprechend führen sie ihre Empfehlungen über das Ob, das Wie und das

101 Aus diesen Gründen kann der Satz des Bundesverfassungsgerichts, das „Wesen der Verfassung" bestehe darin, „eine einheitliche Ordnung des politischen und gesellschaftlichen Lebens zu sein" (E 19, 206), nur im Sinne einer einheitlichen Geltung der *Grundwerte* verstanden werden.

Wieviel staatlicher Aktivitäten ausdrücklich auf Grundwerte zurück. Hier sind vor allem die **Wirtschaftswissenschaften** zu nennen. So stützt die Politische Ökonomie, welche Richtigkeitskriterien für die praktische Wirtschaftspolitik zu ermitteln sucht, ihr Gedankengebäude ebenso auf Grundwerte ab[102] wie die **Theorie der** rationalen **Steuer- und Finanzpolitik.**[103] In eine ähnliche Richtung, aber zumeist weniger konkret, gehen Zweige der **Politikwissenschaft.**[104] Insoweit geben die modernen Sozialwissenschaften ihre positivistische Beschränkung auf die Empirie auf, sie betreiben nicht nur scientia, sondern auch *prudentia. Gerhard Weisser* ist sogar für die *Begründung einer normativen Grunddisziplin* für alle Sozialwissenschaften eingetreten,[105] ohne dabei allerdings die *Verfassungstheorie* in den Blick zu bekommen, welche doch eigentlich für diese Funktion prädestiniert ist. Es will mir sogar scheinen, daß die verfassungstheoretische Bestimmung der Grundwerte nicht nur eine Möglichkeit unter anderen, sondern der einzig wirklich überzeugende Ansatz ist. Ein Indiz für die Richtigkeit dieser These sehe ich auch in der Kontroverse zwischen *Gerhard Weisser* und *Hans Albert* und in der dabei zum Ausdruck gekommenen Verlegenheit *Weissers,* die von ihm mit Recht postulierten letzten Werte auch zu *begründen.* Ohne die allein tragfähige verfassungstheoretische Fundierung, zu der *Weisser* eben nicht durchstößt, wird *Albert* die Kritik leicht gemacht,[106] so daß *Weisser* schließlich glaubt, ihm bleibe nichts anderes übrig, als die Grundwerte als ,,Axiome" *bekenntnis*mäßig einzuführen, die ,,eine Begründung nicht gestatten, aber auch nicht verlangen".[107]

---

102 Nachweise bei *v. Arnim,* Volkswirtschaftspolitik, 45ff.; *Tuchtfeldt,* Art. ,,Wirtschaftspolitik", in: HdWW, 9. Bd. (1982), 178 (181ff.).

103 Z.B. *Haller,* Finanzpolitik, 1. Aufl., 1957, 124ff.; *ders.,* Die Steuern, 1. Aufl., 1964, 201ff.; *Neumark,* Grundsätze gerechter und ökonomisch rationaler Steuerpolitik, 1970, 28ff.

104 Insbes. *Hennis,* Zum Problem der deutschen Staatsanschauung (1959), in: *ders.,* Politik als praktische Wissenschaft, 1968, 11; *ders.,* Politik und praktische Philosophie, 1963; weitere Nachweise bei *Ryffel,* Rechts- und Staatsphilosophie, 77ff.

105 *Weisser,* Politik als System aus normativen Urteilen, 1951; *ders.,* Das Problem der systematischen Verknüpfung von Normen und von Aussagen der positiven Ökonomie in grundsätzlicher Betrachtung, erläutert anhand des Programms einer sozialwissenschaftlichen Grunddisziplin aus Empfehlungen und Warnungen, in: *v. Beckerath/Giersch* (Hrsg.), Probleme der normativen Ökonomik und der wirtschaftspolitischen Beratung, Schriften des Vereins für Socialpolitik, Bd. 29 (1963), 16; vgl. auch *Lompe,* Wissenschaftliche Beratung der Politik, 1966.

106 *Albert,* Konstruktion und Kritik, 1972, 98f., 104.

107 Vgl. *Lompe* (oben FN 105), 143ff. m.w.N., der auch eine eingehende Darstellung der Thesen *Weissers* gibt und ihnen im wesentlichen zustimmt.

3. Der bleibende Sinn der *Unterscheidung* von Staat und Gesellschaft

Die überkommene Unterscheidung von Staat und Gesellschaft, die auch hier (wenn auch mit den sogleich zu behandelnden Modifikationen) zugrunde gelegt worden ist, wird in ihrer Berechtigung zunehmend angezweifelt, vor allem von sozialwissenschaftlicher Seite. In der Tat bestehen heute vielfache **Verbindungen und Übereinstimmungen** zwischen beiden Bereichen, die eine Unterscheidung bei oberflächlicher Betrachtung als überholt erscheinen lassen mögen. So kann dem Staat des Grundgesetzes kein Eigenwert mehr zuerkannt werden. Es gibt keine spezifischen Staatsinteressen. Der Staat hat vielmehr die Interessen der vom Grundgesetz verfaßten menschlichen Gemeinschaft wahrzunehmen. Der Staat – das sind wir, wie schon *Friedrich Naumann* gesagt haben soll. Der Staat des Grundgesetzes ist der Staat seiner Gesellschaft. Die Verfolgung irgendwelcher anderer Interessen als der der Menschen wäre illegitim (oben G II 1). Die Grundwerte Menschenwürde, Freiheit und Gerechtigkeit gelten einheitlich für Staat und Gesellschaft (oben G III 1). Der moderne Staat interveniert auch vielfach „in die Gesellschaft" (oben E IV), wie umgekehrt „die Gesellschaft" vielfach Einfluß auf die „Staatswillensbildung" nimmt, etwa durch ihr Abstimmungsverhalten bei Wahlen oder durch Interessenverbände (unten I und J).

Diese Entwicklungen haben die Unterscheidung von Staat und Gesellschaft in den Augen mancher obsolet gemacht. Wer die Unterscheidung auf einen Eigenzweck des Staates gründet, wer sie durch die Abschichtung gesellschaftlicher Bereiche, die für den Staat von vornherein verschlossen sein sollen, charakterisiert sieht, oder umgekehrt durch eine von der Gesellschaft abgeschottete und von ihr unbeeinflußte staatliche Willensbildung, der wird mit dem *Fortfall* dieser Begründungen auch den Sinn der Unterscheidung von Staat und Gesellschaft selbst dahinschwinden sehen. In Wahrheit ist der Sinn dieser Unterscheidung auch heute keineswegs entfallen.[108] Der Unterschied besteht allerdings weder im *Inhalt* der Interessen noch in der gegenseitigen *Abgrenzung* zweier Bereiche, sondern in der **Organisation** und im **Verfahren** der Interessenwahrnehmung. Die staatlichen Willensbildungs- und Entscheidungsverfahren sind andere als die gesellschaftlichen;[109] dies ist oben im einzelnen

---

108 Aus dem umfangreichen staatsrechtlichen Schrifttum sei verwiesen auf *Ehmke,* „Staat" und „Gesellschaft" als verfassungstheoretisches Problem, Festgabe für Rudolf Smend, 1962, 23; *Böckenförde,* Die verfassungstheoretische Unterscheidung von Staat und Gesellschaft als Bedingung der individuellen Freiheit, 1973; *Hesse,* Bemerkungen zur heutigen Problematik und Tragweite der Unterscheidung von Staat und Gesellschaft, DÖV 1975, 437 m. w. N.

109 Dabei ist es eine Frage des begrifflichen Geschmacks, ob man die „staatlichen" den „gesellschaftlichen" Verfahren gegenüberstellt oder ob man die staatlichen Verfahren als eine Sonderform der gesellschaftlichen insgesamt bezeichnet.

dargelegt worden (B–E). Daraus – und aus der Erkenntnis, daß die Unterscheidung von Staat und Gesellschaft heute nicht mehr nach Sachbereichen vorzunehmen ist – folgt, daß in ein und demselben Bereich gesellschaftliche und staatliche Verfahrensweisen zusammenwirken und sich gegenseitig ergänzen können – und das ist durchaus der Normalfall. Sogar das klassische marktwirtschaftliche Selbststeuerungsmodell kam nicht ohne staatlich gesetzte Rahmenordnung einschl. der Gerichte und Vollstreckungsbehörden aus, die die Einhaltung dieser Ordnung sicherstellen sollten.

Die Unterscheidung von Staat und Gesellschaft, d. h. der staatlichen und der gesellschaftlichen Willensbildungs- und Entscheidungssysteme, ist aus mehreren Gründen *unerläßlich:* Einmal ist nur auf dieser Grundlage eine **Begrenzung staatlicher Aktivität** möglich; ohne sie müßten die Grundrechte leerlaufen. Zum zweiten – und im Zusammenhang damit – setzt auch die **Entwicklung einer staatlichen Aufgabenlehre** die Unterscheidung von Staat und Gesellschaft als notwendige Bedingung voraus; als weitere – hinreichende – Bedingung für die Entwicklung einer Staatsaufgabenlehre muß darüber hinaus noch die Erkenntnis hinzukommen, daß gesellschaftliche Steuerungsmechanismen – soweit sie funktionieren – ein höheres Niveau der Grundwerterealisierung bewirken können als staatliche (oben D II 4.3, D VI 1 und G II 6); aus beiden Bedingungen ergibt sich als Konsequenz der Satz ,,Im Zweifel für die Gesellschaft". Der Verdacht liegt nahe, daß manche, die die Unterscheidung von Staat und Gesellschaft verwerfen, dies eben mit der Absicht tun, diese Konsequenz zu verwischen. Drittens wird es sich herausstellen, daß die staatlichen Verfahren eine **andere** innere Haltung und **Einstellung** der Menschen postulieren als die gesellschaftlichen (dazu unten G VII 6).

IV. Grundwerte und verwandte Kategorien

1. Grundwerte und Staatszwecke

Die überkommene Allgemeine Staatslehre pflegt von bestimmten ,,Staatszwecken" auszugehen.[110] Wir ziehen jedoch den Begriff ,,Grundwerte" vor, weil er besser geeignet ist, die normative Basis einer Staatslehre der Bundesrepublik zu kennzeichnen. Der Begriff **Staatszwecke** ist mißverständlich und unzureichend. Er ist **mißverständlich,** weil er in der Allgemeinen Staatslehre die möglichen Zwecke ganz *unterschiedlicher*

---

[110] *Jellinek,* Staatslehre, 230ff.; *Küchenhoff,* Staatslehre, 87ff.; vgl. auch *Herzog,* Staatslehre, 105ff.

Staatsformen umfaßt, während es uns nur um die konkrete Gemeinschaft der Bundesrepublik und die *ihr* zugrundeliegenden Werte geht. Vor allem könnte die Verwendung des Begriffs „Staatszwecke" den Eindruck erwecken, der Staat solle oder dürfe (zumindest auch) eigene, nicht vom Menschen abgeleitete Zwecke verfolgen. Eine solche Vorstellung vom Staat als Selbstzweck hat in der Geschichte der deutschen Staatslehre eine große Rolle gespielt. Sie ist zwar seit längerem im Rückzug begriffen,[111] wird aber auch heute noch vertreten, meist zwar nur stillschweigend und zwischen den Zeilen, bisweilen aber ausdrücklich, so z. B. von *Herbert Krüger*[112] und *Walter Leisner.*[113] Sie geht auf mehrere Wurzeln zurück, deren wichtigste die Vorstellung vom Staat als gewachsenem Organismus ist. Danach soll der Staat (wie auch andere menschliche Verbände) eine Art eigene Persönlichkeit besitzen und schon deshalb, unabhängig von der Erfüllung menschlicher Zwecke, ein autonomes Existenzrecht haben.[114] Die Selbstzweckvorstellung, die in der Tendenz zur Immunisierung des Staates gegen Kritik führt, ist mit dem anthropozentrischen Ausgangspunkt des Grundgesetzes, von dem eine Staatslehre der Bundesrepublik ausgehen muß, unvereinbar. Der Staat leitet seinen Wert allein daraus ab, daß er gleichsam als Werkzeug und Instrument der Menschen zur besseren Wahrung ihrer Belange fungiert (oben G II 1).

Der Begriff „Staatszwecke" ist darüber hinaus – auch und gerade wenn man sich auf den Boden der anthropozentrischen Grundentscheidung stellt – **unzureichend,** um die *gesamte* Wertbasis einer Gemeinwohllehre umreißen zu können. Das Bekenntnis der Gemeinschaft zu irgendeinem Grundwert ist ja noch nicht gleichbedeutend mit der Aufforderung an den *Staat,* zur Realisierung dieses Grundwerts tätig zu werden. Denn es kann auch außerhalb der staatlichen Organisation Kräfte und Verfahrensweisen geben, die diesen Wert – vielleicht sogar besser als der Staat – zu realisieren vermögen. Daß die Selbststeuerungsmechanismen der Gesellschaft einen wesentlichen Part bei der Verwirklichung von Grundwerten spielen, ist die bleibende Lehre, die uns der Liberalismus (oben D) trotz aller Modifikationen, die wir heute vornehmen müssen, vermittelt hat. Zur bestmöglichen Realisierung der Grundwerte kann anstelle von staatlicher Aktivität durchaus **staatliche Abstinenz**

---

111 *Forsthoff,* Rechtsfragen der leistenden Verwaltung, 1959, 13: „Nach herkömmlicher Auffassung dient der Staat ... seinen eigenen Zwecken ... Es ist interessant zu sehen, daß sich dieses Konzept im Abbau befindet."

112 *Krüger,* Staatslehre, 677: „Der Staat ist ein Wert an sich und nicht erst ein Wert durch das, was er für andere Werte bedeutet."

113 *Leisner,* Effizienz als Rechtsprinzip, 1971, 60: „Der Staat muß sich nicht bestätigen. Er ist nicht, weil er wirkt, sondern er wirkt, weil er ist."

114 So vor allem *v. Gierke,* z. B. in: Das Wesen der menschlichen Verbände, Ausgabe: Darmstadt 1954, 21 ff., 36 und durchgehend.

geboten sein. Insoweit kann man von *Staats*zwecken sinnvollerweise aber nicht mehr sprechen; allenfalls wäre hier der Ausdruck *Gesellschafts*zwecke angebracht. Staatliche Abstinenz ist hier nicht Zweck, sondern eine Verhaltensweise des Staates, um der Zweckerreichung durch die Gesellschaft nicht im Wege zu stehen.

Hinzu kommt, daß es den Grundwerten nicht nur um das Erreichen bestimmter Zwecke geht, sondern auch um das *Wie,* um die Art und Weise ihrer Erreichung. Ein solcher „modaler" Wert ist die freiheitliche Mitbestimmung, die ihren Ausdruck (für den staatlichen Bereich) vor allem im allgemeinen, gleichen Wahlrecht findet. Es wäre nun aber unvollkommen und schief, wenn man freiheitliche Mitbestimmung als Staatszweck bezeichnen wollte. Denn hier geht es – unabhängig von dem Inhalt, von dem Wozu und Wofür der Entscheidungen – darum, *auf welche Weise* sie getroffen werden, nämlich unter Mitwirkung und Kontrolle der Staatsbürger. Auch aus diesem Grunde ist der Begriff „Grundwerte" dem der „Staatszwecke" vorzuziehen.

2. Grundwerte und Staatsgrundsätze (Demokratie, Rechtsstaat, Sozialstaat)

Die Grundwerte sind eng verwandt mit den Grundsätzen der Demokratie, des Rechts- und Sozialstaats. Sie sind aber nicht mit ihnen identisch. Die Grundwerte stehen sozusagen *hinter* den Staatsgrundsätzen; so stehen z. B. individuelle Selbstbestimmung, Rechtssicherheit und Gerechtigkeit hinter dem Rechtsstaatsprinzip und politische Mitbestimmung hinter dem Demokratieprinzip;[115] die Staatsgrundsätze umfassen sie, sind sozusagen von ihnen erfüllt. Werden aber *Abwägungen* nötig, so können die eigentlichen Abwägungselemente immer nur die Grundwerte selbst sein. Darüber hinaus bekommt man bestimmte Probleme von Staat und Gesellschaft überhaupt nur ins Visier, wenn man auf die Grundwerte zurückgeht.

Die Notwendigkeit, von den Grundwerten auszugehen, zeigt sich schon dann, wenn die Abwägung zwei Grundwerte betrifft, die von demselben Staatsgrundsatz umfaßt werden, z. B. Gerechtigkeit und Rechtssicherheit, die beide dem Rechtsstaatsprinzip zugeordnet werden. Gleiches gilt, wenn umgekehrt ein und derselbe Grundwert von zwei Staatsgrundsätzen umfaßt wird. So wird freiheitliche Selbstbestimmung sowohl vom Rechtsstaatsprinzip (als individuelle Freiheit) als auch vom Demokratieprinzip (als politische Mitwirkung) umfaßt.

Die **Überlegenheit des Grundwerteansatzes** wird auch dann deutlich,

---

[115] Dies ist näher ausgeführt bei *v. Arnim,* Gemeinwohl und Gruppeninteressen, 35–47.

wenn es um ein wertendes Vergleichen gesellschaftlicher und staatlicher Entscheidungsmechanismen geht. Hier versagen die Staatsgrundsätze als Wertungsmaßstäbe, weil sie sich ja nur auf *einen* Bereich, den staatlichen, beziehen. Rechtsstaats-, Demokratie- und Sozialstaatsprinzip gelten nur für den Staat, nicht auch für die Gesellschaft. Das wird besonders deutlich bei den speziellen Ausprägungen der Staatsgrundsätze, so z. B. dem allgemeinen, gleichen Wahlrecht, der parlamentarischen Verantwortlichkeit der Regierung und der Chancengleichheit der Parteien als Ausprägungen des Demokratieprinzips, den Grundrechten und der Gewaltenteilung als Konkretisierungen des Rechtsstaatsprinzips; es gilt aber auch für die Staatsgrundsätze ganz allgemein. Anders die Grundwerte. Sie beziehen sich in gleicher Weise auf Staat *und Gesellschaft* (oben G III 1). Sie können deshalb auch eine Meßlatte für die vergleichende Bewertung gesellschaftlicher und staatlicher Aufgabenerfüllung abgeben. Erst das Zurückgehen auf Grundwerte erlaubt es, zum sog. Subsidiaritätsprinzip Stellung zu nehmen und eine Lehre von den staatlichen Aufgaben zu konzipieren (unten V II 1 und 2). An einer solchen Lehre fehlt es in der Staatsrechtslehre bisher, obwohl ihre Konzeption immer wieder als desideratum beschworen worden ist. Auch hier zeigt sich die Problemangemessenheit des hier entwickelten Ansatzes. Denn ein wesentlicher Grund für das bisherige Unvermögen, eine Staatsaufgabenlehre zu konzipieren, liegt eben darin, daß der Staatsrechtslehre in ihrer Fixierung auf die Staatsgrundsätze der allein adäquate Grundwerte-Ansatz bisher nicht in den Blick gekommen ist.

3. Grundwerte und Grund*rechte*

Die Tragfähigkeit des Grundwerte-Ansatzes zeigt sich auch bei Interpretation der Grundrechte und einiger sich dabei ergebender Probleme. Zwei Problemgruppen seien zur Illustration herausgegriffen: die Frage der Drittwirkung (dazu 3.1) und die der Fiskalgeltung von Grundrechten (3.2). Die hier vertretene These geht dahin, daß diese Probleme sich nur lösen lassen, ja daß der Zugang zu ihnen überhaupt erst eröffnet wird, wenn man auf die Grundwerte zurückgeht.

3.1. Drittwirkung von Grundrechten?

Die Grundrechte binden unzweifelhaft den *Staat* (Art. 1 III GG); sie gelten im Staat-Bürger-Verhältnis. Die unter dem Stichwort „Drittwirkung" angesprochene Frage geht dahin, ob die *Bürger* auch im Verhältnis *untereinander* gebunden werden. Hier ist nicht der Platz, die komplexe Problematik im einzelnen zu erörtern. Es soll lediglich gezeigt werden, daß die Grundwerte auch hier die wesentlichen Direktiven für die anzustellenden Wertungen geben.

Würde man die Drittwirkung von Grundrechten pauschal bejahen, so müßte etwa der Gleichheitssatz des Art. 3 GG auch im Verhältnis etwa von Erblasser und potentiellem Erben gelten.[116] Diese Gleichsetzung von Staat und Individuen kann aber deshalb nicht richtig sein, weil hier – unter dem Aspekt der Grundwerte – ein zentraler Unterschied übersehen würde. Während der einzelne Mensch nämlich frei ist, seine Zwecke zu setzen, weil seine Freiheit Eigenwert besitzt, trifft dies auf den Staat als Dienstorganisation gerade nicht zu. Anders als der Mensch, der – im Rahmen der Gemeinverträglichkeit – das **Recht zur Beliebigkeit** hat, hat der Staat mangels Eigenwerts kein solches Recht. Er muß vielmehr alle seine Entscheidungen rechtfertigen und darf – im Gegensatz zum Bürger – keine willkürlichen Entscheidungen treffen. Aus diesen Gründen besteht eine Drittwirkung grundsätzlich nicht.[117] Die willkürliche (aber nicht gesetzwidrige) testamentarische Verfügung des Bürgers ist also zulässig, auch wenn für den Staat das Willkürverbot gilt. Aus den gleichen Gründen ist es einem Privatmann grundsätzlich erlaubt, Verträge z. B. nur mit Angehörigen einer bestimmten Rasse oder eines bestimmten Glaubens abzuschließen, also Differenzierungen zu treffen, die dem Staat untersagt wären (Art. 3 III GG).

Der Grundwerte-Ansatz gibt zugleich auch Hinweise, wie diese Ergebnisse in besonderen Fällen, vor allem dann, wenn wegen Übermacht eines Menschen die Freiheit des anderen aufgehoben oder gemindert wird, modifiziert werden müssen. Ob die entsprechenden Wertungen dann direkt oder über die Auslegung etwa von gesetzlichen Generalklauseln (z. B. §§ 242, 826 BGB), also im Wege sog. *mittelbarer* Drittwirkung, relevant werden, ist eine rechtstechnische Frage zweiten Ranges, die wir hier auf sich beruhen lassen können.

3.2. Fiskalgeltung von Grundrechten?

Nach herrschender staatsrechtlicher Auffassung binden die Grundrechte den Staat dann grundsätzlich nicht, wenn er „fiskalisch" tätig wird, z. B. Aufträge an ein Tiefbauunternehmen gibt, Grundstücke verkauft oder Uniformen für seine Soldaten einkauft. Als Begründung wird angeführt, der Staat betätige sich hier, indem er das zivilrechtliche Vertragsrecht benutze, wie ein Privatmann, der gleichfalls nicht an die Grundrechte gebunden ist.[118] Diese Konstruktion müßte dann zu dem abwegigen Ergebnis führen, daß bei der Auftragserteilung oder beim Grundstücksverkauf etwa auch parteipolitische oder religiöse Gesichtspunkte berücksichtigt werden dürften, was im Falle einer Grundrechtsbindung durch Art. 3 III GG untersagt wäre. Nach dieser Vor-

---

[116] So in der Tat *Boehmer*, Erbrecht, in: *Bettermann/Nipperdey/Scheuner* (Hrsg.), Die Grundrechte, Bd. II, 1954, 422.

[117] Ähnlich *Hesse*, Verfassungsrecht, 13. Aufl., 1982, S. 139 ff.

[118] Statt vieler *Wolff/Bachof*, Verwaltungsrecht I, 9. Aufl., 1974, § 23 II a (S. 106) m. w. N.

schrift darf niemand u. a. wegen seines Glaubens oder seiner politischen Anschauungen benachteiligt werden.

Der Fehler in der Konstruktion der herrschenden Auffassung besteht darin, daß der Staat schon deshalb, weil er sich zivilrechtlich betätigt, einem Privatmann gleichgestellt wird und damit scheinbar willkürlich handeln darf. Demgegenüber läßt sich das richtige Ergebnis wieder nur von den Grundwerten her begründen. Daß der Staat – unabhängig von der Rechtsform, in der er tätig wird – *niemals* willkürlich handeln darf, folgt zwingend aus seiner Dienstfunktion (oben G II 1). Damit sind ihm – im Gegensatz zum Privatmann – Differenzierungen, die sich nicht von seinen Aufgaben her rechtfertigen lassen, verfassungsrechtlich untersagt. Dieses Ergebnis ist unabweisbar,[119] wobei es wieder eine mehr rechtstechnische Frage ist, ob man das Ergebnis direkt mit der Erstreckung der Grundrechtsbindung auch auf fiskalisches Handeln der öffentlichen Hand oder indirekt mit der Gemeinwohlbindung aller staatlichen Betätigung begründet.

V. Grundwerte, Abwägungs- und Organisationsprinzipien

Grundwerte dürfen nicht verwechselt werden mit verfassungsrechtlichen Abwägungs- und Organisationsprinzipien, auch wenn diese „grundlegenden" Charakter haben. *Drei Kategorien* von verfassungsrechtlichen Werten und Prinzipien sind vielmehr auseinanderzuhalten: (a) die Grundwerte im dargelegten Sinn, also insbesondere Menschenwürde, Freiheit und Gerechtigkeit; (b) Prinzipien für die Abwägung zwischen ihnen im Kollisionsfall, wie Verhältnismäßigkeit und Wirtschaftlichkeit; (c) Organisationsprinzipien wie z. B. Gewaltenteilung. Wir haben uns in diesem Kapitel nur mit den Grundwerten und einigen ihrer Konkretisierungen beschäftigt. Das bedeutet natürlich nicht, daß die Abwägungs- und Organisationsprinzipien etwa unwichtig wären; im Gegenteil: Gemeinwohlrealisierung als Kernfrage der Staatslehre ist wesentlich auch eine Sache angemessener Abwägung und Organisation. Das wird später noch darzulegen sein. Abwägung und Organisation stehen jedoch auf einer anderen, gedanklich nachgeordneten Ebene, weil sie die Klarlegung der Grundwerte, auf die hin abgewogen und organisiert werden soll, voraussetzen.

---

119 Dies wird in der neueren staatsrechtlichen Literatur zunehmend anerkannt: *Zeidler,* VVDStRL 19 (1961), 201 ff., 225 ff.; *Hesse,* Verfassungsrecht, 145 f.; *v. Münch,* in: *Erichsen/Martens* (Hrsg.), Allgemeines Verwaltungsrecht, 5. Aufl., 1981, 46 f.; *dies.,* ebenda, 295 f. m. w. N.

VI. Grundwerte und Interessen

1. Natürliche Interessen

Nach dem Grundwert freiheitlicher Selbstbestimmung soll jeder nach seiner façon glücklich werden, d. h. sein Leben und Handeln möglichst nach seinen Bedürfnissen und Bestrebungen ausrichten können. Diese Bedürfnisse und Bestrebungen, die ein bestimmter Mensch tatsächlich empfindet und äußert, bezeichnen wir als seine Interessen, genauer als seine faktischen, seine „natürlichen" Interessen im Gegensatz zu seinen „geläuterten" Interessen, welche wir die Bestrebungen nennen, die er in einem noch darzulegenden Sinne haben *sollte*. Selbstbestimmung bedeutet also, daß jeder selbst bestimmen kann und soll, welches seine relevanten Interessen sind, und die Gemeinschaftsordnung dieser Bestimmung einen Eigenwert beimißt und sie möglichst weitgehend respektiert. Der **Begriff des Interesses** ist dabei (nach der hier zugrunde gelegten Terminologie) nicht auf materielles Streben nach geldwerten Gütern beschränkt, sondern bezieht auch ideelle, z. B. geistige, kulturelle, weltanschauliche und religiöse Bestrebungen mit ein. Selbstbestimmung ist jedoch nicht der einzige Grundwert. Um die Beziehung des Begriffs „natürliche Interessen" zu den anderen Grundwerten, wie Gerechtigkeit, Sicherheit und Wohlstand darzulegen, muß man den Blick auf mögliche Interessen*konflikte* richten.

Die zahllosen unterschiedlichen Interessen der Menschen können – wegen der allgemeinen Knappheit von Zeit, Raum und Mitteln – leicht miteinander kollidieren; solche Kollisionen sind dadurch gekennzeichnet, daß die ganze oder teilweise Befriedigung *eines* Interesses Abstriche bei der Befriedigung eines *anderen* Interesses (oder mehrerer anderer Interessen) nötig macht.

Interessenkonflikte können *ein und denselben* Menschen betreffen und in seinem Inneren ausgetragen werden **(intrapersonale Konflikte)** oder die Interessen *verschiedener* Personen oder Gruppen von Personen **(interpersonale** bzw. **Inter-Gruppenkonflikte).** Ein *intra*personaler Konflikt kann etwa zwischen dem Wunsch bestehen, sich nicht an eine vertragliche Abmachung halten zu müssen, weil man stärker ist als der Vertragspartner, und dem (nicht gleichzeitig zu realisierenden) Wunsch nach Schutz der eigenen Rechte gegenüber stärkeren Dritten. Ein *inter*personaler Konflikt mag z. B. bei Festlegung der Bestimmungen eines Arbeitsvertrages bestehen: Eine Veränderung der (zunächst ins Auge gefaßten) Vertragsbestimmungen zugunsten des Arbeitnehmers bedeutet hier notwendigerweise eine geringere Wahrung der (eigennützigen) Interessen des Arbeitgebers und umgekehrt. Allerdings braucht in diesem Falle nicht unbedingt ein interpersonaler *Konflikt* vorzuliegen. Sollten nämlich beide Partner einen gerechten, angemessenen Interessenausgleich anstreben und sollte sich diese Motivation auch (intrapersonal) gegenüber dem Bestreben, die Austauschbedingungen für sich wirtschaftlich so günstig wie möglich zu gestalten, durchsetzen, so bestände zwischen den Kontrahenten kein Interessenkonflikt – sofern ihre Gerechtigkeitsvorstellungen übereinstimmen.

2. Geläuterte Interessen

2.1. Wohlverstandene Eigeninteressen

Der einzelne Mensch wird, wenn er klug ist, Gemeinschaftseinrichtungen, die der gemeinsamen Sicherheit dienen, wie etwa einer strafrechtlichen und einer bürgerlich-rechtlichen Ordnung, die Leben, Körper, Eigentum und die Einhaltung vertraglicher Selbstbindungen gegen Verletzungen durch Mitbürger oder äußere Feinde schützt, zustimmen, auch wenn seine natürliche Freiheit durch die Bindung an geschlossene Verträge und die Achtung der Rechte anderer eingeschränkt wird. Das egoistische Eigeninteresse bleibt hier das Motiv, nur eben nicht das kurzsichtige, auf sofortigen Vorteil gerichtete, sondern das längerfristige, das verständige. Denn durch gleichmäßige und gegenseitige Bindung wird die Sicherheit und damit auch die Freiheit *aller* erweitert. Der Mensch tauscht seine „natürliche" Freiheit, zu rauben und Verträge zu brechen, ein gegen die „bürgerliche" Sicherheit, vor Raub und Vertragsbruch geschützt zu sein. Er erhält dadurch ein Netto*mehr* auch an Freiheit; der Saldo ist positiv. (Es handelt sich also um einen intrapersonalen Wertkonflikt, dessen angemessene Entscheidung zu Lasten der natürlichen und zugunsten der gesicherten Freiheit im Normalfall nicht zweifelhaft sein kann.) Zugrunde liegt die Vorstellung von der am Eigeninteresse der Menschen orientierten Rationalität. Das kurzfristige Eigeninteresse des Menschen wird **durch Erweiterung des intellektuellen Horizonts geläutert.** Man kann deshalb hier von *„wahren"* oder *„wohlverstandenen"* Eigeninteressen sprechen. Diese Begriffe sind zwar – genau wie der Begriff „Gemeinwohl" – vielfach mißbraucht worden; ihre Verwendung stößt deshalb heute auf verbreitete Skepsis. Und doch sind sie unverzichtbar, will man sich nicht dem Positivismus der Faktizität ausliefern.

2.2. Gerechte Interessen

Der einzelne Mensch mag darüber hinaus – bei Auftreten interpersonaler Interessenkonflikte – auch einen gerechten, einen fairen Interessenausgleich anstreben. Er wird dann seine Interessen, sofern dies auf Kosten anderer geht, nicht weiter gefördert sehen wollen, als es einem gerechten Ausgleich entspricht. Hier wird das Eigeninteresse also durch

Einbeziehung des Werts Gerechtigkeit **ethisch geläutert.** Man mag hier von „gerechten" Interessen sprechen.

Die Unterscheidung zwischen wohlverstandenen Eigeninteressen und gerechten Interessen ist natürlich nur eine idealtypische; sie schließt nicht aus, daß zwischen beiden Kategorien Verbindungen und Überschneidungen bestehen können. So kann z. B. die Gerechtigkeit des Interessenausgleichs auch im wohlverstandenen Eigeninteresse der Menschen liegen, weil dadurch der soziale Frieden gefördert wird.

2.3. Staat als Instrument der Läuterung

Eine Zwangsläufigkeit für derartige Läuterungen der faktischen Interessen durch die einzelnen Menschen selbst besteht allerdings nicht, nicht einmal die Wahrscheinlichkeit: Der einzelne mag gar nicht *nachdenken,* so daß der intellektuelle Läuterungsprozeß mangelhaft ist;[120] er ist vielleicht auch nicht *willens,* den ethischen Läuterungsprozeß in seinem Inneren zu vollziehen. Aber selbst wenn die Menschen sich intellektuell und ethisch alle mögliche Mühe gäben, würden daraus kaum spontane gemeinwohlrichtige Entscheidungen resultieren können. Jeder einzelne müßte nicht nur über alle Zusammenhänge informiert sein, sondern auch die Zeit haben, diese auf die jeweilige Einzelsituation anzuwenden. Schon das ist aber praktisch ein Ding der Unmöglichkeit. Zudem wären in dem breiten Raum der Ungewißheit, der schon mangels umfassenden verfügbaren Wissens in jedem Fall verbleibt, Diskrepanzen der spontanen Einzelentscheidungen unvermeidlich, die eine rechtlich geregelte Koordination unerläßlich machen. Hinzu kommen Wertungsdiskrepanzen. Abweichungen der natürlichen von den geläuterten Interessen (in den Grenzen, in denen diese feststellbar sind) sind deshalb die Regel, ein Umstand, der überhaupt erst das Bestehen einer Rechtsordnung und des Staates, der sie konkretisiert und durchsetzt, erforderlich macht.

2.4. Gemeinwohl als Summe der geläuterten Interessen

Aus diesen Darlegungen ergibt sich: Unter „geläuterten" Interessen ist ein Komplex zu verstehen, dessen Ermittlung vielfach ineinander verschlungene intellektuelle Überlegungen und ethische Wertungen verlangt. Erforderlich ist zunächst einmal eine genaue Kenntnis der tatsächlichen Interessen der Menschen, der wechselseitigen Beziehungen zwischen ihnen und der Möglichkeiten, ihr Realisierungsniveau durch ge-

---

[120] *Kriele,* Theorie der Rechtsgewinnung, 189: So „kommt das Allgemeininteresse und das darin eingeschlossene Eigeninteresse oft aus Kurzsichtigkeit nicht in den Blick. Rechtsstaatlichen Sicherungen zugunsten des Angeklagten wird oft widersprochen, weil man sich weder klarmacht, daß man selbst oder nahe Angehörige schuldig werden könnten, noch daß man unschuldig in eine Lage geraten könnte, in der die Verdachtsmomente gegen einen sprechen".

eignete Einrichtungen möglichst hochzuschrauben. Dabei sind vielfache Abwägungen unerläßlich, wobei Kriterien und Maßstäbe immer die Grundwerte bleiben. Der Gesamtkomplex als Summe der geläuterten Interessen ist das, was man auch als „Gemeinwohl" bezeichnet. Gemeinwohl setzt sich also aus den geläuterten Interessen der Menschen einer Gemeinschaft zusammen.[121] Damit wird einmal mehr deutlich, daß der Begriff „Gemeinwohl" letztlich immer auf die einzelnen Menschen bezug nimmt und auf sie zurückzuführen ist, zwar nicht in dem Sinne, daß alle Menschen, die ihnen angesonnenen Interessen tatsächlich als solche empfinden, aber doch in dem Sinne, daß sie dies können *sollten*. Der häufig herausgestellte Gegensatz zwischen Gemeinwohl (= Gesamtinteressen) und Individualinteressen besteht in dieser Sicht nur, wenn man „Interessen" mit (kurzsichtigen und eigennützigen) „Selbstinteressen" (im Gegensatz zu den geläuterten Interessen) gleichsetzt, was aber eben nicht immer sinnvoll ist.

3. Interessen der Allgemeinheit und Gruppengerechtigkeit

3.1. Dualistische Legitimation des Staates

Die historische Entwicklung, welche zur allmählichen Herausbildung der Grundwerte und der Einrichtungen zu ihrer Realisierung geführt hat (oben A–E), läßt sich auch von der Fragestellung her analysieren, wem der Staat und seine Einrichtungen dienen: der *Gesamtheit* oder nur *einem Teil* der Bürger. Dieser Ansatz erlaubt es, die bisherigen Ausführungen um wesentliche Aspekte zu ergänzen.

Bodin und *Hobbes*, den Theoretikern des Absolutismus, ging es – die Bürgerkriege vor Augen – darum, durch eine staatlich garantierte Ordnung *allen* Bürgern ein Maß an innerer und äußerer Sicherheit zu schaffen, wie es ohne Staat nicht im entferntesten zu erreichen ist. Den *Demokratietheoretikern* kam es darauf an, zusätzlich die Mitwirkung der Bürger an der Staatswillensbildung durchzusetzen und so aus der absolutistischen Fremdbestimmung demokratische Selbstbestimmung zu machen. Noch einen Schritt weiter gingen die *Theoretiker des Rechtsstaats*, die es unternahmen, die Freiheitssphäre des Bürgers durch Gewaltenteilung und Grundrechte abzusichern und auf die Weise auch die machtvollen ökonomischen Trieb- und Wachstumskräfte zu entfesseln, die aus der Eigeninitiative erwachsen können. Auch die Durchsetzung von Demokratie, bürgerlicher Freiheit und allem, was man sich daraus versprach, sollte – jedenfalls der Idee nach – wiederum im Interesse *aller* Bürger

---

121 Ähnlich *Ryffel*, Öffentliche Interessen und Gemeinwohl, in: Wohl der Allgemeinheit und öffentliche Interessen, Bd. 39 der Schriftenreihe der Hochschule für Verwaltungswissenschaften Speyer, 1968, 13 (20ff.).

erfolgen. Gleiches gilt von der Wahrung des *gesamtwirtschaftlichen Gleichgewichts*:[122] Vollbeschäftigung und Wirtschaftswachstum dienen allen, den Unternehmern *und* den Arbeitnehmern, weil sie das für alle zur Verfügung stehende Sozialprodukt mehren. Auch Preisstabilität und außenwirtschaftliches Gleichgewicht sind wichtig für ein im Interesse aller liegendes befriedigendes Funktionieren des marktwirtschaftlichen Prozesses.

Die Legitimität des Staates wird hier in der Durchsetzung der am Eigeninteresse der Menschen – und zwar *aller* Mitglieder der Gemeinschaft – orientierten Rationalität gesehen. Die Vorstellung vom Staat als Instrument ausschließlich zur Wahrung der (wohlverstandenen) Interessen aller (soeben 2.1) läßt sich aber nicht aufrechterhalten, wenn die gewahrten Interessen und Freiheiten im wirtschaftlichen Ergebnis nur *einer Schicht* des Volkes zugute kommen und zur Knechtung einer anderen führen, wie dies auf den liberalen Rechtsstaat (im oben E skizzierten Sinn) tatsächlich zutraf und beim politischen Wahlrecht, über welches nur eine privilegierte Schicht, das besitzende und gebildete Bürgertum, verfügte, besonders deutlich wurde. Hier zeigt sich: Dem Staat und seinen Einrichtungen muß es auch darum gehen, für **Gerechtigkeit zwischen den Gruppen** zu sorgen, was, bezogen auf die Ausgangslage im liberalen Rechtsstaat, nur heißen konnte: die Interessen der bisher Ausgebeuteten zu fördern. Zentrale Etappen auf diesem Weg waren die Erstreckung des politischen Wahlrechts auf alle Bürger und die Sicherung sozialer Gerechtigkeit, insbes. durch Entwicklung des Arbeits- und des Sozialrechts. Die Förderung der Diskriminierten mußte aber zwangsläufig auf Kosten der bisher Privilegierten gehen. Neben die Vorstellung vom Staat als Einrichtung, die im gleichmäßigen Interesse aller Bürger liegt, trat so die Vorstellung vom Staat als kompensatorischem Faktor. Besonders deutlich wird dies bei Einkommensumverteilungen, die der moderne Staat in vielfältiger Weise vornimmt und die ihrer Intention nach Einkommensteile bei den wirtschaftlich Starken abschöpfen, um sie den Bedürftigen zukommen zu lassen. Es kommt, mit anderen Worten, nicht nur auf die intellektuelle, sondern auch auf die ethische Läuterung der natürlichen Interessen im Sinne eines gerechten Interessenausgleichs an (soeben 2.2).

Der demokratisch-soziale Rechtsstaat der Bundesrepublik hat also eine **dualistische** Funktion: Er muß einerseits den Interessen aller Bürger dienen, andererseits für Gerechtigkeit zwischen den Gruppen sorgen. Dementsprechend kann der Staat heute auch nur noch dualistisch **legitimiert** werden. Legitimationsversuche, die in monistischer Weise den Staat entweder nur mit den Belangen der Allgemeinheit oder nur mit

---

[122] Dazu *v. Arnim,* Gemeinwohl und Gruppeninteressen, 178–180; vgl. auch *ders.,* Volkswirtschaftspolitik, 152ff.

denen einer ,,Klasse" zu erklären und zu rechtfertigen suchen, sind inadäquat. Das gilt es kurz zu erläutern.

3.2. Begriffe

3.2.1. Gemeinwohl im engeren und im weiteren Sinne

Hier ist auch der Platz für eine (weitere) klärende Bemerkung zum Begriff ,,Gemeinwohl". In Literatur und Rechtsprechung finden sich zwei verschiedene Versionen: Oft wird ,,Gemeinwohl" mit der Summe der *allgemeinen,* alle Schichten des Volkes umfassenden Interessen identifiziert.[123] Gemeinwohl wird hier mit den wohlverstandenen Eigeninteressen im oben (2.1) erläuterten Sinn gleichgesetzt. Nach diesem Verständnis kann ein Gegensatz zwischen Gemeinwohl und Gerechtigkeit entstehen. So spricht z. B. *Robert Paul Wolff* davon, die westlichen Demokratien ständen heute vor neuen Problemen, ,,vor Problemen nicht der ausgleichenden Gerechtigkeit, sondern des Gemeinwohls".[124] Man kann ,,Gemeinwohl" aber auch in einem weiteren, auch ,,Gerechtigkeit" umfassenden Sinn verstehen. In dieser Version ist Gemeinwohl gleichbedeutend mit Richtigkeit schlechthin, d. h. unter Einbeziehung *aller* Grundwerte, so wenn das *Bundesverfassungsgericht* zum Zweck des Staates die Wahrung des Gemeinwohls, ,,in dessen Mitte Freiheit und soziale Gerechtigkeit stehen", erklärt.[125] Wenn also von ,,Gemeinwohl" gesprochen wird, sollte man, um Mißverständnisse zu vermeiden, immer klarstellen, ob damit Gemeinwohl im engeren oder im weiteren Sinne gemeint ist. Im ersteren Fall sind mögliche Spannungen zwischen allgemeinen Interessen und Gerechtigkeit solche *außerhalb,* im letzteren solche *innerhalb* des Gemeinwohlbegriffs. Im vorliegenden Buch wird unter Gemeinwohl, falls nichts Abweichendes vermerkt ist, Gemeinwohl im weiteren Sinne verstanden.[126]

3.2.2. Gerechtigkeit im engeren und im weiteren Sinne

In ähnlicher Weise wird auch der Begriff ,,Gerechtigkeit" in zwei Versionen verwendet: Manche verstehen darunter Richtigkeit schlechthin.[127] Gerechtigkeit umfaßt in diesem weiteren Sinne nicht nur Austausch- und Verteilungsgerechtigkeit, sondern auch die Wahrung allgemeiner Interessen und ist dann gleichbedeutend mit Gemeinwohl im

---

123 So z. B. *Rawls,* Theorie der Gerechtigkeit, 51, 263 u. ö.

124 *R. P. Wolff,* Das Elend des Liberalismus, 1969, 214.

125 BVerfGE 42, 313 (332); ebenso z. B. BVerfGE 44, 125 (142).

126 Ebenso *v. Arnim,* Gemeinwohl und Gruppeninteressen, 5 m. w. N.

127 So z. B. *Klaus Vogel,* Steuergerechtigkeit und soziale Gestaltung, DSTZ (A) 1975, 409 (410f., 413f.).

weiteren Sinne.[128] Dagegen wird in diesem Buch unter „Gerechtigkeit" Gerechtigkeit im engeren Sinne verstanden; die Förderung allgemeiner Interessen wird nicht dazu gerechnet. Gerechtigkeit ist nach diesem Verständnis also lediglich eine notwendige, aber noch keine hinreichende Bedingung der Richtigkeit.[129] Nur dann tritt der (idealtypische) Unterschied zwischen dem Ausgleich von Gruppeninteressen, der dadurch gekennzeichnet ist, daß die Besserung der Situation einer Gruppe zu Lasten anderer geht, und der Erhöhung des Interessenberücksichtigungs*niveaus,* die eine Verbesserung für alle erlaubt, in der notwendigen Schärfe hervor.

Zwar ist es durchaus möglich, daß die Wahrung von Gerechtigkeit und allgemeinen Interessen ineinsfallen. Ein Beispiel ist die wirksame staatliche Sicherung der Person und des Vermögens der Menschen vor Verletzungen durch innere und äußere Feinde. Dadurch werden nicht nur allgemeine Interessen gesichert, sondern, da derartige Verletzungen Unrecht darstellen, auch die Gerechtigkeit. Aber schon dann, wenn man die Dynamik und das Wirtschaftswachstum, die durch die liberalen Freiheitsverbürgungen freigesetzt worden sind, kennzeichnen will, wird der Begriff „Gerechtigkeit" unpassend, weil hier nicht die *Verteilung* des Wohlstands, sondern die Höhe des Wohlstands*niveaus* angesprochen ist. Die Unterschiede zwischen allgemeinen Interessen und Gerechtigkeit treten dann noch schärfer hervor, wenn zwischen diesen beiden Komponenten des Gemeinwohls (i. w. S.) ein *Gegensatz* auftritt, wie dies in dem oben wiedergegebenen Ausspruch von *Robert P. Wolff* zum Ausdruck kommt; in diesem Gegensatz liegt ein zentrales Problem der modernen pluralistischen Gemeinschaft.

3.3. Kritik monistischer Theorien

3.3.1. Marxismus

Hauptbeispiel für eine (monistische) Erklärung und Rechtfertigung des Staates als Klassenstaat ist die marxistische Lehre. Die Situation im bürgerlich-liberalen Rechtsstaat, der in der Tat einer Ausbeutung der Arbeiter Vorschub leistete, wird hier dahin verallgemeinert, der Staat sei *notwendigerweise* Klassenstaat. Dementsprechend könne es auch nur darum gehen, die früher ausgebeutete Klasse des Proletariats zur herrschenden zu machen. Hält man auch heute noch an diesem Ausgangsverständnis fest, so kommt weder in den Blick, daß die Ausbeutung der Arbeiter

---

[128] Aus dieser Sicht wird dann z. B. auch die Wahrung des gesamtwirtschaftlichen Gleichgewichts als die Herstellung von Gerechtigkeit verstanden. So *Vogel/Wiebel,* Bonner Kommentar, Art. 109, RN 80ff., insbes. 93. Dazu *v. Arnim,* Gemeinwohl und Gruppeninteressen, 178ff.

[129] So auch *Karl Engisch,* Auf der Suche nach Gerechtigkeit, Hauptthemen der Rechtsphilosophie, 1971, 186.

in der Bundesrepublik der 80er Jahre längst behoben ist, noch, daß es neben den „Klasseninteressen" übergreifende, alle Bürger betreffende Interessen gibt, die zudem heute besonders gefährdet sind. Die marxistische Lehre mag zwar einzelne interessante Aspekte aufzeigen, ist für eine Gesamtanalyse der heutigen Probleme der Bundesrepublik aber unbrauchbar.

3.3.2. Klassische Vertragstheorien

Wichtige Beispiele für eine monistische Rechtfertigung des Staates auf der Basis der Allgemeininteressen sind die Vertragstheorien der Aufklärung, wie sie von *Locke, Rousseau* und vor allem von *Kant* entwickelt worden sind. Sie begründen die klassische Rechtfertigung des Staates und zeigen auf, daß der Staat und die von ihm garantierte Ordnung ein Maß an Sicherheit und Freiheit für alle schaffen, wie es anders nicht im entferntesten möglich ist, und damit alle ein Interesse an der Errichtung des Staats und der Aufrechterhaltung seiner Funktionstüchtigkeit haben. Die vernunftrechtlichen Vertragstheorien gingen zwar nicht davon aus, daß alle Bürger tatsächlich irgendwann einmal einem „Staatsvertrag" zugestimmt hätten, wohl aber davon, daß alle, wären sie gefragt worden, zugestimmt hätten.[130] Dies gilt, wohlgemerkt, für den Staat als ganzen und auch für alle seine Einrichtungen und Handlungsweisen. Der Staat und seine Verfassung beruhen hier also auf der Vorstellung eines *Konsenses aller Bürger.*

3.4. Ideologie und Interesse

Gruppen und Gruppeninteressen bilden den Boden, auf dem Ideologien gedeihen können. Das Sozialmodell, welches *Rousseaus* Demokratietheorie noch zugrunde gelegen hatte und welches von der sozialen Gleichheit der Bürger in Stadtstaaten wie Genf gekennzeichnet war, hatte einen Gegensatz von Gruppeninteressen und Allgemeininteressen nicht zugelassen. Die Interessen der Bürger und die der Gemeinschaft fielen zusammen – es galt sie nur zu erkennen. Sobald aber eine Gruppe, Klasse oder Schicht das Heft der Gemeinschaft in die Hand bekommt und mehr von der gemeinsamen Ordnung profitiert als andere, ja diese anderen Gruppen, Klassen oder Schichten vielleicht sogar ausbeutet, wird die herrschende Schicht bewußt oder unbewußt versuchen, diesen Sachverhalt zu vernebeln. Mittel der Vernebelung ist die *Ideologie* als ein auf Eigeninteressen beruhender Indoktrinierungsversuch, der die Förderung der Gruppeninteressen intern gegenüber Gruppenmitgliedern und extern gegenüber Außenstehenden als etwas im Gemeinwohl liegendes

---

130 Vgl. z. B. *Kant,* Metaphysik der Sitten, 1. Teil, § 47.

überhöht und gleichzeitig die eigene Interessiertheit der Gruppenmitglieder verschleiert.[131]

Solche **Ideologien erschweren** naturgemäß die **Erkenntnis des Richtigen;** darin liegt ja geradezu ihr Existenzgrund. Es stellt sich deshalb die Frage, welche Chance die Erkenntnis und die Durchsetzung von Richtigem – entgegen allem ideologischem Querfeuer – dann überhaupt noch haben; ob und welche Möglichkeiten bestehen, etwas jenseits von interessengesteuerten Ideologien noch als richtig zu ermitteln. Kann es angesichts der Interessiertheit der Gruppen überhaupt noch eine objektive Meinungsbildung geben, also eine solche, die höhere Geltung beanspruchen kann als irgendeine beliebige Gruppenideologie? Diese Möglichkeit wird von mancher Seite völlig in Abrede gestellt.[132] *Kriele* geht davon aus, man könne im konkreten Fall nicht sagen, ob etwas richtig oder falsch sei, räumt der Durchsetzung des Vernünftigen und Gerechten aber auf Dauer eine größere Chance ein als den ideologischen Verzerrungen. Allerdings differenziert *Kriele* in bezeichnender Weise zwischen der Wahrung von Gerechtigkeit und der von allgemeinen Interessen und gibt für beide Bereiche unterschiedliche Antworten, das eine Mal eine optimistische, das andere Mal eine höchst pessimistische. Während er nämlich eine Entwicklung des Rechts zu immer mehr Gerechtigkeit für wahrscheinlich hält, geht er, was die allgemeinen Interessen anlangt, davon aus, wir ständen ,,mit verhältnismäßig hoher Wahrscheinlichkeit vor einer ökologischen Katastrophe, vor globaler Hungers- und Wassersnot, vor einer Erschöpfung oder Verknappung und Verteuerung der Ressourcen, vor Bürgerkriegen und neuen Totalitarismen und möglicherweise über kurz oder lang auch vor neuen Kriegen" (womit dann im Ergebnis allerdings auch der Gerechtigkeitsfortschritt völlig entwertet wäre). *Kriele* gibt lediglich der Hoffnung Ausdruck, der überlebenden Menschheit möge nach diesen Katastrophen ein Neuanfang gelingen, ,,der zu vernünftiger angelegten Kulturen" führe.[133] Wie diese Kulturen auszusehen hätten, was an unserem derzeitigen politischen System ,,unvernünftig" ist, ob es vielleicht Möglichkeiten gibt, die Katastrophengefahr dadurch zu mindern, daß Unvernünftigkeiten festgestellt und auf ihren Abbau hingewirkt wird, all das läßt *Kriele* offen. Der Leser bleibt ratlos. Hier zeigt sich wiederum,[134] und zwar besonders drastisch, daß die Staatslehre heute die von *Kriele* selbst als ,,Grundproblem" erkannte (dann aber nicht erörterte) Frage, wie ,,die Gemeinschaftsinteressen gegenüber den mächtigen gesellschaftlichen Verbänden" und sonstigen pluralistischen Mächten durchgesetzt werden können, ohne daß ,,die

---

131 *Kriele,* Staatslehre, 172ff.
132 So jüngst *Gusy,* AöR 1981, 329 (337ff.).
133 *Kriele,* Staatslehre, 185f.
134 Vgl. auch schon oben F V.

Verfassungsinstitutionen, die Freiheit und Demokratie gewährleisten", angetastet werden,[135] in den Mittelpunkt ihrer Erörterung stellen muß – auch und gerade dann, wenn es keine Patentlösung gibt.

Was schließlich, um den Faden wieder aufzunehmen, die Chance anlangt, daß Richtiges sich schließlich auch gegenüber Ideologien durchzusetzen vermag, brauchen wir jedenfalls nicht zu verzweifeln. Man sollte hier *zwei Probleme* unterscheiden. Das eine besteht in der Möglichkeit, Richtiges überhaupt als solches zu erkennen, das andere in seiner Durchsetzung. Hinsichtlich des **Erkenntnisproblems** liegt durchaus keine Notwendigkeit vor, das wertrelativistische pluralistische Ignorabimus unbegrenzt zu teilen. Die Wertbasis des Grundgesetzes gibt wesentliche Direktiven. Diese mögen zwar vage erscheinen, können aber doch viel mehr leisten, als gemeinhin angenommen wird. Wie oben schon dargelegt, läßt sich auch dann, wenn „das Richtige schlechthin" nicht bestimmbar ist, doch oft überzeugend aufzeigen, daß etwas *unrichtig* ist (oben G I). Setzt man zudem an den *Verfahren* der Willensbildung an, so lassen sich wichtige weitere Feststellungen mit der nötigen Sicherheit treffen (unten G VII).

Die weitere Frage nach der **Durchsetzungschance** für das Richtige kann in einer Demokratie nur dahin gehen, ob die Menschen, von denen alle Staatsgewalt ausgeht, nicht nur als interessenmäßige Gruppenmitglieder ansprechbar sind, sondern auch als **Staatsbürger,** ob nicht nur Ideologie, sondern auch Ideologie*kritik* bei ihnen eine Chance hat, Aufnahme zu finden. Dies anzunehmen, scheint durchaus kein leerer Wahn (vgl. auch unten G VII 6.5). Das läßt sich etwa am Beispiel der Geschichte der *Marx*schen Thesen illustrieren. *Marx* hielt seinerzeit die bürgerliche Ideologie, die Markt und Eigentum unter Ausblendung des Elends der Arbeiter verherrlichte, nur durch Revolution für überwindbar. Anders schien ihm eine wesentliche Besserung des Loses der Arbeiterklasse nicht durchführbar (oben E III 1). Die Idee der Gerechtigkeit hielt er nicht für stark genug, um die Ideologie der bürgerlichen Interessen zu überwinden. Dennoch ist die wirtschaftliche Situation der Arbeiter heute nachhaltig verbessert. Die *Marx*sche Verelendungsthese ist widerlegt. Betrachtet man die mehr als ein Jahrhundert währende sozialpolitische Entwicklung, so mag der Vergleich allerdings Skepsis wecken. Denn *so lange* können wir uns ein Zukurzkommen allgemeiner Interessen *heute* nicht leisten. Die heutige Lage unterscheidet sich aber auch wesentlich von der früheren. Während es bei der sozialen Realisation um die Beseitigung der Ausbeutung der Arbeiter zu Lasten der Interessen einer bisher privilegierten Schicht ging, geht es heute um die bessere Realisierung der Interessen *aller:* Die Ausrichtung der Willensbildungsverfahren auf die neuen Gefahren käme allen zugute. Die zur Durchsetzung solcher

---

135 *Kriele,* Staatslehre, 14.

Reformen primär erforderliche Aufklärung über die wohlverstandenen *Eigen*interessen der Menschen an solchen Regeln und Institutionen sollte aber in sehr viel kürzerer Zeit vor sich gehen können. Allerdings ist die These, die Durchsetzung von Regeln und Institutionen, welche die allgemeinen Interessen stärken, läge im Interesse *aller* Menschen und bedürfe deshalb nur einer dahingehenden allgemeinen Aufklärung, eine Vereinfachung, die nicht aufrechterhalten werden kann, wenn man die Realisierungschancen und -voraussetzungen für entsprechende Anpassungen abschätzen möchte. Denn es mag z. B. mancher *Verbandsfunktionär* befürchten, daß sich als Folge solcher Regelungen die Bedeutung der Verbandsorganisationen in den Augen von Mitgliedern und Öffentlichkeit verringert und daraus eine Einschränkung seines eigenen Status resultiert. Es dürfte deshalb nicht überraschen, wenn er die Einführung solcher Regelungen auch dann bekämpfte, wenn er erkannt hat, daß diese den Interessen aller anderen, d. h. aller Nichtverbandsfunktionäre, dient. Bei dem großen Einfluß gerade der Funktionäre auf das Agieren der Verbände liegt hier in der Tat ein *Widerstands- und Beharrungsmoment,* dessen Bedeutung sehr ernst genommen werden muß.

3.5. Die Vertragstheorie von *John Rawls*

Der wichtigste moderne Nachfahr der klassischen Vertragstheoretiker ist *John Rawls.*[136] Er versucht, die Legitimation des Staates und seiner Einrichtungen und Verhaltensweisen wie seine Vorgänger auf die als „Gedankenexperiment“ vorgestellte Zustimmung aller Bürger zu gründen. Ein wesentliches Problem besteht darin, wie die Zustimmung der Reichen zu staatlichen Umverteilungsmaßnahmen erlangt oder vorgestellt werden kann, obwohl diese ja zu ihren Lasten gehen müssen. *Rawls* versucht, dies dadurch zu lösen, daß er unterstellt, die Menschen wüßten in der Ausgangssituation nicht, ob sie reich oder arm wären, und würden – diesen **Schleier des Nichtwissens** über die eigene Position in der Gemeinschaft vor Augen – sinnvollen Regeln über die Umverteilung zustimmen.[137] Diese tabula-rasa-Fiktion ist ein Kunstgriff, durch den *Rawls* versucht, die Verzerrung von Allgemeininteressen durch Gruppeninteressen, d. h. aber zugleich: die Verzerrung des Vernünftigen durch (gruppenegoistische) Ideologien zu vermeiden. Denn jene fiktive Situation ist so konstruiert, daß kein Gruppeninteresse relevant werden kann. *Rawls* versucht auf diese Weise, Ideologien zu unterlaufen und – vorbei an interessenmäßig geprägten Vorurteilen – zu einem echten Diskussionsprozeß zu gelangen. Der Kerngedanke seiner Auffassung liegt – in Übereinstimmung mit der in diesem Buch entwickelten Vorstellung –

---

[136] *Rawls,* A Theory of Justice (1971), deutsch: Eine Theorie der Gerechtigkeit, 1975.

[137] *Rawls,* Theorie der Gerechtigkeit, 34 ff.

darin, daß es übereinstimmende Grundwertungen gibt bzw. geben kann, die zwar nicht unbedingt schon alle fertig und abrufbereit vorliegen, sondern der sorgfältigen Entwicklung und Entfaltung bedürfen, die aber doch eine Sonderung von Richtigem und Falschem erlauben. Die tabula-rasa-Fiktion soll dazu dienen, diese Wertungsübereinstimmungen dadurch herauszuschälen, daß die Möglichkeit und Gefahr einer Verfälschung durch situationsbedingte Eigeninteressen ausgeschaltet wird.

Rawls sieht diese Grundwertungen vor allem in den *Überzeugungen der Menschen* verankert. Demgegenüber ist der *dieser Staatslehre* zugrundeliegende Ansatz ein primär *normativer,* nämlich von den **Grundwerten der Verfassung** ausgehender. Der Unterschied ist zwar im Ergebnis kleiner, als es scheinen mag (oben F III). Der normative Ansatz erlaubt es aber, die Gretchenfrage nach der *Geltung* der Wertbasis, die von *Rawls* nur verlegen gestreift wird, zentral zu behandeln und begründet zu bejahen. Auf diese Weise läßt sich der Einwand, den Kritiker gegenüber *Rawls* erhoben haben und der angeblich dazu geführt hat, daß ,,vieles von dem ,Anfangserfolg' von *Rawls* wieder verlorengegangen" sei,[138] entkräften.

Rawls geht bei der Entwicklung von Richtigkeitsprinzipien wie selbstverständlich von bestimmten Prämissen aus: dem **Primat** der Interessen **des Individuums,** einem System von Grundfreiheiten und sozialer Gerechtigkeit, kurz, von den Prinzipien des demokratisch-sozialen Rechtsstaats, wie sie sich in den westlichen Demokratien entwickelt haben. Er setzt voraus, was er zu beweisen vorgibt. Mögliche alternative Grundwertvorstellungen, welche etwa mit *Otto v. Gierke* Verbänden Vorrang vor Individuen geben, werden von vornherein ausgeschlossen, obwohl es nicht undenkbar wäre, daß die Menschen in *Rawls'* ,,Urzustand" sich für solche Alternativen entscheiden würden. *Rawls* werden also die gleichen Gründe entgegengehalten, mit denen bereits der philosophische Wertrelativismus die Setzung allgemeinverbindlicher Grundwertungen für unmöglich erklärt hat. Und diese Einwände haben auch durch den Zeitablauf nichts von ihrer Berechtigung eingebüßt. Wer *Rawls* gegen den Vorwurf der ,,Manipulation der Prämissen"[139] verteidigen möchte, muß deshalb die von ihm stillschweigend vorausgesetzte Wertbasis deutlich machen und ihre effektive Geltung *begründen.* Eben dies läßt sich aber nur im Wege einer auf einen bestimmten Staat bezogenen *Verfassungstheorie* erreichen, wie sie im vorliegenden Buch für die Bundesrepu-

---

[138] So z. B. *Siep,* Eine exakte Lösung des Gerechtigkeitsproblems?, Bemerkungen zur Rawls-Diskussion, ZfPol 1977, 342 (347ff.). Zur Rawls-Diskussion vgl. ferner *Daniels* (Ed.), Reading Rawls, New York 1975; *Höffe* (Hrsg.), Über John Rawls' Theorie der Gerechtigkeit, 1977.

[139] *Siep* (oben FN 138).

blik Deutschland entwickelt worden ist. Sie erst liefert das sichere Fundament. Indem wir nicht versuchen, Richtigkeitskriterien für moderne Staaten überhaupt zu entwickeln, sondern uns auf einen konkreten Staat und seine Verfassungsordnung beschränken und so von vornherein von einem geringeren wissenschaftlichen Anspruchsniveau als *Rawls* ausgehen, können wir unsere Konzeption auf eine um so gesichertere normative Basis stellen.[140] Auf dieser Grundlage lassen sich dann auch manche Deduktionen von *Rawls* für die hier behandelten Fragen nutzbar machen. *Rawls* macht mit der schon von *Max Weber* und *Radbruch* geäußerten Vorstellung, aus der individualistischen Grundauffassung könne, wenn man sich erst einmal für sie entschieden habe, ein ganzes Wertsystem entwickelt werden, ernst und konzipiert ein solches System mit aller Konsequenz.

Allerdings behandelt *Rawls Interessenverbände* und die besonderen Probleme, die sich aus ihrem Wirken ergeben, noch nicht; die gegen die Staatslehre von *Kriele* geäußerten Vorbehalte (soeben 3.4) gelten insoweit auch gegenüber *Rawls'* Werk. Ja, *Rawls* schenkt selbst den *politischen Parteien* keine oder doch nur beiläufige Aufmerksamkeit.

VII. Verfahren der Willensbildung

1. Inhaltliche und verfahrensmäßige Richtigkeit von Entscheidungen

Die Grundwerte geben zwar die allgemeine Richtung an. Sie sind jedoch oft zu *vage,* als daß sie die Entscheidung konkreter Probleme hinreichend determinieren könnten. Ihre Determinationskraft wird noch dadurch eingeschränkt, daß sie oft in einem *Spannungsverhältnis* zueinander stehen, so daß ein Mehr an Verwirklichung des einen Werts nur unter Zurückdrängung eines anderen oder mehrerer anderer Werte erfolgen kann. Hier gewinnen nun die Verfahren und Methoden der Entscheidungs*findung* maßgebliches Gewicht, besteht doch zwischen der inhaltlichen Richtigkeit von Entscheidungen und der Art und Weise ihres Zustandekommens ein innerer Zusammenhang derart, daß die Aufstel-

---

[140] Entsprechendes gilt z. B. hinsichtlich der Konzeption von *Jonas,* Das Prinzip Verantwortung, 1979. Der von ihm postulierte Schutz künftiger Generationen vor dem Entzug ihrer Lebensgrundlage durch heutige Fehlentwicklungen läßt sich aus den Grundlagen unserer Verfassungsordnung ableiten (oben G II 1.2).

lung und Beachtung angemessener *prozeduraler* Regelungen um so wichtiger wird, je weniger „dicht“ die *inhaltliche* Bestimmtheit der Entscheidungen ist. Die nicht oder nur eingeschränkt mögliche inhaltliche Bestimmung des Richtigen muß durch prozedurale Regeln ergänzt werden, die so zu gestalten sind, daß sie die *Chance* der Richtigkeit der danach zustandegekommenen Entscheidungen möglichst groß halten, auch wenn eine Richtigkeits*gewähr* nicht erreichbar ist.[141]

Der **Sinn geregelter Verfahren** liegt also in der Herstellung richtiger Entscheidungen. Diese Feststellung steht im Gegensatz zur Auffassung von *Niklas Luhmann,* der den Sinn von Verfahren in der „Legitimierung der Macht“ sieht.[142] Macht ist indes kein Selbstzweck. Sie kann gut oder schlecht für die Gemeinschaft sein. Deshalb haben Verfahren die Aufgabe, die **Macht** zu **domestizieren** und zu kanalisieren mit dem Ziel, möglichst **Richtiges** (im Sinne der Grundwerte) zu **erreichen,** um also die Macht, die nun einmal nötig ist, zu möglichst gutem Gebrauch zu leiten. *Luhmanns* Ansatz läuft demgegenüber Gefahr, die durch *irgend*welche Verfahren scheinbar legitimierten Machtträger gegen Kritik zu immunisieren und so zu einer Theorie der Mächtigen statt der Bürger zu werden. Das aber ist mit der **Grundwertung des Art. 1 GG** unvereinbar (oben G II 1).

Der Zusammenhang zwischen angemessenen Verfahren und der Richtigkeit der Entscheidungen ist nur ein *wahrscheinlicher,* kein ganz sicherer. Auch bei angemessenen Verfahren kann eine unrichtige Entscheidung zustandekommen, wie umgekehrt auch ein Verfahrensmangel eine richtige Entscheidung nicht völlig unmöglich macht. Im Abheben auf das Verfahren liegt also eine **Senkung des Standards,** weil der Zusammenhang zur Richtigkeit der Entscheidung nur noch indirekt und nicht mehr hundertprozentig ist. Es wäre befriedigender, wenn man direkt ansetzen und die Richtigkeit der Entscheidung unmittelbar sichern könnte. Gerade das ist aber eben oft nur sehr eingeschränkt möglich. Der verfahrensmäßige Ansatz versucht demgegenüber, immerhin noch *das* zu leisten, was äußerstenfalls machbar erscheint: die Wahrscheinlichkeit für richtige Entscheidungen möglichst hoch zu halten. Dagegen muß der Versuch, durch direkte Kontrolle der Entscheidungen *immer* richtige Ergebnisse zu garantieren, dadurch daß er die Ansprüche zu hoch steckt, letztlich dazu führen, daß auch das, was durch den verfahrensmäßigen Ansatz erreicht werden kann, verspielt wird. Es ist besser, *ungefähr* richtig vorzugehen als ganz falsch.

Klassische Beispiele für eine sorgfältige Ausgestaltung des Verfahrens zur Erreichung eines möglichst hohen Grades an inhaltlicher Richtigkeit sind die **gerichtlichen** Verfahren. Aber auch das parlamentarische

---

141 Der Begriff „Verfahren“ wird hier denkbar weit verstanden.

142 *Luhmann,* Legitimation durch Verfahren, 1969, 20.

Gesetzgebungsverfahren ist von Anfang an auf inhaltliche Richtigkeit der Gesetze hin angelegt (oben D V). Nach *Kriele* ist die parlamentarische Demokratie sogar ,,geschichtlich und theoretisch zu begreifen aus der Übertragung des Gedankens des gerichtlichen Prozesses auf den politischen Prozeß der Gesetzgebung". Gericht und Gesetzgebungsverfahren sind jedoch keineswegs die einzigen Mechanismen, derer sich die Gemeinschaft (in der Bundesrepublik) bedient, um möglichst richtige Entscheidungen zu treffen. Von großer Bedeutung sind auch **behördliche** Entscheidungen oder genauer: die Verfahrensweisen, deren Ergebnisse sich in Verwaltungsentscheidungen niederschlagen, also der behördliche ,,Informationsverarbeitungs- und Willensbildungsprozeß" *(Brohm).*

Zu den Gemeinschaftsverfahren gehören neben den genannten **staatlichen** in gleicher Weise auch die **gesellschaftlichen Verfahren,**[143] insbes. die **wettbewerbliche Marktwirtschaft,**[144] deren Ergebnisse sich in Verträgen niederschlagen, und der Prozeß der **kollektiven Lohnbestimmung** durch Gewerkschaften und Arbeitgeber. Die Ausrichtung dieser Verfahren auf Richtigkeit im Sinne der Grundwerte ist bereits oben D II 4.3 (Marktwirtschaft) und E V 2.1 (kollektive Lohnbestimmung) dargestellt worden.

Gerichtliches Urteil, Gesetz, Verwaltungsakt, Vertrag und Tarifvertrag lassen sich nur höchst unvollkommen erfassen und verstehen, wenn man sich auf die staatliche Willensäußerung oder die formalen Willensübereinstimmungen der Vertragspartner beschränkt (wie der Rechtspositivismus es tat). Ebenso wie der Beschluß der gesetzgebenden Körperschaft, das Urteil des Gerichts und die behördliche Entscheidung sind auch Vertrag und Tarifvertrag nur der formale Abschluß eines mehr oder weniger langen vorangehenden *Prozesses der Willensbildung,* von dessen Ausgestaltung der Inhalt des Vertrages, des Tarifvertrags, des Urteils, des Gesetzes oder Verwaltungsakts wesentlich mit abhängt. Dies ist beim Tarifvertrag mit einem sorgfältig austarierten kollektiven Arbeitskampfrecht offensichtlich. Es gilt aber ebenso für die behördliche und die gesetzgeberische Entscheidung. Ebensowenig kann es beim *Individual*vertrag heute nur auf die formal fehlerfreie Willensübereinstimmung der Vertragspartner ankommen. Auch hier ist vielmehr die Willens*bildung* von großer Bedeutung, wie etwa die Rolle zeigt, die die ,,Vertragsparität" (bzw. ihr Fehlen) für die zivil- und arbeitsgerichtliche Vertragskontrolle spielt.

---

143 Das wird in der Verwaltungswissenschaft leicht übersehen, so z. B. von *Luhmann,* der unter dem Titel ,,Legitimation durch Verfahren" (oben FN 142) nur ,,staatliche" Verfahren behandelt.

144 Den Charakter der wettbewerblichen Marktwirtschaft als Verfahren zur Regelung von Interessenkonflikten hat vor allem *Franz Böhm,* Wettbewerb und Monopolkampf (1933), betont.

2. Die Schlüsselrolle des verfahrensmäßigen Ansatzes

Die zentrale Bedeutung des Ansetzens am Verfahren für die Ermittlung von Richtigem ergibt sich aus *dreierlei:*

(a) Aus dem inneren Zusammenhang zwischen der inhaltlichen Richtigkeit von Entscheidungen und dem Prozeß ihres Zustandekommens läßt sich die Konsequenz ableiten: Ist der Prozeß, in dem Entscheidungen zustandekommen, fehlerhaft, unausgewogen oder sonst unrichtig, so wird der Tendenz nach auch das Entscheidungsergebnis selbst unrichtig sein. Man kann und muß eine Entscheidung also grundsätzlich als unrichtig ansehen, wenn der Prozeß der Entscheidungsfindung fehlerhaft war – und zwar auch und gerade dann, wenn man *nicht* weiß, wie die inhaltlich richtige Entscheidung auszusehen hat. (Wüßte man dies, so könnte man ja die tatsächlich zustandegekommene Entscheidung direkt daran messen.) *Beispiele:* Die Ermessensentscheidung des bestochenen Beamten ist fehlerhaft, unabhängig davon, ob sich auch ihre inhaltliche Unrichtigkeit erweisen läßt. Die Lohnzahlungen, welche die noch unorganisierten Arbeiter im 19. Jahrhundert erhielten, können und müssen als ungerecht bezeichnet werden, weil das Lohnbildungsverfahren wegen des „Quasi-Monopols" der Unternehmer unausgewogen war (oben E II 1), selbst und gerade dann, wenn man nicht sagen kann, wie hoch der gerechte Lohn hätte sein müssen. Die ausschließlich vom Besitzbürgertum gewählten liberalen Parlamente waren in bezug auf Arbeit und Wirtschaft nicht frei von ideologischen Vorurteilen, so daß ihre Entscheidungen tendenziell unausgewogen waren und den berechtigten Belangen der Arbeiter nicht entsprachen (E III, IV 1).

Die Relevanz der Überlegungen auch für *aktuelle* Fragen zeigen folgende *Beispiele:* Die bis 1976 bestehende Anbindung der Abgeordnetenentschädigung an die Beamtenbesoldung – die Entschädigung betrug ein Drittel des Grundgehalts eines Staatssekretärs – führte dazu, daß Entscheidungen über die Beamtenbesoldung (verfahrens-)fehlerhaft waren, weil die Abgeordneten dabei indirekt auch in eigener Sache tätig wurden und deshalb nicht mehr unvoreingenommen waren.[145] Und dies gilt auch und gerade dann, wenn sich die richtige Höhe von Abgeordnetenentschädigung und Besoldung im öffentlichen Dienst positiv nicht angeben läßt. – Das Streikrecht im öffentlichen Dienst begründet die Verhandlungsüberlegenheit der Gewerkschaften bei Tarifabsprachen über Vergütung und Arbeitszeit öffentlicher Arbeiter und Angestellter und führt so zu tendenziell verzerrten Resultaten (zu beiden Beispielen unten P V).

(b) Der Zusammenhang zwischen Entscheidungsinhalt und Prozeß der Entscheidungsfindung ist weiter deshalb so bedeutsam für die Gemeinwohllehre, weil die **Kriterien** für die angemessene Ausgestaltung des

---

[145] Zur Verfassungswidrigkeit der Anbindung: BVerfGE 40, 296 (316f.). Vgl. auch *v. Arnim,* Zweitbearbeitung des Art. 48 GG, in: Bonner Kommentar (1980), RN 93.

Entscheidungsprozesses (oder besser: ihr mögliches Fehlen) meist sehr viel **leichter feststellbar** sind als die inhaltliche Richtigkeit der Entscheidungen selbst.

(c) Schließlich drängt sich der verfahrensmäßige Ansatz auch unter einem *quantitativen* Gesichtspunkt auf. Mängel der Verfahrens*ordnung* strahlen im allgemeinen auf eine Vielzahl von einzelnen Entscheidungen aus, nämlich auf alle in dieser Ordnung zustandegekommenen. Wer sich mit der Richtigkeit von Gemeinschaftsentscheidungen befaßt und Überlegungen über mögliche Verbesserungen anstellt, kann durch Ansatz an der Verfahrensordnung also seine **Effektivität multiplizieren.**

Aus diesen Gründen markiert der verfahrensmäßige Ansatz so etwas wie die **Schlüsselstellung** für die Lehre von Staat und Gesellschaft: Die Ordnung der gemeinschaftserheblichen Entscheidungsprozesse zu überprüfen und ihre angemessene Ausgestaltung zu sichern, muß im Zentrum der Gemeinwohllehre stehen. Es kann nicht so sehr darauf ankommen, *einzelne* Entscheidungen direkt auf ihre Richtigkeit zu kontrollieren (was ohnehin aus qualitativen und quantitativen Gründen nur sehr eingeschränkt möglich wäre). Anzusetzen ist vielmehr in indirekter Weise, sozusagen auf einer Vorstufe. Man muß die Ordnung der Willensbildungsverfahren, in denen die Entscheidungen zustandekommen, auf ihre Angemessenheit und Ausgewogenheit überprüfen und im Falle von Defiziten über mögliche Verbesserungen der organisatorischen und verfahrensmäßigen Regelungen nachdenken. Erforderlich ist also weniger die Einzel- als die **Systemkontrolle.** Hier liegt der *strategische Punkt,* von dem her Gemeinwohlprobleme in erster Linie aufzurollen sind.

3. Zur Ordnung der Personalauswahlverfahren

Die Schlüsselrolle der verfahrensmäßigen Ordnung zeigt sich in besonderem Maß bei der Auswahl des öffentlichen Personals, von dessen Qualitäten die Art und Weise des staatlichen Agierens wesentlich mitbestimmt wird. Die Auswahlverfahren (wozu im öffentlichen Dienst Einstellungs- und Beförderungsverfahren gehören) und die Kriterien, die für die Auswahl relevant sind, haben auch wesentlichen Einfluß auf die Motivationsstruktur der staatlichen Funktionäre. Daraus folgt: Sind die Auswahlverfahren mangelhaft geordnet und organisiert, so sind die negativen Auswirkungen auf die Arbeitsweise des staatlichen Apparats gar nicht zu überschätzen. Schon die Besetzung jeder einzelnen Stelle ist von großer Bedeutung, weil der Stelleninhaber über seine gesamte Dienstzeit hinweg an einer Fülle von Entscheidungen mitwirkt, die alle von seinen persönlichen und fachlichen Qualitäten mitgeprägt werden. Noch viel wichtiger aber sind **Ordnung und Organisation** des Auswahlverfahrens, weil sie ihrerseits auf alle Auswahlakte ausstrahlen. Die Aussage, daß Ordnung und Organisation der Willensbildungsverfahren einen strategischen Punkt für die Gemeinwohllehre markieren, besitzt aus diesen Gründen für die Personalauswahl besondere Berechtigung. Von daher ist es wichtig, die Verfahren so zu ordnen, daß, um einige *Beispiele* zu nennen, ein als unabhängig postulierter Kontrolleur nicht etwa von den Kontrollierten selbst ausgesucht und so seine Unabhängigkeit unterlaufen wird;[146] daß nicht derjenige, etwa in Behörden, die größten Chancen hat vorwärtszukommen, der seinen persönlichen Vorteil am konsequentesten sucht, sondern, wer im amtsorientierten Denken und Handeln die besten Ergebnisse zeitigt.[147] Es müssen Regelungen geschaffen werden, die das *amts*orientierte Handeln prämieren. Wird *außer*amtlich orientiertes Handeln zum Erfolgsmaßstab, so wird gemeinwohlorientiertes Handeln zwangsläufig frustriert.[148]

4. Äußeres und inneres Verfahren, Verfahrensordnung und -organisation

Angesichts der zentralen Bedeutung des verfahrensmäßigen Ansatzes sind hier noch einige begriffliche Klarlegungen erforderlich, wobei eine *vierfache Unterscheidung* vorzunehmen ist, nämlich zwischen

(1) dem inhaltlichen **Ergebnis** der Entscheidung;
(2) dem **Prozeß der Findung** der Entscheidung, wobei wiederum zu trennen ist zwischen
  (2.1) dem **inneren** Prozeß der Entscheidungsfindung und
  (2.2) dem **äußeren** Prozeß;
(3) der rechtlichen **Regelung (Ordnung)** dieser Prozesse und
(4) der Schaffung der **organisatorischen** Voraussetzungen.

Die vier Kategorien seien im folgenden anhand der wichtigsten gemeinschaftserheblichen Entscheidungsprozesse erläutert, wobei zunächst die *„staatlichen“* (gerichtlichen, gesetzgeberischen, behördlichen), sodann einige selbstgesteuerte *„wirtschaftliche“* Entscheidungsprozesse angesprochen werden sollen.

---

146 Beispiel: Bestellung des Präsidenten des Bundesrechnungshofs (unten R VII 2).

147 Beispiel: Der Beamte sollte seine Beförderungschancen nicht durch möglichst umfangreiche Inanspruchnahme öffentlicher Mittel, sondern durch möglichst ökonomische erhöhen können (unten P III).

148 Beispiel: Ämterpatronage durch politische Parteien in der Verwaltung (unten P IV 2).

4.1. Erläuterung anhand „staatlicher" Entscheidungsverfahren

4.1.1. Gerichtlicher Prozeß

Zunächst zum gerichtlichen Prozeß. Das inhaltliche *Ergebnis* ist hier das Urteil (oder eine entsprechende andere gerichtliche Entscheidung).

Der *Prozeß der Entscheidungsfindung* umfaßt das gesamte Verfahren von der Erhebung der Klage (bzw. der Anklage) bis zur Festsetzung des Urteils. Dabei ist mit dem *inneren* Prozeß die Methode gemeint, mittels derer das Ergebnis gewonnen wird.

Dagegen umfaßt der *äußere* Prozeß vor allem den für den Beobachter von außen wahrnehmbaren Ablauf, z. B. die Erhebung der Klage, den Austausch von Schriftsätzen, die Erhebung von Beweisen etc. Ziel des äußeren Prozesses ist es, das heranzuschaffen, was der innere als Ausgangsmaterial braucht: sämtliche relevanten Fakten und Rechtsnormen.

Auch bei der rechtlichen Regelung *(Ordnung)* des Prozesses muß man zwischen äußerem und innerem Prozeß unterscheiden. Die Regelung des *äußeren* Prozesses erfolgt in den Prozeß- bzw. Gerichtsordnungen, von denen es für jeden Gerichtszweig eine gibt, z. B. für die Verwaltungsgerichtsbarkeit die Verwaltungsgerichtsordnung, für die Strafgerichtsbarkeit die Strafprozeßordnung. Der *innere* Prozeß ist dagegen – abgesehen von einigen Grundregeln wie z. B. dem Satz „Im Zweifel für den Angeklagten" – nicht rechtlich niedergelegt, sondern als sog. **juristische Methodik** insgesamt Gegenstand der juristischen Ausbildung.

Die Gerichts*organisation* ist vor allem im Gerichtsverfassungsgesetz niedergelegt; auch im Richtergesetz und im Grundgesetz finden sich einige wichtige Regelungen. Ihr Sinn ist es, die organisatorischen Voraussetzungen zu schaffen, damit der Prozeß der Entscheidungsfindung so ablaufen kann, daß möglichst Richtiges zustandekommt. Zu diesem Zweck ist vor allem die richterliche Unabhängigkeit organisatorisch zu sichern.

4.1.2. Gesetzgeberischer Prozeß

Die Übertragung der genannten vier Kategorien auf den Gesetzgebungsprozeß ergibt folgendes:

Ergebnis des Gesetzgebungsprozesses ist das (ausgefertigte, verkündete und inkraftgetretene) Gesetz.

Der *Prozeß der Entscheidungsfindung* umfaßt das gesamte Verfahren, beginnend mit der Ausarbeitung eines Gesetzentwurfs in einem Ministerium oder z. B. der entsprechenden Anregung eines Verbandes bis zum Inkrafttreten des Gesetzes. Der *innere* Prozeß ist identisch mit der **Methode der Gesetzgebung;** er umfaßt also die die Fakten und Zusammenhänge ermittelnden und Alternativen abwägenden Denkvorgänge der beteiligten Menschen, welche auf die inhaltliche Richtigkeit des Gesetzes zielen. Zum *äußeren* Prozeß gehört das Durchlaufen der verschiedenen

Verfahrensstationen, z. B. die Ausarbeitung in einem Ministerium, der Regierungsbeschluß, die Einbringung ins Parlament, die verschiedenen Lesungen im Bundestag, der zweite Durchgang beim Bundesrat, ein evtl. Vermittlungsverfahren und sein Abschluß und die Ausfertigung und Verkündung durch den Bundespräsidenten.

Die *Regeln* für das *innere* Verfahren, für die Methodik der Gesetzgebung, fallen letztlich mit der Lehre von der rationalen Politik zusammen. Ausdrückliche diesbezügliche rechtliche Regelungen finden sich nicht oder nur andeutungsweise (vgl. etwa die Eidesformel für den Bundespräsidenten und die Bundesminister, die ihre ,,Kraft dem Wohle des deutschen Volkes widmen, seinen Nutzen mehren, Schaden von ihm wenden, das Grundgesetz und die Gesetze des Bundes wahren und verteidigen", ihre ,,Pflichten gewissenhaft erfüllen und Gerechtigkeit gegen jedermann üben" sollen, Art. 56, 64 II GG). Es ist aber unverkennbar, daß die Ordnung des äußeren Verfahrens dazu dienen soll, den inneren Prozeß der Gesetzgebung möglichst zur Entfaltung zu bringen. Die *rechtliche Regelung* des *äußeren* Verfahrens findet sich im Grundgesetz und in den Geschäftsordnungen der an der Gesetzgebung beteiligten Verfassungsorgane.

Die *organisatorischen* Voraussetzungen des Gesetzgebungsprozesses werden ebenfalls im Grundgesetz, teilweise auch in anderen Gesetzen, insbes. in den Wahl-, Parteien- und Abgeordnetengesetzen, geregelt.

4.1.3. Verwaltungsbehördlicher Entscheidungsprozeß

Produkt des verwaltungsbehördlichen Entscheidungsprozesses ist die Verwaltungsentscheidung, also ein Verwaltungsakt, ein öffentlich-rechtlicher Vertrag etc.

Auch hier kann man wieder zwischen *äußerem* und *inneren Verfahren* der Entscheidungsfindung unterscheiden. Ersteres umfaßt das Durchlaufen bestimmter Verfahrensstationen, letzteres die Methode, die beim Finden der Entscheidung anzuwenden ist. Hier ist es zweckmäßig, je nach Art des Normprogramms zu unterscheiden: Bei *konditional* programmierten Entscheidungen ist die anzuwendende Methode die **Subsumtion,** bei *final* programmierten Entscheidungen muß die Methode der **Optimierung** angewendet werden.[149]

Rechtliche *Ordnung* für die *äußeren* Verfahren sind die Verwaltungsverfahrensgesetze. Die *Methodik* der Entscheidungsfindung ist, jedenfalls was die Subsumtion anlangt, für den Verwaltungsmann ebensowenig wie für den Richter rechtlich niedergelegt. Dagegen findet sich hinsichtlich der Bildung final programmierter Entscheidungen oft die Regel, daß

---

[149] Näheres unten H I 1 und 6. Dort wird auch dargelegt, daß die hier noch unterstellte strenge Trennung von Subsumtion und Optimierung oft nicht möglich ist.

die relevanten Belange gegeneinander „gerecht abzuwägen" seien (so z. B. in § 1 VII BBauG); darin liegt eine, wenn auch generalklauselartig verkürzte, ausdrückliche rechtliche Verpflichtung zur Anwendung des Optimierungsverfahrens.

Zur Regelung der *Organisation* der Verwaltung gehören die Bestimmungen in den Verfassungen, Gesetzen etc. über die Einrichtung von Behörden, das Dienstrecht der öffentlichen Bediensteten usw.

4.2. Erläuterung anhand „wirtschaftlicher" Entscheidungsverfahren

4.2.1. Vertrag und wettbewerbliche Marktwirtschaft

Überträgt man die genannten Kategorien auf die wettbewerbliche Marktwirtschaft und den Individualvertrag, so ergibt sich folgendes. Die *Ergebnisse* des marktwirtschaftlichen Prozesses schlagen sich in Verträgen nieder.

Auch hier kann man zwei Arten von Verfahrensweisen unterscheiden, einerseits den *Wettbewerbsprozeß,* zum anderen den betriebs- oder haushalts*internen* Optimierungsprozeß. Letzterer unterscheidet sich allerdings von dem internen Entscheidungsprozeß etwa des Richters dadurch, daß er nicht auf *gemeinschafts*bezogene Richtigkeit, also auf Optimierung der Gemeinschaftswerte, sondern auf Maximierung der betriebs- oder haushaltswirtschaftlichen Interessen *eines* Menschen oder einer *Gruppe* von Menschen abzielt. Die Akteure versuchen also nicht, für die Gemeinschaft Richtiges zu tun, sondern ihre eigenen Interessen möglichst weitgehend zu verwirklichen. Um dies tun zu können, sind allerdings z. T. höchst komplizierte betriebswirtschaftliche Überlegungen anzustellen. Trotz der Ausrichtung der Akteure auf ihre Eigeninteressen kann der *Gesamtprozeß* der Entscheidungsfindung durchaus zum **Gemeinwohlrichtigen** tendieren. Dies „Wunder" vermag der **Wettbewerb** zu vollbringen. Er bewirkt, wenn er funktioniert, sozusagen als übergreifende „unsichtbare Hand", daß trotz des Bestrebens aller einzelnen, ihre Interessen zu maximieren, dennoch das für die Gemeinschaft Optimale dabei herauskommt.

Die rechtliche *Verfahrensordnung* wird konstituiert durch die ökonomischen Grundfreiheiten, welche das Grundgesetz gewährleistet, und ihre Ausprägungen in der sonstigen Rechtsordnung einschl. der Normen, die Person und Eigentum schützen. Hinzu kommt das ganze freiheitliche Verkehrs- und Sachenrecht. Wichtig sind weiter die Wettbewerbsgesetze, einmal diejenigen, die eine Lahmlegung des Wettbewerbs durch wettbewerbsbeschränkende Maßnahmen verhindern sollen, vor allem das GWB (oben E II 2 und E VII), zum zweiten diejenigen Gesetze, die eine Übersteigerung durch unlauteren Wettbewerb unterbinden sollen, vor allem das UWG.

Methodische Anleitungen für betriebswirtschaftliche oder haushaltswirtschaftliche Optimierungen geben die *Betriebs- und* die *Haushaltswirtschaftslehre.* Rechtliche Festlegungen bestehen grundsätzlich nicht, einmal wegen der Freiheit des einzelnen, auch wirtschaftliche Dummheiten machen zu dürfen, zum zweiten deshalb, weil man wegen der Selbstinteressiertheit der Menschen davon ausgehen kann, daß sie ihre Belange im Regelfall halbwegs vernünftig wahren. Der durch die ,,unsichtbare Hand" gesteuerte Ausgleich der einzelnen betriebs- und haushaltswirtschaftlichen Entscheidungen zu einem auch für die Gesamtheit sinnvollen volkswirtschaftlichen Resultat ist seit *Adam Smith* Gegenstand der *Volkswirtschaftslehre* (oben D II 4).

Zu den *organisatorischen* Maßnahmen zur Sicherung der vertraglichen Marktwirtschaft sind die Einrichtung der Gerichte, der Polizei und der Verteidigung zu nennen, die die Einhaltung der rechtlichen Rahmenordnung sichern sollen (oben D V 1).

4.2.2. Kollektive Lohnbestimmung durch Tarifvertrag

Zur Marktwirtschaft gehören auch die Aushandlungsprozesse zwischen den Tarifpartnern, die sich in Tarifverträgen niederschlagen. Eine Einordnung der kollektiven Lohnbestimmung durch Tarifvertrag in die vier entwickelten Kategorien ergibt folgendes. *Ergebnis* des Verhandlungsprozesses ist der Tarifvertrag.

Der zugrundeliegende Aushandlungsprozeß wird von der Macht und von den Interessen der beteiligten Unternehmer und Gewerkschaften bestimmt. Auch hier geht es den Beteiligten nicht um die Erzielung von Gemeinwohlrichtigem, sondern um die Wahrnehmung ihrer *Gruppeninteressen.*

Rechtliche *Verfahrensordnungen* sind – neben der Gewährleistung von Tarifautonomie und Arbeitskampffreiheit – einmal das Tarifvertragsgesetz, zum zweiten die Arbeitskampfordnung, welche mangels Tätigwerdens des Gesetzgebers das Bundesarbeitsgericht in mehreren Grundsatzentscheidungen entwickelt hat. (Was den betriebs- und haushaltswirtschaftlichen Optimierungsprozeß anlangt, kann auf das im Zusammenhang mit Vertrag und wettbewerblicher Marktwirtschaft Gesagte, das hier in entsprechender Weise gilt, verwiesen werden.)

Die *Organisation* zur Durchsetzung der rechtlichen Rahmenordnung durch Gerichte, Vollstreckungsbehörden etc. ist wieder die gleiche wie bei Vertrag und wettbewerblicher Marktwirtschaft.

5. Inhaltliche und modale Grundwerte (direkte und indirekte Gemeinwohlrelevanz von Entscheidungsverfahren)

Die skizzierten Zusammenhänge zwischen dem Inhalt von (gemeinschaftsrelevanten) Entscheidungen und der Art ihres Zustandekommens dürfen nun aber nicht dahin mißverstanden werden, das Verfahren bezöge seine Grundwertrelevanz *allein* aus dem schließlichen Ergebnis der Entscheidung. Das Verfahren hat vielmehr selbst unmittelbaren Grundwertbezug. Man kann geradezu zwei Kategorien von Grundwerten unterscheiden: inhaltliche und modale. Ihnen entsprechen verschiedene Fragestellungen. Erstere beziehen sich auf die Frage, welchen Inhalt die Entscheidungen haben sollen, und antworten: Sie sollen gerecht sein, sie sollen Wachstum und Vollbeschäftigung fördern etc., kurz, sie sollen *inhaltlich richtig* sein. Letztere betreffen dagegen die *Art und Weise* des Entscheidens, woher auch die Bezeichnung ,,modale Grundwerte" rührt. Freiheitliche Selbstbestimmung als *der* modale Grundwert bezieht sich auf die Frage, *wie* entschieden werden soll und *wer* entscheiden soll, und antwortet: Die betroffenen Menschen sollen selbst an den Entscheidungen mitwirken. Hier geht es also nicht um das Was, sondern um das Wer und das Wie der Entscheidung. Während man bisweilen unter ,,Grundwerten" nur die inhaltlichen verstanden hat, werden in diesem Buch also auch die modalen Komponenten miteinbezogen.

Die Unterscheidung und das Zusammenwirken inhaltlicher und modaler Grundwerte lassen sich anhand dreier klassischer Entscheidungsmechanismen verdeutlichen: (a) der *Rousseau*schen Demokratie, (b) dem liberalen Parlamentarismus und (c) dem marktwirtschaftlich vertraglichen Selbststeuerungsmodell.

(a) Mit der *Demokratie* wurde der Wert der Selbstbestimmung des Volkes in den Vordergrund gerückt. Das war in Reaktion auf die absolutistische Fremdbestimmung nur natürlich, bedeutete aber keinesfalls, daß die inhaltlichen Grundwerte für irrelevant gehalten wurden. Sie sollten – und das war der eigentliche Kern – vielmehr im Wege der Selbstbestimmung des Volkes gleichzeitig miterreicht werden. *Rousseaus* Konstruktion der volonté générale war geradezu ein ,,Hebel", um Selbstbestimmung *und* inhaltliche Richtigkeit in Einklang zu bringen (oben C II).

(b) Auch die Theorie der bürgerlich-liberalen *Parlamentsgesetzgebung* gewann ihre Überzeugungskraft aus der Kombination von bürgerlicher Mitwirkung durch die Wahl der Abgeordneten *und* der Erwartung der inhaltlichen Richtigkeit der Parlamentsentscheidungen (oben D IV, V 1–6).

Daß dies auch noch für unsere heutige Demokratievorstellung gilt, hat *Kriele* auf der Staatsrechtslehrertagung 1970 in Speyer besonders herausgearbeitet:[150] Das grundgesetzliche Demokratieprinzip werde durch die Erwartung legitimiert, daß der demokratische Willensbildungsprozeß die relativ größte Chance materiell inhaltlicher Richtigkeit der in diesem Prozeß zustandegekommenen Entscheidungen mit sich bringe.

---

150 *Kriele,* Das demokratische Prinzip im Grundgesetz, VVDStRL 29, 46 (52, 58, 107f.).

(c) In ganz analoger Weise wurde die Legitimität des marktwirtschaftlich-vertraglichen *Selbststeuerungsmechanismus* darauf gegründet, daß er beides, freiheitliche Selbstbestimmung *und* inhaltliche Richtigkeit, zu kombinieren und beide weitestgehend zu verwirklichen versprach[151] (D II 4). Und schließlich wurde auch die grundsätzliche Überlegenheit der Selbststeuerung durch Verträge gegenüber der staatlichen durch Gesetze, wie sie im Subsidiaritätsprinzip ihren Niederschlag gefunden hat, mit dem Mehr an Selbstbestimmung *und* an inhaltlicher Richtigkeit begründet (oben D VI).

6. Zwei Grundtypen gemeinschaftserheblicher Verfahren

Bei der Analyse der Verfahren, durch welche gemeinschaftserhebliche Entscheidungen getroffen werden, ist eine Unterscheidung, die die Vielzahl der möglichen Verfahrensweisen in zwei Grundtypen einteilt, von besonderer Bedeutung, nämlich die Unterscheidung in *wert- und erkenntnisorientierte* Verfahren einerseits und in *interessentendeterminierte* andererseits. Das mangelnde gedankliche Auseinanderhalten dieser beiden Verfahrenskategorien hat zu vielen Unklarheiten und Mißverständnissen geführt. Sie müssen deshalb analytisch möglichst scharf getrennt werden, obwohl es sich nur um eine *idealtypische* Unterscheidung handelt, so daß manche Verfahren sich nicht ohne Rest dem einen oder anderen Typ zuschlagen lassen, und obwohl *beide* Typen für die Gemeinwohlrealisierung wichtig sind und sie zusammenwirken und sich gegenseitig *ergänzen* müssen. Der zentrale Unterschied zwischen beiden Verfahrensarten liegt in den jeweiligen inneren Einstellungen der Akteure. Zunächst zum wert- und erkenntnisorientierten Verfahren!

6.1. Wert- und erkenntnisorientierte Verfahren

Hier geht die Intention der beteiligten Menschen auf die Ermittlung des (für die Gemeinschaft) Richtigen. Wesentlich ist, daß es dem (oder den) Entscheidenden auf die **sach- und wertorientierte Richtigkeit,** nicht auf die möglichst weitgehende Berücksichtigung eigennütziger Interessen ankommt. Das Verfahren ist – idealtypischerweise – das des **Richters,** dessen Ethos von jeher auf Wahrheit und Gerechtigkeit bezogen ist. Daß diese Verfahrensart aber nicht auf den Bereich der Rechtsprechung beschränkt ist, zeigt die klassische Vorstellung von der parlamentarischen Willensbildung und Gesetzgebung als wert- und erkenntnisorientierter Diskussion und Abwägung unabhängiger Abgeordne-

---

151 Zur diesbezüglichen Kontroverse zwischen *Schmidt-Rimpler* und *Flume: v. Arnim,* Gemeinwohl und Gruppeninteressen, 94f.

ter[152] und das Bild vom **Staatsmann,** der durch weitblickende Denk- und Handlungsweise zum Nutzen des gesamten Volkes charakterisiert ist und somit gleichfalls eine Verkörperung wert- und erkenntnisorientierten politischen Handelns darstellt. Im übrigen lebt die ganze **Amtsidee** als Konzeption von der durch Sachlichkeit und Unparteilichkeit geprägten Wahrnehmung öffentlicher Ämter im Interesse und zum Besten der Bürger aus dem gleichen gedanklichen Mutterboden.[153] Schlagwortartig könnte man die wert- und erkennntisorientierten Verfahren deshalb auch als *richterliche, staatsmännische* oder *amtsorientierte* bezeichnen.

6.2. Interessentendeterminierte Verfahren

Interessentendeterminierte Verfahren sind dadurch gekennzeichnet, daß die entscheidenden Akteure sich – anders als der Richter – nicht von übergeordneten Wert- oder sonstigen Richtigkeitserwägungen leiten lassen, sondern von dem Bestreben, ihre **eigenen** (faktischen) **Interessen** möglichst weitgehend zu befriedigen (Maximierung des Gewinns, des persönlichen Nutzens, der politischen Macht etc.). Diesem Bereich sind typischerweise zuzuordnen: die **wettbewerbliche Marktwirtschaft** und der **Interessenkampf von Gewerkschaften und Arbeitgebern,** also ihre – in letzter Konsequenz bis zum Arbeitskampf gehenden – Verhandlungen und Entscheidungen.[154] Die pluralismustheoretische Vorstellung vom **Wettbewerb der Parteien** und von der **Konkurrenz der Verbände** (oben F II) rückt auch das politische Kräftespiel in eine gewisse Nähe zur macht- und interessentenorientierten Verfahrensart.[155]

Diese durch den Willen und die Macht der Interessenten determinierten Verfahrensarten können unter bestimmten Voraussetzungen durchaus einen **Trend zur** (inhaltlichen) **Richtigkeit** besitzen, etwa weil die Interessen sich im Ergebnis angemessen auspendeln. Beim Verfolgen eigennütziger Interessen kann auf diese Weise Richtiges bewirkt werden. Das Gemeinwohl setzt sich dann durch, indem es listig die Interessen für sich einspannt. Es kommt in diesem Verfahren also nicht auf-

152 Die Verwandtschaft der Idee des parlamentarischen Verfahrens mit dem gerichtlichen hebt *Kriele* hervor: *Kriele,* Staatslehre, 106ff., 181ff.

153 *Hennis,* Amtscharakter und Demokratiebegriff (1962), in: *ders.,* Die mißverstandene Demokratie, 1973, 9; *Krüger,* Staatslehre, 255ff.; *Kriele,* Staatslehre, 181ff.

154 BVerfGE 38, 281 (307): Gewerkschaften sind nach ihrem Ursprung „Kampfverbände". Ihre Tätigkeit ist deutlich interessengerichtet.

155 Entschieden z. B. *Greifeld,* Der Rechnungshof als Wirtschaftlichkeitsprüfer, 1981, 76 und durchgehend: Die Entscheidung über Staatsaufgaben und -ausgaben erfolge nicht durch deren Messung an gemeinsamen obersten Zwecken, sondern „durch die Unterschiede an partikularaufgebauten politischen Druckstärken".

grund der dahingehenden Motivation der handelnden Menschen, sondern *ohne* und möglicherweise *gegen* ihren Willen zustande. Es war das Hauptverdienst der klassischen Nationalökonomie, nachgewiesen zu haben, daß sich in der Wirtschaft unter bestimmten Voraussetzungen aus der eigenen Interessenwahrnehmung (wie durch das Wirken einer „unsichtbaren Hand") ein richtiges Gesamtresultat ergeben kann.[156]

6.3. Unterschiedliche Anforderungen an Verfahrensordnung und Organisation

Die beiden Verfahrensarten stellen unterschiedliche Anforderungen an die rechtliche Regelung der Entscheidungsprozesse und der Organisation. Beim *interessenten*bestimmten Verfahren kommt es vor allem darauf an, daß die **Machtverteilung** einigermaßen **ausgewogen** ist und die Beteiligten auch eine möglichst klare **Kenntnis von** dem haben, was in **ihrem** jeweiligen **Interesse** liegt. Wichtig ist ferner, die Organisation so zu gestalten und das Verfahren so zu regeln, daß die **Kompromißbereitschaft** gefördert wird.[157] Für das *wert- und erkenntnis*orientierte Verfahren ist es dagegen von zentraler Bedeutung, daß verfahrensmäßige und organisatorische Vorkehrungen getroffen werden, welche Unabhängigkeit und **Unparteilichkeit,** Sachlichkeit und Wertbewußtsein der Entscheidenden (bzw. ihrer Ratgeber) soweit wie möglich gewährleisten. Zugleich muß dafür gesorgt werden, daß das nötige **Wissens- und Wertungspotential** möglichst zur Verfügung steht.

Fehlt es an diesen Voraussetzungen, so ist dies ein Alarmzeichen für die (kritische) Staatslehre. Einige wichtige Fälle werden später herausgestellt, z. B. Entscheidungen der Parlamentsabgeordneten „in eigener Sache" (unten I IV 2.3 und I V 3.2; P V 1) oder die kollektive, unter Streikdrohung stehende Lohnbestimmung im öffentlichen Dienst (unten P V 2).

6.4. Wechselseitige Ergänzung beider Verfahrenstypen

Ein Vorzug der *interessenten*determinierten Verfahren liegt darin, daß sie *nicht* die anspruchsvolle wert- und erkenntnisorientierte Haltung, deren Hervorbringung schwierig und durchaus nicht immer gewährleistet ist, verlangen. Sie **gehen** vielmehr **von** den **„natürlichen" Einstellungen** der Menschen **aus.** Deshalb steht nichts entgegen, *jedermann* unmit-

---

156 Die Bedeutung dieser ökonomischen Grundzusammenhänge für die Staatslehre war klassischen Philosophen wie *Hegel,* der seinen *Adam Smith* gelesen und verarbeitet hatte, sehr wohl deutlich. Vgl. *Hegel,* Grundprobleme der Philosopie des Rechts, §§ 182ff., insbes. § 189.

157 *Herzog,* Staatslehre, 58ff.; *Böckenförde,* Die politische Funktion wirtschaftlich-sozialer Verbände und Interessenträger in der sozialstaatlichen Demokratie, Der Staat 1976, 457 (481ff.).

telbar an ihnen (und den durch sie zustandegekommenen Entscheidungen) mitwirken zu lassen; so kann am marktwirtschaftlichen Prozeß, dem Haupttyp des interessentendeterminierten Verfahrens, jeder, der etwas kaufen oder verkaufen möchte, ohne weiteres teilnehmen. Dem **Grundwert Selbstbestimmung** kann hier also besonders viel Raum gegeben werden[158] (wenn diese Komponente sich auch – etwa bei Tarifverhandlungen – wegen der gleichzeitigen Mitwirkung vieler anderer sehr verdünnen mag). Voraussetzung für die tatsächliche Mitentscheidungsmöglichkeit aller ist jedoch – genau wie für die inhaltliche Richtigkeit des Ergebnisses –, daß die Kräfte ausgewogen sind oder Marktmacht überhaupt fehlt. Besteht Übermacht einer Seite, so entfällt mit der effektiven Mitwirkungs- und Beeinflussungschance der Unterlegenen auch die inhaltliche Richtigkeitsgewähr. Ist jedoch Ausgewogenheit bzw. Machtlosigkeit (und sind auch die sonstigen Anforderungen) gegeben, so können Freiheit und inhaltliche Richtigkeit in denkbar weitem Maße verwirklicht werden.

*Wert- und erkenntnis*orientierte Verfahren stellen dagegen so **hohe Anforderungen** an die Einstellung, die Kenntnisse und Verhaltensweisen der Entscheidenden, daß ihre Hervorbringung zum Problem wird. Da das Vorliegen dieser Anforderungen durchaus nicht bei jedermann vorausgesetzt werden kann, muß die **Mitwirkung der Betroffenen** hier meist in gewisser Weise **beschränkt** werden. Darin liegt ein Grundgedanke der **repräsentativen Demokratie,** die ja dadurch gekennzeichnet ist, daß nicht die Bürger selbst entscheiden, sondern bestimmte Repräsentanten, etwa Abgeordnete, Regierungsmitglieder etc., die vom Einverständnis der Bürger getragen sind, für diese entscheiden. In der geringeren, weniger direkten Mitwirkungsmöglichkeit der Betroffenen liegt von vornherein ein *Weniger* gegenüber befriedigend funktionierenden, d. h. den genannten Anforderungen genügenden, interessentendeterminierten Verfahren. Dennoch sind wert- und erkenntnisorientierte Verfahren *unerläßlich.* Einmal gibt es Bereiche, in denen ihrer Natur nach *nur* wert- und erkenntnisorientierte Verfahren in Betracht kommen. So braucht bereits das typische interessentenbestimmte Verfahren, die wettbewerbliche Marktwirtschaft, für ihr Funktionieren einen gesetzlichen Rahmen, der nicht ohne Aktivierung wert- und erkenntnisorientierter innerer Einstellungen zustandekommen kann. Dies ist oben D V 1 im einzelnen dargelegt worden. Zum zweiten kann dort, wo beide Verfahren an sich anwendbar erscheinen, ein funktionierendes wertorientiertes Verfahren durchaus einem nicht funktionierenden interessentenbestimmten Verfahren vorgezogen werden. Schließlich ist eine wert- und erkenntnisorientierte Einstellung, Denk- und Argumentationsweise un-

---

[158] Dazu und zur Erzielbarkeit von mehr (inhaltlicher) Einzelfallrichtigkeit und Rechtssicherheit oben D VI 1.

erläßlich als Instanz für die Beurteilung, ob die bestehenden Willensbildungs- und Entscheidungsverfahren (beider Kategorien) befriedigend funktionieren und wie mögliche Defizite behoben werden können, und zugleich als unverzichtbare Kraft, sei es zur ständigen Gegensteuerung, sei es zur effektiven Durchsetzung nötiger verfahrensmäßiger und organisatorischer Neuerungen.

Kommt der wert- und erkenntnisorientierten Einstellung also letztlich eine **Schlüsselstellung für** jede fruchtbare **Kritik und** die Durchführung jeder **Verbesserung** zu, so fragt sich, wo und *bei wem* sie in ausreichendem Maße *aktiviert* werden kann. Da es in der Natur der Demokratie liegt, daß sie nicht Fremdherrschaft, etwa irgendeines mehr oder weniger weisen Monarchen, sondern Selbstherrschaft aller zur staatlichen Gemeinschaft gehörenden Menschen ist, kann die Aktivierung der erforderlichen inneren Einstellungen und Denkweisen immer nur *durch die Menschen selbst* geleistet werden. In ihrer Brust sind die unterschiedlichen Einstellungen, die den beiden Verfahrenskategorien zugrunde liegen, denn auch beide gleichzeitig angelegt. Sie entsprechen *unterschiedlichen Perspektiven,* unterschiedlichen geistigen Aggregatzuständen, unterschiedlichen Rollen, die in der Praxis auch durchaus nebeneinander „gespielt" werden können: In der *einen* Rolle muß sich der Mensch zum **Staatsbürger** „vergüten",[159] um sich die nötigen Gesetze zu geben. In der *anderen* Rolle darf er sich als **Bourgeois**[160] fühlen und innerhalb der Gesetze seinen Vorteil suchen. Das eine Mal verhält er sich „repräsentativ" im Sinne *Herbert Krügers,*[159] das andere Mal als privates Wirtschaftssubjekt im Sinne *Adam Smiths.*

Der Bürgertugend bedarf es auch dann, wenn der Bürger sich – entsprechend dem Konzept der repräsentativen Demokratie – die einzelnen Entscheidungen selbst nicht zutraut, sondern sie Repräsentanten überträgt, die das wert- und erkenntnisorientierte Verfahren für ihn ausüben sollen: auf der *Verfassungs*ebene den Mitgliedern einer verfassungsgebenden Versammlung, auf der *Gesetzes*ebene (einschl. der Ebene verfassungsändernder Gesetze) den Abgeordneten des Parlaments. Solche repräsentativen Institutionen sind sublime Instrumente, welche die Menschen *sich selbst* gegeben haben, *um* die wert- und erkenntnisorientierten Komponenten in der Gemeinschaft zu stärken. Auf diese Weise werden sozusagen *Korsettstangen* eingezogen; die Menschen disziplinieren sich selbst, d.h. sie stärken die repräsentativen gegenüber den Macht- und Interessentenmomenten. Wie die Menschen sich Gesetze geben, um den täglichen Versuchungen zu unsolidarischem, ungerechtem Verhalten nicht zu erliegen, so geben sie sich Verfassungen und installieren Verfassungsgerichte, um den Versuchungen der Gesetzgeber, ihre Macht zu

---

159 *Krüger,* Staatslehre, durchgehend.
160 Vgl. *Smend,* Bürger und Bourgeois im deutschen Staatsrecht, 1933.

mißbrauchen, Schranken zu setzen. Auf der gleichen Vorstellung beruht es, wenn der Gesetzgeber einen wichtigen Bereich der Politik auf eine unabhängige Institution wie z. B. die Bundesbank überträgt, um sich gegen die täglichen Versuchungen zu geldwertverschlechternder Politik zu wappnen (unten O II). Es bedarf also der wert- und erkenntnisorientierten Einstellung der Menschen selbst, damit solche repräsentativen Einrichtungen zustandekommen, damit solche selbstdisziplinierenden Korsettstangen eingezogen werden und funktionsfähig bleiben. Keine der so geschaffenen Einrichtungen, weder das Parlament noch etwa das Bundesverfassungsgericht oder die Bundesbank, hätte Bestand, wenn sie nicht mehr vom Einverständnis der Bürger getragen wäre. All diese Einrichtungen sind nicht **Ausdruck** irgendwelcher Fremdherrschaft, sondern **der** demokratischen **Selbstherrschaft,** und zwar in einem *dreifachen* Sinn: Sie beruhen alle auf Verfassung und Gesetz, die ihrerseits vom Volk ausgehen;[161] zum zweiten werden die in diesen Institutionen tätigen Menschen direkt oder indirekt vom Volk gewählt, sind in diesem Sinn also demokratisch legitimiert; drittens hätten Institutionen, wie das Bundesverfassungsgericht und die Bundesbank ihre Macht alsbald vertan, wenn das prinzipielle Einverständnis der Menschen mit ihrer Existenz und Aktivität verlorenginge (unten O II, Q III).

All dies sei gegenüber möglichen *Kritikern* hervorgehoben, die bisweilen dazu neigen, jeden Versuch, wert- und erkenntnisorientiertes Denken und Handeln zu fördern, vorschnell als Rückfall in vordemokratisch autoritäres Denken zu diskreditieren und sich dadurch der eigentlichen Problematik und der Auseinandersetzung mit ihr entziehen. Wer die Herausarbeitung von Grundwerten und wert- und erkenntnisorientierten Verfahren und Methoden als *Schlüssel* für die Analyse, für die Kritik und für die Entwicklung von Vorschlägen zur Verbesserung der Gemeinschaftsordnung ablehnt, verzichtet damit zugleich auch auf eine tragfähige **Basis für** die **Beurteilung und Kritik des politischen Kräftespiels** in der Bundesrepublik. Gerade die *Staatslehre* darf diesen Weg, so bequem er auch sein mag, nicht gehen, will sie sich nicht zur Dirne erniedrigen, „die sich dem jeweiligen Machthaber an den Hals wirft" *(Laun).*

6.5. Zur besonderen Gefährdung der wertorientierten Haltung

Angesichts der zentralen Bedeutung, die eine wert- und erkenntnisorientierte innere Haltung für die Errichtung und Beibehaltung einer

---

161 Hinsichtlich des Grundgesetzes liegt hier allerdings ein schwacher Punkt, weil der Parlamentarische Rat nicht direkt vom Gesamtvolk gewählt und auch das Grundgesetz nicht durch Volksentscheid angenommen worden ist. Einen gewissen Ersatz sieht man gemeinhin in der großen Wahlbeteiligung der ersten aufgrund des Grundgesetzes zustandegekommenen Bundestagswahl von 1949.

guten Ordnung und für ihre Verbesserung besitzt, und angesichts ihrer gleichzeitigen besonderen Gefährdung gilt es, *diese* Seite des Menschen soweit irgendmöglich zu stützen und zu fördern. ,,Bürgerliche Tugend kann nicht entbehrt werden" *(Dolf Sternberger).* Die sich hier stellenden Probleme sind so zentral, daß es sich lohnt, bei ihnen noch etwas zu verweilen.

Wertorientiertes Denken mag manchem als eine Art Luxus erscheinen; man kann es sich jedenfalls nur leisten, wenn man es nicht nötig hat, auf den eigenen direkten Vorteil bedacht sein zu müssen. Wertorientiertes Denken ist ,,kostspielig" in dem Sinne, daß man auf das Ergattern eigener Vorteile verzichtet. Werden die ,,Kosten" zu hoch, kann man nur noch von Reichen oder von moralischen Heroen erwarten, sie auf sich zu nehmen. Der *Sinn der staatlichen Regelungen* besteht deshalb zu einem großen Teil darin, diese ökonomischen, aber auch sozialen Kosten gering zu halten und auf diese Weise wertorientiertes Verhalten auch für den wirtschaftlich abhängigen Nicht-Heros zu ermöglichen. Der Staat muß die Ambiance schaffen, in der das anfällige, pflegebedürftige Pflänzchen möglichst gedeihen kann. Der ,,Staat" ist hier nichts dem Menschen Fernes, Entgegengesetztes, nichts Heteronomes, sondern ein bewußtes und gezieltes Unternehmen der Menschen selbst, um die *eine* Seele in ihrer Brust davor zu bewahren, von der *anderen* erdrückt zu werden, um Kain am Brudermord zu hindern.

So soll z. B. eine ausreichende Alimentation es dem Richter ermöglichen, unbestechlich und unabhängig zu urteilen. Im übrigen sollen schwere Strafdrohungen die sozialen Kosten der Bestechlichkeit so steigern, daß selbst der nur auf eigenen Vorteil Bedachte dieses Risiko nicht eingeht. Der seinen eigenen Vorteil Suchende soll nicht letztlich als der Clevere, der Überlegene dastehen, wer sich als Staatsbürger verhält dagegen als der Dumme. Dies ist eine zentrale Funktion staatlicher Regelungen. Sie müssen stützend eingreifen, weil gemeinwohlorientiertes Denken und Handeln *anfällig* ist; es ist viel weniger robust als interessentenorientiertes und deshalb in dauernder Gefahr, von diesem überwuchert zu werden. Deshalb sollen staatliche Regelungen gemeinwohlorientiertem Denken und Handeln Raum und eine Chance zur Entwicklung und Entfaltung geben. Sie sollen dazu beitragen, dem politischen Prozeß möglichst viel Gemeinwohlorientierung abzuringen.

Von daher ist es wichtig, nicht nur die wirtschaftliche Unabhängigkeit etwa des Richters, des Sachverständigen, des Finanzkontrolleurs sicherzustellen, sondern durch sinnvolle Regelungen auch zu gewährleisten, daß das jeweilige Auswahl- und Ernennungsverfahren nicht von unsachlichen Elementen beherrscht wird (Näheres oben G VII 3).

In unserer Zeit befindet sich die wert- und erkenntnisorientierte Einstellung überall unter Beschuß; überall ist sie scheinbar hoffnungslos in die Defensive gedrängt. Man hat ihr auch schon den Totenschein ausgestellt. Ihre **Unerläßlichkeit** hervorzuheben ist gerade deshalb eine der zentralen Aufgaben der Staatslehre.

Zentrale Einrichtungen des direkten Eigeninteresses sind die *partikularen Interessenverbände*. Ihr Wirken und ihre immer größer werdende Macht tragen wesentlich dazu bei, daß es immer schwerer wird, gemeinwohlorientiertem Denken und Handeln noch Raum zu lassen. Sie versuchen, auf alle gemeinschaftlichen Einrichtungen Einfluß zu nehmen und sie sich zu unterwerfen: nicht nur Parlament, Regierung und Verwaltung, sondern auch Gerichte, Bundesbank, Sachverständigenräte, also solche Einrichtungen, die – gerade um ihre Unabhängigkeit zu sichern – vom Einfluß der Verbände separiert sind. Die wichtigste Waffe der Interessenverbände besteht in der Diskreditierung und Verhöhnung wert- und erkenntnisorientierten Denkens überhaupt. Es wird als konservativ, als unpolitisch, als Ausfluß bloßer Ideologie bezeichnet, wobei geflissentlich übersehen wird, daß es in der Geschichte immer solch wertorientiertes Denken war, das die Macht der Etablierten infrage gestellt und gebrochen hat, es also in Wahrheit zu den progressiven, kritischen Kräften gehört.

H. Zur Methodik rationaler Gemeinschaftsentscheidungen

I. Elemente eines rationalen Politik-Entscheidungsverfahrens

1. Subsumtion und Optimierung als Erscheinungsformen des „inneren" Verfahrens

Die Prozesse der Entscheidungsfindung, die wir oben als „innere" Verfahren, als Methodik der Entscheidungsfindung bezeichnet haben (oben G VII 4), sollen im folgenden noch näher ins Auge gefaßt werden. Hier lassen sich idealiter zwei Typen unterscheiden: Subsumtion und Optimierung. Die Methode der **Subsumtion** ist u. a. durch die enge Normbezogenheit der Entscheidungsfindung gekennzeichnet. Ihre Anwendbarkeit setzt eine bestimmte Art von Normen voraus, nämlich sehr differenzierte und ins einzelne gehende. Im Idealfall ist die Lösung aller möglichen Fälle im Gesetz schon vorgedacht und entschieden. Der Gesetzesanwender hat deshalb nur zu prüfen, ob das Gesetz auf den konkreten zur Entscheidung anstehenden Einzelfall „paßt", oder umgekehrt: ob der konkrete Lebenssachverhalt unter das abstrakt formulierte Gesetz „subsumiert" werden kann. Die hierbei einzuhaltende „rein juristische" Methode versteht sich als ausschließlich formal-begriffliche Deduktion. Das „rein Juristische" bedeutet negativ, daß sozialwissenschaftliche und wertende Überlegungen ausgeklammert bleiben.

Voraussetzung für die Beschränkung des Richters (und jedes anderen Rechtsanwenders) ausschließlich auf diese Methodik ist das Vorliegen entsprechender subsumtionsfähiger Rechtsnormen. Ist diese Voraussetzung gegeben, so ist die Subsumtionsmethode für einen juristisch Geschulten verhältnismäßig *leicht anwendbar.* Der Richter ist dann in der Tat, um mit *Montesquieu* zu sprechen, nur der Mund, der die Worte des Gesetzes ausspricht (oben D III 1).

Beispiel: § 303 I StGB umschreibt den strafrechtlichen Tatbestand der Sachbeschädigung folgendermaßen: „Wer ... eine fremde Sache beschädigt oder zerstört, ..." (es folgt die Strafdrohung). Sachbeschädigung liegt also nur vor, wenn eine Sache beschädigt oder zerstört wird. Zudem muß die Sache im Eigentum eines anderen stehen. Der Richter prüft, ob ein bestimmter an ihn herangetragener Einzelfall diese Merkmale aufweist, d. h. unter den gesetzlichen Tatbestand subsumiert werden kann. Hat jemand z. B. seinen Hund mutwillig angeschossen , so liegt keine Sachbeschädigung vor, weil das Tier für den Täter nicht „fremd" ist (wohl aber hat er möglicherweise gegen das Tierschutzgesetz verstoßen).

Subsumtionsfähige Rechtsnormen lassen sich – mit den verbreiteten Begriffen *Luhmanns* – auch dadurch charakterisieren, daß die Adressaten **konditional,** d. h. nach der Regel „wenn ... dann", programmiert werden: Wenn die im Gesetz begrifflich umschriebenen Tatbestandsmerkmale in der Realität vorliegen, dann tritt die im Gesetz vorgesehene Rechtsfolge ohne weiteres ein. Um im Beispiel zu bleiben: *Wenn* jemand eine fremde Sache beschädigt oder zerstört hat, *dann* wird er mit Freiheitsstrafe bis zu zwei Jahren oder mit Geldstrafe bestraft.

Sind dagegen nur die *Ziele* vorgegeben – *Luhmann* spricht von **finaler** Programmierung[1] – und bleibt es dem Interpreten überlassen, einen Weg zu finden, der zu einer möglichst umfassenden Realisierung der Ziele führt, so bewegen wir uns im Anwendungsbereich der Methode der **Optimierung.**

Auch hierzu ein Beispiel: Nach § 1 StabG haben Bund und Länder ihre finanz- und wirtschaftspolitischen Maßnahmen „so zu treffen, daß sie im Rahmen der marktwirtschaftlichen Ordnung gleichzeitig zur Stabilität des Preisniveaus, zu einem hohen Beschäftigungsstand und außenwirtschaftlichem Gleichgewicht bei stetigem und angemessenem Wirtschaftswachstum beitragen" (Näheres oben E VI 2).

Hier sind nur bestimmte Ziele vorgegeben (Preisniveaustabilität, hoher Beschäftigungsstand, außenwirtschaftliches Gleichgewicht und Wirtschaftswachstum). Die Maßnahmen sind so zu wählen, daß die Ziele möglichst weitgehend verwirklicht werden. Den Adressaten der Norm bleibt ein weiter Entscheidungsspielraum.

Die Methodik der Subsumtion weist als solche für den juristisch Geschulten keine größeren Schwierigkeiten auf (*Mayer-Maly:* „Subsumieren kann jeder"). Anders die Optimierung. Ihre Grundgedanken und die sich daraus ergebenden Konsequenzen sollen deshalb im folgenden näher erläutert werden (unter 2–5). Danach wird darzulegen sein, daß Subsumtion und Optimierung in bestimmter Weise zusammenwirken und sich gegenseitig ergänzen (unter 6).

2. Grundgedanken der Optimierung, insbes. die Prüfung der Erforderlichkeit, Verhältnismäßigkeit und Wirtschaftlichkeit von Maßnahmen

Kennzeichnend für die Optimierung ist das Vorliegen von Problemen, bei deren Lösung zwei oder **mehrere Werte,** die prinzipiell als gleichwertig anzuerkennen sind, miteinander **in Konflikt** geraten können. Es

[1] *Luhmann,* Lob der Routine, VerwArch 1964, 1 (7ff.).

kommt dann darauf an, unter den vorhandenen Problemlösungsalternativen diejenigen auszuwählen, die alle Werte möglichst weitgehend realisieren; es gilt mit anderen Worten, die Problemlösung im Hinblick auf die relevanten Werte zu ,,optimieren", d.h. eine möglichst richtige Lösung zu finden. Dabei ergibt sich die typische Schwierigkeit daraus, daß keinem Wert generell und von vornherein der Vorrang vor anderen zuerkannt werden darf; es geht also nicht um die maximale Verwirklichung einzelner Werte. Vielmehr ist eine **ausgleichende Berücksichtigung sämtlicher Werte** – die Franzosen sprechen von ,,conciliation" – anzustreben.[2] Dies schließt nicht aus, daß je nach der Situation einmal der eine, dann wieder ein anderer Wert am meisten gefährdet und deshalb am nachdrücklichsten zu verfolgen ist. Niemals darf jedoch ein Wert völlig aufgeopfert werden, vielmehr behält jeder mindestens insofern Gewicht, als er bei der Art und dem Umfang der zu ergreifenden Maßnahme mitzubedenken ist. Die **Situationsabhängigkeit** der Optimierung setzt eine gründliche Situationsanalyse voraus.

Die Verwerfung einer feststehenden absoluten Rangordnung der Werte und die Betonung der Relativität und Situationsabhängigkeit der Wertgewichtungen innerhalb eines ,,beweglichen Systems" *(Larenz)* wird auch bei der Auslegung des § 1 Stabilitätsgesetz deutlich (dazu soeben unter 1), dessen vier Ziele (= Werte) einander häufig in Form eines ,,magischen Vierecks" zugeordnet werden, eine Bezeichnung, in der die (häufig bestehende) praktische Unmöglichkeit, alle Ziele gleichzeitig vollständig zu verwirklichen, schon terminologisch zum Ausdruck kommt. Auch hier wird die Gleichrangigkeit so interpretiert, daß das (oder die) in der jeweiligen gesamtwirtschaftlichen Lage und deren absehbarer Entwicklung am meisten gefährdete(n) Ziel(e) von der Wirtschaftspolitik am nachdrücklichsten zu verfolgen ist (sind), die Maßnahmen dabei aber so gewählt und dosiert werden müssen, daß die Beeinträchtigung der übrigen Ziele möglichst gering bleibt.[3]

Die dem Optimierungsdenken zugrundeliegende Auffassung steht im Gegensatz zu der Vorstellung *Max Schelers* und *Nicolai Hartmanns* von einer absoluten Rangordnung der Werte und der auch heute noch unter Verfassungsrechtlern verbreiteten These *Carl Schmitts,* es läge in der Logik des Wertdenkens, daß ein Wert sich gegenüber anderen bedingungslos durchsetzte. Wäre diese These richtig, so drohte in der Tat die von *Carl Schmitt* beschworene ,,Tyrannei der Werte";[4] das ,,Wertdenken" wäre diskreditiert. Die Unrichtigkeit der *Schmitt*schen These hervorzuheben ist deshalb von besonderer Wichtigkeit (dazu unten 9).

Im folgenden soll zunächst ein Überblick über die einzelnen Schritte

---

[2] *Soell,* Das Ermessen der Eingriffsverwaltung, 1973, 712f.

[3] Sachverständigenrat zur Begutachtung der gesamtwirtschaftlichen Entwicklung, Jahresgutachten 1964/65, Vorwort, Ziff. 3.

[4] *Carl Schmitt,* Die Tyrannei der Werte, in: Säcularisation und Utopie, Erbacher Studien, 1967, 37 (57ff.).

des Optimierungsverfahrens und die dabei anzuwendenden methodischen Regeln gegeben werden.

Blickt man nicht von den Werten her auf die Mittel, sondern umgekehrt von den Mitteln zurück auf die Werte, so läßt sich das Verfahren der Optimierung auch aufgliedern in die Überprüfung der möglichen alternativen Maßnahmen auf ihre Geeignetheit, Erforderlichkeit, Verhältnismäßigkeit und Wirtschaftlichkeit, bezogen jeweils auf die relevanten Werte.

Erforderlichkeit

Zur rationalen Entscheidungsbildung gehört zunächst die Prüfung, ob, in welchem Umfang und mit welchem Wahrscheinlichkeitsgrad eine vorläufig ins Auge gefaßte Maßnahme überhaupt **geeignet** (tauglich, zweckdienlich) ist, die Verwirklichung eines Wertes (Ziels), dessen Gefährdung in einer bestimmten Lage regelmäßig erst den Anstoß für ein Tätigwerden gibt, zu fördern.

Beispiel: Ein Gesetz, das die postalische Versendung von Tieren, auch von wirbellosen Tieren einer niedrigen Entwicklungsstufe, untersagt, um Beeinträchtigungen ihres Wohlbefindens im Sinne des Tierschutzgesetzes zu verhindern, ist dann hinsichtlich der Schalentiere von vornherein ungeeignet, den erstrebten Zweck zu erreichen, wenn diese Tiere wegen ihrer völligen Unempfindlichkeit durch die postalische Versendung gar nicht beeinträchtigt werden *können*.[5]

Rationales Problemlösungsverhalten darf sich mit der Feststellung der Eignung einer Maßnahme zur Verwirklichung eines bestimmten Wertes jedoch nicht begnügen, sondern muß versuchen, auch die Auswirkungen auf *andere* Werte (Nebenwirkungen) zu ermitteln. Man muß also versuchen, den ganzen Fächer der möglicherweise tangierten Werte in die Beurteilung einzubeziehen. Mit *Max Weber* ist zu fragen: ,,Was ‚kostet' die Erreichung des gewollten Zwecks in Gestalt der voraussichtlich eintretenden Verletzung anderer Werte?" Diese ,,sozialen Kosten" gilt es, möglichst gering zu halten.[6] Man muß deshalb prüfen, ob die negativen Nebenwirkungen nicht bei Verwendung einer anderen in gleicher Weise geeigneten Maßnahme vermieden oder verringert werden können. So sind mehrere geeignete Maßnahmen miteinander zu vergleichen und diejenige ist auszuwählen, bei der die sozialen Kosten ,,minimiert" werden. Alle anderen Maßnahmen führen offenbar zu vermeidbaren, zur Realisierung des angestrebten Ziels (oder der angestrebten Ziele) nicht erforderlichen Werteinbußen, d. h. aber zu *Wertver-*

---

[5] Fall nach BVerfGE 36, 47 (63).

[6] Vgl. auch den Wortlaut des Amtseides von Bundespräsident und Mitgliedern der Bundesregierung, die den Nutzen des deutschen Volkes zu mehren und Schaden von ihm zu wenden haben (Art. 56, 64 II GG).

schwendungen. **Nicht erforderlich** sind also alle Maßnahmen, die bei gleichem Erfolgswert größere nachteilige Auswirkungen haben als andere.

Beispiel: Wenn der Schuß eines Polizisten ins Bein eines Amokläufers ausreicht, um ihn unschädlich zu machen, ist ein gezielter Kopfschuß nicht erforderlich.

Verhältnismäßigkeit

Die Erforderlichkeitsprüfung reicht für die Bewältigung der Optimierungsaufgabe noch nicht aus. Es kann ja sein, daß *jede* zur Förderung eines gefährdeten Ziels infragekommende Maßnahme, also auch die mit den geringsten sozialen Kosten, immer noch höhere Kosten verursacht, als die Förderung des Ziels an sozialem Ertrag verspricht.[7] Hier sind die sozialen Kosten *aller* möglichen Maßnahmen zu hoch, weil sie alle nur zu einer *Verschlechterung insgesamt* führen würden. Die sozialen **Kosten** stehen **außer Verhältnis zum** erwarteten sozialen **Ertrag.** In einer solchen Lage gebietet das Verhältnismäßigkeitsprinzip, von jeder Maßnahme abzusehen; Nichtstun ist dann immer noch die beste Verhaltensalternative.

Beispiel: Ein lästiges, aber erträgliches Leiden läßt sich nur mit einem bestimmten Mittel kurieren; dieses aber begründet wegen seiner schädlichen Nebenwirkungen die Gefahr, daß der Patient in dauerndes Siechtum verfällt. Ein ähnlicher, im übrigen von der Medizin auf die Wirtschaft und Gesellschaft übertragbarer Zusammenhang ist auch angesprochen in dem flapsigen Spruch: „Operation geglückt, Patient tot".

Der Grundsatz der Erforderlichkeit, der Eignung mitumfaßt (denn ungeeignete Maßnahmen sind niemals erforderlich), und der Grundsatz der Verhältnismäßigkeit lassen sich unter dem **Oberbegriff „Übermaßverbot"** zusammenfassen.[8]

Wirtschaftlichkeit

Die Optimierungsaufgabe erschöpft sich nicht in der Erforderlichkeits- und der Verhältnismäßigkeitsprüfung; die Erforderlichkeitsprüfung vergleicht nur die möglichen Maßnahmen, um einen bestimmten, zunächst einmal angestrebten sozialen Ertrag mit möglichst geringen sozialen Kosten zu erreichen. Die Verhältnismäßigkeitsprüfung soll ausschließen, daß Kosten und Ertrag außer Verhältnis zueinander stehen, gewährleistet aber nicht, daß dieses Verhältnis auch optimal ist.[9] Solange man den Ertrag konstant hält, bleiben nämlich mögliche *Verbesserungen,* die sich *aus Veränderungen* des Ausmaßes *der Zielerreichung* ergeben kön-

---

[7] Die Begriffe „Kosten" und „Ertrag" sind – daran sei erinnert – hier keineswegs nur finanziell zu verstehen.
[8] *Lerche,* Übermaß und Verfassungsrecht, 1961.
[9] *Grabitz,* Der Grundsatz der Verhältnismäßigkeit, AöR 1973, 568 (576).

nen, unberücksichtigt. Es ist ja durchaus denkbar, daß sich die soziale Kosten-Ertrags-Relation bei Veränderung des Erfolgsgrads noch verbessern läßt. Auch die unterschiedlichen Zielrealisierungsgrade müssen deshalb durchgeprüft werden. Man darf sich also nicht darauf beschränken, bloß die sozialen Kosten (bei gegebenem Ertrag) zu minimieren, sondern muß auch den Ertrag (bei gegebenen Kosten) und die positive Differenz zwischen dem sozialen Ertrag und den sozialen Kosten maximieren. Die angestellte Optimierung ist gleichbedeutend mit der Wirtschaftlichkeitsprüfung (unten R II), weil diese dadurch gekennzeichnet ist, daß der ,,Saldo" aus sozialen Kosten und Ertrag der möglichen alternativen Maßnahmen zu vergleichen und diejenige mit dem höchsten Saldo, also mit der maximalen Nettozielerreichung, auszuwählen ist.[10] Mit anderen Worten: Die Maßnahmen sind so zu wählen (und zu dosieren), daß die positiven Auswirkungen die negativen in möglichst hohem Maße übersteigen. Zugrundeliegt, wie man sieht, das gedankliche Bild einer **sozialen Ertrags- und Aufwandsrechnung:** Ein Ziel ist bis zu dem Grad zu realisieren, bei dem ein *Mehr* an Verwirklichung, welches bei anderem Mitteleinsatz zu gewinnen wäre, durch das dabei inkaufzunehmende Mehr an sozialen Kosten zumindest aufgewogen wird. An diesem Punkt ist eine weitere Verbesserung nicht mehr möglich, was ja das Kennzeichen für die **optimale** (= bestmögliche) **Problemlösung** ist.[11] – Der Grundsatz der **Wirtschaftlichkeit umfaßt** die Grundsätze der **Erforderlichkeit** (einschl. der Geeignetheit) **und** der **Verhältnismäßigkeit,** geht aber eben über diese noch hinaus.

Die vorstehenden Ausführungen bedürfen noch der *Ergänzung* in mehrere Richtungen. Einmal mag die logisch-formale Klarheit der skizzierten Optimierungsmethodik dem Leser vielleicht suggerieren, der Wissenschaftler könne für jedes Problem in jeder Lage diejenige Maßnahme oder Maßnahmenkombination eindeutig und zweifelsfrei angeben, die die Grundwerterealisierung optimiert. Dieser mögliche Eindruck ist nicht zutreffend und muß korrigiert werden. Eine zweite Ergänzung betrifft den Beitrag der Wirklichkeitswissenschaften, insbes. der Sozialwissenschaften. Diese Ergänzung verlangt zugleich ein Eingehen auf die Grenzen der Leistungsfähigkeit der Wirklichkeitswissenschaften.

---

[10] *Dahl/Lindblom,* in: *Gäfgen* (Hrsg.), Grundlagen der Wirtschaftspolitik, 3. Aufl., 1970, 211 (220). Vgl. auch *Giersch,* Allgemeine Wirtschaftspolitik, 1961, 227: ,,Es ist jener Punkt zu finden, an dem die Wertsumme der Vorteile die Wertsumme der Nachteile am meisten übertrifft". Vgl. aus dem rechtswissenschaftlichen Schrifttum z.B. *Zippelius,* Das Wesen des Rechts, 3. Aufl., 1973, 107: Die Entscheidung ist solange zu modifizieren, ,,bis sich ein optimales Verhältnis zwischen Nutzen und Schaden ergibt".

[11] Vgl. auch *Kriele,* Das demokratische Prinzip im Grundgesetz, VVDStRL 29, 51: Man muß die Alternativen ,,vergleichen, die voraussichtlichen Konsequenzen für das praktische, menschliche, wirtschaftliche, soziale Leben abschätzen und diejenige wählen, die bei unparteiischer Abwägung der begünstigenden und benachteiligenden Wirkungen die relativ geringsten Nachteile und die größten Vorteile mit sich bringt".

3. Konsequenz des Optimierungsverfahrens: Zusammenarbeit mit den Wirklichkeitswissenschaften

3.1. Angewiesenheit auf die Sozialwissenschaften

Die Anwendung des Optimierungsverfahrens ruft nach den Wirklichkeitswissenschaften. Im folgenden beschränke ich mich auf die Darstellung der Bedeutung der *Sozial*wissenschaften, obwohl z. B. Fragen des Umweltschutzes und der Atomenergie auch die Wichtigkeit der Naturwissenschaften allgemein deutlich gemacht haben. Die Angewiesenheit auf Erkenntnisse der Sozialwissenschaften zeigt sich bereits bei der erforderlichen Situationsanalyse: Es gilt, die bestehende Lage richtig zu *beschreiben* und, sofern sie nicht so einfach strukturiert ist, daß sie für sich selbst spricht, zu *erklären*. Die Erklärung ist ihrerseits Voraussetzung für eine *Prognose* der weiteren Entwicklung. Beschreibung, Erklärung und Prognose setzen eine möglichst weitgehende Kenntnisnahme von den relevanten *Tatsachen* und die möglichst zutreffende Abschätzung der zwischen ihnen bestehenden *Kausalzusammenhänge* voraus. Die Beantwortung der sich anschließenden Frage, ob die ermittelte Lage und ihre prognostizierte Entwicklung befriedigend erscheinen (oder als „Fehlentwicklung" anzusehen sind), verlangt dagegen eine *wertende* Beurteilung, die ihrerseits aber nicht unabhängig davon erfolgen kann, ob eine Verbesserung (immer im Hinblick auf die maßgeblichen Werte) überhaupt *möglich* ist. Diese Frage setzt aber ebenso wie die weitere Frage nach der optimalen Therapie wiederum (auch) das Heranziehen von Tatsachen und das Abschätzen von Zusammenhängen voraus. So liegt die Prüfung der *Geeignetheit* von denkbaren politischen Maßnahmen, z. B. zur Überwindung von Arbeitslosigkeit, ganz im Bereich der Untersuchung von Tatsachenzusammenhängen. Eine Regierung, die erwägt, eine konjunkturelle Rezession mit finanzpolitischen Maßnahmen zu bekämpfen, muß eine Vorstellung von der Wirkungsweise von Steuer- und Ausgabenvariationen auf die volkswirtschaftliche Nachfrage und Beschäftigung haben. Kommt es nach einer Periode der Zwangsbewirtschaftung und nach wirtschaftlichem Zusammenbruch auf die Realisierung eines möglichst raschen Aufschwungs an, so muß die Regierung eine Vorstellung haben, inwieweit die Gewährung von Wirtschaftsfreiheit eine solche Wirkung erwarten läßt. Die (annähernde) Richtigkeit der Vorstellung, d. h. ihre Übereinstimmung mit der Wirklichkeit, ist jeweils Voraussetzung für den Erfolg. Gleiches gilt hinsichtlich der Abschätzung der *Auswirkungen* der Maßnahme *auf andere Ziele*. Die Frage nach den „Alternativkosten" läßt sich nur auf der Basis von Annahmen über Tatsachenzusammenhänge beantworten, und der Wert der Antwort hängt wieder von der mehr oder weniger großen Übereinstimmung der Annahme mit der Wirklichkeit im konkreten Fall ab.

Die Optimierungsaufgabe erfordert also sozusagen als Vorfrage für alle zusätzlich nötigen Wertungen die möglichst weitgehende Klärung der relevanten Tatsachen und das möglichst zutreffende Abschätzen der Ursachenzusammenhänge, so daß einerseits die Lage und ihre voraussichtliche Entwicklung, andererseits auch die Konsequenzen alternativer Entscheidungsmöglichkeiten erkennbar bzw. vorhersehbar werden. Soweit diese Klärung möglich ist, ist sie Voraussetzung für eine rationale Entscheidung von Problemen, weil sich überhaupt erst daraus ergibt, wie Wertkonflikte durch Wahl der richtigen Maßnahmen vermieden oder wenigstens verringert und dadurch „Wertverschwendungen" ausgeschlossen werden können, andererseits, welche Wertkonflikte unvermeidbar sind und deshalb nur durch Wertabwägung im Wege wechselseitiger Abstriche entschieden werden können. Anders ausgedrückt: Erst die Kenntnis der Tatsachen und der Tatsachenzusammenhänge besagt, welche Kombination von Wertrealisierungen, welche Alternativen von Wertkompromissen in einer bestimmten Situation überhaupt *möglich* sind, und verschafft auf diese Weise **Klarheit über** den bestehenden **Handlungsspielraum.** Daraus folgt: Wer es mit der Politik als „Kunst des Möglichen" – oder genauer: als „Kunst des Bestmöglichen" – ernst meint, kommt nicht ohne Rückgriff auf die Tatsachenzusammenhänge aus (soweit diese eben bekannt oder erkennbar sind). „Den lieb' ich, der Unmögliches begehrt"[12] gilt weder für die Politik noch für die Wissenschaft als Maxime.

Die Erfassung von gesellschaftlichen Tatsachen und die Erforschung von Zusammenhängen zwischen ihnen, einerseits zur Erklärung des sozialen Geschehens, andererseits zur Ermittlung der Folgen möglicher Handlungen, ist der „geborene" **Gegenstand der Sozialwissenschaften.** Diese bedienen sich dabei der (wirklichkeits- oder seins-) wissenschaftlichen Methode, in der die Regeln für die Gewinnung wissenschaftlich akzeptabler Erkenntnisse über unsere natürliche und gesellschaftliche Umwelt zusammengefaßt sind. Daraus folgt im Grundsatz, daß der Rechtswissenschaftler sich bei der Optimierungsaufgabe von den Sozialwissenschaften über die sozialen Tatsachen und, da das Meer der Tatsachen für sich genommen noch stumm ist *(Erich Schneider),* über die Beziehungen und Zusammenhänge zwischen ihnen orientieren lassen muß.

Wenn es auch nicht die Aufgabe dieses Buches sein kann, die Methodik der Sozialwissenschaften im einzelnen darzustellen, so ist es doch erforderlich, auf zweierlei besonders hinzuweisen: die Bedeutung und Unerläßlichkeit der Statistik für die Erfassung der sozialen Tatsachen und die Notwendigkeit und die gleichzeitig begrenzte Aussagekraft der Theorie.

---

[12] *Manto* zu Faust, der die längst dahingeschiedene Helena gewinnen möchte. Faust, Zweiter Teil, 2. Akt, 4. Szene.

Was die Feststellung von sozialen Tatsachen anlangt, so kommt es bei der Vorbereitung von Gemeinschaftsentscheidungen häufig weniger auf Einzeltatsachen an als vielmehr auf *generelle,* d.h. auf eine Vielzahl von Fällen bezogene und meist Verallgemeinerung dieser Einzelfälle beinhaltende, *Tatsachen*. Für ihre Ermittlung reicht die durch zufällige persönliche Erlebnisse geprägte Lebenserfahrung der Beurteilenden meist nicht aus; sie können nur mittels besonderer empirischer, vor allem **statistischer Verfahren** einigermaßen zuverlässig ermittelt werden.

Geht es nicht um gegenwärtige oder vergangene Tatsachen, sondern um zukünftige oder hypothetische Handlungsabläufe (die als Konsequenzen verschiedener Handlungsalternativen zu bewerten und gegeneinander abzuwägen sind), so ist deren statistische Erfassung offenbar nicht möglich (weil sie noch gar nicht existieren). Hier wird besonders deutlich: Neben der Erkenntnis der generellen Tatsachen der Vergangenheit und Gegenwart, auf denen die zukünftigen oder hypothetischen Tatsachen aufbauen, bedarf es der möglichst zutreffenden Vorstellung über ursächliche Abhängigkeiten, die das existente soziale Geschehen erklären und hypothetische Kausalverläufe und zukünftige Entwicklungen abschätzbar machen.[13] Die Erhellung ursächlicher Abhängigkeiten im sozialen Geschehen ist, soweit diese nicht offensichtlich sind, **Gegenstand sozialwissenschaftlicher Theorie(n).** Das Ergebnis der Optimierungsaufgabe hängt damit wesentlich von der (praxisbezogenen) Leistungsfähigkeit der sozialwissenschaftlichen Theorie(n) ab.

3.2. Beschränkte Leistungsfähigkeit der Sozialwissenschaften

Die Leistungsfähigkeit der sozialwissenschaftlichen Theorie ist nun aber beschränkt. Das gilt auch für die theoretisch am weitesten fortgeschrittene Sozialwissenschaft, die Wirtschaftswissenschaft. Der *Laplace*sche Dämon, der alle Tatsachen und die Zusammenhänge zwischen ihnen kennt und sie auf Anforderung aktionsgerecht aufbereitet zur Verfügung stellt, ist ein Wunschtraum. Die Schwierigkeiten des Erkennens von Zusammenhängen rühren zu einem guten Teil daher, daß es im sozialen Bereich nicht um naturgesetzliche Zwangsläufigkeiten, sondern um Ergebnisse menschlichen Handelns geht, für welche sich zwar gewisse typisierende Erfahrungsregeln ermitteln lassen; diese Regeln ste-

---

[13] Es gibt über das mit Kausalzusammenhängen arbeitende Verfahren hinaus noch andere Verfahren, mit denen sich nicht oder noch nicht existente Folgen von (möglichen) Handlungen abschätzen lassen, so das Trend-, Test- und das Befragungsverfahren (vgl. *Philippi,* Tatsachenfeststellungen des Bundesverfassungsgerichts, 1971, 143ff. m.w.N.); sie sind dem kausalanalytischen Verfahren aber unterlegen. Da es im folgenden wesentlich auf die Darstellung der Grenzen der Leistungsfähigkeit der Sozialwissenschaften ankommt, reicht es aus, das relativ leistungsfähigste Verfahren zu skizzieren; für die anderen Verfahren gelten die entsprechenden Ausführungen um so mehr.

hen aber nicht ein für allemal fest, sondern sind situationsabhängig und bedürfen deshalb bei Änderung der Situation einer entsprechenden Anpassung. Meist läßt sich aber schon gar nicht mit Sicherheit sagen, in welcher Weise sich die Determinanten des Handelns und damit dieses selbst verändern. Da die Zahl der Determinanten wegen der allgemeinen Interdependenz des sozialen Geschehens sehr groß und der einzubeziehende Fragenkreis theoretisch fast unbegrenzt ist, ist es praktisch meist unmöglich, alle jeweils erforderlichen Daten festzustellen. Dadurch kumulieren sich die Schwierigkeiten einer zuverlässigen Erfassung der sozialen Wirklichkeit. Will man ,,nicht vom Hundertsten ins Tausendste kommen" und das Problem in der zur Verfügung stehenden stets knappen Zeit und mit den vorhandenen knappen Mitteln möglichst gut lösen, so bleibt nichts anderes übrig, als die entfernteren Zusammenhänge und die entsprechenden Fakten von vornherein zu vernachlässigen.[14] Dazu bedarf es aber wieder eines irrtumsanfälligen Schätzurteils darüber, welches entferntere Zusammenhänge sind.

Hinzu kommt, daß die Richtigkeit der Aussagen der Seinswissenschaften über soziale Zusammenhänge sich, wie die Wissenschaftstheorie dargelegt hat, gar nicht positiv beweisen (,,verifizieren") läßt, vielmehr ist allenfalls ihre Unrichtigkeit nachweisbar (,,Falsifizierung").[15] Aber auch dies wird für die Sozialwissenschaften erschwert, weil im sozialen Bereich meist nicht die Möglichkeit zu kontrollierten Experimenten besteht, sondern man hinsichtlich des Beobachtungs- und Kontrollmaterials in der Regel beschränkt ist auf die tatsächlich eingetretenen historischen und aktuellen Entwicklungen. Tatsächliche Erfahrungen, die zur Widerlegung oder Bewährung von Hypothesen führen können, lassen sich nur im Wege des ,,Versuchs und Irrtums" sammeln. Die Aussagen der Sozialwissenschaften sind deshalb fast durchweg vorläufiger Art. Sie besitzen Richtigkeit nur mit einem mehr oder weniger großen Wahrscheinlichkeitsgrad (wobei dieser meist nicht eindeutig feststeht, sondern allenfalls allmählich ,,eingekreist" werden kann); daher rührt auch der Ausdruck ,,Schätzurteile".[16] Schon die *tatsächliche* Grundlage der Optimierung enthält damit in aller Regel einen **beträchtlichen Unsicherheitsfaktor.**

4. Zur adäquaten Organisation des Optimierungsprozesses

Berücksichtigt man die Unsicherheiten, die sich bei Anwendung der Optimierung ergeben, so bestätigt sich die oben getroffene Feststellung, daß es meist unmöglich ist, ein im konkreten Fall allein Richtiges zu

---

[14] *Giersch* (oben FN 10), 34.
[15] *Popper,* Logik der Forschung, 1935, 12f. und durchgehend.
[16] *Giersch* (oben FN 10), 23.

bestimmen. Es bleibt vielmehr regelmäßig ein breites Band von möglichen Entscheidungen, die alle als „auch noch richtig" akzeptiert werden müssen.

Je größer aber die objektive Ungewißheit über das im konkreten Einzelfall sachlich Richtige ist, desto mehr kommt es darauf an, die *Ordnung und Organisation* des Willensbildungs*prozesses* so einzurichten, daß die Chance für richtige Entscheidungen möglichst hoch ist. Dies Ansetzen am Verfahren wird dadurch ermöglicht, daß sich Mängel der Ordnung und Organisation des Entscheidungsprozesses leichter und eindeutiger feststellen lassen als inhaltliche Unrichtigkeiten einzelner Entscheidungen (oben G VII 2). Die Unsicherheiten lassen sich also mindern, so daß eher Konkretes ausgesagt werden kann, wenn man von dem Versuch des kontrollierenden Nachvollzugs einzelner Entscheidungen zur Betrachtung der Verfahrensordnung und -organisation übergeht.

Die oben getroffene Aussage, daß der verfahrensmäßige Ansatz eine Schlüsselstellung für die Lehre von Staat und Gesellschaft markiert und daß die angemessene Ordnung der gemeinschaftserheblichen Willensbildungsprozesse den strategischen Punkt darstellt, von dem aus Gemeinwohlprobleme in erster Linie aufzurollen sind (oben G VII 2), bestätigt sich auch hier. Im weiteren Verlauf dieses Buchs wird deshalb der verfahrensmäßige Ansatz im Mittelpunkt stehen und die Richtung der Erörterungen lenken.

Legt man die oben (G VII 6) entwickelte Unterscheidung zwischen *wert- und erkenntnisorientierten Verfahren* einerseits und interessentendeterminierten andererseits zugrunde, so zeigt sich, daß die soeben unter 1 bis 3 *skizzierten Methoden* der Entscheidungsfindung zu den ersteren gehören. Das Verfahren der Optimierung wird zwar auch von der Volkswirtschaftslehre und der Betriebswirtschaftslehre verwendet und dort auf einen allein auf die Maximierung seines Vorteils bedachten Unternehmens- oder Haushaltsleiter bezogen (Maximierung des Unternehmensgewinns oder des Haushaltsnutzens). In der Hand der *Politik* soll die Optimierung aber dazu führen, nicht die eigenen Interessen der politischen Amtsinhaber, sondern die *Grundwerte der Gemeinschaft* – im Interesse aller zu ihr gehörenden Menschen – möglichst weitgehend zu *realisieren*.

Der Typ des wert- und erkenntnisorientierten Verfahrens verlangt Neutralität und Unvoreingenommenheit, einerseits bei der Ermittlung der realwissenschaftlichen Erforschung von Tatsachen und Zusammenhängen, die uns Aufschluß über die Handlungsmöglichkeiten geben können, andererseits bei ihrer „richterlichen" bzw. „staatsmännischen" Bewertung und der Auswahl der relativ besten. Zugleich muß das vielfach zersplitterte und personell und räumlich zerstreute Erkenntnis- und Wertungspotential möglichst umfassend herangezogen und für die Bildung von Entscheidungen bzw. Entscheidungsvorschlägen nutzbar gemacht werden können (oben G VII 6.3).

Wichtig ist nun die Feststellung, daß die in einem solchen Verfahren zustandegekommenen Entscheidungen typischerweise auch dann eine erhöhte materiell-inhaltliche Richtigkeitschance haben, wenn ein Nachweis der Richtigkeit im Einzelfall nicht möglich ist. Es reicht mit anderen Worten nicht, nur eindeutig unrichtige inhaltliche Entscheidungen auszusondern, vielmehr muß der Entscheidungs*prozeß* – unabhängig von der Feststellbarkeit der besseren Entscheidung im Einzelfall – so gestaltet werden, daß die Richtigkeits*tendenz* möglichst *groß* gehalten wird.

Essentiell für diesen Prozeß ist – das wurde bereits festgestellt – die fächerübergreifende Zusammenarbeit verschiedener Disziplinen, wobei dieses Zusammenwirken – entgegen populären Vorstellungen – nicht in der Übernahme fertiger Ergebnisse von der jeweils anderen Seite besteht. Die **Zusammenarbeit von prudentia und scientia** zielt vielmehr auf eine Erweiterung der Denk- und Sichtweise und damit auch auf die Verbesserung der Fähigkeit, angemessene Problemanalysen und -lösungen zu entwickeln. Der sozialwissenschaftlich aufgeklärte Jurist hört auf die Argumente der anderen Seite (ohne ihnen sklavisch zu folgen) und sucht sie zu verarbeiten, ebenso wie der rechtswissenschaftlich aufgeklärte Sozialwissenschaftler die Argumente des Juristen einbezieht. Dabei ergibt sich im Wege eines wechselseitigen Rückkoppelungsprozesses ein beiderseitiges Lernen. Man wird deshalb den Realwissenschaftler und den Juristen hinsichtlich ihrer Gemeinwohlsensibilität an entgegengesetzten Maßstäben messen können, den *Juristen* daran, welche Beachtung er den Zusammenhängen schenkt, die Aufschluß über die Möglichkeiten menschlichen Handelns geben, den *Realwissenschaftler* daran, welche Beachtung er den rechtlichen Maßstäben schenkt,[17] und beide zusätzlich daran, wie sie ihre Kritik und ihre Postulate auf *Grundwerte* gründen (oben Kap. 1, II 2), bei deren Ausarbeitung auch der Philosophie eine wichtige Rolle zukommt (dazu sogleich unter 5). Die Skepsis des typischerweise auf Bewahrung bedachten Juristen und die häufig zu beobachtende Fortschrittsgläubigkeit eines auf Machbarkeit bedachten Sozialwissenschaftlers können sich zu einem insgesamt ausgewogenen Urteil ergänzen.[18]

Analyse, Kritik und Verbesserungsvorschläge erhalten oft erst durch solch interdisziplinäre Zusammenarbeit die bestmögliche Gestalt und Durchschlagskraft. Die die Zusammenhänge betonende *sozialwissen-*

---

[17] Vgl. auch *Giersch* (oben FN 10), 341.

[18] Allerdings gibt es bei beiden, bei Juristen und Sozialwissenschaftlern, beide Kategorien von Einstellungen. Dennoch kann man bei den im Text vorgenommenen Zuordnungen vielleicht von einem typischen Bild sprechen.

schaftliche Betrachtung, die am konkreten Sachverhalt geschulte, die Besonderheiten des Einzelfalls hervorhebende Fragetechnik des *Juristen* und die übergreifende *Wertung* des Philosophen verstärken, wenn sie zusammenarbeiten, ihre **Wirkung.** So kann die Kooperation durch gegenseitige Ergänzung und Befruchtung das wissenschaftliche Niveau erhöhen, den praktischen Einfluß mehren und so die gemeinsame Ernte verbessern.

Diese Überlegungen unterstreichen das Postulat, die institutionellen und organisatorischen Vorkehrungen daraufhin zu überprüfen, ob sie neben der Unabhängigkeit der an der Optimierungstechnik Beteiligten auch ihren möglichst umfassenden Zugang zu den erforderlichen Erkenntnis- und Wertungspotentialen sicherstellen. Letzteres aber geht nicht ohne interdisziplinäre *Zusammenarbeit* ab, die damit selbst zum *Gemeinwohlgebot* wird.

5. Konsequenz des Optimierungsverfahrens: Zusammenarbeit mit der Philosophie

In die fächerübergreifende Zusammenarbeit von Rechts- und Wirklichkeitswissenschaften muß auch das Fach einbezogen werden, welches sich von altersher mit grundlegenden Wertfragen befaßt, die Philosophie. (Dies wurde soeben unter 4 bereits erwähnt, soll hier aber noch etwas erläutert werden.) Unsere ganze Vorstellung von Staat und Verfassung beruht auf philosophischer Grundlage. Dies ist bei der Darstellung des ,,überlieferten Fundaments" der Staatslehre besonders deutlich geworden (oben Kap. 2). Die Wurzeln der Grundrechte lassen sich nicht ohne *Locke* (oben D II), die Konzeption der Gewaltenteilungslehre nicht ohne *Montesquieu* (oben D III) und die Idee der Demokratie nicht ohne *Rousseau* (oben C) verstehen. Symptomatisch ist auch, daß selbst *Adam Smith,* der Vater der marktwirtschaftlichen Selbststeuerung (oben D II 4), von der Philosophie her kam. *Smith,* der einen Lehrstuhl für Moralphilosophie innehatte, hatte, bevor er 1776 sein ,,Wealth of Nations" veröffentlichte, 1759 ein Werk mit dem Titel ,,Theory of Moral Sentiments" publiziert. Aber auch die zeitgenössische Philosophie, etwa in den Ausprägungen wie *Karl Popper,*[19] *John Rawls,*[20] *Hans Jonas*[21] und *Hans Ryffel*[22] sie lehren, kann und muß für die heutige Staatslehre nutzbar gemacht werden. Dies ist in dem vorliegenden Buch versucht worden,[23] wenn auch vielleicht recht unvollkommen.

---

[19] *Popper,* Die offene Gesellschaft und ihre Feinde, 3 Bände, 1957.
[20] *Rawls,* Theorie der Gerechtigkeit. Näheres oben G VI 3.5.
[21] *Jonas,* Prinzip Verantwortung, 1979.
[22] *Ryffel,* Rechts- und Staatsphilosophie, 1969.
[23] Vgl. z. B. die Auseinandersetzung mit *Rawls* (oben G VI 3.5).

Die Philosophie ist nicht zuletzt deshalb bedeutsam, weil sie dazu beiträgt, auch das Unmeßbare, das **Nicht-Quantifizierbare** zu **berücksichtigen,** welches jedenfalls den empirisch ausgerichteten Wirklichkeitswissenschaften leicht aus dem Gesichtsfeld kommt. Zugleich erhebt sich der Blick vom speziellen Einzelfall ins Allgemeine. Indem die Philosophie dazu tendiert, das **Ganze im Blick** zu **behalten,** verhindert sie, daß wir beim Versuch, ,,Teilausschnitte zu verbessern, das Gesamte verschlechtern" (*Etzioni*).[24]

6. Gegenseitige Ergänzung von Subsumtion und Optimierung

Subsumtion und Optimierung werden einander in der Regel scharf gegenübergestellt. Dabei wird dann meist verdeckt, daß sie – bei übergreifender Betrachtung – letztlich zusammengehören und sich *ergänzen* müssen, wenn es zu möglichst guten Ergebnissen kommen soll. Dies wird im folgenden dargelegt. Dazu bedarf es jedoch eines gewissen Ausholens. Die Verbindung von Subsumtion und Optimierung wird erst deutlich, wenn man einen Blickpunkt einnimmt, der hoch genug aufgehängt wird, so daß die Grundzusammenhänge deutlich werden.

Die letzten und höchsten Beurteilungsmaßstäbe der Gemeinschaft geben die Menschenwürde als oberster Wert und die in ihr angelegten Grundwerte ab (oben G II). Die Grundwerte sind aber sehr vage. Sie müssen deshalb in einem Konkretisierungsprozeß, der sich in mehreren Stufen vollzieht, immer mehr spezifiziert werden; auf diese Weise wird ihre Anwendbarkeit auf die jeweilige Situation erleichtert. Die Grundwerte prägen sich zunächst in den einzelnen Verfassungsvorschriften aus: *Verfassungsrecht als Konkretisierung der Grundwerte.* Auch die Normen der Verfassung sind aber immer noch teilweise recht unbestimmt und bedürfen deshalb einer weiteren Konkretisierung, die etwa im einfachen Verwaltungsrecht (einschl. dem Steuer- und dem Sozialrecht) und – speziell auf die konkrete Situation bezogen – im Verwaltungsakt oder in einer anderen Verwaltungsentscheidung erfolgt: *Verwaltungsrecht als konkretisiertes Verfassungsrecht.*[25] Da die Grundwerte aber nicht nur für die staatliche, sondern auch für die gesellschaftliche Ordnung gelten (oben G III 1), konkretisieren sie sich auch im *Privatrecht* und im (zwischen öffentlichem und privatem Recht angesiedelten) *Arbeitsrecht.* Die zentralen Regelungsverfahren sind hier Individual- und Tarifvertrag (und die ihren Inhalt bestimmenden Wettbewerbs- und Aushandlungsprozesse), deren unmittelbarer Bezug zu den Grundwerten bereits dargelegt worden ist (D II 4.3 und E V 2.1).

---

[24] Vgl. zu dieser Gefahr auch unten S IV 3.

[25] Vgl. *Fritz Werners* berühmten Aufsatz ,,Verwaltungsrecht als konkretisiertes Verfassungsrecht", DVBl. 1959, 527.

Ziel der Konkretisierungsprozesse ist es, *Rechtssicherheit* zu schaffen und die *Mitwirkung der Betroffenen* zu sichern. Der einzelne Vertrag oder das einzelne Gesetz sagen im Idealfall klar und eindeutig, welche Rechte und Pflichten die Betroffenen haben. Zugleich wirken die Betroffenen am Zustandekommen des Vertrages und – wenngleich in sehr verdünnter Form – am Zustandekommen des Tarifvertrags und des Gesetzes mit. Da Rechtssicherheit und Mitwirkung der Betroffenen selbst Grundwerte sind, dient auch der Vorgang der Konkretisierung der Grundwerteverwirklichung.

Die Werte Rechtssicherheit und demokratische Mitwirkung hatte der *Rechtspositivismus* besonders hervorgehoben, ja er hatte sie geradezu verabsolutiert. Sein zentrales Anliegen war die (gesetzliche und vertragliche) Setzung eindeutigen positiven Rechts, das mittels Subsumtion auf den jeweiligen konkreten Fall anwendbar sein sollte. Dem Rechtspositivismus ist deshalb auch die methodische Fixierung auf die Subsumtion eigen. Die relative Einfachheit, mit der sich die Subsumtionsmethode, wenn sie anwendbar ist, handhaben läßt, die Klarheit und Eindeutigkeit der Ergebnisse, die mit ihr zu erzielen sind, und die dann mögliche direkte Ableitung der Entscheidung aus dem Willen des Gesetzgebers bzw. der Vertragspartner machen denn auch ihren großen Vorzug aus. Konkrete, subsumtionsfähige und in einem freiheitlichen Entscheidungsprozeß zustandegekommene Bestimmungen, die eindeutig sagen, was im Einzelfall richtig sein soll, führen zu demokratischer Mitwirkung und einem Maß an Klarheit und Rechtssicherheit, wie es sonst nicht zu erzielen wäre. Die Rechtsordnung ist deshalb hierarchieartig in verschiedene Teilbereiche gestaffelt, an deren Spitze die Grundwerte stehen und deren unterste Ebene Verwaltungsakte und Verträge[26] bilden. Dabei sollen auf dem Weg von „oben" nach „unten" die Entscheidungen einer jeden Stufe Konkretisierungen der Wertordnung der Vorstufe sein. Auf diese Weise werden die Regelungsgehalte zunehmend verdichtet und dadurch die Anhaltspunkte für die jeweilige Entscheidung vermehrt. Der Anwendungsbereich der Subsumtion und damit die Präzision der Ergebnisermittlung erweitern sich. Die Existenz subsumtionsfähiger und direkt aus dem Willen der Vertragsschließenden bzw. des Gesetzgebers ableitbarer Rechtsnormen dient, wie schon gesagt, ihrerseits der Grundwerterealisierung.

Andererseits dürfen Rechtsnorm und Richterspruch sich nicht in der Gewährleistung von Rechtssicherheit und Mitwirkung der Betroffenen erschöpfen, sondern müssen auch den *anderen* Grundwerten gerecht werden, die ebenfalls hinter dem Grundgesetz stehen und in den Einzelbestimmungen des Grundgesetzes ihren Ausdruck gefunden haben, insbes.

---

[26] Der Einfachheit halber beschränke ich mich auf diese klassischen rechtlichen Handlungsformen.

individuelle *Freiheit* und *Gerechtigkeit*. Diese Feststellung darf uns allerdings nicht veranlassen, von einem Extrem ins andere zu fallen und nunmehr die Grundwerte Rechtssicherheit und Mitbestimmung zu übersehen oder auch nur gering zu achten. Sie dürfen lediglich nicht verabsolutiert werden (wie der Rechtspositivismus dies tat), weil sie nicht die einzigen Grundwerte sind. Gesetze und Verträge müssen sich hinsichtlich ihres Zustandekommens und ihres Inhalts vielmehr auch an den anderen Grundwerten und (was das Gesetz anlangt) an den Verfassungssätzen, in denen die Grundwerte sich realisieren, messen lassen. Die Gesetze werden damit selbst zum Gegenstand rechtlicher Beurteilung. Dabei tritt die Bedeutung der Subsumtion gegenüber der Optimierung zurück, weil die von der Subsumtionsmethode vorausgesetzten konkreten und differenzierten Obersätze im Verfassungsrecht nur in geringem Maße (und bei den Grundwerten überhaupt nicht) vorhanden sind.

Die relative Bedeutung der Subsumtion und der Optimierung schwankt also je nach der Normdichte des Entscheidungsbereichs, die ihrerseits von der Art und der Ausgestaltung der Norm abhängt. Die Optimierungsmethode behält jedoch stets ihre Bedeutung als eine Art begleitende *potentielle* Kontrolle. Denn selbst dann, wenn die Subsumtionsmethode ohne weiteres anwendbar ist, wird die überzeugende Darlegung, daß das Ergebnis zu nicht akzeptablen Konsequenzen in bezug auf die Grundwerte Freiheit und Gerechtigkeit und die daraus abgeleiteten Verfassungssätze führt, Veranlassung geben, vom Wortlaut der Gesetzesbestimmungen abzuweichen. Eine zumindest überschlägige Abschätzung der Konsequenzen ist also auch in diesem Fall erforderlich. Selbst bei einer Verfassungsbestimmung wäre ein Abweichen vom Wortlaut theoretisch nicht undenkbar, wenn sich tatsächlich einmal ein eindeutiger Widerspruch zu den Grundwerten Freiheit und Gerechtigkeit nachweisen lassen sollte. Auch dann, wenn die Optimierungsmethode zugunsten der Subsumtion zurücktritt, behält sie also stets zumindest eine *Reserve*funktion, um die durchgängige Geltung aller Grundwerte in allen Entscheidungsbereichen zu gewährleisten. Die **Kombination beider Interpretationsverfahren** und ihre unterschiedliche Gewichtung auf den verschiedenen Ebenen der Normenhierarchie soll, wie diese selbst, zur möglichst weitgehenden Realisierung aller Grundwerte führen.

Es zeigt sich also, daß die Entscheidung für die Anwendung der Subsumtionsmethode (die natürlich das Vorliegen subsumtionsfähiger Rechtsnormen voraussetzt) selbst Ergebnis und Ausdruck der auf die Grundwerte bezogenen Optimierung ist. Man kann insoweit von **Optimierung im weiteren Sinne** sprechen. Zwischen Subsumtion und Optimierung besteht also kein Widerspruch, sondern eine *wechselseitige Ergänzung*.

7. Optimale und „brauchbare" Entscheidungen

Luhmann hat in einem frühen, aber immer noch viel zitierten Aufsatz behauptet, der Staat *könne* nicht wirtschaftlich handeln.[27] Er beschränkt die Aussage zwar auf die Verwaltung, aber nur deshalb, weil er wirtschaftliches Verhalten von Regierung und Parlament ohnehin für abwegig hält. Die Thesen *Luhmanns* scheinen auf den ersten Blick den vorstehenden Ausführungen zu widersprechen, wurde doch oben dargelegt, daß rationales und wirtschaftliches Handeln das gleiche sind (oben I 2).[28] Rationalität ist nur eine andere Bezeichnung für Wirtschaftlichkeit. Wäre dem Staat nun wirtschaftliches Handeln gar nicht möglich, wie *Luhmann* behauptet, so wäre auch der Versuch, Kriterien für ein rationales Politik-Entscheidungsverfahren zu entwickeln, von vornherein vergebliche Mühe. Dies ist jedoch nicht der Fall. Allerdings wurde oben auch gezeigt, daß die entwickelten Kriterien keinesfalls immer zu *eindeutigen* Lösungen führen. Oft werden nur bestimmte Möglichkeiten als eindeutig *un*richtig ausgeschlossen, so daß mehrere Möglichkeiten verbleiben können, die alle als *gleichwertig,* als „auch richtig", angesehen werden müssen. Diese Feststellung bedeutet jedoch nicht, daß man den so ermittelten Möglichkeiten und der Methode, die zu ihrer Ermittlung geführt hat, die Attribute „Rationalität" und „Optimalität" abspricht. „Optimal" sind best*mögliche* Entscheidungen, auch wenn es wegen der Vagheit der Kriterien **mehrere gleichwertige Alternativen** gibt.

Demgegenüber will *Luhmann* unter „optimalen" *einzig-richtige* Entscheidungen verstehen. Er hält solch eindeutige Bestimmbarkeit der Richtigkeit für ein notwendiges Attribut der Rationalität. Da es aber eben oft nicht möglich ist, eine Lösung als die einzig richtige zu bestimmen, könne es, so folgert *Luhmann,* nicht um die Gewinnung optimaler Entscheidungen gehen, sondern lediglich um **„brauchbare".** Der Unterschied zu den oben entwickelten Ausführungen ist insoweit allerdings vielleicht nur ein begrifflicher. Es bestehen an sich keine Einwendungen gegen die Feststellung, daß es auch in der vorliegenden Staatslehre um eine Methode geht, brauchbare Problemlösungen zu finden, bloß: solche sind eben in Anbetracht der Vagheit der Beurteilungskriterien die bestmöglichen und damit durchaus rationale Lösungen, auch dann, wenn es mehrere gleichwertige gibt. Es besteht u. E. keinerlei Notwendigkeit, den Begriff der Rationalität auf einzig-richtige Lösungen zu beschränken. Vielmehr muß man auch bei der Bestimmung nicht-unrichtiger Entscheidungen rational vorgehen (oben G I).

---

27 *Luhmann,* Kann die Verwaltung wirtschaftlich handeln? VerwArch 1960, 97.

28 Auch *Luhmann* setzt Wirtschaftlichkeit ausdrücklich mit Rationalität gleich.

8. Kritik an *Niklas Luhmanns* Vorstellung von der wissenschaftlichen Unzugänglichkeit der Gemeinschaftszwecke

In einem anderen Punkt bestehen allerdings nicht nur begriffliche, sondern grundlegende *inhaltliche* Divergenzen zu *Luhmann*. Auf die Frage, nach welchen Kriterien die ,,Brauchbarkeit" von Entscheidungen beurteilt werden soll, antwortet *Luhmann* nämlich in dem angeführten Aufsatz, ,,brauchbar" seien Entscheidungen dann, wenn sie ,,dem Fortbestand der Organisation dienen". Einen Durchstoß auf die Zwekke, denen die Organisation ihrerseits dienen soll, hält er für ,,denkunmöglich", weil die Ermittlung und Bewertung von Zwecken dem wissenschaftlichen Denken nicht zugänglich seien. Überhaupt ließen sich in einem souveränen Staat die Zwecke der Gemeinschaft nicht bestimmen.

Diese Argumentation ist geeignet, jedwede Organisation und ihren Fortbestand gegen wissenschaftliche Kritik zu immunisieren. Der Ansatz *Luhmanns* ist mit dem in dieser Staatslehre entwickelten Konzept, das von verfassungsrechtlichen Grundwerten ausgeht, unvereinbar. Es trifft zwar zu, daß Zwecke und Werte sich mit den Methoden der Sozialwissenschaften nicht als falsch oder richtig erweisen lassen. Das schließt, wie dargelegt, ihre *verfassungs*theoretische Diskussion auf der Basis von Grundwerten aber nicht aus (oben F III, G II). Die Behandlung und Bewertung von Zwecken und Werten ist keinesfalls ,,denkunmöglich".

Die praktischen Folgerungen dieser Feststellung zeigen sich z. B. bei der Beurteilung der Tendenzen zum Selbstwachstum der Verwaltung. *Luhmann* kann die Anforderung von finanziellen und personellen Mitteln durch Behörden, welche die Organisation ausweiten und ihren Fortbestand stärken, nicht nur nicht tadeln, er beurteilt sie sogar positiv, auch dann, wenn die Mittel nur dem Karrierestreben des Behördenleiters dienen und für die Erfüllung der Zwecke, der die Organisation ihrerseits dienen soll, nicht erforderlich sind. Bei aller formalen Geschliffenheit läuft *Luhmanns* Argumentation letztlich auf einen Salto mortale der Verwaltungswissenschaft hinaus. Legt man dagegen die Wertordnung des Grundgesetzes zugrunde, wonach der Staat und alle seine Organisation und seine Funktionäre der Gemeinschaft zu dienen haben (oben G II 1.1), so müssen alle unnötigen Ausgaben der Verwaltung vermieden werden. Der Diener muß daran gehindert werden, sich als Herrscher aufzuspielen. Selbstwachstumstendenzen der Verwaltung sind deshalb eindeutig negativ zu bewerten (Näheres unten P III).

9. Zu *Carl Schmitts* Warnung vor einer ,,Tyrannei der Werte"

Gegen wertorientiertes Denken und Argumentieren, und schon gar gegen den Aufbau einer ganzen Staatslehre auf Grundwerten, werden auch von anderer Seite Bedenken geltend gemacht. *Carl Schmitt* hat sie am schärfsten zugeschnitten und vor einer ,,Tyrannei der Werte" gewarnt.[29] Da *Schmitts* Warnung in der Staatsrechtslehre auch heute z. T. noch Gefolgschaft findet,[30] ist eine Auseinandersetzung mit ihr geboten.

Schmitt begründet seine Warnung auf folgende Weise. Zunächst einmal legt er Nachdruck auf die Feststellung, der Hervorhebung materialer Werte entspreche als Kehrseite die Verneinung und Ausmerzung des *Un*werten. Dem Wertdenken sei deshalb eine negative, eine *aggressive Grundtendenz* wesenseigen; dabei hebt *Schmitt* auch auf den Mißbrauch des Wertdenkens durch den Nationalsozialismus und auf „die schreckliche Praxis der Vernichtung des lebensunwerten Lebens" ab.

Schmitt ist durchaus zuzugeben, daß das Wertdenken in der Geschichte vielfach mißbraucht worden ist; es gilt ähnliches wie für das Gemeinwohl.[31] Genau wie dort ist es aber von entscheidender Bedeutung, *welche* Werte man zugrunde legt. *Schmitt* suggeriert demgegenüber, die von ihm beschriebene Mißbrauchsgefahr ergebe sich unabhängig vom Inhalt der Werte. Das trifft nicht zu. Das auf Würde und Freiheit des Menschen gegründete Wertdenken führt nämlich genau zum Gegenteil von Tyrannei. Da individuelle Freiheit ein Grundwert ist, soll der einzelne möglichst wenig und nur in der für die Gemeinschaft notwendigen Weise gebunden und eingeschränkt werden. Wer dagegen in der Tat streng gebunden wird und auch gebunden werden soll, sind der *Staat* und seine Organe. Für *diese* ergibt sich – sozusagen als Kehrseite und als Bedingung der Freiheit der Menschen – eine enge Bindung; insofern könnte man schon eher von „Tyrannei" sprechen, nämlich von einer tyrannischen Bindung der Staatsorgane, die aber eben im Interesse der Freiheit der Staatsbürger liegt. So gesehen, ergibt sich hier durchaus eine aggressive Tendenz. Sie ist aber, wenn Menschenwürde und individuelle Freiheit letzte Werte sind, nicht gegen die Freiheit der Menschen gerichtet, sondern gegen den wert*widrigen* Gebrauch der Macht über Menschen. Eine solche aggressive Tendenz, die sich gegen den Mißbrauch staatlicher Macht richtet, ist der anthropozentrischen Staatsauffassung (oben G II 1) geradezu wesenseigen.

Auch *Schmitt* übersieht natürlich nicht, daß Werte in der Politik eine große Rolle spielen. Er wendet sich aber gegen einen „unvermittelten Wertvollzug" durch Gerichte und Wissenschaft. Es sei vielmehr „Sache des Gesetzgebers und der von ihm gegebenen Gesetze", die Werte durch „berechenbare und vollziehbare Regeln zu bestimmen". Dem kann

---

29 *Carl Schmitt,* Die Tyrannei der Werte (oben FN 4), 57ff., abgedr. in: *Carl Schmitt/Eberhard Jüngel/Sepp Schelz,* Die Tyrannei der Werte, 1979, 9.

30 Z. B. *Böckenförde,* Grundrechtstheorie und Grundrechtsinterpretation, NJW 1974, 1529 (1539); *Schenke,* Der Umfang der bundesverfassungsgerichtlichen Überprüfung, NJW 1979, 1321 (1327), die *Schmitt* ausdrücklich zustimmen.

31 Zum Mißbrauch des Gemeinwohlbegriffs *v. Arnim,* Gemeinwohl und Gruppeninteressen, 5ff. m. w. N.

prinzipiell zugestimmt werden. Denn derartige gesetzliche Bestimmungen schaffen Rechtssicherheit und entsprechen dem Postulat der demokratischen Mitwirkung der Mehrheit. Bloß, Rechtssicherheit und Mehrheitsentscheidung sind nicht die einzigen Grundwerte. Schwierigkeiten tauchen deshalb dann auf, wenn es entweder an solcher Konkretisierung durch Bereitstellung von „berechenbaren und vollziehbaren Regeln" seitens des Gesetzgebers fehlt oder die gesetzliche Konkretisierung zwar präzise erfolgt ist, aber ihrerseits mit unverzichtbaren anderen Grundwerten kollidiert (dazu oben H I 6). Wer auch hier noch der rechtspositivistischen Devise „Gesetz ist Gesetz" folgt, macht die Vernichtung „lebensunwerten Lebens", die ja gerade verhindert werden soll, erst möglich. Fehlt es an gesetzgeberischen Wertkonkretisierungen oder sind diese extrem einseitig, so bleibt den zur Entscheidung von Grundgesetzes wegen berufenen Gerichten gar nichts anderes übrig, als ihre Entscheidungen unmittelbar an den Grundwerten und daraus ableitbaren Wertungen auszurichten.

Diese Feststellung darf allerdings nicht mißverstanden werden, etwa als Aufforderung und Ermächtigung an den Interpreten, der Auslegung kurzerhand seine unreflektierten Vorurteile unterzuschieben. Das wäre nichts anderes als ein Freibrief für Irrationalismus und Dilettantismus. Die Wertungen auf eine rationale Grundlage zu stellen, muß ja gerade das Anliegen der Verfassungslehre sein; sie soll die Grundlage liefern, daß die Wertungen offengelegt, systematisch begründet, rationaler Kritik zugänglich gemacht und die Entscheidungen dadurch selbst rationalisiert werden.

Ein weiterer Einwand *Schmitts* geht dahin, Werte seien als Gegenstand der Wirtschaftswissenschaften ökonomische Kategorien. Das Wertdenken fördere deshalb die Ökonomisierung aller Bereiche. Das geldliche, das materialistische Denken dränge dann alles andere zurück. Auch diese Darlegungen vermischen Richtiges mit Falschem. Wertdenken hat, das ist *Schmitt* zuzugeben, in der Tat eine Nähe zum Ökonomischen im Sinne von Rationalem. Der Staat soll sich rational verhalten, so daß Wertverschwendungen vermieden werden und das Niveau der Wertrealisierung der Menschen möglichst gesteigert wird. Solche Rationalität des Staates ist aber gerade zu dem Zweck geboten, daß die Menschen für *ihre* Wertsetzungen so viel Raum wie möglich erhalten. Und diese individuellen Wertsetzungen können durchaus auch immaterielle, ideelle sein. Die Rationalität des Staates und seiner Organe steht also in keinem Gegensatz zu immateriellen Werten, sondern sie ist im Gegenteil geeignet, den Wertsetzungen des einzelnen Menschen, gerade auch den ideellen, möglichst viel Raum zu geben.

Schließlich hebt *Schmitt* warnend die von *Scheler* beschriebene Neigung der Menschen hervor, sich auf die Durchsetzung jeweils *eines* Wertes zu konzentrieren und andere, gleichfalls bedeutsame Werte zu vernachlässigen. Diese Warnung ist sicher berechtigt. Sie wird durch den geschichtlichen Ablauf illustriert, der zeigt, daß immer jeweils ein Wert im Vordergrund gestanden hat (oben Kap. 2). Indes hat die Verfassung diese Gefahr erkannt und Vorkehrungen getroffen. Das Grundgesetz sucht der Gefahr der Verabsolutierung eines Wertes gerade dadurch zu begegnen, daß es *alle* Grundwerte als maßgeblich niederlegt und eben deshalb klüger ist als der einzelne und auch als die jeweilige Generation (oben F IV).

10. Wissenschaft und statesmanship

Bei aller Betonung der Bedeutung der Wissenschaft und der Zusammenarbeit der verschiedenen Zweige darf man sich jedoch keinen Illusionen hingeben. Die Hilfe, die die Wissenschaften dem Staatsmann geben können, ist und bleibt beschränkt, mögen auch Wissenschaftler dazu neigen, „die Beziehungen zwischen Gelehrsamkeit und Weisheit für enger zu halten, als sie sind“ (*Laski*). Die alte Weisheit, daß die Notwendigkeit zu handeln, weiter geht, als die Möglichkeit zu erkennen, findet in der Politik immer wieder ihre Bestätigung. Hinzu kommen spezifische Gefahren der wissenschaftlichen Beratung. Vor allem bei den Wirklichkeitswissenschaften, etwa den Sozialwissenschaften, besteht leicht die Gefahr, daß Nicht-Quantifizierbares ausgeblendet und Fernwirkungen, über die man nichts Exaktes aussagen kann, vernachlässigt werden (Näheres unten S IV 3). Insoweit könnte allerdings die vermehrte wechselseitige Zusammenarbeit von juristischem, philosophischem und sozialwissenschaftlichem Denken ein gewisses Gegengewicht setzen (soeben 4 und 5 und unten S IV 4).

11. Rationale Politik und Machtpolitik

Der Versuch, rationale Politik durchzusetzen, kann in Konflikt mit den Bestrebungen mächtiger politischer Kräfte geraten. Die Auseinandersetzung könnte zu einer Belastung des inneren Friedens, im Extremfall zu einer Art innenpolitischer Zerreißprobe führen. Als Beispiel stelle man sich vor, Streiks im öffentlichen Dienst sollten wegen Gemeinwohlwidrigkeit (unten P V 2) untersagt werden. Proteste, die bis hin zu Kampfmaßnahmen aller Art gehen könnten, wären zu erwarten. Da auch der innere Frieden zu den Grundwerten gehört, könnte man versucht sein, um solche Konflikte zu vermeiden, von vornherein Vorschläge zu unterdrücken, die der Machtpolitik in die Quere kommen können.

Dahingehende etwaige Empfehlungen würden jedoch mit größter Zurückhaltung aufzunehmen sein. Einmal darf man nicht übersehen, daß die schon sprichwörtliche Staatsverdrossenheit in der Bundesrepublik ja nicht nur Folge eines etwa ungeschickten Umgangs von Staat, Parteien und Verwaltung mit dem Bürger ist, sondern auch Ausdruck eines gesunden, wenn auch wenig spezifizierten Gefühls der Menschen, daß gewichtige Mängel und grundlegende Irrationalitäten der staatlichen Willensbildung vorliegen. Der Staatsverdrossenheit läßt sich deshalb nicht mit vordergründiger Kosmetik (wie etwa der Verbesserung der „public relations“ der Verwaltung, der Einführung von Bürgersprechtagen etc.) beikommen. Man muß an die Wurzel gehen, d. h. die Irrationalitäten ins Visier nehmen und über Verbesserungsmöglichkeiten nachdenken. Auf diese Weise könnte es sogar gelingen, die latente Unzufriedenheit in produktive Bahnen zu lenken und zugleich einen erheblichen Druck in Richtung auf eine Verbesserung der gemeinschaftserheblichen Willensbildungsprozesse zu schaffen.

Die Behauptung, wer – sei es auch um der Vermehrung oder politischen Rationalität willen – den Konflikt mit politischen Mächten riskiert, gefährde den sozialen Frieden, trifft also von vornherein wohl nicht zu. Im Gegenteil, die Herstellung des sozialen Friedens scheint geradezu nach einer Aufdeckung und Bekämpfung politischer Irrationalitäten zu verlangen.

Im übrigen käme ein quietistisches Zurückstecken einer *capitis deminutio* der Wissenschaft gleich, deren Aufgabe gerade auch darin besteht, gegen Mängel der Gemeinschaftsordnung frontzumachen (oben Kap. 1, I 2 und unten S IV 2). Die Alternative wäre die Immunisierung der Mächtigen gegen Kritik und die Versteinerung der Strukturen, so änderungsbedürftig sie auch sein mögen. Wenn die Demokratie von ihrer steten Erneuerungsfähigkeit lebt, so darf die Darlegung von Änderungsnotwendigkeiten nicht abgeblockt, sondern muß umgekehrt gefördert werden.

II. Verfassungspflicht des Staates zur Rationalität

1. Verfassungsinterpretation als Optimierung

Das skizzierte Optimierungsverfahren gibt nicht nur methodische Regeln für rationale Politik, sondern auch für die Verfassungsinterpretation. Diese Feststellung, die lange nicht so revolutionär ist, wie es einem in überkommenen Kategorien befangenen Denken zunächst scheinen mag, findet vor allem darin eine Bestätigung, daß auch das *Bundesverfassungsgericht* im Prinzip nach der Optimierungsmethodik vorgeht.[32]

[32] Näheres bei *v. Arnim,* Gemeinwohl und Gruppeninteressen, 214ff. m. w. N.

1.1. *Konrad Hesse*

Daß Verfassungsauslegung ein Anwendungsfall der Optimierung ist, wird besonders deutlich bei *Konrad Hesse*. In seinem verbreiteten Lehrbuch „Grundzüge des Verfassungsrechts der Bundesrepublik Deutschland" stellt *Hesse* zutreffend fest, daß der Verfassungsgeber „in allen Fällen der Verfassungsinterpretation ... in Wahrheit noch nicht entschieden, sondern nur mehr oder weniger zahlreiche unvollständige Anhaltspunkte gegeben" hat. Man könne sich deshalb nicht auf die „herkömmlichen Auslegungsregeln" beschränken; erforderlich sei vielmehr eine Konkretisierung der Verfassungswerte im Hinblick auf das jeweils in Rede stehende besondere Sachproblem. Das bedeute, daß dem Verfassungsinterpreten bei Kollision zwischen zwei (oder mehreren) Werten – *Hesse* spricht von „Gütern", andere von „Zielen" – des als Einheit zu verstehenden Grundgesetzes zur Ermittlung relativ richtiger Ergebnisse eine Optimierungsaufgabe in dem Sinne gestellt sei, daß „*beiden* Gütern ... Grenzen gezogen werden, damit beide zur optimalen Wirksamkeit gelangen können. Die Grenzziehungen müssen dabei im jeweiligen konkreten Fall verhältnismäßig sein; sie dürfen nicht weiter gehen, als es notwendig ist, um die Konkordanz beider Rechtsgüter herzustellen. ‚Verhältnismäßigkeit' bezeichnet in diesem Zusammenhang eine Relation zweier variabler Größen, und zwar diejenige, die jener Optimierungsaufgabe am besten gerecht wird, nicht einer Relation zwischen konstantem ‚Zweck' und einem oder mehreren variablen ‚Mitteln'".[33] Diese Auslegungsregel, die *Hesse* „Prinzip der praktischen Konkordanz" nennt, wird von anderen Staatsrechtlern als Prinzip der „Harmonisierung", der „interpretatorischen Dialektik" oder der „kombinatorischen Interpretation" bezeichnet.

Wie man unschwer sieht, stellt *Hesses* Darlegung eine – allerdings noch nicht voll entwickelte – Umschreibung des Optimierungsverfahrens dar.[34] Dies kann nicht überraschen, wenn man bedenkt, daß das Optimierungsverfahren und die dabei anzuwendende Methodik Ausdruck rationalen Problemlösungsverhaltens schlechthin sind. Bei *Hesse* klingt durchaus auch an, daß das Grundgesetz und damit auch die ganze Optimierungsaufgabe sich letztlich auf Grundwerte beziehen muß.[35]

---

33 *Hesse,* Verfassungsrecht, 13. Aufl., 1982, S. 19ff. (27). – Zu beachten ist, daß der von *Hesse* verwandte Begriff der „Verhältnismäßigkeit" weiter ist als nach der oben H I 2 zugrundegelegten Terminologie.

34 Der Klarstellung halber sei noch ergänzt, daß es sich nicht um eine Optimierung von Werten im strengen Sinne des Wortes handelt, sondern daß es nur um eine Optimierung von Problemlösungsentscheidungen im Hinblick auf Werte gehen kann, was aber auch *Hesse* – trotz des insoweit zweifelhaften Wortlauts – offensichtlich meint.

35 So z. B., wenn er davon ausgeht, daß das Auslegungsergebnis „mit den Grundentscheidungen der Verfassung" in Einklang stehen muß (*Hesse,* Verfas-

Zu kurz kommt bei *Hesse* allerdings der Aspekt der *Folgenabschätzung*. Die Konsequenzen möglicher Problemlösungsalternativen herauszuarbeiten, ist für die Optimierungsmethodik aber unerläßlich. Hier hat *Martin Kriele* eine wichtige Ergänzung geliefert.

1.2. *Martin Kriele*

Kriele sieht in seinem Werk ,,Theorie der Rechtsgewinnung" (1967) die Essenz der Verfassungsauslegung in der Ermittlung der *Konsequenzen* verschiedener Handlungsalternativen. Er erkennt auch, daß die Konsequenzen ,,wenigstens im Prinzip der Empirie zugänglich" und deshalb ,,unter Anwendung geschichtlicher Erfahrungen, ökonomischer, anthropologischer, kriminologischer und anderer Theorien abzuschätzen" sind.[36] Hier klingt also die Notwendigkeit einer Zusammenarbeit von Juristen und Sozialwissenschaftlern deutlich an. Berücksichtigt man, wie wenig *Kriele* selbst ernst gemacht hat mit der Anwendung etwa ökonomischer Theorien, so bleibt der postulierte Ansatz bei ihm selbst allerdings reichlich ,,platonisch". *Krieles* Perspektive erscheint jedoch vor allem aus einem anderen Grund ergänzungsbedürftig. Über der Betonung der Bedeutung, die er der Ermittlung der Konsequenzen alternativer Handlungs- und Regelungsmöglichkeiten beimißt, droht nämlich die zusätzlich noch bestehende Notwendigkeit einer *Bewertung* zu kurz zu kommen. *Kriele* will zwar ebenfalls eine Abwägung der Alternativen vornehmen – und zwar nach den Kriterien des Vorrangs des allgemeineren oder des fundamentaleren Interesses. Er vermittelt aber den – eben nicht zutreffenden – Eindruck, dabei handele es sich nicht um einen Akt der Wertung, sondern des Wissens.[37] *Kriele* erkennt zwar, daß die von ihm befürwortete Rationalität der Diskussion nur unter der Voraussetzung möglich ist, daß die Menschen an gemeinsamen Grundvorstellungen teilhaben, die er als *common sense,* als ,,Einheit der menschlichen Vernunft", bezeichnet.[38] Aber abgesehen davon, daß hier wiederum eine Differenzierung zwischen Wissens- und Wertungselementen unterbleibt, läßt *Kriele* es gerade am Allerwichtigsten fehlen: dem *Nachweis* einer gemeinsamen Grundwertebasis,[39] deren Existenz der Werterelativismus

---

sungsrecht, 9. Aufl., 1976, 28. Zur zentralen Bedeutung der Grundwerte besonders *Hesse,* Bestand und Bedeutung der Grundrechte in der Bundesrepublik Deutschland, EuGRZ 1978, 427 (438).

36 *Kriele,* Theorie der Rechtsgewinnung, 128, 192.

37 *Kriele,* Theorie der Rechtsgewinnung, 192: ,,Ein idealer unendlicher Geist könnte Gewissheit erlangen ..."; deutlicher noch *ders.,* Kriterien der Gerechtigkeit, 1963, 65ff.

38 *Kriele,* Staatslehre, 181ff.

39 *Kriele* meint ausdrücklich, ,,die Prämisse von der Einheit der menschlichen Vernunft" ließe sich ,,nicht beweisen" (Staatslehre, 182). Die von ihm dennoch vorgenommenen Hilfsüberlegungen dringen nicht zum Kern vor. Dies wird z. B.

noch infrage gestellt hatte, die durch das *Grundgesetz* nunmehr aber verbindlich festgelegt ist. Angesichts dessen darf die Antwort auf die Frage, ob sich gemeinschaftliche, d. h. für alle Mitglieder der Gemeinschaft der Bundesrepublik verbindliche, Grundwerte nachweisen lassen, heute nicht mehr dahinstehen.

2. Gemeinwohlbindung des Staates und seiner Funktionäre

Der Staat ist verfassungsrechtlich auf das Gemeinwohl verpflichtet. Dies hat das *Bundesverfassungsgericht* mit vollem Recht hervorgehoben.[40] So sei die ,,Bindung an das Gemeinwohl selbstverständliche Verpflichtung jeder verfassungsgemäßen Gesetzgebung".[41] Auch finanzielle Mittel seien dem Staat ausschließlich ,,zur Verwendung für das gemeine Wohl anvertraut".[42] Eine Verschleuderung öffentlicher Mittel verstieße gegen die ,,aus dem Dienst am Gemeinwohl folgende selbstverständliche Verpflichtung" der Staatsorgane.[43]

Mit ,,Gemeinwohl" ist hier nichts Außerverfassungsrechtliches, Bürgerfernes gemeint. Aus Art. 1 I GG folgt vielmehr umgekehrt die Pflicht des Staates, den Bürgern zu dienen (oben G II 1.1). Die zugrundezulegende Wertbasis wird gebildet von den hinter dem Grundgesetz stehenden Grundwerten. Dies wird auch in der Diktion des *Bundesverfassungsgerichts* ganz deutlich, wenn dieses vom Gemeinwohl als einem Begriff spricht, ,,in dessen Mitte Freiheit und Gerechtigkeit stehen".[44]

Die Verpflichtung auf das Gemeinwohl im genannten Sinn impliziert gleichzeitig auch die **Pflicht** des Staates **zur Rationalität.** Die Pflicht des Staates, den Bürgern zu dienen, bedeutet, ihnen *bestmöglich* zu dienen. Ein – bezogen auf die Grundwerte – verschwenderisch handelnder Staat dient den Bürgern aber weniger gut, als es ihm möglich wäre. Ungeeignete, nicht erforderliche, unverhältnismäßige oder sonst **unwirtschaftliche Maßnahmen** im oben (H I 2) dargestellten Sinn sind immer **gemeinwohlwidrig.** Da ,,Wirtschaftlichkeit" hier ein Synonym für Rationalität

---

bei *Krieles* oberflächlicher Auseinandersetzung mit *Radbruch* deutlich: *Kriele,* Theorie der Rechtsgewinnung, 191 m. FN 22. (Zur Überholtheit dieser Auffassung *Radbruchs* unter Geltung des Grundgesetzes: oben F III, um FN 19ff.) *Krieles* mangelnde Begründung der Geltung einer gemeinschaftlichen normativen Grundbasis lädt Kritik geradezu ein, so z. B. *Gusy,* Das Mehrheitsprinzip im demokratischen Staat, AöR 1981, 329 (338ff.). Dazu, daß *Kriele* es an einem Eingehen auf die typischen pluralistischen Probleme fehlen läßt, die durch das Aufkommen der Parteien und Interessenverbände entstanden sind, oben F V und G VI 3.4.

40 Z. B. BVerfGE 42, 312 (332); 49, 89 (132).

41 BVerfGE 50, 50 (51).

42 BVerfGE 44, 125 (143).

43 BVerfGE 12, 354 (364).

44 BVerfGE 42, 313 (332); ähnlich z. B. BVerfGE 44, 125 (142).

ist, bedeutet die Gemeinwohlbindung nicht nur die Verpflichtung auf die Grundwerte überhaupt, sondern – im Falle von Grundwertkollisionen – gleichzeitig die Pflicht zu rationaler Abwägung.

3. Zweckmäßigkeit als Rechtsprinzip

Der *juristischen* Dogmatik ist bisher die Entgegensetzung von Rechtmäßigkeit und Zweckmäßigkeit staatlichen Handelns eigen. Die Unterscheidung wird jedoch erschüttert, wenn man von der *Optimierungs*lehre ausgeht. Diese ist ja teleologischer, finaler Natur und zielt darauf ab, die Grundwerte als letzte Zwecke – entweder unmittelbar oder mittelbar über die Verwirklichung der aus ihnen abgeleiteten Zwischenwerte – möglichst weitgehend zu realisieren; sie sucht, die in der jeweiligen Situation zweckmäßigste Lösung im Sinne einer möglichst weitgehenden Verwirklichung der Grundwerte zu finden.[45]

Um Mißverständnissen vorzubeugen, seien zwei Punkte klargestellt: Die Pflicht des Gesetzgebers, sich um optimale Entscheidungen zu bemühen, berechtigt die Betroffenen nicht, einer Regelung die Gefolgschaft zu verweigern, weil sie diese für inhaltlich unrichtig halten (und sie möglicherweise auch inhaltlich unrichtig ist). Die Existenz klarer gesetzgeberischer Entscheidungen und ihre Einhaltung durch die Betroffenen haben – unabhängig von der inhaltlichen Richtigkeit – einen Eigenwert, weil dadurch Rechtssicherheit und (wenn auch sehr verdünnt) Mitbestimmung der Betroffenen geschaffen wird. Die Bindung der Betroffenen kann deshalb aus Gründen der Rechtssicherheit und der Mitbestimmung auch dann „zweckmäßig" sein, wenn die Entscheidung des Gesetzgebers inhaltlich anfechtbar ist.

Die Feststellung, daß die überkommene Unterscheidung von Zweckmäßigkeit und Rechtmäßigkeit überdacht werden muß, ist – und das ist die zweite Klarstellung – auch nicht unbedingt gleichbedeutend mit einer Aktivierung der gerichtlichen Kontrolle. Zwar hat die Rechtsprechung in der Vergangenheit unter Berufung auf Zweckmäßigkeitsfragen oft eine Überprüfung abgelehnt, und *dieser* Begründung wird durch die vorstehenden Überlegungen offenbar der Boden entzogen. Das als solches überholte Dogma vom Verbot richterlicher Nachprüfung der

---

[45] Der Satz „Der Zweck heiligt die Mittel" ist falsch und richtig zugleich – je nachdem, wie man ihn interpretiert: Er ist falsch, weil es nicht nur auf die Tauglichkeit eines Mittels für *einen* Zweck ankommt, sondern auch andere aus den Grundwerten ableitbare Zwecke zu berücksichtigen sind, die ihrerseits ein Mittel diskreditieren können. Der Satz ist richtig, wenn man ihn so versteht, daß sich der Wert eines Mittels allein nach den damit geförderten oder beeinträchtigten (berechtigten) Zwecken ergibt, freilich nach *allen* relevanten Zwecken.

Zweckmäßigkeit läßt sich jedoch möglicherweise *umformulieren* in ein Gebot zurückhaltender gerichtlicher Kontrolle. Die Frage, ob eine aktive oder zurückhaltende Rechtsprechung zu befürworten ist, wird allerdings nicht „freischwebend", sondern wiederum nur im Hinblick auf die praktischen Folgen für die letzten Werte beantwortet werden können, also letztlich nach der „Zweckmäßigkeit" einer aktiven oder zurückhaltenden Gerichtskontrolle im Hinblick auf die Optimierung der Grundwerte. Darauf wird noch zurückzukommen sein (unten Q IV und alsbald unter 5).

4. Staatliche „Eingriffe" und „Gewährungen"

Die Verpflichtung des Staates auf optimale, d. h. möglichst gute Entscheidungen im Sinne der obigen Ausführungen ist bisher nur teilweise anerkannt. Rechtsprechung und Rechtslehre differenzieren zwischen Eingriffsakten einerseits und Leistungs-, Planungs- und anderen *Nicht*-Eingriffsakten andererseits. Hinsichtlich eines in die Sphäre des Bürgers, in seine Freiheit oder in sein Eigentum „eingreifenden" Gesetzes oder Verwaltungsakts wird die Anwendbarkeit der optimierenden Abwägung – jedenfalls hinsichtlich der Kriterien Geeignetheit, Erforderlichkeit und Verhältnismäßigkeit (oben H I 2) – meist akzeptiert. Vor allem die *Grundrechte* werden auf diese Weise ausgelegt. Grundrechtskonform ist der Eingriff danach nur, wenn er das mildeste Mittel darstellt und Verhältnismäßigkeit zwischen Ziel und Grundrechtsbeeinträchtigung besteht.[46]

Dieses inzwischen herrschende Verständnis steht im Gegensatz zu der älteren Lehre, die noch davon ausgegangen war, die grundrechtlichen Freiheiten hätten einen „im vorhinein normierbaren konstanten Umfang", der vom jeweils „Angemessenen, Notwendigen und Möglichen" unabhängig sei.[47] Anstelle der Errichtung statisch-starrer, abstrakter, zeit- und situationsunabhängiger Grenzen, von der ohnehin nicht recht klar ist, wie sie zu bewerkstelligen sein soll, tritt heute eine dynamisch-flexible Grenzziehung, die sich nach dem relativen Gewicht der in der jeweils konkreten Lage abzuwägenden Werte richtet. Das *Bundesverfassungsgericht* hat dieses Verständnis erstmals im Apothekenurteil[48] in voller

---

46 Diese Auffassung ist jedoch nie richtig begründet worden (*Hans Schneider,* Zur Verhältnismäßigkeits-Kontrolle insbes. bei Gesetzen, FS Bundesverfassungsgericht, Bd. II, 1976, 390ff.). Die mangelnde Begründung ist bezeichnend. Die Suche nach einem juristischen Aufhänger in einzelnen Vorschriften (z. B. Art. 2 I oder 19 II GG) kann nicht überzeugen, eben weil es sich um den Ausfluß einer generellen Handlungsmaxime handelt, die als „Ausdruck der Vernünftigkeit" *(Hans Schneider)* und des Gemeinwohls (oben H I 2 und H II 2) zu den „übergreifenden Leitregeln allen staatlichen Handelns" (BVerfGE 23, 133) gehört.

47 So noch *Forsthoff,* Begriff und Wesen des sozialen Rechtsstaats (1951), in: *ders.*, Rechtsstaat im Wandel, 27 (39).

48 BVerfGE 7, 377.

Konsequenz entwickelt und es seitdem an einer Reihe von Beispielen bestätigt; es findet sich damit in Übereinstimmung mit einem zunehmenden Teil der Rechtslehre.

Sehr viel zurückhaltender wird dagegen meist die Frage beantwortet, ob das Optimierungsprinzip auch für die nicht-eingreifende, **gewährende Staatstätigkeit** gelte, insbes. für staatliche Geldleistungen. Geht es um die Erlangung von Leistungen, die anderen schon gewährt werden, oder um die Verhinderung wettbewerbsverfälschender Leistungen an Konkurrenten, so kann man noch versuchen, „Eingriffe" in die Grundrechtssphäre der jeweils Benachteiligten zu konstruieren und dadurch die Anwendbarkeit des Eingriffsdenkens auch auf diese Bereiche zu erstrekken. Besteht die Problematik aber in ungerechtfertigten Leistungen *auf Kosten der Allgemeinheit,* so wird sie für die Eingriffsvorstellung schlicht unerfaßbar. Hier ist die Situation ja dadurch gekennzeichnet, daß beim *Empfänger* ein (belastender) „Eingriff" gar nicht vorliegt. Bei übergreifender Betrachtung stellt sich zwar heraus, daß der staatlichen Leistung stets irgendwelche Lasten entsprechen, weil der Staat nun einmal keine Kuh ist, die im Himmel frißt und auf Erden gemolken werden kann. Insofern besteht also durchaus eine notwendige „Interdependenz von Eingriffen und Leistungen" *(Imboden).* Indes entstehen die belastenden Eingriffe an ganz anderer Stelle, nämlich (im heutigen Steuerstaat vor allem) beim *Steuerzahler.* Dieser ist nun aber, was die *Höhe* des auferlegten Steuerniveaus anlangt, *grundrechtlich schutzlos* gestellt. Das kommt daher, daß die Grundrechte auf den Schutz des einzelnen konkreten Individuums abheben. Da nun aber die Steuereinnahmen des Staates eine von Zweckbindungen freie einheitliche Deckungsmasse für alle staatlichen Ausgaben bilden, läßt sich gar nicht feststellen, zu wessen Lasten ungeeignete, nicht erforderliche, unverhältnismäßige oder sonst unwirtschaftliche öffentliche Leistungen gehen. Die **Diffusion der öffentlichen Last** macht es unmöglich, mit einer bestimmten, vielleicht überflüssigen öffentlichen Leistung einen bestimmten (oder eine bestimmte Gruppe von) Belasteten in Zusammenhang zu bringen. Auf der *Leistungs*seite besteht kein Schutzinteresse, und auf der *Aufbringungs*seite läßt sich der Schutzbedürftige nicht individualisieren. Das hier bislang bestehende „verfassungsrechtliche Defizit" *(Tomuschat)* ist wiederholt diagnostiziert worden.

Ist damit die **Staatslehre** und Verfassungstheorie aber wirklich aus dem Spiel? Ist es nicht *ihre* Aufgabe und (an ihrem langen Zügel allmählich) auch die des positiven Staatsrechts, gegen aktuelle Gefahren „auszuschwenken" (*Werner Weber*)? Wir bejahen diese letztere Frage. Und daß aktuelle Gefahren gerade von der Leistungsseite her drohen, wird heute in zunehmendem Maß erkannt.

Nehmen wir als *Beispiele,* daß Subventionen gezahlt werden, die zur Erreichung ihres Zwecks ungeeignet sind, oder Sozialleistungen, die mangels Bedürftigkeit der Empfänger überflüssig sind. Daß das Optimierungsverfahren – bezogen auf die Grundwerte – hier anzuwenden ist, um derartige staatliche Leistungen überhaupt bewerten, kritisieren und Verbesserungsvorschläge machen zu können, versteht sich von selbst, wenn man nur den obigen Darlegungen zustimmt und dieses Verfahren als Ausdruck rationalen Problemlösungsverhaltens schlechthin versteht. Das Ergebnis ist eindeutig: Die Gewährung von ungeeigneten Subventionen und überflüssigen Übertragungen ist gemeinwohl*widrig*. Es liegt nichts vor als öffentliche Verschwendung (im Sinne von unwirtschaftlicher Mittelverwendung). Wir wissen auch, daß die steuerzahlenden Bürger die Zeche bezahlen müssen, wir wissen allerdings nicht, welche Bürger das konkret sind. Die Diffusion der Last verhindert eben die Individualisierung. Soll der Staat nun aber aus der Unmöglichkeit, den konkret Geschädigten namhaft zu machen, eine Befugnis zur Verschwendung ableiten dürfen, obwohl klar ist, daß die Bürger in ihrer Gesamtheit betroffen sind und die Zeche bezahlen müssen? Der *überkommene* staatsrechtliche *Ansatz* faßt einerseits nur den Leistungsempfänger, der etwas bekommt und deshalb nicht belastet ist, andererseits nur den Steuerzahler, der in den großen Haushaltstopf einzahlt, ins Auge und *isoliert* so beide voneinander. Der **Zusammenhang zwischen staatlichen Einnahmen und Ausgaben** wird ausgeblendet. Dieser Zusammenhang war für die Theoretiker von Demokratie und Rechtsstaat ursprünglich noch ganz selbstverständlich. So hieß es in der *Verfassung von Pennsylvania von 1776* (sect. 41): „Steuern, Zölle und Beiträge dürfen den Bürgern dieses Staates nur durch Gesetz auferlegt werden und nur mit folgender Maßgabe. Vor dem Erlaß eines jeden Abgabengesetzes muß der Zweck, für welchen die Steuer erhoben wird, dem Gesetzgeber eindeutig für die Gemeinschaft wichtiger erscheinen als es das Geld wäre, wenn es den Bürgern belassen würde“.[49] Geht man davon aus, der demokratische Gesetzgeber biete sozusagen *automatisch* die Gewähr dafür, daß diese Anforderungen erfüllt würden, wie die bürgerlich-liberale Auffassung in ihrer Vergötterung des Gesetzgebers dies tat (oben D V), so kann man die genannten Zusammenhänge zurücktreten lassen. Besteht diese Gewähr aber *nicht* – und *daß* sie nicht mehr besteht, ist heute eine finanztheoretische Binsenweisheit und wird in diesem Buch immer wieder hervorgehoben –, so muß man die zentralen Zusammenhänge wieder herstellen und ins Zentrum der Problematik vordringen, d. h. aber eben: die Gesetzgebung selbst in den Blick nehmen. Ein solcher Ansatz setzt seinerseits eine *Gemeinwohllehre* voraus, die zu entwickeln hier versucht worden ist. Die Staatsrechtslehre hat die Problematik bisher nicht in den Griff bekommen können, weil sie den für die Beurteilung der leistenden Staatstätigkeit unergiebigen Aspekt des individuellen Frei-

---

[49] Übers. v. Verf.

heitsschutzes einseitig betont, dagegen den für die Beurteilung entscheidenden Gemeinwohlaspekt verfehlt **(rechtswissenschaftliches Gemeinwohldefizit).** Das Eingriffsdenken ist auf die individuelle Betroffenheit zugeschnitten und bekommt die Betroffenheit der Gemeinschaft deshalb nicht in den Blick.

Aus allem folgt: Die Gewährung von gemeinwohlwidrigen Leistungen ist *verfassungswidrig*. Diese Feststellung, die aus der verfassungsrechtlichen Bindung aller Staatsgewalt an Gemeinwohl und Rationalität (oben H II 2) folgt,[50] ist u. a. deshalb von praktischem Gewicht, weil die Bejahung der Verfassungswidrigkeit Bedingung für ein verfassungsgerichtliches Eingreifen ist.[51]

5. Direktions- und Kontrollwirkung der Verfassung

Die entwickelten Überlegungen bilden die Grundelemente einer Lehre von der rationalen Politik und zugleich von der Verfassungsauslegung. Verfassungsrecht wird nicht bloß als Setzung rechtlicher Schranken verstanden. Vielmehr lassen sich aus den Grundwerten auch inhaltliche Direktiven und Leitlinien für die Politik gewinnen. Die Tatsache, daß eine **Gerichtskontrolle** nur mit Zurückhaltung erfolgen kann, schon weil die Feststellbarkeit der Unrichtigkeit oft nicht möglich ist, läßt die **Verfassungspflicht** der staatlichen Akteure, sich von diesen Direktiven leiten zu lassen und – unter Ausschöpfung der bestehenden Erkenntnis- und Wertungspotentiale – nach optimalen Lösungen zu suchen, unberührt. Dies bleibt all denen allerdings leicht verschlossen, die in positivistischer Tradition Verfassungsrecht immer nur durch die Brille eines Richters sehen, der Grenzen für den Gesetzgeber zu ermitteln sucht. Gegenüber dieser Sichtweise ist hervorzuheben: Thema der Staatslehre bzw. der Verfassungstheorie der Bundesrepublik können nicht in erster Linie angebbare Grenzen der Verfassung sein als vielmehr ein methodisches Verfahren, durch dessen Anwendung auf die jeweilige Situation man zu möglichst richtigen Gemeinschaftsentscheidungen gelangt. Ihre Adressaten sind zunächst einmal und vor allem die staatlichen Akteure, besonders „der Gesetzgeber" und die Verwaltung, in zweiter Linie dann auch die Rechtsprechung, da auch eine Gerichtskontrolle nur möglich ist, wenn man

---

[50] Sie läßt sich auch aus der Überlegung ableiten, die relative verfassungsrechtliche Ungebundenheit des Abgabengesetzgebers in bezug auf das Belastungsniveau der Bürger müsse durch eine verfassungsrechtliche Bindung des Ausgabengesetzgebers kompensiert werden; *v. Arnim,* Besteuerung und Eigentum, VVDStRL 39, 286 (311–318).

[51] Allerdings – mit den Worten der Mathematik – nur notwendige, nicht auch hinreichende Bedingung. Siehe sogleich unter 5.

von jenem Verfahren ausgeht und den gesetzgeberischen Prozeß auf Abweichungen hin überprüft.

Der Gesetzgeber ist also – auch unabhängig von der Frage, ob seine Entscheidung im richterlichen Kontrollnetz hängenbleibt, – zur Optimierung, bezogen auf die Grundwerte, verpflichtet. Anders ausgedrückt: Der Gesetzgeber darf auch innerhalb des breiten Bandes von Entscheidungsmöglichkeiten, die der kontrollierende Richter als ,,noch nicht unrichtig" zu akzeptieren hat, nicht etwa beliebig wählen, sondern muß sich um die beste bemühen. Die Direktionswirkung des Optimierungsverfahrens geht also über seine Kontrollwirkung hinaus.[52]

Diese Sichtweise erlaubt es der Staatslehre, die Probleme von Staat und Gesellschaft – unabhängig von der Frage der Gerichtskontrolle – zu thematisieren und so eine Vorab-Ausblendung der mit Recht oder Unrecht nicht für justitiabel gehaltenen Fragen zu vermeiden.[53]

---

[52] Vgl. auch die *Forsthoff*sche Unterscheidung von weiter Funktions- und strikter Kontrollnorm. *Forsthoff,* Über Maßnahme-Gesetze, FS W. Jellinek, 1955, 221 (233). *Hesse,* Verfassungsrecht, 13. Aufl., 1982, S. 169: ,,Der Inhalt der verfassungsrechtlichen Normierungen" ist in zahlreichen Fällen ,,nicht gleichbedeutend mit dem Umfang verfassungsgerichtlicher Kontrolle". *Ossenbühl,* Rundfunkprogramm – Leistung in treuhänderischer Freiheit, DÖV 1977, 381 (387): Die Inkongruenz von Verhaltens- und Kontrollnorm ist eine durchaus gängige Erscheinung.

[53] Hier liegt eine Antwort auf *Baduras* grundlegende, weil an den Nerv des Selbstverständnisses gehende Frage, wie man ,,wirklicher Staatsrechtler" sein kann, ,,ohne zum bloßen Nachbeter von Judikaten zu werden". *Badura,* Diskussionsbeitrag, in: *Klaus Vogel* (Gesamtred.), Grundverständnis und Normenkontrolle, 1979, 58.

Kapitel 4: Parteien und Verbände

Das Aufkommen von Parteien und Verbänden hat eine neue Ära in Staat und Gesellschaft eingeläutet. Aus der atomistischen wurde die pluralistische Demokratie (oben F I). Diese Entwicklung sucht die sog. Pluralismustheorie einzufangen und zu verarbeiten (oben F II). Ein Ziel der folgenden Untersuchung ist es, den allgemeinen pluralismustheoretischen Ansatz noch weiter auf die Besonderheiten der Bundesrepublik zuzuschneiden. Dabei kann man sich allerdings nicht auf die Betrachtung von Parteien und Verbänden beschränken, sondern muß auch andere politische Akteure, insbes. die ,,Staatsorgane" Parlament und Regierung, ins Auge fassen, die in späteren Kapiteln behandelt werden.[1] Ihre Arbeitsweise wird zwar von Parteien und Verbänden wesentlich bestimmt. Parteien und Verbände können ihrerseits aber nur zur Wirkung kommen, wenn sie sich an die geltenden staatsrechtlichen Regelungen halten; diese wirken deshalb auf das politische Kräftespiel zurück.

Ein zweites Ziel liegt in der kritischen Beurteilung des Wirkens der politischen Kräfte und (teilweise auch) in der Entwicklung von Verbesserungsvorschlägen, eine Aufgabe, für die die Pluralismustheorie sich als wenig disponiert erwiesen hat (oben F V). Das dafür erforderliche theoretische Rüstzeug wurde in den vorangehenden Kapiteln G und H – gerade auch im Hinblick auf diese Aufgabe – entwickelt.[2]

---

[1] Die ,,Zuschneidung" der Pluralismustheorie auf die Bundesrepublik und ihre spezifischen politischen Kräfte muß sich deshalb auf das vorliegende und die folgenden Kapitel verteilen.

[2] Auch Kritik- und Besserungsüberlegungen werden in diesem und in den folgenden Kapiteln behandelt.

I. Parteien

Eine zentrale Funktion der Parteien[3] besteht in der **Organisation von Parlamentswahlen.** In der Tatsache, daß Wahlen sich in einer modernen Massendemokratie ohne Parteien gar nicht durchführen lassen, liegt denn auch die wichtigste Legitimationsquelle der Parteien und die (Haupt)ratio des Art. 21 I 1 GG, der ihnen die Mitwirkung an der politischen Willensbildung zuweist. Die Wirkungsweise der Parteien kann deshalb nicht ohne Blick auf die Grundstruktur der bundesrepublikanischen Wahlen erfaßt werden. Dabei konzentrieren wir uns auf die Darstellung der *Bundestags*wahlen und werden nur gelegentlich auf Besonderheiten des Landtags- oder des Kommunalwahlrechts aufmerksam machen.

I. Wahlen

Das bundesrepublikanische Wahlrecht baut auf der überkommenen Entwicklung auf. Die Grundsätze der **allgemeinen, unmittelbaren, freien, gleichen und geheimen Wahl** (oben E IV 1) gelten von Grundgesetzes wegen nicht nur für die Wahl des Bundestags (Art. 38 I 1 GG), sondern auch für die der Landtage und der kommunalen Vertretungen (Art. 28 I 2 GG). In diesem von der Verfassung gesetzten Rahmen wird das Wahlrecht durch *zwei Charakteristika* geprägt: das „personalisierte Verhältniswahlrecht" und die „Fünfprozentklausel".

1. Mehrheits- und Verhältniswahl

Unter den verschiedenen möglichen Wahlsystemen lassen sich zwei Grundtypen unterscheiden: das Mehrheits- und das Verhältniswahlsystem.

---

[3] Zum Begriff der „Partei" im Sinne des Parteiengesetzes vgl. § 2 PartG. Die exakte begriffliche Festlegung ist deshalb wichtig, weil die Rechtsordnung die Parteien gegenüber anderen Vereinigungen privilegiert, ihnen aber auch besondere Pflichten auferlegt. Die Privilegien sind im Grundgesetz niedergelegt (so Art. 21 Abs. 2 im Gegensatz zu Art. 9 Abs. 2 GG) oder auch im einfachen Gesetzesrecht, z. B. die Parteienfinanzierung oder die Berechtigung, in gleicher Weise an öffentlichen Einrichtungen teilzuhaben (§ 5 PartG). Bei den durch einfaches Gesetz festgelegten Privilegien ist allerdings jeweils zu prüfen, ob der Ausschluß von Nicht-Parteien verfassungsgemäß ist oder eine dem Grundsatz der Chancengleichheit widersprechende Selbstbevorzugung der die Gesetzgebung beherrschenden Parteien darstellt, etwa gegenüber kommunalen Wählervereinigungen (dazu unten V 2.2).

Bei der **Mehrheitswahl** wird das gesamte Land in so viele Wahlkreise eingeteilt, wie Abgeordnete gewählt werden sollen; jeder Wahlkreis wählt einen Abgeordneten. Je nachdem, ob absolute oder relative Mehrheitswahl vorgesehen ist, ist im Wahlkreis jeweils gewählt, wer mehr als 50 v. H. der Stimmen **(absolute Mehrheit)** oder wer mehr als jeder einzelne andere Kandidat **(relative Mehrheit)** erhält.

Bei der **Verhältniswahl** stellen die Parteien je eine Liste mit einer größeren Zahl von Kandidaten auf, für welche die Wähler ihre Stimmen abgeben. Die Verteilung der Sitze erfolgt dann im Verhältnis der auf die Listen jeweils entfallenden Stimmen. Werden z. B. für die Liste der Partei A 40 v. H. der Stimmen abgegeben, dann erhält sie auch 40 v. H. der Parlamentssitze.

Bei der Mehrheitswahl gibt man seine Stimme nicht für eine Parteiliste, sondern unmittelbar für einen bestimmten Kandidaten ab; obwohl auch dieser in der Regel von einer Partei präsentiert wird, kann die Attraktivität der einzelnen Persönlichkeit für die Wähler doch eine große Rolle spielen und den Ausschlag geben. Man spricht deshalb auch von **Persönlichkeitswahl.** Bei der Verhältniswahl nach Parteilisten steht dagegen die Partei als ganze im Vordergrund. Während man an Mehrheitswahlen notfalls auch als parteiloser Kandidat teilnehmen kann (wie dies vor einigen Jahren der Oberbürgermeister von Bonn Dr. *Daniels* tat, der dann zwar nicht das Mandat, aber beachtliche 20 v. H. der Wahlkreisstimmen erhielt),[4] kommt dies bei Verhältniswahlen nicht in Betracht. Hier sind Parteien (oder sonstige Gruppierungen), die die Listen aufstellen und die Kandidaten durch ein gemeinsames Programm zusammenhalten, unentbehrlich. Der Einfluß der Parteien auf Abgeordnete und Kandidaten ist aus diesen Gründen bei der Verhältniswahl tendenziell größer als bei der Mehrheitswahl.

2. Personalisierte Verhältniswahl in der Bundesrepublik

Das *Grundgesetz* enthält keine Festlegung auf eines der beiden Systeme. Der Parlamentarische Rat hat die Entscheidung vielmehr bewußt dem Gesetzgeber überlassen, der sich für „eine mit der Personenwahl verbundene Verhältniswahl" der Bundestagsabgeordneten (§ 1 I 2 BWG) entschieden hat, also eine Verhältniswahl, die mit einigen Elementen der (personenbezogenen) Mehrheitswahl angereichert ist.

Im einzelnen gilt folgendes. Der Bundestag besteht aus 518 Abgeordneten. Läßt man die 22 vom Berliner Abgeordnetenhaus gewählten außer Betracht, so werden die verbleibenden 496 zur einen Hälfte (298) direkt nach der relativen Mehrheitswahl, zur anderen Hälfte nach der

[4] Vgl. BVerfGE 41, 399 (402).

Verhältniswahl gewählt. Zur Durchführung der Mehrheitswahl wird das Gebiet der Bundesrepublik (ohne Berlin) in 298 Wahlkreise eingeteilt; für jeden Wahlkreis werden Wahlvorschläge gemacht, die tatsächlich regelmäßig von den Parteien ausgehen, ohne daß aber ein rechtliches Parteienmonopol bestände. Zur Durchführung der Verhältniswahl stellen (ausschließlich) die Parteien in jedem Bundesland Landeslisten auf. Jeder Wähler hat nun zwei Stimmen, eine ,,Erststimme" für die Mehrheitswahl im Wahlkreis und eine ,,Zweitstimme" für die Listenwahl. Im Verhältnis der auf die Listen abgegebenen Zweitstimmen werden die 496 Sitze unter den Parteien verteilt. Die Berücksichtigung innerhalb der jeweiligen Liste erfolgt nach der Reihenfolge, in der die Kandidaten auf der Liste aufgeführt sind. Dabei wird die Zahl der in den Wahlkreisen errungenen Sitze abgezogen. Entfallen z. B. auf eine Partei im Bereich einer Landesliste nach dem Stimmenverhältnis 50 Sitze, haben Direktkandidaten der Partei aber 20 Wahlkreise errungen, so sind die 30 ersten Listenkandidaten dieser Partei gewählt. Die Folge der Anrechnungsregelung ist, daß sich die Gesamtzahl der von einer Partei errungenen Sitze, wenn man einmal von dem relativ seltenen Sonderfall der ,,Überhangmandate" absieht, bei dem eine Partei mehr Wahlkreis- als Listenkandidaten durchbringt, allein nach den Zweitstimmen richtet. Die Verhältniswahl ist damit das beherrschende Element im Wahlsystem der Bundesrepublik.

2.1. Nominierung der Kandidaten

Die Auswahl und Aufstellung der Kandidaten liegt im Bund und in den Ländern faktisch – und, was die Aufstellung der Landeslisten anlangt, auch rechtlich – ausschließlich bei den Parteien (Nominierungsmonopol).[5] Der Wähler kann nur unter den von ihnen präsentierten Kandidaten auswählen. Er hat regelmäßig auch keine Möglichkeit, durch seine Stimmabgabe auf die Reihung der Listenkandidaten Einfluß zu nehmen. Diese liegt vielmehr in der von der Partei beschlossenen Form fest *(System der starren Liste)*.

Berücksichtigt man, daß die Wahlen im allgemeinen nur relativ geringe Veränderungen in den Mehrheitsverhältnissen ergeben, so wird deutlich, daß die Nominierung das Wahlergebnis bereits weitgehend determiniert. Die Aufstellung im vorderen Bereich einer Landesliste oder in einem ,,sicheren" Wahlkreis bedeutet für die Betroffenen faktisch die **Vorwegnahme der Wahl.** So hat *Kaack* ermittelt, daß bei der Bundestagswahl 1969 358 von 496 Bundestagsabgeordneten schon vor der Wahl allein aufgrund ihrer Nominierung sicher sein konnten, ein Mandat zu

---

[5] In den Kommunen spielen auch Wählergemeinschaften eine Rolle (dazu unten IV 4 und V 2).

erhalten.[6] In Wahlkreisen, die „Hochburgen" einer Partei sind, ist damit einem wirklichen Wahlkampf praktisch die Grundlage entzogen.

Es sind also die Parteien, die anstelle des Volkes de facto weitgehend bestimmen, *wer* ein Mandat erhält, während die Masse der *Bürger* im Wege der Wahl nur noch die **Herrschaftsanteile zwischen den Parteien verteilen** kann. Da diese Verteilung über Mehrheit oder Minderheit entscheidet, wird damit (sofern nicht eine Koalition nötig wird) auch darüber entschieden, welcher „Spitzenmann" bzw. welches Führungsteam der konkurrierenden Parteien die Regierung übernimmt. Im übrigen, d. h. hinsichtlich der großen Zahl der anderen Abgeordneten, findet trotz der personalisierten Verhältniswahl eine Personenauswahl durch die Wahlbürger weitgehend nicht statt.

Da nur etwa 5 v. H. der Wahlberechtigten einer Partei angehören, bedeutet dies, daß 5 v. H. der Wähler mit der Nominierung faktisch über die Wahl von zwei Dritteln der Abgeordneten entscheiden. Berücksichtigt man zusätzlich, daß nur ein Bruchteil der Parteimitglieder innerparteilich aktiv ist und an den Abstimmungen über die Kandidatenaufstellung bzw. an der Wahl der Delegierten überhaupt teilnimmt – die vorliegenden Untersuchungen schwanken zwischen 10 und 20 v. H. –,[7] so zeigt sich, daß der Anteil derjenigen, die darüber mitentscheiden, wer Abgeordneter wird, noch sehr viel niedriger ist.

Die Bedeutung der Nominierung durch die Parteien rückt diese und den dabei zu beobachtenden Ablauf zwangsläufig in den Mittelpunkt des Interesses. Das Interesse wird dadurch noch gesteigert, daß das Grundgesetz in *Art. 21 I 3* den Parteien eine demokratische innere Ordnung vorschreibt und die Kandidatennominierung zu den wichtigsten Entscheidungsbereichen der Parteien gehört.

Der Nominierungsprozeß ist im Bundeswahlgesetz und in den Satzungen der Parteien geregelt.[8] Für die *Wahlkreisbewerber* verlangt das Bundeswahlgesetz die Nominierung unmittelbar durch eine Mitgliederversammlung (Urwahl) oder mittelbar durch eine Delegiertenversammlung, wobei die Delegierten ihrerseits von den Parteimitgliedern gewählt werden müssen. Briefwahl ist ausgeschlossen. Die Wahlen erfolgen geheim. Die Einzelheiten regeln die Parteisatzungen; danach erfolgt die Nominierung überwiegend durch Delegiertenversammlungen.

Die *Landeslisten* werden durchweg in mittelbarer Wahl durch Landesdelegiertenversammlungen aufgestellt. Die Landesvorstände haben ein

---

[6] *Kaack,* Wer kommt in den Bundestag? 1969, 16.

[7] *Zeuner,* Wahlen ohne Auswahl – Die Kandidatenaufstellung zum Bundestag, in: *Steffani* (Hrsg.), Parlamentarismus ohne Transparenz, 1971, 165; *Oppermann,* Das parlamentarische Regierungssystem des Grundgesetzes, VVDStRL 33, 46; Enquête-Kommission Verfassungsreform, Teil 1, 1976, 56; *Henkel,* Die Auswahl der Parlamentsbewerber, 1976, 13f. jew. m. w. N.

[8] Überblick bei *Henkel* (oben FN 7), 33ff. m. w. N.

(formelles oder informelles) Recht, Listenvorschläge einzubringen; diese beruhen in der Regel auf einem umfassenden Abstimmungsprozeß zwischen den Führungsgruppen der örtlichen und interessenmäßigen Gruppierungen der Partei und werden in den Delegiertenversammlungen deshalb meist nur noch geringfügig geändert. Der bei den Wahlkreisnominierungen bestehende Einfluß der Parteimitglieder wird hier also noch stark abgeschwächt; das gilt wohlgemerkt auch hinsichtlich derjenigen, die aktiv mitzuwirken bereit sind. Der Abschwächung des Einflusses der Durchschnittsmitglieder entspricht die Zunahme des Einflusses der Partei*funktionäre*.

2.2. Erweiterung des Einflusses von Bürgern und von Parteimitgliedern

Das verbreitete „Unbehagen" an der geringen faktischen Mitwirkungschance sowohl der Bürger als auch der Parteimitglieder hat eine Reihe von Verbesserungsvorschlägen hervorgebracht. Ihre Beurteilung ist lange kontrovers geblieben, ihre Verwirklichung keinen Schritt vorangekommen, obwohl die Vorschläge teilweise schon Jahrzehnte alt sind. Es wird deshalb im folgenden versucht, die *Grundsätze* zu skizzieren, nach denen Verbesserungsvorschläge zu beurteilen sind.

Die Ausgangsfrage geht dahin, ob eine Erweiterung der Mitwirkung an der Personalauswahl einen *„Wert an sich"* darstellt,[9] wobei wieder zu unterscheiden ist zwischen der Erweiterung der Bürgerbeteiligung und der Beteiligung der Parteimitglieder. Die Antwort ist höchst umstritten.[10] Das erstaunt, macht aber einmal mehr die Notwendigkeit einer auf die Grundwerte abgestützten Erörterung deutlich. Geht man von dieser Grundlage aus, so ist die genannte Frage – jedenfalls hinsichtlich der Bürger allgemein – ohne weiteres zu *bejahen:* Die *Beteiligung der Bürger* an der politischen Willensbildung – und zwar eine möglichst weitgehende – ist ein *Grundwert* (oben G II 2). Dazu gehört auch die Personalauswahl. Die Anerkennung des demokratischen Partizipationsinteresses als Wert an sich bedeutet allerdings nicht, daß diesem im Falle eines Konflikts mit anderen Grundwerten unbedingt Vorrang gegeben werden müßte. Erforderlich ist dann vielmehr eine *Abwägung* und der Versuch einer Optimierung in bezug auf alle relevanten Grundwerte.[11]

Die Feststellung, daß Bürgerbeteiligung ein Grundwert ist, sagt un-

---

[9] *Habermas,* Politische Beteiligung – Ein Wert „an sich"?, in: *Matz* (Hrsg.), Grundprobleme der Demokratie, 1973, 316.

[10] Übersicht bei *Henkel* (oben FN 7), 25ff.

[11] Dies wird vielfach verkannt, z. B. von *Henkel* (oben FN 7), 26ff., der glaubt, die Bürgerbeteiligung als Selbstzweck verneinen zu müssen, um den Weg für die von ihm dann doch vorgenommene Abwägung mit konfligierenden Werten freizuhalten.

mittelbar noch nichts über die Beteiligung der *Parteimitglieder* an der Nominierung. Daß auch sie ein vom *Grundgesetz* anerkannter Wert ist, ergibt sich zwar aus Art. 21 I 3 GG, der das Demokratieprinzip ausdrücklich auf die innere Ordnung der Parteien erstreckt. Handelt es sich dabei aber um einen Grundwert? Die Frage, die z. B. im Falle eines Konflikts mit der Bürgerbeteiligung praktisch werden und deren Beantwortung dann auf die Auslegung des Art. 21 I 3 GG ausstrahlen könnte, hängt davon ab, welche *Funktion* den Parteien insgesamt zukommt. Die Parteien sollen zunächst einmal der *Allgemeinheit,* also sämtlichen Wahlbürgern, dienen, indem sie den demokratischen Prozeß, insbesondere die Vornahme von Wahlen, erst ermöglichen. Das Bundesverfassungsgericht hat dies mit der Bezeichnung der Parteien als „Instrumente für die politische Willensbildung des Volkes“[12] zum Ausdruck gebracht. Die Parteien haben deshalb die Kandidatur und die Wahl im Sinne *der* Werte zu organisieren, die durch Wahlen realisiert werden sollen. Dazu gehört eine möglichst große Einwirkung der Gesamtheit der Wähler auf die personelle Zusammensetzung der Parlamente. Daneben sollen die Parteien aber – ähnlich wie die Interessengruppen – auch die Möglichkeit einer intensiveren, über die periodischen Parlamentswahlen hinausgehenden politischen Mitwirkung eröffnen. Durch Eintritt in eine Partei und Mitwirkung in ihr soll gerade ein gewisses Kompensat für die Geringfügigkeit des Bürgereinflusses bei Wahlen geschaffen werden. Dieser Sondereinfluß von Parteimitgliedern impliziert eine gewisse Privilegierung gegenüber dem Nur-Wahlbürger. Da Demokratie nicht nur politische Mitwirkung für wenige, sondern tendenziell *gleiche* Mitwirkung für *alle* postuliert, bleibt der **Bürgereinfluß** bei den Parlamentswahlen, der allen in gleicher Weise zusteht, aber **vorrangig** und muß sich im Falle eines Konflikts mit dem Einfluß von *Partei*mitgliedern durchsetzen. Der Einfluß von relativ wenigen Parteimitgliedern darf nicht auf Kosten der Masse der Wähler gehen. Diese Feststellung wird bei der vorliegenden Problematik allerdings nicht relevant, da nicht ersichtlich ist, wie eine Erweiterung des Einflusses der Parteimitglieder auf die Nominierung den Einfluß der Wähler auf die Personalauswahl der Abgeordneten beeinträchtigen sollte.

Es fragt sich nunmehr, was *gegen* die Ausweitung der Bürger- und der Mitgliederpartizipation sprechen könnte. Das **Machtinteresse der Parteifunktionäre,** deren Einfluß durch Erweiterung der Bürger- und Mitgliederbeteiligung gemindert würde, wird von keinem Grundwert umfaßt und darf deshalb nicht in eine Abwägung eingehen. Parteifunktionäre haben eine rein *dienende* Funktion (oben G II 1) gegenüber den Mitgliedern und – entsprechend der Funktion der Parteien insgesamt – auch gegenüber der Gesamtheit der Wähler. Erheblich wäre dagegen der Ein-

---

12 BVerfGE 52, 63 (82).

wand, durch Erweiterung des Einflusses von Bürgern und Parteimitgliedern käme es zu einer *Minderung der Qualität* der Abgeordneten, etwa weil die Chancen farbloser, aber für die Erfüllung von Parlamentsaufgaben wegen besonderer Qualitäten wichtiger Kandidaten gemindert würden. Ein derartiges Argument liefe auf die Behauptung hinaus, durch Erweiterung der Mitwirkung durch Wähler und Parteimitglieder an der Personalauswahl würde die Leistungsfähigkeit des Parlaments zu Lasten aller Bürger gemindert, und kann deshalb nicht von vornherein als irrelevant beiseite gelassen werden. Die Argumentation wäre allerdings nur begründet, falls wirklich eine Verschlechterung der Kandidatenauswahl zu befürchten wäre. Dies ist schon allgemein zweifelhaft. Kein geringerer als *Max Weber* hat den Glauben, autoritäre Führerauslese diene der Qualität, entschieden bekämpft.[13] Insgesamt ergibt sich also folgendes. Eine Erweiterung der Wahlmöglichkeiten der Bürger (und indirekt auch der Parteimitglieder) würde per se einen positiven Grundwerteeffekt haben, die Wirkungen auf die Qualität wären dagegen ungewiß. Das muß per saldo zu einer *positiven* Beurteilung führen. In jedem Fall ergibt sich insofern eine Umkehr der Beweislast, als nicht die Befürworter von Erweiterungen ihren positiven Effekt auf die Qualität der Personalauslese, sondern die Gegner den negativen Effekt nachweisen müssen. Die Darlegung eingrenzbarer, bloß organisatorischer Probleme reicht keinesfalls aus.

Nach diesen Grundsätzen sind die zahlreichen Vorschläge für eine Erweiterung der Mitwirkung der Wahlbürger und der Parteimitglieder bei der Personalauswahl zu beurteilen. Es ist allerdings nicht sinnvoll, diese Vorschläge hier alle zu diskutieren. Es soll lediglich aufgezeigt werden, daß überhaupt Verbesserungsmöglichkeiten bestehen.

Vorschläge sowohl hinsichtlich der Erweiterung des Bürger- als auch des Mitgliedereinflusses hat die *Enquête-Kommission Verfassungsreform* unterbreitet. Dies ist bemerkenswert, da die Kommission ansonsten einen sehr zurückhaltenden Standpunkt in bezug auf die Erweiterung des politischen Bürgereinflusses einnimmt. Zur Stärkung des *Bürger*einflusses hat die Kommission die Einführung sog. **begrenzt-offener Listen** nach dem Vorbild des bayerischen Landtagswahlrechts vorgeschlagen.[14] Danach hat der Wähler die Möglichkeit, mit seiner (Zweit-)Stimme einen bestimmten Listenbewerber zu kennzeichnen und damit die Reihenfolge der Kandidaten auf der Liste zu verändern.

Um allen *Parteimitgliedern*, auch den ansonsten weniger aktiven, die Mitwirkung am Nominierungsprozeß innerhalb der Parteien zu erleich-

---

[13] *Max Weber*, Wirtschaft und Gesellschaft (Studienausgabe, hrsg. v. *Winckelmann*), 2. Hlbbd., 1964, 1084ff.

[14] Enquête-Kommission Verfassungsreform, Schlußbericht, BT-Drucks. 7/5924, S. 17ff.

tern, hat die Kommission empfohlen, bei der Aufstellung der Wahlkreisbewerber die Einführung der *Briefwahl* zu ermöglichen.[15]

3. Fünfprozentklausel

Nach § 6 Abs. 4 BWG (und ähnlichen Regelungen in den Landesgesetzen) erhalten nur solche Parteien Sitze im Parlament, die bei der Wahl mindestens 5 v. H. der im Wahlgebiet abgegebenen gültigen Zweitstimmen erhalten (oder in mindestens *3 Wahlkreisen* Mandate errungen) haben. Die Regelung soll eine Parteienzersplitterung im Parlament verhindern und dadurch der Gefahr vorbeugen, daß eine Vielzahl von kleinen Parteien sich zwar darüber einig ist, was sie *nicht* will, nicht aber darüber, welche Regierung positiv inthronisiert werden soll, so daß die **Bildung regierungsfähiger Mehrheiten** erschwert würde. Die Fünfprozentklausel soll also die Arbeitsfähigkeit des Parlaments und die Bildung einer funktionsfähigen Regierung sichern.[16] In Sperrklauseln dieser Art liegt zwar eine Beeinträchtigung der Gleichheit der politischen Mitwirkung, weil die Stimmen derjenigen, die Parteien gewählt haben, die wegen der Sperrklausel keine Mandate erhalten, wirkungslos verpuffen. Es liegt also eine Beeinträchtigung eines Grundwertes vor. Andererseits ist die Bildung regierungsfähiger Mehrheiten und damit die Entscheidungsmöglichkeit des Parlaments überhaupt ebenfalls ein zentraler (auf Grundwerte rückführbarer) Wert, der eine gewisse Zurückdrängung der Gleichheit des politischen Einflusses legitimieren kann. Das *Bundesverfassungsgericht* hat der Fünfprozentklausel den verfassungsrechtlichen Segen erteilt und die genannten Erwägungen als „besondere zwingende Gründe" im Sinne seiner Rechtsprechung (oben F II a. E.) anerkannt.[17]

---

[15] Enquête-Kommission Verfassungsreform (oben FN 14), 15f. Darüber hinaus wäre z. B. zu diskutieren, ob nicht alle Wähler an der Nominierung beteiligt werden sollten (sog. open primaries). Die Ablehnung durch die Enquête-Kommission, S. 15, dürfte wohl nicht das letzte Wort in dieser Sache sein. Dazu und zu weiteren Vorschlägen *Henkel* (oben FN 7), 41 ff., 67 ff.

[16] BVerfGE 6, 84 (92ff.); 14, 121 (134f.); 24, 300 (341).

[17] Fundstellen in der vorangehenden Fußnote. *Kritisch* dazu unter den *heutigen* Bedingungen: *Grimm,* Die politischen Parteien, in: *Benda/Maihofer/Vogel,* Handbuch des Verfassungsrechts der Bundesrepublik Deutschland, 1983, 317 (344f.); *Schmidt-Jortzig,* Parteienrechtsordnung im Wandel, DVBl. 1983, 775 (778ff.). Zur Fünfprozentklausel im Kommunalwahlrecht: *Hans Meyer,* in: Handbuch der kommunalen Wissenschaft und Praxis, Bd. 2 (1982), 37 (56ff.).– Im Parlamentarischen Rat war noch die Auffassung vertreten worden, ohne ausdrückliche Ermächtigung im Grundgesetz sei eine Sperrklausel verfassungswidrig; vgl. JöR Bd. 1 (1951), 352ff.

II. Trend zur Volkspartei

Markiert die Durchsetzung des allgemeinen, gleichen Wahlrechts die Geburtsstunde der modernen Parteien, so heißt dies nicht, daß die Parteien sich im Laufe der Zeit nicht noch erheblich in ihrem Charakter *gewandelt* hätten. Ursprünglich herrschte in Deutschland der Typ der **Weltanschauungspartei** vor, die ihre Ausprägung besonders markant in der Sozialdemokratie fand. Kennzeichen war eine gemeinsame ideologische Basis, eine gute Organisation und ein starker Zusammenhalt unter den Mitgliedern. Die Partei wurde nicht nur durch gemeinsame politische Interessen zusammengehalten, sondern bot den Menschen „eine Sinnorientierung für das Ganze ihres Lebens": „Von der Wiege bis zur Bahre, von der sozialistischen Kinderkrippe bis zum Feuerbestattungsverein war sie für viele Menschen das Zentrum all ihrer Lebensführung."[18] Das beherrschende Moment des ideologischen Faktors schränkte natürlich die *Mehrheitsfähigkeit* der einzelnen Partei ein. Eine Notwendigkeit, mehrheitsfähig zu werden, trat solange auch kaum hervor, als die Parteien von Verfassungs wegen nicht die Regierung stellen konnten, wie dies im Kaiserreich noch der Fall war. Die Folge war eine Zersplitterung in zahlreiche unterschiedliche Weltanschauungs- (und z. T. auch reine Interessen-)Parteien. Dieses Bild färbte teilweise auch auf die Weimarer Zeit ab, zumal es noch keine Sperrklausel gab; diese wurde ja erst in Reaktion auf Weimar eingeführt.

Die heutigen (großen) Parteien in der *Bundesrepublik* entsprechen diesem Bild nicht mehr, auch wenn sich noch gewisse Restbestände erhalten haben. Als Folge des Parteienwettbewerbs (oben F II 1) haben sie sich vielmehr zu sog. **Volksparteien** entwickelt. Zugrunde liegen folgende *Zusammenhänge:* Jede Partei braucht möglichst viele Wählerstimmen, um in Konkurrenz mit anderen an die Macht zu kommen bzw. an der Macht zu bleiben, d. h. die Mehrheit zu erlangen bzw. zu behalten und die Regierung zu stellen. Und dahin geht meist ihr *primäres,* alles andere überschattendes *Interesse.* Deshalb kann keine Partei es sich leisten, einseitig die Interessen bestimmter Gruppen zu vertreten oder sich auf eine bestimmte Ideologie festzulegen, sondern muß sich prinzipiell an *alle* wenden; sie muß, um die Mehrheit zu gewinnen, **für** möglichst **breite Bevölkerungskreise wählbar** sein. *Otto Kirchheimer* spricht deshalb anschaulich auch von *„Allerweltspartei (catch all-party)"*.[19]

---

[18] *Hennis,* Aufgabe und Grenze der Parteien, 1969, in: *ders.,* Die mißverstandene Demokratie, 1973, 135, 139f. Vgl. auch *Kirchheimer,* Der Wandel des westeuropäischen Parteisystems, PVS 1965, 20ff.

[19] *Kirchheimer,* Wandel (oben FN 18), 27ff. Zur neueren politikwissenschaftlichen Literatur *Haungs,* Über politische Parteien in westlichen Demokratien, in: *Haungs* (Hsrg.), Res publica (FS Sternberger), 1977, 141; *Gordon Smith,* The

In der Bundesrepublik entsprechen *CDU/CSU* und *SPD* dem Bild der Volkspartei heute weitgehend, nachdem die Unionsparteien die Entwicklung schon in den frühen 50er Jahren mit großem (Wahl-)Erfolg eingeleitet hatten und die SPD ihnen unter dem Druck des Wettbewerbs seit dem Godesberger Programm von 1959 – ebenfalls mit Erfolg – nachgeeifert hat.[20] Zwar haben die einen traditionsgemäß mehr Zulauf von Arbeitern, die anderen mehr von Wirtschaft und „Mittelstand". Es bleibt aber jeweils auch Platz für andere.

Dem Trend zur Volkspartei entspricht eine Konzentration auf wenige große und ein Absterben der kleinen Parteien. Dieser Entwicklung hat sich die *FDP* allerdings bislang entziehen können. Auch sie ist weltanschaulich-interessenmäßig relativ offen, ebensosehr wie die beiden anderen Parteilager. Zwar hat sie eine bestimmte Zielgruppe verstärkt im Auge, insbes. leitende Angestellte, Freiberufler und soziale „Aufsteiger" aller Art. Man wird sie dennoch als Volkspartei bezeichnen können – nur war sie eben im Bemühen, Wählerunterstützung zu erlangen, weniger erfolgreich als die anderen.

1. Interessenausgleich innerhalb der Volkspartei

Das Streben der Volksparteien, für möglichst viele attraktiv zu sein, veranlaßt sie, bei Festlegung ihres Programms und bei ihren einzelnen politischen Aktionen die Interessen der unterschiedlichen Gruppen möglichst zu berücksichtigen und auszugleichen. Daraus ergibt sich der Tendenz nach ein gewisser Interessenausgleich bereits innerhalb der Parteien. Damit übernimmt die Volkspartei bis zu einem gewissen Grad die **Aufgabe der Interessenintegration,** die ursprünglich dem Parlament als ganzem zugeordnet war. Dies wird besonders auf *Parteitagen* deutlich, auf denen kontrovers und vielstimmig um Parteiprogramme gerungen wird.[21]

2. Angleichung der Parteiprogramme

Zwangsläufige Folge der Entwicklung zu Volksparteien ist auch die Angleichung ihrer Programme. In der Tat sind tiefgreifende programmatische Unterschiede zwischen den (etablierten) Parteien in der Bun-

---

German *Volkspartei* and the Career of the Catch-All Concept, in: *Döring/Smith,* Party Government and Political Culture in Western Germany, Macmillan, London 1982, 59ff.

[20] Dazu *Hennis,* Aufgabe und Grenze der Parteien (oben FN 18), 140f.; *ders.,* Parteienstruktur und Regierbarkeit, in: *Hennis* u. a. (Hrsg.), Regierbarkeit, Bd. 1, 1977, 150 (184ff.).

[21] Dazu *Rolf Zundel,* Das verarmte Parlament, 1980, 58ff.

desrepublik – jedenfalls für den Durchschnittswähler – kaum noch auszumachen, ein Trend, der auch dadurch verstärkt worden ist, daß alle Parteien „sich ihre wahlentscheidenden Wähler nur in der Mitte holen“ können *(Hennis).*

3. Führer- statt Programmwahl

Treten die programmatischen Unterschiede zurück, so gewinnen die personalen zwangsläufig an Gewicht. Ist der Wähler nicht ohnehin durch traditionelle, ideologische oder sonstige Bindungen von vornherein festgelegt, so muß er sich – angesichts der „farblosen und kaum noch unterscheidbaren Parteiprogramme“ *(Herzog)* – bei seiner Stimmabgabe vor allem nach den Führungspersönlichkeiten der konkurrierenden Parteien richten. Die Wahl reduziert sich auf diese Weise zu einem guten Teil auf die **Auswahl der** von den Parteien präsentierten **Führungsmannschaften.**

Diese Feststellungen dürfen allerdings nicht dahin verstanden werden, die Parteien wären hinsichtlich des *Sach*programms völlig frei. *Indirekt* besitzt der Wähler auch hier gewissen Einfluß. Die Parteien haben bei Aufstellung ihrer Programme und bei Durchführung ihrer tatsächlichen Politik immer auch den (Durchschnitts-)Wähler und seine vermuteten Vorstellungen und Grundstimmungen im Auge. Dies ist gerade die Ursache für ihre Entwicklung zu Volksparteien, für die Angleichung ihrer Programme und für die Reduzierung der Wahlen auf die Auswahl des Führungsteams. Schon die periodische Abhaltung von Wahlen als solche bewirkt also auch in der Sache eine gewisse **Tendenz zur Ausrichtung** der Parteien und ihrer Politik **an** den im Volk **herrschenden Ansichten und Strömungen.**

III. Funktionsweise des bundesdeutschen Systems

Die Entwicklung zu Volksparteien und ihre Folgen zeigen sich teilweise auch in anderen westlichen Demokratien, bes. in den USA. Das Bild der Wettbewerbsdemokratie bedarf, um für die *Bundesrepublik* einigermaßen zu passen, allerdings eines spezifischen Zuschnitts, der nicht nur die typischen *politisch-sozialen* Gegebenheiten, sondern auch die Besonderheiten des bundesdeutschen *Wahlrechts* einbeziehen muß.

1. Stammwähler und Wechselwähler

Trotz der Entwicklung zu Volksparteien besteht in der Bundesrepublik immer noch eine relativ feste und dauerhafte *soziostrukturelle Verbun-*

denheit der meisten Wähler mit jeweils der einen oder anderen großen Partei; jede hat ihre ,,Stammwähler", so daß nur ein Bruchteil der Wähler sein Wahlverhalten überhaupt nach dem (in der vergangenen Legislaturperiode erzielten oder in der kommenden zu erwartenden) politischen Erfolg oder Mißerfolg einer Partei richtet. Die moderne Wahlforschung hebt demgemäß immer wieder den großen Anteil an ,,Stammwählern" und den kleinen Teil von ,,Wechselwählern" hervor.[22]

2. Bedeutung des Verhältniswahlrechts

Das in der Bundesrepublik – im Gegensatz etwa zu England und den USA – bestehende Verhältniswahlrecht bewirkt, daß die geringfügigen Änderungen in der Stimmverteilung, die sich von Wahl zu Wahl lediglich ergeben, auch nur zu geringfügigen Änderungen der Sitzverteilung in den Parlamenten führen.

Das Verhältniswahlrecht ist zugleich unerläßliche **Existenzvoraussetzung der FDP.** Das zeigt sich daran, daß sie regelmäßig keinen einzigen Wahlkreiskandidaten ,,durchbringen" kann, sondern alle ihre Abgeordneten über Listen ins Parlament gelangen. Während der Zeit der sog. Großen Koalition (1966–1969) hatten die großen Parteien ernsthaft eine Änderung des Wahlrechts und die Einführung der Mehrheitswahl erwogen. Die SPD verlor aber das Interesse daran, sobald sich – nach der gemeinsam mit der FDP vollzogenen Wahl *Heinemanns* zum Bundespräsidenten – die Möglichkeit einer Regierungskoalition mit der FDP abzeichnete, wie sie dann 1969 auch zustandekam. In der Bundesrepublik besteht deshalb ein **Zweieinhalb-Parteien-System.**[23]

3. Ausschlaggebende Rolle der FDP

Das Parteiensystem in der Bundesrepublik ist dadurch charakterisiert, daß meist keine der großen Parteien, weder die Unionsparteien, die hier sinnvollerweise zusammengenommen werden, noch die SPD, die Mehrheit bei Wahlen erringen. (Einzige Ausnahme war im Bund bisher die Wahl 1957, wo die CDU/CSU über 50 v. H. der Stimmen und erst recht der Parlamentssitze erhielten.) Deshalb ist auch die stärkste Partei, will sie nicht eine ,,große Koalition" eingehen, wie im Bund zwischen 1966 und 1969 geschehen, zur Mehrheitsbildung auf eine Koalition mit der FDP angewiesen. Die Entscheidung dieser Partei mit meist weniger als 10 v.H. Stimmenanteil gibt dann den Ausschlag für die Mehrheitsbil-

---

22 Dazu *Berger/Gibowski/Roth/Schulte,* Bundestagswahl 1976, Politik und Sozialstruktur, ZParl 1977, 197.

23 Zum Aufkommen der ,,grünen" Parteien sogleich unter 6.

dung. Die Prämisse des Konkurrenzmodells, daß die Wähler zwischen zwei konkurrierenden Parteien und ihren Führungsteams auswählen, trifft in der Bundesrepublik – anders als in England und den USA – also nicht zu, jedenfalls solange nicht, als es an einer eindeutigen *Koalitionsaussage* der FDP vor der Wahl fehlt. Dann weiß der Bürger nämlich nicht, welchem Führungsteam er mit seiner Stimme zur Macht verhilft. Hier wird das Konkurrenzmodell in seinem Kern getroffen. Darin liegt das klassische Hauptargument gegen ein Mehrparteiensystem (im Gegensatz zu einem Zweiparteiensystem) und das das Mehrparteiensystem begünstigende Verhältniswahlrecht.[24]

Legt die FDP sich dagegen vor der Wahl auf eine Koalition fest, wie es vor den Bundestagswahlen 1972, 1976, 1980 und 1983 der Fall war, dann ist die Logik des Wettbewerbsmodells wiederhergestellt. Es stehen sich zwar nicht zwei Parteien, aber doch zwei Parteienblöcke gegenüber, von denen jeder eine *Führungsmannschaft* stellt, die in den Wahlen um die Mehrheit kämpft. (Das Fehlen eines gemeinsamen Wahl*programms* innerhalb der Blöcke fällt – angesichts des weitgehenden Übergangs von der Real- zur Personalentscheidung bei Wahlen – wohl weniger ins Gewicht.)

4. Regierungsbonus und Oppositionsmalus

Eine bemerkenswerte Tatsache liegt weiter darin, daß Stimmenveränderungen bei Wahlen bisher *im Bund* noch nie dazu geführt haben, daß Regierungsparteien ihre Mehrheit verloren. **Regierungswechsel** kamen immer **nur durch neue Koalitionen** zustande, so 1966 durch die Bildung der sog. Großen Koalition von CDU/CSU und SPD, 1969 durch Bildung der sozial-liberalen Koalition von SPD und FDP, 1982 durch Bildung der christlich-liberalen Koalition von CDU/CSU und FDP. Dies liegt wohl an zweierlei: *Einmal* wird der Gegensatz zwischen Regierungs- und Oppositionsparteien – anders als etwa im englischen House of Commons – durch einen im Bundestag bis zu einem gewissen Grad immer noch bestehenden Gegensatz zwischen Regierung und Parlament als Ganzem überlagert (unten L II 2.4). Diese *„Einheit des Parlaments"* zeigt sich etwa darin, daß der Bundestag die von der Regierung eingebrachten Gesetze unter Mitwirkung von Mehrheits- *und* Oppositionsfraktionen nicht selten erheblich verändert, und darin, daß eine überraschend große Zahl von Gesetzen *mit* den Stimmen der *Opposition* verabschiedet wird, die auf diese Weise nicht zuletzt auch den ihr auf die Gesetzgebung eingeräumten Einfluß sozusagen erkauft. Diese Konstella-

---

[24] So schon *Bagehot.* Nachweise auch über andere Autoren bei *v. Alemann,* Parteiensysteme im Parlamentarismus, 1973, 36, 46ff., 78, 90. (*v. Alemann* selbst tritt dieser Argumentation – aber wohl etwas einseitig – entgegen.)

tion erschwert es der Opposition, sich dem Wähler als *Alternative* darzustellen, und dem Wähler, eine solche zu erkennen. Der *zweite,* besonders wichtige Grund liegt im ansehensmäßigen Übergewicht, welches Regierungsvertreter im Wahlkampf typischerweise haben und welches verhindert, daß Regierungsparteien bei Wahlen allzu sehr abrutschen. Dieser **Regierungsbonus** scheint in der spezifischen „politischen Kultur" der *Bundesrepublik* besonders ausgeprägt zu sein. Die Kehrseite des Regierungsbonus ist ein **Oppositionsmalus.** Eine entschiedene Oppositionshaltung wird in der Bundesrepublik von den Wählern schwerlich honoriert. Darin dürfte wiederum ein Grund liegen, warum die Opposition sich oft nicht als solche zu profilieren, sondern durch Mitwirkung am Detail zu beteiligen sucht. Hinzu kommt schließlich noch eine typische *Vorhandstellung der Regierung* bei der Berichterstattung *in* den *Massenmedien.*

5. Vorläufige Bilanz

Die vorstehende Skizze macht deutlich, daß das Wettbewerbsmodell in der Praxis der Bundesrepublik nur mit Abstrichen funktioniert. Dies gilt vor allem dann, wenn die FDP sich vor der Wahl nicht auf eine Koalition festlegt. Dann bestimmt nicht die Mehrheit der Wähler die politische Führung, sondern die – lediglich von einem Bruchteil der Wähler getragene – FDP. Aber auch bei vorheriger Koalitionsaussage bestehen – in der Sprache der Ökonomie – ganz erhebliche **Unvollkommenheiten des Wettbewerbs:** Eine Partei kann, wenn sie erst einmal an der Regierung ist, diese oft halten, selbst wenn sie in Teilbereichen anfechtbare Politik treibt. Der hierin zum Ausdruck kommende relativ geringe Effekt der tatsächlichen Politik der Regierung für die Wahlentscheidung der Bürger ist allerdings weniger bedenklich, als es scheint. Man muß in Erinnerung behalten, daß das Konkurrenzmodell vornehmlich auf der Auswahl des Führungspersonals durch die Wählermehrheit beruht. Daran fehlt es hier nicht. Daß die Mehrheit dahin tendiert, an den ihr bereits vertrauten politischen Führern festzuhalten, kann man ihr schwerlich zum Vorwurf machen oder als einen Systemmangel hinstellen. Ein *Wechsel,* auch der Regierungsübergang auf die Opposition, ist *kein Wert an sich.* Im übrigen gewährleistet die Entwicklung zu Volksparteien, daß alle Parteien versuchen, sich in ihrer Programmatik und in ihren Aktionen den im Volk vorherrschenden Ansichten einigermaßen anzupassen. Von daher sind auch den etablierten Regierungsparteien und ihren Führern *Grenzen* gesetzt.

Andererseits verschaffen die Unzulänglichkeiten des politischen Wettbewerbs den (Regierungs-)Parteien doch ein gewisses Maß an **politi-**

scher „Immunität". Sie können in *Einzel*bereichen die Dinge durchaus anders regeln, als der Wähler es wünscht, und sich auch echte Pannen leisten, ohne die Macht zu verlieren, ein Effekt, der noch dadurch verstärkt wird, daß auch die Oppositionsparteien bestimmte weniger attraktive Programmpunkte haben werden und jede Partei nur als ganze gewählt werden kann **(Paket-Effekt).** Diese Teil-Autonomie der Parteien von den Wählern ist allerdings ambivalent; sie kann auch positiv beurteilt werden, soweit die Parteien sie nutzen, um den Wählerwillen im Sinne einer recht verstandenen Repräsentation zu *„vergüten" (Herbert Krüger).*

6. Neuorientierung aufgrund des Aufkommens „grüner" Parteien?

Seit Ende der 70er Jahre ist eine neue politische Kraft in der Bundesrepublik entstanden: die „grünen" Parteien. Sie haben erstmals 1979 bei den Wahlen zur Bremischen Bürgerschaft die Fünf-Prozentmarke überwunden. Inzwischen sind sie auch in den Landesparlamenten von Baden-Württemberg, Berlin, Niedersachsen, Hamburg, Hessen und seit 1983 auch im Bundestag vertreten. Gleichzeitig mußte die FDP in den meisten Ländern aus dem Parlament ausscheiden. Dadurch hat sich eine neue Parteienkonstellation entwickelt. Teilweise läßt sich, wollen CDU und SPD nicht eine große Koalition eingehen, eine Mehrheit nur zusammen mit den Grünen bilden, so zwischenzeitlich in Hessen und in Hamburg. Das verschafft den Grünen dann eine ähnlich starke Stellung wie früher der FDP.

Die **Beurteilung** dieser Entwicklung ist **zwiespältig.** Einerseits muß das Aufkommen der Grünen als Indikator für zunehmende Unzufriedenheit mit den bisherigen, den „etablierten" Parteien verstanden werden. Es ist zu hoffen, daß auf diese dadurch ein verstärkter Druck ausgeübt wird, die Ursachen für die Unzufriedenheit in der Bevölkerung nach Möglichkeit abzubauen. Dieser Effekt ist, soweit die Unzufriedenheit berechtigt ist, zu begrüßen (unten V).

Andererseits scheinen die Grünen politisch in einigen Bereichen auch von Utopien zu leben; hinzu kommt, daß sie bisher kaum Bereitschaft zur Übernahme von Regierungsverantwortung (und zu den dann erforderlichen programmatischen Kompromissen mit dem Koalitionspartner) haben erkennen lassen. In Berlin, Hamburg und Hessen konnte deshalb zeitweise keine regierungsfähige Mehrheit gebildet werden. Damit ist just diejenige Lage da, die die Fünfprozentklausel hatte verhindern sollen (oben I 3).

IV. Finanzierung der Parteien

Die Frage, aus welchen Quellen die politischen Parteien finanziert werden, ist verfassungstheoretisch von viel größerem Gewicht, als die finanziellen Beträge, um die es geht, vermuten lassen.[25] Die Darstellung der Finanzierung der Parteien vermag einen ersten Einblick in das Kräftespiel der Parteien zu geben, vor allem auch in mögliche Fehlentwicklungen ihres Wirkens, in die Notwendigkeit von wirksamen Kontrollen und zugleich in die Rolle, die die Öffentlichkeit und das Bundesverfassungsgericht hier zu spielen haben.

Die Darstellung ist im gegenwärtigen Zeitpunkt (Anfang 1984) besonders brisant, weil die Parteienfinanzierung zum 1. 1. 1984 eine Neuregelung erfahren hat,[26] die ihrerseits allerdings kaum verfassungsrechtlich Bestand haben dürfte.[27]

1. Finanzquellen der Parteien

Parteien brauchen finanzielle Mittel, um ihren Apparat aufrechtzuerhalten, etwa hauptamtliche Funktionäre zu besolden, und um Wahlkämpfe zu finanzieren. Über Umfang und Zusammensetzung der Einnahmen der Parteien in der Bundesrepublik liegen seit 1968 genaue Angaben vor, nachdem das Parteiengesetz von 1967[28] die schon in Art. 21 I 4 GG vorgeschriebene öffentliche Rechenschaftslegung über die Herkunft der Mittel der Parteien konkretisiert hat und die Parteien ihre Rechenschaftsberichte jährlich im Bundesanzeiger veröffentlichen müssen. Danach flossen die Einnahmen der Parteien, die 1979 (Wahlen zum Europäischen Parlament) und 1980 (Bundestagswahl) zusammengenommen fast eine Mrd. DM betrugen,[29] im wesentlichen aus **fünf Quellen:**

---

[25] Dazu ausführlich *v. Arnim,* Parteienfinanzierung, 1982 (Heft 52 der Schriftenreihe des Karl-Bräuer-Instituts des Bundes der Steuerzahler) m. w. N.; *ders.,* Verfassungsfragen der Parteienfinanzierung, ZRP 1982, 294.

[26] Fünfunddreißigstes Gesetz zur Änderung des Grundgesetzes (Art. 21 Abs. 1) v. 21. 12. 1983, BGBl. I S. 1481 und Gesetz zur Änderung des Parteiengesetzes und anderer Gesetze v. 22. 12. 1983, BGBl. I S. 1577. Diese Gesetze beruhen weitgehend auf Empfehlungen einer vom Bundespräsidenten berufenen *Sachverständigen-Kommission,* deren Mitglieder von den Parteien vorgeschlagen worden waren: Bericht zur Neuordnung der Parteienfinanzierung, 1983; dazu die Kritik von *v. Arnim,* Zur Neuordnung der Parteienfinanzierung, DÖV 1983, 486.

[27] Im einzelnen *v. Arnim,* Der strenge und der formale Gleichheitssatz, DÖV 1984, 85; *ders.,* Verfassungsrechtliche Aspekte der Neuregelung der Parteienfinanzierung 1984, Aus Politik und Zeitgeschichte 1984, B 8, S. 9 m. w. N.

[28] Gesetz über die politischen Parteien (Parteiengesetz) v. 24. 7. 1967, BGBl. I S. 773.

[29] Die Einnahmen der vier im Bundestag vertretenen Parteien machten z. B. 1980 465 Mio. DM aus; davon entfielen auf die SPD 207, die CDU 177, die CSU

– aus Mitgliedsbeiträgen,
– aus Spenden,
– aus staatlicher Wahlkampfkostenerstattung,
– aus Sonderbeiträgen von Amtsträgern und
– aus Krediten.

In die Betrachtung einzubeziehen sind darüber hinaus gewisse Zahlungen, die **parteinahe Organisationen** aus öffentlichen Kassen erhalten, insbes. die sog. Globalzuschüsse an die Stiftungen von vier im Bundestag vertretenen Parteien und die öffentlichen Zahlungen an Parlamentsfraktionen (dazu unten 1.7).

1.1. Mitgliedsbeiträge

Welche Rolle die Mitgliedsbeiträge im Finanzhaushalt einer Partei spielen, hängt von der Zahl der Mitglieder und der Höhe der Beiträge ab.

Anzahl der Mitglieder

Die Mitgliederzahlen der im Bundestag vertretenen Parteien haben sich von 1968 bis 1980 wie folgt entwickelt:

Mitgliederstand der Bundestagsparteien
– in Tsd. –

Jahr	SPD	CDU	CSU	FDP
1968	732,4	286,5	73,6	57,0
1969	778,9	303,5	76,7	58,8
1970	820,2	329,2	93,2	56,5
1971	847,5	355,7	109,8	53,3
1972	954,4	423,0	107,0	57,8
1973	973,6	457,4	112,0	63,2
1974	957,3	530,5	122,8	71,0
1975	998,5	590,5	132,6	74,0
1976	1022,2	652,0	146,4	79,2
1977	1006,3	664,2	160,0	79,6
1978	997,4	675,3	165,7	81,0
1979	985,0	682,8	169,2	82,6
1980	986,9	693,3	172,4	84,9

Quellenangaben bei *v. Arnim,* Parteienfinanzierung, 1982, 14.

Wie die Angaben in der **Tabelle** zeigen, hat sich die **Gesamtzahl** der Mitglieder seit 1968 beträchtlich erhöht. Sie wuchs von gut 1,1 Mio. im

46 und auf die FDP 35 Mio. DM. – Im folgenden wird nur ein knapper Überblick gegeben. Zu den Einzelheiten *v. Arnim,* Parteienfinanzierung (oben FN 25); *Sachverständigen-Kommission* (oben FN 26).

Jahre 1968 auf knapp **2 Mio.** im Jahre 1980. Die *SPD* ist mit fast 1 Mio. nach wie vor die mitgliederstärkste Partei, ihr Vorsprung ist jedoch zurückgegangen. Dies hat zwei Gründe: *CDU* und *CSU* haben durch überproportionales Wachstum aufgeholt, ihre Mitgliederzahlen seit 1968 mehr als verdoppelt und gemeinsam 1980 865700 erreicht. Hinzu kommt, daß die Mitgliederzahlen der *SPD,* die 1975 und 1976 bereits die Millionengrenze überschritten hatten, seitdem absolut abgenommen haben. Die Mitgliederentwicklung der *FDP* bewegt sich auf einer mittleren Linie.

Höhe der Beiträge

Die Beiträge sind nach der Höhe des Einkommens gestaffelt, also **dynamisiert.** Die Beitragsstaffeln wurden seit 1968 z. T. erheblich und z. T. mehrfach angehoben. Sie betragen nach den vorliegenden Informationen laut Satzungen derzeit monatlich:

SPD	3 DM – 400 DM
CDU	3 DM – 100 DM
CSU	4 DM – 30 DM

Hinsichtlich der *FDP,* die keine bundeseinheitliche Beitragsordnung hat, liegen keine umfassenden Angaben vor. Nach der Beitragsordnung z. B. des FDP-Landesverbandes Baden-Württemberg v. 23. 11. 1981 betragen dort die Monatsbeiträge zwischen 8 und 50 DM. Die Angaben zeigen, daß die *SPD* die höchsten satzungsmäßigen Beiträge erhebt, die *CSU* die niedrigsten.

Gesamtsumme der Beitragseinnahmen

Da die *SPD* nicht nur die höchsten Beiträge erhebt, sondern auch die meisten Mitglieder hat, decken bei ihr die Einnahmen aus Mitgliedsbeiträgen einen größeren Teil der Ausgaben ab als bei anderen Parteien. Ihr folgte die CDU, während das Beitragsaufkommen für CSU und FDP eine vergleichsweise geringe Rolle spielte. Die Beitragseinnahmen aller Parteien zusammen sind von 1968 bis 1980 von 29 auf 141,6 Mio. DM gestiegen und haben sich damit fast *verfünffacht.*

1.2. Spenden

Der Posten ,,Spenden" hat vor allem *für* die *CDU/CSU und* die *FDP* ein beträchtliches *Gewicht,* weniger für die *SPD.* Die Spendeneinnahmen aller Parteien zusammen, die im Wahljahr 1969 noch 44,8 Mio. DM betragen hatten, schnellten im Wahljahr 1972 auf 101,1 Mio. DM hoch. 1976 erfolgte eine weitere, wenn auch geringere Steigerung auf 111,3 Mio. DM, während 1980 ein Rückgang auf 99,3 Mio. DM zu verzeichnen war. In diesem Rückgang kommt eine Zurückhaltung der

Spender zum Ausdruck, die vermutlich auf staatsanwaltliche Ermittlungen wegen Steuerstraftaten im Zusammenhang mit Parteispenden zurückzuführen ist. Die Bereitschaft zu spenden, wird von der **steuerlichen Behandlung** der Spenden mitbeeinflußt.

Ursprünglich waren Spenden (und Beiträge) an politische Parteien bis zur Höhe von 10 v. H. des Einkommens des Spenders oder bis zur Höhe von 2 v. T. der Summe der Umsätze und der Löhne und Gehälter als Sonderausgaben einkommensteuerlich abzugsfähig. Nachdem das Bundesverfassungsgericht diese Regelung wegen Verstoßes gegen den Gleichheitssatz für verfassungswidrig erklärt hatte (dazu unten 2.1), hat das Parteiengesetz später festgelegt, daß Spenden und Beiträge bis zu einer Gesamthöhe von 600 DM (bei zusammenveranlagten Verheirateten 1200 DM) im Kalenderjahr einkommensteuerlich abgesetzt werden dürfen.[30] 1980 wurden die Beträge verdreifacht, nachdem das Bundesverfassungsgericht in einem Urteil von 1979 eine begrenzte Erhöhung nicht von vornherein für verfassungswidrig erklärt hatte.[31]

Die zum 1. 1. 1984 eingeführte Neuregelung soll die steuerlichen Anreize für Spenden massiv erhöhen (unten 2.1 a. E.) und zugleich Umgehungen unnötig machen.

1.3. Wahlkampfkostenerstattung

Die dritte Quelle, aus der die Parteien in der Bundesrepublik sich heute finanzieren, sind direkte Zahlungen aus öffentlichen Haushalten.[32] Sie beschränken sich auf die Erstattung der notwendigen Kosten eines angemessenen Wahlkampfes bei Bundestags-, Landtags- und Europawahlen. Die Zahlungen werden als Pauschale gewährt, die ursprünglich 2,50 DM, bis 1983 3,50 DM und seit 1984 5 DM pro Wahlberechtigten und pro Wahl beträgt. (Die Gesamtzahl der Wahlberechtigten wurde bei der Bundestagswahl 1983 mit über 44 Mio. angegeben.) Die Verteilung der Pauschale auf die Parteien richtet sich nach dem Verhältnis der für diese abgegebenen Stimmen. Die Zahlungen folgen naturgemäß dem *Zyklus der Wahlen* im Bund, in den Ländern und in Europa, wobei die gesetzlich vorgesehenen Abschlagszahlungen allerdings eine gewisse zeitliche Verteilung bewirken.

1.4. Sonderbeiträge von Amtsträgern

Abgeordnete und andere Amtsträger leisten Sonderbeiträge an ihre Partei, die über die Beiträge des normalen Mitglieds erheblich hinausgehen und zumeist auf entsprechenden Satzungsbestimmungen beruhen. Die Einnahmen der Parteien aus derartigen Sonderbeiträgen haben 1968

---

30 Diese Regelung wurde verfassungsrechtlich abgesegnet durch BVerfGE 24, 300 (358f.).

31 BVerfGE 52, 63 (91–94).

32 Sie unterscheiden sich von der steuerlichen Spendenbegünstigung, die zwar auch die Haushalte berührt, aber nicht direkt im Wege staatlicher Ausgaben, sondern indirekt durch Minderung der Steuereinnahmen.

8,4 Mio. DM betragen und sich bis 1980 auf 40,3 Mio. DM etwa verfünffacht.[33]

1.5. Kreditaufnahme

Die von den Parteien aufgenommenen Kredite sind in den Jahren der Bundestagswahlen 1976 und 1980 ebenfalls gestiegen, wobei besonders das Ansteigen der Verschuldungsrate der SPD auf 51 Mio. DM im Jahre 1980 hervorsticht. Die Kreditaufnahme aller Parteien zusammen betrug 1980 78 Mio. DM.[34] Dies signalisiert, daß die Parteien mit ihren laufenden Einnahmen nicht mehr auskamen.

1.6. Einnahmen der Parteien insgesamt

Insgesamt sind die Einnahmen der Parteien von 107,3 Mio. DM im Jahre 1968 auf 493 Mio. DM im Jahre 1980 gestiegen. Vergleicht man die Bundestagswahljahre *1969* und *1980*, so ergibt sich eine Steigerung auf mehr als das Dreifache.

Die zum Jahresbeginn 1984 in Kraft getretene Neuregelung führt zu einer massiven Erhöhung der direkten und indirekten staatlichen Parteienfinanzierung.

1.7. Staatliche Zahlungen an parteinahe Einrichtungen

Neben den Zahlungen, die die Parteien direkt aus der Staatskasse erhalten, müssen auch gewisse Geldleistungen, die den Stiftungen der Bundestagsparteien (nicht aber bislang den Grünen) aus der Staatskasse gewährt werden, und Zahlungen an Fraktionen in die Betrachtung mit einbezogen werden.

1.7.1. Globalzuschüsse an parteinahe Stiftungen

Unter den öffentlichen Zahlungen, die die Stiftungen von vier im Bundestag vertretenen Parteien (Friedrich-Ebert-Stiftung der SPD, Friedrich-Naumann-Stiftung der FDP, Hanns-Seidel-Stiftung der CSU, Konrad-Adenauer-Stiftung der CDU) erhalten, sind die „Globalzuschüsse zur gesellschaftspolitischen und demokratischen Bildungsarbeit" besonders problematisch. Diese Zahlungen sind 1967 eingeführt worden, unmittelbar nachdem das *Bundesverfassungsgericht* es untersagt hatte, den *Parteien* Zahlungen aus der Staatskasse für politische Bildungsarbeit zur Verfügung zu stellen.[35] Es ist auch kein Zufall, daß eine der Stiftungen, die Hanns-Seidel-Stiftung der CSU, erst aufgrund dieses Urteils

---

[33] Zur Problematik solcher Zahlungen *v. Arnim,* Parteienfinanzierung (oben FN 25), 120ff.; Bericht der *Sachverständigen-Kommission* (oben FN 26), 187f.

[34] Zur Problematik *v. Arnim,* Parteienfinanzierung (oben FN 25), 21, 24, 98ff., 105f.

[35] BVerfGE 20, 56 (112).

gegründet worden ist.[36] Diese Globalzuschüsse, die für die vier genannten Stiftungen zusammen 1967 noch 9 Mio. DM betragen hatten, sind bis 1982 auf 83 Mio. DM hochgeschossen und haben sich damit mehr als verneunfacht.[37]

1.7.2. Zahlungen an Parlamentsfraktionen

Erhöhte verfassungsrechtliche Aufmerksamkeit verdienen auch die Zahlungen, welche die Fraktionen in Bund, Ländern und Kommunen aus den öffentlichen Haushalten bekommen. Die Zahlungen an die *Bundestags*fraktionen, welche 1950 noch 0,3 Mio. DM betragen hatten, haben sich von 1968 bis 1982 von 4,9 auf 48,4 Mio. DM erhöht und damit in diesem Zeitraum etwa verzehnfacht. Bei den Zahlungen an die Fraktionen der *Landes*parlamente überrascht, daß Bremen als kleinstes Bundesland lt. Haushaltsplan mit 6,5 Mio. DM (1982) höhere Beträge als alle anderen Bundesländer aufweist.

2. Verfassungstheoretische Grundlagen für die Parteienfinanzierung

2.1. Bürgergleichheit und Chancengleichheit der Parteien

Die Parteien sind unterschiedlich attraktiv für potentielle Mitglieder und Spender; sie erfahren deshalb auch unterschiedliche finanzielle Unterstützung. Dies ist verfassungsrechtlich nicht zu beanstanden. Selbst die Gewährung von Großspenden an Parteien ist zulässig. Dies wird per Umkehrschluß aus Art. 21 I 4 GG abgeleitet, der sich darauf beschränkt, die Parteien zur Transparenz ihrer Finanzen zu verpflichten.[38] Der Staat ist auch nicht verpflichtet, hier einen Ausgleich zu gewähren. *Wenn* der Staat aber durch Leistungen an Parteien die Chancen der Parteien (und der hinter diesen stehenden Bürger) berührt, so ist er gehalten, den Gleichheitsgrundsatz streng zu beachten (oben G II 3.1). Dies gilt unabhängig davon, ob die staatliche Finanzierung direkt, etwa durch Erstat-

---

[36] So ausdrücklich *Tandler,* Politische Bildung und praktische Politik, in: Hanns-Seidel-Stiftung, Broschüre: Eröffnung Bildungszentrum Wildbad Kreuth, München o.J. (1975/76), 13.

[37] Die umfangreichen und die Globalzuschüsse weit überschreitenden Zahlungen, die den Stiftungen aus Mitteln des Bundesministeriums für wirtschaftliche Zusammenarbeit und des Auswärtigen Amts gewährt werden (dazu *v. Vieregge,* Parteistiftungen, 1977, 43; *ders.,* Gesellschaftliche Stiftungen in der Bundesrepublik Deutschland, 1980, 16), sind nicht berücksichtigt, ebensowenig Zuschüsse aus den Landes- und den Kommunalhaushalten.

[38] BVerfGE 20, 56 (105f.) Vgl. auch oben G II 3.1 a. E. – Dagegen hat das Bundesverfassungsgericht Versuche, einzelne *Abgeordnete* durch Zahlung von Lobbygeldern zu ,,kaufen", in späteren Entscheidungen für verfassungswidrig erklärt. Grundlegend: BVerfGE 40, 296 (297); Näheres bei *v. Arnim,* Zweitbearbeitung des Art. 48 (1980), in: Bonner Kommentar, RN 146ff.

tung von Wahlkampfkosten, oder indirekt, etwa durch Gewährung kostenloser Rundfunksendezeit für Wahlpropaganda im öffentlich-rechtlichen Rundfunk, oder durch Begünstigung von Spenden und Beiträgen an Parteien im Wege staatlichen Steuerverzichts erfolgt.[39]

Im folgenden sei lediglich auf die **steuerliche** Begünstigung von Spenden und Beiträgen etwas näher eingegangen. Das *Bundesverfassungsgericht* hat schon 1958 entschieden, daß die einkommensteuerliche Abzugsfähigkeit von Spenden und Beiträgen bis zur Höhe eines bestimmten Prozentsatzes des Einkommens verfassungswidrig ist. Eine solche Regelung führt dazu, daß der aus der Steuerbegünstigung resultierende materielle Vorteil mit der Höhe des Einkommens des Spenders zunimmt, einmal, weil die Bezieher hoher Einkommen sich auch hohe Spenden leisten (und entsprechend hohe Steuerminderungen erlangen) können, zum zweiten, weil die prozentuale Steuerersparnis eines bestimmten Spendenbetrags wegen der Tarifprogression mit steigendem Einkommen wächst. Eine prozentuale Abzugsregelung privilegiert also die Bezieher hoher Einkommen und die von ihnen unterstützten Parteien. Das Bundesverfassungsgericht hat sie deshalb unter Berufung auf die Bürgergleichheit und die Chancengleichheit der politischen Parteien für verfassungswidrig erklärt.[40]

Die zum 1. 1. 1984 eingeführte **Neuregelung** ist der früheren Regelung vergleichbar: Spenden und Beiträge sind bis zur Höhe von 5 v. H. des Einkommens oder bis zur Höhe von 2 v. T. des Umsatzes und der Löhne und Gehälter steuerlich absetzbar. Die Regelung ist m. E. **verfassungswidrig** und kann auch durch die gleichzeitig eingeführte Begünstigung von Kleinspenden und Beiträgen nicht geheilt werden, ebensowenig durch das sog. Chancenausgleichsverfahren.[41]

2.2. Parteienfreiheit und Bürgernähe

Die Finanzierung der Parteien aus der Staatskasse leistet der Etatisierung und **Entfremdung der Parteien vom Wählerwillen** Vorschub, erschwert den Parteien die Erfüllung ihrer Funktion als Mittler zwischen Bürger und Staatsorganen[42] und fördert so leicht auch Parteien- und Staatsverdrossenheit.[43] Eine **Begrenzung** der staatlichen Parteienfinanzierung ist deshalb notwendig. (*Wie* das Bundesverfassungsgericht diese Begrenzung vorgenommen hat, wird unter 4 näher dargestellt.) Eine

---

[39] Dazu näher *v. Arnim,* Der strenge und der formale Gleichheitssatz (oben FN 27).

[40] BVerfGE 8, 51 (64f.).

[41] Näheres bei *v. Arnim,* Der strenge und der formale Gleichheitssatz (oben FN 27), 89ff.; *ders.,* Verfassungsrechtliche Aspekte (oben FN 27), 15ff.

[42] So vehement schon *Jaspers,* Wohin treibt die Bundesrepublik?, 1966, 128ff.

[43] *Rolf Zundel* (oben FN 21), 47ff. Vgl. auch unten V 4.

ungehemmte Staatsfinanzierung würde überdies die Tendenz der Parteien noch verstärken, ihre Macht immer weiter auszudehnen (oben F I). Hier gilt es gegenzuhalten. Deshalb sind die verfassungsrechtlichen Schranken der staatlichen Parteienfinanzierung auch in verfassungspolitischer Sicht von großer Bedeutung.

2.3. Erhöhter Kontrollbedarf

Um die Einhaltung der unter 2.1 und 2.2 genannten Grundsätze möglichst sicherzustellen, bedarf es wirksamer Kontrollen. Kontrolle ist hier besonders notwendig, einmal wegen des besonderen *Gewichts* der Grundsätze (oben G II 3.1 und unten I V a. A.), zum zweiten, weil es sich um Entscheidungen *in eigener Sache* handelt (und deshalb die Gefahr einer Verletzung besonders naheliegt), ein Gesichtspunkt, der in der neueren Diätenrechtsprechung des Bundesverfassungsgerichts eine zentrale Rolle spielt.[44]

Die Parteiengesetzgebung, insbes. auch die Regelung der Finanzierung der Parteien aus öffentlichen Kassen, wird formal zwar vom ,,Gesetzgeber" erlassen. Dies sind in der Sache aber im wesentlichen die Parlamentsfraktionen und ihre Mitglieder, die Abgeordneten, welche ihrerseits mit den Parteien eng verbunden sind. Sie sind von den jeweiligen Parteien zur Wahl aufgestellt worden und spielen meist selbst eine tonangebende Rolle innerhalb der Parteigruppierungen. Die Interessen ihrer Parteien sind in weitem Umfang auch ihre Interessen. Wenn es um Fragen der Finanzierung der Parteien aus öffentlichen Kassen geht, entscheiden die Parlamente deshalb weitgehend in eigener Sache.

Dies ist um so prekärer, als auch der Mechanismus der Kontrolle der *Regierungs*parteien durch die *Oppositions*parteien (oben F II 1 und unten L II 2.3) bei Entscheidungen über die Parteienfinanzierung nur eingeschränkt oder überhaupt nicht funktioniert. Die im Parlament vertretenen Parteien bilden hier häufig ein **politisches Kartell.**[45] Es bedarf deshalb möglichst wirksamer *anderer* Kontrollen. Als Kontrollinstanzen kommen vor allem die Öffentlichkeit (sogleich unter 3) und die Verfassungsrechtsprechung (dazu unter 4) in Betracht.

3. Kontrolle durch Öffentlichkeit

Das *Bundesverfassungsgericht* hat treffend bemerkt: Bei Entscheidungen in eigener Sache müsse ,,der gesamte Willensbildungsprozeß für den

---

[44] Das Bundesverfassungsgericht hebt im Diätenurteil v. 5. 11. 1975 ausdrücklich hervor, daß das Parlament bei Regelung der Abgeordnetenentschädigung ,,in eigener Sache" entscheidet (E 40, 296 [327]).

[45] Zu diesem Begriff *Kirchheimer,* Vom Wandel der politischen Opposition (1957), in: *Schumann* (Hrsg.), Die Rolle der Opposition in der Bundesrepublik Deutschland, 1976, 114 (z. B. 115, 123). Vgl. auch unten V 3.

Bürger durchschaubar" sein ,,und das Ergebnis vor den Augen der Öffentlichkeit beschlossen" werden. Denn dies sei ,,die einzig wirksame Kontrolle".[46] Kontrolle der staatlichen Parteienfinanzierung durch Öffentlichkeit erfordert:

- Entscheidung **durch Gesetz,**
- Öffentliche **Begründung** von gesetzlichen Regelungen,
- Öffentlichkeit der Mittel**verwendung,**
- Öffentlichkeit der **Herkunft** der Mittel und
- Öffentlichkeit des **Vermögens**standes (einschließlich der **Verschuldung**).

Auch die Finanzkontrolle durch die **Rechnungshöfe** und die Öffentlichkeitsberatung durch **Sachverständige** (zu ihren Voraussetzungen unten S V 4) liegen auf dieser Linie.

Im folgenden soll aus Platzgründen nur auf die Öffentlichkeit der Mittelverwendung und der Verschuldung eingegangen werden.[47]

3.1. Öffentlichkeit der Mittelverwendung

Durch **Änderung des Art. 21 GG** und des Parteiengesetzes ist mit Wirkung ab 1984 klargestellt worden, daß die Publizitätspflicht sich nicht nur auf die Herkunft, sondern auch auf die Verwendung der Mittel (und auf das Vermögen der Parteien) erstreckt.

Die ursprüngliche Beschränkung der Publizität auf die Herkunft der Mittel reichte so lange aus, als die Parteien sich allein aus privaten Quellen finanzierten, eine Lage, welche die Väter des Grundgesetzes im Parlamentarischen Rat noch vor Augen hatten. Mit Einführung und Ausbau der Finanzierung aus öffentlichen Kassen müssen die für das öffentliche Finanzgebaren üblichen Kontrollverfahren aber auch auf die Parteien erstreckt werden. Dazu gehört vor allem, daß auch die **Verwendung** der Mittel in die Publizitätspflicht einbezogen wird.[48] Dies gilt um so mehr, als es um die Verwendung solcher Mittel geht, welche die im Parlament vertretenen Parteien sich selbst bewilligt haben. Der Bürger, der Wähler, der Steuerzahler, kurz: die Öffentlichkeit, vermö-

---

[46] BVerfGE 40, 296 (327); *v. Arnim,* Parteienfinanzierung (oben FN 25), 46ff. und durchgehend; Bericht der *Sachverständigen-Kommission* (oben FN 26), 175.

[47] Vgl. zu den anderen Anforderungen *v. Arnim,* Parteienfinanzierung (oben FN 25), durchgehend.

[48] So *Weyrauch,* Gutachtliche Stellungnahme zur Parteienfinanzierung in der Bundesrepublik Deutschland, dargestellt am Beispiel der CDU-Bundespartei, 1978, 13, 20; *Klatt,* Parteienfinanzierung – Dilemma ohne Ende? Karlsruhe begrenzt die finanzielle Vorsorge des Staates für Parteien, in: Gegenwartskunde 1979, 451 (462); *Naßmacher,* Öffentliche Rechenschaft und Parteienfinanzierung, Erfahrungen in Deutschland, Kanada und den Vereinigten Staaten, Aus Politik und Zeitgeschichte 1982, B 14–15, 3 (16ff.).

gen die Berechtigung formal vom Staat, tatsächlich aber von den Parteien im Wege der Entscheidung in eigener Sache bewilligter Mittel nur dann zu beurteilen, wenn die Parteien über ihr gesamtes Ausgabengebaren Rechenschaft geben. Ohne solche Rechenschaftslegung ist die erforderliche Kontrolle der Öffentlichkeit über das Ob und Wie-hoch der (direkten und indirekten) Finanzierung der Parteien aus Steuermitteln nicht möglich.[49]

3.2. Öffentlichkeit der Verschuldung

Mit dem Übergang der Parteien zu verstärkter Kreditaufnahme ist ein neues Problem akut geworden: die Offenlegung der Herkunft von Krediten. Im Zusammenhang mit der Gewährung von *Spenden* an Parteien wurde früher die Frage diskutiert, ob das Offenlegungsgebot des Art. 21 I 4 GG nur die Aufgliederung nach den Hauptkategorien der Einnahmen verlangt oder darüber hinaus auch die *individuelle Herkunft* jedenfalls von größeren Einzeleinnahmen der Parteien angegeben werden muß.[50] Der Wortlaut, der Sinn und die Entstehungsgeschichte des Offenlegungsgebots sprechen für die letztere Alternative.[51] § 25 PartG sieht denn auch vor, daß dann, wenn die von einem einzelnen Spender herrührende Summe in einem Kalenderjahr mehr als 20000 DM beträgt, Name und Anschrift des Spenders, sowie die Gesamthöhe der Spende im Rechenschaftsbericht zu verzeichnen sind.[52] Art. 21 I 4 GG und der ihn konkretisierende § 25 PartG sollen für den Wähler transparent machen, welche Gruppen, Verbände und Privatpersonen finanziell hinter den Parteien stehen.[53]

Überträgt man die aus Art. 21 I 4 GG folgenden Grundsätze über das Namhaftmachen von Spendern (die auch durch die jüngste Verfassungsänderung nicht berührt werden) auf Einnahmen der Parteien aus **Krediten,** so ergibt sich, daß auch hier – jedenfalls ab einer gewissen Größenordnung – die gleiche Rechtsfolge von Verfassungs wegen unabweisbar ist: Die Kreditgeber müssen unter Angabe der Höhe der Kreditgewährung mit Name und Anschrift im Rechenschaftsbericht genannt werden.

---

49 Ausführlichere Behandlung auch der Frage der Veröffentlichung der Mittelverwendung bei *v. Arnim,* Parteienfinanzierung (oben FN 25), 65ff., 102ff.; Bericht der *Sachverständigen-Kommission* (oben FN 26), 182ff.

50 Bericht der Parteienrechtskommission: Rechtliche Ordnung des Parteiwesens, 2. Aufl., 1958, 181ff.

51 *Günther,* Wider die Umgehung der finanziellen Rechenschaftspflicht der Parteien: Die Kapitalgeber müssen erkennbar bleiben, ZParl 1977, 41 (43ff. m. w. N.). Vgl. auch BVerfGE 20, 56 (106); 24, 300 (356).

52 Das Bundesverfassungsgericht hat dieser Regelung seinen verfassungsrechtlichen Segen erteilt: E 24, 300 (356).

53 BVerfGE 52, 63 (86f.); vgl. auch BVerfGE 20, 56 (106); 24, 300 (356).

Eine dahingehende Ergänzung des Parteiengesetzes ist um so mehr geboten, als die Abhängigkeit der Parteien von Kreditgebern noch ein ungleich größeres Gewicht erreichen kann als die von Spendern – und das nicht nur bei der Aufnahme des Kredits, sondern etwa auch bei evtl. Prolongierungsverhandlungen, z. B. nach Ansteigen des Marktzinses. Gerade hier kommt es für den Wähler nicht nur darauf an zu wissen, *wie hoch*, sondern gerade auch darauf, *bei wem* die Partei sich verschuldet hat. Die für das Namhaftmachen von Spendern geltenden Überlegungen treffen auf Gläubiger also erst recht zu. Die Frage, ob die Kreditgeber mittels ihrer Finanzmacht politischen Einfluß auf die Parteien ausüben *wollen*, ist – genau wie bei Spendern – unerheblich. Es reicht aus, daß die Möglichkeit und Gefahr einer solchen Einflußnahme besteht.

Die *Sachverständigen-Kommission* für die Parteienfinanzierung suchte die Problematik der Abhängigkeit der Parteien von Kreditgebern durch den Vorschlag zu entschärfen, die Zulässigkeit der Kreditaufnahme stark einzuschränken.[54]

Der Gesetzgeber hat keinen der beiden Vorschläge aufgegriffen. Seit 1984 ist im Regelfall nicht einmal mehr ein gesonderter Ausweis der Einnahmen aus Krediten im öffentlichen Rechenschaftsbericht vorgesehen.

3.3. Einführung eines „Bürgerbonus"?

Ein anderer Weg, zu einer verstärkten Kontrolle der staatlichen Parteienfinanzierung durch die Allgemeinheit zu gelangen, wäre die Einführung des von der Parteienfinanzierungskommission vorgeschlagenen „Bürgerbonus". Danach soll jeder Bürger bestimmen können, welcher Partei der auf ihn entfallende (aber aus öffentlichen Mitteln zu zahlende) Pauschalbetrag, der ab 1984 5 DM beträgt, zukommen soll. Dieses Bestimmungsrecht soll im Zusammenhang mit den Wahlen, aber unabhängig von der Wahlentscheidung ausgeübt werden. Die Wähler hätten nach einer Übergangszeit die Möglichkeit, durch Nichtabgabe ihrer Finanzstimme die öffentlichen Finanzquellen der Parteien zu beschränken. Der Vorschlag geht offenbar von amerikanischen Vorbildern aus.

Ein verstärkter **Einfluß der Bürger** auf die Gewährung von öffentlichen Mitteln an die Parteien wäre im Grundsatz zu begrüßen.[55] Der Bürgerbonus soll die Parteien wieder an die Bürger heranführen. Dadurch, daß „die Parteien auf das Vertrauen der Bürger bei der Erfüllung ihrer staatspolitischen Aufgaben angewiesen" bleiben,[56] soll der vielfach beklagten Bürgerferne der Parteien und der damit zusammenhängenden **Parteien- und Staatsverdrossenheit** der Bürger **entgegengewirkt** werden.

---

[54] Bericht der *Sachverständigen-Kommission* (oben FN 26), 180f.

[55] Gewisse Bedenken gegen den Bürgerbonus, insbes. wegen der in ihm enthaltenen plebiszitären Momente, müßten diskutiert werden, könnten im Ergebnis aber schwerlich durchschlagen. Oder soll eine Mittelgewährung und -verteilung durch die begünstigten Parteien selbst etwa weniger problematisch sein als durch den Souverän, den Bürger, der die Mittel letztlich aufzubringen hat?

[56] Bericht der *Sachverständigen-Kommission* (oben FN 26), 217.

Allerdings scheint der Vorschlag kaum eine Realisierungschance zu besitzen: Weder die CDU/CSU noch die SPD und die FDP haben sich bislang bereitgefunden, den Vorschlag zu verwirklichen. Bei der Neuregelung der Parteienfinanzierung zum 1. 1. 1984 haben sie vielmehr an der bisherigen Form der Wahlkampfkostenerstattung festgehalten und diese lediglich angehoben – Symptom für die mangelnde Bereitschaft der Parteien zur Minderung ihrer Bürgerferne aus eigener Initiative?

4. Kontrolle durch Verfassungsrechtsprechung

Neben der Kontrolle durch die Öffentlichkeit kommt der Kontrolle durch die Verfassungsrechtsprechung große Bedeutung zu. Der Kontrollbedarf ist auch hier besonders ausgeprägt: einmal wegen der Entscheidung der Parlamente in eigener Sache, zum zweiten, weil die Regelungen über Parteienfinanzierung aus öffentlichen Kassen außerordentlich weitgehende Auswirkungen auf die gesamte politische Struktur haben können (z. B. Gefahr für die Offenheit des politischen Prozesses, Gefahr von Etatisierungstendenzen innerhalb der politischen Parteien und der daraus folgenden Parteienverdrossenheit der Bürger). Daß die Notwendigkeit und Dringlichkeit der Kontrolle ein wesentliches Kriterium für die Strenge und Dichte der verfassungsgerichtlichen Rechtsprechung darstellt, wird im jüngeren Schrifttum immer deutlicher hervorgehoben (unten Q IV). Mangels anderer Kontrollinstanzen ist es die legitime und unerläßliche Funktion des Bundesverfassungsgerichts (im Rahmen seiner Möglichkeiten), für eine wirksame Kontrolle der Finanzierung der Parteien aus öffentlichen Mitteln zu sorgen, sei es, daß es sie selbst unmittelbar ausübt, sei es, daß es die Einhaltung solcher verfahrensmäßiger Grundsätze sichert, die eine Kontrolle durch die Öffentlichkeit (soeben unter 3) ermöglichen.

Die **Rechtsprechung des Bundesverfassungsgerichts** stellt denn auch eine **Kette von Versuchen** dar, die **Parteienfinanzierung** aus öffentlichen Kassen **unter Kontrolle zu bringen.** Wie die Erfahrung zeigt, gehen die Versuchungen, denen die Parteien hier ausgesetzt sind, in drei Richtungen:

Einmal besteht die Gefahr, daß Entscheidungen in eigener Sache zu *überhöhter Selbstversorgung* zu Lasten der Allgemeinheit führen. Dieser Gefahr hat das Bundesverfassungsgericht durch Begrenzung des Niveaus der öffentlichen Parteienfinanzierung entgegenzuwirken versucht, welche nur in „engen Grenzen" gestattet wird.[57] Das Gericht ging von dem Grundsatz aus, „eine völlige oder auch nur **überwiegende Deckung** des Geldbedarfs der Parteien **aus öffentlichen Mitteln"** sei

---

[57] BVerfGE 52, 63 (86).

„mit dem Grundgesetz nicht zu vereinbaren".[58] Das Gericht unterschied weiter zwischen den *Gesamt*kosten der Parteien und den *Wahlkampf*kosten und beschränkte die Zulässigkeit direkter staatlicher Zahlungen auf die **Erstattung der** notwendigen **Kosten eines** angemessenen **Wahlkampfes,**[59] ohne daß es insoweit allerdings eine verfassungsrechtliche Verpflichtung annahm.[60] Eine **allgemeine Parteienfinanzierung** sei dagegen **unzulässig.** Das daraufhin erlassene *Parteiengesetz* baut wesentlich auf der Rechtsprechung des Bundesverfassungsgerichts auf und gibt den Parteien, „die sich an der Bundestagswahl mit eigenen Wahlvorschlägen beteiligt haben", einen Anspruch auf die Erstattung der „notwendigen Kosten eines angemessenen Wahlkampfs" (§ 18 I 1 PartG). Entsprechendes gilt für Landtags- und für Europawahlen (soeben IV 1.3).

Die *Begründung* des Bundesverfassungsgerichts, insbesondere seine schematische Entgegensetzung von politischer Willensbildung des Volkes und Ausübung der Staatsgewalt, ist zwar vielfach kritisiert worden. Das Teils-teils-*Ergebnis* wird dem charakteristischen Zwiespalt, dem die Beurteilung der öffentlichen Parteienfinanzierung sich gegenübersieht, aber durchaus gerecht: Einerseits würde das völlige *Verbot* der Bedeutung der öffentlichen Finanzierung für die Unabhängigkeit der Parteien von übermächtigen privaten Geldgebern widersprechen, andererseits würde die *unbeschränkte* Zulassung die nötige Begrenzung praktisch unmöglich machen. In einer solchen **Begrenzung** liegt aber die übereinstimmende und richtige Intention der einschlägigen Entscheidungen des Gerichts.[61] Auch die Anknüpfung der direkten „Parteienfinanzierung" an Parlaments*wahlen* ist sinnvoll, weil sie die Möglichkeit gibt, auch Einzelpersonen oder Gruppierungen, die zwar keinen Parteistatus haben, sich aber an Wahlen durch die Aufstellung von Kandidaten beteiligen, an der öffentlichen Finanzierung teilhaben zu lassen und so dazu beiträgt, das Aufkommen von Privilegien zu verhindern und den politischen Prozeß offenzuhalten.[62]

Zum zweiten birgt die Herrschaftsstellung der Regierungsparteien die Versuchung in sich, Regelungen *zu Lasten der* parlamentarischen *Opposition* zu treffen. Hierher gehören die schon erwähnten 1954 eingeführten Regelungen über eine weitgehende steuerliche Begünstigung von Spen-

---

[58] BVerfGE 20, 56 (102; Hervorhebung vom Verf.). Ebenso BVerfGE 52, 63 (85). Zu praktischen Konsequenzen aus diesem Grundsatz *v. Arnim,* Parteienfinanzierung (oben FN 25), 131 ff.

[59] BVerfGE 20, 56 (97, 114–116); ebenso BVerfGE 52, 63 (84).

[60] BVerfGE 20, 56 (100f.). Vgl. auch ebenda, S. 115: „Es ist aber eine verfassungspolitische und deshalb nicht vom Gericht zu entscheidende Frage, ob der Gesetzgeber eine solche Erstattung von Wahlkampfkosten vorsehen soll."

[61] Dies hebt mit Recht hervor *Randelzhofer,* Probleme des Parteienrechts, JZ 1969, 537. Vgl. auch oben 2.

[62] BVerfGE 41, 399 (418).

den, welche vor allem die damals in Bonn regierenden Unionsparteien bevorzugt hatten und vom Bundesverfassungsgericht 1958 aufgehoben worden sind (soeben unter 1.2 und 2.1).

Eine *dritte* Kategorie von Mißbräuchen sind Regelungen, die zu Lasten kleiner oder neuer, *nicht im Parlament vertretener* Parteien gehen. Ein Beispiel war die Beschränkung der einkommensteuerlichen Abzugsfähigkeit auf Spenden an solche Parteien, die in den Parlamenten vertreten waren (§ 49 Ziff. 1 und 2 EStDV von 1955), so daß kleinere Parteien wegen der Fünf-Prozent-Klausel (soeben unter I 3) ausgeschlossen blieben. Auch diese Regelung hat das Bundesverfassungsgericht aufgehoben.[63] In die gleiche Richtung ging die Beschränkung der von 1959 bis 1965 im Bundeshaushalt vorgesehenen Zahlungen für politische Bildungsarbeit auf die im Bundestag vertretenen Parteien, eine Regelung, die das Bundesverfassungsgericht ebenfalls für verfassungswidrig erklärt hat.[64] Ein weiterer Fall war die Begrenzung der Erstattung von Wahlkampfkosten auf Parteien mit mindestens 2,5 v. H. der Wählerstimmen, wie sie ursprünglich im Parteiengesetz von 1967 vorgesehen war. Auch diese Regelung, die das Aufkommen neuer Parteien übermäßig erschwerte, hat das Bundesverfassungsgericht für verfassungswidrig erklärt und für Bundestagswahlen keine höhere Schwelle als 0,5 v. H. zugelassen.[65]

Ein aktueller – erst noch zur Entscheidung des Bundesverfassungsgerichts anstehender – Fall ist der Ausschluß der sog. Ratshausparteien (unten V 2.2) und ihrer Sympathisanten vom Genuß bestimmter Steuervergünstigungen. So können Spenden und Beiträge an Rathausparteien – im Gegensatz zu Spenden und Beiträgen an Parteien – einkommensteuerlich nicht abgesetzt werden. Darin liegt eine Benachteiligung gegenüber den Parteien, die mit den Wählergemeinschaften in den Kommunen im Wettbewerb stehen. Diese Benachteiligung ist mit dem Gleichbehandlungsgrundsatz nicht zu vereinbaren, der hier, wo es um die Chancengleichheit von Parteien und sonstigen Wählergruppen geht, nicht weniger streng auszulegen ist als beim Wettbewerb der Parteien untereinander (dazu sogleich unter V a. A.), wie das Bundesverfassungsgericht auch wiederholt klargestellt hat.[66]

V. Strukturprobleme der Parteienkonkurrenz

Eine Reihe von Problemen im Wirken der Parteien wurde bereits erörtert: die geringe Mitwirkung der Wähler und der Parteimitglieder bei

[63] BVerfGE 6, 274.
[64] BVerfGE 20, 56 (97).
[65] BVerfGE 24, 300 (339ff.).
[66] Näheres bei *v. Arnim*, Parteienfinanzierung (oben FN 25), 89ff.

Nominierung und Wahl der Parlamentsabgeordneten (oben I.2), die mögliche Mediatisierung des Wählerwillens bei der Bestimmung der Regierung durch eine kleine Zünglein an der Waage spielende Partei (oben III 3 und III 5). Weitere Probleme hat die Darstellung der Parteienfinanzierung deutlich gemacht, so z. B. den Drang der Parteien, sich einvernehmlich nach Art eines ,,politischen Kartells" bestehend aus Regierungs- *und* Oppositionsparteien aus öffentlichen Kassen finanzieren zu lassen (oben IV 2.3), und die dadurch heraufbeschworene Gefahr der Etatisierung und Entfremdung gegenüber den Wählern (oben IV 2.2). Überhaupt beleuchtet die Regelung der Parteienfinanzierung schlaglichtartig und exemplarisch zentrale Strukturprobleme der Parteienkonkurrenz.

Als besonders ,,verletzungsanfällig" hat sich der **Grundsatz der Chancengleichheit der Parteien** (und der jeweils hinter ihnen stehenden Bürger) erwiesen (oben IV 2.1 und IV 4). Die Einhaltung dieses Grundsatzes ist deshalb so *wichtig,* weil auch die Minderheit des Volkes, die die Oppositionsparteien gewählt hat, der Regierungs- und Gesetzesmacht der Mehrheit unterworfen ist, was seinerseits nur zu ertragen ist, wenn die Minderheit eine *faire Chance* besitzt, Mehrheit zu werden. Dies setzt Chancengleichheit der Parteien (und der hinter den Parteien stehenden Bürger) notwendig voraus. Chancengleichheit der Parteien ist deshalb ein *Fundamentalprinzip,* welches das *Bundesverfassungsgericht* mit Recht unter die Elemente der freiheitlich-demokratischen Grundordnung gerechnet hat. Daraus ergeben sich zwei praktisch erhebliche Folgerungen: Einmal darf der Grundsatz der Chancengleichheit auch vom verfassungsändernden Gesetzgeber mit Zweidrittel-Mehrheiten in Bundestag und Bundesrat nicht ,,berührt" werden (Art. 79 III GG). Zum zweiten legt das Bundesverfassungsgericht den Gleichheitssatz in bezug auf die Chancengleichheit der Parteien sehr viel strenger als üblich aus und gestattet Abweichungen nur, soweit dafür besonders gewichtige, zwingende Gründe vorliegen[67] (vgl. auch oben F II, III; G II 3.1).

Zwar können die politisch-sozialen Gegebenheiten, welche die Regierungsparteien typischerweise bevorzugen (oben III 4), von der Rechtsordnung schwerlich ausgeglichen werden. Um so mehr aber müssen sich die *rechtlichen* Regelungen (oder die sonstigen staatlichen Maßnahmen), welche bestimmte Parteien begünstigen und andere benachteiligen, am Verfassungsgrundsatz der Chancengleichheit messen lassen. Ihre Behandlung steht bei der juristischen Betrachtung verständlicherweise im Vordergrund. Wettbewerbswidrige Regelungen können daher rühren, daß Parteien der Versuchung erliegen, den Wettbewerb zum Nachteil von Konkurrenten zu verfälschen; so zeigt sich immer

---

[67] BVerfGE 52, 63 (93).

wieder die Neigung der jeweiligen Regierungsparteien, Regelungen zu treffen, die ihnen Wettbewerbsvorteile gegenüber der Opposition verschaffen. Bisweilen tun sich auch Regierung und parlamentarische Opposition zusammen, um gemeinschaftlich Gesetze zu verabschieden, welche ein Aufkommen von kleineren Parteien und ihren Eintritt ins Parlament (über die ohnehin bestehenden politisch-sozialen Hemmnisse hinaus weiter) erschweren oder gar ausschließen (vgl. auch schon oben IV 4).

1. Mißbrauch der Regierungsmacht zu Lasten der (parlamentarischen) Opposition

Ein typischer Fall von Mißbrauch der Regierungsmacht liegt vor, wenn ein Minister sich von einem seiner Beamten während der Dienstzeit (statt von einem aus der Parteikasse bezahlten Helfer) Wahlkampfreden ausarbeiten läßt, und wird besonders deutlich, wenn die Regierung als ganze mit öffentlichen Mitteln Parteipropaganda treibt, um die Chance der sie tragenden Partei(en), wiedergewählt zu werden, zu verbessern. Solche Aktivitäten hat das *Bundesverfassungsgericht* wegen Verstoßes gegen den Grundsatz der Chancengleichheit der Parteien mit Recht für verfassungswidrig erklärt. Die Abgrenzung zu der nach wie vor zulässigen Öffentlichkeitsarbeit von Regierung und gesetzgebenden Körperschaften ist allerdings schwierig und fließend.[68] Der gleichen Fallgruppe läßt sich wohl auch die frühere weitgehende steuerliche Begünstigung von Spenden zuordnen, die vor allem die Unionsparteien bevorzugt hatte und ebenfalls vom Bundesverfassungsgericht aufgehoben worden ist (oben IV 2.1 und IV 4).

2. Mißbrauch der Parlamentsmacht zu Lasten außerparlamentarischer Konkurrenten

2.1. Ausschluß kleiner Parteien von der Wahlkampfkostenerstattung

Ein Beispiel für die Benachteiligung außerparlamentarischer Konkurrenten durch die etablierten Parteien war die Begrenzung der Erstattung von Wahlkampfkosten auf Parteien mit mindestens 2,5 v. H. der Wahlstimmen, wie sie das Parteiengesetz von 1967 ursprünglich vorgesehen hatte. In der Sache handelte es sich um ein ,,Insichgeschäft" der etablierten zu Lasten und zur Abwehr neuer Parteien. Das Bundesverfassungsgericht hat die Regelung wegen Verstoßes gegen den Grundsatz der

[68] BVerfGE 44, 125.

Chancengleichheit der Parteien für verfassungswidrig erklärt. Ein „besonderer zwingender Grund" konnte für die 2,5-Prozent-Grenze in der Tat nicht angeführt werden.[69]

Das Gericht hat allerdings nicht jede Begrenzung abgelehnt, sondern eine Senkung der Schwelle auf 0,5 v. H. der Wahlstimmen als verfassungsmäßig akzeptiert. Eine entsprechende Regelung wurde auch ins Parteiengesetz übernommen (§ 18 II Nr. 1).

Das Gericht begründet die Zulässigkeit einer solchen Begrenzung mit der Erwägung, es bestehe andernfalls „die Gefahr, daß sich kleine Splittergruppen nur deshalb am Wahlkampf beteiligen, weil er vom Staat finanziert wird. Indem der Gesetzgeber diese Gefahr bekämpft, wirkt er ... zugleich der Gefahr einer übermäßigen Aufsplitterung der Stimmen und der Parteien entgegen".[70] Diese Argumentation überzeugt kaum: Parteien, die nicht in einem Parlament vertreten sind, müssen, um überhaupt zur Wahl zugelassen zu werden, eine bestimmte Anzahl von Unterschriften (sog. Unterschriftenquoren) beibringen (§§ 20 I, 27 I BWG). Darin liegt bereits ein Filter gegen eine nicht ernst gemeinte Beteiligung an der Wahl. Darüber hinaus ist eine (allein zum Bezug von Wahlkampfkosten berechtigte) „Partei" ohnehin nur eine solche, die ihre Ziele ernsthaft verfolgt (vgl. § 2 PartG). Man muß deshalb bezweifeln, ob auch die 0,5-Prozent-Schwellenregelung wirklich durch einen „besonderen zwingenden Grund" gerechtfertigt ist. Im übrigen hätte man doch auch daran denken können, weniger scharfe Mittel, etwa zusätzlich höhere Unterschriftenquoren, als spezielle Voraussetzung für die Wahlkampfkostenerstattung genügen zu lassen.[71]

Ein „closed-shop-Effekt" der Etablierten ergibt sich auch bei der Finanzierung der *parteinahen Stiftungen* aus öffentlichen Mitteln (dazu oben IV 1.7.1).

2.2. Diskriminierung der „Rathausparteien"

„Rathausparteien" sind „freie", d. h. von den eigentlichen Parteien unabhängige, Wählergemeinschaften, die nur bei Kommunalwahlen, nicht auch bei Bundes- oder Landtagswahlen kandidieren und deshalb nach § 2 PartG keine Parteien i. S. dieses Gesetzes sind. Hier besteht wiederum die Gefahr, daß die etablierten Parteien ihre Macht über die Gesetzgebung dazu mißbrauchen, die „Rathausparteien" etwa in den Kommunalwahlgesetzen zu benachteiligen und sich selbst auf diese Weise einen Wettbewerbsvorsprung zu verschaffen. Das *Bundesverfassungsgericht* ist derartigen Versuchen in mehreren Urteilen entgegengetreten und

---

[69] BVerfGE 24, 300 (339 ff.). Vgl. auch schon oben IV 4; dort sind auch weitere Beispielsfälle angegeben.

[70] BVerfGE 24, 300 (342).

[71] Dabei ist zu berücksichtigen, daß eine absolut gleiche Beteiligung an den Wahlkampfkosten ohnehin nicht vorgesehen ist, sondern nur eine relativ gleiche Behandlung entsprechend der Stimmenzahl (dazu *v. Arnim,* Gleichheitssatz [oben FN 27], 86 ff.). Daraus ergibt sich ein statischer, das Aufkommen neuer Parteien weiter erschwerender Effekt.

hat die einschlägigen Gesetzesbestimmungen für verfassungswidrig erklärt.[72]

Eine noch nicht entschiedene (aber kaum zu bejahende) Frage geht dahin, ob die Beschränkung der einkommensteuerlichen Abzugsfähigkeit auf Spenden an Parteien im Sinne des Parteiengesetzes, also unter Ausschluß von „Rathausparteien", verfassungsgemäß ist (dazu oben IV 4).

3. Mißbrauch der Parlamentsmacht zu Lasten der Allgemeinheit

Ein Beispiel für den möglichen Mißbrauch der Parlamentsmacht zu Lasten der Allgemeinheit bietet wiederum die Finanzierung von Parteien und parteinahen Einrichtungen (oben IV). Die Parteien sind leicht versucht, ihre Herrschaft über den Gesetzgebungsapparat zu üppiger Eigenfinanzierung zu Lasten der Allgemeinheit einzusetzen, eine Versuchung, der das *Bundesverfassungsgericht* durch Begrenzung der öffentlichen Parteienfinanzierung entgegengetreten ist (oben IV 4).

3.1. Ämterpatronage durch politische Parteien

Ein anderes Beispiel ist die sog. Ämterpatronage durch politische Parteien.[73] Damit ist die Erscheinung gemeint, daß für die Einstellung und Beförderung von Beamten (und sonstigen öffentlichen Bediensteten) häufig eher der Besitz des „richtigen" Parteibuchs den Ausschlag gibt als Vorbildung, Erfahrung, charakterliche Eignung und Leistung. Derartige „Patronage" ist, von gewissen Ausnahmefällen abgesehen, verfassungswidrig und auch staatspolitisch äußerst schädlich; sie mindert die Leistungsfähigkeit der Verwaltung, trägt zu ihrer Aufblähung bei und verursacht unnötige Kosten. Dies wird bei Darstellung der Verwaltung noch im einzelnen darzulegen sein (unten P IV). Im vorliegenden Zusammenhang kommt es allein auf die Feststellung an, daß der **Parteienwettbewerb** hier **nicht funktioniert.** *Alle* „etablierten" Parteien stellen nämlich irgendwo im Bund oder in den Bundesländern die Regierung (zumindest mit) und nehmen dort die personalpolitischen Schaltstellen ein, um selbst Ämterpatronage zu betreiben. Deshalb können sie auch dort, wo sie in der Opposition stehen, kaum mit Nachdruck dagegen vorgehen, ohne Gefahr zu laufen, daß die Kritik

---

[72] Überblick bei *Laufer,* Verfassungsgerichtsbarkeit und politischer Prozeß, 1968, 579ff.; *Werner Weber,* Selbstverwaltungskörperschaften in der Rechtsprechung des Bundesverfassungsgerichts, in: *Starck* (Hrsg.), Festgabe Bundesverfassungsgericht, 2. Bd., 1976, 331 (343ff.).

[73] Dazu *v. Arnim,* Ämterpatronage durch politische Parteien, 1980 m.w.N. (Nr. 44 der Schriftenreihe des Karl-Bräuer-Institutes des Bundes der Steuerzahler), abgedr. in: Die Personalvertretung 1981, 129–153.

letztlich auf sie zurückschlüge. So kommt es, daß – abgesehen von halbherzigen Ansätzen – die Parteien diesen eklatanten Mißstand bisher weitgehend totschweigen.

3.2. Abgeordnetendiäten, Zuschüsse an Fraktionen und parteinahe Stiftungen

In diesen Zusammenhang gehört auch das quasi-Kartell, welches (hier weniger die Parteien als) die Parlamentsfraktionen hinsichtlich der Abgeordnetendiäten (Art. 48 III GG) lange gebildet haben. Hier hatte der Bundestag sich über Jahrzehnte hinweg nicht zu der längst überfälligen **Reformierung des Entschädigungsrechts,** ja nicht einmal zur Einführung der **Besteuerung** der Parlamentariergehälter aufraffen können. Regierungs- und Oppositionsfraktionen waren sich zwar meist einig, wenn es um Ausweitungen der Entschädigung ging, brachten die entsprechenden Gesetze gemeinsam ein und setzten sie gemeinsam durch. Zur Beseitigung der Privilegien gelangte der Bundestag jedoch nicht aus eigener Kraft. Es bedurfte erst einer Entscheidung des *Bundesverfassungsgerichts,* um die Steuerfreiheit und einige andere Abgeordnetenprivilegien zu beseitigen.[74]

Ähnlich sind die Verhältnisse bei der direkten und indirekten Parteienfinanzierung (oben IV), wozu in einem weiteren Sinne auch die öffentlichen Zahlungen an bestimmte *parteinahe Einrichtungen* gehören. Das Kontrolldefizit wird hier schon durch die hohen Wachstumsraten indiziert. So haben sich die Globalzuschüsse, die die vier **Stiftungen** der bisherigen Bundestagsparteien aus dem Bundeshaushalt erhalten, von 1967 bis 1982 mehr als verneunfacht;[75] die staatlichen Zahlungen an die **Bundestagsfraktionen** haben sich von 1968 bis 1982 sogar verzehnfacht (oben IV 1.7).

3.3. Reform des öffentlichen Dienstes

Ein weiterer Fall von gemeinsamem Ausklammern von Problemen durch die Parteien ist das Nichtanpacken der dringenden Reform der Entscheidungsverfahren im öffentlichen Dienst, eine Unterlassung, die ihren dunklen Schatten auf die Zukunft wirft. Näheres dazu unten P V.

---

[74] BVerfGE 40, 296. Vgl. zu den auch jetzt noch verbliebenen Verfassungswidrigkeiten *v. Arnim,* Art. 48 GG (oben FN 38).

[75] Die seit 1983 im Bundestag vertretene Bundespartei „Die Grünen“, die nicht in den Genuß solcher Zahlungen kommt, hat zu Beginn des Jahres 1983 Antrag beim Bundesverfassungsgericht auf Feststellung der Verfassungswidrigkeit der Zahlungen gestellt.

3.4. Zur Problematik politischer Kartelle

Die Beispiele zeigen, daß bestimmte Probleme von *keiner* (in den Parlamenten vertretenen) Partei aufgegriffen und einer befriedigenden Lösung zugeführt werden. Darin liegt ein gewichtiger **Strukturmangel des Parteienwettbewerbs.** Ohne Alternative hat der **Bürger** keine Möglichkeit, seinem Unwillen etwa über die Praxis der Ämterpatronage durch die Wahl der Opposition Ausdruck zu geben; er wird insoweit **entmachtet.** Ja, ihm fehlt mangels Kenntnis der Zusammenhänge oft schon das Problembewußtsein. So oder so bleiben die ausgeklammerten Sachprobleme unbewältigt. Die Lage ähnelt der Entmachtung der Verbraucher durch Kartellabsprachen von Unternehmen (oben E VII). Zwar besteht zwischen den Parteien in der Regel keine ausdrückliche wettbewerbsbeschränkende Absprache. Stillschweigend eingehaltene Wettbewerbsbeschränkungen **(quasi-Kartelle)** können jedoch den gleichen negativen Effekt zeitigen.[76]

Gewiß gibt es Bereiche, in denen unter den Bürgern weitgehender Konsens herrscht, so daß von einer modernen Massenpartei sinnvollerweise nicht verlangt werden kann, nur um der Alternative willen einen abweichenden Programmpunkt aufzustellen. Das Einvernehmen der Parteien wird dann aber bedenklich, wenn die begründete Vermutung besteht, daß die Mehrheit der Bürger andere als die von den Parteien einträchtig vorgebrachten Lösungen an sich vorzöge und zugleich handfeste eigene Interessen der Parteien hineinspielen.

4. Entfremdungstendenzen

Derartige Formen von politischen Kartellen, durch welche wichtige und regelungsbedürftige Fragen vom Wettbewerb ausgespart und deshalb ungelöst bleiben, dürften eine Ursache für die **Staats- und Parteienverdrossenheit** darstellen, die in letzter Zeit in zunehmendem Maße in der Bundesrepublik diagnostiziert wird.[77] Dabei dürfte auch die zunehmende Finanzierung der Parteien (einschl. der Fraktionen, der parteinahen Stiftungen und der Abgeordneten) aus öffentlichen Mitteln eine weit über die quantitative Haushaltsbelastung hinausgehende Rolle spielen.[78] Den Parteien wird die Wahrnehmung ihrer Mittlerfunktion zwischen Staat und Bürger[79] erschwert, wenn sie aus öffentlichen Mitteln finanziert werden; es droht eine Etatisierung und leicht auch eine **Entfremdung vom Bürgerwillen:** Die Finanzierung der Parteien aus öffentlichen Mitteln verringert die Notwendigkeit des ,,Parteiestablishments",

---

[76] Zum politischen Kartell *Kirchheimer,* Wandel der politischen Opposition (oben FN 45), 114ff.

[77] Statt vieler *Lammert,* Das Phänomen der ,,Staatsverdrossenheit" und die Strukturdefekte der Parteien, Aus Politik und Zeitgeschichte, B 25/1979, 3ff.

[78] Bericht der *Sachverständigen-Kommission* (oben FN 26), 169f.

[79] Dazu BVerfGE 20, 56 (99, 101); 52, 63 (82f.).

sich um Geldgeber zu bemühen. Soweit es sich dabei um Großspender handelt, die die Unabhängigkeit der Partei gefährden, ist dieser Effekt gewollt. Die öffentliche Parteienfinanzierung begründet aber, wie jüngst *Naßmacher* mit Recht hervorgehoben hat, auch die Gefahr, daß eine Parteiorganisation, die bislang auf viele kleine Zuwendungen angewiesen war ,,und deshalb im engen Kontakt mit aktiven und passiven Anhängern bleiben mußte, sich immer stärker von diesen Merkmalen einer freiwilligen politischen Organisation entfernt und zu einem Teil der öffentlichen Verwaltung neben anderen wird. Die Kehrseite der Institutionalisierung liegt also im Verlust politischer Partizipationsmöglichkeiten".[80]

Hinzu kommt, daß die Finanzierung der Parteien aus öffentlichen Kassen eine **Professionalisierung der politischen Karriere** begünstigt, deren Beginn wie *Heino Kaack* aufgezeigt hat,[81] immer weiter nach unten verschoben wird. Wenn es aber schon in jungen Jahren möglich wird, von der Politik zu leben, so werden eigene *berufliche Erfahrungen* außerhalb der Politik und der Parteien zwangsläufig immer *seltener*. Allenfalls für öffentliche Bedienstete ist die Partei-Karriere noch mit einer anderweitigen beruflichen Karriere vereinbar, und auch hier führen Ämterpatronage durch politische Parteien einerseits, der immer größere Anteil von öffentlichen Bediensteten in den Parteien und in den Parlamenten andererseits (unten P IV 1) allmählich zu einer Karrieresymbiose.[82] So droht die Entwicklung einer ,,politischen Sonderkultur", die in Gefahr steht, ihre Sensibilität für die gesellschaftlichen Probleme zu schwächen[83] und der Entwicklung von gesellschafts- und wirtschafts*fernen* inneren Einstellungen und Denkweisen Vorschub zu leisten. Dadurch wird dann die **Funktion der Parteien,** als Mittler zwischen Gesellschaft und Staat zu wirken, **geschwächt.** Die grundlegende Bedeutung dieser Funktion hat das *Bundesverfassungsgericht* dadurch zum Ausdruck gebracht, daß es, um sie zu sichern, gegen ,,jede staatlich-institutionelle Verfestigung der Parteien" Front macht und deshalb die staatliche Parteienfinanzierung nur in engen Grenzen für zulässig erklärt.[84]

Umgekehrt erscheint die These nicht allzu gewagt, daß in der Entwicklung von Sonderkulturen und im Abheben der Parteipolitik von den Anliegen der Bevölkerung auch eine Ursache für die **Einschnürungen von Wirtschaft und Gesellschaft** durch die Politik liegt, die in

---

[80] *Naßmacher,* Öffentliche Parteifinanzierung in westlichen Demokratien, Journal für Sozialforschung 1981, 351 (366). – Die Einführung eines ,,Bürgerbonus" (oben IV 3.3) könnte eine gewisse Gegenwirkung schaffen.

[81] *Kaack/Roth,* Handbuch des deutschen Parteiensystems, Bd. 1, 1980, 212.

[82] *Rolf Zundel* (oben FN 21), 47ff.

[83] Vgl. auch *Nevil Johnson,* Parties and the Conditions of Political Leadership, in: *Döring/Smith* (oben FN 19), 154ff.

[84] BVerfGE 20, 56 (102); 52, 63 (82ff.).

den letzten Jahren zu zunehmendem „Unbehagen" geführt hat. Die Grundzusammenhänge zwischen individueller Verantwortung, eigener sachorientierter Leistung und wirtschaftlichem Erfolg, die der Motor der Wirtschaft sind, spielen im öffentlichen Bereich zwangsläufig eine geringere Rolle, so daß ihre „Verinnerlichung" und angemessene Respektierung durch die Politiker erschwert wird, wenn diese nicht auch über Berufserfahrungen außerhalb von Partei und Politik verfügen.

5. Gefahr kurzsichtiger Politik

Die Erfahrung lehrt, daß im Wahlkampf oft vordergründige Positionen den Ausschlag geben, eine Erscheinung, die sich mit den soeben behandelten Problemen in gewisser Weise berührt, aber doch auch von eigenem Gewicht ist. Hier zeigt sich eine Verengung des Gesichtskreises der Parteien, die nicht zuletzt mit ihrer Entwicklung zu Volksparteien zusammenhängt. Schon *Kirchheimer* hat auf die Gefahr hingewiesen, daß Volksparteien kaum „sehr viel rationaler sein" werden „als ihr nomineller Herr und Meister, der einzelne Wähler".[85] Der *Wähler* aber scheint als Schiedsrichter im Wahlkampf eine weitblickende politische Perspektive kaum zu honorieren. Dies hat zur Folge, daß zwischen der *sach*adäquaten und der *wähler*wirksamen Formulierung von politischen Problemen leicht ein Widerspruch zu bestehen scheint und die primär auf Machtgewinn und Machterhalt erpichten Parteien die Sachadäquanz dann der Wählerwirksamkeit opfern. Die tendenzielle Folge ist „eine **Kurzatmigkeit des Handelns,** die den nächsten Wahltermin nicht aus dem Auge verliert, langfristige strukturelle Probleme dagegen hinauszuschieben geneigt ist".[86] Das Problem wird dadurch weiter verstärkt, „daß die Termine der Landtagswahlen, die vielfach als kleine Bundestagswahlen verstanden werden, über die vierjährige Legislaturperiode des Bundestags verstreut liegen".[87]

5.1. Wahlgeschenke

Eine Frucht kurzfristiger Gefälligkeitspolitik sind sog. Wahlgeschenke: Vor Wahlen versuchen die Parteien häufig, die Gunst der Wähler dadurch zu erkaufen, daß sie öffentliche Leistungen bewilligen, deren

---

[85] *Kirchheimer,* Wandel des Parteiensystems (oben FN 18), 41; vgl. auch *Hennis,* Parteienstruktur und Regierbarkeit (oben FN 20), 194.

[86] *Scheuner,* Die Funktion der Verfassung für den Stand der politischen Ordnung, in: *Hennis* u. a. (Hrsg.), Regierbarkeit, Bd. 2, 1979, 102 (110). Lesenswert auch: *R. v. Weizsäcker,* Krise und Chance unserer Parteiendemokratie, Aus Politik und Zeitgeschichte B 42/1982, 3 (6ff.).

[87] Gutachten der *Kommission für wirtschaftlichen und sozialen Wandel,* 1977, Kap. I, RN 36 (S. 32).

sachliche Notwendigkeit zumindest dubios ist.[88] In Wahrheit handelt es sich natürlich um alles andere als ,,Geschenke"; alles, was der Staat an die Bürger verteilt, müssen diese letztlich selbst bezahlen – und zwar mit einem Aufgeld, das für die Kosten der Verwaltung anzusetzen ist. Der Staat ist nun mal leider keine Kuh, die im Himmel frißt, aber auf Erden gemolken werden kann, so daß der Bürger für alle Ansprüche, die er an den Staat stellt, letztlich selbst zur Kasse gebeten wird (,,ehernes Gesetz des Steuerzahlers").

Ein Beispiel aus den 70er Jahren bildet das *Rentenreform*gesetz vom (Bundestags-)Wahljahr 1972. Die konjunkturell bedingte, aber vorübergehende Fülle der Reserven der Rentenversicherungen machte die Politiker aller Parteien im Wahlkampf so ,,ausgabenfreudig", daß sie zukunftswirksame Mehrausgaben beschlossen, deren Gesamtumfang sich in den folgenden 15 Jahren auf weit über 200 Milliarden Mark belaufen hätte. Wie bald darauf offensichtlich wurde, ließen und lassen sich die beschlossenen Maßnahmen nur durch Einschränkungen auf der Ausgabenseite und (oder) Beitragserhöhungen finanzieren. Im Wahlkampf von 1976 unterließen es die Parteien dann, dem Bürger reinen Wein einzuschenken und die Wahrheit über die voraussichtliche Entwicklung der Finanzen der Rentenversicherungen sowie über die erforderlichen Lösungsmaßnahmen darzulegen. Immerhin hatte dies, als unmittelbar nach der Wahl eine Einschränkung der Rentenleistung beschlossen werden sollte, deren Bestand die Regierungsparteien vorher garantiert hatten, zur Folge, daß eine politische Krise entstand, die den Bundesminister für Arbeit und Sozialordnung *Arendt* zwang, auf das Amt zu verzichten.

Wenn Parteien und Politiker dennoch glauben, dem Bürger derartige Zahlungen als besonders wahlwirksame Taten andienen zu können, so vertrauen sie offenbar darauf, daß dieser die Zusammenhänge nicht durchschaut. Ein elementares politisch-demokratisches Anliegen besteht deshalb darin, die Aufklärung über die elementaren Zusammenhänge, welche dem ,,ehernen Gesetz des Steuerzahlers" zugrundeliegen, voranzutreiben (dazu auch unten K III). Allerdings können solche Aufklärungsversuche an Grenzen stoßen, die, vom politischen Desinteresse vieler Bürger gesetzt, ihrerseits aber durchaus auch nicht unverrückbar sind. Das bisherige Versagen der Parteien vor der Aufklärungsaufgabe markiert wohl einen der Hauptkritikpunkte des ,,Parteienstaates".[89]

---

[88] *Kleinhenz/Lampert,* Zwei Jahrzehnte Sozialpolitik in der Bundesrepublik Deutschland, Ordo 1971, 145. Auch die Analyse der Politik der Steuerfreibeträge zeigt, daß diese gerade in den Bundestagswahljahren 1953, 1957, 1961 und 1965 kräftig angehoben wurden: *Knief,* Steuerfreibeträge als Instrument der Finanzpolitik, 1968, 94. Vgl. auch *Knappe/Roppel,* Konjunkturpolitik in Wahlen, Der Bürger im Staat, 31. Jg. (1981), 284; *J. Heinz Müller,* Möglichkeiten zur Verbesserung des politischen Entscheidungsprozesses bei wirtschaftlichen Problemen, in: *FS Broermann,* 1982, 391.

[89] *Wildenmann,* Die Zukunft der Partei-Regierung – neu überdacht. Kritische Überlegungen zum Konzept und zur Problemlage, in: *Albertin/Link* (Hrsg.),

5.2. Auslassen von Zukunftsproblemen

Als Folge kurzsichtiger Politik scheint sich auch immer mehr der Umstand zu erweisen, daß die (etablierten) politischen Parteien es geflissentlich versäumen, zentrale Zukunftsprobleme in den Blick zu nehmen, z. B. ihre Programme auf die in absehbarer Zeit noch viel stärker als bisher schon zunehmende Verknappung von Energie und Rohstoffen und den (u. a. daraus folgenden) Rückgang des Wirtschaftswachstums oder auf die sich abzeichnende Bevölkerungsentwicklung und ihre Konsequenzen etwa für die Finanzierung der Renten und Pensionen[90] auszurichten. So stellt die Abnahme des Wachstums gewaltige Probleme, deren Bewältigung ein rechtzeitiges Überdenken manch liebgewordener Einstellungen und überkommener Institutionen verlangt. Wenn die etablierten Parteien dennoch kaum längerfristige Perspektiven entwickeln, so wiederum wohl deshalb, weil sie glauben, der Mehrheit der Bürger die Zusammenhänge und die sich daraus ergebenden Notwendigkeiten kaum nahebringen zu können und durch den Versuch einer Aufklärung über den Ernst der künftigen Lage Wahlstimmen zu verlieren.[91]

Ausdruck der vorherrschenden Kurzfristperspektive ist auch die *Staatsverschuldung,* die seit den 70er Jahren stark zugenommen hat, den finanziellen Spielraum des Staates erheblich mindert und eine Hypothek auf die Zukunft darstellt (Näheres unten V II 4.2.2).

6. Gegengewichte, insbes. durch Erneuerung der Parteienlandschaft?

Ein gewisses Gegengewicht gegen Strukturprobleme der skizzierten Art könnte sich aus der **Erneuerung der Parteienlandschaft** ergeben. So haben die sog. grünen Parteien z. T. gerade ganz fundamentale und langfristige Interessen auf ihre Fahnen geschrieben, wie etwa die Vorbereitung des Wählers auf die Zukunft mit abnehmenden oder stagnierenden Wachstumsraten und die Erhaltung einer menschenfreundlichen Umwelt. Der sich seit Ende der 70er Jahre abzeichnende Erfolg der ,,Grünen" beruht darüber hinaus auf dem Protest gegen Strukturmängel der etablierten Parteien. Dabei dürfte die Wirkung der Protestinitiativen vor allem in ihrem indirekten Einfluß auf die Etablierten liegen, die ihrerseits

---

Politische Parteien auf dem Weg zur parlamentarischen Demokratie in Deutschland, 1981, 401; *v. Weizsäcker* (oben FN 86), durchgehend.

[90] Vgl. *Wissenschaftlicher Beirat beim Bundesministerium für Wirtschaft,* Wirtschaftspolitische Implikationen eines Bevölkerungsrückganges, Studienreihe Nr. 28, 1980.

[91] Zur fatalen Rolle, die die Interessenverbände und ihre Funktionäre hier spielen, unten J II, K III.

werden versuchen müssen, den Protestparteien dadurch den Wind aus den Segeln zu nehmen, daß sie ihren Anliegen selbst verstärktes Gewicht einräumen.

Als Gegengewicht könnten (und sollten) bis zu einem gewissen Grad auch bestimmte als neutral und **unabhängig konzipierte Institutionen** fungieren, wie die Träger der öffentlichen Meinung, die Gerichte, die Bundesbank, der öffentliche Dienst und die Wissenschaft.[92] Betont man die Gegengewichtsfunktion dieser Institutionen, so wird es allerdings um so wichtiger, sie vor dem unmittelbaren Einfluß von Parteien und Interessenverbänden möglichst abzuschirmen.

Zu untersuchen wäre auch, um ein weiteres Beispiel zu nennen, inwieweit von der **Verstärkung plebiszitärer Momente** ein bessernder Einfluß ausgehen könnte (unten Z).

---

[92] Näheres unten bei Behandlung der jeweiligen Einrichtung. Vgl. zusammenfassend auch unten W.

J. Interessenverbände

Die Parteien haben im Grundgesetz, im Parteien- und in den Wahlgesetzen eine ausführliche Umschreibung und Regelung erfahren. Für *Interessenverbände* gilt nichts dergleichen. Hier kann deshalb (auch bei dem mit den staatsrechtlichen Regelungen Vertrauten) wohl weniger als bekannt vorausgesetzt werden als bei den Parteien. Aufbauend auf den bereits dargelegten Grundsatzüberlegungen (oben F I) sollen die Charakteristika der Interessenverbände und ihres politischen Wirkens deshalb im folgenden zunächst skizziert werden.

I. Darstellung des Verbandswirkens

1. Begriff, Entstehung, Bedeutung

Unter ,,Interessenverbänden" verstehen wir nicht alle Arten von Vereinigungen, die es in großer Zahl und Vielfalt gibt und von denen jede die Förderung bestimmter gemeinsamer Belange ihrer Mitglieder zum Zweck hat; die Skala reicht vom Geflügelzüchter-Verein oder dem Tennisclub bis hin zum mächtigen Bundesverband der Deutschen Industrie oder dem Deutschen Gewerkschaftsbund. Da es im vorliegenden Zusammenhang um die Behandlung solcher Kräfte geht, die die politische Willensbildung beeinflussen *(,,politische Akteure"),* wollen wir unseren Blick nur auf diejenigen Verbände richten, deren Zweck (zumindest auch) in der Einflußnahme auf politische Entscheidungen (= gemeinschaftserhebliche Entscheidungen) liegt. Zwar kann jeder kleine Sportverein im Einzelfall versuchen, Einfluß etwa auf den Gemeinderat zu nehmen, z. B. wenn es um einen gemeindlichen Zuschuß zur Erweiterung des Sportplatzes geht; die politische Einflußnahme gehört jedoch nicht zu den eigentlichen Zwecken des Vereins. Unter ,,Interessenverband" verstehen wir also eine Organisation, der es (wesentlich und permanent) darum geht, bestimmte Interessen ihrer Mitglieder durch Mitwirkung an und (oder) Einwirkung auf Gemeinschaftsentscheidungen zu fördern **(Einflußverbände).**[1]

Auf die Beeinflussung politischer Entscheidungen kommt es allerdings

---

[1] *v. Arnim,* Gemeinwohl und Gruppeninteressen, 133f. Im anglo-amerikanischen Sprachgebrauch verwendet man den anschaulichen Begriff *pressure groups.*

auch den politischen *Parteien* an. Der *Unterschied* liegt darin, daß die Parteien selbst nach der *Übernahme der Regierungsverantwortung* streben und sich zu diesem Zweck der gesamten Aktivbürgerschaft im Wahlkampf stellen, während Interessenverbände dies nicht tun. Sie suchen, Gemeinschaftsentscheidungen entweder indirekt, durch Einwirkung auf die Parteien und die von diesen kreierten politischen Entscheidungsorgane,[2] zu beeinflussen, oder sie legen im Zusammenspiel mit der tariflichen Gegenseite Gemeinschaftsentscheidungen, die die Arbeitsbedingungen betreffen, zwar selbst fest – auch hier aber wieder, ohne durch Volkswahlen legitimiert zu sein und ohne die Regierungsverantwortung übernommen zu haben.

Zu den Einflußverbänden gehören in einer Wirtschaftsgesellschaft wie der der Bundesrepublik vor allem die Vertretungen der Arbeitnehmer: die **Gewerkschaften,** und die **Arbeitgeberverbände.** Daneben stehen die **Unternehmensverbände,** die formal von den Arbeitgeberverbänden getrennt sind, wegen ihrer parallelen Interessen aber weitestgehend mit diesen zusammenarbeiten (wichtigster Dachverband: Bundesverband der Deutschen Industrie). Daneben spielen auch andere Verbände eine wesentliche Rolle, wie etwa die Bauern- und die Kriegsopferverbände.[3]

Geschichtlicher *Ausgangspunkt* für die Entstehung von Interessenverbänden im heutigen Sinn war die Organisation der Arbeiter, d.h. die Bildung von Gewerkschaften. Sinn und Motivation für den organisatorischen Zusammenschluß lagen im Schutz der Arbeiter gegen die Übermachtposition der Unternehmer am Arbeitsmarkt.[4] Dabei schlossen sich, nachdem die Aufhebung der Vereinigungsverbote[5] den rechtlichen Weg gebahnt hatte, zuerst die (gelernten) Facharbeiter zu ,,Fachgewerkschaften" zusammen (Buchdruckerverband, Zigarrenarbeiterverband), später organisierten sich auch die (ungelernten) Hilfsarbeiter.

Die **Gewerkschaften** sind heute in der Bundesrepublik **nach Wirtschaftszweigen organisiert,** nicht nach Berufen. Es gibt also – im Gegensatz zu England – keine Gewerkschaft der Schlosser oder der Betriebsingenieure, sondern etwa die ,,Industriegewerkschaft Metall" (die die Angehörigen aller Berufe der Metallindustrie organisiert), die Gewerkschaft ,,Öffentliche Dienste, Transport und Verkehr" oder die Gewerkschaft ,,Druck und Papier". Gewerkschaftliche Dachverbände sind der Deutsche Gewerkschaftsbund (DGB), der 17 selbständige Industriegewerkschaften, wie die drei soeben genannten, zusammenfaßt mit ins-

---

[2] Teilweise auch auf die Verwaltung.

[3] Übersicht bei *Jürgen Weber,* Gefährdung der parlamentarischen Demokratie durch Verbände?, in: *Oberreuter* (Hrsg.), Pluralismus, 1979, 109, 114f.

[4] Oben E II 1; E V 2.1.

[5] Oben E II 1.

ges. ca. 7,6 Mio. Mitgliedern, die Deutsche Angestellten Gewerkschaft (DAG) und der Deutsche Beamtenbund (DBB).

Auch die **Arbeitgeberverbände** sind nach Wirtschaftszweigen gegliedert; so organisiert etwa der Verband ,,Gesamtmetall" die Arbeitgeber im Bereich der Metallindustrie. Dachverband aller Arbeitgeberverbände ist die Bundesvereinigung der Deutschen Arbeitgeberverbände (BDA). Neben den Arbeitgeberverbänden der privaten Wirtschaft gibt es **Tarifgemeinschaften der öffentlichen Hand.** Entsprechend dem föderativen Aufbau der Bundesrepublik gibt es neben dem für den Bund zuständigen Bundesinnenminister die Tarifgemeinschaft Deutscher Länder und die Vereinigung der kommunalen Arbeitgeberverbände.

2. Zweigleisigkeit des Verbandswirkens

Die Einflußnahme der Interessenverbände auf die politische Willensbildung vollzieht sich, wie bereits angedeutet, auf zwei unterschiedlichen Ebenen: *Einmal* haben die Gewerkschaften und die Arbeitgeberverbände **Tarifautonomie,** d. h. das Recht, die Bedingungen auszuhandeln und in Tarifverträgen niederzulegen, zu denen die Arbeitnehmer in der Wirtschaft tätig sind, vor allem also die Höhe der Löhne und die Dauer der Arbeitszeit. Hier treffen die zuständigen Koalitionen also durch Aushandeln und Abschließen von Tarifverträgen unmittelbar gemeinschaftserhebliche Entscheidungen. Der Sinn ist klar: Die früher in ihrer Vereinzelung weitgehend ohnmächtigen Arbeitnehmer sollen sich durch kollektiven Zusammenschluß selbst schützen dürfen. Die Gewerkschaft ist eben mächtiger als der einzelne Arbeitnehmer; sie besitzt im Streikrecht eine schneidige, auch für den Arbeitgeber sehr fühlbare Waffe (Näheres oben E V 2.1).

Auch Tarifverträge stellen *politische* Entscheidungen dar. Der Begriff des ,,Politischen" ist zwar schillernd, weil er mit unterschiedlichem Inhalt verwendet wird. Versteht man unter ,,politisch" aber ,,die Belange der Gemeinschaft betreffend", wie es hier geschieht, so sind auch Tarifverträge über Löhne und sonstige Arbeitsbedingungen politische Entscheidungen, denn von ihnen hängen Einkommensverteilung, Stabilität des Preisniveaus und Beschäftigungsstand, also Schlüsselgrößen für die Wirtschaftspolitik, mit ab. Das Aushandeln der Arbeitsbedingungen ist die ursprüngliche Aufgabe der Gewerkschaften und der Arbeitgeberverbände.

Zum zweiten versuchen die Verbände, ihre Interessen mittelbar, nämlich über eine Beeinflussung von Parteien, Regierung, Verwaltung und Parlament zu fördern. Sie betätigen sich hier als **pressure groups,** sie treiben ,,lobbying" gegenüber der politischen Führung und wirken auf diese Weise indirekt auf deren Entscheidungen ein.

Das Wort *lobbying* ist etymologisch abgeleitet von dem englischen Wort „lobby" (= Wandelhalle), weil die Beeinflussung der Parlamentarier durch Interessenvertreter früher anscheinend nicht selten in der Wandelhalle des Parlaments vor sich ging.

3. Mittelbarer Einfluß als pressure groups

3.1. Gründe für den Verbandseinfluß

Die *rechtliche* Zulässigkeit und Legitimität der Einflußnahme von Verbänden auf die Politik wurde bereits dargestellt (oben F I).

In *tatsächlicher* Hinsicht stellt sich die Frage, was die Parteien, die Parlamente und Regierungen eigentlich dazu veranlaßt, den Interessenverbänden Einfluß auf ihre Entscheidungen einzuräumen und sie auf diese Weise an der „*Vorformung des politischen Willens*" im „vorparlamentarischen Raum" *(Scheuner)* zu beteiligen. Die Antwort liegt, kurz zusammengefaßt, in folgendem: Politiker und politische Parteien reagieren auf den Druck von Verbänden, weil sie deren Unterstützung brauchen, um an die Macht zu gelangen oder an der Macht zu bleiben. Zu diesem Zweck wird dreierlei benötigt: *Geld, Sachverstand und* letztlich vor allem *Wahlstimmen.* Die Interessenverbände können den Parteien diese „politischen Ressourcen" in relativ hohem Maße liefern, weil sie im allgemeinen über eine stärkere Organisation und über sehr viel mehr Mitglieder verfügen als die Parteien. So haben die Wirtschaftsverbände in der Bundesrepublik nach einschlägigen Schätzungen achtmal mehr Mitglieder als die politischen Parteien.

Wenn eine umfassende Darstellung der Gründe für den Verbandseinfluß hier auch weder möglich noch sinnvoll ist, so erscheinen doch einige Bemerkungen über die Rolle erforderlich, die der Sachverstand und die Marktmacht – als besonders wichtige und ständig, also auch außerhalb von Wahlkampfzeiten, wirksame Faktoren – für den Verbandseinfluß spielen.

3.1.1. Die Rolle des interessierten Sachverstandes

Angesichts der unerhörten Zunahme der vom Staat erledigten Aufgaben und der außerordentlichen Komplizierung der Zusammenhänge, in welche die Staatsaufgaben gestellt sind, verfügt der Parteipolitiker regelmäßig nicht über alle Informationen, die für die Beurteilung einer zur Diskussion stehenden Maßnahme relevant sind. Für ihn als typischen spécialiste du général und für die veröffentlichte Meinung, die ihrerseits wieder die Auffassungen der Wähler wesentlich mitprägt, ist es meist nicht möglich, die sachliche Berechtigung einer zur Diskussion stehenden politischen Maßnahme und die Stichhaltigkeit einzelner dafür oder dagegen vorgebrachter Argumente zu überprüfen. Dazu bedarf es auch spezialisierten Sachverstandes, über den Wähler, Parteipolitiker, Presse- und Rundfunkleute meist nicht oder nur in beschränktem Maß verfügen und dem gegenüber sie deshalb meist aufgeschlossen sind. **Spezialisierter Sachverstand** erhält dadurch großen Einfluß. Er ist in der Politik aber **häufig** interessiert und **interessengebunden,** weil gerade Vertreter von Interessengruppen wegen ihrer Konzentration auf die Partikularinteressen ihrer Mitgliedergruppe Spezialisten für die jeweiligen Teilgebiete sind. Verbandsvertreter sind aber in der Regel nicht in der Lage, ein Sachproblem wie unabhängige Gutachter zu behandeln. Wo Interessen berührt sind, ist die Objektivität getrübt. Verbandsvertretern kommt es typischerweise nicht auf sachgerechte, sondern auf interessentenorientierte Politik an. Sachverstand hat für sie meist nur insofern Bedeutung, als er als ,,Waffe im politischen Machtkampf" *(Hermann Heller)* verwendbar ist. Nur weltfremdes, im Verbandswesen unerfahrenes oder ideologisch eingefärbtes Denken kann dies bestreiten. Bewußt oder unbewußt wird auch bei denjenigen Interessenvertretern, die Ämter in politischen Entscheidungsgremien innehaben oder in einem Fachbeirat sitzen, die Loyalität zu dem Interessenverband, dem sie ihren Einzug in das Gremium verdanken, oft dominieren: ,,Right or wrong – my pressure group" *(Martin Kriele)*. Der halbherzige Versuch, das Gemeinwohl zu wahren, wird vom energisch und mit ganzer Kraft vorgetragenen Partikularinteresse sozusagen erschlagen.

Zwar werden Verbandsvertreter selten so weit gehen, bewußt sachlich unrichtige Fakten vorzubringen, schon weil dies, falls es doch einmal aufgedeckt wird, die Betreffenden für die Zukunft abwerten und damit auch die Basis für den Einfluß ihres Verbandes schwächen könnte. Hingegen sind sie darin geübt, die ihrer Sache förderlichen Fakten besonders herauszustreichen. Dadurch wird verhindert, daß diese Tatsachen übersehen werden und unberücksichtigt bleiben; dies ist durchaus gemeinwohlkonform. Aber durch Betonung der günstigen Fakten und Vernachlässigung anderer, dem Verbandsinteresse entgegenlaufender Gesichtspunkte erhält das vom einzelnen Verbandsvertreter gezeichnete Gesamtbild zugleich eine interessentenbedingte Schlagseite (,,Gemeinwohl Marke BDI"). Es ist diese gängige Verwendung des Terminus Gemeinwohl als Etikett für Gruppenforderungen, die die Gemeinwohlidee in den Augen vieler abgewertet hat.

3.1.2. Die Rolle der Marktmacht

Die Bedeutung, welche die Marktmacht für den Einfluß organisierter Interessen auf politische Entscheidungen besitzt, ist von *Peter Bernholz* herausgearbeitet worden: ,,Besitzen ein Verband oder die ihn bildenden Mitglieder als Monopol, Kartell oder Oligopol erheblichen Einfluß auf bestimmten Märkten, so kann dieser durch Drosselung der Produktion, durch Streiks, Liefersperren, Entlassungen von Arbeitnehmern usw.

auch Wählerkreise beeinflussen, die als Abnehmer, Lieferanten, Arbeitnehmer oder Kapitaleigentümer nicht zu den Mitgliedern des Verbandes zählen. Gelingt es, für die durch solche Maßnahmen hervorgerufenen Nachteile in den Augen der Betroffenen die Regierung verantwortlich zu machen (wie dies regelmäßig mindestens bis zu einem gewissen Grad zu erwarten ist),[6] kann ein zusätzliches Wählerpotential gegen die Regierung mobilisiert werden. In diesem Fall wird oft schon die Androhung einer entsprechenden Verwendung der Marktmacht genügen, um die staatlichen Stellen zur Berücksichtigung der Verbandswünsche zu bewegen."[7] Diese Zusammenhänge bildeten auch die Grundlage der sog. *Konzertierten Aktion,* in deren Praxis den teilnehmenden Verbänden gewissermaßen als Gegenleistung für den Einsatz ihrer Marktmacht im Sinne der gesamtwirtschaftlichen Regierungsziele das ,,prinzipielle Zugeständnis institutionell zugesicherter Einflußnahme" *(Watrin)* eingeräumt wurde, zeigt sich aber auch sonst immer wieder an zahlreichen Beispielen, so etwa bei der Verabschiedung des Mitbestimmungsgesetzes von 1951, welches von den Sozialpartnern unter Mitwirkung des Bundeskanzlers vollständig formuliert und dann dem Parlament zur Verabschiedung vorgelegt worden war. Sowohl während der Verhandlung der Sozialpartner als auch während der Beratungen im Bundestag wurde vom DGB mit Streikdrohungen Druck ausgeübt.[8] Ein anderes Beispiel: Vor der Bundestagswahl 1957 erklärten einige Markenartikelfabrikanten, sie würden ihre Preise trotz gestiegener Kosten konstant halten. Ziel dieses preispolitischen Stillhalteversprechens war es, die Wahlchancen des Wirtschaftsministers und seiner Partei zu verbessern. Von einem umgekehrten Fall berichtete die Presse vor der Bundestagswahl 1971, als eine Reihe von nordrhein-westfälischen Brauereien Absprachen über Preiserhöhungen traf mit dem Hintergedanken, dadurch die Wahlaussichten der Regierungsparteien zu verschlechtern. Hierher gehört schließlich auch die 1975 gegenüber dem Bundeskanzler ausgesprochene Drohung von fünf führenden Wirtschaftsverbänden, 40000 zusätzlich bereitstellbare Ausbildungsplätze für Lehrlinge zurückzuhalten, wenn bei der anstehenden Reform der beruflichen Bildung ihre Vorstellungen keine Berücksichtigung fänden. Die Möglichkeit, Marktmacht politisch einzusetzen, zeigte sich auch vor der Bundestagswahl 1983, als von Unternehmerseite teilweise verlautete, die für einen wirtschaftlichen Aufschwung notwendige Ausdehnung der

---

[6] Durch Art. 109 Abs. 2 GG und § 1 StabG ist die Verantwortung der Bundesregierung für Störungen des gesamtwirtschaftlichen Gleichgewichts auch *rechtlich* festgelegt (Hinzufügung dieser Fußnote durch den Verf.).

[7] *Bernholz,* Die Machtkonkurrenz der Verbände im Rahmen des politischen Entscheidungssystems, in: *Schneider/Watrin* (Hrsg.), Macht und ökonomisches Gesetz, Schriften des Vereins für Socialpolitik, Bd. 74, 1973, 859 (865).

[8] *Kaiser,* Repräsentation, 258ff.

Investitionsaufträge würde nur im Falle eines Wahlsiegs der Unionsparteien erfolgen.

Ein wichtiger Sonderfall marktmäßig bedingten Verbandseinflusses auf die Politik sind schließlich Arbeitskampfmaßnahmen gegen die öffentliche Hand, so etwa der Bummelstreik der Fluglotsen 1973/74 und der Streik der Gewerkschaft ÖTV Anfang 1974, aufgrund dessen Lohnerhöhungen im öffentlichen Dienst durchgesetzt wurden, die vorher der Bundeskanzler und der Bundeswirtschaftsminister als gesamtwirtschaftlich unverantwortlich bezeichnet hatten (vgl. auch unten P V 2).

3.1.3. Entgrenzung der Staatsaufgaben

Die vorstehende Darlegung gibt jedoch noch nicht die vollständige Erklärung für das heutige Gewicht des Verbandseinflusses. Hinzu kommt die für den modernen Sozialstaat charakteristische ,,Entgrenzung der Staatsaufgaben", die es erlaubt, in einem – vormals undenkbaren – Umfang Gesetze und sonstige Maßnahmen zugunsten oder zu Lasten scheinbar oder wirklich benachteiligter oder privilegierter Gruppen zu treffen. Die Möglichkeit zu umfassenden Interventionen schwächt aber zwangsläufig den Widerstand der Amtsinhaber gegen dahingehende Ansinnen der Interessenten. Wer legal Sonderinteressen fördern darf, dem wird es schwer, entsprechende Anliegen abzuschlagen. Diese Konstellation mußte die Interessenverbände beinahe zwangsläufig auf den Plan rufen und die staatliche Willensbildung mehr und mehr zu ihrem Zielobjekt werden lassen. Es lohnt sich, immer mehr und besser ausgestattete Verbände zu organisieren, die durch Einwirkung auf die staatliche Willensbildung ihrerseits die Gruppenrelevanz der Staatstätigkeit erhöhen und damit wiederum Anlaß zu einer noch weiteren Verstärkung der Verbandstätigkeit geben. So schaukeln sich die Bedeutung der staatlichen Tätigkeit für die Gruppen und das Ausmaß des Einflusses ihrer Organisationen nach Art eines kumulativen *Spiraleneffekts* gegenseitig hoch. Hinzu kommt, daß die im Zuge dieser Entwicklung erfolgte Ausdehnung des öffentlichen Sektors eine unerhörte *Komplizierung* der bei staatlichen Maßnahmen zu berücksichtigenden Zusammenhänge bewirkte, die von den meisten Bürgern und auch von vielen Politikern kaum noch zu durchschauen sind. Dadurch hat sich aber der Nährboden für das Erstarken von Einflußverbänden noch weiter verbessert; ihre Einwirkung beruht ja zu einem wesentlichen Teil auf ihrem besonderen Sachverstand; seine Bedeutung wird mit zunehmender Komplizierung aber notwendigerweise immer größer. Interessenverbände finden im modernen Sozialstaat also einerseits einen idealen Nährboden und tragen andererseits gleichzeitig zu seiner Ausweitung bei.

3.2. Ansatzpunkte für den Verbandseinfluß

Die vielfältigen Wege, auf denen die Verbände Einfluß auf die politischen Entscheidungen nehmen, kann man in zwei Kategorien einteilen: die Einflußnahme „von außen" und die Einflußnahme „von innen".

Einflußnahme „von außen" erfolgt dadurch, daß Verbandsvertreter versuchen, etwa einen Minister oder einen Abgeordneten im Sinne ihres Verbandes zu beeinflussen.

Dieser Weg der Einflußnahme verlangt einen beständigen, möglichst unmittelbaren Kontakt. Deshalb unterhalten die Interessenverbände in der Bundesrepublik – soweit sie auf die Bundespolitik Einfluß nehmen wollen – durchweg sog. *Verbindungsstellen in Bonn.* Ihre Aufgabe ist es, die Verbindung mit Regierungsmitgliedern, Abgeordneten und Behörden zu pflegen, den Verband über politische Entwicklungen auf dem laufenden zu halten und diese Entwicklungen möglichst auch im Verbandsinteresse zu lenken, zu fördern oder auch abzublocken. Seit einigen Jahren müssen die Interessenverbände und ihre Verbindungsstellen in Bonn sich registrieren lassen.[9] (Andernfalls werden sie von den Verbands-Hearings ausgeschlossen.) Die Liste der registrierten Verbände und ihrer Verbindungsstellen wird jährlich im Bundesanzeiger veröffentlicht und umfaßt über 1000 Angaben.

Demgegenüber ist die **Einflußnahme „von innen"** dadurch gekennzeichnet, daß Verbandsvertreter selbst in die Parteien, Parlamente, Regierungen und Behörden und damit direkt an die Schalthebel der politischen Macht gelangen.

Sowohl für die Einwirkung „von außen" als auch für die „von innen" gibt es mannigfaltige Formen. Hier reicht es aus, jeweils ein *Beispiel* zu skizzieren, für die Einwirkung „von außen" die Anhörung der Spitzenverbände bei Gesetzentwürfen der Bundesministerien, für die Einwirkung „von innen" die Besetzung der Bundestagsausschüsse mit Interessenvertretern:

Eine wesentliche „Zielscheibe" des Verbandseinflusses ist die Regierung und – da ihre Entscheidungen von der Ministerialbürokratie vorbereitet werden – die Ministerialbürokratie. Eine Plattform für die Ausübung solchen Einflusses sind die sog. **Anhörungen** der Spitzenverbände **über Gesetzentwürfe.** In der Praxis werden nämlich alle Gesetzentwürfe, die in den Ministerien erarbeitet werden, den Spitzenverbänden zur Stellungnahme zugesandt. Dies erfolgt, wohl gemerkt, noch *vor* der Beschlußfassung der Bundesregierung über den Entwurf. Die Verbände erhalten also die Möglichkeit, Einwände gegen Bestimmungen, die ihnen nicht passen, in einem sehr frühen Stadium der Willensbildung vorzubringen. Und da die Verbände meist über hervorragende Fachleute auf

---

[9] Zu Einzelheiten vgl. Anlage 2 der Geschäftsordnung des Deutschen Bundestages betr. „Registrierung von Verbänden und deren Vertreter".

den jeweiligen Spezialgebieten verfügen, fällt es ihnen selten schwer, ihre Einwände auch sachlich zu begründen.[10]

Die rechtliche Grundlage bildet vor allem *§ 23 der Gemeinsamen Geschäftsordnung der Bundesministerien (Teil II).* Danach können „zur Beschaffung von Unterlagen für die Vorbereitung von Gesetzen ... die Vertretungen der beteiligten Fachkreise herangezogen werden". Diese Regelung ist zwar lediglich eine „Kann-Bestimmung". In der Praxis ist die Anhörung der Spitzenverbände über Gesetzentwürfe aber derart zur Regel geworden, daß sie von den Verbänden als eine Art wohlerworbenes Recht angesehen wird. Der Deutsche Gewerkschaftsbund hat 1966 sogar eine verwaltungsgerichtliche Klage gegen den damaligen Bundeskanzler *Erhardt* angestrengt, weil er zu einem Gesetzentwurf nicht konsultiert worden war, und die Klage erst nach einer Entschuldigung des Kanzlers zurückgezogen.[11]

Der Einfluß der Verbände *„von innen"* vollzieht sich etwa auf die Weise, daß die Wünsche der Interessenverbände bei der Aufstellung der Wahllisten der Parteien berücksichtigt werden. So können Verbandsführer und -funktionäre in das Bundes- und in die Landesparlamente eingeschleust werden. Dort sind vor allem die für die Gesetzgebungsarbeit zentral wichtigen **Parlamentsausschüsse von Verbandsvertretern besetzt.** Das rührt daher, daß die Arbeit der Ausschüsse von ihren Mitgliedern besondere Sachkunde verlangt und Verbandsvertreter eben meist Experten auf ihrem jeweiligen Gebiet sind. So sind die Bundestagsausschüsse, die wirtschaftliche und soziale Fragen behandeln, weitgehend in der Hand von Vertretern der „zuständigen" Verbände: Im Ausschuß für Arbeit und Soziales dominieren Gewerkschaftsfunktionäre, im Innenausschuß Beamte und Beamtenvertreter, im Landwirtschaftsausschuß Landwirte und Bauernverbandsfunktionäre.[12] Dabei steht das *Ausmaß* des Einflusses von Verbandsabgeordneten nicht ein für allemal fest, sondern hängt auch von der jeweiligen Brisanz der Materie ab. Er schwindet im allgemeinen mit dem Maße, in dem die Politisierung der Materie zunimmt. Das Bedenkliche des Verbandseinflusses besteht vor allem in seiner *Dauer*einwirkung, die leicht zu einer Kumulierung der Mängel führt. Ein Beispiel dafür ist die Besoldungsentwicklung im öffentlichen Dienst (dazu unten PV).

---

[10] Zur Bedeutung des interessierten Sachverstandes für den Einfluß von Interessenverbänden soeben 3.1.1.

[11] *v. Beyme,* Interessengruppen in der Demokratie, 1969, 114, 166. – Zu weiteren Einflußwegen *v. Arnim,* Gemeinwohl und Gruppeninteressen, 142ff. m.w.N.

[12] Nähere Angaben bei *Jürgen Weber,* Die Interessengruppen im politischen System der Bundesrepublik Deutschland, 1977, 285ff.; *ders.* (oben FN 3), 131.

II. Strukturprobleme des Verbandspluralismus

Die Anerkennung der Notwendigkeit der Verbände und der Legitimität ihres Wirkens steht einer kritischen Beurteilung einzelner Auswirkungen ihrer Aktivität nicht entgegen. Die Problematik des Verbandseinflusses wird in den letzten Jahren zunehmend erörtert. Hier stellt sich vor allem die zentrale **Frage nach** der **Ausgewogenheit des Verbandsdrucks** in seiner Gesamtheit.

1. Durchsetzungsschwäche allgemeiner Interessen

Der wichtigste Mangel des Verbandswirkens besteht darin, daß dabei *allgemeine* Interessen typischerweise zu kurz kommen. Dies wird bereits deutlich bei der Bestimmung der Arbeitsbedingungen im Wege von *Tarifautonomie und Arbeitskampf.*[13] Die Problematik des kollektiven Lohnbestimmungsverfahrens hat sich gerade in den letzten Jahren auch in der Bundesrepublik gezeigt und findet ihren Ausdruck in der Diskussion um die *Grenzen* der Tarifautonomie. Zwar haben die Gewerkschaftsbewegung und die kollektive Lohnbildung ihre geschichtliche Funktion weitgehend erfüllt und das gestörte Kräftegleichgewicht zwischen Arbeitgeber und einzelnem Arbeitnehmer auf kollektiver Ebene wiederhergestellt. Auf der anderen Seite wurde in jüngster Zeit aber auch immer deutlicher erkannt, daß Streiks und Aussperrungen, mit denen bestimmten Forderungen Nachdruck verliehen werden soll, nicht nur die Interessen der Verbandsmitglieder, sondern auch die unbeteiligter *Dritter* und letztlich die *aller* Bürger berühren. Die **Beeinträchtigung der Allgemeinheit durch Arbeitskämpfe** hat mit der zunehmenden Spezialisierung und Arbeitsteilung in der modernen Wirtschaft ein immer größeres Ausmaß, letztlich eine ganz neue Dimension gewonnen: Ein Streik der Hafenarbeiter kann die Außenwirtschaft, ein Streik der Transportarbeiter die ganze Volkswirtschaft zum Erliegen bringen.

Aber nicht nur Streik und Aussperrung selbst, sondern auch der Inhalt von abgeschlossenen Tarifverträgen kann die Interessen der Allgemeinheit beeinträchtigen. Vor allem können zu starke Lohnanhebungen eine Erhöhung des Preisniveaus bewirken. Diese Zusammenhänge werden in der öffentlichen Diskussion mit dem Schlagwort „Lohn-Preis-Spirale" gekennzeichnet.[14] Damit ist der Zusammenhang gemeint, daß die Unternehmen versuchen werden, Lohnerhöhungen, die über ein bestimmtes Maß hinausgehen, auf die Konsumenten abzuwälzen, indem sie ihre Absatzpreise erhöhen. Je größer die Unternehmen die Überwälzungs-

---

[13] Zur Sonderproblematik von Streiks im öffentlichen Dienst unten P V.

[14] *v. Arnim,* Volkswirtschaftspolitik, 233ff. m. w. N.

chancen einschätzen, desto geringer wird der Widerstand auch gegen sehr hohe Lohnsteigerungen sein. Gewerkschaften und Arbeitgeber sind, soweit dieser ,,Ausweg in die Inflation"[15] offensteht, also weniger Gegner als Verbündete, und zwar **Verbündete zu Lasten der Allgemeinheit** der Verbraucher und Sparer, auf deren Kosten die Preiserhöhungen gehen.

Eine straff geführte **Geldpolitik** kann hier als Bremse wirken.[16] Denn die Erhöhung von Löhnen und Preisen setzt – bei gleichbleibendem Beschäftigungsstand und Güterabsatz – im allgemeinen eine Ausdehnung der volkswirtschaftlichen Geldmenge voraus. Kann die Geldpolitik die Ausdehnung verhindern bzw. auf die Zuwachsrate des realen Sozialprodukts (und die als ,,unvermeidbar" angesehene Entwertungsrate) beschränken, dann kommen, sofern trotzdem zu hohe Lohnerhöhungen durchgesetzt werden, die Unternehmen in Schwierigkeiten, wenn sie die erhöhten Löhne an alle Arbeitnehmer bezahlen sollen. Investitionseinschränkungen, Entlassungen und Arbeitslosigkeit können die Folge sein. Preiserhöhungen der Produkte lassen sich dann nur auf Kosten eines Absatzrückgangs durchsetzen. Dies drosselt die Investitionsneigung und erhöht die Gefahr von Arbeitslosigkeit noch weiter. Bei straffer Geldpolitik führen stabilitätswidrige Lohnabsprachen also zu wirtschaftlichen Konsequenzen, an denen weder den Arbeitnehmern noch den Unternehmern gelegen sein kann. Durch gedankliche Vorwegnahme dieser Folgen entsteht ein wirtschaftlicher Druck auf Gewerkschaften und Unternehmen in Richtung auf eine stabilitätsorientierte Lohn- und Preispolitik. Die beharrliche Aufrechterhaltung dieses Drucks setzt allerdings voraus, daß die für die Geldpolitik zuständige Bundesbank ihrerseits von den Verbänden (und auch von den Parteien) möglichst unabhängig ist. Hier findet die nach § 12 Satz 2 Bundesbankgesetz vorgesehene **Unabhängigkeit der Bundesbank** (auch von den Weisungen der Bundesregierung) zum guten Teil ihre Erklärung und Rechtfertigung (Näheres unten O II).

Das Zukurzkommen allgemeiner Interessen zeigt sich auch bei dem auf den *Staat* und seine Entscheidungen zielenden Interessentendruck. Die Einflußnahme der Verbände auf Parteien, Verwaltung, Regierung und Parlament ist allerdings – entgegen dem tarifvertraglichen Auseinandersetzungsprozeß, der die Mitwirkung auf Gewerkschaften und Arbeitgeber beschränkt – rechtlich nicht geregelt. Man könnte deshalb erwarten, daß Konsumenten, Sparer und andere allgemeine Interessen sich ebenfalls zu schlagkräftigen Gruppen organisieren und so den nötigen *Gegen*druck ausüben werden. Man wußte zwar schon immer, daß **Jedermanns- und Zukunftsinteressen,** weil sie sich in der Perspektive der betroffenen Menschen sozusagen verdünnen, von jedem einzelnen tendenziell als schwächer und weniger dringlich empfunden werden als direkte Sonderinteressen. Man schien aber doch erwarten zu können, die zwar weniger intensiv, dafür aber von um so mehr Menschen empfundenen allgemeinen Interessen könnten sich durch Zusammenschluß der

---

[15] *Sachverständigenrat* zur Begutachtung der gesamtwirtschaftlichen Entwicklung, Jahresgutachten 1974, Ziff. 365.

[16] *v. Arnim,* Gemeinwohl und Gruppeninteressen, 356ff.

vielen Betroffenen angemessene Geltung verschaffen, so daß die Quantität der Interessenträger in die Qualität der Interessenwahrnehmung und -durchsetzung umschlagen würde. Eine solche Auffassung war in der Bundesrepublik ursprünglich in der Tat weit verbreitet. In Reaktion auf die vorangegangene „phobie des groupements" verfiel man nämlich in den 50er und ersten 60er Jahren – unter Vermittlung von *Ernst Fraenkel* – in das gegenteilige Extrem und rezipierte die bis dahin in den USA herrschende, an die Lehren von *Arthur Bentley* und *David B. Truman* anknüpfende Vorstellung, jedes bedeutsame Interesse könne sich organisieren und dadurch politisches Gehör verschaffen (Pluralismustheorie).[17]

Seit Mitte der 60er Jahre begannen die Bastionen dieser Lehre aber wiederum abzubröckeln. Die Erfahrung zeigt nämlich, daß langfristige und allgemeine Interessen, die quer durch alle Bevölkerungsgruppen gehen, sich **kaum** wirksam in Verbänden **organisieren** lassen. *Forsthoff* hatte schon seit den 50er Jahren immer wieder darauf hingewiesen, daß in der Wirklichkeit unserer politischen Willensbildung gerade die allgemeinsten Interessen „keinen gesellschaftlichen Patron finden können", weil sie so allgemein sind, daß sie „die Grenzen gesellschaftlicher Patronage" übersteigen.[18] *Kaiser* hatte ebenfalls schon in den 50er Jahren als Beispiele die Interessen der Steuerzahler und der Verbraucher angeführt.[19] Ähnliches gilt für Sparer und für das Interesse am Umweltschutz. Die scheinbar einleuchtende Erwartung, mit der Vielzahl der Interessenten stiege zwangsläufig auch die Durchsetzungschance ihres Anliegens, hat sich als unzutreffend erwiesen. Verbraucher, Sparer, Steuerzahler und andere Jedermanns-Interessen verfügen nur über relativ schwache Organisationen.

Zur Erklärung dieses Befundes hat der amerikanische Sozialökonom *Mancur Olson* mit seinem 1965 veröffentlichten Werk **Logik des kollektiven Handelns**[20] wesentlich beigetragen. *Olsons* Gedankengang, der auf Parallelen zur Rechtfertigung staatlicher Gesetze (Theorie der öffentlichen Güter)[21] beruht, ist folgender: In einer großen Gruppe entfällt auf den *einzelnen* nur ein geringer Anteil an den Aufwendungen, die die Gruppe zur Erreichung ihres Ziels erbringt, so daß es nicht von *seinem* Beitrag abhängt, ob dieses Ziel erreicht oder nicht erreicht wird. Da der einzelne nur einer von sehr vielen potentiellen Gruppenangehörigen ist, wird sein Verhalten (Leistung oder Nicht-Leistung seines Beitrags) auf die anderen auch kaum einen Nachahmungseffekt haben. Auf der ande-

---

[17] Näheres bei *v. Arnim,* Gemeinwohl und Gruppeninteressen, 148ff. Vgl. auch oben F II.

[18] *Forsthoff,* Rechtsstaat im Wandel, Verfassungsrechtliche Abhandlungen, 1950–1964, 1964, 13; *ders.,* Industriegesellschaft, 25f., 120f.

[19] *Kaiser,* Repräsentation, 179.

[20] Erscheinungsjahr der genannten deutschen Ausgabe: 1968.

[21] Oben D V 1.

ren Seite partizipiert er von einer Erreichung des Gruppenziels *unabhängig* davon, ob er selbst dazu beigetragen hat, weil er davon nicht ausgeschlossen werden kann. So profitiert der Steuerzahler von einer allgemeinen Steuersenkung oder Steuerrechtsvereinfachung, der Konsument und der Sparer profitieren von Preisstabilität auch dann, wenn sie die dafür jeweils „zuständigen" Verbände nicht unterstützt haben. Wenn der Verbandserfolg den Nicht-Organisierten aber auch ohne ihre Mitgliedschaft zufällt, lohnt es sich offenbar nicht, Verbandsmitglied zu werden oder zu bleiben. Was ist dann, sofern der einzelne die freie Wahl hat und der Verband keine „selektiven Anreize" anbietet, d. h. Leistungen (z. B. besondere Dienstleistungen, Informationen usw.),[22] von denen Nichtmitglieder ausgeschlossen werden können, für ein vom eigenen Interesse geleitetes Individuum naheliegender, als den Verband *nicht* zu unterstützen?

Aus diesen Zusammenhängen erklärt *Olson,* warum allgemeine Interessen sich nicht in Verbänden organisieren lassen und von diesen vertreten werden können, es sei denn, die Verbände bieten ihren Mitgliedern neben den unteilbaren Kollektivgütern auch teilbare, private Güter, deren Preis sozusagen über den Mitgliedsbeitrag gezahlt wird, oder die Mitgliedschaft kann erzwungen werden.

Anders können die Dinge bei *kleineren* Gruppen mit gleichen Interessen liegen, da hier das Verhalten des einzelnen sehr wohl Einfluß auf die Erlangung des erstrebten politischen oder sonstigen kollektiven Vorteils hat, macht doch in diesem Fall der einzelne Beitrag einen *spürbaren* Anteil der vom Verband benötigten Mittel aus. Zusätzlich können bei kleinen Verbänden alle Faktoren wirksam werden, die die Soziologie als für den Zusammenhalt von Gruppen bedeutsam erkannt hat.

Olsons Theorie scheint sich auch in der *Bundesrepublik* empirisch einigermaßen zu bewähren. Natürlich verhält sich der Bürger in der Regel nicht genau wie ein homo oeconomicus. Sonst wäre z. B. ein *Bund der Steuerzahler,* der in der Bundesrepublik rund eine Viertelmillion Mitglieder hat, nicht denkbar. *Olson* betont im übrigen selbst, daß seine Analyse nur für wirtschaftlich Motivierte, *nicht* auch für *staatsbürgerlich* ausgerichtete Verbände gilt; eine derartige staatsbürgerliche Komponente spielt aber beim Bund der Steuerzahler mit hinein. Doch kann *Olsons* Theorie immerhin ein *Tendenzurteil* stützen. Daraus ergibt sich dann die Erklärung dafür, warum der Bund der Steuerzahler trotz eines relativ niedrigen Jahresbeitrags nur einen verschwindend geringen Teil der potentiell

---

[22] So sind z. B. für den gewerkschaftlichen Organisationsgrad in der Bundesrepublik (etwa ein Drittel) die Gewährung von Rechtsschutz, Streik- und Aussperrungsgeldern und z. T. auch die Ausrichtung von gesellschaftlichen oder Fortbildungsveranstaltungen von großer Bedeutung. Ähnliche selektive Anreize setzen z. B. die Vertriebenenverbände durch besondere Beratungen und Informationen für ihre Mitglieder.

Betroffenen als Mitglieder zu organisieren vermag (weniger als ein vom Hundert) und warum wir bei den *Verbraucherverbänden* eine ganz ähnliche Situation vorfinden.

Wenn aber die wirksame und schlagkräftige Organisierung großer Gruppen (ohne selektive Anreize oder Beitrittszwang) gar nicht möglich ist, wird dem Konzept vom *Gleichgewicht* der Interessen durch Druck und Gegendruck von Verbänden der Boden entzogen; denn dieses Konzept geht ja davon aus, negativ betroffene Interessenträger könnten sich zu Verbänden organisieren und dadurch verhindern, daß Partikularverbände ihren Einfluß überziehen. Die Vorstellung, die Verbandsorganisation sei das gegebene Medium zum Ausgleich vereinzelt ohnmächtiger Interessen und schaffe „gerade dem schwachen, mit geringem Einfluß ausgestatteten Einzelbürger eine Sphäre politischer Freiheit" *(Herzog)*, bricht damit zusammen. Denn wenn viele vereinzelt machtlose Interessen sich nicht schlagkräftig organisieren können, wohl aber wenige, die häufig schon als einzelne nicht ganz machtlos sind (z. B. als Unternehmen eines oligopolistischen Gewerbezweiges), dann tendiert die Verbandsorganisation offenbar dazu, die Durchsetzungsmacht ohnehin mächtiger und im politischen Kräftespiel virulenter Interessen zu stärken, während sie den vielen ohnmächtigen Interessen kaum Einfluß verschaffen kann.

Die größere Virulenz von schlagkräftig organisierten Partikularinteressen zu Lasten von Jedermanns-Interessen wird deutlich, wenn Gewerkschaften und Arbeitgeber sich bei ihren Tarifabschlüssen auf Kosten der Preisstabilität und damit der **Verbraucher** einigen, welche die Güter mangels eigener machtvoller Gegenorganisationen zu entsprechend höheren Preisen kaufen müssen. Das Zukurzkommen von **Steuerzahler**interessen zeigt sich etwa bei Gewährung von Subventionen: Den gut organisierten Partikularverbänden, welche für die Einführung oder den Fortbestand von Finanzhilfen und Steuervergünstigungen eintreten, damit eine durchgreifende Vereinfachung des Steuerrechts blokkieren und Steuerentlastungen erschweren, steht nach der bisherigen Erfahrung kaum ein ausreichendes Widerlager gegenüber. Die Benachteiligung der **Sparer** zeigt sich auf beiden Ebenen, am Markt und in der Politik. Am *Markt* können sie den mächtigen Bankinstituten als Kreditnachfragern mangels wirksamer Artikulation ihrer Interessen nichts Gleichwertiges entgegensetzen und müssen sich wohl oder übel mit Habenzinsen für Spareinlagen abfinden, die oft nicht einmal die Entwertungsraten abdecken. Die marktmäßige Ausbeutung der Sparer findet ihre Entsprechung auf *gesetzgeberisch-politischer* Ebene: § 3 I Währungsgesetz enthält ein grundsätzliches Verbot von Indexklauseln und nimmt den Sparern damit die (schon faktisch kaum bestehende) Möglichkeit eines wirksamen vertraglichen Selbstschutzes auch *rechtlich*. Dem geschichtlich Bewanderten drängt sich die Erinnerung an die rechtliche Unterdrückung von Kollektivvertrag und Arbeitskampf im 19. Jahrhundert auf, die ja dadurch gekennzeichnet war, daß Staat und Rechtsordnung sich auf die Seite der Stärkeren stellten und die Ausbeutung der am Markt unterlegenen Arbeiter auch rechtlich sanktionierten und verfestigten (oben E V 2.1). Was die Sparer anlangt, so beschränken sich Staat und Rechtsordnung heute nicht nur darauf, die Ausbeutung am Markt abzusegnen. Der Staat *partizipiert* an dieser Ausbeutung vielmehr selbst ganz wesentlich, einmal als Schuldner, dessen Schuld durch die laufende Geldentwertung (bei gleichzeitigem Verbot von Indexklauseln) real immer mehr abnimmt, zum anderen durch die steuerrechtliche Gestaltung. Die Zinsen unterliegen nämlich grundsätzlich, d. h. von gewissen Freibeträgen abgesehen, in vollem Umfang der Einkommensteuer, und zwar auch insoweit, als sie zum Ausgleich der Geldentwertungsverluste dienen und deshalb in Wirklichkeit gar kein Einkommen darstellen (oben G II 3.4). Geldentwertung und Besteuerung zehren deshalb die Zinsen oft völlig auf und können in wirtschaftlicher Betrachtung sogar zu einer 100 v. H. übersteigenden Belastung führen.[23]

Zu den allgemeinen „Interessen",[24] die der Verbandspluralismus gefährdet, gehören in einem weiteren Sinne auch **ideelle Belange.** So finden, um einige *Beispiele* zu nennen, Gesetzestreue und Gesamtverantwortung der Bürger oder das gemeinwohlorientierte Pflichtbewußtsein der Beamten in einer von den Forderungen der Interessengruppen (nach mehr Einkommen, weniger Arbeit, mehr Vergünstigungen und weniger Verpflichtungen) beherrschten Atmosphäre nur schwer eine Stütze, die ihre schleichende Auszehrung zu verhindern in der Lage wäre. Im Gegenteil: Die – eben durch das Wirken von Interessenverbänden geförderte – **Anspruchshaltung** der Menschen droht, jene Belange immer weiter zurückzudrängen. Hier zeigt sich, daß die genannten Faktoren auch tiefgreifende sozial-psychologische Auswirkungen haben, die in ihrem Gewicht kaum überschätzt werden können. Sie begünstigen der Tendenz nach eine Forderungshaltung, die lieber vom *Staat* begehrt, als sich *selbst* zu bemühen, die Entlastung auch von selbst zu verantwortenden Risiken und von den Auswirkungen mangelnder eigener Leistungen verlangt, kurz: die, indem sie immer nur fordert, droht, Werte wie Leistung und Verantwortung (sei es für sich selbst, sei es für die Gemeinschaft) mit der Zeit zu erdrücken.

---

[23] Dazu (auch mit einer Auseinandersetzung mit wirtschaftspolitischen Argumenten) *v. Arnim,* Der ausgebeutete Geldwertsparer, ZRP 1980, 201; Replik von Bundesfinanzminister *Matthöfer,* ZRP 1980, 325; Duplik von *Klaus Vogel,* ZRP 1981, 35. Vgl. auch BVerfGE 50, 57; dazu kritisch *v. Arnim,* Anmerkung zum Zinsenbesteuerungsurteil des Bundesverfassungsgerichts, in: StRK-Anm. Nr. 20 Abs. I Ziff. 4 EStG (1980).

[24] Zum Begriff des „Interesses" oben G VI.

2. Organisationsschwäche von Randgruppen

Soziologische Untersuchungen haben ergeben, daß auch bestimmte – oft gerade besonders bedürftige – Randgruppen kaum wirksam in Verbänden organisiert werden können, wie z. B. nichteheliche Kinder, Obdachlose, Strafgefangene, Kriegsdienstgegner, Gastarbeiter. Hier fehlt es meist an der nötigen **„Konfliktfähigkeit“** *(Claus Offe)*, weil die betreffenden Personen keine für den ungestörten wirtschaftlichen Ablauf wichtigen Beiträge leisten und folglich auch nicht durch Verweigerung dieser Beiträge politischen Druck ausüben können.[25] Den Gastarbeitern fehlt zudem das (aktive und passive) Wahlrecht, was die Durchsetzung ihrer Interessen natürlich gleichfalls erschwert.

3. Verbandsinterne Schlagseite

Ein anderes Organisationsproblem besteht schließlich darin, daß *innerhalb* des Verbandes leicht ein Übergewicht bestimmter Teilgruppen besteht. Schon der Umstand, daß die Verbandsorganisation Geld kostet, ist geeignet, wirtschaftlich starken Mitgliedern besonderen Einfluß zu verschaffen. Darüber hinaus verlangt die Verbandstätigkeit – auch die ehrenamtliche – mehr oder weniger viel Zeit, die bei finanzieller Unabhängigkeit natürlich leichter erübrigt werden kann. So stellen innerhalb der Bauernverbände die Großbauern und Großgrundbesitzer regelmäßig die Verbandsführung, in Wirtschaftsverbänden geben meist die größeren Unternehmen des Wirtschaftszweiges den Ton an, und auch in den Gewerkschaften dominieren die „sozial Höherstehenden“. Die amerikanische Pluralismuskritik bezeichnet diese Schlagseite der innerverbandlichen Struktur treffend als **upper class bias.** Der Fehler im pluralistischen Himmel ist nach *Schattschneiders* berühmtem Wort, daß der himmlische Chor mit einem starken „upper class accent“ singe.[26] Es besteht also nicht nur keine Chancengleichheit der *Organisation* (dazu soeben 1 und 2), sondern auch keine Chancengleichheit der *Organisierten.*

III. Demokratisierung der verbandsinternen Willensbildung?

In jüngerer Zeit wird vielfach diskutiert, ob für Interessenverbände nicht eine demokratisch aufgebaute innere Struktur rechtlich vorge-

---

[25] *v. Arnim,* Gemeinwohl und Gruppeninteressen, 162 m. w. N.

[26] *Schattschneider,* The Semisovereign People, 1960, 35. Zustimmend *Scharpf,* Demokratietheorie zwischen Utopie und Anpassung, 1970, 44. Weitere Nachweise bei *v. Arnim,* Gemeinwohl und Gruppeninteressen, 163.

schrieben werden sollte.[27] Die effektive Mitwirkung der Mitglieder ist in vielen Verbänden in der Tat gering. Die Verbandsspitze kann durch die Mitglieder oft kaum kontrolliert werden, nicht selten werden umgekehrt die Mitglieder durch eine selbstherrliche Führungsclique diszipliniert. Daraus hat sich der Vorschlag ergeben, die Rechte der Mitgliederbasis von Einflußverbänden auszuweiten und wirksamer zu machen. Verfassungsrechtlicher Ausgangspunkt ist Art. 21 I 3 GG, wonach die innere Organisation von *Parteien* demokratischen Grundsätzen entsprechen muß. Da in der pluralistischen Demokratie der Bundesrepublik die mächtigen Einflußverbände kaum geringeres politisches Gewicht haben als Parteien, müsse, so wird vielfach argumentiert, der Grundsatz der inneren Demokratie sinngemäß auch auf Einflußverbände erstreckt werden.[28] (Dabei wird das innerverbandliche Demokratiepostulat teils bereits als geltendes Recht verstanden, indem Art. 21 I 3 GG analog auf Interessenverbände erstreckt wird, teils wird darin eine erst noch durch den Gesetzgeber zu verwirklichende rechtspolitische Forderung gesehen.)

Derartige Vorschläge sind, schaut man näher hin, aber durchaus nicht so eindeutig positiv zu beurteilen, wie es zunächst scheinen mag. Das Bedenken rührt allerdings nicht daher, daß nach dem ,,ehernen Gesetz der Oligarchie" *(Robert Michels)* die Wirkung rechtlicher Bestimmungen immer beschränkt bleiben wird. Denn dies gilt auch hinsichtlich politischer Parteien. *Robert Michels* hatte sein ,,Gesetz" gerade am Beispiel einer Partei entwickelt. Das eigentliche **Bedenken** rührt vielmehr daher, daß eine Stärkung des Mitgliederwillens (soweit er durch Rechtsnormen überhaupt durchsetzbar ist) voraussichtlich nicht nur ,,verbessernde", sondern auch verschlechternde Wirkungen hätte. Eine *Besserung* läge darin, daß die Mitglieder eine *größere Mitwirkungschance* erhielten. Daneben könnte wohl auch die häufig anzutreffende verbandsinterne Schlagseite (soeben II 3) gemindert werden. Denn die Stärkung des binnendemokratischen Moments erscheint durch Betonung des Egalitären durchaus geeignet, den übermächtigen Einfluß großer und potenter Verbandsmitglieder auf die Willensbildung des Verbandes einzudämmen.

Häufig wird aber übersehen, daß eine Binnendemokratisierung von Einflußverbänden auch eine *Kehrseite* hat und sich als höchst zweischneidiges Schwert erweisen könnte. Die Folge wäre nämlich voraussichtlich, daß der Druck auf die Verbandsführung, die (partikularen) Mitgliederinteressen besonders nachhaltig und entschieden zu vertreten, noch zuneh-

---

[27] Dazu *Grimm*, Verbände, in: *Benda/Maihofer/Vogel*, Handbuch des Verfassungsrechts der Bundesrepublik Deutschland, 1983, 373 (380ff. m. w. N.).

[28] Grundlegend *Abendroth*, Das Grundgesetz (1966), 7. Aufl., 1978, 78ff.; vgl. auch *Schelter*, Demokratisierung der Verbände? Demokratie als Ordnungsprinzip in privilegierten Interessenverbänden, 1976.

men würde. Die Schwierigkeit, allgemeine Interessen überhaupt zu erfassen (soeben II 1), würde in einer zur Durchsetzung von Partikularinteressen geschaffenen Organisation noch multipliziert. Die partikularen Mitgliederinteressen stehen dagegen direkt vor Augen. Die Verbände würden deshalb wohl versuchen, ihre jeweiligen Sonderinteressen noch rigoroser durchzusetzen als bisher.[29] Zugleich erhielten die nun „volldemokratisch legitimierten" Interessenverbände leicht den Anstrich einer erhöhten Legitimation,[30] und es würde noch schwerer, ihnen entgegenzutreten, Auswüchse zu verhindern und die erforderlichen Gegengewichte zu stärken. Die Durchsetzbarkeit der schwer organisierbaren allgemeinen Interessen und der Interessen von Randgruppen (dazu soeben II 1 und 2) würde weiter verringert. Der Erweiterung der Partizipation von Mitgliedern in Einflußverbänden entspräche als Kehrseite also eine (noch weitere) **Zurückdämmung** des Einflusses **der** ebenfalls betroffenen **Allgemeinheit der Bürger und Wähler** auf Staat und Politik. „Partizipation" ist nun zwar ein Grundwert, aber immer nur unter der (ausdrücklichen oder stillschweigenden) *Voraussetzung,* daß *alle* Betroffenen mitwirken können und die Mitwirkung der einen nicht auf Kosten der anderen geht. Genau diese Gefahr besteht aber hier. Innerverbandliche Demokratie würde also zwar die Selbstbestimmung der *Verbands*mitglieder erweitern, andererseits aber wohl die Unausgewogenheit des Verbandsdrucks insgesamt noch verstärken und die Einflußchance der Allgemeinheit der Bürger und Wähler mindern. Besteht ein solcher Konflikt zwischen der Mitwirkung von partikularen Gruppen einerseits und der der Allgemeinheit andererseits, so ist er, wenn es wie hier um die Entscheidung von Gemeinschaftsbelangen geht, zugunsten der Allgemeinheit zu lösen. „Verbandsdemokratie" darf nicht auf Kosten von „Staatsdemokratie" gehen.

Die in den letzten Jahren von einer Unzahl von Veröffentlichungen gespeiste Forderung nach Binnendemokratisierung von Interessenverbänden geht deshalb in Wahrheit an der wesentlichen Problematik vorbei, nämlich an der Frage, wie der Verbandseinfluß unter Kontrolle gebracht und die Durchsetzbarkeit von Interessen der Allgemeinheit und der Randgruppen gestärkt werden kann. Das vielfach geforderte **Verbändegesetz,** welches – ähnlich wie das Parteiengesetz für Parteien – unabdingbare Auflagen für die demokratische Willensbildung von Verbänden enthielte, wäre, unabhängig von der Frage, ob es gegen den geballten Widerstand der Verbände überhaupt durchsetzbar erscheint, bei genauerem Hinsehen auch in seinen Auswirkungen höchst problematisch.

---

29 *Scharpf,* Autonome Gewerkschaften und staatliche Wirtschaftspolitik: Probleme einer Verbändegesetzgebung, 1978, 20.

30 *Böckenförde,* Die politische Funktion wirtschaftlich-sozialer Verbände und Interessenträger in der sozialstaatlichen Demokratie, Der Staat 1976, 457 (477f.): „Scheinlegitimation".

Statt dessen ist es geboten, die Perspektive der Verbandsdiskussion zu erweitern und andere Bereiche, aus denen sich *Gegenkräfte* entwickeln können, in den Blick zu nehmen. Es gilt, einerseits die öffentliche Meinung für die Unausgewogenheit des Verbandseinflusses zu sensibilisieren[31] – ein Prozeß, der in den letzten Jahren erfreulich fortgeschritten ist; andererseits gilt es, solche Institutionen zu stärken, die von den Parteien und Verbänden relativ unabhängig und deshalb in der Lage sind, Auswüchse des pluralistischen Kräftespiels einzudämmen.[32]

IV. Errichtung eines Wirtschafts- und Sozialrats?

Die Frage, ob Wirtschafts- und Sozialräte, die von Verbandsvertretern zu besetzen wären, eingerichtet werden sollten, wird seit langem diskutiert. Eine dahingehende Forderung wird von verschiedenen Stellen, vor allem aber von den *Gewerkschaften* erhoben und bisweilen auch damit begründet, auf diese Weise könne der Einfluß von Interessenverbänden eingedämmt und unter Kontrolle gebracht werden.[33] Während die Weimarer Reichsverfassung die Errichtung eines Reichswirtschaftsrates vorgesehen hatte (Art. 165 III), enthält das *Grundgesetz* keine entsprechende Regelung.[34] Mitglieder eines Wirtschafts- und Sozialrats sollten (nach den Vorstellungen der Befürworter) die Interessenverbände des Wirtschafts- und Soziallebens sein. Der Rat sollte das Recht erhalten, beratende Stellungnahmen zu Gesetzentwürfen abzugeben und selbst Entwürfe beim Parlament einzubringen. Die Errichtung eines solchen Gremiums bedürfte einer Änderung des Grundgesetzes.

Ein solcher Rat würde den Einfluß der Verbände aber alles andere als bändigen. Die Erwartung, in der Folge würden die sonstigen Einflußkanäle der Verbände „austrocknen", ist völlig lebensfremd. In Wahrheit würden die Verbände ihre bisherigen Möglichkeiten auf Parteien, Regierungen, Verwaltung und Parlamente „von innen" wie „von außen" Einfluß zu nehmen, beibehalten und durch die Einrichtung eines derartigen Rates noch einen zusätzlichen „Hebel" bekommen und nutzen. Der **Einfluß von Verbänden** würde also nicht vermindert, sondern im Gegenteil **gestärkt** (worin letztlich wohl auch das unausgesprochene Ziel vieler seiner Befürworter liegt). Damit würde aber die Durchsetzbarkeit von Interessen der Allgemeinheit und von Randgruppen noch weiter geschwächt. Die Errichtung von Wirtschafts- und Sozialräten wäre also

---

31 *v. Arnim*, Gemeinwohl und Gruppeninteressen, 211.

32 Dazu ausführlich unten W.

33 Dazu *v. Arnim*, Gemeinwohl und Gruppeninteressen, 384ff. m. w. N.

34 Einige Landesverfassungen haben den Gedanken jedoch aufgegriffen, insbes. die Bayerische Verfassung von 1946 in Art. 154 („Senat").

kein geeigneter Weg, um Pluralismusdefizite zu verringern; diese würden eher noch erhöht.

V. Schaffung von Transparenz des Verbandseinflusses?

Vielfach wird die Forderung nach vermehrter Transparenz des Verbandseinflusses erhoben und mit zahlreichen detaillierten Vorschlägen verbunden. Sofern man darin ein wirksames Mittel zur Kontrolle des Verbandseinflusses sieht,[35] ist aber Skepsis geboten. Das bloße Deutlichwerden des Verbandseinflusses sagt, selbst wenn es erreicht wird (was auch schon zweifelhaft ist), noch nichts über seine *Bewertung*. Die Herstellung von Öffentlichkeit führt keineswegs sozusagen automatisch auch zu einer wirksamen Kritik am übermäßigen Einfluß von Partikularinteressen. Erforderlich ist vielmehr eine *Aufklärung der Menschen über die Zusammenhänge,* die zu einer Gefährdung schwer organisierbarer, insbesondere allgemeiner Interessen führen. Solchen Aufklärungsversuchen stemmen sich aber die Partikularverbände wiederum entgegen, und auch hier, im Kampf um Öffentlichkeit, erweisen sie sich leicht als virulenter, wenn es nicht gelingt, eine systematische Stärkung der Aufklärungsbelange zu bewirken. Worauf es also ankommt, ist, an dieser strategischen Stelle anzusetzen (dazu unten K III).

---

[35] So vor allem *Leßmann,* Die öffentlichen Aufgaben und Funktionen privatrechtlicher Wirtschaftsverbände, 1976, 313ff. m. w. N.; ebenso statt vieler *Heinrich-Joseph Schröder,* Gesetzgebung und Verbände, 1976, z. B. S. 266f.; *Gräfin Bethusy-Huc,* Vorschläge zur Kontrolle des Verbandseinflusses im parlamentarischen Regierungssystem, in: *Dettling* (Hrsg.) Macht der Verbände – Ohnmacht der Demokratie, 1976, 221; *Jürgen Weber* (oben FN 3), 137; *Häberle,* zuletzt in: Verbände als Gegenstand demokratischer Verfassungslehre, ZHR 1981, 473 (479–499); *Gusy,* Vom Verbändestaat zum Neokorporatismus, 1981, 59ff.

K. Die Schwäche von Allgemeininteressen in Parteien und Verbänden

I. Volksparteien als „Interessengruppen der Allgemeinheit"?

Die mangelhafte verbandliche Organisierbarkeit von Jedermanns- und Randgruppeninteressen ist noch keineswegs ein zwingender Beweis dafür, daß es im Ergebnis wirklich zu Pluralismusdefiziten kommen muß. Außer den Interessenverbänden sind auch die politischen Parteien in die Betrachtung einzubeziehen. Und es wäre denkbar, daß diese ein Gegengewicht bilden und durch verstärkten eigenen Einsatz für Allgemein- und Randgruppeninteressen deren verbandliche Organisationsschwäche kompensieren könnten. In der Tat wird ein solches Gegenhalten der Parteien in der Literatur vielfach (und sicher mit Recht) postuliert.[1] Von diesem normativ-ethischen *Sollen* ist aber die Frage gedanklich zu trennen, ob und inwieweit sich die Parteien *tatsächlich* für die organisationsschwachen Interessen starkmachen und starkmachen können.[2] Unterscheidet man zwischen Allgemein- und Randgruppeninteressen, so scheinen die modernen Volksparteien jedenfalls hinsichtlich der *Allgemeininteressen* für ein Gegenhalten auch faktisch besonders prädestiniert zu sein. Die Volksparteien sind auf möglichst viele Wählerstimmen angewiesen; und die zu erlangen, scheint der Einsatz für Allgemeininteressen das beste Mittel zu sein. Die Volkspartei scheint deshalb in der Tat die geborene „Interessengruppe für das Allgemeine" (*Steffani*) zu sein. Zweifel an dieser auf den ersten Blick zwingenden Argumentation wekken jedoch bereits die oben (J II 1) genannten Beispiele für das Zukurzkommen von Konsumenten-, Steuerzahler- und Sparerinteressen, welches ohne Mitwirkung der Parteien ja nicht zustandegekommen sein kann. Die Zweifel werden verstärkt, wenn man sich daran erinnert, daß Parteien selbst Wahlgeschenke verteilen, Zukunftsprobleme auslassen,

---

[1] Aus dem *juristischen* Schrifttum stellvertretend für viele: *Krüger,* Staatslehre, 367ff.; *Stern,* Staatsrecht I, 754. Aus dem *politik*wissenschaftlichen Schrifttum: *Steffani,* Parlamentarische Demokratie, in: *ders.* (Hrsg.), Parlamentarismus ohne Transparenz, 1971, 17 (37); *Gerhard A. Ritter,* Die Kontrolle staatlicher Macht in der modernen Demokratie, in: *ders.* (Hrsg.), Vom Wohlfahrtsausschuß zum Wohlfahrtsstaat, 1973, 69 (101f.); *Jürgen Weber,* Gefährdung der parlamentarischen Demokratie durch Verbände?, in: *Oberreuter,* Pluralismus, 1979, 109 (134, 138).

[2] Diskussion dieser Frage bei *Scharpf,* Demokratietheorie zwischen Utopie und Anpassung, 1970, 75ff. und durchgehend.

kurz: dazu tendieren, eine kurzsichtige Politik zu treiben (oben I V 5). Geht man den Zweifeln nach, so gelangt man letztlich zum Wahl**bürger,** jenem Schiedsrichter im Wettbewerb der Parteien. Hat *Otto Kirchheimer* recht und ist von den Volksparteien kaum zu erwarten, daß sie wesentlich klüger handeln als der einzelne Wähler, dann muß man sich auf *diesen* konzentrieren, wenn man eine realistische Aussage über das Wirken der Parteien machen will. Könnte es nicht sein, daß der Wahlbürger die Wahrnehmung allgemeiner Interessen durch die Parteien nur in geringerem Maße honoriert, daß diese für ihn vielmehr oft ziemlich unattraktiv erscheinen, weniger attraktiv jedenfalls als eng umgrenzte Sonderinteressen?

II. Gründe für die Schwäche allgemeiner Interessen

1. Die geringe Attraktivität der *Ausgaben-* im Vergleich zur *Einnahmen*sphäre

Der heutige Mensch trägt, wie *Günter Schmölders,* der Begründer der modernen deutschen Finanzpsychologie, anschaulich formuliert hat, zwei Seelen in der Brust, eine berufliche und eine private. Im *beruflichen* Bereich stehen die Bemühungen unter einem denkbar starken Stimulus, weil die berufliche Tätigkeit eines Menschen in unserer Gesellschaft Status und Prestige weitgehend bestimmt.[3] Dabei wird als wichtiger Indikator für beruflichen Erfolg die Höhe des Einkommens gewertet. Aus dieser sozialpsychologischen Konstellation ergibt sich eine starke Schubkraft in Richtung auf Einkommenserhöhungen.[4]

Im *privaten* Bereich steht der Mensch dagegen nicht unter dem gleichen Antrieb des Sich-bewähren-Müssens. Hier nimmt man schon einmal einen Rückschlag hin. „Draußen ist man erfolgreich gewesen“, nun stellt man zu Hause fest, es ist gar nicht so viel gewonnen, weil Preissteigerungen und Steuererhöhungen[5] die Einkommensmehrungen z. T. oder ganz wieder aufzehren; sie können diese sogar überschreiten, so daß das reale Nettoeinkommen fällt. „Aber das bleibt privat, das ist nicht sichtbar, das dringt nicht nach außen“ *(Schmölders)* und kann den weithin sichtba-

[3] *Schmölders,* Stabile Währung, gezügelte Finanzen, 1957, 5ff.

[4] Vgl. auch *Galbraith,* Wirtschaft für Staat und Gesellschaft, 1974, Kap. XII, S. 256ff.

[5] Selbst bei unverändertem Steuerrecht führen Einkommenssteigerungen wegen der Progression unseres Steuersystems zu einer Erhöhung der durchschnittlichen steuerlichen Belastung. In der Schweiz spricht man von „kalter Steuerprogression“, in der Bundesrepublik von „heimlichen Steuererhöhungen“ (Näheres oben G II 3.4).

ren Erfolg der Erhöhung des (nominalen Brutto-)Einkommens kaum berühren. Dies erklärt, warum die Menschen dazu tendieren, ihre Aufmerksamkeit und ihre Kräfte stärker anzuspannen, wenn es um die *Erzielung* von Einkommen geht, als wenn es sich um eine *Verausgabung* handelt. So neigen sie leicht dazu, eine Einkommensvermehrung auch dann zu fordern, ,,wenn diese durch keine entsprechende Zunahme der Warenproduktion mehr gerechtfertigt ist. Diese Inflation führt zur Expansion ohne Wachstum, zum Wachstumsersatz – zu einer Karikatur jener Geisteshaltung, die die Expansion hervorgebracht hat" *(Dahrendorf)*.

Die **Konzentration** der Menschen **auf** die **Einkommensphäre** beruht darüber hinaus auf einer weiteren Komponente. Diese hängt damit zusammen, daß man Aufwendungen an Zeit und Geld aufbringen muß, um sich die nötigen Informationen darüber zu beschaffen, welche Verhaltensweise für einen die vorteilhafteste ist. Das trifft zunächst einmal für die Einkommen- und für die Ausgabensphäre in gleicher Weise zu. Der *Unterschied* besteht darin, daß die meisten Menschen ihr Einkommen in einem *einzelnen* beschränkten Bereich erzielen, es aber in *vielen* ausgeben. Daher ist, wie *Anthony Downs* herausgearbeitet hat, ,,derjenige Bereich, in dem sie es verdienen, für sie viel wichtiger als irgendeiner der einzelnen Bereiche, in denen sie es ausgeben".[6] Da nun aber die Gesamtmenge an verfügbarer Zeit und verfügbarem Geld knapp ist, neigen die Menschen vernünftigerweise dazu, Zeit und Geld für Informationen auf den für sie wichtigsten Bereich, nämlich den der Einkommenserzielung, zu konzentrieren. So kommt es, daß die Interessen der Menschen als Einkommens*verdiener*, die ,,Produzenteninteressen", über die Interessen der gleichen Menschen als Einkommens*verwender*, die ,,Konsumenteninteressen" im weitesten Sinn, dominieren. In diesen Zusammenhängen liegt ein wesentlicher **Grund für das Zukurzkommen von allgemeinen Interessen** der Menschen sowohl als Steuerzahler als auch als Konsumenten. Steuerzahlen und insbes. Konsumieren betreffen ja nicht die Einkommens-, sondern die Ausgabensphäre.

2. Die geringe Attraktivität *indirekter* Interessen

Die Durchsetzungskraft von Interessen kann nicht unabhängig von den Maßnahmen beurteilt werden, von denen die Realisierung der Interessen abhängt. Es gibt Interessen, bei denen der Zusammenhang mit den zu ihrer Förderung erforderlichen Maßnahmen unmittelbar einsichtig, sozusagen mit den Händen greifbar ist **(direkte Interessen).** Es gibt aber auch andere Interessen derselben Menschen, deren Wahrnehmung Maß-

---

[6] *Downs,* Ökonomische Theorie der Demokratie, 1968, 249.

nahmen verlangt, die zu erkennen Nachdenken und Informationen über mehr oder weniger komplizierte (soziale oder auch naturwissenschaftliche) Zusammenhänge voraussetzt **(indirekte Interessen).** Da die Informationsbeschaffung und auch das Nachdenken über Zusammenhänge zeitaufwendig, schwierig, kostspielig und lästig ist (und zudem nicht immer zu eindeutigen Resultaten führt), neigen die Menschen dazu, ihm möglichst auszuweichen, es sei denn, die Erkenntnis der Zusammenhänge stände unter einem starken Stimulus, wie vor allem dem des beruflichen Fortkommens und Erfolgs. Gerade in der *Politik* besteht ein solcher Ansporn für den *einzelnen Staatsbürger* aber nicht, weil er als einer von Millionen keinen merklichen politischen Einfluß ausüben kann und, selbst wenn er es könnte, die aufgrund dieses Einflusses zustande gekommenen politischen Entscheidungen ohnehin nicht ihm zugerechnet würden. Der einzelne tendiert deshalb dazu, sich auf seine individuellen Belange zu konzentrieren. *Schumpeter*[7] illustriert diese Gegebenheiten, welche „politischer Ignoranz“ *(Downs)* leicht Vorschub leisten und den „empirischen Befund politischer Apathie bei der großen Mehrheit der Bevölkerung“ *(Scharpf)* weitgehend erklären, am Beispiel eines Rechtsanwalts, der „unter dem eindeutigen Stimulus des Interesses an seiner beruflichen Tätigkeit“ die kompliziertesten juristischen Zusammenhänge virtuos zu handhaben gelernt hat, der aber im politischen Bereich „ohne die Initiative, die aus unmittelbarer Verantwortung hervorgeht“, unwissend geblieben ist und entsprechend dilettantisch argumentiert.

Die Kosten der Informationsbeschaffung, die menschliche Trägheit gegenüber dem Durchdenken von Zusammenhängen und „die Konkurrenz des politischen Interesses mit anderen relevanten Individualinteressen“ *(Scharpf)* fördern die **Neigung zu** kurzsichtiger, **punktueller Betrachtung in der Politik** und bewirken, daß die politische Durchsetzungsstärke von Interessen nicht zuletzt davon abhängt, wie direkt und eindeutig der Zusammenhang zwischen ihnen und den zu ihrer Wahrung erforderlichen Maßnahmen ist. Daraus ergibt sich tendenziell eine relativ **geringe Attraktivität indirekter** und eine besondere Virulenz direkter **Interessen** im politischen Bewußtsein und im politischen Agieren. Naheliegendes wird im allgemeinen intensiver verfolgt als Kompliziertes und Fernliegendes. Indirekte Interessen erscheinen der natürlichen Betrachtung häufig nicht „handfest“ und „hautnah“ genug. Diese psychologisch-bedingte perspektivische Verkleinerung der für einen oberflächlichen Beobachter kaum wahrnehmbaren indirekten Interessen führt dazu, daß die Menschen bei Beurteilung bestimmter beabsichtigter oder erfolgter Maßnahmen sich häufig als schlechte Kenner ihrer eigenen Interessen erweisen. Indirekte Interessen sind aber häufig relativ allgemeine, einer großen Zahl von Menschen oder allen Menschen gemeinsame,

---

[7] *Schumpeter,* Kapitalismus, Sozialismus und Demokratie, 2. Aufl., 1950, 416.

während die direkten oft (wenn auch nicht notwendig) besondere, auf einen mehr oder weniger kleinen Personenkreis beschränkte Interessen sind. Deshalb ist die Unattraktivität indirekt zu befriedigender Interessen in einem recht hohen Grad gleichbedeutend mit einer **Schwäche von Allgemeininteressen.**

So kann das meist mangelhafte Bewußtsein vom **Zusammenhang zwischen** dem Umfang der **Staatsausgaben** und der Höhe der **Steuerlasten** dazu beitragen, daß das allgemeine Interesse aller Menschen als Steuerzahler an niedrigen und gerecht verteilten Steuern durch die jeweils engeren direkten und deshalb besonders virulenten Interessen der Menschen als Empfänger von Subventionen (einschließlich sog. Übertragungen) „überspielt" wird. Man versucht, Finanzhilfen und Steuervergünstigungen durchzusetzen, ohne die Folgen solcher Maßnahmen auf Steuerhöhe, Steuergerechtigkeit und Rechtssicherheit zu berücksichtigen. Jede Gruppe geriert sich so, als stände sie im luftleeren Raum, „als sei die Regel außer Kraft gesetzt, daß das, was die einen sich als Zuschlag aus dem gemeinsamen Topf nehmen, einer anderen Gruppe abgehen muß" *(Carl Haußmann).* Die Last der Subvention trägt nur formal „der Staat"; in der Sache sind die Steuerzahler in ihrer Gesamtheit, also auch – und mit wachsender Verteilungsmasse in immer größerem Umfang – die jeweiligen Subventionsempfänger selbst belastet: bei offenen Subventionen durch die Aufbringung der Mittel, bei Steuervergünstigungen durch eine relativ höhere Belastung der nicht-privilegierten Einkommensteile. Da der Staat nicht die Kuh ist, die im Himmel frißt, aber auf Erden gemolken werden kann, muß der Bürger sich für alle Ansprüche, die er an den Staat stellt, letztlich selbst zur Kasse bitten lassen. Die Gesellschaft besteuert sich selbst.

In ähnlicher Weise kann das allgemeine Interesse der Menschen als **Konsumenten** und **Sparer** an stabilen Preisen von den jeweils direkten und deshalb besonders durchsetzungsstarken Interessen der (weitgehend personengleichen) Einkommensbezieher an möglichst hohen Einkommensverbesserungen überspielt werden. Auch hier fehlt es am Bewußtsein des gesamtwirtschaftlichen Zusammenhangs zwischen Einkommenserhöhungen (soweit sie über die Marge des Produktivitätszuwachses hinausgehen) und entsprechenden Preiserhöhungen.

Als weiteres Beispiel sei der **Umweltschutz** erwähnt. Auch seine wirksame Durchsetzung ist u. a. deshalb so schwierig, weil die Zusammenhänge zwischen dem Verlangen nach und der Produktion von (in bestimmter Weise herzustellenden) Gütern, der daraus resultierenden Umweltverschmutzung und ihrer Wirkung auf den Menschen häufig sehr indirekt sind und zum Teil auch von der Wissenschaft noch gar nicht erforscht sind; zudem führt meist erst die *Summierung* einer großen Zahl von schädlichen Emissionen zu einer merklichen Beeinträchtigung.

Hier wird ein wichtiger Grund für die Durchsetzungsschwäche allgemeiner Interessen besonders deutlich, nämlich die Tatsache, daß die *einzelne* Umweltverschmutzung (aber auch die einzelne Subvention oder die übermäßige Einkommenserhöhung für eine einzelne Gruppe) das allgemeine Interesse an der Erhaltung unserer biologischen Lebensgrundlage (an niedriger und gleichmäßiger Steuerlast und an möglichst stabilem Preisniveau) in kaum merklicher Weise tangiert, sondern erst die **Summe** der Einzelmaßnahmen die **Merklichkeitsschwelle überschreitet.** Da der Schaden aus kollektiver Quelle entspringt, ist keine Umweltverschmutzung (kein Subventionsempfang und kein übermäßiger Einkommensanstieg) *allein und unmittelbar* für die dadurch entstehende Beeinträchtigung der Allgemeinheit ursächlich. Wegen dieser fehlenden direkten Zurechenbarkeit möchte sich auch kein einzelner Subventionsbezieher etc. dafür verantwortlich machen lassen. Die Verantwortung für die gemeinwohlschädlichen Handlungen verteilt sich auf viele Schultern, und die Auswirkungen und Belastungen diffundieren in noch stärkerem Maße, so daß der Zusammenhang zwischen der einzelnen schädigenden Handlung und dem durch sie bewirkten Schaden verschwimmt. Die Unbestimmtheit und **Anonymität der Verantwortung** bei gleichzeitiger **Diffusion der** belastenden und schädigenden **Auswirkungen** und die daraus resultierende **Verwischung der Zusammenhänge** ist ein zentraler **Grund für die Schwäche** und Kraftlosigkeit der Bemühungen um die Wahrung **allgemeiner Interessen.**

Es wäre allerdings verkehrt, dem einzelnen Subventionsempfänger, Umweltverschmutzer und Einkommensbezieher einen moralischen Vorwurf machen zu wollen. Selbst wenn der einzelne die Zusammenhänge durchschaut, wird er kaum einsehen, daß er von sich aus zurückstecken und sich bescheiden sollte, solange nicht gewährleistet ist, daß dann auch die *anderen* zurückstecken. Und diese Auffassung scheint durchaus berechtigt, wenn man bedenkt, daß – mangels dieser Gewährleistung – das freiwillige Zurückstecken des einzelnen darauf hinausliefe, daß der, der zurücksteckt, letztlich als der Dumme dasteht: Er erhält einerseits keine Subventionen und überhöhte Einkommensmehrungen und führt kostspielige umweltschützende Maßnahmen durch, andererseits hat er aber die durch die gemeinwohlschädlichen Handlungen der anderen bewirkte Steuerlast, Umweltverschmutzung und Geldentwertung mitzutragen. Das *freiwillige* Zurückstecken eines *einzelnen* (ohne Gewähr, daß die anderen es ihm gleichtun) widerspricht also der individuellen wirtschaftlichen Rationalität und würde den Betreffenden auch im Wettbewerb mit Konkurrenten am Markt benachteiligen. **Kollektive und individuelle Rationalität laufen auseinander.** Was nottut, sind **Regelungen,** die **für alle verbindlich** sind und sie in gleicher Weise zum Zurückstecken veranlassen. Ohne solche Regelungen ist jeder einzelne bzw. jede Gruppe, um nicht zu kurz zu kommen, praktisch gezwungen, für sich jeweils möglichst viel herauszuholen.

III. Von der Notwendigkeit und den Schwierigkeiten einer Aufklärung über die Zusammenhänge

Man sieht jetzt deutlich, worum es geht. Es gilt, den Bürgern die Zusammenhänge nahezubringen. Diese **Aufklärungsaufgabe** ist essentiell, weil, wenn sie gelingt, letztlich *alle* bei der dann ermöglichten höheren Rationalität der Politik nur gewinnen würden. Allerdings trifft der Versuch der in Parteien und Staat Verantwortlichen, eine solche Aufklärung zu bewirken, auf ganz ähnliche Schwierigkeiten, wie sie auch einer verbandlichen Organisierung allgemeiner Interessen entgegenstehen. Aufklärung über die Zusammenhänge ist unpopulär:[8] Sie muß sich gegenüber den Partikularverbänden und ihren Funktionären behaupten, die davon leben, daß sie für ihre Mitglieder möglichst hohe Forderungen stellen und nach Möglichkeit durchsetzen, auch wenn die Mitglieder dafür an anderer, den Verbänden und ihrem Wirken nicht zugerechneter Stelle bezahlen müssen.[9] Die Botschaft kommt bei den Menschen nur schwer an: Die Funktionäre der Verbände verfälschen durch übermäßiges Kriegsgeschrei und Säbelrasseln die Informationen derart, daß sie leicht den Eindruck erwecken, jeweils gerade *ihre* Mitglieder kämen zu kurz, wodurch eine gewisse Einäugigkeit der Betroffenen gefördert wird. So üben die mächtigen Partikularverbände und ihre Funktionäre bei allen Verdiensten, die sie sich erworben haben, heute einen höchst bedenklichen Einfluß aus, indem sie Entscheidungen, die für die sinnvolle Fortentwicklung der Gemeinschaftsordnung notwendig sind, zu erschweren oder gar zu blockieren drohen. Die Verbände und ihre Funktionäre streben (bewußt oder unbewußt) dahin, die genannten Zusammenhänge zu vernebeln, da diese geeignet sind, ihr Wirken als das bloßzustellen, was es zu einem guten Teil ist: ein *totes Rennen,* bei dem insgesamt niemand gewinnen und alle (außer den Verbandsfunktionären selbst) nur verlieren können. Die fatale Rolle, welche die Verbände und ihre Funktionäre hier spielen, führt in der Tendenz dazu, daß die klare Sicht der Bürger, oft auch die der Politiker, auf die Zusammenhänge getrübt wird. In Wahrheit ist der Bürger, wenn er nur angesprochen und ihm die Notwendigkeit einsichtig gemacht wird, sicher klüger und eher bereit, auf Ansprüche in weiterem Umfang zu verzichten, als dies gemeinhin angenommen wird. Wer sich sträubt, sind die **Funktionäre der Partikularverbände,** die nicht zu Unrecht befürchten, bei einer allgemeinen Akzeptierung

---

[8] Vgl. auch BVerfGE 44, 125 (148): „Jede verantwortliche Politik kann zu unpopulären Maßnahmen gezwungen sein ... Auch hier ist es Aufgabe staatlicher Öffentlichkeitsarbeit, die Zusammenhänge offenzulegen, Verständnis für erforderliche Maßnahmen zu wecken ..." (Hervorh. vom Verf.).

[9] Vgl. auch *Schelsky,* Funktionäre. Gefährden sie das Gemeinwohl?, 1982.

der genannten Grundzusammenhänge werde ihre Funktion eingeschränkt und ihr Status gemindert.

Ist das Zukurzkommen allgemeiner Interessen aber denn wirklich so bedenklich? Dieser Frage gilt es noch nachzugehen.

IV. Beurteilung des Zukurzkommens allgemeiner Interessen

1. Unbedenklichkeit wegen Personengleichheit?

Die Beurteilung des Zukurzkommens allgemeiner Interessen und die überlegene Durchsetzungschance von Sonderinteressen mag auf den ersten Blick gar nicht wirklich gravierend erscheinen. Sind Steuerzahler und Konsumenten nicht letztlich in irgendeiner Form auch Einkommensbezieher? Versuchen sie nicht mehr oder weniger alle als Angehörige eines speziellen Berufsverbandes oder einer Gewerkschaft Einkommens- oder sonstige Sondervorteile zu erlangen und halten sich auf diese Weise im Ergebnis für das Zukurzkommen ihrer Konsumenten- und Steuerzahlerinteressen schadlos? Ist deshalb nicht möglicherweise auf Dauer für keine Bevölkerungs- und Berufsgruppe wirklich etwas im Sinne eines Sondervorteils gewonnen? Die Interessenverbände *versuchen* zwar, solche Sondervorteile zu ergattern und werben auch ihre Mitglieder mit dieser Aussicht an. Gleichen sich die wechselseitigen Begünstigungen und Belastungen aber nicht letztlich doch aus?

In der Tat kann man die Augen nicht vor der Erkenntnis verschließen, daß etwa staatliche Subventionen in ihrer Gesamtheit zu einem beträchtlichen Teil lediglich **Umschichtungen** von der Art sind, daß der einzelne Bürger sich das Geld, bildlich gesprochen, ,,von der rechten in die linke Tasche lügt“ *(Volkmar Muthesius):* Er muß in seiner Eigenschaft als Steuerzahler aufbringen, was er in seiner Eigenschaft als Subventionsempfänger erhält. Ähnlich ist es auch hinsichtlich Lohnerhöhungen, die, soweit sie über eine bestimmte Marge hinausgehen, zu entsprechenden Preiserhöhungen (oder zu Arbeitslosigkeit) führen, so daß die Menschen in ihrer Eigenschaft als Konsumenten für die gleichen Güter in etwa dasjenige zusätzlich ausgeben müssen, was sie vorher an Einkommenserhöhungen zusätzlich durchgesetzt haben.

Im Gesamtergebnis zeigt sich indes weder eine gleichmäßige noch eine gerechte Verteilung der Vor- und Nachteile unter den Gruppen. Die eine Interessengruppe versteht es, mehr Subventionen oder sonstige Einkommensverbesserungen herauszuschlagen als die andere (ohne daß dies in jedem Fall sachlich gerechtfertigt wäre), und die Menschen werden z. B. auch in unterschiedlichem Maße unter der Geldentwertung leiden (z. T. werden sie sogar davon profitieren). Zudem können sich wegen Nichtberücksichtigung innerverbandlicher Disparitäten weitere Ungerechtigkeiten ergeben; schon all das ist keinesfalls leicht zu nehmen. In Wahrheit sind jedoch nicht nur Ungerechtigkeiten zwischen den Gruppen von Gewicht, sondern ebenso sehr und mehr noch das **Zukurzkommen allgemeiner Interessen;**[10] ihre Erfassung und richtige Beurteilung ist zudem besonders schwierig, woraus eine erhöhte Gefährdung resultiert. Deshalb werden die allgemeinen Interessen hier besonders hervorgehoben.

2. Von der Gruppenungerechtigkeit zur Gemeinwohlwidrigkeit

Da es bei den allgemeinen Interessen um Interessen von mehr oder weniger allen Staatsbürgern geht, bedeutet ihr Zukurzkommen *nicht* eine Unausgewogenheit *zwischen den Gruppen* und sozialen Klassen; jene Form der Interessen-Disharmonie ist vielmehr gerade dadurch gekennzeichnet, daß sie gleichsam *in* die *Gruppen und* in die *Individuen hinein*verlagert ist. Es handelt sich um Formen des sozialen Ungleichgewichts, welche – in der Formulierung von *Claus Offe*[11] – eine ,,Disparität zwischen den verschiedenen Problembereichen und Bedürfnissphären des gesellschaftlichen Lebens" darstellen. Im Vordergrund stehen also nicht inter-Personen und inter-Gruppenkonflikte, sondern **intra-Personen und intra-Gruppenkonflikte** (dazu oben G VI 1).

Das Beispiel der steuerlichen Subventionen zeigt, daß selbst eine absolut gleichmäßige Berücksichtigung aller Volks-, Berufs- oder sonstigen Gruppen bei Dominanz von Partikularinteressen nicht zum Richtigen führt. Wenn man etwa den Versuch aufgäbe, Steuervergünstigungen entsprechend der gesetzgeberischen Intention, wie sie in § 12 StabG ihren Ausdruck gefunden hat, möglichst einzuschränken, und bewußt dazu überginge, sie gleichmäßig auf alle Volks- und Berufsgruppen zu verteilen, so wäre eine solche Verteilung der Vergünstigungen sehr viel weniger richtig, als wenn überhaupt keine (sachlich unberechtigten) Sonderinteressen berücksichtigt würden. Denn die Masse von Steuervergünstigungen vergrößert notwendigerweise die Kompliziertheit und mangelnde Überschaubarkeit des Steuerrechts und beeinträchtigt damit zugleich den Grundwert Rechtssicherheit (mit allen ,,sozialen Kosten", die daraus folgen) mehr als nötig. Die durch die Steuervergünstigung bewirkte Entlastung ließe sich einfacher und damit richtiger durch allgemeine Tarifsenkungen erreichen.

---

[10] Daß das Zukurzkommen allgemeiner Interessen sich gerade in seinen wichtigsten Elementen nicht als Gleichheits- und Gerechtigkeitsverstoß erfassen läßt (oben G VI 3), wird vielfach verkannt, so z. B. auch von *Gusy,* Vom Verbändestaat zum Neokorporatismus, 1981, 43, 79.

[11] *Offe,* Politische Herrschaft und Klassenstrukturen, in: *Kress/Senghaas* (Hrsg.), Politikwissenschaft, 1969, 155 (178f., 184).

Daß die Wahrnehmung allgemeiner Interessen sich nicht in der Gewährleistung gruppenparitätischer Gerechtigkeit erschöpfen kann, machen auch die Beispiele Umweltzerstörung und Rohstoffraubbau deutlich. Auch wenn jede Gruppe „ihren gerechten Anteil" am wachsenden Kuchen Sozialprodukt erhält, so ist doch noch lange nicht sichergestellt, daß dieses auch richtig zusammengesetzt ist, daß vor allem die Höhe des Gesamtprodukts nicht durch eine fortschreitende Verschlechterung der Umweltbedingungen und eine Vergeudung knapper Ressourcen erkauft wird, die nicht nur zu Verminderungen der Annehmlichkeiten, sondern auch zu Gesundheitsschäden führen und in letzter Konsequenz sogar die Überlebensfrage stellen können.

Das Zukurzkommen allgemeiner Interessen ist besonders bedenklich unter dem Aspekt des Demokratiepostulats nach gemeinwohlorientierter Interessenwahrnehmung im Wege einer balancierten kollektiven Willensbildung. Die Gemeinwohlwertigkeit von kollektiven Interessen bemißt sich in der *Demokratie* (neben der Fundamentalität der Interessen) nach der Zahl der berührten Interessenträger, also nach der Allgemeinheit des Interesses; diese erlangt ihren höchsten Grad, wenn die betroffene Allgemeinheit die Gesamtheit der Staatsbürger umfaßt. Haben Interessen nun aber um so weniger Durchsetzungskraft, je allgemeiner sie sind, besitzen also gerade die allgemeinsten Interessen die geringste Durchsetzungskraft, so liegt darin eine Art **„Mechanismus umgekehrt-proportionaler Demokratie"** *(Nicklas)*. Man braucht durchaus kein puristischer Demokratie-Doktrinär zu sein, um diesen Befund heute, d. h. in den 80er Jahren des 20. Jahrhunderts, aufs höchste beunruhigend zu finden.

Die Schwäche allgemeiner Interessen kann nicht ein für allemal gleich beurteilt werden, sondern hängt von den geschichtlichen Herausforderungen ab, denen die Gemeinschaft als Ganze gegenübersteht. Je größer diese Herausforderungen sind, desto unerträglicher wird die mangelnde Durchsetzungskraft allgemeiner Interessen. Die Herausforderungen sind heute aber besonders groß; erinnert sei neben dem Umweltschutz an die Energieversorgung, die anfällige außenpolitische Lage der Bundesrepublik und die Bekämpfung des Hungers in der Dritten Welt. Und vor allem: Die Herausforderungen werden in absehbarer Zeit noch zunehmen, während andererseits die Fähigkeit des pluralistisch-politischen Systems, es erfolgreich mit ihnen aufzunehmen, wenn sonst nichts geschieht, sich verringern dürfte. Eine wesentliche Bedingung dafür, daß Pluralismusdefizite bisher zwar schon deutlich erkennbar und recht gravierend sind, aber sich immerhin noch nicht als die existentielle Gefahr für die Gemeinschaft gezeigt haben, war nämlich das hohe reale Wirtschaftswachstum in den vergangenen Jahrzehnten. Dieses ermöglichte es, aus einem andauernd und stark wachsenden Kuchen den Wünschen der Partikularverbände in erheblichem Maße entgegenzukommen und dennoch Gesamtinteressen bis zu einem gewissen Grad zu wahren. Diese Bedingung dürfte in Zukunft, wenn überhaupt, nur noch in beträchtlich geringerem Maße vorliegen. Einen Vorgeschmack gibt bereits die jüngste Vergangenheit. Mit der Abnahme des Wirtschaftswachstums geht aber auch seine konfliktmindernde Kraft verloren. Der Verteilungskampf wird sich verschärfen mit der Folge, daß die angemessene Durchsetzung allgemeiner Interessen noch mehr als bereits heute erschwert werden wird. Die pluralistischen Blockierungen, die verbandlich bedingte Schwerfälligkeit der staatlichen Willensbildung, werden zu einer ,,öffentlichen Gefahr" *(Dieter Grosser),* ohne daß dies schon allgemein erkannt würde.

Zwar gab es schon immer eine gewisse Verzögerung, mit der das politisch-rechtliche Bewußtsein hinter der sozialen Entwicklung herhinkte. Je mehr sich die Entwicklung aber beschleunigt, desto bedenklicher und gefährlicher wird die Verzögerung. Trifft die ,,accélération de l'histoire" auch noch mit einer zunehmenden Blockierung der staatlichen Willensbildung zusammen, so steigert sich die Gefahr weiter. Damit erweist sich die Frage, wie der Pluralismus der Parteien und Verbände unter die Kontrolle der Gemeinschaft gebracht werden kann, in der Tat als eines der **Kardinalprobleme,** dem sich Staat und Gesellschaft in der zweiten Hälfte des 20. Jahrhunderts gegenübersehen.[12]

Die Hauptproblematik des Pluralismus ist heute also nicht nur und nicht einmal in erster Linie eine solche der Verteilungsgerechtigkeit. Selbst wenn es für jeden einzelnen zuträfe, daß er für das Zukurzkommen allgemeiner Interessen als Mitglied einer Sondergruppe einkommensmäßig entschädigt würde, kommt bei Dominanz der Partikularinteressen doch das Gemeinwohl im engeren Sinne, d. h. zentral wichtige Belange aller, zu kurz. Die eigentliche Problematik liegt in einem unausgewogenen Einsatz der wirtschaftlichen und staatlichen Kräfte, in einer Desorientierung der Allokation der Ressourcen des Volkes. Für eine nur auf Gerechtigkeit zwischen den Gruppen fixierte Denkweise, das sog. Gruppenparitätsdenken, ist die Problematik allerdings nicht faßbar. Eine solche Sicht ist blind gegenüber dem von *Robert P. Wolff* für die USA festgestellten und auch für die Bundesrepublik weitgehend zutreffenden Befund, daß die westlichen Demokratien heute vor neuen Problemen stehen, ,,vor Problemen nicht der ausgleichenden Gerechtigkeit, sondern des Gemeinwohls".[13]

---

[12] So *Loewenstein,* Verfassungslehre, 414. Vgl. auch *Kaiser,* Repräsentation, 284, 308; *Herzog,* Staatslehre, 342; *Scheuner,* Die Lage des parlamentarischen Regierungssystems in der Bundesrepublik, DÖV 1974, 433 (441). Vgl. auch schon oben F I.

[13] *R. P. Wolff,* Das Elend des Liberalismus, 1969, 214. *Wolff* versteht hier unter ,,Gemeinwohl" Gemeinwohl im engeren Sinn (oben G VI 3.1).

Kapitel 5: Parlament, Regierung und Verwaltung

Vorbemerkung: Parteien, Verbände und „Staatsorgane"

Bisher wurden die Parteien und Verbände als zentrale Träger politischer Macht herausgestellt. Ihren Einfluß galt es hervorzuheben, weil er in der einschlägigen *staatsrechtlichen* Literatur leicht zu kurz kommt. Dort werden zwar die Parteien – wegen ihrer positiv-rechtlichen Anerkennung in Art. 21 GG und im Parteiengesetz –, wenn auch oft etwas stiefmütterlich, behandelt, die Interessenverbände fallen dagegen regelmäßig ganz unter den Tisch. Andererseits muß man sich aber auch davor hüten, ins gegenteilige Extrem zu verfallen und vor lauter Betonung des Einflusses der Parteien und Verbände als „informeller" politischer Akteure zu übersehen, daß auch die formellen „Staatsorgane" (insbes. Bundestag, Bundesregierung, Bundesrat und Bundespräsident) noch ein erhebliches durch das Amt vermitteltes politisches Eigengewicht besitzen. Sie sind durchaus nicht bloß Spielmaterial in den Händen der Parteien und Verbände, wenn sie auch – anders als der Text des Grundgesetzes vermuten läßt – nicht die ganz beherrschenden Akteure sind. Zwischen den informellen politischen Mächten und den eigentlichen Staatsorganen findet vielmehr eine wechselseitige Beeinflussung und Durchdringung statt (oben F I a. A. und Kap. 4 vor I).

Das verfassungsrechtliche Kennzeichen der **Staatsorgane** liegt darin, daß allein sie vom Grundgesetz mit staatlicher Regelungs- und Entscheidungsmacht ausgestattet sind. So kann z. B. kein Gesetz ohne Beschluß des Bundestags zustande kommen; dieser hat – unbeschadet der Mitwirkungsrechte der Regierung, des Bundesrats und des Bundespräsidenten – sozusagen ein Gesetzgebungsmonopol. Parteien und Interessenverbände können ihre Anliegen also nur durchsetzen und in bindende staatliche Regelungen transformieren, wenn die zuständigen Staatsorgane sie sich zu eigen machen und formell „absegnen". In Anbetracht der ausführlichen Behandlung der Staatsorgane im einschlägigen staatsrechtlichen Schrifttum können sich die folgenden Ausführungen auf eine Übersichtsskizze beschränken, wobei der Nachdruck auf die *Strukturwandlungen* gelegt wird, die durch das Erstarken der Parteien und Verbände hervorgerufen worden sind.

L. Bundestag

I. Aufgaben des Bundestags nach dem Grundgesetz

Der Bundestag hat nach den Bestimmungen des Grundgesetzes die klassischen Funktionen des Parlaments behalten, deren wichtigste sind:

- die **Gesetzgebung** (Art. 70 ff. GG) einschl. der **Haushaltsbewilligung** (Art. 110 GG) und
- die **Kontrolle** der Bundesregierung und der Verwaltung, die im übrigen zu einem guten Teil eben durch die Gesetzgebung erfolgt.

Entsprechend den Grundsätzen der parlamentarischen Demokratie kommt dem Bundestag als weitere Aufgabe zu:

- die **Wahl des Bundeskanzlers** (Art. 63 GG) und ggf. seine Abwahl durch Wahl eines Nachfolgers (Art. 67 GG).

Daneben wirkt der direkt vom Volk gewählte Bundestag auch an der **Wahl anderer Machtträger** mit (z. B. Bundespräsident, Mitglieder des Bundesverfassungsgerichts) und vermittelt diesen dadurch demokratische Legitimation.

II. Parlamentarismuskonzeptionen

1. Strukturwandel des Parlamentarismus

Die klassisch-liberale Parlamentskonzeption war von der Vorstellung öffentlicher Diskussion über richtige Lösungen von Gemeinschaftsproblemen geprägt. Man ging davon aus, umsichtige und unabhängige Abgeordnete ermittelten im Austausch von Informationen und Meinungen durch Diskutieren und Raisonnieren über Argument und Gegenargument vor und unter Mitwirkung der Öffentlichkeit schließlich das Richtige, das Gemeinwohlkonforme (oben D IV). Inwieweit diese Auffassung jemals der Wirklichkeit ganz gerecht geworden ist, sei dahingestellt.[1] Feststeht jedenfalls, daß dies heute nicht mehr der Fall ist. Viel-

---

[1] Kritik z. B. bei *Hennis,* Zur Rechtfertigung und Kritik der Bundestagsarbeit (1967), in: *ders.,* Die mißverstandene Demokratie, 1973, 121 (123): ,,Vom wirklichen Parlamentsbetrieb weit entfernte Äußerungen einiger französischer Theoretiker". *Steffani,* Parlamentarische Demokratie. Zur Problematik von Effizienz, Transparenz und Partizipation, in: *ders.* (Hrsg.), Parlamentarismus ohne Trans-

mehr hat das Aufkommen der Parteien und der Interessenverbände den Prozeß der parlamentarischen Willensbildung grundlegend gewandelt (*Leibholz:* „Strukturwandel" des Parlamentarismus; oben F I).

1.1. Machtkampf der Parteien als zentrales Moment

Die Logik der modernen Wettbewerbsdemokratie besteht im Kampf der Parteien um die Mehrheit der Wähler (oben F II 1). Dies hat zwangsläufig auch Auswirkungen auf die Willensbildungs- und Entscheidungsprozesse im Bundestag, die in den Machtkampf der Parteien einbezogen und von ihm überlagert werden. Infolgedessen suchen die Abgeordneten einer Partei, sich als *Fraktion* möglichst geschlossen zu präsentieren. Denn der Eindruck mangelnder Geschlossenheit wirkt sich nachteilig auf das Ansehen der Partei in der Bevölkerung aus. Sich vom politischen Gegner überzeugen zu lassen wird als Zeichen der Schwäche gewertet, welches die Chancen der Wiederwahl mindert und deshalb – jedenfalls vor der Öffentlichkeit – möglichst vermieden wird. Im Plenum des Parlaments werden zwar nach wie vor öffentliche Reden gehalten, aber weniger, um sich gegenseitig zu überzeugen, als vielmehr „zum Fenster hinaus", d.h. um Sympathie und Unterstützung der Öffentlichkeit im Kampf um die Macht zu gewinnen. Im Bundestag „findet nichts weniger statt als Diskussion". Vielmehr versucht jede Partei, vor der Öffentlichkeit des Wählervolks die Schwäche des Gegners zu enthüllen und die eigene Stärke deutlich zu machen.[2] Die klassische Vorstellung vom sachorientierten Diskussions- und Lernprozeß der Abgeordneten unter Mitwirkung der und in Rückkoppelung an die Öffentlichkeit ist damit im Mark getroffen.

1.2. Einfluß der Interessenten

Auch die Vorstellung von der interessenfreien Debatte, in welcher unabhängige Abgeordnete mit Argumenten und Meinungen, nicht aber Interessenten miteinander ringen, trifft heute die Wirklichkeit offenbar nicht mehr. Der Einfluß von Gruppen und Verbänden auf den parlamentarischen Prozeß ist eine Binsenweisheit (oben J I). So sitzen z.B. in den Parlamentsausschüssen zum großen Teil Vertreter von Interessenverbänden. Interessenten versuchen aber meist weniger, etwas Richtiges

---

parenz, 1971, 22ff.; *Oberreuter,* Kann der Parlamentarismus überleben?, 1977, 21ff. m.w.N. – Die Kritik macht die Darstellung des „klassischen" Parlamentarismusmodells, wie sie oben erfolgt ist, aber keinesfalls überflüssig. Mag es sich auch nur um ein stilisiertes Modell handeln, in jedem Fall gingen von ihm gewaltige Wirkungen aus. Die Lage ist ähnlich wie beim Marktmodell der vollständigen Konkurrenz von *Adam Smith,* dessen Voraussetzungen ebenfalls bereits damals nur eine grobe Annäherung an die Wirklichkeit darstellten.

[2] *Hennis,* Bundestagsarbeit (oben FN 1), 126.

öffentlich zu ermitteln, als vielmehr ihre Belange auf einer Vielzahl von kaum überschaubaren Wegen – innerhalb und außerhalb des Parlaments – soweit wie irgendmöglich durchzusetzen: ,,Right or wrong: my pressure group" *(Kriele)*.

2. Parlamentarismuskritik; Alternativkonzepte

Den Wegfall der klassischen Funktionsbedingungen des Parlamentarismus haben *Carl Schmitt* und *Gerhard Leibholz* besonders herausgestellt. Beide setzen mit ihrer Kritik an dem idealisierten liberal-rechtsstaatlichen Modell an:[3]

,,Die ratio des Parlaments ... liegt in einem Prozeß der Auseinandersetzung von Gegensätzen und Meinungen, aus dem sich der richtige staatliche Wille als Resultat ergibt. Das Wesentliche des Parlaments ist also öffentliches Verhandeln von Argument und Gegenargument, öffentliche Debatte und öffentliche Diskussion." Dabei gehören zur Diskussion ,,gemeinsame Überzeugungen als Prämissen, Bereitwilligkeit, sich überzeugen zu lassen, Unabhängigkeit von parteimäßiger Bindung, Unbefangenheit von egoistischen Interessen".[4] Das Ergebnis von Öffentlichkeit und Diskussion sollte ,,nichts weniger als Wahrheit und Gerechtigkeit selbst" sein.[5]

Das Aufkommen der Parteien und Interessenverbände hat dieser Vorstellung zu einem guten Teil den Boden entzogen. Darüber herrscht heute Übereinstimmung. Aber wie ist die neue Lage nun ihrerseits zu beurteilen? Hier stehen sich unterschiedliche Standpunkte gegenüber.

2.1. *Carl Schmitt*

Einen extremen Standpunkt hatte *Carl Schmitt* eingenommen, als er sich von dem Wandel, den der Parlamentarismus durch Parteien und Verbände erfahren hat, in der Weimarer Zeit zu einer Fundamentalkritik hatte hinreißen lassen,[6] die weithin als Hinwendung zum Totalitarismus verstanden worden war.[7] Das Hitler-Regime mit allen seinen Folgen,

---

[3] *Carl Schmitt,* Die geistesgeschichtliche Lage des heutigen Parlamentarismus (1923), 3. Aufl., 1961; ebenso *Leibholz,* Das Wesen der Repräsentation und der Gestaltwandel der Demokratie im zwanzigsten Jahrhundert (1929), 3. Aufl., 1966; *ders.,* Strukturprobleme der modernen Demokratie, Neuausgabe 1974 der 3. Aufl., 1967, 71ff., 84ff.

[4] *Carl Schmitt,* Geistesgeschichtliche Lage (oben FN 3), 43, 9; ganz ähnlich *Leibholz* in den in FN 3 genannten Werken.

[5] *Carl Schmitt,* Die Prinzipien des Parlamentarismus, in: *Kluxen* (Hrsg.), Parlamentarismus, 1967, 41 (51).

[6] *Carl Schmitt,* Geistesgeschichtliche Lage (oben FN 3), 80, hat selbst erklärt, daß er mit seiner Analyse ,,den letzten Kern der Institution des modernen Parlaments" habe treffen wollen.

[7] *Carl Schmitt,* Geistesgeschichtliche Lage (oben FN 3), 22f.: ,,Der Wille des Volkes kann durch Zuruf, durch acclamatio, durch selbstverständliches, unwi-

insbesondere der Gewaltherrschaft nach innen (Ermordung von Millionen Menschen) und nach außen (Anzettelung des Zweiten Weltkriegs), hat die Konsequenz *Carl Schmitts* gründlich diskreditiert.[8]

2.2. *Gerhard Leibholz*

Leibholz wendet sich gegen jeden ,,diktaturförmigen Einparteienstaat" und erklärt dem Mehrparteienstaat entschieden seine Loyalität. Er geht dabei aber von einer Wandlung der repräsentativen zur plebiszitären Demokratie aus, sieht als unmittelbaren Bezugspunkt des plebiszitären Moments indes nicht das Volk, sondern die *Parteien,* welche sozusagen als ,,Sprachrohr" des Volks fungierten und seinem Willen Ausdruck gäben.[9]

Auch die *Leibholz*sche Konstruktion überzeugt nicht voll.[10] Wichtig ist zwar die Anerkennung der Rolle der Parteien im politischen Kräftespiel. Andererseits begünstigt der Ansatz von *Leibholz* eine **Überhöhung der Parteien.** Indem ihr Wille mit dem des Volkes in fiktiver Weise gleichgesetzt wird, werden die Parteien gegen Kritik tendenziell immunisiert. Dies Verständnis erschwert es, ihrer wachsenden Macht und den damit einhergehenden Mißbräuchen und Fehlentwicklungen entgegenzuwirken. Ein solches Gegenhalten ist heute aber besonders wichtig (oben F I, I V). Darüber hinaus steht *Leibholz'* Entgegensetzung von Parteienstaat und Repräsentation dem angemessenen Verständnis unserer heutigen Demokratie im Wege. In Wahrheit weisen nämlich auch die

dersprochenes Dasein ebenso gut und noch besser demokratisch geäußert werden als durch den statistischen Apparat, den man seit einem halben Jahrhundert mit einer so minutiösen Sorgfalt ausgebildet hat", so daß ,,diktatorische und cäsaristische Methoden nicht nur von der acclamatio des Volkes getragen, sondern auch unmittelbare Äußerungen demokratischer Substanz und Kraft sein können". *Carl Schmitt* beschwört dabei ,,sowohl die Kraft zum Martyrium wie den Mut zur Gewaltanwendung" (ebenda, 80).

8 Allerdings macht die bisweilen geradezu gehässige Kritik an *Carl Schmitt* es sich meist zu leicht. Sie übersieht, daß ursprünglich auch in *Schmitts* Konzeption eine pluralistische Alternative zum totalitären Staat angelegt war. Dies jüngst wieder ins Bewußtsein gehoben zu haben, ist das Verdienst von *Quaritsch,* Zur Entstehung der Theorie des Pluralismus, Der Staat 1980, 29 (47ff.). Und daß *Schmitt* der Auffassung war, die Voraussetzungen des pluralistischen Modells (oben F II) hätten seinerzeit nicht vorgelegen, ist angesichts der labilen *Weimarer* Verhältnisse, die von denen *Bonns* grundverschieden waren, so verwunderlich nicht. Man bedenke, daß auch *Fraenkel* sich vor jenem Erfahrungshintergrund zunächst für den ebenfalls totalitären Marxismus entscheiden zu müssen glaubte und erst später, insbes. unter dem Einfluß seiner Erfahrungen in den USA, sein Pluralismuskonzept entwickelt hat.

9 *Leibholz,* Strukturprobleme (oben FN 3), 76f., 98f.

10 Zusammenfassung der Kritik an *Leibholz'* Thesen bei *Grimm,* Die politischen Parteien, in: *Benda/Maihofer/Vogel,* Handbuch des Verfassungsrechts der Bundesrepublik Deutschland, 1983, 317 (331ff.).

Parteien und ihre parlamentarischen Gliederungen, die Fraktionen, durchaus repräsentative Elemente im richtig verstandenen Sinn des Wortes auf. Hier findet durchaus eine sachorientierte Diskussion und Abwägung statt, bei der man sich informiert und bereit ist, sich überzeugen zu lassen; bloß geschieht dies, wie noch zu zeigen ist, schwerpunktmäßig nicht im öffentlich verhandelnden Plenum des Parlaments, sondern in den Fraktionen, ihren Arbeitskreisen und teilweise auch in den Parlamentsausschüssen.[11]

Schließlich findet auch auf den **Parteitagen** so etwas wie echte Diskussion im repräsentativen Sinn statt. Hier liegen, wie *Rolf Zundel* hervorgehoben hat, sogar die klassischen Elemente Diskussion *und* Öffentlichkeit oft tatsächlich noch vor. Abgelöst von der unmittelbaren Konfrontation zum parlamentarischen Gegner glaubt man wohl, sich Öffentlichkeit und Diskussion eher leisten zu können, obwohl auch Parteitage dann als besonders erfolgreich gelten, „wenn sich möglichst wenig Widerstand gegen die Führung bemerkbar macht".[12] Dennoch wird die echte Diskussion in der Öffentlichkeit meist von „der Basis" erzwungen, für welche – anders als für die Führungskräfte der Parteien (als Mandatsträger im Parlament und insbes. als Regierungsmitglieder) – der Fortbestand (oder Erwerb) der Regierungsmacht noch nicht die alles beherrschende Motivation darstellt.

2.3. Ausbau der Theorie der Parteienkonkurrenz

Eine entschiedene **Gegenposition** ist in den 50er und 60er Jahren vor allem von politikwissenschaftlicher Seite entwickelt worden. In bewußter Wendung gegen die grundstürzende Kritik des Parlamentarismus durch *Carl Schmitt* (aber auch gegen die *Leibholz*sche Flucht in die Fiktion) hat man versucht, dem Parlamentarismus der Bundesrepublik unter den Bedingungen des Parteien- und Verbändewirkens einen neuen Sinn zu geben.[13] In Anlehnung an das schon bei *Bagehot* anklingende Modell des englischen Parlamentsverständnisses[14] geht man von den „Parteien als Organisatoren des politischen Prozesses" *(Steffani)* aus, stellt den für die Konkurrenzdemokratie typischen Gegensatz zwischen Regierungsmehrheit und Opposition in den Mittelpunkt (oben F II 1)

---

[11] BVerfGE 44, 308 (317f.).

[12] *Rolf Zundel*, Das verarmte Parlament, 1980, 58ff.

[13] *Hennis*, Parlamentarische Opposition und Industriegesellschaft (1956), in: *Schumann* (Hrsg.), Die Rolle der Opposition in der Bundesrepublik Deutschland, 1976, 88–113; *ders.*, Bundestagsarbeit (oben FN 1), 121–134; vgl. auch *Friesenhahn*, Parlament und Regierung im modernen Staat, VVDStRL 16 (1957), 9 (31f.); *Steffani*, Parlamentarische Demokratie (oben FN 1), 17ff.; *Gerhard A. Ritter*, Die Kontrolle staatlicher Macht in der modernen Demokratie, in: *ders.* (Hrsg.), Vom Wohlfahrtsausschuß zum Wohlfahrtsstaat, 1973, 69 (80ff.).

[14] *Bagehot*, The English Constitution (1867), Ausgabe Fortuna Library, London 1966, 158f.: „The principle of Parliament is obedience to leaders . . . Party is of its essence (sc. des Parlaments). There never was an election without party . . . Party organization is the vital principle of representative government."

und sucht das Modell auf die parlamentarischen Verhältnisse zuzuschneiden.

Man akzeptiert die Erscheinung, daß der politische Wille nicht im Plenum des Parlaments durch Diskussion und Deliberation entwickelt wird, sondern vorher getroffene Entscheidungen nur noch der Öffentlichkeit präsentiert werden. Im Gegensatz zu den Kritikern[15] sieht man in diesem Verfahren aber nicht nur ein bloßes Ritual, sondern mißt ihm einen guten Sinn bei: Die Darstellung vor der Öffentlichkeit soll dazu dienen, den Wählern die politischen **Alternativen,** für die die Regierungs- und die Oppositionsparteien stehen, **klarzumachen.** Die parlamentarische Auseinandersetzung hat in dieser Sicht also die Funktion, einerseits die Regierung zu zwingen, ihre politische Linie öffentlich zu *begründen* und zu rechtfertigen, andererseits soll sie der Opposition die Möglichkeit geben, ihre *Kritik* zu artikulieren. Auf die Weise soll **Transparenz** geschaffen und die **Verantwortlichkeit** der Regierung klargestellt werden. Die Opposition hat die Aufgabe, evtl. Schwächen der Regierungspolitik herauszustellen und diese zur fortwährenden **Rechtfertigung** ihrer Maßnahmen zu zwingen. Zugleich will die Opposition die Regierung „auf ihre Verantwortung festnageln", die „Öffentlichkeit informieren und zur kritischen Auseinandersetzung mit der Regierungspolitik anregen und in einer Art ständigen vorweggenommenen Wahlkampfes ihre Anhängerschaft und damit ihre Chance zur Ablösung der Regierung bei der nächsten Wahl verstärken".[16] Verantwortlichkeit der Regierung und der sie stützenden Partei(en) bedeutet also „Rede und Antwort stehen müssen".[17] In gedanklicher Vorwegnahme all dessen werden Regierung und Opposition zu einer Ausrichtung am Wählerwillen gezwungen. Die „List der Idee" liegt also darin, daß die Regierung zur Rücksichtnahme auf die öffentliche Meinung und zur gedanklichen Vorwegnahme möglicher Kritik bei ihren Maßnahmen veranlaßt wird. Darin liegt ein gewisser Druck „zur rationalen Begründung, zur Rechtfertigung, zur Offenlegung der Gründe". „Die parlamentarische Debatte" werde so, wie *Wilhelm Hennis* auf die Spitze formuliert hat, „zum Unterpfand der Rationalität der Politik unter modernen Bedingungen".[18]

Funktionsbedingung dieses Modells ist – neben der Existenz eines dem Streit entzogenen Konsensbereichs (oben F II 3 und F III) – vor allem die strenge **Trennung von Opposition und Regierung:** „Die Op-

---

[15] *Carl Schmitt,* Geistesgeschichtliche Lage (oben FN 3), 10f., sah die Sitzungsöffentlichkeit des heutigen Parlaments als „überflüssige Dekoration, unnütz und sogar peinlich" an.

[16] *Gerhard A. Ritter* (oben FN 13), 81f. Vgl. auch *Hennis,* Bundestagsarbeit (oben FN 1), 132: Es herrsche eine Situation des ständigen Wahlkampfes.

[17] *Hennis,* Bundestagsarbeit (oben FN 1), 128.

[18] *Hennis,* Bundestagsarbeit (oben FN 1), 128.

position strebt nicht Mitwirkung an der Gestaltung der staatlichen Politik, nicht Teilhabe, sondern Übernahme der staatlichen Macht an".[19]

In der Konsequenz dieser Konzeption liegt eine **Stärkung** der Rechte **der Opposition.** Könnten die rechtlichen Kontrollinstrumente nur von der Parlaments*mehrheit* gebraucht werden, so wären sie wenig wirksam. Da die Mehrheit des Parlaments der Regierung nahesteht, fehlt *ihr* meist der Kontroll*wille.* Der klassischen Gewaltenteilungskonzeption ist insofern der Boden entzogen. Entsprechend der Logik des Modells wird die Kontrolle der Regierung denn auch vornehmlich von der Opposition ausgeübt. Diese kann zwar keine Beschlüsse des Bundestags gegen die Regierung erzwingen, eben weil sie in der Minderheit ist, hat aber die **Möglichkeit, die Öffentlichkeit** gegen festgestellte Mißstände **zu mobilisieren.** Deshalb müssen die Kontrollrechte, die der Bundestag gegenüber der Regierung hat, so weit wie möglich als Minderheitsrechte ausgestaltet sein; dies ist auch in zunehmendem Maß der Fall.

Zu den **Kontrollinstrumenten** gehören z. B. die *„großen"* und die *„kleinen" Anfragen,* die von Abgeordneten in Fraktionsstärke (mindestens 5 v. H. der Bundestagssitze) gestellt werden können und die *mündlichen Anfragen,* die jeder einzelne Abgeordnete erheben kann (§§ 105–111 GO BT). Ein anderes Instrument der Kontrolle ist die Einsetzung von *Untersuchungsausschüssen* (Art. 44 GG). Auch hierbei handelt es sich schwerpunktmäßig um ein Instrument der Opposition. Deshalb kann bereits ein Viertel der Mitglieder des Bundestags die Einsetzung eines Untersuchungsausschusses erzwingen. Die grundgesetzliche Regelung wird aber dadurch teilweise entwertet, daß die Mehrheit über das *Verfahren* befinden, insbes. die Öffentlichkeit ausschließen, nur genehme Zeugen hören und unliebsame Beweisanträge ablehnen kann. Hier war *Art. 34 WRV* angemessener, der den Antragstellern das Recht vorbehielt, bestimmte Beweiserhebungen zu verlangen und für den Ausschluß der Öffentlichkeit eine Zweidrittelmehrheit vorsah.

2.4. Dualistisches System in der Bundesrepublik

2.4.1. Befund

Die zentrale Schwäche des nach englischem Muster entwickelten reinen Konkurrenzmodells liegt darin, daß es die Wirklichkeit in der Bundesrepublik ebenso weit verfehlt, wie dies das klassisch-liberale Parlamentsmodell tut. Zu den Funktionsbedingungen des Kontrollmodells gehört das *Gegen*einander von Regierungs- und Oppositionsparteien, wie es in der *Öffentlichkeit* ja auch durchaus zur Schau gestellt wird. In

---

[19] *Gerhard A. Ritter* (oben FN 13), 82. Vgl. auch *Hennis,* Parlamentarische Opposition (oben FN 13), 96: Zwischen Regierung und Opposition muß „Klarheit und Wahrheit stiftende Unabhängigkeit" bestehen.

Wahrheit liegt diese Bedingung in der Parlamentspraxis der Bundesrepublik nur eingeschränkt vor. Hinter der Fassade der Öffentlichkeit vollzieht sich ein vielfältiges *Mit*einander von Regierungsparteien und Opposition. Hier kann sich auch über die Fraktionsgrenzen hinweg durchaus ein echter Diskussions-, Abwägungs- und Ausgleichungsprozeß ergeben, bei dem beide Seiten Abstriche machen, Anliegen der anderen Seite übernehmen und so zu einem Kompromiß zu kommen suchen. Bereiche, in denen solche **Kooperationsprozesse** auch zwischen den Mitgliedern der Regierungs- und der Oppositionsfraktion stattfinden, sind vor allem Verhandlungen **in** den **Fachausschüssen** des Parlaments (etwa im wichtigen Haushaltsausschuß des Bundestags) und **im Vermittlungsausschuß,** welcher bei Meinungsverschiedenheiten zwischen Bundestag und Bundesrat tätig wird.[20] Beide Arten von Ausschüssen beraten grundsätzlich **nicht öffentlich.** Die von der Regierung eingebrachten Gesetze werden in den Fachausschüssen unter Mitwirkung *aller* Fraktionen nicht selten erheblich verändert, und das Gros aller **Gesetze** wird mit den Stimmen auch der Opposition, also **einstimmig, verabschiedet** (so z. B. auch das Mitbestimmungsgesetz von 1976). Hier zeigt sich, daß die überlieferte Gewaltenteilungsvorstellung – entgegen dem Konkurrenzmodell – eben doch nicht ganz tot ist, wie man nach dem äußeren Erscheinungsbild oft gemeint hat, sondern das Selbstverständnis der Abgeordneten noch in einigem Umfang prägt. In den Fachausschüssen des Bundestags hat sich vielfach ein ,,esprit de corps der Mitglieder" entwickelt, der oft ,,die Parteigrenzen verwischt und zur Suche nach gemeinsamen Lösungen für die auftretenden Fragen führt" *(Ritter).* Diese Erscheinung beruht wesentlich auf der spezifischen *Parlamentstradition in Deutschland.* Im Selbstverständnis der Abgeordneten wirkt die klassische Vorstellung von der Gewaltenteilung noch nach. Sie fühlen sich nicht nur als Mitglieder einer Fraktion, sondern ,,auch als Angehörige einer in ihrer Gesamtheit der Regierung entgegenstehenden Legislative" *(Ritter).*[21] Im Gegensatz zum englischen Vorbild verhält der deutsche Parlamentarier sich also nicht nur **kompetitiv,** sondern durchaus auch **kooperativ.**[22] Das bundesdeutsche Parlament sieht seine Aufgabe nicht nur in der öffentlichen Rede und Gegenrede im Parlament, wie es dem englischen Modell entsprechen würde, sondern auch und vielleicht sogar in erster Linie in der (nicht öffentlichen) Sacharbeit in den Fachausschüssen. Der Bundestag ist deshalb – im Gegensatz zum reinen

---

[20] Dazu unten N.

[21] Zum Selbstverständnis der Abgeordneten auch *Emil Hübner,* Die Beziehungen zwischen Bundestag und Bundesregierung im Selbstverständnis der Abgeordneten des 5. Deutschen Bundestags, 1980; *Jesse,* Literaturführer: Parlamentarische Demokratie, 1981, 122ff. m. w. N.

[22] Termini nach *Manfred Friedrich,* in: *Oberreuter* (Hrsg.), Parlamentarische Opposition. Ein internationaler Vergleich, 1975, 230ff.

Redeparlament des englischen Modells – auch als **Arbeitsparlament** bezeichnet worden.[23]

In der Bundesrepublik besteht also ein **dualistisches Parlamentssystem neuer Art,** in dem sich zwei Kräfteebenen überlagern. Während vor der Öffentlichkeit Wettbewerbsverhalten der Fraktionen und Abgeordneten vorherrscht, finden sich in den Ausschüssen vielfache Formen der Kooperation. Dagegen ist an sich nichts einzuwenden. Im Gegenteil: Hier begegnet uns noch ein echtes Element klassischer Gewaltenteilung.

2.4.2. Problematik

Ein großes, bisher in der Staatsrechtslehre noch kaum thematisiertes Problem besteht jedoch darin, daß die nicht-öffentlichen Kooperationsprozesse fatale *Rückwirkungen auf* die öffentlichen Verhandlungen im *Plenum* haben: Wenn die **Opposition** Mitverantwortung für die gefundenen Kompromisse trägt, sind ihr vor der Öffentlichkeit leicht die Hände gebunden; sie sieht sich **außerstande,** noch unbefangen **zu kritisieren.** Dann weicht aber auch von den Regierungsparteien der Druck, die Entscheidungen im Plenum, d. h. vor der Öffentlichkeit, noch wirklich zu begründen und zu rechtfertigen, womit auch der daraus folgende **Rationalitätseffekt entfällt.** Zugleich bleibt die Transparenz für den Bürger auf der Strecke, weil die **Verantwortlichkeiten verwischt** werden. Der Wähler weiß häufig nicht mehr, welcher Partei er welches Gesetz verdankt.

Diese Entwicklung wird besonders deutlich bei den Vermittlungsverfahren zwischen Bundestag und Bundesrat. Hier spielt der *Vermittlungsausschuß* eine zentrale Rolle, der bei Meinungsverschiedenheiten von Bundestag und Bundesrat angerufen werden kann und Kompromißvorschläge, die für beide annehmbar sind, entwickeln soll (unten N). Seine Bedeutung ist in gleichem Maße gewachsen wie die des Bundesrats. Der Vermittlungsausschuß aber verhandelt in strengster Abgeschlossenheit, und wirkliche Begründungen für die gefundenen Kompromisse werden regelmäßig überhaupt nicht gegeben – auch nicht im Plenum des Bundestags, bevor dieser über die Vermittlungsvorschläge abstimmt.

2.4.3. Konsequenzen

Bei der *Beurteilung* dieses Befundes muß man sich vor einer vorschnellen *Ver*urteilung hüten. Kritik kann nur überzeugen, wenn man eine bessere Alternative zur Hand hat. Wie könnte diese aussehen? Da die Mängel in der Undurchsichtigkeit des Willensbildungsprozesses begründet sind, läuft die Frage letztlich darauf hinaus, wie **mehr Öffentlichkeit** geschaffen werden kann. Man wird hier unterscheiden müssen zwischen

---

[23] Näheres bei *Steffani,* Amerikanischer Kongreß und Deutscher Bundestag – Ein Vergleich (1965), in: *ders.,* Parlamentarische und präsidentielle Demokratie, 1979, 327 (333ff.).

der Öffentlichkeit der Entscheidungs*findung* und der öffentlichen *Rechtfertigung* der *gefundenen* Entscheidungen. Öffentlichkeit der Beratungen, auch der Ausschüsse, wäre wohl nur um den Preis zu erreichen, daß die Kooperationsprozesse auch hier erstickt, bestenfalls in informelle vorbereitende Gremien verlagert würden. Damit wäre nichts gewonnen. Dies ist ja auch die Erwägung, aus der heraus die Väter des Grundgesetzes die Öffentlichkeit der Verhandlungen nur für das Plenum, nicht auch für die Ausschüsse des Bundestags vorgeschrieben haben. Transparenz in dem Sinne zu schaffen, daß der Bürger stets weiß (oder doch feststellen kann), wem er welche Entscheidungen des Parlaments verdankt, dürfte deshalb kaum möglich sein.

Vielleicht ist dieser Effekt allerdings weniger gravierend, als es auf den ersten Blick erscheint. Im Parteiensystem der Bundesrepublik mit der Entwicklung zu zwei Volksparteien[24] und einer, in Zukunft vielleicht zwei kleineren Parlamentsparteien, mit Verhältniswahlrecht und einer spezifischen politischen Kultur, die der Regierungspartei regelmäßig einen gewissen Bonus gibt, so daß die jeweilige Opposition in Bonn bei Wahlen noch nie die absolute Mehrheit bekommen hat, sondern Regierungswechsel immer nur die Folge von Koalitionswechseln waren, scheint die Vorstellung von einer echten *Programm*konkurrenz der Parteien ohnehin weniger realistisch als die von der bloßen *Personal*konkurrenz, – und *die* besteht auch bei zwischenparteilicher Kooperation (Näheres oben I II und III).

Um so wichtiger aber ist es, wenigstens zu einer sorgfältigen **öffentlichen Begründung** der getroffenen Entscheidungen zu kommen. Neben den Wahlen gibt es ja noch andere politische Mitwirkungsmöglichkeiten des Bürgers und weitere Kontrollen: die öffentliche Kritik durch Presse, Rundfunk und Wissenschaft, die innerhalb der Parteien und Interessenverbände ablaufenden Diskussions- und Kontrollprozesse und auch die Kontrolle durch die Verfassungsrechtsprechung. Sie *alle bedürfen,* um möglichst wirksam werden zu können, der öffentlichen Begründung der Parlamentsentscheidungen. Hier könnte, wie *Peter Noll* in seinem inzwischen schon klassischen Werk der Gesetzgebungslehre hervorhebt, das Gesetzgebungsverfahren einiges *vom gerichtlichen Verfahren lernen.*[25] Auch bei Gericht herrscht zwar Beratungsgeheimnis, die gefundene Entscheidung muß dann aber um so sorgfältiger begründet werden.[26]

---

[24] Einerseits der CDU/CSU, die hier zusammengesehen werden, obgleich sie formal zwei verschiedene Parteien sind, andererseits der SPD.

[25] *Noll,* Gesetzgebungslehre, 1973, 54ff.

[26] Auch das *Bundesverfassungsgericht* hat hervorgehoben, daß es zu den Aufgaben der staatlichen Ordung gehört, die Mehrheit auch „zur Rechtfertigung ihrer Entscheidungen vor dem gesamten Volk ... zu zwingen“ (E 5, 85, 197).

Die Unerläßlichkeit der Begründung gerade von gesetzgeberischen Entscheidungen folgt aus der *Dienstfunktion aller* demokratischen *Staatsgewalt,* die im *Grundgesetz* in dem – bisweilen allerdings mißverstandenen – Art. 1 Abs. 1 auch normativ verankert ist. Danach ist staatliche Macht ihren Inhabern immer nur zu treuen Händen, d.h. als Amt zur Wahrung der Belange der Menschen, die die Gemeinschaft bilden, anvertraut (oben G II 1.1). Dies hervorzuheben ist deshalb wichtig, weil die Vorstellung vom Staat als Selbstzweck in der deutschen Staatsrechtslehre lange eine große Rolle gespielt hat und diese These auch heute noch teilweise vertreten wird, meist nur stillschweigend und zwischen den Zeilen, bisweilen aber auch ausdrücklich (oben G IV 1). Die Selbstzweckvorstellung aber führt in letzter Konsequenz zur Immunisierung des Staates gegen Kritik und macht eine Begründung überflüssig und die Kontrolle unmöglich.

Hennis' Argumentation (soeben unter 2.3) ist also im Ergebnis richtig. Gesetze bedürfen der Begründung. Bloß kann die parteienstaatliche Prozedur dies nicht sicherstellen. Deshalb gilt es, sozusagen als *Kompensat,* Vorkehrungen zu entwickeln, die den Gesetzgeber zur sorgfältigen Begründung zwingen. Und diese Begründung muß der Öffentlichkeit zugänglich sein. Wenn schon Öffentlichkeit der Entscheidungsfindung praktisch nicht möglich erscheint, so ist doch die öffentliche Rechtfertigung der gefundenen Entscheidungen unverzichtbar. Um dies in der Praxis *durchzusetzen,* dürfte die bloße Feststellung einer dahingehenden Verfassungspflicht des Gesetzgebers schwerlich genügen. Es bedarf auch der institutionellen Innovation. Zu denken wäre etwa an die Einschaltung von Gremien, die den Gesetzgebungsorganen öffentlich Fragen stellen und von ihnen öffentliche Antworten erzwingen könnten. Sie könnten dadurch eben das bewirken, was die Opposition nach der kompetitiven Konzeption tun sollte, aber nun einmal nicht in vollem Umfang tut. Für beides: für die Feststellung der Verfassungspflicht zur sorgfältigen öffentlichen Begründung und die Durchsetzung der Erfüllung dieser Pflicht, könnten wesentliche Direktiven von der Rechtsprechung des *Bundesverfassungsgerichts* kommen.

Die Mitglieder solcher **Sachverständigenräte zur Gesetzesberatung** sollten zur Sicherung ihrer Unabhängigkeit nur mit Zweidrittelmehrheiten im Parlament bestellt werden können. Sie müßten vor Erlaß aller Gesetze gehört werden, wobei die Frage, ob es sinnvoller wäre, eine einheitliche, etwa nach verschiedenen Bereichen untergliederte Einrichtung oder eine Mehrzahl von Einrichtungen zu schaffen, hier offengelassen werden kann. Die Einrichtung hätte das Recht, den Gesetzgeber zur Abgabe einer Gesetzesbegründung aufzufordern. Bei unklarer Zielbestimmung könnte sie Klarstellung verlangen, was bereits aus dem Recht auf Begründung folgt, welches zuallererst klare Zielbestimmung voraussetzt. Zugleich könnte sie vom Gesetzgeber (bzw. der Regierung) nötigenfalls Einblick in das gesamte vorliegende Material verlangen. Da der Gesetzentwurf während des parlamentarischen Prozesses verändert werden kann, müßte sichergestellt sein, daß die Begründung einschl. der Klarstellung der Ziele vor der endgültigen Beschlußfassung des Bundestages gegeben wird. Die sachverständige Institution hätte das Recht, ein Gutachten über die innere Konsistenz der Begründung, insbes. darüber abzugeben, ob die voraussichtlichen Folgen des Gesetzes, einschl. der Fragen der Zielerreichung und der Einbeziehung von (positiven und nachteiligen) Nebenfolgen, vom Gesetzgeber unter Einbeziehung des erforderlichen Materials in vertretbarer Weise abgeschätzt und ausgewertet worden sind. Von diesen Gutachten wären jeweils Kurzfassungen dem Gesetzentwurf vor der Schlußabstimmung voranzustellen. Gleiches gilt natürlich von der Gesetzesbegründung einschließlich der Ziele des Gesetzes.

Es geht also nicht so sehr darum, daß das Gremium selbst eine ausführliche Folgenabschätzung vornähme, sondern lediglich darum, daß die des Gesetzgebers (möglicherweise z. T. recht kursorisch) überprüft und dieser bzw. die Regierung und die Fachreferate, die das gesamte Material vorliegen haben, auf diese Weise zur sorgfältigen Begründung einschl. der Klarstellung der Ziele gezwungen würden. Dadurch würde nicht nur die Öffentlichkeit informiert, sondern auch ein gewisser Zwang zur Rationalität geschaffen; zugleich würde eine spätere verfassungsgerichtliche Kontrolle erleichtert.

Eine intensivere öffentliche Begründung wäre auch geeignet, Pluralismusdefiziten, die sich aus der mangelnden Organisationsfähigkeit etwa von allgemeinen Interessen ergeben, entgegenzuwirken. Dieser Aspekt, der in der einschlägigen Literatur bisher meist noch zu kurz kommt, wird im vorliegenden Buch wegen seiner großen Bedeutung noch an anderer Stelle aufgegriffen. Institutionelle Regelungen zur Sicherung einer intensiven Begründung könnten zugleich ein Mittel sein, um das Parlament vor Funktionsverlust und Verarmung[27] möglichst zu bewahren.

2.5. Einbeziehung des Verbandspluralismus

Der moderne Verbandspluralismus, die politische Wirksamkeit organisierter Interessen, die für *Carl Schmitt* ebenfalls ein Grund war, das Parlament nur noch unter Verfallskategorien zu behandeln, ist in Wahrheit kein Anlaß, das Parlament als Einrichtung von vornherein zu diskreditieren – ebensowenig wie das Aufkommen der Parteien und ihr Kampf um die Macht. In dieser heute zugrunde zu legenden Perspektive ist bereits der Ausgangspunkt der Argumentation von der interessentenfreien Abwägung schief: Er beruht auf einem spezifisch kontinentaleuropäischen Parlamentsverständnis, dessen einseitige Übertreibung sich zeigt, wenn man wiederum einen Blick auf das *angelsächsische* Modell wirft. Dort erscheint das Parlament von jeher auch als „Organ des Interessenausgleichs oder der Interessenintegration" *(Herzog)*.[28] Dieses Verständnis vom **Parlament als Einrichtung** zur Ermöglichung eines **friedlichen Interessenkampfes** und zur Herstellung eines **angemessenen Ausgleichs** mußte denn auch in dem Maße die Zukunft für sich haben, in dem man erkannte, daß jene liberale, angeblich interessentenfreie Repräsentation in Wahrheit zu einem guten Teil eine (Schein-)Repräsentation zugunsten der Besitzenden war und in dem das allgemeine, gleiche

[27] Vgl. *Rolf Zundel* (oben FN 12).
[28] Nachweise bei *v. Arnim,* Gemeinwohl und Gruppeninteressen, 127 ff.

Wahlrecht und die Assoziationsfreiheit eingeführt wurden. Denn nun besteht ein großer und immer größer werdender Teil der Aktivität des Staates darin, die Interessen der Schwächeren, welche im freien Spiel der Kräfte leicht zu kurz kommen, durch die Entwicklung des Sozial-, des Arbeits- und des Wirtschaftsrechts zu stützen und so für einen Ausgleich zu sorgen. Damit ist das *Gegeneinander* unterschiedlicher Interessen auch im Bereich der Staatswillensbildung nicht mehr zu übersehen. Erst diese Sichtweise ermöglicht es, die *Realitäten* in der pluralistischen Demokratie hinzunehmen und konstruktiv zu verarbeiten.

Wichtig ist aber, daß auch diese Konzeption, die den Kampf der Interessen akzeptiert, letztlich von der **Erwartung der Richtigkeit** im Sinne eines angemessenen Interessenausgleichs getragen wird. Auch dieses Modell setzt also bestimmte *Funktionsbedingungen* voraus. Zur Gewährleistung des Interessenausgleichs bedarf es vor allem eines gewissen **Gleichgewichts der Kräfte.** Der balancierte Willensbildungsprozeß ist auch in der Konzeption des ,,Interessenverbandsrealismus“ eine vitale **Forderung der Demokratie.** In Wahrheit ist diese Bedingung alles andere als gesichert. Mangels Organisationsfähigkeit kommen bestimmte, z.T. besonders wichtige Belange leicht zu kurz, während sich andere ungebührlich in den Vordergrund schieben und die politische Szene beherrschen (oben J II). Als Beispiel sei auf den übermäßigen Einfluß der öffentlichen Bediensteten und ihrer Verbandsfunktionäre auf die sie selbst betreffenden rechtlichen, insbes. finanziellen, Regelungen hingewiesen (unten P V). Die Parteien vermögen kein ausreichendes Gegengewicht zu setzen (dazu allgemein oben K und speziell hinsichtlich der Kontrolle des öffentlichen Dienstes unten P IV). Mit dem **Fehlen pluralistischer Ausgewogenheit** und den entsprechenden Repräsentationsdefiziten ist ein zentrales Problem nicht nur des Parlamentarismus, sondern des pluralistischen Staates insgesamt angesprochen.[29]

2.6. Der Sinn des freien Mandats heute

Vor dem geschilderten Hintergrund besitzt das freie Mandat, welches Art. 38 I 2 GG und die meisten Landesverfassungen nach wie vor ausdrücklich gewährleisten,[30] auch heute noch einen, wenngleich modifizierten Sinn.[31] Der einzelne **Abgeordnete** ist heute zwar **in Partei und Fraktion eingebunden.** Die *Partei* befindet über seine Wiederwahl; sie hat praktisch ein Nominierungsmonopol (oben I I 2.1). Die *Fraktion* bestimmt über die Arbeits- und Mitwirkungsmöglichkeiten des Abgeordneten im Parlament. Beide, Partei und Fraktion, sorgen im Interesse ihrer Schlagkraft im Kampf um die Mehrheit – jedenfalls vor der

---

29 *v. Arnim,* Gemeinwohl und Gruppeninteressen, durchgehend.

30 Zur Entstehungsgeschichte oben D IV.

31 Näheres bei *v. Arnim,* Gemeinwohl und Gruppeninteressen, 388ff.

Öffentlichkeit – möglichst für Koordination und einheitliches Vorgehen ihrer Parlamentsmitglieder.

Das bedeutet aber keineswegs, daß die Abgeordneten lediglich Befehlsempfänger wären. Denn Partei und Fraktion bilden ihre Auffassungen von der einzuschlagenden politischen Richtung wie auch von den zu treffenden Einzelentscheidungen unter wesentlicher Mitwirkung der Abgeordneten selbst. Partei und Fraktion sind keine abstrakten Gremien, sondern Gruppen von Menschen. Ihre Willensbildung findet in einem ständigen Diskussions- und Auseinandersetzungsprozeß statt, an dem die Abgeordneten wesentlichen Anteil haben. Und bei dieser **Teilhabe** wird die Stellung der Abgeordneten durch die verfassungsrechtliche Gewährleistung des freien Mandats gestärkt. Dieses bezieht sich unmittelbar zwar nur auf das Parlament und seine Gliederungen. Das freie Mandat wirkt sich per Rückkoppelung aber auch bei der parteiinternen Willensbildung aus.

Außerdem soll das freie Mandat den Abgeordneten möglichst **gegen** die **Abhängigkeit von Interessenten** absichern (und so auch der Ungleichgewichtigkeit der organisierten Verbandsmacht entgegenwirken). Dem dienen nicht zuletzt die finanzielle Entschädigung (Art. 48 III GG)[32] und das Verbot, Lobbyzahlungen entgegenzunehmen, welches – trotz des Ausspruchs einer dahingehenden Verpflichtung im Diätenurteil des Bundesverfassungsgerichts – allerdings noch nicht gesetzlich durchgesetzt ist.[33]

Das **freie Mandat stärkt** die Stellung des **Abgeordneten** also einmal bei der fraktions- und parteiinternen Willensbildung, zum zweiten soll es seine Empfänglichkeit für Interessenteneinfluß mindern. Die dadurch bewirkte Stärkung des Abgeordneten fördert ihrerseits eine kooperative, auf echte Diskussion abzielende Haltung (soeben 2.4.1). Darüber hinaus markiert das freie Mandat ganz allgemein den durchaus nicht eitlen Versuch, die *wert- und erkenntnisorientierte Verfahrenskomponente* (oben G VII 6) im parlamentarischen Willensbildungs- und Entscheidungsprozeß zu stärken und den Abgeordneten nach wie vor die zumindest *rechtliche* Möglichkeit zu geben, den parlamentarischen Prozeß mit soviel Sachlichkeit und Unparteilichkeit wie unter den gegebenen Umständen möglich anzureichern.[34]

---

[32] Oben E IV 2.

[33] Dazu *v. Arnim*, Zweitbearbeitung des Art. 48 GG (1980), in: Bonner Kommentar, RN 146ff.

[34] Vgl. auch *Kriele*, Staatslehre, 181.

M. Bundesrat

Der Bundesrat ist neben dem Bundestag sozusagen die „zweite Kammer".[1] Er ist Staatsorgan des Bundes. Seine Mitglieder werden jedoch von den Regierungen der Bundes*länder* gestellt. In der Praxis nehmen die Ministerpräsidenten (bzw. die Bürgermeister der Stadtstaaten) diese Funktion in zunehmendem Maße selbst wahr – Ausdruck der wachsenden Bedeutung des Bundesrats. Die *Konrad Adenauer* noch zugeschriebene Bezeichnung des Bundesrats als „Parlament der Oberregierungsräte" trifft jedenfalls heute nicht mehr zu.

Durch den Bundesrat wirken die Länder an der Willensbildung des Bundes, insbes. bei der Gesetzgebung und Verwaltung, mit (vgl. Art. 50 GG). Der Bundesrat soll die Länderinteressen in der Bundespolitik zur Geltung bringen. Er ist **Ausdruck des Föderalismusprinzips.** Da hinter den Landesregierungen der gesamte Apparat der Landesministerien steht, vermag der Bundesrat dem Sachverstand der Bundesregierung, der den Bundestag immer mehr einzuschnüren droht, durchaus etwas Gleichwertiges entgegenzusetzen.

Der Gegensatz zwischen Bundes- und Landesinteressen, der das Verhältnis zwischen Bundesregierung und Bundestag einerseits und Bundesrat andererseits an sich beherrschen soll, wird jedoch teilweise durch den **Gegensatz zwischen** den politischen **Parteien** überlagert.[2] Der Machtkampf zwischen Regierungs- und Oppositionsparteien hat nicht nur den Gegensatz zwischen Regierung und Bundestag – jedenfalls vor der Öffentlichkeit – aus den Angeln gehoben, sondern bis zu einem gewissen Grad auch den zwischen Bund und Ländern. (Dies ist – entgegen vereinzelten Äußerungen in der Literatur – ebensowenig verfassungswidrig wie jenes.) Da die Landesregierungen und die Regierungschefs von den jeweiligen Mehrheiten der Landesparlamente gewählt werden, sind die Bundesratsvertreter in der Regel Repräsentanten der jeweiligen Parlaments*mehrheit:* Der Vertreter Bayerns ist herkömmlicherweise ein CSU-, der Bremens ein SPD-Regierungschef. Die Einbeziehung des Bundesrats in die parteienstaatliche Auseinandersetzung äußert sich je nach den Mehrheitsverhältnissen unterschiedlich: Hat die Bonner *Regierungs*partei auch im Bundesrat die Mehrheit, so wird ihre Stellung dadurch weiter gestärkt. Besonders deutlich wird die Überlage-

---

[1] Im staatsrechtlichen Schrifttum ist dieser Begriff umstritten, weil der Bundesrat dem Bundestag nicht voll gleichwertig ist.

[2] *Lehmbruch,* Parteienwettbewerb im Bundesstaat, 1976.

rung aber im umgekehrten Fall, wenn also die Parteien, die im Bundestag in *Opposition* stehen, im Bundesrat die Mehrheit besitzen, wie es zur Zeit der sozial-liberalen Koalition (1969–1982) der Fall war.

Die *Stimmenverteilung* zwischen den Bundesländern richtet sich nach der Bevölkerungszahl. Nach Art. 51 II GG hat jedes Land mindestens 3 Stimmen, bei über zwei Mio. Einwohnern 4 und bei mehr als sechs Mio. Einwohnern 5 Stimmen.

5-Stimmen-Länder sind also:	Nordrhein-Westfalen Bayern Baden-Württemberg Niedersachsen
4-Stimmen-Länder:	Hessen Rheinland-Pfalz Schleswig-Holstein Berlin (nur mit beratenden Stimmen)
3-Stimmen-Länder:	Saarland Hamburg Bremen

Anfang 1984 stellten die CDU und die CSU die Regierung in Bayern, Baden-Württemberg, Niedersachsen, Rheinland-Pfalz, im Saarland, in Schleswig-Holstein und Berlin (im Saarland und in Berlin zusammen mit der FDP). Danach haben unionsgeführte Länder 26 (vollberechtigte) Stimmen und die 4 beratenden Stimmen Berlins. Die SPD stellt die Regierung in Nordrhein-Westfalen, Hessen, Hamburg und Bremen (= 15 Stimmen).

Es besteht derzeit also, wenn man einmal die Stimmen Berlins außer Betracht läßt, eine Mehrheit der Bonner Regierungsparteien auch im Bundesrat (26 zu 15), was natürlich nicht besagt, daß im Bundesrat ausschließlich nach parteipolitischen Gesichtspunkten gehandelt wird. Immerhin spielen diese – angesichts der engen Verbindungen zwischen Bundes- und Landesparteien – doch eine wesentliche Rolle.

Die effektive Bedeutung des Bundesrats hängt wesentlich von seinen **Kompetenzen** ab. Besonders wichtig ist hier zunächst seine Mitwirkung an *Grundgesetzänderungen*. Diese bedürfen nach Art. 79 II GG der Zweidrittelmehrheiten im Bundestag *und im Bundesrat*. Von großer Bedeutung ist auch die Mitwirkung des Bundesrats an der (einfachen) Gesetzgebung, was dadurch unterstrichen wird, daß diese Mitwirkung nach Art. 79 III GG auch durch Verfassungsänderung nicht beseitigt werden darf. (Auf die ebenfalls wichtige Mitwirkung des Bundesrats an der Verwaltung des Bundes wird hier nicht weiter eingegangen.)

Hinsichtlich der Gesetzgebung unterscheidet man zwei Arten von Gesetzen: Zustimmungsgesetze und Einspruchsgesetze. **Zustimmungsgesetze** können nicht ohne Zustimmung des Bundesrats zustandekommen. Die Bundestags-Mehrheit ist hier also auf das „Mitspielen" des Bundesrats angewiesen. **Einspruchsgesetze** sind dadurch gekennzeichnet, daß der Bundesrat das Zustandekommen des Gesetzes nur verzögern kann, indem er Einspruch einlegt. Der Einspruch kann aber letztlich durch den Bundestag überstimmt werden. Nur wenn der Einspruch des Bundesrats mit Zweidrittel-Mehrheit eingelegt ist, muß er auch vom Bundestag mit Zweidrittel-Mehrheit überstimmt werden, was aber selten der Fall sein dürfte, solange die Opposition im Bundestag dort über mehr als ein Drittel der Sitze verfügt. Zustimmungsgesetze kann eine Mehrheit im Bundesrat also stets blockieren, Einspruchsgesetze nur dann, wenn sie im Bundesrat über eine Zweidrittel-Mehrheit und im Bundestag über eine Sperrminorität von mehr als einem Drittel verfügt.

All dies macht deutlich, warum die Landtagswahlen auch bundespolitisch von so großer Bedeutung sind; dies war besonders während der sozialliberalen Koalition der Fall, als die unionsgeführten Länder nahe an der Zweidrittel-Mehrheit der Stimmen im Bundesrat waren.

Ob ein Gesetzesvorhaben der Zustimmung des Bundesrats bedarf oder dieser nur Einspruch einlegen kann, entscheidet das Grundgesetz durch ausdrückliche dahingehende Bestimmungen, wobei der Anteil der Zustimmungsgesetze an der Gesamtzahl der verabschiedeten Gesetze seit Bestehen der Bundesrepublik enorm zugenommen hat (von 10 v. H. auf über 50 v. H.). Der „Hebel", mit dem der Bundesrat diese Ausweitung des Anteils der zustimmungsbedürftigen Gesetze durchgesetzt hat, waren die zahlreichen Verfassungsänderungen, die meist die Bundeskompetenzen auf Kosten der Länder ausgedehnt haben. Der Bundesrat ließ sich nun seine dafür erforderliche Zustimmung durch Erweiterung des Kreises der Zustimmungsgesetze sozusagen entgelten.[3]

Geht es um den Erlaß von verfassungsändernden oder „normalen" Zustimmungsgesetzen, so kann der Bundesrat zu einem massiven Gegengewicht gegen die Regierung werden. Dies gilt vor allem dann, wenn die Bundestags-Opposition im Bundesrat über die Mehrheit der Stimmen verfügt. Zum Kontroll*willen* der Opposition kann dann wegen der verfassungsrechtlichen Kompetenzen des Bundesrats auch die effektive Kontroll*möglichkeit* hinzukommen, ein Effekt, der angesichts des in den Länderministerien vorhandenen Sachverstandes noch verstärkt wird.

Berücksichtigt man, daß die Gesetze – entsprechend der grundgesetzlichen Kompetenzverteilung – zwar vornehmlich vom Bund erlassen, aber von den Ländern ausgeführt werden, so ist offenbar, daß die Länderbehörden einen besonders guten Überblick über Mängel und Schwierigkeiten haben, die sich beim Gesetzesvollzug ergeben, vor allem auch über die Auswirkungen der sog. Gesetzesflut (unten U II 2). Auch hier könnte der Bundesrat deshalb als ein gewisses Gegengewicht wirken.

---

[3] Dazu *Fromme,* Gesetzgebung im Widerstreit, 2. Aufl., 1976.

N. Vermittlungsausschuß

Das Erstarken des Bundesrats zum echten Gegenspieler des Bundestags hat dem Vermittlungsverfahren zu großer Bedeutung verholfen. Hier spielt der Vermittlungsausschuß eine zentrale Rolle, dessen Funktion darin besteht, Kompromißvorschläge zu erarbeiten, denen Bundestag *und* Bundesrat zustimmen können.[1] In allen Fällen, wo der Bundestag auf die Zustimmung des Bundesrats angewiesen ist, bedarf es einer Einigung zwischen beiden Organen, damit eine Regelung überhaupt zustande kommt. Aber auch bei Einspruchsgesetzen kann der Bundesrat den Vermittlungsausschuß anrufen, was dann besonders bedeutsam ist, wenn der Bundesrat den Gesetzesbeschluß des Bundestags mit Zweidrittel-Mehrheit abgelehnt hat (oben M). Das Grundgesetz (Art. 77 II GG) sagt überraschend wenig über den Vermittlungsausschuß, lediglich, daß er sich aus Mitgliedern des Bundestags und des Bundesrats zusammensetzt und die Bundesratsmitglieder weisungsfrei sind. (Für Bundes*tags*mitglieder versteht sich das ohnehin von selbst: Art. 38 I 2 GG; dagegen sind Bundes*rats*mitglieder ansonsten weisungsgebunden.) Die ganze übrige Regelung trifft die *Geschäftsordnung* des Vermittlungsausschusses. Danach entsenden Bundestag und Bundesrat je 11 Mitglieder in den Vermittlungsausschuß. Für den Bundesrat entsendet jedes Bundesland – unabhängig von seiner Größe – ein Mitglied. Das kommt den (zumeist SPD-regierten) Stadtstaaten zugute. Da der Vermittlungsausschuß nur *Empfehlungen* abgibt, ist auch Berlin vertreten.

Drei weitere Regelungen der Geschäftsordnung sind von großem Gewicht: Einmal verhandelt der Vermittlungsausschuß **nicht öffentlich.** Die Nicht-Öffentlichkeit, die noch strenger gehandhabt wird als bei den Fachausschüssen des Bundestags, hat auch hier den Sinn, die Fronten zwischen den Parteien zu überwinden und Polarisierung abzubauen, „damit der politische Kompromiß mit seiner friedensstiftenden Wirkung möglich wird". Es soll etwas ermöglicht werden, was an den politischen Diskurs freier, vorrangig dem Gemeinwohl verpflichteter parlamentarischer Eliten erinnert. „Parallelen" zur „liberalstaatlichen Parlamentarismustheorie" sind, wenn man von der fehlenden Öffentlichkeit einmal absieht, „augenfällig".[2]

---

[1] *Hasselsweiler,* Der Vermittlungsausschuß, 1981; *Franßen,* Der Vermittlungsausschuß – politischer Schlichter zwischen Bundestag und Bundesrat?, in: Die Freiheit des Anderen, Festschrift für Martin Hirsch, 1981, 273; *Posser,* Der Bundesrat und seine Bedeutung, in: Benda/Maihofer/Vogel, Handbuch des Verfassungsrechts, 1983, 899 (938ff.).

[2] *Hasselsweiler* (oben FN 1), 89, 92.

Zum zweiten ist der Vermittlungsausschuß ein **ständiger Ausschuß;** seine Mitglieder wechseln also nicht von Fall zu Fall und können deshalb keine Experten des jeweils zu behandelnden Sachbereichs sein. Sie sind vielmehr „Generalisten", erfahrene und angesehene Persönlichkeiten, die kraft ihres Einflusses zwar keine Gewähr, aber doch eine erhebliche Chance dafür bieten, daß die beiden Häuser Empfehlungen des Vermittlungsausschusses auch folgen.[3]

Schließlich kann der Bundestag nur über den Einigungsvorschlag des Vermittlungsausschusses abstimmen, ohne daß andere Sachanträge gestellt werden könnten. Schlägt der Vermittlungsausschuß mehrere Gesetzesänderungen vor, so gibt die Geschäftsordnung ihm darüber hinaus die Möglichkeit, eine **gemeinsame Abstimmung** vorzuschreiben. Dadurch wird ein zusätzlicher tatsächlicher Druck auf die Abgeordneten geschaffen, das Kompromißpaket als Ganzes anzunehmen.

Die *Auswirkungen* dieser Regelungen sind erheblich. Positiv zu bewerten ist (neben den bereits genannten Aspekten) zunächst, daß der Einfluß von **Interessenverbänden** – die vornehmlich über ihre Mitglieder in den Fachausschüssen aktiv werden – hier **zurückgedrängt** wird.[4] Weiter erleichtert die fehlende Öffentlichkeit es, *Kompromisse* zu schließen und so einen Stillstand der Gesetzgebung zu verhindern. Andererseits wird es für den Bürger nun aber vollends unmöglich, ein in diesem Verfahren zustande gekommenes Gesetz der einen oder der anderen Partei, der Regierung oder der Opposition zuzurechnen. Der Wahlbürger weiß hier erst recht nicht, wer was zu dem Zustandekommen des Gesetzes beigetragen hat.[5] Vor allem ist auch eine ausreichende **Begründung** mit ihrer rationalisierenden Vor-Wirkung auf den Prozeß der Willensbildung im Ausschuß in **keiner Weise gewährleistet**[6] (zu einem Verbesserungsvorschlag oben L II 2.4.3). Hinzu kommt, daß das Bestreben, einen Kompromiß zu erzielen, und die zentrale Stellung von Nicht-Experten im Vermittlungsausschuß – verbunden mit dem *Zeitdruck* und der oft riesigen *Stoffmasse* – dem Eindringen von **Irrationalitäten** und Inkonsistenzen in den Entscheidungsprozeß und damit auch in den Vermittlungsvorschlag zusätzlich Vorschub leisten.[7]

---

[3] *Hasselsweiler* (oben FN 1), 88, 213.

[4] *Hasselsweiler* (oben FN 1), 94ff. (97–99).

[5] Die Bedenken verstärken sich, wenn der Vermittlungsausschuß Neuerungen vorschlägt, die im vorherigen Gesetzgebungsverfahren noch nicht behandelt worden sind. Dazu *Bismark,* Grenzen des Vermittlungsausschusses, DÖV 1983, 269.

[6] *Hasselsweiler* (oben FN 1), 212–214.

[7] Ein Beispiel für solche vom Vermittlungsausschuß offenbar übersehenen Inkonsistenzen ist die (1969 vorgenommene) Einfügung des Art. 105 Abs. 2a ins Grundgesetz. Dazu *v. Arnim,* Zweitwohnungsteuer und Grundgesetz, 1981, 37ff. m. w. N. Über ein anderes Beispiel („Erstes Gesetz zur Änderung des Wohnungsmodernisierungsgesetzes") berichtet *Rolf Zundel,* Das verarmte Parlament, 1980, 83–91.

O. Bundesregierung, Bundesbank, Bundespräsident

I. Bundesregierung

Die Bundesregierung besteht aus dem Bundeskanzler und den Bundesministern (Art. 62 GG).[1] Die Bundesregierung und an ihrer Spitze der Bundeskanzler bilden das Zentrum der Politik in der Bundesrepublik. Wenn hier dennoch zunächst vom Bundestag und vom Bundesrat die Rede war, so deshalb, weil der Bundestag als direkt vom Volk gewähltes Gremium „Kreationsorgan" für den Bundeskanzler ist.

Zu den wesentlichen (formal-rechtlichen) Gestaltungsinstrumenten der Bundesregierung gehören:

1. die *Aufstellung des Haushaltsentwurfs* und seine Einbringung in den Bundestag (bei gleichzeitiger Zuleitung an den Bundesrat). Die endgültige Entscheidung trifft zwar das Parlament, meist wird durch seine Beratungen aber nicht mehr allzu viel am Entwurf geändert, so daß mit seiner Aufstellung durch die Bundesregierung bereits wesentliche Vorentscheidungen fallen;
2. die *Aufstellung der* mittelfristigen *Finanzplanung,* die ausschließlich in der Hand der Bundesregierung liegt; das Parlament ist nicht beteiligt;
3. das *Entwerfen* und Einbringen *von Gesetzen;* der ganz überwiegende Teil der (erfolgreichen) Gesetzentwürfe wird in den Ministerien ausgearbeitet und von der Bundesregierung dem Bundesrat zugeleitet und in den Bundestag eingebracht;
4. der *Erlaß von Rechtsverordnungen und Verwaltungsanweisungen.*

1. Kanzler

Die **zentrale Figur** in der Politik der Bundesrepublik ist nach Verfassung und faktischer Stellung innerhalb der Mehrheitspartei der Bundeskanzler.

Während die Weimarer Reichsverfassung die **Regierungsmacht** noch auf Regierung und Präsident aufteilte, hat das *Grundgesetz* sie bewußt in der Hand der Regierung und hier wiederum in der des Kanzlers **konzentriert** und den Bundespräsidenten weitgehend entmachtet. Der Bundeskanzler legt die *Richtlinien der Politik* fest (Art. 65 Satz 1 GG). Er *allein,* nicht etwa auch die Bundesminister, wird *vom Bundestag gewählt* (Art. 63 GG) und ggf. abgewählt (Art. 67 GG). Dabei stärkt das Grundgesetz den Kanzler nicht nur gegenüber dem Bundespräsidenten, sondern auch ge-

---

[1] Die Parlamentarischen Staatssekretäre gehören nicht zur Bundesregierung.

genüber dem Bundestag: Ist der Kanzler erst einmal gewählt, so kann der Bundestag ihn nicht einfach durch Mehrheitsbeschluß wieder absetzen, sondern muß sich gleichzeitig auf einen Nachfolger einigen *(Prinzip der konstruktiven Abwahl)*.

Die Machtstellung des Kanzlers wird darüber hinaus noch zusätzlich durch die Besonderheiten der *Parteienkonkurrenz* gestärkt. Es wurde oben dargelegt, daß die Verklammerung von Regierung und Parlamentsmehrheit eine Schwächung des Parlaments bewirkt. Kehrseite der Schwächung des Parlaments als Ganzem ist die **Stärkung** der Regierung, insbes. **des Kanzlers:** Die Verklammerung hat einen integrativen Effekt, welcher der Spitze, dem Kanzler, zugute kommt. Die Regierung ist am stärksten im *Zweiparteiensystem,* schwächer, wenn eine Partei allein über keine Mehrheit verfügt und auf eine *Koalition* mit einer anderen Partei (oder mehreren anderen Parteien) angewiesen ist.[2]

Schließlich ist die Stellung des Bundeskanzlers auch gegenüber seinen *Ministern* übermächtig. Zwar bestimmt Art. 65 Satz 2 GG, daß die **Bundesminister** ihr Ressort innerhalb der Richtlinien des Bundeskanzlers selbständig und in eigener Verantwortung leiten. Dies ist weniger im Sinne eines Gegengewichts gegen den Kanzler als vielmehr im Sinne seiner Entlastung durch Arbeitsteilung zu verstehen, wie man auch daraus ersieht, daß das Grundgesetz dem Kanzler alle Mittel in die Hand gibt, sich im Falle eines Konflikts mit einem Minister durchzusetzen. Er kann den Konfliktgegenstand nicht nur zur Richtlinienfrage machen (die er dann allein entscheidet), sondern hat als ultima ratio auch die Befugnis, den Minister zur Entlassung vorzuschlagen und ihn durch einen anderen ersetzen zu lassen. Dazu bedarf er weder der Zustimmung des Bundestags[3] noch hat der Bundespräsident, der die Entlassung und Ernennung der Minister auf Vorschlag des Kanzlers durchzuführen hat (Art. 64 GG), im Normalfall ein Vetorecht. Die alleinige **Kompetenz des Kanzlers,** die **Minister auszuwählen und auszuwechseln,** stärkt darüber hinaus seine Position auch gegenüber dem *Bundestag* noch weiter. In *Weimar* war es dem Reichstag möglich, einzelne Minister aus der Regierung ,,herauszuschießen", was die Stellung der Regierung und des Kanzlers natürlich schwächen mußte. Das *Grundgesetz* hat dem Bundestag diese Möglichkeit deshalb vorenthalten.

---

[2] Darauf weist z. B. *Scharpf* hin, Demokratietheorie zwischen Utopie und Anpassung, 1970, 75ff. Er hebt aber zugleich hervor, daß die größere Entscheidungsfähigkeit nicht unbedingt auch eine größere Richtigkeitschance bedeutet. Die größere Macht kann auch dazu eingesetzt werden, sich notwendigen Verbesserungen und Veränderungen noch mehr zu verschließen, als dies eine schwächere Regierungspartei könnte.

[3] Anders die entsprechenden Regelungen in einigen Bundesländern.

Aus der Befugnis des Kanzlers, die Minister zu bestimmen, folgt auch seine **Organisationsgewalt,** d. h. die Kompetenz festzulegen, welche und wieviel Ministerien errichtet und wie sie voneinander abgegrenzt werden (sofern nicht das Grundgesetz hier Festlegungen vorsieht, wie im Falle des Verteidigungs-, des Finanz- und des Justizministeriums).

Zwar stehen hinter den Ministern üblicherweise Teilkräfte der Mehrheitspartei(en), so daß der Kanzler *faktisch* durchaus nicht so frei ist, wie die verfassungs*rechtliche* Kompetenzordnung zu signalisieren scheint. Andererseits hat der Kanzler aber auch **innerhalb der Partei** meist eine **dominierende Stellung.** Er ist es ja, den die (Volks-)Partei als Führer im Wahlkampf präsentiert und unter dessen Führung sie gesiegt hat. Erst einmal gewählt, ist er im Normalfall auch für die Zukunft als ,,Wahllokomotive" schier unersetzlich für eine Partei, die an der Macht bleiben will. Der Kanzler kann aus diesen Gründen ein erhebliches *Eigengewicht* entwickeln und notfalls auch gegen weite Teile innerhalb der eigenen Partei regieren.[4]

Die beherrschende Stellung des Kanzlers gibt ihm an sich die Möglichkeit, ein erhebliches **Gegengewicht gegen Fehlentwicklungen** und Defizite sowohl des Parteien- als auch Verbandskräftespiels zu bilden und ihnen aktiv entgegenzuwirken. Eine andere Frage ist es allerdings, ob er von dieser Möglichkeit wirklich Gebrauch macht. Die Gefahr, daß die politischen Tagesprobleme sich derart in den Vordergrund drängen, daß Langfrist- und Grundlagenfragen zu kurz kommen, besteht auch hier.

2. Finanzminister

Innerhalb des Kreises der Bundesminister besitzen einige eine herausragende Stellung. Hier ist zuerst der (Bundes-)Finanzminister zu nennen. Das Grundgesetz räumt ihm ausdrücklich zwei Spezialbefugnisse ein. Nach Art. 112 GG können **über- und außerplanmäßige Ausgaben** – das sind solche, für die sich im Haushaltsplan noch keine Ermächtigung findet – nur mit Zustimmung des Finanzministers getätigt werden. Dieser darf die Zustimmung ,,nur im Falle eines unvorhergesehenen und unabweisbaren Bedürfnisses" erteilen (Art. 112 GG) und auch nur dann, wenn die Bundesregierung ihn durch einen dahingehenden Beschluß ermächtigt.[5] Eine Verweigerung der Zustimmung darf der Finanzmini-

[4] Besonderheiten bestehen im Falle einer *Koalitionsregierung.* Hier riskiert der Kanzler, der einen Minister des Koalitionspartners entläßt, den Bruch mit diesem und damit den Verlust der Mehrheit, so daß die faktischen Restriktionen für den Kanzler, von seinen verfassungsrechtlichen Kompetenzen Gebrauch zu machen, hier im allgemeinen besonders groß sind.

[5] Diese letztere Voraussetzung leitet das Bundesverfassungsgericht daraus ab, daß die Ausgabenkompetenz dem Bundestag zustehe, der Finanzminister diesem

ster aber auch ohne Regierungsbeschluß vornehmen. Die zweite verfassungsrechtliche Kompetenz des Finanzministers besteht nach Art. 114 I GG in der **Rechnungslegung** ,,über alle Einnahmen und Ausgaben sowie über das Vermögen und die Schulden" des Bundes, die der Finanzminister gegenüber dem Bundestag und dem Bundesrat jeweils nach Schluß des Kalenderjahres vorzunehmen hat. Weitere Kompetenzen gibt die Bundeshaushaltsordnung.

Die wohl wichtigste Befugnis des Finanzministers steht jedoch weder im Grundgesetz noch in der Haushaltsordnung, sondern in der Geschäftsordnung der Bundesregierung. Nach § 26 I hat der Finanzminister in Fragen ,,von finanzieller Bedeutung" ein **Vetorecht** gegen alle Beschlüsse der Bundesregierung. Das Veto hat aufschiebende Wirkung. In einer späteren Sitzung muß eine erneute Abstimmung stattfinden, und hier kann der Finanzminister nur überstimmt werden, wenn zwei Voraussetzungen vorliegen: (1) Der Bundeskanzler und (2) die ,,Mehrheit sämtlicher Bundesminister", also nicht nur der gerade anwesenden, müssen gegen ihn stimmen.

Der Sinn dieser Regelung hängt mit der undankbaren Aufgabe des Finanzministers zusammen, die Bewilligungsanforderungen der verschiedenen Ministerien und der ihnen nachgeordneten Abteilungen so zurückzudrängen, daß die Anforderungen mit den verfügbaren Finanzmitteln in Einklang gebracht werden. Um dieser Aufgabe gerecht werden zu können, gibt die bundesdeutsche Rechtsordnung dem Finanzminister eine der ,,stärksten Stellungen, die in den europäischen und außereuropäischen Staaten vorkommt" *(Vialon)*. Die *rechtliche* Stellung sagt indes noch nicht notwendig etwas über die *faktische* Stärke aus. ,,Da die Höhe der Ausgaben eines Ressorts gewissermaßen zugleich ein Gradmesser seiner Bedeutung ist" *(Schmölders)*, drängen die Fachminister von Jahr zu Jahr auf eine möglichst große Ausweitung ihrer finanziellen Verfügungsmasse. Bei den Ministern wirkt somit ein ähnlicher politisch-psychologischer Mechanismus, wie *Parkison* ihn für die Leiter von Verwaltungsabteilungen beschrieben hat (unten P III 1). Sie alle scheinen *Machiavellis* Rat nur allzu beflissen zu beherzigen, daß nichts dem ,,aufsteigenden Helden mehr Ruhm einbringt als das Erfinden neuer Gesetze und Maßnahmen". Der Finanzminister ist deshalb typischerweise in der Minderheit und sieht sich einer Art ,,Anti-Abstrichsolidarität" *(Senf)* seiner Ministerkollegen gegenüber. Im Falle von Meinungsverschiedenheiten kommt deshalb alles auf die Haltung des *Bundeskanzlers* an. Steht dieser auf der Seite des Finanzministers, kann der Finanzminister nicht überstimmt werden. Die Regelung kann zugleich auch die Stellung des Bundeskanzlers stärken, weil er sich bei unangenehmen Entscheidungen

– im Gegensatz zur Bundesregierung – aber nicht verantwortlich sei, BVerfGE 45, 1 (48).

auf den Finanzminister berufen kann und von ihm im übrigen auf die Notwendigkeit solcher Entscheidungen hingewiesen wird.

Darüber hinaus ist es wichtig, daß der Finanzminister Unterstützung in der Öffentlichkeit findet, damit der Bundeskanzler sich bei Meinungsverschiedenheiten mit anderen Ministern auf die Seite des für Sparsamkeit eintretenden Finanzministers stellt, so daß Regierungschef und Regierungspartei sich einen etwaigen Rücktritt aus einem solchen Grund politisch nur schwer leisten können. So sind, wie etwa *Fritz Schäffer* gezeigt hat, „für eine starke kampfbereite Persönlichkeit auf dem Posten des Finanzministers große Möglichkeiten für eine sparsame Finanzwirtschaft gegeben" *(Nöll von der Nahmer)*.

Dagegen fanden Anfang der 70er Jahre die Finanzminister *Alex Möller* (zurückgetreten am 13. 5. 1971) und *Karl Schiller* (zurückgetreten am 7. 7. 1972) bei ihrem Bemühen um Einschränkung des Wachstums der Staatsausgaben und der staatlichen Kreditaufnahme keine Unterstützung beim damaligen Bundeskanzler *Brandt*.[6] *Baring* beschreibt dies mit folgenden Worten: „Sein demonstratives Desinteresse an Fragen der Wirtschafts- und Finanzpolitik ... verstellte *Willy Brandt* den Blick für das inzwischen dringend Gebotene, nämlich den eigenen, energischen Widerstand des Regierungschefs gegen die Neigung der Ministerrunde, im Zeichen der Reformpolitik öffentliche Mittel zu verschwenden".[7] Die Schlüsselbedeutung dieser Vorgänge kann man ermessen, wenn man sich vor Augen führt, daß in den Entscheidungen jener Zeit die Wurzeln für die spätere Finanzmisere gelegt wurden.

So entschieden der Finanzminister gegen ein Zuviel an Ausgabenausweitung frontzumachen pflegt, so lax ist sein Widerstand oft gegen die Erhöhung von Steuern und sonstigen Abgaben und gegen die Aufnahme von Krediten. Dies rührt daher, daß dem Finanzminister vornehmlich der **Ausgleich des Budgets** am Herzen liegt und dieser sich nicht nur durch Begrenzung der Ausgaben, sondern auch durch Ausweitung der Einnahmen herbeiführen läßt. Die Aufgabe, Bürger und Steuerzahler vor übermäßigem Zugriff des Staats zu schützen, wird auch vom Finanzminister deshalb nur unvollkommen erfüllt. Die mangelnde Wendung des Finanzministers gegen Erhöhungen der Einnahmen des Staates wird vor allem dort relevant, wo der Widerstand der Öffentlichkeit gegen eine Ausweitung der Staatseinnahmen mangels unmittelbarer Fühlbarkeit für die Bürger abgeschwächt ist. Dies zeigt sich etwa bei den sog. heimlichen Steuererhöhungen (oben G II 3.4 und unten V II 4.2.2) und bei der Kreditaufnahme (unten V II 4.2.2), deren Problematik der Finanzminister nicht selten zu verharmlosen trachtet. Die heimlichen Steuererhöhungen, welche aus dem Zusammenwirken von Geldentwertung und Progression der Einkommensteuer resultieren, besitzen einen erheblichen Umfang. Die Kreditaufnahmen vor allem des Bundes sind

[6] Dazu *Baring*, Machtwechsel, 1982, 641–684.
[7] *Baring* (oben FN 6), 655.

in den letzten zwölf Jahren geradezu explodiert. Eine andere Möglichkeit, ohne viel Widerstand der Öffentlichkeit die Staatseinnahmen zu vermehren, besteht bei der Erhöhung bestimmter selektiver Verbrauchsteuern, etwa der Branntwein-, der Tabak- und der Sektsteuer.

3. Justiz- und Innenminister

Eine ähnliche Rolle (wie dem Bundesfinanzminister) kommt dem Bundesjustiz- und dem Bundesinnenminister zu, nur nicht bezogen auf Wirtschaftlichkeit und Sparsamkeit der Finanzwirtschaft, sondern auf *Rechtmäßigkeit* des Regierungshandelns: § 26 *Abs. 2* der Geschäftsordnung der Bundesregierung gibt jedem von beiden ein **Vetorecht** gegen Gesetzesentwürfe oder sonstige Maßnahmen der Bundesregierung, die sie für unvereinbar mit dem geltenden Recht halten. Die Rechtsfolgen sind die gleichen wie beim Veto des Finanzministers.

II. Bundesbank

Eine Tätigkeit, die materiell ebenfalls Regierungsfunktion darstellt, übt auch die Deutsche Bundesbank aus. Sie ist für die **Geldpolitik,** also einen wichtigen Bereich der Wirtschaftspolitik, zuständig, deren Bedeutung in den letzten Jahren im gleichen Maße, in dem die fiskalpolitische Globalsteuerung zunehmender Skepsis begegnet, noch gewachsen ist. Die Bundesbank ist durch das Gesetz über die Deutsche Bundesbank vom 26. 7. 1957[8] (BBankG) errichtet worden.[9]

Die **Aufgabe** der Bundesbank besteht nach § 3 BBankG darin, den Geldumlauf und die Kreditversorgung in der Volkswirtschaft zu regeln „mit dem Ziel, die Währung zu sichern", was im wesentlichen gleichbedeutend ist mit dem Ziel, die Stabilität des Preisniveaus zu wahren. Die Hervorhebung der Preisstabilität bedeutet allerdings nicht, daß die Bun-

---

[8] BGBl. I S. 745.

[9] Einzelheiten und weitere Nachweise über die Stellung der Bundesbank und ihre verfassungstheoretische Beurteilung bei *v. Arnim,* Volkswirtschaftspolitik, 201 ff.; *ders.,* Gemeinwohl und Gruppeninteressen, 356 ff.; *Rolf Caesar,* Der Handlungsspielraum von Notenbanken, 1981; *ders.,* Die Unabhängigkeit der Notenbank im demokratischen Staat, ZfP 1980, 347 ff.; *Stern,* Das Staatsrecht der Bundesrepublik Deutschland II, 1980, 463 ff.; *Reiner Schmidt/Hans-Jürgen Papier,* Die Zentralbank im Verfassungsgefüge der Bundesrepublik Deutschland, in: Instrumente der sozialen Sicherung und der Währungssicherung in der Bundesrepublik Deutschland und in Italien, Der Staat, Beiheft 5/1981, 61–80 und 109–121; *Schuppert,* Die Erfüllung öffentlicher Aufgaben durch verselbständigte Verwaltungseinheiten, 1981, 352 ff.; *Hugo J. Hahn,* Die Deutsche Bundesbank im Verfassungsgefüge, BayVBl. 1982, 33 ff., 70 ff.

desbank gleichsam isoliert nur dieses Ziel verfolgen dürfte oder gar müßte. Die Geldpolitik hat Auswirkungen auch auf die anderen Ziele des gesamtwirtschaftlichen Gleichgewichtes wie hoher Beschäftigungsstand, außenwirtschaftliches Gleichgewicht und stetiges und angemessenes Wirtschaftswachstum (§ 1 StabG), welche untereinander und mit dem Ziel der Preisstabilität in einem Spannungsverhältnis stehen können. Die Hervorhebung der Währungssicherung soll lediglich dem andernfalls drohenden *Zukurzkommen* dieses Ziels *entgegenwirken*. Die Bundesbank darf ihm aber nicht absolute Priorität geben. Vielmehr hat auch sie im Konflikt zwischen verschiedenen Zielen maßvoll abzuwägen und einen optimalen Kompromiß anzustreben. Dementsprechend bestimmt § 12 Satz 1 BBankG, daß die Bundesbank „die allgemeine Wirtschaftspolitik des Bundes", die nach Art. 109 II GG und § 1 StabG ausdrücklich an alle vier Ziele des gesamtwirtschaftlichen Gleichgewichts gebunden ist, „im Rahmen ihrer Aufgabe zu unterstützen" hat.

Zur Durchführung ihrer Geldpolitik hat die Bundesbank eine Reihe von **Instrumenten:** das alleinige Recht, Banknoten auszugeben, die Befugnis, Diskont-, Lombard- und Mindestreservesätze festzulegen und im Wege des An- und Verkaufs von Wertpapieren Offenmarktpolitik zu treiben.[10]

Entscheidendes Gremium der Bundesbank und eigentlicher Träger der wirtschaftspolitischen Willensbildung ist der **Zentralbankrat.** Er tagt in der Regel im Abstand von zwei Wochen und entscheidet mit einfacher Mehrheit. Er setzt sich zusammen aus dem Präsidenten der Bundesbank als Vorsitzendem, dem Vizepräsidenten, den weiteren Mitgliedern des Direktoriums (nicht mehr als 8) und den Präsidenten der Landeszentralbanken. Ihre Bestellung erfolgt durch den Bundespräsidenten entweder auf Vorschlag der Bundesregierung (Präsident, Vizepräsident und weitere Mitglieder des Direktoriums) oder auf Vorschlag des Bundesrats (Präsidenten der Landeszentralbanken). Die Bestellung erfolgt für *acht Jahre,* ausnahmsweise auch für kürzere Zeit. Wiederwahl ist möglich.

Die Bundesbank ist „bei der Ausübung der Befugnisse", die ihr nach dem Bundesbankgesetz zustehen, „von Weisungen der Bundesregierung **unabhängig"** (§ 12 Satz 2 BBankG). Sie bildet also für den Bereich der Geldpolitik eine Art selbständiger *Nebenregierung*. Der Sinn dieser zunächst überraschenden Regelung ergibt sich aus folgendem: Parteien, Tarifverbände und sonstige Interessenverbände tendieren dazu, dem Ziel Preisstabilität zu geringe Bedeutung beizumessen. Das Ziel kommt

---

[10] Außenwirtschaftliche Maßnahmen, wie Auf- und Abwertungen, Entscheidungen über Floating des Wechselkurses etc. fallen dagegen nicht in die Kompetenz der Bundesbank, sondern in die der *Bundesregierung*. Mit der Einführung des Floating ist die Bedeutung der geldpolitischen Maßnahmen der Bundesbank aber gestiegen.

mangels Organisierbarkeit und wegen des Vorherrschens tagespolitischer Überlegungen im politischen Kräftespiel typischerweise zu kurz (dazu ausführlich oben J II 1 und K II). Die Bundesbank verdankt ihre Unabhängigkeit dementsprechend der Überzeugung, daß jenes Interesse einer besonderen Institution anvertraut werden muß, die aus dem unmittelbaren partei- und verbandspolitischen Einfluß herausgelöst und von diesem möglichst unabhängig ist, so daß sie ein wirksames *Gegengewicht* darstellen und dem Zukurzkommen des Ziels Geldwertstabilität entgegenwirken kann. Pointiert hat *Forsthoff* dies dahin formuliert, daß die Bundesrepublik sich durch Errichtung der unabhängigen Bundesbank vor sich selbst schützt.[11] In der Tat handelt es sich hier um ein bewußt und gezielt errichtetes Organ der demokratischen **Selbstdisziplinierung,** das der (demokratisch legitimierte) Gesetzgeber selbst inthronisiert hat, um eine möglichst gute Geldpolitik zu erreichen.[12]

Berücksichtigt man die große Bedeutung, welche die Aufklärung der Öffentlichkeit über die Zusammenhänge für die Stärkung der Allgemeininteressen hat (oben K III), so erscheint auch die umfassende Informationspolitik, welche die Bundesbank im Wege eines vielfältigen Berichtswesens treibt, im richtigen Licht.

Die Unabhängigkeit der Bundesbank (§ 12 Satz 2 BBankG) erscheint verfassungsrechtlich ,,irregulär" *(Reiner Schmidt),* weil die Bundesbank eine Art geldpolitische Nebenregierung ist, aber anders als die Bundesregierung dem Parlament nicht verantwortlich ist. Weder Regierung noch Parlament können Maßnahmen der Bundesbank ändern oder die Mitglieder des Zentralbankrats wegen ihrer geldpolitischen Linie ihres Amts entheben. Die Unabhängigkeit der Bundesbank stellt jedoch nach der Rechtsprechung des *Bundesverwaltungsgerichts*[13] und der herrschenden Lehre[14] eine verfassungsrechtlich zulässige **Ausnahme vom Prinzip der parlamentarischen Verantwortlichkeit** dar, wonach grundsätzlich der gesamte Bereich der Politik, besonders auch der Wirtschaftspolitik, in die Kompetenz der Bundesregierung fällt, welche ihrerseits dem direkt-demokratisch legitimierten Bundestag verantwortlich ist. Die *Begründung* der verfassungsrechtlichen Zulässigkeit ist allerdings höchst umstritten. Das Ergebnis läßt sich m. E. nur dann auf eine tragfähige Basis stellen, wenn man die Bundesbank als das versteht, als was sie gemeint ist: eine Einrichtung, die – entsprechend dem Generalauftrag des Grundgesetzes, einen gemeinwohlorientierten politischen Prozeß zu ermöglichen und zu fördern – typischen pluralistischen Fehl-

---

[11] *Forsthoff,* Rechtsstaat im Wandel, Verfassungsrechtliche Abhandlungen 1950–1964, 1964, 211.

[12] *v. Arnim,* Gemeinwohl und Gruppeninteressen, 356ff.; *Schuppert* (oben FN 9), 354ff.

[13] BVerwGE 41, 334 (354ff.).

[14] Vgl. *Reiner Schmidt* (oben FN 9), 73f. m. w. N.

entwicklungen entgegenwirken soll, was seinerseits Unabhängigkeit voraussetzt.[15]

Von der (zu bejahenden) Frage der verfassungsrechtlichen Zulässigkeit der Unabhängigkeit der Bundesbank ist die Frage nach der verfassungsrechtlichen *Gebotenheit* zu unterscheiden. Auch diese Frage wird von einigen Autoren bejaht, sei es, daß man die Verankerung der Unabhängigkeit bereits aus dem geltenden Verfassungsrecht entnehmen zu können glaubt,[16] sei es, daß man – verfassungspolitisch – für eine dahingehende Grundgesetzänderung eintritt.[17] Indes muß man hier auch berücksichtigen, daß die Bundesbank ebensowenig wie andere politische Machtträger gegen Machtmißbrauch gefeit ist. Die uralte Frage nach der Kontrolle der Kontrolleure bedarf auch hier einer befriedigenden Anwort. Diese liegt derzeit darin, daß die Unabhängigkeit der Bundesbank nur auf einfachem Gesetzesrecht beruht und der Gesetzgeber sie rein rechtlich jederzeit beseitigen könnte. Dies wird er nach der bisherigen Erfahrung allerdings nicht ohne Not riskieren; alleVersuche, die Stellung der Bundesbank im Wege der Gesetzgebung zu schwächen, sind stets auf den erbitterten Widerstand der Öffentlichkeit gestoßen. So gesehen, gründet sich die Existenz der unabhängigen Bundesbank wesentlich auf ihr hohes öffentliches Ansehen. Ohne dieses wäre ihre rechtliche Unabhängigkeit rasch verspielt. Daraus folgt, daß auch die Bundesbank peinlich darauf bedacht sein muß, ihr Ansehen und die Unterstützung durch die Öffentlichkeit nicht durch ein Überziehen ihrer Machtmittel zu gefährden. Dieser selbstregelnde Hemmungsmechanismus, der derzeit auch hinsichtlich der Bundesbank eine zufriedenstellende Antwort auf die Frage nach der Kontrolle der Kontrolleure erlaubt, würde aber geschwächt, wenn die Unabhängigkeit im Grundgesetz festgeschrieben würde. Aus diesen Gründen ist eine durch *Verfassungsauslegung* ermittelte *oder* durch *Verfassungsänderung* eingeführte Unabhängigkeitsgarantie der Bundesbank abzulehnen.

Die durch § 12 Satz 2 BBankG garantierte Unabhängigkeit der Bundesbank kann jedoch durch die Auswahl des Führungspersonals beeinträchtigt werden. Die Mitglieder des wichtigsten Entscheidungsgremiums, des Zentralbankrats, werden, wie erwähnt, teilweise auf Vorschlag der Bundesregierung, teilweise auf Vorschlag des Bundesrats (faktisch auf Vorschlag der jeweiligen Landesregierungen[18] in der Regel auf acht Jahre bestellt. Eine parteipolitische Gleichschaltung könnte vor allem dann drohen, wenn die Bundesregierung und das Gros der Landesregierungen auf längere Zeit in der Hand derselben politischen Partei(en) sind. Wenn auch der ,,Becket-Effekt", der einen psychologischen Druck zur

[15] *v. Arnim,* Gemeinwohl und Gruppeninteressen, 365ff.; *Schuppert* (oben FN 9), 354–356.

[16] Vgl. *v. Arnim,* Gemeinwohl und Gruppeninteressen, 366–368 m. w. N.

[17] So zuletzt *Reiner Schmidt* (oben FN 9), 80.

[18] Dazu *Caesar,* Handlungsspielraum von Notenbanken (oben FN 9), 126ff., 173f., 186f. m. w. N.

funktionsgerechten Amtsausübung unter Zurückstellung früherer Loyalitäten bewirken kann (unten Q II),[19] nicht unterschätzt werden darf, so kann doch die Möglichkeit der Wiederwahl anfällig machen. Es wäre deshalb zu erwägen, die Bestellung den Parlamenten mit Zwei-Drittel-Mehrheiten zu übertragen, wie dies beim Bundesverfassungsgericht der Fall und für den Bundesrechnungshof zu fordern ist (unten R VII 2).

III. Bundespräsident

Das *Grundgesetz* hat den Bundespräsidenten im Vergleich zur Stellung des Reichspräsidenten in Weimar **entmachtet.** Was seine Kompetenzen angeht, kann man den Bundespräsidenten deshalb kaum als politischen Akteur bezeichnen. Er wird auch nicht mehr – wie noch der Reichspräsident – direkt vom Volk gewählt, sondern von der Bundesversammlung, die aus den Mitgliedern des Bundestags und einer gleichen Anzahl von Ländervertretern, die von den Landesparlamenten gewählt werden, besteht (Art. 54 GG).

Politische Stärke hängt allerdings nicht unbedingt nur von der Fülle der *rechtlichen* Befugnisse ab. Entscheidend ist auch die Fähigkeit, von den Befugnissen den richtigen Gebrauch zu machen. **Unabhängigkeit und Neutralität** können dies häufig erleichtern. Beides ist beim Bundespräsidenten aber in beträchtlichem Umfang gegeben, oft mehr als bei den Mitgliedern der Regierung. Der Bundespräsident wird auf fünf Jahre gewählt und ist während dieser Zeit nicht absetzbar (wenn man einmal von der Möglichkeit einer Amtsanklage wegen vorsätzlicher Verletzung von Bundesrecht nach Art. 61 GG absieht). Seine vom Grundgesetz gewollte Unabhängigkeit – auch von den politischen *Parteien* – manifestiert sich in dem ungeschriebenen Grundsatz, daß er mit seiner Wahl aus einer politischen Partei, der er angehört, austreten oder doch die Mitgliedschaft ruhen lassen muß.

Die unabhängige Stellung gibt dem Bundespräsidenten die Möglichkeit, Mißstände beim Namen zu nennen und – vor allem im Wege von Aufklärung, Vorträgen und Reden – dagegen frontzumachen. Zugleich hat der Bundespräsident die Möglichkeit, das staatsbürgerliche Element zu fördern und vor Entwicklungen, die es hemmen oder zu erdrücken drohen, zu warnen, kurz: dazu beizutragen, daß *diese* Seite des Menschen aktiviert und gestärkt wird. Berücksichtigt man die zentrale Rolle, die eine **Aktivierung des staatsbürgerlichen Elements** (oben G VII 6.5) und die **Aufklärung** der Bürger **über** die **Zusammenhänge** für die Bekämpfung von Pluralismusdefiziten (oben K III) spielen, so ist diese Möglichkeit des Bundespräsidenten nicht gering einzuschätzen und wird

---

[19] In bezug auf die Bundesbank spricht man von „Assimilationskraft“ (*Caesar,* Handlungsspielraum von Notenbanken [oben FN 9], 187 m. w. N.).

in der Praxis auch bewußt genutzt.[20] Beispiele waren die Stellungnahmen der Bundespräsidenten *Heinemann* und *Scheel* gegen das Streikrecht im öffentlichen Dienst[21] und die Verbeamtung der Parlamente.[22] (Zum Sachproblem unten P V.)

Ein anderes Beispiel war der Vortrag *Scheels* bei der Verleihung des Theodor-Heuss-Preises 1977 in München. Darin behandelt er die wachsende ,,Staatsverdrossenheit" in der Bundesrepublik und versuchte, sie auf einige zentrale Wurzeln zurückzuführen:

Einmal habe der technische Fortschritt sich bisher ungesteuert entwickelt. Automobil und Fernsehen hätten unser Leben grundlegend verändert, ohne daß die daraus auch resultierenden negativen Auswirkungen vorneweg in Rechnung gestellt worden wären.

Den Massenmedien machte *Scheel* den Vorwurf, sie sparten eigentliche Grundlagenprobleme aus und spielten statt dessen vordergründige Fragen hoch. Dadurch würden die Politiker ihrerseits veranlaßt, sich vordringlich mit diesen zu beschäftigen, so daß die Diskussion zentral wichtiger Fragen in der Öffentlichkeit meist zu kurz komme.

An die Interessenverbände gewandt, stellte *Scheel* die Frage, ob diese nicht häufig an den Interessen der eigenen Mitglieder vorbeioperierten und forderte zu einer Überwindung des Denkens in ,,Interessen- und Wählergruppen" auf.

Den politischen Parteien hielt er vor, sie hätten es versäumt, neue grundlegende Probleme intensiv in den Blick zu nehmen und zu diskutieren.[23]

Weiter würde es sich für den Bundespräsidenten z. B. anbieten, gegen die im öffentlichen Dienst weit verbreitete Ämterpatronage durch politische Parteien vorzugehen, zumal der Bundespräsident nach dem Grundgesetz Bundesbeamte, Soldaten und Bundesrichter zu *ernennen* hat (Art. 60 GG).[24] Die Nichternennung in evidenten Fällen der Rechts- und Verfassungswidrigkeit könnte eine weit über den Einzelfall hinausgehende präventive Wirkung haben.

---

[20] Vgl. Bundespräsident *Carstens,* Bulletin der Bundesregierung 1983, 942: ,,Der Bundespräsident muß, so meine ich, sein moralisches Gewicht in die Waagschale legen können, wann immer er dies für notwendig hält. Dazu steht ihm vor allem das Mittel der öffentlichen Rede zu Gebote".

[21] *Heinemann,* Interview in: Der Spiegel, Nr. 51, v. 16. 12. 1974, S. 41. *Heinemann* stellte dort die rhetorische Frage, ob der öffentliche Dienst endgültig auf dem Wege sei, sich umzufunktionieren in einen Selbstbedienungsladen derer, die drin sind.

[22] *Walter Scheel,* Reden und Interviews, hrsg. vom Presse- und Informationsamt der Bundesregierung, Bd. 4, Bonn 1978, 367.

[23] *Walter Scheel,* Bulletin der Bundesregierung 1977, 117 (118ff.).

[24] Zur Problematik der Ämterpatronage unten P IV 1 und 2.

P. Verwaltung

I. Bestandsaufnahme

Unter ,,Verwaltung" wird im folgenden der Teil der Exekutive verstanden, der nicht ,,Regierung" ist.

1. Einfluß der Verwaltung

Auf den ersten Blick scheinen die Verwaltung und ihre Angehörigen keinerlei politischen Einfluß zu besitzen, sind sie doch bei ihrer Tätigkeit **an Gesetze** (einschl. der durch Gesetze festgestellten Haushaltspläne) und an Verwaltungsvorschriften **gebunden.**[1] Gesetze werden vom Bundestag bzw. von den Landtagen verabschiedet oder – als Rechtsverordnungen – von der Regierung oder einem Ministerium erlassen. Verwaltungsvorschriften (welche keine Gesetze darstellen, die Behörden aber innerdienstlich binden) werden von (meist) übergeordneten Behörden bis hinauf zum Minister erlassen. Und auch im übrigen ist jeder Bedienstete in die Verwaltungshierarchie eingegliedert und den Einzelanweisungen der vorgesetzten Behörde unterworfen, letztlich der Verwaltungsspitze, also in der Regel wieder dem jeweils zuständigen Minister. So gesehen, erscheint die bürokratische Verwaltung lediglich als ein Instrument zur Durchsetzung von politischen Zielen, die ihren Niederschlag in Gesetzen und Regierungsentscheidungen gefunden haben.

Man wird der Bedeutung der Verwaltung aber nicht gerecht, wenn man nur ihre Bindung in den Blick nimmt. Dies ist nur *ein* Aspekt. In Wahrheit führt die Verwaltung nicht nur von anderen getroffene Entscheidungen aus, sondern wirkt ihrerseits auch wesentlich an der *Bildung* dieser Entscheidungen mit. Dies hat mehrere Gründe:

Einmal legen Gesetze und Verwaltungsvorschriften die von einer Behörde zu treffenden Entscheidungen oft nicht eindeutig fest, sondern grenzen sie nur ein, so daß der Behörde innerhalb der gesetzten Grenzen ein eigenverantwortlich auszufüllender Ermessensspielraum verbleibt. Diese Fälle sind besonders häufig im Bereich der leistenden und der gestaltenden Verwaltung (wo der Gesetzesvorbehalt nicht oder nur ein-

---

[1] Zur Gesetzesbindung der Verwaltung oben D V 7.1.

geschränkt gilt). Hier handelt die Verwaltung oft auch ganz ohne gesetzliche Vorgabe. Zudem stellen *Bewilligungen* im Haushalt nur eine *Ermächtigung* dar, die bewilligten Mittel auch zu verausgaben, nicht auch eine dahingehende Verpflichtung, so daß der Verwaltung auch hier ein **Spielraum** verbleibt.

Darüber hinaus besitzt die Verwaltung einen wesentlichen **Einfluß auf Inhalt und Zustandekommen von Gesetzen** (einschließlich des durch Gesetz festgestellten Haushaltsplanes) und von Ausführungsvorschriften. Formelle *Gesetze* werden zwar vom Parlament beschlossen; eingebracht werden sie aber in der Regel von der Regierung, die sie ihrerseits von der Ministerialverwaltung entwerfen läßt. Schon in diesem Stadium werden Vorentscheidungen getroffen, die ein beträchtliches Beharrungsmoment entfalten und im weiteren Verlauf des Gesetzgebungsverfahrens häufig Bestand haben. Desgleichen werden Rechts- und Verwaltungs*verordnungen,* die Zweifelsfragen bei der Auslegung von Gesetzen klären sollen, in den jeweils zuständigen Abteilungen der Ministerien konzipiert. Die Verwaltung wirkt also gerade in besonders wichtigen Stadien des Gesetzgebungsverfahrens (Entwurf und Ausführung von Gesetzen) wesentlich mit. Die Verwaltung als Ganze ist den Gesetzen und den Verwaltungsvorschriften zwar unterworfen (ohne daß sie sich allerdings immer daran halten kann), hat ihrerseits aber einen maßgeblichen Einfluß auf ihren Inhalt und ihr Zustandekommen.

Hinzu kommt: Verwaltungsangehörige, insbes. ihre hohen Funktionäre, werden regelmäßig als **Berater der Politiker,** etwa eines Ministers,[2] tätig. Die Zusammenhänge, in die jede Entscheidung gestellt ist, sind heute so kompliziert und verlangen so umfassende Fachkenntnisse über das Funktionieren des Staates und seiner hochkomplizierten Regelungsmechanismen, daß Politiker vor jeder Entscheidung eine Fülle von Informationen und vielfachen Rat brauchen. An dieser Stelle kommen die Experten des Staates, die fachlich ausgebildeten und spezialisierten Spitzenbeamten „ins Geschäft". Sie „wissen, an wieviel feinen Schräubchen man im hochschwierigen Rechts-, Organisations- und Finanzsystem zu drehen hat" *(Wagener),* um ein politisches Projekt ins Werk zu setzen. Aus just den gleichen Gründen sind auch die politischen Parteien in zunehmendem Maße auf den Sachverstand der Verwaltungsangehörigen angewiesen, was deren Einfluß natürlich weiter steigert. Nicht selten geht sogar die Initiative für Regierungsbeschlüsse oder für Programmpunkte politischer Parteien von Beamten aus, die – aufgrund der besonderen Vertrautheit mit ihrem Fachgebiet – die Politiker auf einen

---

[2] *Laski,* Politik und Verfassung, 76f.: „Ein wichtiger Beamter von langer Erfahrung mag im technischen Sinne der Untergebene seines politischen Chefs sein, dennoch wird er diesem gegenüber von großem Gewicht sein und einen erheblichen Einfluß auf die zu fassenden Entschlüsse haben."

wirklichen und vorgeblichen Mangel aufmerksam machen und ihnen so eine Änderungsinitiative nahelegen (die meist neue rechtliche Regelungen und/oder mehr Geld verlangt).[3]

Daneben hat sich in der jüngsten Vergangenheit eine pathologische Entwicklung angebahnt, die immer mehr überhand zu nehmen droht und gleichfalls dazu beiträgt, den Handlungsspielraum der Verwaltung zu erweitern: Die **Gesetzes- und Richtlinienflut,** die auf die Verwaltung niederprasselt,[4] überfordert diese immer mehr und kann in weiten Bereichen nicht mehr voll verarbeitet, beachtet, durchgesetzt und kontrolliert werden. Der Verwaltung bleibt insoweit also gar nichts anderes übrig, als *gesetzwidrig* zu handeln. In der Not entscheidet sie weitgehend selbst, welche Regelungen angewendet und welche als unanwendbar beiseite gelassen werden. *Frido Wagener,* ein Kenner der Verwaltungspraxis, bemerkt dazu:[5]

> Auf weiten Gebieten des Umweltschutzes, der Sozialhilfe, des Strafvollzugs, der Polizei, des Baugenehmigungsverfahrens, der Regionalplanung, des Hochschulrechts, des Lebensmittelrechts, bei den Vorschriften über Sozialwohnungen, Heime, Volkshochschulen, technische Überwachungspflichten usw. ist eine Lage eingetreten, bei der realistischerweise nur noch Teile der jeweiligen Gesetze und Verordnungen, Richtlinien und Erlasse von der Verwaltung beachtet, voll durchgesetzt und kontrolliert werden können.

2. Entwicklung der Größenordnungen – unterschiedliche Berufsgruppen

Die Verwaltung und ihr Personal sind seit der Zeit des Absolutismus *das* personelle Medium des Staates zur Wahrnehmung seiner Aufgaben (oben B II). Die Unverzichtbarkeit der Verwaltung als Rückgrat der staatlichen Aktivität hat besonders der Soziologe *Max Weber* herausgearbeitet.

Es versteht sich, daß mit dem Wachstum der Aufgaben des Staates auch die Zahl seiner Bediensteten immer mehr zugenommen hat. Im jahrzehntelangen Durchschnitt ergibt sich eine jährliche Zunahme von etwas über 2 v. H.[6] Von 1965 bis 1980 ist die Zahl der im öffentlichen Dienst Beschäftigten von 3,4 Mio. auf 4,5 Mio. gewachsen. Darin sind

---

[3] *Wagener,* Der öffentliche Dienst im Staat der Gegenwart, VVDStRL 37 (1979), 233–243 m. w. N.

[4] Unten U II 2.

[5] *Wagener,* Die „Gesetzmäßigkeit der Verwaltung" im Industriestaat – Wirksamkeit und Gefährdung aus der Sicht der Bundesrepublik Deutschland, in: *v. Oertzen* (Hrsg.), Antworten der öffentlichen Verwaltung auf die Anforderungen der heutigen Gesellschaftssysteme, 1980, 13 (20). Vgl. auch schon *Wagener,* Öffentlicher Dienst im Staat der Gegenwart (oben FN 3), 244–252 m. w. N.

[6] *Wagener,* Entwicklung der Personalzahlen im öffentlichen Dienst, FS Ule, 1977, 239ff.

auch die Teilzeitbeschäftigten und die Beschäftigten der Sozialversicherungen mitenthalten, ebenso die Beschäftigten der Bundesbahn und der Bundespost.[7]

In der Privatwirtschaft ist die Zahl der Erwerbstätigen in der gleichen Zeit sogar geringfügig zurückgegangen. Der *Anteil* der Beschäftigten des öffentlichen Dienstes an der Gesamtzahl der abhängig Erwerbstätigen erhöhte sich deshalb von 15 v. H. auf 19 v. H. Im Jahre 1980 stand damit jeder fünfte abhängig Erwerbstätige in den Gehalts- bzw. Lohnlisten der öffentlichen Hand. Ein vergleichender Blick auf andere westliche Industrieländer zeigt, daß der längerfristige Trend zur Ausweitung der Quote der beim Staat Beschäftigten auch dort besteht – zum Teil noch ausgeprägter als in der Bundesrepublik Deutschland.[8] Die Zunahme der Quote geht teilweise parallel mit der Ausdehnung des Dienstleistungssektors in der Volkswirtschaft insgesamt (sog. tertiäre Sektor). Wie die statistischen Angaben zeigen, ist die Zahl der Staatsdiener in der Bundesrepublik seit 1960 aber noch beträchtlich rascher gestiegen als die der Erwerbstätigen im gesamten tertiären Sektor.[9]

Die Entwicklung in der Bundesrepublik weist charakteristische *Phasen* auf. Während die Jahre bis 1975 von einer beträchtlichen Ausweitung des öffentlichen Personals gekennzeichnet waren, die in den ersten 70er Jahren jährlich ca. 150000 betrug, kam es in den Jahren 1975 bis 1977 zur Reaktion in Form eines Beinahe-Stillstandes. Erst in den Folgejahren ergaben sich wieder Personalvermehrungen, ohne daß allerdings die früheren Wachstumsraten auch nur im entferntesten wieder erreicht wurden.

Die Entwicklung ist in den Gebietskörperschaften allerdings nicht gleichmäßig verlaufen. Der Personalstand des *Bundes* ist seit 1965 nur wenig und seit 1973 bei kleinen Schwankungen im Ergebnis überhaupt nicht mehr angestiegen. Demgegenüber hat die Anzahl der *Landes*bediensteten besonders stark, die der *Kommunal*bediensteten etwas weniger stark zugenommen.

Der öffentliche Dienst bildet keinen einheitlichen Block, sondern umfaßt **unterschiedliche Berufsgruppen** mit verschiedenen größenmäßigen Anteilen. Dies gilt es, im Blick zu behalten, will man nicht zu Fehleinschätzungen gelangen. Faßt man die Entwicklung 1960–1980 ins Auge, so zeigt sich, daß sich der Bereich „Bildung, Wissenschaft, Kultur“ besonders stark ausgedehnt hat. Es folgen die Bereiche „Öffentliche Sicherheit und Ordnung“ und „Rechtsschutz“. Die drei genannten Bereiche entfallen vornehmlich auf die *Länder*. Bei den *Gemeinden* haben

---

[7] Diese und die im Text folgenden Angaben sind entnommen aus: Wirtschaft und Statistik 12/1982, 918.

[8] IW-Trends (Institut der Deutschen Wirtschaft) 1/1983, 42 ff.

[9] *Giersch* (Hrsg.), Die deutsche Wirtschaft im Strukturwandel, 1980, 206.

vor allem die Bereiche „Öffentliche Einrichtungen, Wirtschaftsförderung" und „Gesundheit, Sport, Erholung", beim *Bund* der Bereich „Verteidigung" ein überdurchschnittliches Wachstum aufzuweisen.[10]

Die Zunahme des öffentlichen Personal*stands* hat zum **Wachstum der Personalausgaben** beigetragen. Die *zweite* große Komponente des Personalausgabenanstiegs sind *Einkommenserhöhungen* pro Stelleninhaber. Solche können auf unterschiedliche Weise zustandekommen, durch *lineare* Besoldungserhöhungen, aber auch durch *strukturelle* Verbesserungen, die in der Vergangenheit ebenfalls eine große Rolle gespielt haben und z. B. durch Gewährung von Zulagen oder durch Höherstufung bei unveränderten Tätigkeitsmerkmalen erfolgen.

Als Beispiel möchte ich die Anhebung eines großen Teils der Ministerialräte von früher A 16 auf B 3 nennen, die dazu beitrug, daß die Zahl der Personalstellen der Besoldungsordnung B beim Bund 1970 auf 1971 um 529, d. h. um mehr als ein Viertel, zunahm. Ein weiteres Beispiel ist die 1965 erfolgte Höherstufung der Lehrer an Grund- und Hauptschulen nach A 12.

Das *Zusammenspiel* der verschiedenen Komponenten des Personalkostenanstiegs läßt sich am Beispiel der Aufwendungen der Gebietskörperschaften für die Vergütung von Angestellten im Jahre 1971 demonstrieren. Diese Aufwendungen hatten 1971 gegenüber dem Vorjahr um rd. 25 v. H. zugenommen. Die Zunahme beruhte erstens auf einer Stellenvermehrung um 5 v. H., zweitens auf linearen Gehaltserhöhungen von 12 v. H. und drittens auf strukturellen Verbesserungen von 8 v. H.[11]

3. Zweispurigkeit der Rechtsgrundlagen des öffentlichen Dienstes – inhaltliche Angleichung der Regelungen

In der Bundesrepublik gibt es *zwei Gruppen* von öffentlichen Bediensteten. Zur einen gehören die Beamten, zur anderen die Angestellten und Arbeiter. Für beide Gruppen gelten unterschiedliche Rechtsgrundlagen.[12] Für **Beamte** gelten **Gesetze,** die die Rechte und Pflichten und den Beginn und das Ende des öffentlich-rechtlich ausgestalteten Dienstverhältnisses festlegen.

---

[10] Zu Einzelheiten vgl. den Artikel „Personalentwicklung bei Bund, Ländern und Gemeinden (GV) 1960–1980", in: BMF-Finanznachrichten v. 14. 10. 1981, S. 2.

[11] *Borell,* Die Personalausgaben der Gebietskörperschaften, 1974 (Nr. 29 der Schriftenreihe des Karl-Bräuer-Instituts des Bundes der Steuerzahler), 18.

[12] Die Begriffe „öffentlicher Dienst" und „öffentliche Bedienstete" umfassen im folgenden also nicht nur Beamte, sondern auch Angestellte und Arbeiter. So auch *Wolff/Bachof,* Verwaltungsrecht II, 4. Aufl., 1976, 458ff.; *v. Münch,* Besonderes Verwaltungsrecht, 5. Aufl., 1979, 10; *Maunz/Dürig/Herzog/Scholz,* Grundgesetz Kommentar, Art. 33, RN 44; *Rudolf,* Der öffentliche Dienst im Staat der Gegenwart, VVDStRL 37 (1979), 191ff. Nicht oder allenfalls beiläufig einbezogen werden hier Richter, Soldaten und kirchliche Bedienstete.

Für Beamte im Dienst des Bundes gilt das *Bundes*beamtengesetz, für solche im Dienst eines Landes das jeweilige *Landes*beamtengesetz. Um ein zu starkes Auseinanderfallen der Regelungen im Bund und in den Ländern zu verhindern, hat der Bund auf Grund einer Ermächtigung in Art. 75 Nr. 1 GG ein Beamtenrechts*rahmen*gesetz erlassen, welches Rahmenvorschriften enthält, an die auch die Länder gebunden sind. Darüber hinaus gilt das (auf der Grundlage des Art. 74a GG erlassene) Beamten*versorgungs*gesetz, welches vor allem die Altersversorgung regelt, einheitlich für Bund und Länder und Gemeinden.

Die Rechtsverhältnisse der **Angestellten und Arbeiter** sind privatrechtlich ausgestaltet und bestimmen sich im Normalfall (neben dem subsidiär geltenden Individualarbeitsrecht) nach **Tarifverträgen,** die von den Gewerkschaften und den Arbeitgebern bzw. deren Verbänden ausgehandelt und abgeschlossen werden. Ein Unterschied zur privaten Wirtschaft liegt, was das Verfahren anlangt, lediglich darin, daß die Arbeitgeber hier öffentliche Körperschaften bzw. Vereinigungen von öffentlichen Körperschaften sind. Inhaltlich sind die Tarifverträge allerdings weitgehend den Besonderheiten der Verwaltung angepaßt.

Entsprechend dem föderativen Aufbau der Bundesrepublik in Bund, Länder und Gemeinden stehen den beiden (wichtigsten) *Gewerkschaften* des öffentlichen Dienstes („Öffentliche Dienste, Transport und Verkehr" und „Deutsche Angestellten Gewerkschaft") auf der *Arbeitgeber*seite *drei Verhandlungspartner* gegenüber: der Bundesinnenminister, die Tarifgemeinschaft deutscher Länder und die Vereinigung der kommunalen Arbeitgeberverbände. Der Tarifgemeinschaft deutscher Länder gehören alle Bundesländer einschließlich West-Berlin an; die Vereinigung kommunaler Arbeitgeberverbände ist ein Spitzenverband der entsprechenden Ländervereinigungen, in denen Städte, Gemeinden und Kreise zusammengeschlossen sind. Die Zusammenschlüsse erfolgen auf freiwilliger Basis.

Die Ergebnisse der Tarifverhandlungen, denen die Gewerkschaften nach herrschender Auffassung auch durch Streik Nachdruck verleihen können (dazu unten P V 2), schlagen sich für die Angestellten im Bundesangestelltentarif (BAT) sowie in ergänzenden Tarifverträgen und Dienstordnungen nieder, für die Arbeiter in Manteltarifverträgen des Bundes, der Länder und der Gemeinden und gleichfalls in ergänzenden Tarifverträgen und Dienstordnungen.

Von der Gesamtzahl der (vollbeschäftigten) öffentlichen Bediensteten von 3,8 Mio. machten die Beamten 1980 ungefähr 1,7 Mio. aus, die Angestellten und Arbeiter zusammen ca. 2,1 Mio.;[13] 1930 hatte der Anteil der Beamten noch mehr als zwei Drittel betragen.[14]

Die **Zweiteilung** des öffentlichen Personals in Beamte und Angestellte bzw. Arbeiter hat sich **historisch entwickelt;** ihre ursprüngliche Recht-

---

13 Statistisches Jahrbuch 1981, 428.

14 *v. Münch* (oben FN 12), 13.

fertigung ging dahin, Beamte ständen in einem besonders intensiven öffentlich-rechtlichen Vertrauensverhältnis zum Staat, wie es vor allem für die Wahrnehmung von Hoheitsaufgaben erforderlich sei. Sie sollten sich mit ihrer ganzen Arbeitskraft und Persönlichkeit dem *Dienst am Gemeinwohl* hingeben und dahinter ihre Eigeninteressen zurückstellen. Als Äquivalent sollte der Staat seinerseits die *Fürsorge* für die Individualinteressen der Beamten übernehmen und ihnen eine gesicherte Lebensstellung garantieren, deren wesentliche Komponenten angemessene finanzielle Alimentation, Unkündbarkeit, d.h. lebenslange Anstellung, und Versorgung im Alter (Pension), bei Krankheit und sonstigen Lebensrisiken darstellen.

Die frühere Rechtfertigung ist heute weitgehend **überholt:**[15] Einmal werden viele Beamte heute auch dort eingesetzt, wo keinerlei hoheitliche Tätigkeit vorliegt. Als Beispiel sei auf die Bediensteten der Bundesbahn hingewiesen, die zur Hälfte Beamte sind. Zum anderen sind auch die Angestellten und Arbeiter des öffentlichen Dienstes heute *faktisch* weitgehend unkündbar, *rechtlich* sind sie es nach 15 Dienstjahren (und Vollendung des 40. Lebensjahres). Auch hinsichtlich der Altersversorgung stehen öffentliche Arbeitnehmer nicht schlechter da als Beamte, weil sie neben der allgemeinen Sozialversicherung noch in den Genuß einer Zusatzversorgung kommen, die ihre Altersrente auf das Pensionsniveau der Beamten hochschleust.

Zwar haben die Arbeitnehmer im Gegensatz zu den Beamten Beiträge an die Sozialversicherung zu entrichten. Im Alter sind sie dafür aber um so besser gestellt, weil sie ihre Renten – anders als die Beamten – praktisch steuerfrei beziehen (sog. Sozialrentenprivileg).[16]

Ein (wesentlicher) Unterschied besteht aber nach wie vor. Während Angestellte, Arbeiter und ihre Gewerkschaften nämlich das **Streikrecht** für sich in Anspruch nehmen, dürfen Beamte nicht streiken. Auch die subtilen Formen des ,,Dienstes nach Vorschrift" und des ,,Go sick" sind rechtswidrig, wie die Rechtsprechung im Fluglotsenfall mit der notwendigen Konsequenz und Härte demonstriert hat.[17]

---

[15] Umfassende Übersicht bei *Wagener,* Öffentlicher Dienst im Staat der Gegenwart (oben FN 3), 222–227. Die vom Bundesverfassungsgericht noch jüngst getroffene Feststellung, das Recht der Beamten und Angestellten unterscheide sich ,,schon im Grundsätzlichen" (BVerfGE 52, 303 [345f.]), bezieht sich, wie der Zusammenhang ergibt, nur auf die in der Tat bestehenden Unterschiede in der geltenden Rechtsgrundlage, nicht auf ihre rechts- und verfassungspolitische Legitimität.

[16] Dazu jetzt allerdings BVerfGE 54, 11 (37), wonach eine Angleichung der steuerlichen Behandlung der Altersbezüge vorzunehmen ist.

[17] BVerwG, NJW 1978, 178; NJW 1980, 1809; NJW 1981, 1283; BGHZ 69, 128 (140, 141); BGHZ 70, 277.

II. Überkommene normative Grundsätze für den öffentlichen Dienst

Der öffentliche Dienst ist von einer Reihe von Grundsätzen beherrscht, die sich schon in der Zeit des Absolutismus, als die Geschichte der modernen Verwaltung begann, allmählich herausgebildet haben (oben B II) und in der Folgezeit verfestigt, teilweise auch modifiziert wurden; die wichtigsten sind heute: fachliche Vorbildung, berufsmäßige Erledigung, Leistungsorientierung, Neutralität und Gemeinwohlorientierung und staatliche Fürsorge.

1. Rechts- und Fachwissen

Angesichts der unerhörten Komplizierung unserer gesellschaftlichen und staatlichen Welt setzt die Tätigkeit in der öffentlichen Verwaltung hohe fachliche Qualifikationen voraus. In der Wirtschaftsverwaltung sind volkswirtschaftliche, in der Gesundheitsverwaltung medizinische, im statistischen Amt statistische Fachkenntnisse unerläßlich. Der Beamte des Finanzamts kommt nicht ohne besonderes Wissen im Steuerrecht aus. Überhaupt sind für die Verwaltung durchweg einschlägige *Rechts*kenntnisse unverzichtbar – eine zwangsläufige Folge der Bindung aller Verwaltung an das Gesetz (oben D V 7.1). Vom Verwaltungsbeamten werden also spezifische Fach- und Rechtskenntnisse verlangt, die durch besondere Studiengänge an Universitäten, Fachschulen etc. und auch während der Ausbildung in der Verwaltungspraxis zu erwerben sind und deren Vorliegen durch besondere Rekrutierungs- und Prüfungsverfahren gesichert werden soll.

Der Grad der Spezialisierung ändert sich allerdings mit der Ebene, der der Bedienstete angehört. Auf den unteren Ebenen dominiert das eng begrenzte Fachwissen, das sich auf den höheren Ebenen zunehmend verbreitern muß. Der Sachbearbeiter ist vielleicht ein Experte der Kraftfahrzeugsteuer, der Referatsleiter ein Kenner der indirekten Steuern, und erst der Leiter der Abteilung „Steuern" etwa im Bundesministerium der Finanzen hat sich mit dem Steuersystem insgesamt zu befassen. Mit der Höhe der Ebene ändert sich auch die Art der erforderlichen Qualifikation: Die Bedeutung der Kunst des Verwaltens an sich nimmt zu und ist bei Spitzenbeamten besonders ausgeprägt (oder soll es doch sein). Sie sind keine Experten en détail, aber sie müssen – neben Führungseigenschaften – doch gute Generalkenntnisse über ihren Zuständigkeitsbereich haben, den Überblick über das Rechts-, Organisations- und Finanzsystem besitzen und die Kunst der all diese Bereiche umfassenden Koordination beherrschen, welche erforderlich ist, um die Verwaltungsaktivität in eine beabsichtigte Richtung zu lenken.

2. Berufsmäßige Ausübung

Der Erwerb der nötigen Rechts- und Fachkenntnisse wird durch berufsmäßige Erledigung gefördert. Diese beinhaltet dreierlei: die Zurückdrängung der Ehrenamtlichkeit, die Anstellung auf Dauer und das Bestehen von Aufstiegsmöglichkeiten. Die fachliche Versiertheit, welche die Verwaltung verlangt, kann von einem ehrenamtlich Tätigen (sog. Honoratiorenverwaltung) nicht geleistet werden; eine **berufliche Erledigung** ist unerläßlich. Professionals sind nicht nur im Sport, sondern auch in der Verwaltung regelmäßig besser als Amateure. Kennzeichen der berufsmäßigen Erledigung ist weiter ein Moment der **Dauer.** Die Erwartung einer dauerhaften Anstellung trägt ihrerseits dazu bei, daß sich genügend qualifizierte Menschen für die öffentliche Verwaltung interessieren, d. h. die erforderliche langjährige Ausbildung auf sich nehmen und sich um die Einstellung bewerben. Das Moment der Dauer schlägt sich im Recht des öffentlichen Dienstes in der Lebenszeitanstellung der Beamten und der Unkündbarkeit der Angestellten und Arbeiter nach 15jähriger Tätigkeit und Vollendung des 40. Lebensjahres nieder. Schließlich wird die Attraktivität des öffentlichen Dienstes und die Gewinnung von qualifiziertem Personal durch **Aufstiegsmöglichkeiten** innerhalb der Verwaltungshierarchie gefördert.

3. Leistungsorientierung

In gewissem Zusammenhang mit der Rolle des Fachwissens und der Notwendigkeit einer professionellen Erledigung steht das **Leistungsprinzip** des öffentlichen Dienstes. Es besagt, daß bei Einstellungen und Beförderungen die persönliche und fachliche Qualifikation den Ausschlag geben soll, nicht aber Vorrechte oder Beziehungen irgendwelcher Art. Der Grundsatz, der in *Art. 33 Abs. 2 GG* niedergelegt und in den Beamtengesetzen wiederaufgenommen ist, soll zweierlei bewirken: die **Leistungskraft der Verwaltung** stärken und die **Chancengleichheit** unter den Bewerbern gewährleisten. *Geschichtlich* entstanden sind die Vorschriften als Reaktion auf die Praxis der absoluten Monarchie, die bei der Rekrutierung ihres Verwaltungspersonals den Adel und das (ausgediente) Militär bevorzugte. So bestimmte Art. VI der französischen *Erklärung der Menschen- und Bürgerrechte* von 1789, daß alle Bürger zu öffentlichen Ämtern nur aufgrund ihrer Fähigkeiten und ohne anderen Unterschied als den ihrer Tugenden und Talente zugelassen werden sollten, und in § 137 Abs. 6 der *Paulskirchenverfassung* von 1849 hieß es: „Die öffentlichen Ämter sind für alle Befähigten gleich zugänglich.“

4. Unparteilichkeit und Gemeinwohlverpflichtung

Ein weiterer Grundsatz des öffentlichen Dienstes ist seine Neutralität und unparteiische Einstellung. So bestimmt *§ 52 I 1 Bundesbeamtengesetz,* daß der Beamte „dem ganzen Volk" dient, „seine Aufgaben unparteiisch und gerecht zu erfüllen und bei seiner Amtsführung auf das Wohl der Allgemeinheit Bedacht zu nehmen" hat. An die Stelle der früheren Treubindung an den Monarchen und der Vereidigung auf ihn ist also eine Verpflichtung auf Gemeinwohl und Verfassung der Bundesrepublik getreten. Auch die öffentlichen Angestellten und Arbeiter werden durch die *Tarifverträge* verpflichtet, sich unparteiischer Neutralität zu befleißigen und das Wohl der Gesamtheit über das eigene zu stellen. Dem entspricht es, daß Beamte und öffentliche Arbeitnehmer, die sich persönliche Vorteile für ihre Amtshandlungen gewähren oder versprechen lassen, sich wegen Vorteilsannahme oder Bestechlichkeit strafbar machen.[18]

5. Staatliche Fürsorge

Die berufsmäßige Ausübung in Neutralität und Gemeinwohlbezogenheit soll den Bediensteten dadurch *ermöglicht* werden, daß sie auf Lebenszeit angestellt, wirtschaftlich ausreichend alimentiert, im Alter versorgt und auf diese Weise unabhängig gestellt sind.

Die unter 1–5 genannten Grundsätze sind durch *Art. 33 Abs. 5 GG,* wonach bei der Regelung des öffentlichen Dienstes die hergebrachten Grundsätze des Berufsbeamtentums zu berücksichtigen sind, für die Gruppe der Beamten verfassungsrechtlich anerkannt; für Angestellte und Arbeiter gilt kraft tarifvertraglicher Regelung im Ergebnis praktisch weitgehend das gleiche.

6. Stabilisierungsfunktion

Der Verwaltung wird herkömmlicherweise die Funktion zugeschrieben, ein gewisses **Gegengewicht gegen** Fehlentwicklungen im Spiel der **Parteien und Interessenverbände** zu bilden. So sieht das *Bundesverfassungsgericht* im Berufsbeamtentum „eine Institution, die, gegründet auf Sachwissen, fachliche Leistung und loyale Pflichterfüllung, eine stabile Verwaltung sichern und damit einen ausgleichenden Faktor gegenüber den das Staatsleben gestaltenden politischen Kräften darstellen soll".[19]

Zu den vom Bundesverfassungsgericht angesprochenen politischen

---

[18] §§ 331 ff. i. V. m. 11 I Nr. 2 StGB.
[19] BVerfGE 7, 155 (162).

Kräften gehören in erster Linie Parteien und Interessenverbände. Der öffentliche Dienst soll ein Gegengewicht gegen gewisse Mängel und Einseitigkeiten bilden, die dem Wirken der Parteien und Verbände eigen sind. Ein typischer Mangel des Wirkens der *Interessenverbände* liegt darin, daß bestimmte Interessen, die sich verbandlich kaum organisieren lassen, insbes. allgemeine Interessen, von schlagkräftigen Partikularinteressen zurückgedrängt werden und deshalb zu kurz kommen (oben J II, K). Aufgabe der Verwaltung ist es, hier gegenzusteuern und solche Interessen zu stützen. In der Tat scheint die Verwaltung bis zu einem gewissen Grad in der Lage, eine derartige Gegengewichtsfunktion zu erfüllen: Vehikel des Verbandseinflusses sind Geld, spezialisierter Sachverstand und Wählerstimmen (oben J I 3.1). Der Verwaltungsangehörige ist – idealiter gesehen – von all diesen Dingen relativ unabhängig: Finanziell ist er gesichert, den nötigen Sachverstand besitzt er meist selbst, und auf Wählerstimmen ist er nicht angewiesen, da er in einem fachbezogenen Verfahren ernannt wird (oder doch ernannt werden sollte) und auf Lebenszeit bestellt ist. Ein typischer Mangel der *Parteien* liegt darin, daß ihre politische Dimension oft zu kurzfristig ist (oben I V 5). Auch hier sollte die Verwaltung ein Gegengewicht bilden, indem sie längerfristige Aspekte herausstellt und diesen dadurch mehr Gewicht verschafft.[20]

In *Wirklichkeit* ist die Situation des öffentlichen Dienstes höchst ambivalent. Die Verwaltungsgrundsätze werden häufig an zentraler Stelle verletzt. Die Verwaltungsangehörigen bilden, wenn es um ihre eigenen Interessen geht, selbst eine Art Interessengruppe, und zwar eine höchst effektive (dazu unten V).

III. Bürokratieimmanente Fehlentwicklungen

1. Eigeninteressen der Verwaltung

Zu den ideellen und rechtlichen Grundsätzen der Verwaltung gehört es, daß ihre Angehörigen nicht durch ihr Eigeninteresse motiviert werden; vielmehr wird bei ihnen Gemeinsinn und Gemeinwohlorientierung vorausgesetzt.[21] Die Frage soll hier dahinstehen, inwieweit diese Voraussetzung jemals völlig gegeben war. Heute jedenfalls sind Zweifel angebracht, ob solche Gemeinwohlorientierung der öffentlichen Bediensteten überall in ausreichendem Maße vorherrscht. In einer von allgemeinem Anspruchsdenken geprägten sozialen Atmosphäre[22] erscheint es

[20] Zur Gemeinwohlorientierung des öffentlichen Dienstes soeben 4.
[21] Oben II 4. Vgl. auch *Krüger*, Staatslehre, 266 ff.
[22] Oben K III.

realistisch anzuerkennen, daß die Eigeninteressen auch bei den Verwaltungsangehörigen eine beträchtliche Rolle für ihre Entscheidungen spielen können.[23] Eigeninteressen sind solange unschädlich, als sie das Allgemeininteresse fördern oder ihm jedenfalls nicht entgegenlaufen. Probleme ergeben sich, wenn ein *Widerspruch* auftritt, was dann der Fall sein kann, wenn der Bedienstete seine Verwaltungsentscheidungen auch von dem Bestreben beeinflussen läßt, seine Arbeitsbedingungen möglichst vorteilhaft zu gestalten. Die auf Macht-, Prestige-, Geld- und Freizeitgewinn gerichteten **Eigeninteressen** von öffentlichen Bediensteten gehen – auf eine Kurzformel gebracht – dahin, den bürokratischen Apparat möglichst weit auszudehnen. Denn die Schaffung zusätzlicher Personalstellen entlastet die bisherigen Bediensteten und erhöht ihre Aufstiegschancen. Der Behördenleiter hat zwar die (ethische und rechtliche) Pflicht, einer solchen Tendenz entgegenzutreten; diese Pflicht kollidiert aber leicht mit seinem Eigeninteresse. Da die tatsächlichen Leistungen einer Behörde für einen Außenstehenden nur schwer zu beurteilen oder gar zu messen sind,[24] richten sich Prestige und Aufstiegschancen eines Behördenleiters häufig an Vordergründigem aus, wie der Zahl seiner *Untergebenen* und dem Volumen der *finanziellen Mittel,* über die er verfügt.[25] Dies gilt erst recht, wenn bei der Dienstpostenbewertung die Zahl der untergeordneten Bediensteten ein Entscheidungskriterium darstellt. In dieser Situation Nachdruck auf personal- und kostensparende Verwaltung zu legen, verlangt von ihm eine schon beinahe heroische Pflichtauffassung, die man realistischerweise nicht immer voraussetzen darf. In der Praxis herrscht die gegenteilige Tendenz vor.

---

[23] *Schumpeter,* Kapitalismus, Sozialismus und Demokratie, 2. Aufl., 1950, 331: „Wir tun gut daran, gleich von Beginn an zu erkennen, daß es ebenso wirklichkeitsfremd wäre, sich ausschließlich auf rein altruistisches Pflichtgefühl zu verlassen, wie dessen Bedeutung und Möglichkeit generell zu leugnen."

[24] Dies kommt auch darin zum Ausdruck, daß die Statistik vor den Schwierigkeiten der Messung der Verwaltungsleistungen kapituliert und in der volkswirtschaftlichen Gesamtrechnung stattdessen die Kosten der Verwaltung zugrundelegt: *v. Arnim,* Volkswirtschaftspolitik, 132.

[25] Die populär-wissenschaftliche Analyse dieser Zusammenhänge geht auf *Parkinson* zurück: *Parkinson,* Parkinsons Gesetz und andere Untersuchungen über die Verwaltung, 1958. Seine ironisch-sarkastischen Übertreibungen haben bisweilen dazu geführt, daß auch der darin enthaltene berechtigte Kern nicht ernst genommen wurde. So z. B. *Ule,* Parkinsons Gesetz und die deutsche Verwaltung, 1960; vgl. auch *Wagener,* Öffentlicher Dienst im Staat der Gegenwart (oben FN 3), 221 („ein Märchen"), andererseits aber S. 238ff. Auch die Finanzwissenschaft hat die Thesen *Parkinsons* lange belächelt. Hier zeigt sich neuerdings ein Wandel. So gibt z. B. *Albers* im Handbuch der Finanzwissenschaft eine abgewogene Würdigung der Zusammenhänge. *Albers,* Ziele und Bestimmungsgründe der Finanzpolitik, HdF, 3. Aufl., Bd. 1, 1977, 123 (150ff.). Vgl. auch schon *Schmölders,* Finanzpolitik, 3. Aufl., 1970, 113f. Die geschilderten Zusammenhänge werden von der modernen Verwaltungssoziologie vielfach bestätigt. Nachweise bei *Greifeld,* Der Rechnungshof als Wirtschaftlichkeitsprüfer, 1981, 52–57.

Bestrebungen, zu Einsparungen, insbes. zu Personaleinsparungen, zu gelangen, stoßen auf den erbitterten Widerstand der Bediensteten selbst. Dies mag den naiven Beobachter überraschen, können doch Personaleinsparungen im öffentlichen Dienst aus rechtlichen (Unkündbarkeit) und tatsächlichen Gründen lediglich darauf hinauslaufen, daß – freiwillig oder aus Alters- oder Krankheitsgründen – geräumte Stellen nicht mehr besetzt werden, so daß die *Verbleibenden* scheinbar gar nicht betroffen werden. Ihr dennoch erfolgender Protest erklärt sich aus den geschilderten Zusammenhängen.[26]

Das Eigeninteresse der Verwaltung ist natürlich nur *ein* Element in einem ganzen Bouquet von Faktoren; es kann deshalb nicht allein für die Ausweitung des öffentlichen Dienstes verantwortlich gemacht werden. Die Steigerung hängt wesentlich auch mit der Ausweitung der staatlichen *Aufgaben* zusammen. Das zeigt etwa der Umstand, daß der starke Zuwachs der öffentlichen Bediensteten in den ersten 70er Jahren besonders in den Bereichen zu verzeichnen war, in denen ein starkes Ausweiten der Staatsaufgaben politisch beabsichtigt war, insbes. im Sektor Bildung (oben I 2). Zudem bildet der Bereich der eigentlichen (Schreibtisch-)Verwaltung, in dem der geschilderte Effekt sich vornehmlich entfalten kann, nur einen – und keinesfalls den größten – Teilbereich innerhalb des öffentlichen Dienstes. Dennoch bleibt ein in seiner Bedeutung allerdings schwer zu quantifizierender Teil der Ausweitungstendenz der Verwaltung dem geschilderten Eigeninteresse-Effekt zuzuschreiben. Dabei ist zu beachten, daß dieser Effekt sich nicht nur, ja nicht einmal in erster Linie, dahin auswirkt, daß neue Beamtenstellen eingerichtet, sondern vor allem dahin, daß überlebte Behörden nicht abgeschafft und personell überbesetzte Behörden nicht verkleinert werden.

Ein geradezu klassisches Beispiel berichtet *Mendès-France* in seinen Memoiren: Als er nach seiner Wahl zum französischen Ministerpräsidenten einen Rundgang durch sein Amt machte, traf er auf eine Abteilung, die sich mit der Abwicklung von Reparationen beschäftigte, die nicht etwa aus einem der beiden letzten Weltkriege herrührten, sondern aus dem deutsch-französischen Krieg von 1870/71.[27]

2. Spezialisten-Mentalität

Die komplizierten Aufgaben der Verwaltung verlangen eine fachliche Spezialisierung (oben P II 1). Gerade der tüchtige Beamte wird sich mit

---

[26] Über ein plastisches Beispiel berichten *Lau/Fried*, Die Herrschaft der Bürokratie, 1980, 239ff.

[27] Beispiel nach *Albers* (oben FN 25), 151. Weitere Beispiele aus der bundesrepublikanischen Praxis bei *Schreckenberger*, Übernahme oder Selbstentwicklung öffentlicher Aufgaben. Generelle Analyse, in: *Böhret/Siedentopf* (Hrsg.), Verwaltung und Verwaltungspolitik, 1983, 143ff.

seiner Aufgabe identifizieren, was auch nötig ist, wenn er von seiner Arbeit befriedigt sein und in ihr etwas leisten will. Spezialisierung und gleichzeitige Identifizierung ergeben jedoch andererseits die Gefahr, daß die Wichtigkeit der jeweiligen Spezialaufgabe überschätzt und verabsolutiert wird; es fehlt dann an einer relativierenden Einordnung der eigenen Rolle in das Gesamtbild. Diese Erscheinung der **selektiven Wahrnehmung** und Aufmerksamkeit kann dazu führen, daß jeder Beamte und jede Behörde versuchen, die Aufmerksamkeit gerade auf ihren Bereich zu lenken, möglichst hohe finanzielle Mittel dafür zu erhalten und immer mehr einschlägige Richtlinien und sonstige Regelungen durchzusetzen. Solche innere Einstellung kann sich zu einem ausgesprochenen **Ressortegoismus** auswachsen, der die erwähnten verwaltungsinternen Wachstumstendenzen weiter verstärkt.

Besonders gravierend ist auch hier meist weniger der Erlaß *neuer* Regelungen und die Inanspruchnahme neuer Finanzmittel, die zur Bewältigung auftauchender Ordnungsprobleme häufig unerläßlich sind, als vielmehr die eingeschränkte Fähigkeit zur ,,Durchforstung" und Beseitigung *überkommener,* oft überholter Regelungen und Ausgabenposten. Das Gesamtresultat ergibt in seiner Summe dann eine unnötige Aufblähung.

Wie Expertenmentalität sich notwendigen Ausdünnungen überkommener und überholter Regelungen in den Weg stellen kann, läßt sich am Beispiel der seit Jahren beschworenen *Vereinfachung des* bundesdeutschen *Steuerrechts* veranschaulichen, welches mit seinen ca. 50 Einzelsteuern, Hunderten von Ausnahmetatbeständen und Durchbrechungen selbst für den Steuerfachmann kaum noch zu überblicken ist. Daß die Vereinfachung bisher nicht vorwärtsgekommen ist, liegt nicht zuletzt an der Mentalität der Steuerexperten in Bund und Ländern, welche ja die entsprechenden Vereinfachungsinitiativen ausarbeiten müßten. Gerade von ihnen wird man aber kaum eine Vorliebe für Vereinfachung erwarten können. Gewohnt, virtuos mit den komplizierten Bestimmungen zu hantieren, sind sie sich ihrer Kompliziertheit nur selten noch bewußt. Sie finden sich sozusagen blind im Irrgarten zurecht, ja, sie mögen häufig an jeder steuerrechtlichen Klippe hängen, wie man die verwinkelten Korridore und die engen Stiegen eines alten verbauten, aber vertrauten Hauses liebgewinnen wird. Der Wegfall einer komplizierten Vorschrift oder einer überholten ,,Bagatellsteuer", in der sie sich als einige der ganz wenigen auskennen, würde zudem ihr für sie nützliches und wertvolles ,,know how" zu lediglich geschichtlichem Wert degradieren.[28]

---

[28] *v. Arnim,* Das Dilemma der Steuervereinfachung, Monatsblätter für freiheitliche Wirtschaftspolitik 1970, Heft 8.

3. „Vertikale Fachbruderschaften“

Die unter 1 und 2 geschilderten Eigeninteresse- und Spezialisteneffekte und die daraus folgenden Ausdehnungstendenzen der Verwaltung werden dadurch noch *gesteigert,* daß die Experten der jeweiligen Fachgebiete sich über die verschiedenen Ebenen des föderalistischen Staates hinweg (unter Einbeziehung auch der europäischen Bürokratie in Brüssel) zusammentun und dadurch ihren Einfluß multiplizieren. Die schon beim Wirken der Verbände festgestellte größere Durchsetzungsstärke von partikularen Interessen auf Kosten allgemeiner Belange erhält von hier noch weitere Schubkraft. *Frido Wagener,* der die Ursachen und Wirkungen dieser Erscheinungen immer wieder hervorgehoben hat, hat dafür die anschauliche Bezeichnung „vertikale Fachbruderschaften der Koordinierungsbürokratie“ gefunden.[29] Begünstigt durch neue Formen staatlicher *Mischfinanzierung*[30] und die dadurch bewirkte Verantwortungsdiffusion sind viele gerade besonders hoch qualifizierte Verwaltungsbedienstete in den Kommunen, bei den Ländern und beim Bund heute damit beschäftigt, „den Standard der öffentlichen Aufgabenerfüllung“ durch Ausweitung der bisherigen und durch Erfindung neuer Aufgaben „mit Hilfe von Gesetzen, Erlassen und Programmen, insbes. aber durch Geld“, immer komplizierter und immer höher festzulegen.[31] So beruht – das ist *Wageners* Fazit – die Tendenz zur „permanenten Niveauanhebung in der Leistungsdarbietung der öffentlichen Verwaltung“ zu einem „nicht unwichtigen Teil“ auf dem „Eigenleben der vertikalen Kommunikationsstruktur der Verwaltungsleute untereinander“.[32]

4. Beurteilung

Die geschilderten Eigeninteresse- und Spezialisteneffekte (soeben 1 und 2), deren Gewicht und Folgen durch „vertikale Fachbruderschaften“ über die verschiedenen Ebenen des föderalistischen Staates hinweg noch verstärkt werden (soeben 3), wirken sich vornehmlich bei der Aufstellung und der Ausführung des Haushalts aus[33] und begründen eine Tendenz zur Aufblähung der Verwaltung und der für sie aufzuwendenden finanziellen Mittel. Die Beurteilung dieser Erscheinung verlangt ein

---

[29] *Wagener,* Öffentlicher Dienst im Staat der Gegenwart (oben FN 3), 238–243, 253.

[30] *Borell,* Mischfinanzierung, 1981.

[31] *Wagener,* Öffentlicher Dienst im Staat der Gegenwart (oben FN 3), 242.

[32] *Wagener,* Öffentlicher Dienst im Staat der Gegenwart (oben FN 3), 243.

[33] Dazu zuletzt *Greifeld* (oben FN 25), 51ff.

Zurückgehen auf die **Grundwerte** der verfaßten Gemeinschaft. Dadurch wird es möglich, die vielfältigen, meist negativen Bewertungen der geschilderten Erscheinungen[34] auf ein Niveau jenseits subjektiver Beliebigkeit zu heben.

Wie oben G II 1.1 dargelegt, weist das Grundgesetz dem Staat und seinen Funktionären eine ausschließlich **dienende** Rolle zu; dies gilt, wie schon der Begriff selbst signalisiert, gerade auch für den öffentlichen „Dienst" und seine Angehörigen. Dieser Grundwertung laufen die geschilderten bürokratieinternen Wachstums- und Wucherungstendenzen, soweit sie unabhängig von den Bedürfnissen der Allgemeinheit vor sich gehen, deren Kosten dieser aber aufgebürdet werden, diametral entgegen. Die Gemeinschaft verliert insoweit die Kontrolle über ihre Diener. Aus Dienern werden Herren, die ihre Amtsbefugnisse teilweise zu ihrem eigenen Nutzen einsetzen. Der verfassungsrechtlichen Grundnorm, daß der Staat und sein gesamter Apparat um der *Bürger* willen dazusein hat, kontrastiert die Verwaltungswirklichkeit, soweit die Akteure ihre Aktivitäten nicht in den Dienst der Bürger, sondern in den eigenen Dienst stellen.[35]

Diese Erscheinung läßt sich nicht etwa mit der Erwägung rechtfertigen, auch die Verwaltungsakteure hätten an der grundgesetzlich gewährleisteten Freiheit teil und diese könne gegen die Freiheit der Bürger, die die Zeche für bürokratieinterne Wucherungstendenzen durch höhere Abgaben zu begleichen haben, aufgerechnet werden. An dieser Argumentation ist bereits der Ausgangspunkt unrichtig: Wie alle Staatsfunktionäre, so dürfen auch die Angehörigen des öffentlichen Dienstes – im Gegensatz zum Normalbürger – bei Wahrnehmung ihrer Amtsfunktionen **keine Freiheit der Beliebigkeit** wahrnehmen.

Die geschilderten Aufblähungstendenzen sind auch keineswegs unerläßliches Beiwerk einer jeden Verwaltung und deshalb mit dieser als notwendiges Übel hinzunehmen. Denn der Entfaltungsraum, den man jenen Tendenzen beläßt, ist nicht unabänderlich vorgegeben. Aus der

---

[34] So statt vieler *Wagener,* Öffentlicher Dienst im Staat der Gegenwart (oben FN 3), 256, der etwa die durch die „vertikalen Fachbruderschaften" bewirkte „Aufgabenerfindung und Aufgabenkomplizierung" als „eine der zentralen Schwachstellen des Staates der Gegenwart" bezeichnet.

[35] Die Gegenposition hat *Luhmann* in einem frühen Aufsatz vertreten: Kann die Verwaltung wirtschaftlich handeln?, VerwArch 1960, 97 ff. Danach *soll* die Verwaltung tun, was den Fortbestand der Organisation sichert. Aus der negativen Bewertung der Selbstwachstumstendenzen wird hier eine positive. *Luhmann* meint, diese Auffassung vertreten zu müssen, weil er an der wissenschaftlichen Möglichkeit, zu Wertungen gelangen zu können, verzweifelt. Dieser klassische Standpunkt des Positivismus ist, wie oben (F III und H I 8) dargelegt, heute aber nicht mehr haltbar. Die Verfassungstheorie, die auch der Verwaltungswissenschaft Direktiven zu geben hat, kann, darf und muß auch Wertungen einbeziehen und auf diesen aufbauen.

grundgesetzlichen Mißbilligung jener Tendenzen ergibt sich deshalb die Notwendigkeit, alles sinnvoll Mögliche zu tun, um ihnen entgegenzuwirken.

Ein Aus-dem-Ruder-Laufen der Entwicklung zu verhindern, wird auch aus folgendem Grund immer wichtiger: In der Phase des starken wirtschaftlichen Wachstums der vergangenen Jahrzehnte konnten die geschilderten kostspieligen Mängel noch halbwegs verkraftet werden, ohne daß wichtige andere Aufgaben vernachlässigt wurden. Heute und in Zukunft hat sich die Situation völlig gewandelt. Nunmehr wird die Fähigkeit der Gemeinschaft, den aufgelaufenen Ballast abzuwerfen, darüber entscheiden, ob sie noch Manövrierspielraum behält, der für die Inangriffnahme wichtiger Zukunftsaufgaben unerläßlich ist. Die Lösung aus dem Griff der (partikularen) Interessenten und Funktionäre kann zur Überlebensfrage der Gemeinschaft werden.

Um den wuchernden Auswirkungen der ,,vertikalen Fachbruderschaften" gegenzusteuern, schlägt *Wagener* die Auflösung der vertikalen Verbundverwaltung vor. Zur Eindämmung der Normenflut empfiehlt er eine ,,Entfeinerung der Regelungen".[36] Um die Durchsetzungschance für die letztere Empfehlung zu erhöhen, sollte man m. E. auch § 26 Abs. 2 der Geschäftsordnung der Bundesregierung erweitern und das **Vetorecht** des Justiz- und des Innenministers auf jeden Regierungsbeschluß erstrecken,[37] der die Einführung einer neuen Regelung betrifft. Dies entspräche der Stellung der beiden Ministerien als Hüter des Rechts. Denn angesichts der jetzt schon bestehenden Unmöglichkeit der Verwaltung, alle Regelungen zu beachten (oben P I 1), kann jede neue Regelung dazu beitragen, den Graubereich der nicht beachteten Regelungen (und damit den Bereich des Rechts- und Verfassungsbruchs) zu erhöhen.[38]

IV. Politisierung des öffentlichen Dienstes

1. Gegenseitige Durchdringung von Verwaltung und politischen Parteien

Es wäre an sich vorrangige Aufgabe der *Parteien,* wirksame Kontrollen gegen die unter III 1–3 geschilderten Gefahren zu entwickeln und so zu verhindern, daß die bürokratischen Selbstwucherungstendenzen überhandnehmen. *Anthony Downs* geht davon aus, die Regierungspartei wür-

[36] *Wagener,* Öffentlicher Dienst im Staat der Gegenwart (oben FN 3), 256ff. und 254ff. Zur Beseitigung von Mischfinanzierung jetzt auch nachdrücklich *Borell,* Mischfinanzierung (oben FN 30).

[37] Zur jetzigen Fassung und zur Funktion des § 26 II GO BReg oben O I 2, 3.

[38] Zu weiteren Abhilfeüberlegungen unten V II 4.2.3.

de dieser Aufgabe auch tatsächlich nachkommen, weil sie keine Veranlassung für die Verschwendung von Ressourcen habe und vor allem, weil sie sonst Gefahr liefe, gegenüber geschickteren politischen Konkurrenten zu unterliegen.[39] In der Praxis ist dennoch Skepsis angebracht. Es ist fraglich, ob die Parteien diese Kontrollfunktion noch ausüben können und ob das Wettbewerbsmodell der Demokratie insofern noch funktionstüchtig ist. Parteien und Verwaltung sind nämlich auf dem Wege zu einer zunehmenden gegenseitigen Durchdringung und Verfilzung.[40] Diese ,,Symbiose" schlägt sich in der Zunahme des Anteils der öffentlichen Bediensteten an den Parteimitgliedern,[41] insbes. an den aktiven Mitgliedern,[42] nieder, spiegelt sich im zunehmenden Anteil der Verwaltungsangehörigen mit Parteibuch und setzt sich in der Erscheinung fort, daß die Wahllisten der Parteien von öffentlichen Bediensteten nur so strotzen und in vielen Länderparlamenten bereits etwa die Hälfte der Abgeordneten aus dem öffentlichen Dienst kommt. Im Bund ist der Anteil, der 1949 noch etwa 20 v.H. betragen hatte, allmählich auf etwa 40 v.H. angewachsen.[43]

Im gleichen Schritt nimmt auch umgekehrt der Einfluß der Parteien auf die Personalauswahl im öffentlichen Dienst immer mehr zu. Es gibt zwar keine exakten Statistiken, aus soziologischen Erhebungen läßt sich jedoch rückschließen, daß der Umfang der sog. **Ämterpatronage** durch politische Parteien beträchtlich ist.[44]

Mit ,,Ämterpatronage" ist die Erscheinung gemeint, daß bei Auswahl und Beförderung des Verwaltungspersonals nicht nur die persönliche und fachliche Qualifikation entscheidet, sondern auch die Frage mitspielt und teilweise den Ausschlag gibt, ob der Bewerber das richtige Parteibuch besitzt, einer bestimmten Konfession angehört oder einem Interessenverband, etwa einer Gewerkschaft nahesteht. Das größte Gewicht und die mißlichsten Folgen hat

---

39 *Downs,* Why the Government Budget is too Small in a Democracy, World Politics, Bd. 12 (1960), 541 (543 FN 4).

40 Dazu *Wagener,* Öffentlicher Dienst im Staat der Gegenwart (oben FN 3), 233–237 m. w. N. Vgl. auch den Sammelband ,,Politische Parteien und öffentlicher Dienst" (1982) mit den auf der 23. beamtenpolitischen Arbeitstagung im Januar 1982 unter dem gleichnamigen Leitthema gehaltenen Referaten.

41 *Schmollinger,* Abhängig Beschäftigte in Parteien der Bundesrepublik, ZParl 1974, 58 ff.

42 *Falke,* Die Mitglieder der CDU, 1982, 93: ,,Unter den aktiven Mitgliedern sind die Beamten dreimal so häufig vertreten wie unter den passiven."

43 *Klatt,* Die Verbeamtung der Parlamente, Aus Politik und Zeitgeschichte 1980, Heft 44, S. 25 ff.

44 Vgl. *Steinkemper,* Klassische und politische Bürokraten in der Ministerialverwaltung der Bundesrepublik Deutschland, 1974, bes. 45 ff.; *Pippke,* Karrieredeterminanten in der öffentlichen Verwaltung, 1975; *Bach/Hetzler/v. Pahwel,* Die Hamburger Verwaltung im Urteil ihrer Mitarbeiter, in: Hamburg in Zahlen 1982, 36 ff., 72 ff.

heute die parteipolitische Patronage, weshalb sie hier auch allein behandelt wird.

Ein Kenner der bundesdeutschen Verwaltungsszene, *Thomas Ellwein,* selbst Mitglied und ehemaliger Bundestagskandidat einer großen Partei, beklagt mit Recht, daß die Parteien die Beamtenstellen im Laufe der Zeit immer schamloser ausnutzen.[45] Wer nicht das richtige Parteibuch besitzt, kann vom Zugang zum und vom Weiterkommen im öffentlichen Dienst praktisch ausgeschlossen sein. Daraus resultiert für öffentliche Bedienstete die Versuchung, aus opportunistischen Gründen in eine Partei – und zwar möglichst in die richtige – einzutreten. Dies machen die Zahlen über die Parteimitgliedschaft von Beamten in solchen Bundesländern besonders deutlich, in denen die Regierung noch nie oder seit langem nicht mehr gewechselt hat: In SPD-Ländern gehören 87,5 v. H. aller beamteten Parteimitglieder der Regierungspartei an, in CDU-Ländern 87,2 v. H.[46]

Die **Gründe** für die wechselseitige Durchdringung sind vielfältig. So beruht Ämterpatronage zu einem guten Teil auf dem ganz natürlichen Bestreben der politischen Parteien, die Macht im Staat nicht nur zu erringen und zu behalten, sondern sie – im Sinne des „Gesetzes der Macht“ – auch auf alle Bereiche auszudehnen. Durch Patronage hofft die Partei, Informationen von den Patronierten zu erhalten und Einfluß auf deren Entscheidungen auszuüben **(Herrschaftspatronage).** Darüber hinaus erfolgt Patronage zur Versorgung verdienter Parteiangehöriger **(Versorgungspatronage)** und dient dadurch indirekt auch dem Zweck, neue Mitglieder anzulocken.[47] Der davon ausgehende **Demonstrationseffekt** zwingt umgekehrt karrierebewußte Bedienstete, die rasch den Nutzen der Parteimitgliedschaft für ihr berufliches Fortkommen erkennen, praktisch in die Partei, was wiederum eine Erklärung für ihre Zunahme unter den Parteimitgliedern und ihre ausgeprägte parteiinterne Aktivität liefert, allerdings nicht die alleinige: Die Durchdringung hängt sicher auch mit einer gewissen *Angewiesenheit* der Parteien und der Parlamente auf die Angehörigen des öffentlichen Dienstes zusammen. Die Umsetzung politischer Anliegen in die Praxis verlangt spezialisierte Fachkenntnisse über das Funktionieren des Staates und seiner hochkomplizierten Regelungsmechanismen, über die die hochkarätigen Experten des Staates, die sich im öffentlichen Dienst finden, in besonderem Maß verfügen (oben II 1). Darüber hinaus haben die Angehörigen der Verwaltung im allgemeinen eine geregelte Arbeitszeit und ausreichend *Freizeit* und so auch von daher gute Voraussetzungen, um sich in den Parteien voll engagieren zu können.

---

[45] *Ellwein,* Der Weg zum „Parteienstaat“, Das Parlament, Nr. 44, 1980, S. 1.
[46] *Steinkemper* (oben FN 44), 50.
[47] *Eschenburg,* Ämterpatronage, 1961, 11ff.

2. Verfassungsrechtliche und verfassungspolitische Beurteilung der Ämterpatronage durch politische Parteien

Die bereits angesprochene parteipolitische Ämterpatronage bedarf wegen ihrer besonderen Bedeutung hier noch einer Würdigung unter verfassungsrechtlichem und verfassungspolitischem Aspekt.[48]

Die Berücksichtigung der politischen Ausrichtung ist durchaus legitim bei der Auswahl von Parlamentsabgeordneten, Ministern, teilweise auch von kommunalen Wahlbeamten (insbes. Bürgermeistern und Landräten) und eventuell von sog. politischen Beamten (vor allem Spitzenbeamten wie Staatssekretären und Ministerialdirektoren).[49] Patronage beschränkt sich in der Bundesrepublik aber keinesfalls auf die genannten Ämter, sondern erfaßt im Bund, in den Ländern und in den Kommunen – je nach Regierungspartei mit wechselnden Vorzeichen – auch die normalen **Laufbahnbeamten.** Hier ist Ämterpatronage aber höchst schädlich: Wenn politische Richtungs- und Gefälligkeitsbereitschaft vor Leistung geht, werden die unerläßliche Fach- und Leistungsorientierung und die Neutralität des öffentlichen Dienstes von Grund auf zersetzt und das Vertrauen des Bürgers in seinen Staat untergraben. Zugleich wird die Verwaltung über Gebühr aufgebläht.

Die genannte Form der Ämterpatronage ist **verfassungswidrig.** Nach Art. 33 Abs. 2 GG dürfen Einstellungen nur nach Eignung, Befähigung und fachlicher Leistung erfolgen, Art. 33 Abs. 3 und Art. 3 Abs. 3 GG verbieten jede Bevorzugung oder Benachteiligung wegen politischer Anschauungen. Die Praxis der Ämterpatronage stellt einen krassen Fall des Auseinanderklaffens von Verfassungsrecht und Verfasssungswirklichkeit dar (vgl. auch oben G II 3.1).

Man hat versucht, Ämterpatronage und ihre Folgen zu bagatellisieren oder gar zu *rechtfertigen.* Die einen sagen, eine Bevorzugung bestimmter Gruppen habe es schon immer gegeben. Andere meinen, Ämterpatronage sei nur die Konsequenz der Wettbewerbsdemokratie: Die bei den Wahlen siegreiche Partei habe die Legitimation, nicht nur die Abgeordneten- und Regierungsbänke mit ihren Parteigängern zu besetzen, son-

---

[48] Eingehend *Eschenburg* (oben FN 47); *Quaritsch,* Empfiehlt es sich, das Beamtenrecht unter Berücksichtigung der Wandlungen von Staat und Gesellschaft neu zu ordnen?, Verhandlungen des 48. Deutschen Juristentags, Sitzungsberichte, 1970, S. O 34 (41 ff.); *v. Arnim,* Ämterpatronage durch politische Parteien, 1980; *ders.,* Auswirkungen der Politisierung des öffentlichen Dienstes, in: *Böhret/Siedentopf* (Hrsg.), Verwaltung und Verwaltungspolitik, 1983, 219; *Benda,* Der Stabilitätsauftrag des öffentlichen Dienstes – eine Überforderung im Parteienstaat?, in: Politische Parteien und öffentlicher Dienst, 1982 (oben FN 40), 29 (40 ff.); *Isensee,* Der Parteizugriff auf den öffentlichen Dienst – Normalzustand oder Alarmzeichen?, ebenda, 52.

[49] Insoweit spricht *Benda* (oben FN 48, S. 45) allerdings von einem „grotesken Mißverständnis".

dern auch den öffentlichen Dienst. Man könnte diese Argumente kurzerhand damit abtun, daß Ämterpatronage im öffentlichen Dienst – über die genannten Ausnahmefälle hinaus – eindeutig dem Verfassungsrecht widerspricht. Immerhin, das Grundgesetz ließe sich äußerstenfalls ändern. Man muß deshalb eine Argumentationsebene tiefer ansetzen und fragen, ob eine solche Änderung vorgenommen und Ämterpatronage auf diese Weise legalisiert werden *sollte*. Hier ist ein Blick in die *Geschichte* hilfreich. In der Tat hat es Ämterpatronage zu allen Zeiten gegeben, selbstverständlich auch im Deutschen Reich vor dem Ersten Weltkrieg und im alten Preußen. Damals wurde sie allerdings nicht von den Parteien ausgeübt, sondern vom monarchischen Element. Die Stoßrichtung der liberalen und der demokratischen Bewegung richtete sich nicht zuletzt gegen jene monarchische Privilegierung einer bestimmten Schicht beim Zugang zu öffentlichen Ämtern, wie auch die bereits erwähnten verfassungsgeschichtlichen Vorläufer des Art. 33 Abs. 2 GG zeigen (oben II 3). Was den Monarchen verboten werden sollte, darf nun den Parteien aber nicht wieder erlaubt sein. Die Grundsätze der demokratischen Gleichheit müssen sich gegen *jeden* richten, der es unternimmt, die Chancengleichheit durch Privilegierung der einen und Diskriminierung der anderen zu beseitigen. Auch das Prinzip der *Wettbewerbsdemokratie* rechtfertigt keine Parteipatronage. Das ergibt sich schon daraus, daß die demokratische Wahl nur Macht *auf Zeit* legitimiert, die öffentlichen Bediensteten aber auf Lebenszeit bestellt werden. Wer Ämterpatronage befürwortet oder hinnimmt, müßte konsequenterweise also für Beamte (und Arbeitnehmer) auf Zeit im Sinne des früheren amerikanischen *Beutesystems* eintreten, wonach der siegreichen Partei auch alle Beamtenstellen zur Besetzung überlassen wurden. Dies hat in der Praxis zu derart unerträglichen Mißständen geführt, daß man auch in den USA ein auf Leistung beruhendes Berufsbeamtentum eingeführt hat. Die **Parteienherrschaft bedarf** hier im Interesse der Funktionsfähigkeit des Staatsdienstes dringend **einer Begrenzung.** Das verfassungsrechtliche Bild des öffentlichen Dienstes ist also auch verfassungs*politisch* legitim. **Art. 33 Abs. 2 GG** ist kein ideologisch überholter Grundsatz, sondern im Gegenteil **Ausfluß demokratischer Gleichheit** und zudem unerläßliche **Vorbedingung für die Funktionsfähigkeit des öffentlichen Dienstes.**

Dringlich sind deshalb Vorkehrungen zur Eindämmung der parteipolitischen Ämterpatronage. Vorschläge, *wie* dies geschehen könnte, sind an anderer Stelle entwickelt worden;[50] es sei an die Einschränkung des Kreises der sog. politischen Beamten, den verstärkten Einbau unabhängiger Instanzen und – als ultima ratio – die gesetzliche Einführung einer Unvereinbarkeit von öffentlichem Dienst und Parteimitgliedschaft erinnert, etwa nach englischem Vorbild beschränkt auf höhere Beamtenkate-

---

[50] *v. Arnim*, Ämterpatronage (oben FN 48), 31 ff. m. w. N.

gorien (bei gleichzeitiger Beseitigung der Einrichtung des politischen Beamten). *Daß* überhaupt wirksame Vorkehrungen getroffen werden müssen, ergibt sich aus der Intensität, mit der Ämterpatronage in fundamentale grundgesetzliche Werte eingreift: die demokratisch-egalitäre Gleichheit (oben G II 3.1) und die freiheitliche demokratische Grundordnung (oben F II 3), die beide auch sonst vor Verletzungen sorgfältig geschützt werden müssen.

3. Immobilismus im öffentlichen Dienst

Ein weiterer, den öffentlichen Dienst und seine zukünftige Entwicklung gefährdender Faktor besteht in einem eigenartigen Immobilismus, der seit einiger Zeit eingetreten ist und wesentlich durch die Politisierung begünstigt wird. Hierzu schreibt *Frido Wagener:* ,,Jüngere und mittelalterliche Kräfte setzen sich sehr frühzeitig räumlich (und teilweise auch geistig) zur Ruhe. Das schlechte Image der Verwaltung nach außen führt nach innen zur kameradschaftlichen Bürokratie. Der Personalrat, die Parteipolitik, die ‚Humanisierung' des Arbeitslebens schützen das interne Mittelmaß vor der Konkurrenz von außen. Gegen seinen Willen kann kein Beamter mehr versetzt werden. Die Gleitzeitregelung und die Qualität der Kantine sowie der ‚Humanfaktor' der Organisation scheinen manchmal wichtiger zu sein als das Publikum.''[51] Dieser Geisteshaltung entgegenzuwirken, wird vor allem durch die *Personalvertretungsregelungen* erschwert.

V. Mängel der Verfahren zur Regelung des öffentlichen Dienstes

Bei der Darstellung der Fehlentwicklungen in der Verwaltung (soeben III und IV) hat sich bisweilen die Frage gestellt, wer, d. h. welche politische Kraft, für Abhilfe sorgen und Reformen zum Besseren durchsetzen könnte. Damit richtet sich der Blick auf die Verfahren, in denen Status, Rechte und Pflichten des öffentlichen Dienstes festgelegt werden (und die daran primär beteiligten Akteure). Hier gibt es – entsprechend der Zweispurigkeit des öffentlichen Dienstes (oben I 3) – zwei Verfahren: die Regelung durch Gesetz für Beamte und die durch Tarifvertrag für Angestellte und Arbeiter. Beide Verfahren sind in der derzeitigen Form problematisch.

---

[51] *Wagener,* Entwicklungstendenzen des Verwaltungssystems im Industriestaat, in: Bürger und Bürokratie, hrsg. v. Innenminister des Landes Nordrhein-Westfalen, 1981, 9 (15).

1. Verbeamtung der Parlamente

Die **gesetzliche Regelung für Beamte** krankt daran, daß die Parlamente sich teilweise selbst in den Händen des öffentlichen Dienstes befinden (oben IV 1). Bedenkt man, daß sich in den zuständigen Arbeitskreisen der Fraktionen und in den Ausschüssen der Parlamente, welche die Änderungen von Beamtengesetzen vorbereiten und ausarbeiten, die öffentlichen Bediensteten und die Funktionäre ihrer Interessenorganisationen noch stärker konzentrieren als im Plenum (oben J I 3.2), so wird deutlich, daß Erlaß und Änderung von Beamtengesetzen wesentlich in den Händen der öffentlichen Bediensteten selbst liegen, Fähigkeit und Bereitschaft zu einer Reform zum Besseren also beschränkt sind.[52] Das *Bundesverfassungsgericht* hat in seinem Diätenurteil von 1975 denn auch die Frage gestellt, ob die „Verbeamtung der Parlamente", sollte sie sich fortsetzen, noch mit einem „materiell verstandenen Gewaltenteilungsprinzip" vereinbar sei.[53]

Immerhin hat das Bundesverfassungsgericht in dem genannten Urteil gewisse Regelungen, die die Verbeamtung früher besonders gefördert haben, für verfassungswidrig erklärt. So wurde die Bestimmung, daß Angehörige des öffentlichen Dienstes, die ins Parlament gewählt werden und deshalb in den einstweiligen Ruhestand treten, neben ihren *Abgeordneten*bezügen noch ein Ruhegehalt aus dem *Beamten*verhältnis erhalten, für verfassungswidrig erklärt.[54] Ob der Trend zur Verbeamtung der Parlamente dadurch nachhaltig gebrochen und vielleicht sogar eine Umkehr eingeleitet ist, erscheint angesichts der gleichzeitigen erheblichen Steigerung der allgemeinen Abgeordnetengehälter (oben E IV 2) zumindest zweifelhaft.[55] In einigen Bundesländern, z. B. in Baden-Württemberg, Rheinland-Pfalz, im Saarland und in Schleswig-Holstein, ist das Urteil des Bundesverfassungsgerichts zudem dadurch umgangen worden, daß Abgeordnete aus dem öffentlichen Dienst zum Ausgleich für die Unvereinbarkeit von Amt und Mandat bestimmte Sonderzahlungen erhalten. Es ist wohl kein Zufall, daß gerade in diesen Ländern der Anteil der Abgeordneten aus dem öffentli-

---

52 Vgl. den von *Wagener* wiedergegebenen Ausspruch: „Der öffentliche Dienst ist fest in der Hand des öffentlichen Dienstes."

53 BVerfGE 40, 296 (321). Vgl. auch *Seemann,* Gewaltenteilung und parteipolitische Ämterpatronage, Die Verwaltung 1981, 133.

54 BVerfGE 40, 296 (297, 321 f.).

55 Immerhin scheint der Anteil der öffentlichen Bediensteten im Bundestag seit der 1976 begonnenen Legislaturperiode nicht mehr gewachsen zu sein. Allerdings wird als Folge des Diätenurteils des Bundesverfassungsgerichts eine (gleichfalls problematische) Veränderung in der Zusammensetzung der Abgeordneten aus dem öffentlichen Dienst gefördert: von den „Studiendirektoren" hin zu den „Inspektoren" (so die zugespitzte Formulierung von *Benda,* in: Präsidium des Bundes der Steuerzahler [Hrsg.], Grenzen für den Steuerstaat, 1983, 99).

chen Dienst besonders hoch ist. Derartige „Ausgleichsbeträge" müssen in jedem Fall beseitigt werden.[56]

Auch die Intensität der Interessenkollision wurde durch die Rechtsprechung des Bundesverfassungsgerichts gemindert. Das Gericht hat vor allem die früher bestehende Anbindung der Abgeordnetengehälter an die Besoldung im öffentlichen Dienst für verfassungswidrig erklärt.[57] Dieser Automatismus hatte dazu geführt, daß die Abgeordneten bei jeder Besoldungsregelung für den öffentlichen Dienst auch über ihre eigenen Bezüge mitbestimmten und deshalb nicht unvoreingenommen waren. Die Interessenkollision ist allerdings auch heute noch nicht ganz beseitigt, da die Abgeordneten, die aus dem öffentlichen Dienst kommen, einen Anspruch darauf haben, nach Ablauf ihres Mandats wieder in den öffentlichen Dienst übernommen zu werden, und dann auch Nutznießer der Regelungen werden, die sie als Abgeordnete mitbeschlossen haben.

Um Verbeamtung und Interessenkollision zurückzudrängen, wäre darüber hinaus etwa daran zu denken, den Anspruch auf Wiederverwendung im öffentlichen Dienst, der nach Ausscheiden aus dem Parlament derzeit besteht, zu beseitigen. Das könnte den Reiz eines Parlamentsmandats für öffentliche Bedienstete mindern. Der Versuch, (früheren) öffentlichen Bediensteten den Zugang zum Parlament völlig zu verwehren, wäre dagegen kaum sinnvoll,[58] weil die öffentlichen Bediensteten – eben wegen der Eigenschaften, die ihre starke Überrepräsentation in den Parteien, auf den Wahllisten und in den Parlamenten mitbedingen (insbes. Kenntnis über und Vertrautheit mit allem „Staatlichen") – dort gebraucht werden. Im übrigen sind öffentliche Bedienstete typischerweise auch recht unabhängig – jedenfalls in solchen Angelegenheiten, in denen der öffentliche Dienst *nicht* selbst betroffen ist. Im Falle einer solchen Betroffenheit ist allerdings ein **Gegengewicht** unerläßlich. Zu denken wäre, was das Dienstrecht, insbes. auch die Festsetzung der Besoldung, anlangt, an die Einsetzung einer unabhängigen Kommission (in der Vertreter der einschlägigen Verbände keinen Platz haben dürften), die dem Parlament und der Öffentlichkeit zu berichten hätte und damit eine einseitige Interessen-

---

56 Zu ihrer Verfassungswidrigkeit *v. Arnim,* Zweitbearbeitung des Art. 48 GG (1980), in: Bonner Kommentar, RN 141.

57 BVerfGE 40, 296 (316f.).

58 Ein solcher Versuch wäre auch unter dem Aspekt des Art. 137 I GG zu untersuchen, der nur eine *Beschränkung* und nicht auch einen Ausschluß der Wählbarkeit zuläßt, eine Regelung, die der Parlamentarische Rat, dessen Mitglieder zu 60 v. H. dem öffentlichen Dienst zuzurechnen waren, entgegen den Vorschlägen der Alliierten durchgesetzt hat. Immerhin interpretiert das Bundesverfassungsgericht die Vorschrift mit Recht großzügig und läßt unter gewissen Umständen auch einen faktischen Ausschluß der Wählbarkeit durchaus zu (E 48, 64, 88ff.). Vgl. auch *v. Arnim,* Ämterpatronage (oben FN 48), 54ff.

durchsetzung erschweren könnte. Auch muß die Kontrolle durch die Rechnungshöfe intensiviert werden (unten R).

2. Streik im öffentlichen Dienst

Nicht weniger problematisch ist die **tarifliche Regelung für Arbeitnehmer** im öffentlichen Dienst, besonders, weil die Arbeitnehmer (und ihre Gewerkschaften) ein Streikrecht für sich in Anspruch nehmen. Hier legt es eine Gruppe also direkt und offen darauf an, durch Streikdrohung Zugeständnisse vom Staat zu erzwingen. Wie bedenklich das Streikrecht im öffentlichen Dienst ist, zeigt ein Vergleich mit dem Arbeitskampf in der *Privatwirtschaft.*[59] Dort führen überhöhte Tarifabschlüsse über kurz oder lang dazu, daß Konjunktur und Beschäftigungsstand gefährdet werden, woran weder Arbeitgeber noch Arbeitnehmer ein Interesse haben können. Die gedankliche Vorwegnahme dieser Folgen trägt in der Tendenz dazu bei, einen Mißbrauch von Tarifautonomie und Arbeitskampf zu Lasten der Allgemeinheit zu verhindern (oben J II 1, O II). Im *öffentlichen Dienst* fehlt es an einer entsprechenden Bremse. Es besteht rechtlich (oben II 2) und erst recht faktisch kein Arbeitsplatzrisiko. Arbeitnehmern, die überhöhte Lohnforderungen durchsetzen, drohen hier also keine wirtschaftlichen Sanktionen; weiter liegt im öffentlichen Dienst auch das für die Privatwirtschaft typische Risiko einer Aussperrung nicht vor, weil Politiker sich eine solch harte Linie regelmäßig nicht leisten zu können glauben. Schließlich ist der für die Privatwirtschaft unerläßliche Grundsatz der Gegnerfreiheit hier ebenfalls nicht eingehalten. Die Gewerkschaften sind vielmehr durchweg auf beiden Seiten präsent. Aus all diesen Gründen ist das die Tarifautonomie und die Arbeitskampffreiheit in der Privatwirtschaft legitimierende **Macht- und Verhandlungsgleichgewicht** zwischen beiden Seiten hier **gestört;**[60] es

---

[59] Näheres bei *Isensee,* Der Tarifvertrag als Gewerkschafts-Staat-Vertrag, in: *Leisner* (Hrsg.), Das Berufsbeamtentum im demokratischen Staat, 1975, 23 (38); *v. Arnim,* Gemeinwohl und Gruppeninteressen, 109ff.; *ders.,* Besteuerung und Eigentum, VVDStRL 39 (1981), 286 (355 m. FN 277).

[60] Bei Beurteilung des Streikrechts ist – entgegen einer verbreiteten Ansicht – also nicht so sehr auf die möglicherweise besonders schädlichen direkten Folgen von Streiks in bestimmten Bereichen des öffentlichen Dienstes abzuheben wie bei politischer Leitung, Strafvollzug, Gefährdung wichtiger Güter wie Leben und Gesundheit, öffentlicher Sicherheit, verfassungsmäßiger Ordnung oder allgemeiner Gewährleistung politischer und sozialer Stabilität (statt vieler *Klaus König,* Strukturprobleme des öffentlichen Dienstes, VerwArch 68 (1977), 3 [14, 21]), sondern darauf, daß die *bloße Existenz* des Streikrechts – unabhängig davon, ob von ihm wirklich einmal Gebrauch gemacht wird – das Verhandlungsgleichgewicht immer stört, weil die Möglichkeit, davon als ultima ratio Gebrauch zu machen, stets besteht und das Verhandlungsgleichgewicht aus den Angeln hebt. Es geht weniger darum, ob Konflikte als sozial inadäquat anzusehen sind, entscheidend ist, daß das Regelungsverfahren nach seiner Struktur unausgewogen ist.

herrscht „Interessenverfilzung zu Lasten der Bürger"[61], ein Effekt der dadurch mittelbar auch den Beamten zugute kommt, daß die tarifvertraglichen Sockel- und Prozentbeträge der Angestellten und Arbeiter bisher meist ohne jede Variation auch in die Besoldungsgesetze übernommen werden.[62]

Die Unterlegenheit des Staates und seine mangelnde Fähigkeit, das Gemeinwohlkonforme gegen den Druck der Gewerkschaften des öffentlichen Dienstes durchzusetzen, wurde für die Öffentlichkeit z. B. Anfang 1974 besonders deutlich: Nach einem kurzen Streik, der die öffentlichen Arbeitgeber rasch zum Einlenken veranlaßte, wurden im öffentlichen Dienst Einkommensverbesserungen in einer Höhe durchgesetzt (zwischen 11 und 18 v. H.),[63] die von Bundeskanzler und Bundeswirtschaftsminister vorher ausdrücklich als gesamtwirtschaftlich unverantwortlich bezeichnet worden waren.[64] Dadurch setzte die öffentliche Hand auch für die Privatwirtschaft Zeichen und wurde insgesamt zum Vorreiter einer stabilitäts- und schließlich auch wachstumswidrigen Lohnpolitik. Die folgende wirtschaftliche Entwicklung mit ihren zunächst enormen Preissteigerungen und den später zunehmenden Arbeitslosenzahlen hat, wie heute weitgehend anerkannt, eine wesentliche Ursache auch in der Lohnpolitik jener Jahre. Hier zeigt sich:

Die Lohnabschlüsse im öffentlichen Dienst sind bisher nicht nur regelmäßig auch vom Beamtengesetzgeber übernommen worden, sondern strahlen wie ein Signal auch auf die Privatwirtschaft aus und können dort im wahren Sinn des Wortes die Preise verderben. Damit erweist sich die Frage, ob und wie die verfaßte Gemeinschaft der Bundesrepublik sich dieses fatalen Mechanismus entledigen kann, als ein verfassungstheoretisches **Schlüsselproblem** par excellence, dessen Bewältigung nicht nur für den öffentlichen Dienst, sondern auch für die Wirtschaft insgesamt von zentraler Wichtigkeit ist.

Die Ohnmacht des Staates gegenüber der ÖTV wurde auch im Winter 1981/82 deutlich: Die in einem bereits in Geltung befindlichen Gesetz zum 1. 3. 1982 vorgesehene Senkung des Grundgehalts der Beamten um 1 v. H. und die entsprechende Regelung für öffentliche Arbeitnehmer, welche das Bundeskabinett beschlossen hatte, wurden nach massiver Streikdrohung der Gewerkschaften vom Bund und den Ländern zurückgenommen, nachdem die Gemeinden bereits vor-

---

61 *Rüthers,* Interessenverfilzung zu Lasten der Bürger, Frankfurter Allgemeine Zeitung Nr. 290 v. 14. 12. 1974.

62 Zur Entstehung dieser faktischen Koppelung in den 60er Jahren *Evelyn Traeger,* Beamtenbesoldung und Angestelltenvergütung, 1974, Heidelberger jur. Diss., 261 ff. – Eine Abkoppelung erfolgte erstmals 1982/83.

63 *Sachverständigenrat zur Begutachtung der gesamtwirtschaftlichen Entwicklung,* Jahresgutachten 1974, Ziff. 133.

64 Dies Einlenkenmüssen der Regierung soll sogar einer der Gründe für den wenige Monate später erfolgten Rücktritt des damaligen Bundeskanzlers *Brandt* gewesen sein. So *Baring,* Machtwechsel, 1982, 694 ff.

her ausgeschert waren. Dieses Zurückweichen vor der Macht der Gewerkschaften des öffentlichen Dienstes erfolgte, obwohl ca. 80 v. H. der öffentlichen Bediensteten in einer Repräsentativumfrage sich im Bedarfsfall mit Einkommenskürzungen einverstanden erklärt hatten.

Nach überwiegender und richtiger Auffassung ist das Streikrecht auch für Arbeitnehmer des öffentlichen Dienstes *nicht* durch das Grundgesetz, insbes. auch nicht durch **Art. 9 Abs. 3,** *garantiert.* Seine Beseitigung oder Einschränkung wäre also mit dem Grundgesetz vereinbar. (Beamten ist der Streik ohnehin von Verfassungs wegen untersagt.)

Eine andere Frage ist es allerdings, ob sich in absehbarer Zeit eine Partei oder eine Regierung bereitfindet, dieses heiße Eisen wirklich aufzugreifen und das Streikrecht auch für Arbeitnehmer einzudämmen. Die Gewerkschaften des öffentlichen Dienstes wollen natürlich nicht auf das Streikrecht verzichten. Die Schwierigkeit, hier eine Besserung durchzusetzen, beruht letztlich auf ähnlichen Gründen wie denen, die den Erlaß des Parteiengesetzes und eines gesetzgeberischen Arbeitskampfrechts lange verhindert haben, also Regelungen in Bereichen, die ebenfalls die *politische Machtverteilung* zentral *berühren.* Beide Male mußte die Rechtsprechung in die Bresche springen und einer angemessenen Regelung die Bahn brechen (Parteiengesetz) oder eine solche selbst schöpfen (Arbeitskampfrecht).[65] Von daher gewinnt die Frage, ob eine *Beseitigung* des Streikrechts für öffentliche Arbeitnehmer nicht *von Verfassungs wegen geboten* ist, große praktische Relevanz.

Ihre Bejahung wäre Voraussetzung für ein Eingreifen der *Rechtsprechung.* Aus Art. 9 III 3 GG wird mit Recht die Verpflichtung des Gesetzgebers abgeleitet, den tariflichen Auseinandersetzungsprozeß angemessen zu organisieren. Hinsichtlich solcher Bereiche, in denen die Arbeitskampffreiheit (einschl. Streikrecht) als Organisationsprinzip schlechthin unangemessen ist, wie im öffentlichen Dienst, kann die Verpflichtung dann aber sinnvollerweise wohl nur dahin verstanden werden, daß der Gesetzgeber das Streikrecht ganz zu unterbinden und für ein angemessenes Regelungsverfahren zu sorgen hat. Wenn es richtig ist, daß das Grundgesetz eine Ordnung zur Realisierung des Gemeinwohls bilden will und diese wesentlich von der angemessenen Ausgestaltung der Verfahren der Willensbildung und Entscheidung abhängt, dann muß die Verfassungsordnung gegenüber unangemessenen Ausgestaltungen dieses Verfahrens besonders empfindlich reagieren und sie mit aller Macht zu unterbinden suchen. Die Wahrung angemessener Gemeinwohlverfahren erscheint dann als verfassungsrechtliche Schlüsselaufgabe (oben G VII 2).[66] Dies gilt gerade auch für den wichtigen Bereich der Festlegung

---

[65] Dazu auch unten Q IV 3.1.

[66] *v. Arnim,* Gemeinwohl und Gruppeninteressen, 48ff., 114, 183.

der Arbeitsbedingungen im öffentlichen Dienst. In dem Maße, in dem die Öffentlichkeit die Gefahr begreift, welche die geschilderten Fehlentwicklungen heraufbeschwören, dürfte das *Bundesverfassungsgericht* die nötige Rückendeckung erhalten, um auch im Bereich der Verwaltung Schrittmacherdienste zu leisten. Bedenkt man, daß sich fast alle (einschließlich der Parteipolitiker) als Opfer der Entwicklung fühlen, diese also nicht zielstrebig herbeiführen, sondern sie sozusagen erleiden,[67] so dürfte in einem solchen Fall eher aufatmendes Sichfügen als Widerstand und Obstruktion zu erwarten sein.

Daß die gegenseitige Durchdringung von Parteien und Verwaltung (und von Verbänden der Verwaltungsangehörigen) notwendige **Reformen** fast **unmöglich** macht, zeigt sich auch daran, daß der Bericht der Studienkommission für die Reform des öffentlichen Dienstrechts von 1973 wirkungslos verpufft ist[68] – im Gegensatz etwa zu den beträchtlichen Wirkungen des (vergleichbaren) Fulton-Reports von 1968 in Großbritannien. Bezeichnenderweise besteht dort aber eben eine relativ strenge Abschottung zwischen Partei und Verwaltung.[69] Dabei hatte der Bericht der (deutschen) Studienkommission zentrale Probleme (Ämterpatronage, Verbeamtung der Parlamente) noch gar nicht einmal aufgegriffen; sie war nämlich derart zusammengesetzt, daß der Blockierungseffekt, der den politischen Raum beherrscht, z. T. auch auf sie übergriff. – Die Verquickung von Verwaltung und Parteien hat dazu geführt, daß das wichtigste Reformanliegen der späten 60er und frühen 70er Jahre scheinbar darin lag, den öffentlichen Bediensteten Besoldungs- und Stellenverbesserungen zu gewähren, die zu den rapid steigenden Personalkosten beigetragen haben.[70] Auf den Führungsebenen ist ein ,,unheimliches Gedränge" entstanden, während die Eingangsgruppen kaum besetzt sind, so daß aus dem früheren Stellen-Kegel eine ,,Stellen-Zwiebel" geworden ist.[71]

---

67 So treffend *Wagener,* Öffentlicher Dienst im Staat der Gegenwart (oben FN 3), 233f., 242.

68 Die Paralysierung wird durch die Pattsituation zwischen DBB und ÖTV, CDU, FDP und SPD verstärkt, die unterschiedliche Angleichungskonzepte verfolgen: ÖTV und teilweise SPD in Richtung auf eine Arbeitnehmerlösung, DBB, CDU und FDP in Richtung auf eine Beamtenlösung. Dazu *Wagener,* Öffentlicher Dienst im Staat der Gegenwart (oben FN 3), 228.

69 Dazu *Dyson,* Die westdeutsche ,,Parteibuch"-Verwaltung, Die Verwaltung 1979, 129 (146, 148).

70 So veranlaßte die Tatsache, daß die Gebietskörperschaften ihre Ausgaben für aktive Bedienstete zwischen 1969 und 1972 um nicht weniger als 55 v. H. erhöht haben, den *Sachverständigenrat zur Begutachtung der gesamtwirtschaftlichen Entwicklung* zu der sarkastischen Bemerkung, ,,die angemessene Bezahlung der Staatsbediensteten (scheine) zu den wichtigsten Reformaufgaben der vergangenen Jahre gehört zu haben" (Jahresgutachten 1972/73, Ziff. 338). Vgl. auch den Diskussionsbeitrag von *Soell,* VVDStRL 33 (1975), 166f.

71 *Wagener,* Öffentlicher Dienst im Staat der Gegenwart (oben FN 3), 227.

VI. Vom Sinn von Verwaltung und öffentlichem Dienst heute

Eine sich modern gebende Auffassung hält die überkommenen Beamtentugenden und die entsprechenden rechtlichen Regelungen und Leitbilder für *überholt.*[72] Der Wandel vom Ordnungs- zum Leistungsstaat, vom bürgerlichen Obrigkeitsstaat zum demokratisch organisierten Sozialstaat müsse auch Funktion und Sinn des öffentlichen Dienstes zutiefst beeinflussen. Der Staat sei Instrument der Gesellschaft zur Sicherung ihrer gemeinschaftlichen Belange, so daß die Entgegensetzung von Staat und Gesellschaft nicht mehr berechtigt sei. Die Staats- und die Gesellschaftsfunktionen seien ununterscheidbar geworden. Es gelte, die Relikte einer obrigkeitsstaatlichen Staatsideologie, die der Demokratie nicht mehr adäquat seien, zu beseitigen. Besonderheiten des öffentlichen Dienstrechts seien nicht mehr begründet; es müsse vielmehr eine Eingliederung ins allgemeine Arbeitsrecht erfolgen. Verlangt wird eine Politisierung des Beamtentums, da nur ein politisch engagiertes Beamtentum seine Funktionen im heutigen Staat noch befriedigend erfüllen könne. Kurzum, der Sinn der überkommenen Besonderheiten der Verwaltung und des öffentlichen Dienstes sei heute entfallen.

In Wahrheit bedarf es gerade der *Unabhängigkeit und Neutralität* des Staates, insbes. eines wichtigen Teiles seines personalen Substrats: des öffentlichen Dienstes, auch heute noch. Im modernen Leistungsstaat mit seinen großen Gestaltungsspielräumen für die Verwaltung ist eine strikt neutrale Amtsführung eher noch dringender als früher. Das Postulat der Neutralität ist also kein Relikt des Obrigkeitsstaats.[73]

Auch die *Trennung von Staat und Gesellschaft* ist nur in dem Sinne überholt, daß der Staat keine Eigeninteressen, sondern die der Menschen wahrzunehmen hat, nicht aber in dem anderen Sinn, daß es besonderer staatlicher Regelungsmechanismen nicht mehr bedürfe. Staat ist Ausdruck einer bestimmten, eben durch die Gesellschaft nicht ersetzbaren Verfahrensart, die gesichert werden muß (vgl. auch oben G III 3). Aber gerade um diese Funktion ausüben zu können, bedarf der öffentliche Dienst der Unabhängigkeit und Neutralität.

Auch die Vorstellung von einem *unpolitischen* öffentlichen Dienst ist nur teilweise überholt: Die Verwaltung hat heute in weitem Umfang politische Entscheidungen zu treffen. Bis zu einem gewissen Grad war das zwar schon immer so; durch den Übergang vom Eingriffs- und Ordnungsstaat zum Leistungs- und Planungsstaat ist der Gestaltungsspielraum der Verwaltung aber gewachsen. „Politisierung" im Sinne

---

[72] Zusammenfassung bei *Klaus König* (oben FN 60), 6, der sich damit allerdings nicht identifiziert.

[73] *Grimm,* Die politischen Parteien, in: *Benda/Maihofer/Vogel,* Handbuch des Verfassungsrechts, 317 (361).

einer Ausrüstung mit Eigenschaften und Fähigkeiten, die in die Lage versetzen, diese Gestaltungsspielräume möglichst gut auszufüllen, ist deshalb in der Tat angezeigt. Eine *Partei*politisierung des öffentlichen Dienstes ist allerdings nicht geboten. Sie ist im Gegenteil höchst schädlich: Der parteipolitisch berufene Lehrer, Subventions- oder Beschaffungsbeamte ist Sprengsatz für die Gemeinschaft. Solchen Personen ausgeliefert zu sein, ist denen, die der Partei nicht angehören, schwerlich zumutbar. Wer dennoch „politisch" mit „*partei*politisch" gleichsetzt, immunisiert parteipolitisches Handeln gegen Kritik, wie angreifbar es auch immer sein mag, und endet letztlich beim Grundsatz „Parties can do no wrong". Die Geschichte des Verfassungsstaats hat uns das „Gesetz der Macht" *(Kägi)* gelehrt, wonach gerade die Mächtigen in der größten Gefahr stehen, ihre Macht zu mißbrauchen, und deshalb der sorgfältigsten Kontrolle bedürfen. Zu den Mächtigen gehören heute aber die politischen Parteien (oben F I). Die Behauptung, die Parteipolitisierung des öffentlichen Dienstes sei eine läßliche Sünde oder gar eine Notwendigkeit, erweist sich also als eine Spielart des ebenso alten wie untauglichen Versuchs, rücksichtslosen Machtmißbrauch ideologisch zu verklären.

Die Verunsicherung über den Sinn des öffentlichen Dienstes ist Ausdruck der Verunsicherung über den *Sinn des Staates insgesamt*. Die Pluralismuskonzeption geht davon aus, das Richtige ergebe sich praktisch im Zusammenwirken der gesellschaftlichen Gruppen von selbst. Der zustandegekommene Kompromiß werde in Gesetzesform allgemein verbindlich gemacht und gebe ein brauchbares Steuerungsinstrument ab (oben F). Es wurde dargelegt, daß dieses Konzept schon auf der Gesetzgebungsebene nicht funktioniert (oben J II und K). Ein unabhängiger, neutraler öffentlicher Dienst ist schon deshalb erforderlich, damit er einen die Partikulargruppen bis zu einem gewissen Grad kompensierenden Einfluß auf den Prozeß der Gesetzgebung ausüben kann. Aber selbst dann, wenn die Prämisse der Pluralismuskonzeption zuträfe, bedürfte es einer neutralen, unvoreingenommenen Verwaltung zur Ausführung dieses Kompromisses. Soweit einzelne oder Gruppen den öffentlichen Dienst – etwa bei der Subventions- oder Auftragsvergabe – zu ihren Gunsten beeinflussen können, wird der Sinn des Staates pervertiert. Die Unabhängigkeit des öffentlichen Dienstes ist also für das eigentliche Verwalten ebenso unerläßlich wie für die Mitwirkung an der Gesetzgebung und Regierung.

Die Verwaltung mit ihrer postulierten Unabhängigkeit und Neutralität ist als ein Stützpunkt (neben anderen) zur Förderung *staatsbürgerlichen* Denkens und Handelns gedacht. Dem „besseren Ich" soll eine Entwicklungs- und Entfaltungschance gegeben werden (Näheres oben G VII 6.5). Gerade in der pluralistischen Gemeinschaft sind eine neutrale Verwaltung und ein neutraler öffentlicher Dienst unerläßlich. Viele überkommene Besonderheiten des Dienstrechts erhalten gerade von dorther ihre Rechtfertigung und Aktualität: die Gemeinwohlbezogenheit, das Gebot der parteipolitischen Neutralität, die Unabhängigkeit ermöglichende wirtschaftliche Absicherung, das Streikverbot. Allerdings: Es muß etwas getan werden, um der schleichenden Aushöhlung dieser Besonderheiten entgegenzuwirken!

Kapitel 6: Rechtsprechung, Finanzkontrolle, Wissenschaft, Medien

Q. Rechtsprechung, insbes. Bundesverfassungsgericht

I. Das Bundesverfassungsgericht als Träger politischer Macht

Auch die Rechtsprechung gehört zu den *politischen Akteuren*. Das mag zunächst überraschen. *Montesquieus* Doktrin, wonach die Rechtsprechung eigentlich gar keine wirkliche Gewalt und deshalb „en quelque façon nulle" sei (oben D III 1), wirkt immer noch nach. Die **früheren Gründe** für den Ausschluß der Rechtsprechung aus dem Kreis der politischen Kräfte treffen in Wahrheit aber nicht mehr zu. Zwar ist die Rechtsprechung auch heute natürlich an das Gesetz (einschl. der Verfassung) gebunden. Dadurch werden die Richter aber keinesfalls zu „willenlosen Wesen", wie *Montesquieu* noch gemeint hat. Gesetze sind durchaus nicht immer so eindeutig, daß sie einen Richterspruch voll determinieren. Mit zunehmender Vagheit des Gesetzes und erst recht, wenn es ganz an einschlägigen Gesetzen fehlt, gewinnt der Richter zwangsläufig einen eigenen *Entscheidungsspielraum* und die Rechtsprechung damit ein *politisches* Moment. Dieser Aspekt tritt im Bereich der **Verwaltungs- und der Verfassungsgerichte** (die es zu *Montesquieus* Zeiten noch nicht gegeben hatte) besonders deutlich zutage, weniger im Bereich der Zivil- und Strafgerichte. Die **Normdichte** ist im materiellen Verwaltungs- und im Verfassungsrecht teilweise besonders **gering;** vor allem die Grundrechte sind von generalklauselartiger Weite und Unbestimmtheit. Bedenkt man weiter, daß es hier um die **Überprüfung von** Gesetzen und anderen **Akten der Staatsgewalt** geht, so wird das politische Gewicht verständlich, welches die Verwaltungs- und insbes. die Verfassungsrechtsprechung in der Bundesrepublik besitzen.

Der **Aufstieg der Dritten Gewalt** beruht auf der – in Reaktion auf Weimar und den Hitler-Staat bewußt getroffenen – Entscheidung des *Grundgesetzes,*[1] Rechtsbindung und Rechtskontrolle auf alle Akte der öffentlichen Gewalt zu erstrecken. Die Beratungen im Parlamentari-

---

[1] Zur Entstehungsgeschichte jüngst *Schiffers,* Die Entstehung des Gesetzes über das Bundesverfassungsgericht und die Erfahrungen der Weimarer Zeit, in: *Albertin/Linck* (Hrsg.), Politische Parteien, 1981, 277–300 m. w. N.

schen Rat waren von einem gewissen Mißtrauen ,,gegen das Volk, gegen die politischen Parteien und gegen das Parlament" *(Schiffers)* gekennzeichnet. Machtmißbräuche sollten durch Verankerung und gerichtliche Sicherung des **Primats des Rechts** verhindert werden. Aus Weimar übernommen wurde das traditionelle Gesetzmäßigkeitsprinzip der Verwaltung und seine Überwachung durch die Verwaltungsgerichtsbarkeit (oben D V 7.1 und 7.2). Zusätzlich eingeführt wurde die strikte **Bindung** aller staatlichen Gewalt, insbes. auch **der Gesetzgebung, an die Verfassung** einschl. der Grundrechte (Art. 20 III, Art. 1 III GG). Um die Einhaltung dieser Bindung auch wirksam zu kontrollieren, wurde ein spezielles Gericht, das **Bundesverfassungsgericht,** geschaffen (oben D V 7.3), welches damit zum **Hüter der Verfassung** wurde.

II. Kompetenzen, Organisation, Richterwahl

Das Grundgesetz hat das Bundesverfassungsgericht in Art. 93 mit umfassenden, auch im internationalen Vergleich weitgehenden Kompetenzen ausgestattet.

Das Bundesverfassungsgericht entscheidet vor allem über

(1) Verfassungsstreitigkeiten zwischen Staatsorganen, hier: einschl. der politischen Parteien, auf Antrag eines Beteiligten **(Organstreit;** Art. 93 Abs. 1 Ziff. 1 GG),

(2) Rechtsstreitigkeiten **zwischen Bund und Ländern** (Art. 93 Abs. 1 Ziff. 3, 4 GG),

(3) die Vereinbarkeit von Gesetzen mit dem Grundgesetz (sog. **Normenkontrolle),** sei es auf Antrag der Bundesregierung, einer Landesregierung oder eines Drittels der Mitglieder des Bundestags (Art. 93 Abs. 1 Ziff. 2 GG), sei es auf Vorlage eines Gerichts (Art. 100 Abs. 1 GG),

(4) die Vereinbarkeit von Staatsakten aller Art mit den Grundrechten auf **Verfassungsbeschwerde** eines Betroffenen (Art. 93 Abs. 1 Ziff. 4a GG); Gegenstand des Verfahrens können Rechtsnormen, Akte der Verwaltung oder Urteile von Gerichten sein.

(5) Schließlich hat das Bundesverfassungsgericht Aufgaben des **„präventiven Verfassungsschutzes"** *(Scheuner),* insbes. ist ihm das Verbot verfassungswidriger Parteien (Art. 21 Abs. 2 GG) und die Entscheidung über die Verwirkung von Grundrechten (Art. 18 GG) vorbehalten (oben F III).

In den Fällen 1 und 2 wirkt das Bundesverfassungsgericht sozusagen als **Schiedsrichter** zwischen Staatsorganen wie Regierung und Bundesrat oder zwischen Bund und Ländern. In den Fällen 3 und 4 wird das Gericht als **„Kontrolleur"** *(Bryde)* tätig. Das eine Mal fungiert das Gericht als ,,Zwischengewalt", das andere Mal als ,,Übergewalt" *(Zacher).*

Die **Organisation** des Bundesverfassungsgerichts ergibt sich aus Art. 94 GG und dem Gesetz über das Bundesverfassungsgericht. Danach besteht das Bundesverfassungsgericht aus zwei selbständigen Entscheidungskörpern, den Senaten, zu je acht Richtern, von denen jeweils drei aus dem Kreis der obersten Bundesrichter gewählt werden. Auch die anderen zehn müssen die Befähigung zum Richteramt haben.

Die **Richter** werden je zur Hälfte **vom Bundestag und vom Bundesrat gewählt.** Bedenkt man, daß das Bundesverfassungsgericht über die Aktionen eben der politischen Kräfte, welche Bundestag und Bundesrat beherrschen, zu entscheiden hat, so könnte sich – trotz der durch Art. 97 GG gewährleisteten **richterlichen Unabhängigkeit** – aus dem Wahlrecht der Kontrollierten die faktische Beeinträchtigung der Unabhängigkeit des Gerichts ergeben. Dem versucht das Gesetz über das Bundesverfassungsgericht auf dreierlei Weise entgegenzuwirken: durch **Wahl** der Richter **auf zwölf Jahre** (längstens bis zur Altersgrenze von 68 Lebensjahren), durch den **Ausschluß der Wiederwahl** und durch das Erfordernis von **Zweidrittel-Mehrheiten** bei der Wahl. Die lange Wahlzeit und der Ausschluß der Wiederwahl vermindern die Gefahr, daß ein Richter sich um seiner beruflichen Karriere willen das Wohlwollen der politischen Kräfte, die er zu kontrollieren hat, erhalten muß. (Diesem Ziel würde eine Wahl auf Lebenszeit aber noch mehr gerecht.) Die qualifizierten Mehrheiten bewirken, daß kein Richter ohne Zustimmung der Minderheit gewählt werden kann (solange diese über mehr als ein Drittel der Stimmen verfügt); so soll verhindert werden, daß die jeweiligen Regierungsparteien immer nur Personen ihrer politischen Couleur zu Richtern wählen.[2] Zugleich kann auf diese Weise generell die Berufung parteipolitisch besonders *einseitiger* Kandidaten abgeblockt werden.[3] Die bisherigen Erfahrungen sind, insgesamt gesehen, einigermaßen ermutigend. Der **Becket-Effekt,**[4] wonach die Amtsloyalität, wenn der Amtswalter erst einmal bestellt ist, gegenüber der Loyalität zum Besteller meist durchschlägt, hat auch hier seine Wirksamkeit vielfach erwiesen.

III. Das Grundproblem der gerichtlichen Kontrolle

Das Bundesverfassungsgericht hat zahlreiche höchst bedeutsame Urteile von großer politischer Tragweite gefällt. Es versteht sich, daß die Entscheidungen oft von Wehgeschrei oder gar von einem Entrüstungs-

---

[2] Daß diese Gefahr nicht nur eine theoretische ist, zeigt die Praxis bei der Bestellung der Rechnungshofpräsidenten, die allein auf Vorschlag der Regierung erfolgt (unten R VII 2). Zum Verfahren der Bestellung der Verfassungsrichter in Österreich: *Wenger,* VVDStRL 39, 159.

[3] An beiden Elementen fehlt es bei der parteipolitischen Ämterpatronage im öffentlichen Dienst (oben P IV 2): Der Patronierte ist schon aus Gründen der Beförderung auf die fortbestehende Gunst des Patrons angewiesen. Auch hat die Oppositionspartei keine Vetomöglichkeit.

[4] Vgl. z. B. die Darstellung in *Jean Anouilhs* Drama ,,Becket oder die Ehre Gottes".

sturm der jeweils Unterlegenen begleitet wurden. Das war zu *Adenauers* Zeiten – erinnert sei etwa an das Fernsehurteil von 1961,[5] welches *Adenauers* Plan durchkreuzte, eine Regierungsanstalt zu errichten – nicht anders als zur Zeit der sozialliberalen Koalition. Wer läßt sich schon gern bescheinigen, daß er das Grundgesetz nicht beachtet habe?

Das heikelste staatstheoretische *Problem* stellt sich dort, wo das Gericht als ,,Übergewalt" tätig wird, also insbes. bei der **Normenkontrolle;** die Problematik ergibt sich aus folgenden Zusammenhängen: Das Bundesverfassungsgericht muß auch hier natürlich das Grundgesetz als Maßstab für seine Kontrolle auslegen. Angesichts der generalklauselartigen Vagheit vieler Verfassungsbestimmungen besteht ein weiter Interpretationsspielraum. Mit der Auslegung des Grundgesetzes entscheidet das Bundesverfassungsgericht nun aber im Ergebnis nicht nur über die Kompetenzgrenzen der *anderen* Verfassungsorgane, sondern auch über seine *eigenen,* und zwar endgültig und (rechtlich) unüberprüfbar. Das Gericht hat das letzte Wort und damit sozusagen die **Kompetenz-Kompetenz.** Besteht wegen des Fehlens einer unmittelbaren Kontrolle des Gerichts von außen nicht die Gefahr, daß es seine Macht überziehen könnte? Damit stellt sich die uralte Frage nach der *Kontrolle der Kontrolleure* in neuem Gewande.

Hier bestehen nun aber mehrere **Bremsen gegen** einen **Machtmißbrauch** durch das Gericht: Zum *einen* darf das Gericht die Weite des verfassungsrechtlichen Interpretationsspielraumes grundsätzlich nicht zu seinen Gunsten und zu Lasten des Gesetzgebers nutzen, sondern muß ein Gesetz im Zweifel bestehen lassen. Das wird sogleich noch zu erläutern sein. Zum *zweiten* fehlt dem Gericht eine eigene Vollstreckungsorganisation und damit die Macht, seine Entscheidungen notfalls auch zwangsweise durchzusetzen. Es ist darauf angewiesen, daß die politischen Kräfte in den Staatsorganen seine Entscheidungen von sich aus befolgen. *Drittens* hängt seine effektive Macht zu einem wesentlichen Teil von der Ausgestaltung des Gesetzes über das Bundesverfassungsgericht ab, welches als einfaches Gesetz zur Disposition der Bundestagsmehrheit steht.[6] Das Gericht ist deshalb **auf** die Unterstützung durch die **Öffentlichkeit angewiesen.** Nur sie kann den nötigen Druck zur Einhaltung der Gerichtsentscheidungen bewirken und eine Entmachtung des Gerichts durch Änderung des Bundesverfassungsgerichtsgesetzes verhindern. Ein Beispiel war der Versuch *Adenauers,* nach seiner Niederlage im Fernseh-

---

[5] BVerfGE 12, 205. Dazu im einzelnen unten T II 2.

[6] Darüber hinaus kann mit Zweidrittel-Mehrheiten im Bundestag und im Bundesrat auch das Grundgesetz selbst geändert und damit eine Entscheidung des Bundesverfassungsgerichts überwunden werden. Dieser Weg stößt jedoch auf Grenzen, soweit die Entscheidung auch auf unabänderbaren Bestandteilen des Grundgesetzes beruht (Art. 79 III GG).

streit den Wahlmodus der Bundesverfassungsrichter zu ändern, und die entschlossene und erfolgreiche Reaktion der Öffentlichkeit. Verlöre das Gericht dagegen die Unterstützung der Öffentlichkeit, würde sein hohes Ansehen abbröckeln, so könnte auch seine Macht rasch beschnitten werden. Die Angewiesenheit des Gerichts auf Unterstützung der Öffentlichkeit trägt umgekehrt dazu bei, daß das Gericht diese Unterstützung nicht durch Überreizen seiner Macht gefährdet.

IV. Reichweite der Normenkontrolle

Praktisch besonders wichtig ist die Frage, ob und inwieweit das Bundesverfassungsgericht disponiert ist, Fehlentwicklungen und Defizite im Spiel der anderen politischen Kräfte, etwa der Parteien und Interessenverbände, des Parlaments, der Regierung und Verwaltung, der Medien und der Wissenschaft, *auszugleichen*. Da die Ergebnisse des Agierens dieser Kräfte sich vor allem in der Gesetzgebung niederschlagen und das Gesetz seinerseits zugleich wichtiges Mittel für die Disziplinierung jener Kräfte darstellt, mündet die Frage wesentlich in die nach der Reichweite der *Normenkontrolle*. Diese Fragestellung ist Gegenstand zahlreicher verfassungsrechtlicher Untersuchungen.[7] Dabei werden die *Grundprobleme*, um die es hier letztlich geht, aber oft nicht gebührend herausgestellt. Das Fehlen einer konsistenten *Verfassungstheorie*, welche es ermöglicht, die Einzelfragen auf Basiswertungen zurückzuführen und sie in ein Gesamtkonzept einzufügen, macht sich auch hier bemerkbar. In diesem Buch ist der Versuch unternommen worden, Strukturen einer solchen Verfassungstheorie der Bundesrepublik Deutschland zu entwerfen. Sie müssen ihre Tragfähigkeit auch bei der Abgrenzung von Gesetzgeber und Verfassungsrechtsprechung bei der Normenkontrolle erweisen.

1. Der Grundsatz

Auszugehen ist von der *Funktion* beider Institutionen. Der *Gesetzgeber* hat die Aufgabe, möglichst richtige Gesetze zu machen; er ist von Verfassungs wegen aufs Gemeinwohl verpflichtet (oben H II 2). Er muß also zunächst einmal ermitteln, was das Gemeinwohl, was das Grundgesetz jeweils verlangt. Eben diese Ermittlung des verfassungsrechtlich Richtigen ist nun aber auch Sache des *Bundesverfassungsgerichtes*. Gesetzgeber und Richter sind beide dem gleichen Ziel verpflichtet: Sie sollen beide

---

[7] Vgl. vor allem Referate *(Korinek, J. P. Müller, Schlaich)* und Diskussion zum Thema „Verfassungsgerichtsbarkeit im Gefüge der Staatsfunktionen" auf der Innsbrucker Tagung der Vereinigung der Deutschen Staatsrechtslehrer 1980, VVDStRL 39, 7ff.

zur Realisierung von Richtigem beitragen. Dadurch ergibt sich zwangsläufig ein **Konkurrenzverhältnis,** in welchem letztlich die zentrale Problematik der verfassungsgerichtlichen Kontrolle angelegt ist: Wenn beide unterschiedliche Ergebnisse ermitteln, also Unterschiedliches für gemeinwohlrichtig halten, wessen Interpretation soll dann den Vorrang haben? Die Frage ist deshalb besonders relevant, weil es bei der Vagheit der Maßstäbe in der Tat leicht zu unterschiedlichen Beurteilungen kommen kann. Hier ist es nun wichtig, sich klarzumachen, daß Gesetzgeber und Rechtsprechung zwar dem gleichen Ziel dienen: der Gemeinwohlrealisierung, daß ihnen dafür allerdings *verschiedene Rollen* zugeteilt sind, die sich wechselseitig zu einem *arbeitsteiligen Gesamtprozeß* ergänzen sollen.[8]

Ausgangspunkt der Erörterung muß die Feststellung sein, daß nach der grundgesetzlichen Rollenverteilung die Initiative und die Primärentscheidung über Gemeinschaftsprobleme in der Hand des *Gesetzgebers* liegen. Diesem kommt damit die *Vorhand*stellung bei der Gemeinwohlkonkretisierung zu, während das *Bundesverfassungsgericht* auf die gerichtliche Kontrolle: eine *nachträgliche* Überprüfung schon getroffener Entscheidungen anhand der Maßstäbe des Verfassungsrechts, beschränkt ist. Diese grundgesetzliche **Rollenverteilung – Vorhandstellung des Gesetzgebers** bei der Gestaltung, **nachträgliche Kontrolle durch** die **Rechtsprechung** – macht die Kontrollintensität wesentlich von der *Stringenz der* Beurteilungs*maßstäbe* abhängig. Diese allgemein für die nachträgliche Kontrolle geltende Erkenntnis trifft auch hier zu.

Die **Stringenz der Beurteilungsmaßstäbe** ist nun aber durchaus *unterschiedlich,* je nachdem, ob man das *Ergebnis* einer gesetzgeberischen Entscheidung, das *Verfahren* der Entscheidungsbildung oder die Verfahrens*ordnung* ins Auge faßt (oben G VII 2).

2. Ergebniskontrolle

Was die Ergebniskontrolle anlangt, sind die **Maßstäbe** meist recht **grobmaschig.** Die Grundwerte und viele ihrer verfassungsrechtlichen Konkretisierungen sind von beträchtlicher Vagheit. Diese macht es oft unmöglich, eine allein richtige Problemlösung zu finden. Vielmehr gibt es gerade im Bereich der Verfassungsauslegung meist eine ganze Bandbreite von Lösungsmöglichkeiten, die alle als „richtig" oder besser: als „nicht unrichtig" anzuerkennen sind (oben H I 7). Dies hat Auswirkun-

[8] Vgl. auch *Quaritsch,* in: Verfassungsgerichtsbarkeit, Gesetzgebung und politische Führung, Ein Cappenberger Gespräch, Bd. 15, 1980, 63ff.; *ders.* VVDStRL 39, 206f.; *Lerche,* VVDStRL 39, 163f.; *Hesse,* Funktionelle Grenzen der Verfassungsgerichtsbarkeit, FS Hans Huber, 1981, 261 (265). Vgl. auch schon *v. Arnim,* Gemeinwohl und Gruppeninteressen, 212ff., 265ff.

gen auf die gerichtliche **Kontrolldichte.** Selbst wenn der entscheidende Senat des Gerichts, hätte er an der Stelle des Gesetzgebers gestanden, eine *andere* Problemlösungsalternative vorgezogen hätte, wird er häufig einräumen müssen, daß auch für die vom Gesetzgeber getroffene gute Gründe sprechen und die (vom Senat) vorgezogene Alternativlösung nicht eindeutig als besser dargetan werden kann. Dann aber ist die Entscheidung des Gesetzgebers verfassungsgemäß. Es gilt grundsätzlich der Satz „In dubio pro lege". Der **„Konkretisierungsprimat"** *(Zippelius)* **des Gesetzgebers** macht ihn zum Nutznießer des „benefit of doubt", der hier – wegen der Vagheit der Beurteilungsmaßstäbe – eben recht ausgeprägt ist.[9] Dies wird besonders deutlich, wenn das Bundesverfassungsgericht dem Gesetzgeber ausdrücklich einen **Prognosespielraum** einräumt,[10] und gilt im übrigen ganz allgemein schon deshalb, weil, wie *Häberle* einmal formuliert hat, praktisch in jeder Entscheidung ein Stück Prognose steckt.

Die vorstehenden Ausführungen werden untermauert, wenn man sich einmal – sozusagen als advocatus diaboli – die Frage stellt, **warum** die Vagheit der Beurteilungsmaßstäbe unbedingt zu Lasten des Gerichts gehen müsse, die Verfassungsrechtsprechung also auf die Aussiebung eindeutig unrichtiger Entscheidungen beschränkt sein solle. Anders gefragt: Warum soll es der Rechtsprechung verwehrt sein, *ihre* Richtigkeitsvorstellung auch dann an die Stelle der gesetzgeberischen zu setzen, wenn die Unrichtigkeit der gesetzgeberischen Entscheidung *nicht* eindeutig aufgezeigt werden kann.

Man könnte ja meinen, die Unbestimmtheit der Maßstäbe erlaube auch umgekehrt eine höchst intensive Kontrolle, weil es unmöglich ist, die Unrichtigkeit einer so getroffenen gerichtlichen Entscheidung aufzuzeigen. Eine solche Argumentation *für* judicial activism wäre aber *nicht haltbar.*[11] Sonst würde das Bundesverfassungsgericht zu einer *zweiten Gesetzgebungskammer,* welche dadurch gekennzeichnet ist, daß sie gleich-

---

[9] Ähnliche Überlegungen habe ich in „Gemeinwohl und Gruppeninteressen" (S. 265ff.) entwickelt. Das hervorzuheben, scheint mir gegenüber manchen Kritikern nötig, die dies übersehen und mir ein Eintreten für bedingungslosen judicial activism unterschieben. So *Häberle,* AöR 103 (1978), 607 (609). Vgl. auch *Bryde,* der – nach Kritik meiner Ausführungen – selbst das Argument von der Vorhandstellung des Gesetzgebers an zentraler Stelle verwendet (*Bryde,* Verfassungsentwicklung, 1982, 337; ebenso wiederum *Häberle,* ebenda, 611).

[10] Zuletzt BVerfGE 50, 290 (333).

[11] Mißverständlich deshalb z. B. *Benda,* Bundesverfassungsgericht und Gesetzgeber im dritten Jahrzehnt des Grundgesetzes, DÖV 1979, 465 (469): „Da im Streitfall die Entscheidung, ob und was die Verfassung zu einem bestimmten Begriff aussagt ..., beim Gericht liegt, müßte von den Kritikern zunächst der klare Nachweis dafür verlangt werden, daß die verfassungsgerichtliche Auslegung – auch etwa bei der Abwägung einer Güterkollision – wirklich rechtlich unhaltbar ist."

berechtigt an der Gesetzgebung mitwirken und ihre Zustimmung immer dann verweigern darf, wenn ihre Richtigkeitsvorstellungen von denen der ersten Kammer abweichen. Das Bundesverfassungsgericht zu einer zweiten Kammer der Gesetzgebung zu machen, ist nun aber eindeutig *nicht* die *Konzeption des Grundgesetzes*. Das sieht man u. a. daran, daß das Grundgesetz die Organe der Gesetzgebung und der Rechtsprechung klar unterscheidet (Art. 20 II GG) und das Bundesverfassungsgericht der Rechtsprechung zuordnet (Art. 92ff. GG).[12]

3. Verfahrenskontrolle

Das Gebot verfassungsrechtlicher Zurückhaltung bei der Ergebniskontrolle beruht wesentlich auf der geringen Stringenz der Maßstäbe und muß deshalb in dem Maße seine Grundlage verlieren, als die Möglichkeit, eindeutige Unrichtigkeit zu bestimmen, zunimmt. Wie wir oben gesehen haben, ist dies bei Überprüfung von Verfahren (im Gegensatz zur Überprüfung der inhaltlichen Richtigkeit der in diesem Verfahren zustande gekommenen Entscheidungen) typischerweise der Fall. Hier kann deshalb eine strengere Kontrolle durchaus in Betracht kommen. Um zu einem endgültigen Urteil zu gelangen, muß man allerdings noch ein zweites Kriterium einbeziehen: Für die Intensität der verfassungsgerichtlichen Kontrolle kommt es neben der *Möglichkeit* auch auf die *Dringlichkeit* einer Kontrolle durch das Bundesverfassungsgericht an.

3.1. Kontrolle von Verfahrens*ordnungen*

Beide Kriterien sprechen für eine intensive Kontrolle von Verfahrens*ordnungen*. Hier sind die Möglichkeiten der Rechtsprechung besonders groß. Dies gilt einmal quantitativ: Es ist für ein Kontrollorgan höchst

---

[12] In *diesem* Sinne kann man auch den Grundsatz der *Gewaltenteilung* hier anführen. Es handelt sich dann aber nicht um ein eigenständiges Abwägungskriterium, sondern lediglich darum aufzuzeigen, daß das (aus Vorhandstellung des Gesetzgebers und nachträglicher Kontrollfunktion der Rechtsprechung abgeleitete) Gebot des judicial restraint dem Konzept des Grundgesetzes entspricht. – Ebensowenig gibt der häufig bemühte Hinweis auf die *demokratische Legitimation des Gesetzgebers* etwas Selbständiges her. Auch das Bundesverfassungsgericht, dessen Mitglieder von Bundestag und Bundesrat gewählt werden, besitzt demokratische Legitimation (vgl. dazu auch BVerfGE 49, 89 [125f.]). Wenn *Bryde* (oben FN 9, 343ff.) die grundlegende Verschiedenheit des „politischen" und des verfassungsgerichtlichen Modus der Entscheidungsfindung hervorhebt und unter diesem Blickwinkel das Zurückhaltungsgebot auch mit dem Demokratieprinzip rechtfertigen möchte, so läuft auch dies in Wahrheit nur auf eine andere Einkleidung der im Text dargelegten Argumentation hinaus: Das Zurückhaltungsgebot folgt nicht aus der Andersartigkeit, sondern daraus, daß das Grundgesetz dem politischen Entscheidungsprozeß die Vorhandstellung einräumt und dem Verfassungsgericht lediglich die Aufgabe der nachträglichen Kontrolle zuweist.

ökonomisch, an der Verfahrensordnung anzusetzen, weil die Beseitigung von hier bestehenden Mängeln die Richtigkeitschance für eine ganze Masse von Einzelentscheidungen erhöht, ohne daß diese alle untersucht werden müßten. Zugleich sind auch die qualitativen Möglichkeiten der Kontrolle beim Ansetzen an der Verfahrensordnung im allgemeinen größer als bei der Überprüfung einzelner im Rahmen dieser Ordnung zustandegekommenen Entscheidungen, weil Unrichtigkeiten der Verfahrensordnung oft relativ leicht feststellbar und gerade Richter für solche Feststellungen auch besonders gerüstet sind. Zugleich ist auch die Dringlichkeit der Kontrolle von Verfahrensordnungen im allgemeinen hoch. Mängel von Verfahrensordnungen strahlen auf alle nach diesen Regeln zustandegekommenen Entscheidungen aus, fallen also besonders ins Gewicht. Die Überprüfung von Verfahrensordnungen ist deshalb der *strategische Punkt,* an dem – wie jede Kontrolle – auch die Rechtsprechung primär anzusetzen hat. Das Ausmerzen von Mängeln der Verfahrensordnungen, sei es durch Beseitigung unangemessener Regelungen, sei es durch ihre Ergänzung, gehört deshalb zu den wichtigsten Aufgaben der verfassungsgerichtlichen Kontrolle. Die Normgebung *über* die Normgebung wird zu ihrem zentralen Gegenstand.

Die hier entwickelten Grundsätze haben sich zwar noch nicht allgemein durchgesetzt; es gibt aber viele Entscheidungen des Bundesverfassungsgerichts, die sie bestätigen und zugleich zeigen, daß sie geeignet sind, die Praxis zu erklären und zu verstehen (und zugleich auch ihre Fortentwicklung zu ermöglichen). Das *Bundesverfassungsgericht* hat sich die Durchsetzung angemessener Verfahrensordnungen vor allem in seiner *Fernseh- und Hochschulrechtsprechung* angelegen sein lassen. Im *Fernsehurteil* von 1961[13] hat es aus der grundgesetzlich garantierten ,,Freiheit der Berichterstattung durch Rundfunk" abgeleitet, der Gesetzgeber müsse (neben inhaltlichen) auch organisatorisch verfahrensmäßige Vorkehrungen treffen, um Rundfunkfreiheit und ausgewogene Programmgestaltung zu sichern. In der *Numerus-clausus-Entscheidung* von 1972[14] hat das Gericht gesetzliche Verfahrensvorkehrungen verlangt, die sicherstellen, daß die Auswahl der Studienbewerber ,,nach sachgerechten Kriterien mit einer Chance für jeden an sich hochschulreifen Bewerber und unter möglichster Berücksichtigung der individuellen Wahl des Ausbildungsortes" erfolgt. Im *Hochschulverfassungsurteil* von 1973[15] hat das Gericht bestimmte Mindestanforderungen an die Organisation von Entscheidungsgremien der Hochschulen aufgestellt, um einen wirksamen Schutz der grundgesetzlich garantierten Wissenschaftsfreiheit zu gewährleisten und die Funktionsfähigkeit der ,,Institution ,freie Wissen-

---

[13] BVerfGE 12, 205. Dazu im einzelnen unten T II 2.
[14] BVerfGE 33, 303.
[15] BVerfGE 35, 79.

schaft'"[16] aufrechtzuerhalten. Diese Rechtsprechung hat *Willi Geiger,* früher selbst Richter am Bundesverfassungsgericht, dahin verallgemeinert, es gehöre zu den „verfassungsrechtlichen Pflichtaufgaben" des Staates, alles zu tun, um das bestmögliche Funktionieren der wesentlichen verfassungsrechtlichen Institutionen sicherzustellen. Der Gesetzgeber ist „nicht frei, nach seinem Belieben etwas zu tun oder auch nichts zu tun." Er hat vielmehr eine dahingehende Aktions*pflicht,* auch wenn sich manchmal nur die Richtung angeben läßt, in der die Schritte getan werden müssen.[17] Das Gericht kann auch in diesem Fall, also auch dann, wenn sich nur die allgemeine Richtung angeben läßt, durchaus kontrollierenden Druck zur Erfüllung dieser Pflicht ausüben. So hat es im *Diätenurteil* die Pflicht des Gesetzgebers ausgesprochen, die Unabhängigkeit der Abgeordneten (Art. 38 I 2, 48 III GG) dadurch in der Praxis auch möglichst durchzusetzen, daß gesetzliche Vorkehrungen gegen finanzielle Beeinflussungsversuche durch Interessenten getroffen werden.[18] Wenn dieser Spruch bisher auch von den (Bundes- und Landes-) Gesetzgebern nur teilweise vollzogen worden ist,[19] so ist doch das Gewicht einer solchen vom Verfassungsgericht ausgesprochenen Pflicht des Gesetzgebers zum Handeln beträchtlich. Auf diese Weise kann Druck zur Durchsetzung von Verbesserungen der Verfahrensordnungen ausgeübt werden.

Eine andere Beispielsgruppe für die Kontrolle von Verfahrensordnungen ist die Rechtsprechung zur **Chancengleichheit der Parteien** (oben F III, G II 3.1; I IV 2.1; I V vor 1). Regelungen, welche bestimmte politische Parteien etwa bei der Parteienfinanzierung benachteiligen, erschöpfen sich nicht darin, daß diese Parteien zuwenig Geld erhalten, sondern bewirken, daß ihre Wahlchancen, welche auch von der Verfügung über finanzielle Mittel abhängen können, gemindert werden. Derartige Regelungen verfälschen also das Wahl*verfahren* und beeinträchtigen den demokratischen Prozeß der politischen Machtverteilung. Und zwar gilt dies nicht nur für eine bestimmte Wahl, sondern für *alle* unter Geltung der diskriminierenden Regelung stattfindenden.

Zu solchen Verfälschungen des politischen Prozesses kann es nicht nur aufgrund diskriminierender positiver Ordnungen kommen, sondern auch aufgrund des *Nicht*erlasses der erforderlichen ordnenden Regelungen. Hier sei noch einmal an das teilweise Fehlen gesetzlicher Vorkehrungen gegen Lobbygelder an Abgeordnete erinnert. Ein anderes Beispiel: Der Entscheidungsprozeß für die Einstellung und Beförderung

---

[16] BVerfGE 35, 79 (120).

[17] *Geiger,* Sicherung der Informationsfreiheit der Bürger als Verfassungsproblem, AfP 1977, 256 (259).

[18] BVerfGE 40, 296 (297, 319).

[19] *v. Arnim,* Zweitbearbeitung des Art. 48 GG (1980), in: Bonner Kommentar, RN 146ff.

öffentlichen Personals muß rechtlich derart geordnet werden, daß Ämterpatronage durch politische Parteien erschwert wird (oben P IV 2). Hier handelt es sich um das Problem der richtigen Verteilung von knappen Stellen, wobei „Knappheit" dadurch charakterisiert ist, daß der Kreis der interessierten Bewerber größer ist als die Anzahl der Stellen. In diesen Fällen muß die Chancengleichheit des Zugangs ebenso gesichert werden wie die Funktions- und Leistungsfähigkeit der Institution. Es ergeben sich insoweit ganz ähnliche Probleme wie bei der Zulassung zum Hochschulstudium.[20]

Der Nichterlaß von Verfahrensordnungen und die Notwendigkeit für ein Eingreifen der Rechtsprechung kann daher rühren, daß zentrale **Belange antagonistischer Machtgruppen** berührt werden, die sich gegenseitig paralysieren und so den Gesetzgeber am Tätigwerden hindern. Beispiele sind das Parteiengesetz, die Arbeitskampfordnung für die Tarifpartner und die längst überfällige Reform des öffentlichen Dienstrechts. Sie belegen die dem Pluralismus innewohnende Gefahr der Blockierung wichtiger Problemlösungen. Dem verfassungsrechtlichen Auftrag zum Erlaß eines *Parteiengesetzes* war der Gesetzgeber fast 20 Jahre lang nicht nachgekommen, weil die Parteien sich nicht über seinen Inhalt, vor allem nicht über die Regelung der Parteienfinanzierung, einigen konnten. Erst als das Bundesverfassungsgericht 1966 die schon seit 1959 durch bloße Einstellungen in den Bundeshaushalt (und ohne Zustimmung der Opposition) gewährte direkte staatliche Parteienfinanzierung nurmehr auf gesetzlicher Grundlage zu tolerieren bereit war, entstand der nötige Druck zum Erlaß eines solchen Gesetzes, da inzwischen auch die Opposition sich an das Geld aus der Staatskasse gewöhnt hatte und nicht mehr darauf verzichten wollte (vgl. auch oben I IV). Auch mit dem Erlaß des *Arbeitskampfrechts* war der Gesetzgeber – angesichts der heftigen Kontroversen der betroffenen Machtblöcke über seinen Inhalt – offenbar überfordert. Hier hat die Rechtsprechung des Großen Senats des Bundesarbeitsgerichts selbst die nötigen Grundsätze entwickelt und dadurch in segensreicher Weise eine Verfahrensordnung geschaffen.[21] Ein weiteres Beispiel, wie gegenseitige Blockierungen eine längst überfällige Reformregelung unmöglich machen können, ist der *öffentliche Dienst.*[22]

Die Durchsetzung angemessener Verfahrensordnungen widerspricht auch durchaus nicht der Aufgabe des Bundesverfassungsgerichts. Bisweilen wird zwar noch der Schutz privater Individualinteressen als alleinige Aufgabe des Bundes-

---

[20] BVerfGE 33, 303.

[21] BAG, Großer Senat, NJW 1955, 882 und 972; NJW 1971, 1668.

[22] Zum gegenseitigen Blockieren: *Wagener,* Der Öffentliche Dienst im Staat der Gegenwart, VVDStRL 37, 215 (228): „Eigentümliche Pattstellung der politischen Parteien, des DBB und der ÖTV". Vgl. auch oben P V 2.

verfassungsgerichts angesehen.[23] Dies trifft aber – ganz abgesehen davon, daß sich auch viele wichtige Verfahrensordnungen aus der Schutzfunktion der Grundrechte ableiten lassen (s. o.) – nicht zu, wie sich schon daraus ergibt, daß das Gericht nicht nur im Wege der Verfassungsbeschwerde, sondern auch im Wege der abstrakten Normenkontrolle angerufen werden kann; hier sind alle Normen des Grundgesetzes, also auch solche, die keinen subjektiv-rechtlichen Charakter haben, Prüfungsmaßstab.[24] Das Gericht hat denn auch in einer Reihe von Entscheidungen den Schutz und das Funktionieren wichtiger Gemeinschaftseinrichtungen *gegen Individual*interessen durchgesetzt. Es sei an die Entscheidung zur Wehrdienstverweigerung (u. a. Schutz der Funktionstüchtigkeit der Bundeswehr)[25] und zum Ausschluß von Radikalen vom öffentlichen Dienst (Schutz der Funktionstüchtigkeit des öffentlichen Dienstes)[26] erinnert.

3.2. Kontrolle des Zustandekommens einzelner Gesetze

3.2.1. Verfahrenskontrolle in der neueren Rechtsprechung

Erstreckt sich die Kontrollfunktion des Bundesverfassungsgerichts – über die Kontrolle von Verfahrens*ordnungen* hinaus – auch auf die Prüfung der Rationalität *einzelner* Verfahren, insbes. des einzelnen Gesetzgebungsverfahrens? Diese Frage ist weniger leicht zu beantworten, weil die arbeitsmäßige Kapazität des *Gerichts* hier – schon angesichts der Vielzahl der Einzelfälle – leicht überstrapaziert werden kann. Das Gericht tendiert aber dennoch dahin, auch hier eine Kontrolle vorzunehmen. Ja, die Verfahrenskontrolle scheint sich geradezu zu einem zentralen Merkmal der neueren Rechtsprechung des Bundesverfassungsgerichts zu entwickeln. Das gilt nicht nur für das gerichtliche und behördliche Verfahren, sondern auch für das *Gesetzgebungs*verfahren, wie vor allem das Mitbestimmungsurteil zeigt.[27] Hier lassen sich Fehler auch relativ leicht aufdecken. Das Gericht braucht sich – jedenfalls qualitativ – nicht überfordert zu fühlen, weil es für diese Aufgabe gerüstet ist.[28]

3.2.2. Kontrolle bei Unausgewogenheit der politischen Kräfte

Eine Gruppe von Problemfällen ist gekennzeichnet durch die Unausgewogenheit der politischen Kräfte, durch Macht- und Durchsetzungsübergewicht bestimmter Belange und durch Unterlegenheit anderer.

---

[23] So z. B. das Minderheitsvotum zweier Richter zum Urteil über den Schwangerschaftsabbruch, BVerfGE 39, 1 (73).

[24] *Starck,* Vom Grund des Grundgesetzes, 1979, 53f.

[25] BVerfGE 48, 127.

[26] BVerfGE 39, 334.

[27] BVerfGE 50, 290 (334).

[28] BVerfGE 53, 30 (82) – Minderheitsvotum *Simon/Heußner.* – Anders ist es allerdings hinsichtlich der Kontrolle der Folgenabschätzung. Sie verlangt regelmäßig sozialwissenschaftliche Erwägungen und ist deshalb von den juristisch ausgebildeten Verfassungsrichtern (§ 3 II BVerfGG) schwerer zu bewältigen.

3.2.2.1. Entscheidungen in eigener Sache

Hier lassen sich wiederum verschiedene *Untergruppen* bilden; die erste ist dadurch gekennzeichnet, daß Belange der Abgeordneten geregelt werden. Typische Beispiele sind Regelungen über politische Parteien und über die Abgeordnetenentschädigung, die von den (direkten oder indirekten) Nutznießern selbst beschlossen werden. Bei solchen „Entscheidungen in eigener Sache“[29] liegt die Gefahr auf der Hand, daß Entscheidungsmacht zum eigenen Vorteil mißbraucht wird. Die Rechtsprechung hat hier deshalb mit vollem Recht eine höchst intensive Kontrolle ausgeübt; man denke an die Entscheidungen zur Parteienfinanzierung (oben I IV 4), etwa die Ersetzung der 2,5 v. H.-Grenze für die Wahlkampfkostenerstattung durch die 0,5 v. H.-Grenze,[30] und auch an die Diätenrechtsprechung.[31]

3.2.2.2. Schutz konfliktschwacher Minderheiten

Eine zweite Kategorie betrifft die Regelung von Belangen solcher Gruppen, die sich im Gesetzgebungsverfahren nicht ausreichend artikulieren und schlagkräftig zu Wort melden können (vgl. auch oben J II 2). Hierher gehört der Schutz von Nichtehelichen und von Ungeborenen, welchen das *Bundesverfassungsgericht* nachdrücklich ausgeübt hat, was offensichtlich mit der Schwäche der betroffenen Interessenten zusammenhing.[32]

In seinem Beschluß von 1969 forderte das Gericht den Gesetzgeber auf, die vom Grundgesetz postulierte rechtliche Gleichstellung nichtehelicher Kinder mit ehelichen (Art. 6 V GG) bis zum Ablauf der 5. Legislaturperiode des Bundestags (Oktober 1969) vorzunehmen, widrigenfalls entgegenstehendes Recht außerkrafttrete und die Gerichte die Konkretisierung des grundgesetzlichen Postulats selbst zu übernehmen hätten.[33] Das Ultimatum des Gerichts veranlaßte das Parlament, die seit einem halben Jahrhundert anstehende Reform – auch die Weimarer Verfassung von 1919 hatte bereits einen dahingehenden Programmsatz enthalten – noch in der 5. Legislaturperiode vorzunehmen.[34] Hier setzte das Bundesverfassungsgericht also sein Gewicht zur Durchsetzung von Interessen ein, für deren

---

[29] BVerfGE 40, 296 (327).

[30] Gerade diese Entscheidung ist heftig kritisiert worden, weil die 0,5 v. H.-Grenze sich ebensowenig aus dem Grundgesetz entnehmen lasse wie die 2,5 v. H.-Grenze (z. B. *Forsthoff,* Industriegesellschaft, 36f.; *Dichgans,* Vom Grundgesetz zur Verfassung, 1970, 158, 185f.). Dabei wird aber – unabhängig davon, ob die völlige Beseitigung der Grenze nicht die beste Lösung gewesen wäre (oben I V 2.1) – das Wesentliche verkannt: Die 0,5 v. H.-Grenze ist jedenfalls besser als die 2,5 v. H.-Grenze, weil sie den politischen Wettbewerb um die Macht offener hält und den Selbstbegünstigungseffekt der Parteien in den Parlamenten mindert.

[31] Dazu *v. Arnim,* Art. 48 GG (oben FN 19).

[32] *Ehmke,* Bulletin der Bundesregierung 1969, 907 (908): „Mit der Gleichstellung der nichtehelichen Kinder lassen sich halt keine Wähler gewinnen.“

[33] BVerfGE 25, 167.

[34] Gesetz über die rechtliche Stellung der nichtehelichen Kinder vom 19. 8. 1969, BGBl. I S. 1243.

angemessene Wahrung sich im politischen Kräftespiel sonst niemand stark gemacht hatte. – In der Entscheidung über die Fristenlösung von 1975[35] machte das Gericht sich zum Patron der Interessen der nasciturі, deren Mangel an Artikulations- und Durchsetzungskraft im politischen Kräftespiel auf der Hand liegt.

Umgekehrt beruhen z. B. im Bereich des Steuerrechts viele Privilegien auf der Einwirkung von schlagkräftig organisierten Verbänden, etwa der Bauernverbände.[36] Auch hier hat das *Bundesverfassungsgericht* verschiedentlich kontrollierend eingegriffen.[37] In Fällen solcher Art kann es zu einer intensiveren Kontrolle kommen. Die Einseitigkeit des Einflusses, unter dem der Gesetzgeber steht, erhöht die Dringlichkeit der Kontrolle, so daß das Gericht dem Gesetzgeber nur einen geringeren Spielraum zu belassen braucht.[38]

3.2.2.3. Kompensation bei Durchsetzungsschwäche allgemeiner Interessen?

Darüber hinaus bestehen auch sonst im politischen Prozeß gewichtige Repräsentationsdefizite. Vor allem allgemeine Interessen werden durch organisationsstarke Partikularinteressen leicht überwuchert und im Ergebnis erdrückt.[39] Eine Kompensation durch intensive Gerichtskontrolle im Einzelfall ist hier allerdings schwerlich der richtige Weg, weil das Gericht angesichts der Masse der Fälle zum ständigen Eingreifen genötigt würde, was seine Möglichkeiten aber bereits quantitativ überfordern würde. Zugleich verlangt die intensive Kontrolle ein Eindringen in sozialwissenschaftliche Zusammenhänge, welches primär juristisch ausgebildete Richter nur schwer zu leisten vermögen.[40]

Gerade hier zeigt sich aber, wie wichtig es für die verfassungsgerichtliche Kontrolle ist, auf dem strategischen Punkt zu beharren: der Sicherung angemessener Verfahrens*ordnungen*. Die Sicherung der verfahrensmäßigen Vorkehrungen für eine rationale Gesetzgebungsmethodik, insbes. die Errichtung von Institutionen der Sachkontrolle (oben L II 2.4.3), wäre auch geeignet, den Durchsetzungsvorsprung organisa-

---

[35] BVerfGE 39, 1.

[36] Dazu *v. Arnim,* Gemeinwohl und Gruppeninteressen, 344f.

[37] *v. Arnim,* Gemeinwohl und Gruppeninteressen, 249f.; vgl. auch *Lerche,* VVDStRL 39, 163f.; *Hans Meyer,* ebenda, 203f.

[38] Zur Erhöhung der Kontrolldichte mit Abnahme der Richtigkeitschance der gesetzgeberischen Entscheidung: *v. Arnim,* Gemeinwohl und Gruppeninteressen, 268ff. mit Schema auf S. 269.

[39] Oben J II und K.

[40] Der Einwand, durch eine solche Rechtsprechung würde das Parlament geschwächt (so *Schenke,* Die Verfassungsgerichtsbarkeit im Gefüge der Staatsfunktionen, NJW 1979, 1321 [1323f.]; *Schlaich,* Der Umfang der bundesverfassungsgerichtlichen Überprüfung, VVDStRL 39, 117; *Bryde* [oben FN 9], 346), trifft nicht zu. Vielmehr könnte den Abgeordneten umgekehrt der Rücken gestärkt werden; sie wären unter Berufung auf die Rechtsprechung in der Lage, den Interessenten mehr Widerstand entgegenzusetzen.

tionsstarker Partikularinteressen zu mindern und so die Ausgewogenheit des politischen Prozesses in dieser Hinsicht ebenfalls zu erhöhen.

3.3. Zum Stimmzettel-Argument

Die Intensität der gerichtlichen Kontrolle hängt also von der Möglichkeit und der Dringlichkeit der Kontrolle ab. Sie hat dann am intensivsten zu sein, wenn die Kontrolle einerseits besonders dringlich, andererseits vom Gericht gut zu bewältigen ist; auch dort, wo eine Kontrolle nur eingeschränkt durchführbar ist, muß sich ihre Intensität mit der Zunahme ihrer Dringlichkeit verschärfen.

An diesem Zusammenhang zwischen Kontrolldringlichkeit und Kontrollintensität versuchen auch die Kritiker einer kompensatorischen Rechtsprechung anzusetzen, indem sie die Notwendigkeit für eine gerichtliche Kontrolle bestreiten: Eine kompensatorische Kontrolle sei deshalb nicht nötig, weil die *Wähler* es in der Hand hätten, unrichtige Entscheidungen des Gesetzgebers durch ihr Abstimmungsverhalten bei Wahlen zu korrigieren.[41] Dieser Einwand beruht jedoch auf einer idealisierten Vorstellung vom parlamentarischen Prozeß,[42] welche mit der Realität kaum noch etwas zu tun hat. Wie dargelegt, ist es in der Regel schon gar nicht möglich, ein bestimmtes Gesetz der Regierung oder der Opposition *zuzurechnen,* weil Gesetze in der Bundesrepublik ganz überwiegend gemeinsam und einvernehmlich, also auch unter Mitwirkung und Zustimmung der Oppositionsfraktion, verabschiedet werden (oben L II 2.4.1). Diesen Regelfall darf man auch dann nicht übersehen, wenn sich einige spektakuläre Streitpunkte zwischen Regierungs- und Oppositionsfraktionen in der Öffentlichkeit leicht in den Vordergrund schieben.[43] Hinzu kommt, daß gewisse lösungsbedürftige Fragen von den konkurrierenden Parteien einheitlich *nicht* aufgegriffen werden (oben I V 5.2).

Das politische Wettbewerbsmodell, welches die klare Zurechnung von Verantwortlichkeiten erlaubt, entspricht nicht der bundesrepublikanischen Wirklichkeit. Das mag manchen bedauerlich erscheinen und wird von politikwissenschaftlicher Seite auch beklagt, ist aber gleichwohl ein Faktum. Wenn die Wähler ein bestimmtes Gesetz (oder ein politisches

---

[41] Statt vieler *Schlaich* (oben FN 40), 111, 117f.; *Mußgnug,* VVDStRL 39, 382, 398 (gegen letzteren schon *v. Arnim,* ebenda, 399). Ähnlich auch *Bryde* (oben FN 9), 346.

[42] Solche Idealisierung wird bisweilen auch in der Rechtsprechung des Bundesverfassungsgerichts deutlich, besonders im KPD-Urteil (E 5, 85, 197ff.).

[43] Selbst wenn im Ausnahmefall einmal Zurechenbarkeit besteht, so ist es wegen des Paketeffekts (oben I III 5) doch nur höchst eingeschränkt möglich, mit dem Stimmzettel hier etwas zu unternehmen.

Versäumnis) aber nicht einer bestimmten Partei zurechnen können, dann muß die Empfehlung, mit dem Stimmzettel gegen mißliche Gesetze (oder Versäumnisse) vorzugehen, in die Sackgasse führen. Es wurde oben dargelegt, daß die nichtöffentlichen Kooperationsprozesse im Parlament die Rationalität des Gesetzgebungsprozesses und die öffentliche Begründung, die man von einem funktionierenden Wettbewerbsmodell erwartet, schwächen oder gar lahmlegen (oben L II 2.4). Diese Erkenntnis begründete die Notwendigkeit, auf andere Weise Rationalität (einschließlich der öffentlichen Begründung) zu erreichen. Die gleichen Kooperationsprozesse bewirken nun aber auch, daß Gesetze oder gesetzgeberische Versäumnisse keiner bestimmten Partei und Fraktion, weder der Regierung noch der Opposition, zuzurechnen sind und damit die Aufforderung an die Wähler, mit dem Stimmzettel für eine bessere Ordnung in diesem Bereich zu sorgen, zur praktischen Unmöglichkeit wird.

3.4. Geringere Kontrolldichte für bestimmte Bereiche?

Manche Autoren befürworten für bestimmte Politikbereiche eine verringerte verfassungsgerichtliche Kontrolldichte: für die Wirtschaftspolitik, die Außenpolitik und die Bildungspolitik.[44] In der Tat ist nicht zu verkennen, daß die Kontrolldichte des Bundesverfassungsgerichts in diesen Bereichen – hinzuzufügen wäre noch die Finanzpolitik (einschließlich der Steuerpolitik) – besonders gering ist. *Isensee* hat für den wirtschaftspolitischen Bereich bemerkt, daß die Rechtsprechung versucht sei, die wirtschaftlichen Grundrechte (mit Ausnahme der Koalitionsfreiheit) „eher herunterzuspielen, zu minimalisieren und jedwedem staatlichen Eingriff zu öffnen".[45] *Hufen* sprach im Hinblick auf die Entscheidung des Bundesverfassungsgerichts zur Neuordnung der gymnasialen Oberstufe von einer „pedagogical-question-doctrin".[46]

Die Beobachtung einer *faktischen* Zurückhaltung des Gerichts und ihre normative *Rechtfertigung* sind allerdings zweierlei. *Bryde* versucht eine Rechtfertigung unter Hinweis darauf, daß das Bundesverfassungsgericht von Gesetzes wegen ausschließlich mit Juristen besetzt ist (§ 3 II BVerfGG). Dem Durchdringen von wirtschaftlichen und anderen Spezialmaterien ständen besondere Schwierigkeiten gegenüber, die eine besondere Zurückhaltung rechtfertigten. Anders sei es auf dem vertrauten

---

[44] *Schenke* (oben FN 40), 1326; *Bryde* (oben FN 9), 341.

[45] *Isensee,* Wirtschaftsdemokratie – Wirtschaftsgrundrechte – Soziale Gewaltenteilung. Verfassungsrechtliche Aspekte der unternehmerischen Mitbestimmung, Der Staat 1978, 161 (193).

[46] *Hufen,* Zur Verrechtlichung der Lehrinhalte – Tendenzwende durch eine pedagogical-question-Doktrin des Bundesverfassungsgerichts?, in: Recht der Jugend und des Bildungswesens 1978, 31 (42). Vgl. allerdings jetzt das Urteil des Hessischen Staatsgerichtshofs, DÖV 1982, 244.

Gebiet von „lawyer's law", wo das Gericht intensiver kontrollieren könne und dies auch tue. Die genannten anderen Gebiete seien dagegen dadurch gekennzeichnet, daß die Problembehandlung dort „Multidisziplinarität" verlange, welche die Rechtsprechung angesichts ihrer „Monodisziplinarität" kaum leisten könne.[47]

Während die grundsätzliche Zurückhaltung der Verfassungsrechtsprechung in diesem Buch mit der mangelnden Dichte der Kontrollmaßstäbe begründet wurde (oben Q IV 1), möchte *Bryde* Konzessionen an die nurjuristische Vorbildung der Verfassungsrichter machen. Dies ist nicht unbedenklich. Soziologisch ist zwar sicher nicht zu verkennen, daß Richter sich auf den genannten Gebieten oft nicht zu Hause fühlen und die geringere Vertrautheit mit der Sache sich in einer Verringerung der Kontrollintensität niederschlägt. Dies dürfte in der Tat ein Grund für die beobachtete Zurückhaltung des Gerichts auf diesen Gebieten sein. Wenn Verfassungsauslegung aber die Einbeziehung von sozialwissenschaftlichen Erkenntnissen und Zusammenhängen verlangt (oben H I), dann müssen die Richter sie sich verschaffen. An diesem Postulat festzuhalten, scheint nötig, damit wenigstens alle *Anstrengungen* unternommen werden, die hier bestehenden Schwierigkeiten zu überwinden. (Im übrigen zeigt sich hier wiederum die Notwendigkeit, verstärkt Institutionen der *Sachkontrolle* einzubauen, welche dann auch der verfassungsgerichtlichen Kontrolle die nötigen Anhaltspunkte geben können.)

---

[47] *Bryde* (oben FN 9), 339ff., im Anschluß an *Scholz,* Verwaltungsverantwortung und Verwaltungsgerichtsbarkeit, VVDStRL 34, 152f.

R. Finanzkontrolle, insbes. Bundesrechnungshof

Bund, Länder und Kommunen unterliegen der Finanzkontrolle. Dabei soll unter „Finanzkontrolle" hier die von den Rechnungsprüfungsbehörden, im Bund und in den Ländern also von den Rechnungshöfen, ausgeübte Kontrolle der öffentlichen Finanzen verstanden werden. (Finanzkontrolle umfaßt in diesem engen hier zugrundegelegten Verständnis nicht die Haushaltskontrolle durch das Parlament.) Die folgende Darstellung konzentriert sich auf den *Bundesrechnungshof;* die Landesrechnungshöfe, für die zumeist Entsprechendes gilt, und die kommunale Finanzkontrolle werden nur gelegentlich gesondert erwähnt.[1]

Während die Rechnungshöfe in Zeiten reichlich sprudelnder öffentlicher Mittel von vielen als lästiges Übel betrachtet wurden, haben die Finanzprobleme der letzten Jahre und die Notwendigkeit, die öffentlichen Haushalte zu konsolidieren, das allgemeine Bewußtsein für die **Bedeutung einer wirksamen Finanzkontrolle** geschärft.

I. Gegenstand der Finanzkontrolle

Seit der Haushaltsrechtsreform von 1969 haben die Rechnungshöfe in Bund und Ländern einen sehr weitgehenden Generalauftrag (vgl. für den Bund Art. 114 II GG). Die Finanzkontrolle überwacht die Tätigkeit der öffentlichen Hand zwar nur in einer bestimmten Hinsicht, nämlich in bezug auf die Bewirtschaftung öffentlicher Finanzmittel. Da aber für jede staatliche Aktivität öffentliche Mittel erforderlich sind, mindestens für die Besoldung der staatlichen Akteure, erstreckt sich das den Rechnungshöfen zugewiesene **„Wächteramt über das staatliche Finanzgebaren"**[2] potentiell auf die gesamte Staatstätigkeit. Man hat deshalb auch von einer „Allzuständigkeit" der Rechnungshöfe gesprochen.

---

[1] Zur *kommunalen* Finanzkontrolle *Siedentopf/Grunwald,* Die kommunale Finanzkontrolle, 2. Aufl., 1977 (Nr. 36 der Schriftenreihe des Karl-Bräuer-Instituts des Bundes der Steuerzahler); *v. Arnim,* Wirksamere Finanzkontrolle bei Bund, Ländern und Gemeinden, 1978 (Nr. 42 der Schriftenreihe des Karl-Bräuer-Instituts des Bundes der Steuerzahler), 45ff.; *ders.,* Die Öffentlichkeit kommunaler Finanzkontrollberichte als Verfassungsgebot, 1981 (Nr. 51 der Schriftenreihe des Karl-Bräuer-Instituts des Bundes der Steuerzahler).

[2] *Susanne Tiemann,* Die staatsrechtliche Stellung der Finanzkontrolle des Bundes, 1974, 386.

II. Maßstäbe der Finanzkontrolle

Auch die Kontrollmaßstäbe sind umfassend. Als Maßstäbe nennt Art. 114 II GG Wirtschaftlichkeit und **Ordnungsmäßigkeit,** wobei unter letzterer neben der buchhalterischen Korrektheit auch allgemein Rechtmäßigkeit zu verstehen ist. Der Begriff **Wirtschaftlichkeit,** der durch die Haushaltsrechtsreform in Art. 114 II GG eingefügt worden ist, bezieht sich auf eine *Relation von Ertrag und Aufwand* (vgl. auch oben H I 2). Es soll mit einem bestimmten Aufwand ein möglichst hoher Ertrag **(Maximalprinzip)** oder ein bestimmter Ertrag mit einem möglichst geringen Aufwand **(Minimalprinzip)** erzielt werden. Das Wirtschaftlichkeitsprinzip erschöpft sich darin nach richtiger Ansicht aber nicht. Insgesamt geht es darum, die *Differenz* zwischen Aufwand und Ertrag, den „Nettoertrag", möglichst zu *maximieren.*

Es kommt mit den Worten *Karehnkes* auf die „größte Spanne zwischen beiden Posten" an.[3] Die Begriffe „Aufwand" und „Ertrag" beziehen sich dabei auf den Nutzen und die Kosten für die Allgemeinheit (social benefits and social costs). Es handelt sich also letztlich um die Aufgabe, möglichst *gemeinwohlrichtige* Entscheidungen zu treffen.[4]

Die Anwendbarkeit des Wirtschaftlichkeitsmaßstabs setzt durchaus nicht voraus, daß die Vergleichsposten sich in Geld oder sonst quantifizierbarer Weise exakt festlegen lassen. Anderenfalls könnte die staatliche Mittelbewirtschaftung gar nicht auf Wirtschaftlichkeit (unter Einbeziehung auch des Maximalprinzips) überprüft werden. Denn der Ertrag, d. h. der Nutzen, den die Allgemeinheit aus der Verwendung bestimmter Mittel erlangt, läßt sich in aller Regel nicht exakt quantifizieren.

Die Beurteilung, ob die Finanzmittel bestmöglich verwendet werden, verlangt ein Eingehen auf Ziele und Zwecke; die Aufwands-Ertragsrelation läßt sich auch als Ziel-Mittelbeziehung darstellen. Bei ihrer Optimierung sind Zwecksetzungen keinesfalls sakrosankt; sie müssen vielmehr in die Wirtschaftlichkeitsprüfung miteinbezogen werden. So gehört etwa zur Untersuchung der Wirtschaftlichkeit einer Subventionsregelung auch die Frage, ob der finanzielle Aufwand und das anvisierte Ziel überhaupt in einem vertretbaren Verhältnis zueinander stehen. Die Ziele und Zwecke stehen nicht ein für allemal fest, sondern sind letztlich Konkretisierungen der Grundwerte (oben G, H). Und die Vertretbarkeit oder Unvertretbarkeit der Zielkonkretisierung hängt wesentlich von den Möglichkeiten ihrer Realisierung (einschl. der dabei entstehenden „Nebenfolgen" für andere Ziele) ab. Damit umfaßt die Wirtschaftlichkeitskontrolle zwangsläufig auch die Kontrolle der Staatsaufgabenerfüllung.[5]

---

[3] *Karehnke,* Der Rechnungshof als Teil der öffentlichen Kontrolle, FS Hans Schäfer, 1975, 233 (234).

[4] *Vogel/Kirchhof,* Zweitbearbeitung des Art. 114 GG, in: Bonner Kommentar (1973), RN 90.

[5] *Piduch,* Grundfragen der Finanzkontrolle, DÖV 1973, 228; *Hellstern/Wollmann,* Wirksamere Gesetzesevaluierung, ZParl 1980, 547 (562ff.). Eine Aussonderung der Zielkontrolle und der Zielerreichungskontrolle aus der Wirtschaftlichkeitskontrolle (so *Steinberg,* Evaluation als neue Form der Kontrolle final programmierten Verwaltungshandelns, Der Staat 1976, 185 [202], im Anschluß an

Neben ,,Wirtschaftlichkeit" nennen die Haushaltsordnungen auch **Sparsamkeit** als Prüfungsmaßstab. Sparsamkeit bedeutet allerdings nicht, daß Einsparungen um jeden Preis erzielt werden sollten. Vielmehr sollen (für die Erreichung der Zwecke) *überflüssige* Ausgaben vermieden werden. Das Gebot der Sparsamkeit ist also **identisch mit** dem **Minimalprinzip.** Sparsamkeit ist deshalb nach überwiegender und richtiger Auffassung als Unterfall der Wirtschaftlichkeit zu verstehen, der von ihr mitumfaßt wird.[6]

Büch hat versucht, dem Prinzip der Sparsamkeit eine *eigenständige* Bedeutung zu geben. ,,Sparsamkeit" sei Ausdruck des allgemeinen Subsidiaritätsprinzips.[7] Gegen den Grundsatz der Sparsamkeit werde dann verstoßen, ,,wenn vom Staat Aufgaben wahrgenommen und Ziele verfolgt werden, die auch privat realisiert werden können." Dies ist in der Tat eine interessante Interpretationsvariante. Indes ist das Subsidiaritätsprinzip richtigerweise bereits im Wirtschaftlichkeitsprinzip – bezogen auf die verfassungsmäßigen Grundwerte – enthalten: Staatliche Ausgaben, die deshalb unnötig sind, weil die *gesellschaftlichen* Mechanismen den Anliegen mindestens ebenso gut gerecht werden können (und dann unter direkter Beteiligung der betroffenen Menschen selbst), sind eben deshalb unwirtschaftlich (Näheres unten V II 2).

Dem umfassenden Anwendungsbereich des Wirtschaftlichkeitsprinzips korrespondiert seine extreme Vagheit. Was allgemein schon für die Findung gemeinwohladäquater Problemlösungen gesagt worden ist, gilt auch hier: Im konkreten Fall besteht regelmäßig eine Fülle von Unsicherheiten der Wertung und des Wissens, so daß die Bestimmung einer allein richtigen, d. h. *der* wirtschaftlichen Problemlösungsalternative oft nicht möglich ist. Allenfalls kann negativ eine Alternative als eindeutig unrichtig ausgeschieden werden (oben G I). Im übrigen gilt auch für die Finanzkontrolle, daß sie sich nicht in einer Fülle von Einzelfragen verschleißen, sondern möglichst an den strategischen Punkten ansetzen sollte, nämlich an den *Verfahren* und ihrer *Ordnung und Organisation* (einschl. der Personalbewirtschaftung). Hier kann eine klare Aussage im allgemeinen eher getroffen und zugleich auch die Kontrollintensität erhöht werden (näheres oben G VII 1–3).

Die Möglichkeiten hierfür geben die Haushaltsordnungen (insbes. §§ 89 I Nr. 2 und 90 Nr. 4 BHO).[8] Organisations- und Personalprüfungen gehören zu den wichtigsten Bereichen der Finanzkontrolle; sie nehmen bisher allerdings noch längst nicht das Gewicht ein, welches sie einnehmen *könnten*. Größere Organisations- und personalwirtschaftliche Untersuchungen werden derzeit nicht vom

---

Brümmerhoff/Wolff, Aufgabe und Möglichkeit einer Erfolgskontrolle der staatlichen Aktivität, ZgStW 1974, 477 [484]) ist nicht durchführbar.

6 So auch *Vogel/Kirchhof* (oben FN 4), Art. 114 GG, RN 101 f.; *Greifeld,* Der Rechnungshof als Wirtschaftlichkeitsprüfer, 1981, 35 f.

7 *Büch,* Zur Bestimmung der Grundsätze der Wirtschaftlichkeit und der Sparsamkeit im öffentlichen Haushalt der Bundesrepublik Deutschland, 1975, 82 ff.

8 *Heuer,* in: *Heuer/Dommach,* Handbuch der Finanzkontrolle (Loseblatt), § 89 BHO, RN 4; § 90 BHO, RN 11 ff.

Bundesrechnungshof, sondern vom Präsidenten in seiner Eigenschaft als Bundesbeauftragter für Wirtschaftlichkeit in der Verwaltung durchgeführt.[9]

III. Ex post-Prüfung und ex ante-Beratung

Wie die Gerichte nehmen die Rechnungshöfe – jedenfalls bislang – noch vornehmlich eine ex post-Kontrolle vor. Sie überprüfen im nachhinein, ob die Haushalts- und Wirtschaftsführung den Grundsätzen der Rechtmäßigkeit und Wirtschaftlichkeit genügt. Diese **Prüfung** ist die überkommene Aufgabe der Rechnungshöfe. Darüber hinaus – und im Gegensatz zu den Gerichten – **berät** der Bundesrechnungshof den Bundestag, den Bundesrat, die Bundesregierung und einzelne Bundesminister aufgrund seiner Prüfungserfahrung auch schon vor Abschluß des (gesetzgeberischen oder behördlichen) Entscheidungsverfahrens,[10] eine Kompetenz, die durch die Haushaltsrechtsreform von 1969 hinzugekommen ist. („Prüfung" und „Beratung" gehören beide zur „Finanzkontrolle im weiteren Sinn". Dieser Begriff beschränkt sich also nicht auf die ex post-Beurteilung.)

Das Schwergewicht der Beratung liegt derzeit allerdings nicht beim Bundesrechnungshof, sondern beim Präsidenten des Bundesrechnungshofs in seiner Funktion als *Bundesbeauftragter für die Wirtschaftlichkeit in der öffentlichen Verwaltung*,[11] einer überkommenen Einrichtung, die allerdings etwas in der Luft hängt, seitdem der Bundesrechnungshof als Ganzer durch die Haushaltsrechtsreform die Beratungskompetenz bekommen hat.

IV. Tätigwerden von Amts wegen

Im Unterschied zu den Gerichten, die im allgemeinen nur auf Antrag eines Betroffenen tätig werden, üben die Rechnungshöfe ihre Kontrolle von Amts wegen aus. Auch die Beratung kann unabhängig von entsprechenden Anträgen erfolgen.[12] Die Beratungsmöglichkeit besteht also „auch gegenüber Beratungsunwilligen".[13] Auf die eigene

---

[9] *Heuer* (oben FN 8), § 89 BHO, RN 13.

[10] § 88 II BHO. Entsprechendes gilt nach § 42 V HGrG auch für die Landesrechnungshöfe.

[11] Dazu *Heuer* (oben FN 8), Art. 114 GG, RN 100–102. Die Richtlinien sind bei *Heuer* unter VI/4 abgedruckt.

[12] Vgl. die Regierungsbegründung zum heutigen § 88 II BHO (BT-Drucks. V/3040, S. 66).

[13] *Brunner,* in: Die Finanzkontrolle des Bundes, stenografische Niederschrift einer Veranstaltung der Deutschen Vereinigung für Parlamentsfragen e. V. in Zusammenarbeit mit dem Hessischen Landtag am 5. 3. 1975, 113.

Initiative der Rechnungshofmitglieder kommt es deshalb in besonderem Maße an.

Trotz Allzuständigkeit, umfassender Beurteilungsmaßstäbe und der Möglichkeit der Rechnungshöfe, aus eigener Initiative tätig zu werden, hat die Finanzkontrolle noch nicht das Gewicht erlangt, das ihr heute eigentlich zukommen müßte. Diese Feststellung soll im folgenden näher erläutert werden.

V. Verwaltungs- und Regierungskontrolle

Die Finanzkontrolle hat verschiedene Funktionen und Stoßrichtungen: Sie hat zunächst die Funktion, der Kontrolle der Verwaltung durch Regierung und Parlament zu dienen (Verwaltungskontrolle). Weiter soll mit ihrer Hilfe aber auch die Regierung durch das Parlament kontrolliert werden (Regierungskontrolle).[14]

Die *Verwaltungskontrolle* hat geschichtliche Wurzeln, die noch in vordemokratische Zeiten zurückreichen. Unabhängige Rechnungshöfe wurden bereits im 18. Jahrhundert in Deutschland, vor allem in Kurhessen und Preußen, als Hilfsorgane der absoluten Monarchen bei der Kontrolle ihrer Verwaltung errichtet. Sie sollten Monarch, Regierung und Minister bei der Aufsicht über nachgeordnete Stellen unterstützen, dem Verwaltungsschlendrian, zu dem unkontrollierte Bürokratien neigen, vorbeugen und Fälle mangelnder Redlichkeit und fehlenden Pflichtbewußtseins im öffentlichen Dienst aufdecken.

Als dann im 19. Jahrhundert der Verfassungsstaat mit seinem Dualismus von (monarchischer) Regierung und gewählter Volksvertretung entstand und im Anschluß an das Mitbestimmungsrecht der Volksvertretung über den Haushalt auch die Befugnis, die Staatsregierung zu entlasten, auf die Parlamente überging, erhielten die Rechnungshöfe allmählich eine weitere Funktion: Ihre Berichte wurden auch den Parlamenten zugeleitet und dienten diesen als Grundlage für den Entlastungsbeschluß. Hier liefern die Rechnungshöfe also den Parlamenten Material für eine wirksame *Kontrolle der Regierung*.

Die Zuleitung der Berichte an die Parlamente konnte allerdings nur sehr langsam und in zähem Ringen durchgesetzt werden. So hat der Kampf des preußischen Landtags um die Berichte der „Oberrechnungskammer" das ganze 19. Jahrhundert fortgedauert. Und auch nachdem klargestellt war, daß die Berichte des Rechnungshofs nicht nur für die Verwaltungskontrolle, sondern auch für die Kontrolle der Regierung durch das Parlament bestimmt sind, blieb ein Relikt der früheren Anbindung der Rechnungshöfe an die Regierung zunächst erhalten, nämlich die Regelung des (auch in der Bundesrepublik zunächst noch fortgeltenden) § 108 I RHO, nach welchem die Berichte zuerst dem Finanzminister zuzuleiten waren. Durch die Haushaltsrechtsreform von 1969 ist diese Regelung im Bund und in den meisten Bundesländern (Ausnahme: Hessen) beseitigt worden: Die Rechnungshöfe berichten den Parlamenten nunmehr unmittelbar (vgl. z. B. Art. 114 II 2 GG n. F.).

---

[14] Der Begriff „Regierungskontrolle" ist dem verbreiteten, aber mißverständlichen Begriff „Verfassungskontrolle" vorzuziehen.

VI. Kontrollschwäche

Eigene politische und administrative Entscheidungsbefugnisse besitzen die Rechnungshöfe nicht. Sie sind darauf angewiesen, daß ihre Beanstandungen aufgegriffen werden. Und darum ist es derzeit nicht zum besten bestellt. Hinsichtlich beider Kontrollrichtungen ist der Kontroll*wille* der jeweils für Sanktionen zuständigen Instanzen beschränkt. Dies gilt in geringerem Maße für die Verwaltungskontrolle, wo Mängelrügen des Rechnungshofs vom zuständigen Minister häufig aufgegriffen werden. Wenn der Kontrollwille bisweilen auch hier gelähmt erscheint, so dürfte dies nicht zuletzt dem Widerstand der organisierten Interessen der Bediensteten und der zunehmenden Parteipolitisierung des öffentlichen Dienstes (oben P IV) zuzuschreiben sein. Die Zugehörigkeit zur gleichen Partei schafft Loyalitäten, welche oft fester sind als das abstrakte Interesse an Sanktionen für rechtswidriges und unwirtschaftliches Handeln.

Noch stärker ist die *Regierungs*kontrolle beeinträchtigt. Ihre Wirksamkeit hängt zu einem guten Teil davon ab, daß das Parlament das vom Rechnungshof erarbeitete Material für die Kontrolle der Exekutive nutzt. Im klassischen Verfassungsstaat war – wegen des Gegensatzes von Monarch und Parlament – diese Voraussetzung gegeben. Dagegen fehlt der Parlamentsmehrheit in der parlamentarischen Demokratie der Bundesrepublik der Kontrollwille gegenüber „ihrer“ Regierung weitgehend (oben L II 1.1). Das Machtinteresse der Regierungsparteien und Regierungsfraktionen geht vornehmlich dahin, die Regierung – jedenfalls vor der Öffentlichkeit – gegen Anfechtungen und Kritik abzuschirmen. Bei den Regierungsparteien findet man deshalb schwerlich die Neigung, „ihre“ Regierung durch schonungslose öffentliche Auswertung des Rechnungshofberichts in politische Schwierigkeiten zu bringen.

Daraus auf die *völlige* Wirkungslosigkeit der Regierungskontrolle zu schließen, wäre allerdings verfehlt. Das reine Regierungs-Oppositions-Modell der politikwissenschaftlichen Lehre entspricht weder dem Selbstverständnis der Abgeordneten noch der politischen Praxis in der Bundesrepublik (oben L II 2.4.1). Zwar wird die Mehrheit es nicht auf die spektakuläre und für ihre Parteiinteressen schädliche Verweigerung der Entlastung „ihrer“ Regierung ankommen lassen. Im Schutze der *Nicht*öffentlichkeit des Rechnungsprüfungs- und des Haushaltsausschusses können den Verwaltungsbediensteten und den Regierungsmitgliedern aber durchaus peinliche Fragen gestellt werden – und zwar von allen Ausschußmitgliedern, auch von Abgeordneten der eigenen Partei. Der Wunsch, eine solche Situation zu vermeiden, kann auch im vorhinein schon einige Wirkung entfalten, die allerdings nicht überschätzt werden darf.

Ein anderer Grund, der die Wirksamkeit der Regierungskontrolle mindert und der teilweise auch die Verwaltungskontrolle beeinträchtigt, liegt in der Konzentration der Aufmerksamkeit von Politikern auf *Tagesfragen*. Da die Sachverhalte, die bei der Finanzkontrolle zur Debatte stehen, meist in der Vergangenheit liegen, muß die Finanzkontrolle beinahe zwangsläufig in den Schatten der Aufmerksamkeit des Parlaments geraten. Soweit es um die nachträgliche Rechnungsprüfung geht, sind die politischen Entscheidungen bereits gefallen und können selbst bei schärfster Kontrolle nun einmal nicht mehr ungeschehen gemacht werden. Diese Faktoren sind nicht gerade geeignet, viele von Gestaltungs- und Profilierungsstreben erfüllte Politiker zu einer intensiven Kontrolle zu motivieren. Das Bestreben der Politiker geht typischerweise weniger auf finanzielle Einsparungen als auf ausgabenträchtige Aktionsprogramme. Das Parlament ist heute selbst zum Träger einer **„bewilligungs- und subventionsfreudigen Ausgabenneigung“** *(Scheuner)* geworden und hat seine klassische Rolle als Ausgabenkontrolleur und -bremser weitgehend verloren (unten V II 4.2.1). Hier liegen die Wurzeln für das vielbeklagte „Desinteresse“ des Parlaments an der Rechnungsprüfung und für ihre Degradierung zu einer auf das Minimum beschränkten Pflichtübung, wie es auch in dem viel zitierten Wort *Heinigs* zum Ausdruck kommt, das Parlament versuche, die lästige „Budgetleiche“ möglichst ohne viel Aufhebens zu verscharren. Es lohnt sich für einen Politiker meist nicht, sich für eine Ausgabenkürzung einzusetzen. Entsprechend gering ist die dahingehende Motivation. Vor diesem Hintergrund überrascht es nicht, daß die Mitgliedschaft im Rechnungsprüfungsausschuß heute in der Ansehenshierarchie der Abgeordneten weit unten steht und von einflußreichen Parlamentariern kaum angestrebt wird.

Es muß allerdings hervorgehoben werden, daß die durch die Haushaltsrechtsreform ermöglichten Verbesserungen des Instrumentariums von den Rechnungshöfen teilweise durchaus genutzt worden sind. So ist die *Zeitnähe* der Finanzkontrolle erhöht worden.[15] Die *System- und Verfahrensprüfungen* wurden ausgeweitet.[16] Auch auf seiten des Parlaments, insbes. des Rechnungsprüfungsausschusses, hat die Aktivität zugenommen. Eine umfassende Anpassung der Finanzkontrolle an die Wandlungen der verfassungsrechtlichen und tatsächlichen Situation steht aber noch aus.

Von dieser Lage müssen alle Überlegungen ausgehen. Idealiter gibt es zwei Möglichkeiten der Reaktion: Entweder man findet sich mit der

---

[15] *Wittrock,* Möglichkeiten und Grenzen der Finanzkontrolle. Das Verhältnis des Bundesrechnungshofs zum Bundestag, ZParl 1982, 209 (214f.); *ders.,* Hilfe zur Selbsthilfe, Bulletin der Bundesregierung, 1983, 328 (329); *Lenz,* Diskussionsbeitrag, in: ZParl 1982, 224.

[16] Vgl. zu den (vom Bundesrechnungshof so genannten) System- und Programmprüfungen die „Vorläufigen Richtlinien zur Arbeitsplanung im Bundesrechnungshof“, Entscheidung des Großen Senats v. 23./24. 9. 1980 (abgedruckt bei *Heuer/Dommach,* oben FN 8).

beschränkten Wirkung der Finanzkontrolle ab, oder man versucht, das **verfassungstheoretische Verständnis** von der Stellung und der Funktion der Finanzkontrolle **fortzuentwickeln** und an die heutigen Gegebenheiten anzupassen, um der Finanzkontrolle auf diese Weise mehr Wirksamkeit zu verschaffen. Angesichts der Notwendigkeit einer effektiven Finanzkontrolle, welche heute größer ist denn je, scheint mir nur der zweite Weg akzeptabel zu sein. In Anbetracht des teilweisen Versagens der Parlamentsmehrheit muß das Kontrollgewicht *anderer* Instanzen gestärkt werden. Hier sind zunächst einmal die **Rechnungshöfe** selbst zu nennen. Zugleich müssen die Möglichkeiten der (ja durchaus kontroll*willigen*) parlamentarischen **Opposition** und die Kontrollwirkung der **Öffentlichkeit** gestärkt werden.

VII. Funktion der Rechnungshöfe; Grundsätze, Mängel und ihre Abhilfe

Die Kontrollwirkung durch Opposition und Öffentlichkeit steht und fällt wiederum mit der Qualität der Vorbereitung durch den Rechnungshof, dem deshalb eine *Schlüsselstellung* zukommt. Die effektive Wahrnehmung dieser Rolle setzt aber eine entsprechende **Konzeption von Status und Funktion des Rechnungshofs** voraus. Diese Konzeption soll weniger dazu führen, daß neue Kompetenzen begründet werden, als vielmehr dazu, ein neues *Bewußtsein* zu schaffen, auch und gerade innerhalb der Rechnungshöfe selbst, aus dem sich dann eine offensive Ausfüllung der gegebenen Kompetenzen und Instrumente ergeben muß.

Die Berichterstattung durch die Rechnungshöfe weist **derzeit zwei** zentrale **Defizite** auf. Einmal die Konzentration auf den Haushalts- und Gesetzes*vollzug,* obwohl die eigentlichen Fehlentwicklungen oft in der *Gestaltung* von Haushalt und Gesetz selbst angelegt sind. Der zweite Mangel besteht in der Beschäftigung mit längst abgeschlossenen, in mehr oder weniger ferner *Vergangenheit* liegenden Entscheidungen. Beide Defizite hängen mit einer Art **Politikfurcht** der Rechnungshöfe zusammen.

Die überkommene Beschränkung der Finanzkontrolle auf den Gesetzes- und Haushaltsvollzug (und die Ausklammerung der „Politik") war solange sinnvoll, als man eine Kontrolle des Gesetzgebers selbst für überflüssig hielt. In der gesetzlichen Regelung und der haushaltsmäßigen Bewilligung von Ausgaben hatte man – wegen der Mitwirkung des Parlaments – lange Zeit so etwas wie eine Richtigkeitsgewähr gesehen, so daß es nur noch darum ging, die *Einhaltung* des Gesetzes zu sichern (oben D V). Nur dies war deshalb auch Aufgabe der Rechnungshöfe, nicht aber eine Überprüfung von Gesetzen und Haushaltsplänen. Heute stimmt allerdings die Prämisse nicht mehr: Die Richtigkeitsgewähr von

Gesetzen ist dahin. Viele Probleme sind heute in der mangelhaften Gestaltung der Gesetze selbst angelegt, nicht in ihrem Vollzug. Eine analytische Begründung dieser Feststellung wird an anderer Stelle unternommen (oben F und I-K, unten V). Wenn aber der politische Prozeß Richtigkeit nicht mehr voll gewährleistet bzw. eine möglichst große Richtigkeitschance nicht mehr begründet, dann ergeben sich **neue Kontrollbedürfnisse und Kontrollnotwendigkeiten.** Dann müssen auch die überkommenen Beschränkungen der Rechnungshofkontrolle überdacht werden. Für die Rechnungshöfe stellt sich deshalb die Frage, ob die enge und ausschließliche Anbindung an Parlamentsgesetze und Haushalte und die Tabuisierung der sog. Politik noch aufrechterhalten werden können.

Zunächst einige Bemerkungen zum Thema **Rechnungshof und Politik.** Die These, der Rechnungshof dürfe politische Entscheidungen nicht zum Gegenstand seiner Kontrolle machen,[17] ist ebenso unhaltbar wie zählebig.[18] Der Hinweis auf das Fehlen einer direkten demokratischen Legitimation der Rechnungshöfe schlägt schon deshalb nicht durch, weil es andere vergleichbare Institutionen gibt, die zulässigerweise sogar politik*gestaltend* tätig sind, insbes. die *Bundesbank* (oben O II). Vergleicht man die Bundesbank mit dem Bundesrechnungshof, so zeigt sich, daß die verfassungsrechtliche Legitimation der Bundesbank schwächer, ihre politischen Kompetenzen aber gewichtiger sind als die des Bundesrechnungshofs: Eine verfassungsrechtliche Absicherung der selbständigen und unabhängigen Stellung der Bundesbank besteht – im Gegensatz zu der des Bundesrechnungshofs – nicht. Andererseits besitzt die Bundesbank im Bereich der Geldpolitik sogar zentrale politische *Entscheidungs*befugnisse, während der Bundesrechnungshof nur Beurteilungen vornimmt und die Entscheidung über die daraus zu ziehenden Konsequenzen anderen Instanzen, insbes. der Regierung und dem Parlament, überläßt. Im übrigen ist der Bundesrechnungshof durch den im Zuge der Haushaltsrechtsreform neu gefaßten Art. 114 II GG ausdrücklich auf die Wirtschaftlichkeitskontrolle der Haushalts- und Wirtschaftsführung des Bundes verpflichtet (oben II). Der Grundsatz der Wirtschaftlichkeit gibt im Einzelfall allerdings oft nur sehr viel geringere Anhaltspunkte, als es zunächst vielleicht scheint. Die

---

[17] So statt vieler MdB *Esters,* Sitzung des Bundestags v. 21. 6. 1978, Plenarprotokoll 8/99, Sten. Bericht, S. 7904 (B); Bundestagsvizepräsidentin *Annemarie Renger,* Diskussionsbeitrag, in: ZParl 1982, 223.

[18] Kritisch zur „Politikangst" der Rechnungshöfe insbes. *Battis,* Rechnungshof und Politik, DÖV 1976, 721; vgl. auch *Hellstern/Wollmann* (oben FN 5), 563f.; *Greifeld* (oben FN 6), 98ff.; *Reding,* Die Effizienz staatlicher Aktivitäten, 1981, 215ff.; *Böning,* Grundlagen einer zukunftsorientierten Finanzkontrolle, in: Das öffentliche Haushaltswesen in Österreich 1981, 207 (216ff., insbes. 216, 220, 221); *Pulch,* Diskussionsbeitrag, in: *Böning/v. Mutius/Schlegelberger,* Finanzkontrolle im föderativen Staat, 1982, 60.

mangelnde Stringenz des Maßstabs ist es (nicht die Politiknähe des Gegenstandes), die eine gewisse Zurückhaltung der Finanzkontrolle verlangt. Eine ex post-Beanstandung durch den Rechnungshof kommt dann nicht in Betracht, wenn die geprüfte Maßnahme noch vertretbar erscheint, weil der Rechnungshof nicht mit hinreichender Sicherheit aufzeigen kann, daß eine alternative Maßnahme wirtschaftlicher gewesen wäre.[19]

Daß gewisse Defizite, die im politischen Kräftespiel typischerweise auftreten, insbes. das Zukurzkommen allgemeiner Interessen, nach unabhängigen Gegengewichten verlangen, ist in der Diskussion um die Unabhängigkeit der Bundesbank anerkannt; diese Erkenntnis stellt die eigentliche Rechtfertigung für die Unabhängigkeit einer mit so weitgehenden Gestaltungskompetenzen versehenen Institution wie der Bundesbank dar (oben O II). Entsprechende Erwägungen gelten aber auch für den Bundesrechnungshof und rechtfertigen eine aktive Wahrnehmung seiner Kompetenzen (unten W).

Der Bundesrechnungshof hat sich in Wahrheit auch längst die Möglichkeit der Kontrolle in Sachen Politik eröffnet und kleidet dies in die Sprachregelung, der Rechnungshof habe politische Entscheidungen zwar zu respektieren, sei andererseits jedoch befugt, die *tatsächlichen Prämissen* solcher Entscheidungen zu überprüfen oder unvorhergesehene negative *Konsequenzen* politischer Entscheidungen aufzuzeigen.[20] Anerkannt wird auch, daß der Rechnungshof überprüfen kann, ob Kosten und Nutzen bzw. Ertrag und Aufwand in einem *angemessenen Verhältnis* zueinander stehen.[21]

Die Rechnungshöfe verfügen an sich auch bereits über die nötigen Instrumente und Kompetenzen. Vor allem haben sie seit der Haushaltsrechtsreform die Befugnis, Minister, Regierung und Parlament aufgrund ihrer Prüfungserfahrungen zu **beraten** (§§ 42 V HGrG, 88 II BHO). Beratung bezieht sich auf die Bewältigung gegenwärtiger oder zukünftiger Probleme; diese sind oft vom Haushalts- oder dem allgemeinen Gesetzgeber erst noch zu entscheiden; derartige Beratung ist dann aber offenbar Hilfe bei der Politik*gestaltung*.

Der Rechnungshof ist auch sonst schon frühzeitig in den finanzpolitischen Willensbildungsprozeß eingeschaltet: Die Voranschläge für den Entwurf der Haushaltspläne sind ihm zuzuleiten; er kann dazu Stellung nehmen (§ 27 II BHO). Der Rechnungshof ist weiter zu hören, bevor bestimmte Verwaltungsvorschriften des Finanzrechts erlassen werden (§ 103 BHO). Er ist un-

---

[19] Für ex ante-Beratungen gilt dies wohl nicht.

[20] Einleitung zu den Bemerkungen des Bundesrechnungshofs für das Haushaltsjahr 1978, BT-Drucks. 8/38.

[21] So *Wittrock,* Diskussionsbeitrag, in: Finanzkontrolle: Zu spät, zu dürftig, zu politisch?, ZParl 1982, 223.

verzüglich zu unterrichten, wenn oberste Bundes- oder Landesbehörden organisatorische oder sonstige Maßnahmen von erheblicher finanzieller Tragweite treffen, wenn Beteiligungen des Staates oder den Haushalt berührende Verwaltungseinrichtungen oder Betriebe geschaffen, wesentlich geändert oder aufgegeben werden (§ 102 BHO). „Diese unverzügliche Informationspflicht hat nur Sinn, wenn die Rechnungshöfe in den Stand gesetzt werden sollen, rechtzeitig ihr Votum einzubringen".[22] Zudem können und sollen sich auch in den „Bemerkungen" des Rechnungshofs Beratungselemente finden: Nach § 97 III BHO können in die Bemerkungen Feststellungen auch über spätere Haushaltsjahre aufgenommen werden. Vor allem ist nach § 97 II 4 BHO in den Bemerkungen mitzuteilen, welche Maßnahmen für die Zukunft empfohlen werden. Die Empfehlung kann auch die Änderung von politischen Entscheidungen, z. B. einer Gesetzesvorschrift, beinhalten.[23]

Der Rechnungshof hat darüber hinaus das Recht und die Pflicht, Zahlungen, die aufgrund eines Gesetzes geleistet werden, das er für *verfassungswidrig* hält, zu *beanstanden*. Dies ergibt sich aus der Rechtsprechung des Bundesverfassungsgerichts[24] ebenso wie aus dem Schrifttum.[25] Die Beanstandungskompetenz gilt auch für Bewilligungen, die ohne die erforderliche gesetzliche Grundlage erfolgen. Die Frage könnte praktisch werden etwa bei den Zahlungen, die die Bundestagsfraktionen aus öffentlichen Kassen ohne gesetzliche Grundlage erhalten[26] und die deshalb auf verfassungsrechtliche Bedenken stoßen.[27] Eine Beanstandung durch den Rechnungshof hat allerdings keine bindende Wirkung. Eine solche ist den Entscheidungen des Bundesverfassungsgerichts vorbehalten. Es wäre jedoch daran zu denken, dem Rechnungshof durch Gesetzesänderung die *Antragsbefugnis im Normenkontrollverfahren* zu geben, damit er die Verfassungswidrigkeit zweifelhafter Gesetze, auf die es bei seiner Beurteilung ankommt, durch das Bundesverfassungsgericht feststellen lassen kann.

Bisher hat der Bundesrechnungshof lediglich die Kompetenz, im Organstreitverfahren Antrag beim Bundesverfassungsgericht zu stellen, wenn seine Rechte beeinträchtigt werden (vgl. Art. 93 I Nr. 1 GG).[28]

---

22 *Böning,* Grundlagen (oben FN 18), 215.

23 *Wittrock,* Möglichkeiten und Grenzen (oben FN 15), 214.

24 BVerfGE 20, 56 (92).

25 *Vogel/Kirchhof* (oben FN 4), Art. 114 GG, RN 96f.; *Susanne Tiemann* (oben FN 2), 130ff.; *Stern,* Das Staatsrecht der Bundesrepublik Deutschland, Bd. II, 1980, 434.

26 Zur (bestehenden) grundsätzlichen Zuständigkeit des Bundesrechnungshofs vgl. die Kontroverse zwischen Bundestagsvizepräsidentin *Renger* und Rechnungshofpräsident *Wittrock,* ZParl 1982, 223 und 224.

27 Dazu *v. Arnim,* Parteienfinanzierung, 1982, 41ff., 112ff.; *ders.,* DVBl. 1983, 713f.

28 *Vogel/Kirchhof* (oben FN 4), Art. 114 GG, RN 179; *Heuer* (oben FN 8), Art. 114 GG, RN 26ff.

Hellstern, Wollmann und viele andere[29] haben empfohlen, eine Reihe von weiteren rechtlichen Änderungen und Ergänzungen vorzunehmen, um die Rechnungshöfe verstärkt zu Wirtschaftlichkeitsberatern zu machen. Sicher könnten dadurch die Möglichkeiten der Rechnungshöfe zu einer intensiveren Kontrolle erweitert werden. Auch läßt sich nicht übersehen, daß nach der derzeitigen Verfassungs- und Gesetzeslage die *Prüfung* die *Haupt-* und Pflichtaufgabe des Bundesrechnungshofs ist. Dagegen gehört die „aufgrund von Prüfungserfahrungen" erfolgende *Beratungs*tätigkeit lediglich zu den *Kann*aufgaben, deren Einführung zwar durch Art. 114 II 3 GG gedeckt ist, aber durch diese Vorschrift nicht zwingend vorgeschrieben wird. Durch Verankerung der Beratungsaufgabe im Grundgesetz könnte das Gewicht dieser Funktion des Rechnungshofs gestärkt werden.

Auf der anderen Seite scheint die Diskussion der vielen Vorschläge, den Rechnungshöfen *weitere Kompetenzen* zu geben, ziemlich *nachrangig,* solange die Rechnungshöfe von den bereits bestehenden Kompetenzen keinen vollen Gebrauch machen.

Damit scheint schlaglichtartig ein **zentrales Problem** auf, welches sich in der Frage zusammenfassen läßt, ob die Rechnungshöfe sich in ihrer derzeitigen organisatorischen und personellen Verfassung für eine umfassende Wirtschaftlichkeits- und Öffentlichkeitsberatung überhaupt voll *gerüstet* fühlen. Die Wahrnehmung einer umfassenden Kontrollaufgabe hat **organisatorisch-institutionelle Konsequenzen.** Organisation, Personal und Verfahren des Rechnungshofs müssen so gestaltet werden, daß er seinen Aufgaben möglichst gerecht werden kann. Aufbau- und Ablauforganisation einer Behörde sind geradezu die strategischen Ansatzpunkte für eine funktionsgerechte Aufgabenerfüllung. Diese Erkenntnis, die für die Prüfung der Verwaltung *durch* den Rechnungshof inzwischen anerkannt ist (oben II a. E.), gilt auch für den Rechnungshof selbst. Organisation, Personal und Verfahren des Rechnungshofs müssen vor allem vier *Anforderungen* genügen:

1. Fachkompetenz,
2. Unabhängigkeit,
3. Konfliktfähigkeit und
4. Berichtsöffentlichkeit.

---

29 *Hellstern/Wollmann* (oben FN 5), 562ff.; *Rürup,* Perspektiven der Haushaltskontrolle, WD 1980, 299; *Korff,* Wege zur Verbesserung der Finanzkontrolle, ZParl 1981, 399 (409ff.). Demgegenüber steht *Greifeld* (oben FN 6), 77ff., auf dem Standpunkt, die dem General Accounting Office in den Vereinigten Staaten durch den Legislative Reorganization Act von 1970 gegebene Befugnis, auf Anforderung des Kongresses oder aus eigenen Stücken „(to) review and analyse the results of government programs and activities carried on under existing law, including the making of cost-benefit studies", besitze der Rechnungshof bereits aufgrund geltenden Rechts.

1. Fachkompetenz

Erforderlich ist zunächst einmal die nötige fachliche Kompetenz. Der Rechnungshof muß **personell** in der Lage sein, seine gewandelten Aufgaben zu erfüllen. Diese Feststellung hat eine quantitative und eine qualitative Dimension.

Zunächst einmal fällt auf, daß die Ausweitung des Personals des Bundes seit den Anfängen der Bundesrepublik im Bundesrechnungshof keine Parallele gefunden hat, vor allem auch nicht die strukturelle Entwicklung, die zu einer erheblichen Hochstufung des öffentlichen Personals geführt hat. Daß der Bundesrechnungshof diese Entwicklung nicht mitgemacht hat, kann ihm natürlich nicht angelastet werden, hat aber andererseits den Effekt, daß die Karriere innerhalb der Rechnungshöfe im Laufe der Zeit notwendigerweise an Attraktivität verlieren mußte. Im Außenverhältnis steht einem Rechnungshof-Beamten auf seiten der geprüften Behörde meist ein ranghöherer Beamter gegenüber. So hat die allgemeine Hochstufung des öffentlichen Personals, die in den vergangenen Jahrzehnten außerhalb des Rechnungshofs vor sich gegangen ist, dazu beigetragen, das relative Gewicht des Rechnungshofs zu mindern.

Erforderlich ist also eine hinreichende personelle Ausstattung des Rechnungshofs. Davon geht auch § 119 RHO (i. V. m. § 2 BRHG) aus. Danach besteht der Bundesrechnungshof neben dem Präsidenten und dem Vizepräsidenten aus der ,,*erforderlichen* Zahl von Direktoren und Ministerialräten". Prüfungsbeamte werden ,,in der erforderlichen Zahl" zugeteilt. Auch Art. 114 II GG, der die Einrichtung des Bundesrechnungshofs verfassungsrechtlich garantiert, setzt selbstverständlich eine *funktionsfähige* Finanzkontrolle und damit eine personelle und sachliche Mindestausstattung voraus.[30]

Die umfassende Aufgabe des Rechnungshofs verlangt bei den Kontrolleuren vor allem auch die Fähigkeit zum **Planungs- und Wirtschaftlichkeitsdenken,** welche unter Juristen nicht sonderlich verbreitet ist. Das juristische Element spielt gerade unter den Mitgliedern des Bundesrechnungshofs immer noch die dominierende Rolle.[31]

Die **Rekrutierung des Personals** kann sich aus diesen Gründen am Ende als ein Hauptproblem erweisen.[32] So gesehen, ist die Scheu vor der Politik möglicherweise nur Konsequenz der durchaus berechtigten Sorge der Rechnungshöfe, mit der öffentlichen Wirtschaftlichkeitsberatung personell überfordert zu sein. Mit Recht haben die Landesrechnungshof-

---

[30] *Vogel/Kirchhof* (oben FN 4), Art. 114 GG, RN 166f.

[31] *Greifeld* (oben FN 6), 101 f.

[32] Mit einer ,,Aufwertung" der Funktion der Finanzkontrolle, die durch verstärkte Publizität, Einbeziehung des politischen Bereichs und eine Änderung des Wahlmodus von Präsident und Vizepräsident beschleunigt werden könnte (dazu sogleich im Text), würde allerdings auch die Attraktivität des Bundesrechnungshofs zunehmen; dadurch könnte die Lösung des R krutierungsproblems erleichtert werden.

Präsidenten *Gotthard Brunner* und *Böning* die Schaffung der notwendigen personellen Voraussetzungen als „ein zentrales Problem“ bezeichnet, als „ein Problem, das gelöst werden muß, bevor neue Wege in der Finanzkontrolle gegangen werden“.[33]

Dazu eine Parallele zur *verfassungsgerichtlichen* Kontrolle: Es ist beobachtet worden, daß eine Ursache für die besonders ausgeprägte Zurückhaltung der Verfassungsgerichtsbarkeit auf dem Felde der Wirtschafts- und Finanzpolitik das **Vorherrschen juristischen Denkens** bei den Verfassungsrichtern ist (oben Q IV 3.4). Die gleiche Ursache dürfte zumindest teilweise auch hinter der Zurückhaltung des Bundesrechnungshofs stehen, sich seiner Aufgabe einer effektiven Wirtschaftlichkeitskontrolle voll zu stellen. Während man beim Bundesverfassungsgericht aber die Bevorzugung klassisch-juristischer Bereiche und die verringerte Kontrolldichte in den Bereichen Wirtschaft und Finanzen mit seiner Gerichtsqualität und seiner gesetzlich vorgesehenen Besetzung ausschließlich mit Juristen zu rechtfertigen versucht hat, trifft dies alles auf den *Rechnungshof* nicht zu. Er ist kein Gericht, seine Überbesetzung mit Juristen ist gesetzlich nicht vorgesehen[34] und von den Aufgaben nicht angezeigt; vielmehr ist er von Verfassungs wegen ausdrücklich auf die Kontrolle der Wirtschaftlichkeit verpflichtet.

Nicht unproblematisch ist auch die in der Literatur kritisierte Lage, daß die **Prüfungsbeamten** die **Vorauswahl des Prüfungsmaterials** vornehmen und es deshalb wesentlich von ihrem Urteil abhängt, was die Mitglieder des Bundesrechnungshofs überhaupt zu sehen (und zu beurteilen) bekommen.[35]

2. Unabhängigkeit

Was eine wirksame Kontrolle weiter voraussetzt, ist Unabhängigkeit. Unabhängigkeit ist geradezu das Lebenselement für Kontrolle. Dies wird äußerlich schon durch das klassische Berlin-Potsdam-Prinzip augenfällig: Zur Verhinderung jedweder Beeinträchtigung der Unabhängigkeit soll der Rechnungshof an einem anderen Ort als die Regierung seinen Sitz haben. Es hat also seinen guten Sinn, daß der Bundesrechnungshof nicht in Bonn, sondern in Frankfurt/M. residiert.[36]

Vergleicht man den Bundesrechnungshof unter dem Aspekt der Un-

---

[33] *Brunner* (oben FN 13), 186; *Böning,* Grundlagen (oben FN 18), 216.

[34] Nach § 120 Satz 3 RHO (i. V. m. § 2 BRHG) soll lediglich mindestens ein Drittel der Mitglieder des Bundesrechnungshofs die Befähigung zum Richteramt haben.

[35] *Hanns Weber,* Unerwünschte Finanzkontrolle?, DÖV 1981, 128; *Greifeld* (oben FN 6), 103–106.

[36] Das Berlin-Potsdam-Prinzip ist bei den *Landes*rechnungshöfen allerdings nicht immer durchgehalten: Der Bayerische Oberste Rechnungshof hat seinen Sitz in München, der Landesrechnungshof Nordrhein-Westfalen sitzt in Düssel-

abhängigkeit mit den *Gerichten,* insbes. mit dem Bundesverfassungsgericht, so ergeben sich Übereinstimmungen, aber auch Unterschiede: Die Mitglieder des Bundesrechnungshofs besitzen – dies ist die wichtigste Übereinstimmung – nach *Art. 114 II 1 GG* **richterliche Unabhängigkeit.** „Mitglieder“ im Sinne dieser Vorschrift sind der Präsident, der Vizepräsident, die Direktoren – 1982 laut Haushaltsplan 8 an der Zahl – sowie die zu Mitgliedern ernannten Ministerialräte (§ 11 II 1 BRHG) – 1982 laut Haushaltsplan 48. Die Unabhängigkeitsgewähr verweist auf die für Richter geltende Regelung des *Art. 97 GG,* welche sachliche und persönliche Unabhängigkeit garantiert. Art. 114 II GG bezieht die Unabhängigkeitsgarantie ausdrücklich nur auf die *Mitglieder* des Bundesrechnungshofs. Sinn der Vorschrift ist es jedoch, die Unabhängigkeit des Rechnungshofs *insgesamt* bei der Erfüllung seiner Aufgaben zu sichern; diesem wird deshalb auch als Einrichtung Unabhängigkeit garantiert.[37]

Wirkliche Unabhängigkeit ist beim *Rechnungshof* und seinen Mitgliedern noch *wichtiger,* gleichzeitig aber auch *prekärer* als bei den *Gerichten.* Dies ergibt sich aus folgenden Gründen: *Einmal* werden der Rechnungshof und seine Mitglieder – im Gegensatz zu den Gerichten – auf eigene Initiative tätig. Da die Rechnungshöfe unmöglich den ganzen Kontrollstoff untersuchen können und sich deshalb auf bestimmte Bereiche beschränken müssen, bestimmen sie auch selbst, wo sie *nicht* tätig werden. Zum *zweiten* haben die Rechnungshöfe nicht nur rechtliche Subsumtionen, sondern auch Wirtschaftlichkeitsbeurteilungen vorzunehmen. Zwar können auch die Gerichte sich heute – im Gegensatz zum früheren positivistischen Ideal – nicht mehr aufs Subsumieren beschränken. Neben konditional programmierten haben sie bis zu einem gewissen Grad auch final programmierte Entscheidungen (oben H I 1) zu treffen. Bei den Rechnungshöfen machen Wirtschaftlichkeitsbeurteilungen (als *der* Typus der final programmierten Untersuchung) aber einen relativ viel größeren Anteil an der Gesamttätigkeit aus, als dies bei den Gerichten der Fall ist. Daraus folgt: Die Rechnungshöfe haben hinsichtlich der Auswahl des Prüfungsstoffs und hinsichtlich seiner Beurteilung einen weit *größeren Freiheitsgrad* als die Gerichte. Damit wird aber auch ihre Unabhängigkeit um so wichtiger. Je vager die Richtigkeitskriterien für eine Entscheidung im Einzelfall sind, desto wichtiger wird es, durch angemessene Ordnung und Organisation der Verfahren die Voraussetzungen für richtige Entscheidungen zu sichern. Zu den wichtigsten organisatorischen Voraussetzungen gehört aber Unabhängigkeit. Da beim Rechnungshof die Entscheidungskriterien im Einzelfall besonders vage sind, meist viel vager als bei den Gerichten, müssen hier auch die Sicherungen der Unabhängigkeit besonders *streng* beachtet werden.

Das – normativ postulierte – Bild von der Unabhängigkeit der Einrichtung Bundesrechnungshof wie auch von der Unabhängigkeit der einzelnen Mitglieder wird durch verschiedene Regelungen getrübt.

---

dorf und der Rechnungshof des Saarlandes in Saarbrücken (ganz zu schweigen von den Stadtstaaten, wo das Prinzip ohnehin nicht realisiert werden kann).

[37] *Vogel/Kirchhof* (oben FN 4), Art. 114 GG, RN 184f.

Übereinstimmendes Kennzeichen dieser Regelungen ist, daß sie aus der Zeit *vor* der Haushaltsrechtsreform, in weiten Teilen sogar aus *vorgrundgesetzlicher* Zeit herrühren (unten VIII).

Eine **Beeinträchtigung der Unabhängigkeit** des Bundesrechnungshofs kann vor allem daher rühren, daß sein **Präsident** und sein Vizepräsident zwar vom Bundespräsidenten ernannt, aber **von** der **Regierung** (auf Initiative des Bundesministers der Finanzen) **vorgeschlagen** werden und die Ernennung der übrigen Mitglieder und ihre evtl. Beförderung (zu Direktoren) dann auf Vorschlag des Präsidenten des Rechnungshofs – unter Gegenzeichnung des Bundesfinanzministers – erfolgt. Der Rechnungshofpräsident bestimmt auch, wer welches **Prüfungsgebiet** leitet und welche **Prüfungsbeamten** einem Prüfungsgebietsleiter zugeteilt werden. Dadurch hat die (zu kontrollierende) Regierung mittelbar die ,,Chance, auf die große Linie der Finanzkontrolle einzuwirken".[38] *Günter Mann* hat aufgrund einer umfassenden Analyse ermittelt, zu Präsidenten der Rechnungshöfe seien in Bund und Ländern fast durchweg *Mitglieder der* jeweiligen *Regierungsparteien,* die vor ihrer Ernennung oft Führungspositionen in der Ministerialbürokratie innehatten, berufen worden.[39] Diese Form der **Verklammerung** zwischen Regierung, Regierungsparteien und Rechnungshof beeinträchtigt die Unabhängigkeit des Rechnungshofs und seiner Mitglieder. Zwar darf die prägende Kraft des Amtes, deren Bedeutung uns *Anouilh* in seinem Drama ,,Becket oder die Ehre Gottes" nahegebracht hat, nicht übersehen werden. Es bleibt aber doch für den Außenstehenden in jedem Fall der *ungute Schein.* Auch steht zu vermuten, daß jenes Bestellungsverfahren für die *Intensität* der Kontrolle nicht gerade förderlich ist.

Der Einfluß der Regierung muß deshalb gemindert und dadurch die **Unabhängigkeit** des Bundesrechnungshofs **gestärkt** werden. Man könnte sogar die These aufstellen, daß sich aus der verfassungsrechtlichen Garantie der Unabhängigkeit des Rechnungshofs in Verbindung mit der ebenfalls grundgesetzlich geforderten Effektivität der Finanz-

---

[38] *Dreßler,* Stellung und Aufgabe des Bundesrechnungshofs, in: Bundesrechnungshof (Hrsg.), 250 Jahre Rechnungsprüfung, 1964, 157 (161).

[39] *Günter Mann,* Unabhängige Kontrolleure? Probleme der Besetzung von Kontrollämtern, dargestellt am Beispiel des Leitungspersonals von Rechnungshöfen, ZParl 1981, 353 (357 ff.). *Mann* hebt hervor, daß auch bei der Auswahl des Vizepräsidenten nur gelegentlich darauf geachtet wird, daß er einer anderen Partei angehört als der Präsident oder daß er parteilos ist (S. 359). Zwar ist das Fortdauern der Amtszeit des Präsidenten nicht an das Fortbestehen der Regierungsmehrheit gebunden, welcher er sein Amt verdankt; in der politischen Kultur der Bundesrepublik kommt es allerdings nur relativ selten zu einem Wechsel der Regierungsmehrheit. Im übrigen erscheint auch die Vorstellung von einer unterschiedlich scharfen Kontrolle je nach parteipolitischen Mehrheitsverhältnissen beunruhigend.

kontrolle eine *verfassungsrechtliche* Pflicht zu einer gesetzlichen Neuregelung des Bestellungsverfahrens ableiten läßt. Das Bundesverfassungsgericht hat in einem Urteil zur Telefonüberwachung hervorgehoben, eine Fraktion oder Koalition, die die dort eingeschalteten parlamentarischen Kontrollgremien „einseitig besetzen" oder auf ihre einseitige Besetzung „hinwirken würde", verführe „im Zweifel mißbräuchlich".[40] Diese Überlegungen lassen sich wohl auch auf die Bestellung des Präsidenten und des Vizepräsidenten des Bundesrechnungshofs übertragen.[41]

Abhilfe könnte dadurch erfolgen, daß zumindest der Präsident und der Vizepräsident – ähnlich wie Bundesverfassungsrichter – **vom Bundestag** bzw. einem Bundestagsausschuß **gewählt** würden.

In den Bundes*ländern* wirken auch jetzt schon die Landtage bei der Bestellung der Rechnungshofpräsidenten mit,[42] z. T. sogar bei der Bestellung sämtlicher Rechnungshofmitglieder.[43] Die Wahl der beiden Präsidenten des Bundesrechnungshofs sollte in Anlehnung an die Regelung im *Saarland,* das seit 1982 über das modernste bundesdeutsche Rechungshofgesetz verfügt, geheim und ohne Aussprache erfolgen. Vorschlagsberechtigt sollte das Bundestagspräsidium sein (nach Anhörung der Bundesregierung und – im Falle des Vizepräsidenten – nach Anhörung auch des Präsidenten des Bundesrechnungshofs). Ernennung und Entlassung wären Sache des Bundestagspräsidenten.[44]

Vor allem sollte die Unabhängigkeit des Bundesrechnungshofs dadurch gestärkt werden, daß die beiden Präsidenten (ähnlich wieder wie Bundesverfassungsrichter[45]) mit **Zweidrittel-Mehrheit** gewählt werden müßten.[46]

Durch die Wahl seitens des Parlaments würde auch die **demokratische Legitimation** des Bundesrechnungshofs erhöht, was die erforderliche Intensivierung seiner Kontrolltätigkeit erleichtern könnte. Zugleich würde die Opposition wegen der erforderlichen Zweidrittel-Mehrheit den nötigen Einfluß erhalten, dessen sie angesichts ihrer besonderen Be-

---

[40] BVerfGE 30, 1 (31).

[41] So ganz entschieden jüngst *Kisker,* Sicherung von „Wirtschaftlichkeit und Sparsamkeit" durch den Rechnungshof, NJW 1983, 2167 (2172).

[42] Vgl. die Landesgesetze über die Landesrechnungshöfe (§ 10 I Ba-Wü, Art. 5 I Bay, § 1 III Be, § 4 I Br, § 2 II He, § 3 I NRW, § 5 I RPf, § 8 I Sa; § 5 I SH); Art. 71 II Verf. Hamburg.

[43] Vgl. die Landesrechnungshofgesetze von Bremen (§ 4 I), Nordrhein-Westfalen (§ 3 I), Saarland (§ 8 I) und Schleswig-Holstein (§ 5 I).

[44] Dadurch würde die im Falle einer Ernennung durch den *Bundespräsidenten* erforderliche *Gegenzeichnung* durch den Kanzler oder den Finanzminister (Art. 58 GG) entfallen. Näheres bei *v. Arnim,* Grundprobleme der Finanzkontrolle, DVBl. 1983, 664 (669 ff.).

[45] Oben Q II.

[46] *v. Arnim,* Gemeinwohl und Gruppeninteressen, 382 f.; *ders.,* Grundprobleme der Finanzkontrolle (soeben FN 44), 672 m. w. N. Im Ergebnis zustimmend *Wittrock,* DVBl. 1983, 883 (886).

deutung für die Finanzkontrolle bedarf.[47] Die bisweilen geäußerte Befürchtung, ein derartiges Verfahren werde zu einer übermäßigen Parteipolitisierung führen, kann schwerlich überzeugen. Wie *Mann* dargelegt hat, trifft diese Befürchtung im Gegenteil gerade auf das *derzeitige* Bestellungsverfahren zu. Durch die vorgeschlagene Neuregelung könnten die bislang zu beobachtenden parteipolitischen *Einseitigkeiten* eingedämmt werden.

Der Vorschlag gilt entsprechend auch für die Wahl der Präsidenten der **Landesrechnungshöfe:** Durch Gesetzesänderung sollte bestimmt werden, daß auch die Landtage zumindest die Präsidenten und Vizepräsidenten nur mit Zweidrittel-Mehrheit bestimmen könnten. In diese Richtung war auch bereits ein Gesetzentwurf gegangen, den die CDU-Fraktion früher im Hessischen Landtag eingebracht hatte.[48]

Mit der vorgeschlagenen Objektivierung der Auswahl der Rechnungshofspitze wäre bereits viel gewonnen, zumal die derzeit bestehenden Beeinträchtigungen der Unabhängigkeit auf das gesamte Personal des Rechnungshofs ausstrahlen können. Zugleich müßten – im Zuge der überfälligen Neuregelung des Status und der Organisation des Bundesrechnungshofs – einige weitere überkommene Bestimmungen geändert werden, welche die Unabhängigkeit der Rechnungshof-Mitglieder beeinträchtigen können.[49]

Vor allem müssen die **Geschäftsverteilung** und die **Zuteilung von Prüfungsbeamten** in Zukunft von den Mitgliedern des Rechnungshofs in ihrer Gesamtheit bzw. von einem von ihnen zu wählenden Kollegialorgan vorgenommen werden, als das sich der (allerdings neu zu gestaltende) Große Senat anbieten würde. Die derzeitige Wahrnehmung dieser Aufgaben durch den Präsidenten des Rechnungshofs ist problematisch.[50] Auch bei den *Gerichten* ist die Geschäftsverteilung nicht Sache des Präsidenten, sondern eines von allen Richtern gewählten Kollegialorgans (§§ 21a ff. GVG).[51] Bis zur Novellierung der Reichshaushaltsordnung

---

[47] Solange im Bundes*rat* andere parteipolitische Gruppierungen die Mehrheit haben als im Bundes*tag*, würde ein ähnlicher Effekt auch bereits durch Einführung des Erfordernisses der *Zustimmung des Bundesrats* erreicht – aber eben nur solange.

[48] Vgl. dazu Verhandlungen des Hessischen Landtags, 77. Sitzung v. 8. 7. 1970, S. 3986ff.

[49] Dazu *Hanns Weber* (oben FN 35), 128.

[50] Vgl. *Vogel/Kirchhof* (oben FN 4), Art. 114 GG, RN 189ff. Auch *Fuchs,* Wesen und Wirken der Kontrolle, 1966, 119ff., hält die Geschäftsverteilung durch den Präsidenten für verfassungsrechtlich zumindest bedenklich und tritt für eine Übertragung auf den Großen Senat ein. Noch entschiedener: *Richter,* Einschränkungen des Kollegialprinzips bei den Rechnungshöfen, DÖH 10 (1969/70), 129 (132).

[51] Zu weiteren verfassungsrechtlich bedenklichen Punkten der derzeitigen Regelung *Fuchs* (oben FN 50), 97ff.; *Richter* (oben FN 50), 129 (unter Einbeziehung auch der Regelung betr. die *Landes*rechnungshöfe).

im Dezember 1933 war die Geschäftsverteilung denn auch im Reichsrechnungshof Sache des Kollegiums.[52]

Die Problematik der jetzigen Regelung wird noch dadurch unterstrichen, daß die Geschäftsverteilung und die Zuteilung der (weisungsgebundenen) Prüfungsbeamten im Bereich der *Rechnungshöfe* von großem – die Bedeutung der entsprechenden Maßnahmen bei den *Gerichten* übertreffendem – Gewicht sind: Es gibt unter den vielen Prüfungsgebieten des Rechnungshofs attraktive und weniger attraktive, beliebte und unbeliebte. Auch die Zuteilung des weisungsgebundenen Personals ist von einschneidender Bedeutung und findet bei den Gerichten keine Parallele (vielleicht mit Ausnahme der Zuordnung sog. wissenschaftlicher Hilfsarbeiter beim Bundesverfassungsgericht). Eher vergleichbar ist die personelle Ausstattung im Bereich der *Wissenschaft,* deren Unabhängigkeit ebenfalls verfassungsrechtlich garantiert ist (Art. 5 III GG). Die Möglichkeiten des wissenschaftlichen Arbeitens werden durch die personelle Ausstattung in beträchtlichem Umfang mitbestimmt. Und hier ist denn auch anerkannt, daß die Garantie der Unabhängigkeit organisatorisch-verfahrensmäßige Konsequenzen hat: Die Verteilung der personellen und sächlichen Ausstattung muß durch ein Gremium erfolgen, dessen Zusammensetzung der einzelne Wissenschaftler, wenn er schon nicht selbst darin vertreten ist, wenigstens mitbestimmen kann.[53] Diese Überlegungen lassen sich auf die Verteilung der Geschäfte und des Personals des *Bundesrechnungshofs* übertragen.

Schließlich wäre zu überlegen, ob das Kollegialorgan des Bundesrechnungshofs, also der umzugestaltende Große Senat, nicht auch bei der Bestellung und evtl. Beförderung der Mitglieder und der Prüfungsbeamten eingeschaltet werden sollte. Zwar müßte die Initiative (und damit die Rahmenverantwortung für die Leistungsfähigkeit des Rechnungshofs insgesamt) nach wie vor beim Präsidenten verbleiben,[54] der Große Senat sollte jedoch ein Veto-Recht haben.

Eine Beeinträchtigung der Unabhängigkeit der Finanzkontrolle liegt auch darin, daß die Leiter der **Vorprüfungsstellen**[55] in den einzelnen Behörden, welche vor allem die laufenden örtlichen Prüfungen anhand der Belege vornehmen, zwar den Weisungen des Rechnungshofs unterliegen, diesem aber nicht unterstellt sind. Dienstherr ist vielmehr der jeweilige Behördenleiter. Da dieser über Bestellung, Abberufung und Beförderung – die beiden erstgenannten Akte jeweils nur nach Anhörung des Rechnungshofs – entscheidet, ergibt sich eine beträchtliche *Abhängigkeit.* Daraus und aus dem Umstand, daß der Behördenleiter im allgemeinen schwerlich einen seiner besten Leute zum Leiter der Vorprüfungsstelle berufen wird,[56] ergeben sich gewisse *Schwächen* der Vorprüfung (z. B. mangelnde Aktivität). **Abhilfe** könnte durch Übertragung der Vorprüfungsstellen auf den Rechnungshof geschaffen werden, in dessen Hand dann Fach- und Dienstauf-

---

[52] Näheres bei *Fuchs* (oben FN 50), 91 f.; *Heuer* (oben FN 8), Erl. 1 zu § 124 RHO.

[53] BVerfGE 35, 79.

[54] Zur Bedeutung einer zentralen Personalpolitik durch den Präsidenten: *Fuchs* (oben FN 50), 123.

[55] Zu den Vorprüfungsstellen *Wittrock,* Aufgaben der Vorprüfungsstellen bei der Finanzkontrolle, Bulletin der Bundesregierung 1982, 882.

[56] *Korff* (oben FN 29), 408: „Es ist kein Geheimnis, daß bei ihnen (den Vorprüfungsstellen) nicht gerade die Bestqualifizierten eingesetzt werden."

sicht, Bestellung und Beförderung gelegt wären. Daraus ergäbe sich zugleich ein *Entlastungseffekt* vor allem bei der Formalprüfung, welcher dem Rechnungshof die Hände für Wirtschaftlichkeitsprüfungen freimachte.[57]

Ein ganz ähnliches Problem besteht bei der **kommunalen Finanzkontrolle.** Diejenigen Aufgaben, welche für Bund und Länder die Rechnungshöfe zu erfüllen haben, fallen im kommunalen Bereich teilweise den *Rechnungsprüfungsämtern* zu.[58] Diese sind nach den meisten Gemeindeordnungen zwar ausdrücklich formal unabhängig und weisungsfrei gestellt. Sie unterstehen jedoch der Personalhoheit der jeweiligen Kommune, so daß die *Unabhängigkeit* tatsächlich erheblich *beeinträchtigt* sein kann. Wer in seinem beruflichen Fortkommen von demjenigen abhängig ist, den er zu kontrollieren hat, ist zu einer notfalls auch Härte erfordernden Kontrolle meist kaum in der Lage.

3. Konfliktfähigkeit

Auch an der für eine wirksame Kontrolle erforderlichen Konfliktfähigkeit scheint es bisweilen zu fehlen. Charakteristisch ist z. B. die fehlende Neigung der Rechnungshöfe, für ihre Kompetenzen, ihre Aktionsmöglichkeiten und ihren Status offensiv einzutreten, wie es etwa das Bundesverfassungsgericht in der Diskussion um *seinen* Status in den 50er Jahren ganz entschieden getan hat. Die eingeschränkte Konfliktfähigkeit hängt wohl wesentlich mit den aufgezeigten *personellen* Faktoren zusammen (dazu soeben unter 1), aber auch mit den derzeit noch bestehenden Einschränkungen der *Unabhängigkeit* (dazu soeben unter 2). Beide Elemente sind nicht gerade geeignet, das bisher meist nicht sehr attraktive „Image" der Finanzkontrolle zu verbessern und das Selbstvertrauen der Mitglieder der Rechnungshöfe zu stärken.

4. Öffentlichkeit

Zur Finanzkontrolle gehört schließlich Öffentlichkeit.[59] In Anbetracht des geringen Kontrollwillens der Regierungsmehrheit fällt es wesentlich der *Opposition* zu, Finanzkontrolle wirksam zu machen. Die Opposition aber kann, da sie regelmäßig im Parlament in der Minderheit ist, fast nur über die Öffentlichkeit wirken. Öffentlichkeit ist erst recht unerläßlich, soweit auch die Opposition sich *nicht* engagiert. Öffentlichkeit der Kontrollberichte hat einen **rationalisierenden Effekt** auf die politische Wil-

---

[57] *Piduch,* 10 Jahre Haushaltsreform, DÖV 1979, 885; *Korff* (oben FN 29), 407 ff. Vorschlag einer Zwischenlösung (Ernennung der Leiter der Vorprüfungsstellen nur im Einvernehmen mit dem Rechnungshof, Umsetzung nicht ohne Zustimmung der Betroffenen und des Rechnungshofs) bei *Heuer* (oben FN 8), Art. 114 GG, RN 49; § 100 BHO, RN 1.

[58] *v. Arnim,* Wirksamere Finanzkontrolle (oben FN 1), 47 ff.

[59] *v. Arnim,* Wirksamere Finanzkontrolle (oben FN 1). Zum heutigen Sinn des Öffentlichkeitsprinzips generell unten Y.

lensbildung und verbessert die politischen **Teilhabemöglichkeiten** für den Bürger. Aus diesem Verständnis ergeben sich Konsequenzen für die Öffentlichkeit der Kontrollakte. Zwar ist der jährliche Bericht (die ,,Bemerkungen" i. S. d. § 97 BHO), in dem der Bundesrechnungshof das Ergebnis seiner Prüfungen zusammenfaßt und dem Bundestag, dem Bundesrat und der Bundesregierung zuleitet (Art. 114 I 2 GG), durch Abdruck in den Parlamentsdrucksachen auch heute schon der Öffentlichkeit zugänglich. Wichtig aber ist die Feststellung, daß die Veröffentlichung eine selbständige verfassungsrechtliche Befugnis des *Rechnungshofs* darstellt und die Veröffentlichung der Berichte deshalb nicht nur Folge der Parlamentsöffentlichkeit ist. Der Rechnungshof hat ein eigenständiges **Zugangsrecht zur Öffentlichkeit.**[60] Ist das *Volk,* von dem alle Staatsgewalt abgeleitet und demgegenüber ihre Ausübung zu verantworten ist, letztlich der *Adressat* der Kontrollberichte und ist der Rechnungshof insoweit Treuhänder des Volkes, so muß er auch die Befugnis haben, die Kontrollberichte dem Volk zur Beurteilung *vorzulegen.*

Ein Widerspruch zum *Repräsentationsprinzip* liegt darin nicht. Im Gegenteil: Öffentlichkeit ist ihrerseits das klassische Medium demokratischer Repräsentation.[61] Zur Repräsentation gehört die Verantwortung der Repräsentanten *gegenüber* den von ihnen Repräsentierten, dem Volk, und zugleich die Kontrolle *durch* das Volk, die vor allem in den periodisch wiederkehrenden Wahlen ihren Ausdruck findet. Die Wahl als wichtigstes Mittel des Volkes, ,,sein politisches Urteil zur Geltung zu bringen"[62] ist nicht nur ein Legitimationsakt für die Zukunft, sondern zugleich auch ein Kontrollakt gegenüber der bisherigen Tätigkeit des jeweiligen Repräsentationsorgans und seiner Mitglieder.[63] Das aber verlangt die Möglichkeit, Kenntnis von eben dieser Tätigkeit zu nehmen, um sie vernünftig bewerten zu können. Eine *Voraussetzung* dafür ist im finanzpolitischen Bereich die Öffentlichkeit der Kontrollberichte der Rechnungshöfe.

Die Öffentlichkeit der Finanzkontrollberichte schließt den **Bürger** in den Prozeß der politischen Willensbildung mit ein und versucht, ihm trotz der immer komplizierter werdenden Zusammenhänge den zentralen Platz möglichst zu erhalten, der ihm nach der Konzeption der Demokratie letztlich zukommt. Die Veröffentlichung der Finanzkontrollbe-

---

[60] Vgl. auch *Bank,* Die Publizität der Ergebnisse der Finanzkontrolle, DÖH 10, 19 (27); *v. Arnim,* Wirksamere Finanzkontrolle (oben FN 1), 26f.; *ders.,* Öffentlichkeit (oben FN 1), durchgehend; *Heuer* (oben FN 8), Art. 114 GG, RN 90.

[61] *Scheuner,* Verantwortung und Kontrolle in der demokratischen Verfassungsordnung, in: FS Gebhard Müller, 1970, 379 (393); *Stern,* Staatsrecht, Bd. I, 1977, 752; vgl. auch schon *Leibholz,* Das Wesen der Repräsentation und der Gestaltwandel der Demokratie im 20. Jahrhundert, 3. Aufl., 1966, 176–181; *Carl Schmitt,* Verfassungslehre, 208f.; *Marcic,* Die Öffentlichkeit als Prinzip der Demokratie, in: FS Adolf Arndt, 1969, 267 (289ff.).

[62] *Scheuner* (oben FN 61), 394.

[63] *Bäumlin,* Die Kontrolle des Parlaments über Regierung und Verwaltung, in: ZSR N. F. 85 (1966), 2. Hlbbd., 165 (243); OVG Münster, Urt. v. 19. 12. 1978, JA 1979, 217.

richte steht damit im *Gegensatz* zu einer Berichterstattung lediglich an die Adresse der *Regierenden* (im weitesten Sinne), die unter Ausschluß der Öffentlichkeit erfolgt und den Bürger der Politik und ihren Machthabern nur um so stärker *entfremden* und ihm das Gefühl vermitteln muß, er habe in politicis eher eine Objekt- als eine Subjektstellung inne. Eine an den Bürger gerichtete aufklärende Berichterstattung, die ihm seine demokratische Willensbildungsfunktion erleichtern und die man mit *Hans Albert* als **freiheitsorientierte Berichterstattung** bezeichnen kann (unten S V 4.4), verhindert demgegenüber auch nur den Anschein, daß hinter verschlossenen Türen berechtigte Kritikpunkte unter den Teppich gekehrt werden; sie schafft Vertrauen und enthält dadurch ein wichtiges **integratives Element,** wobei Vertrauen in der Demokratie natürlich nicht blindes, sondern nur durch Information begründetes Vertrauen sein kann. Die Demokratie basiert, wie das *Bundesverfassungsgericht* betont hat, ,,auf dem Vertrauen des Volkes; Vertrauen ohne Transparenz, die erlaubt zu verfolgen, was geschieht", ist jedoch ,,nicht möglich".[64]

Auch der *Bundesrechnungshof* steht offenbar auf dem Standpunkt, daß er ein selbständiges Zugangsrecht zur Öffentlichkeit besitzt. Das ergibt sich schon daraus, daß er seit Jahren dazu übergegangen ist, seine Bemerkungen anläßlich der Übergabe an Parlament und Regierung auf einer Pressekonferenz der Öffentlichkeit vorzustellen – und zwar unabhängig von der Veröffentlichung der Bemerkungen als Parlamentsdrucksache.

Das selbständige Veröffentlichungsrecht gilt entsprechend auch für die **Landesrechnungshöfe.** Die Rechnungshöfe können ihre Berichte von Verfassungs wegen auch dann der Öffentlichkeit zugänglich machen, wenn das Gesetz dies nicht ausdrücklich vorsieht. Daraus ergeben sich praktische Konsequenzen. Dazu zwei Beispiele:

Die Berichte des **Landesrechnungshofs Hessen** werden – im Gegensatz zu den Berichten aller anderen Rechnungshöfe in der Bundesrepublik – erst veröffentlicht, nachdem die Regierung dazu eine Stellungnahme abgegeben hat,[65] die ihrerseits meist umfangreicher ausfällt als der Bericht selbst. Der Präsident des Hessischen Landtags hat es bisher abgelehnt, den Rechnungshofbericht vorab gesondert zu veröffentlichen. Dies könnte nun aber der *Rechnungshof* aufgrund seines unmittelbaren Zugangsrechts zur Öffentlichkeit von sich aus tun.

Gleiches trifft auch auf die **kommunalen Finanzkontrollberichte** zu, welche die Rechnungshöfe oder andere Prüfungseinrichtungen im Rahmen der (örtlichen und überörtlichen) kommunalen Finanzkontrolle erstellen. Gerade im kommunalen Bereich liegt es mit der erforderlichen Publizität noch besonders im

---

64 BVerfGE 40, 296 (327).

65 Dazu kritisch *v. Arnim,* Darf der Hessische Rechnungshof seine Bemerkungen direkt dem Landtag zuleiten?, 1978; *ders.,* Der gebremste Landesrechnungshof, 1980; *Walter Schmidt,* Verfassungsrecht, in: *Meyer/Stolleis,* Hessisches Staats- und Verwaltungsrecht, 1983, 39f.

argen.[66] Die kommunale Finanzkontrolle findet ,,nahezu unter Ausschluß der Öffentlichkeit"[67] statt.

Es wäre schließlich zu prüfen, inwieweit Entsprechendes auch für die Kontrollberichte über die **Rundfunkanstalten** zu gelten hat, die jüngst von den zuständigen Rechnungshöfen erstellt worden sind. Bejahendenfalls wären auch hier die Rechnungshöfe befugt, die Berichte von sich aus der Öffentlichkeit zugänglich zu machen.

VIII. Ausblick

Die angesprochenen Fragen und Probleme sind zum großen Teil solche der Ordnung und Organisation des Verfahrens des Bundesrechnungshofs oder – in der Sprache der Betriebswirtschaftslehre – seiner (Aufbau- und Ablauf-)Organisation. Der ganze Komplex ist bei der Reform des Haushaltsrechts (einschl. der Finanzkontrolle) bewußt ausgespart worden: Der V. Abschnitt der Reichshaushaltsordnung von 1922 (der die Überschrift ,,Der Rechnungshof" trägt) und das Gesetz über Errichtung und Aufgaben des Bundesrechnungshofs von 1950 gelten im wesentlichen fort.[68]

Wenn es aber richtig ist, daß der Wert und die Wirksamkeit einer Einrichtung entscheidend von ihrer funktionsgerechten Ordnung und Organisation abhängen, dann ist seinerzeit geradezu das Wichtigste ausgelassen worden, das Herzstück, ohne dessen Einfügung die Versuche, zu einer wirksameren Finanzkontrolle zu gelangen, nicht viel mehr als das Kurieren von Symptomen darstellen können. Man kann sich in der Tat des Eindrucks nicht erwehren, daß eine umfassende, sachlich unabhängige und wirksame Finanzkontrolle in Wahrheit gar nicht erwünscht ist.[69] Daß die *Regierung*(smehrheit) dazu neigt, die Finanzkontrolle eher für überflüssig und störend zu halten, und an der Durchsetzung einer schlagkräftigen Kontrolle *kaum interessiert* ist, überrascht zwar wenig, scheint aber ein *Dilemma* zu begründen, denn gerade *sie* ist es ja, die ein entsprechendes neues Bundesrechnungshof-Gesetz erlassen müßte.

Grund zur Resignation besteht dennoch nicht. An einer wirksamen Kontrolle *interessiert* sind die **Opposition** (obwohl auch bei ihr die Finanzkontrolle oft einen zu geringen politischen Stellenwert besitzt), die **Öffentlichkeit** und vor allem der **Rechnungshof** selbst. Auch von der **Wissenschaft** können Denkanstöße ausgehen. Insbesondere könnte die **Rechtsprechung,** soweit die derzeitige Gesetzeslage und -praxis verfassungswidrig ist, nötigen Neuerungen die Bahn brechen.

---

[66] Zur Änderungsbedürftigkeit *v. Arnim,* Öffentlichkeit (oben FN 1), durchgehend; *Schreiner,* Finanzkontrolle als Instrument rationaler Haushaltsführung, in: *v. Arnim/Littmann* (Hrsg.), Finanzpolitik im Umbruch. Zur Konsolidierung öffentlicher Haushalte, 1984, 223 (238f.).

[67] *Korff* (oben FN 29), 544 (546).

[68] Vgl. § 119 BHO.

[69] So nachdrücklich *Hanns Weber* (oben FN 35), 128.

S. Wissenschaft und Politikberatung

I. Vorbemerkungen

Zu den *Akteuren der Politik* gehört auch die Wissenschaft. Das mag überraschen, wird die Aufgabe der *Natur-* und *Sozial*wissenschaften doch nach überkommenem positivistischen Verständnis auf die Ermittlung von Tatsachen, auf das Beschreiben und Erklären von (naturgegebenen und gesellschaftlichen) Zusammenhängen, die der *Rechts*wissenschaft auf die Ermittlung dessen, was positiv-rechtlich gilt, nicht dessen, was nach irgendwelchen höheren Richtigkeitskriterien gelten *sollte,* beschränkt. Indes: Der **Einfluß der Wissenschaft** auf die Praxis wird selbst nach diesem überkommenen Verständnis bei genauerem Zusehen ganz deutlich. Die von der Wissenschaft entdeckten Zusammenhänge sind oft derart selbstredend, daß die Praxis daran nicht vorbeigehen kann. Zeigt z. B. die Wirtschaftswissenschaft Zusammenhänge zwischen gesamtwirtschaftlicher Nachfrage und Beschäftigungsstand in einer Volkswirtschaft auf, so werden die politisch Verantwortlichen versuchen, diese Erkenntnis zu nutzen, um Arbeitslosigkeit zu vermeiden. Die Erklärung sozialer Erscheinungen gibt also gleichzeitig – politisch oft höchst relevante – Hinweise für eine Beeinflussung zum Besseren[1], ebenso wie *natur*wissenschaftliche Erkenntnisse nur auf den warten, der sie technischer Anwendung zuführt. Selbst wenn der Wissenschaftler meinen sollte, eine unveränderlich vorgegebene Welt zu untersuchen, so trägt er doch zur Veränderung dieser Welt bei, weil seine Erkenntnisse *Eigengewicht* entfalten und zur Erreichung bestimmter Ziele nutzbar gemacht werden können. In Wahrheit ist die Wissenschaft sich dieser Wirkung – selbst in der Blütezeit des Positivismus – auch meist durchaus *bewußt* gewesen. Dies zeigt die Auswahl der Forschungsprojekte, wo das Bestreben, praktische Probleme zu lösen, nach aller Erfahrung oft die entscheidende Motivation bildet.[2] Es käme wohl auch niemand auf die Idee, etwa die Schuhgrößen von Fahrradfahrern systematisch zu messen; eine solche Untersuchung würde zwar Wissen schaffen, aber eben sinnloses.

---

[1] Umgekehrt verfehlen staatliche Maßnahmen ihr Ziel, wenn die zugrundeliegende Kausalanalyse falsch oder nur unter Bedingungen gültig ist, die in der konkreten Situation nicht gegeben sind.

[2] So auch *Max Weber,* selbst ein Vertreter des wissenschaftlichen Positivismus, z. B. in: Die „Objektivität" sozialwissenschaftlicher und sozialpolitischer Erkenntnis, in: *ders.,* Gesammelte Aufsätze zur Wissenschaftslehre, 146 (158).

Die Bedeutung der Wissenschaft für die politische Praxis hat mit der *Komplizierung der Zusammenhänge,* in welche die zu lösenden Probleme gestellt sind, immer weiter zugenommen. Sind die Verhältnisse einfach und übersichtlich, so reicht oft schon der gesunde Menschenverstand aus, um Probleme zu erfassen und vernünftig zu lösen. Das Vertrauen auf die Selbststeuerungskräfte der Gesellschaft, welches die liberale Anschauung kennzeichnete, erübrigte ohnehin staatliches Eingreifen und damit auch das wissenschaftliche Durchdringen der aus solchen Eingriffen resultierenden Wirkungsabläufe. Dagegen hat die Entwicklung vom Ordnungs- zum Lenkungs- und Leistungsstaat den quantitativen und qualitativen Problemdruck gewaltig erhöht. Die Wissenschaft wird immer wichtiger.

Ihre Relevanz nimmt weiter zu, wenn man die positivistische Verengung abstreift und auch die Behandlung von *Werten* und die Entwicklung von Maßstäben für menschliches Handeln als legitimen Gegenstand der Wissenschaft anerkennt, wie es dem hier vertretenen Verständnis entspricht. Die Wissenschaft hat nunmehr auch die Aufgabe, zu kritisieren und Verbesserungsvorschläge zu entwickeln; dies wird noch näher auszuführen sein.

II. Wege des Einflusses der Wissenschaft

Wissenschaft kann auf zweierlei Wegen Einfluß entfalten. Zum *einen* wirkt sie *langfristig und mittelbar* auf mehr oder weniger alle politisch Verantwortlichen. Sie nimmt hier eine **Schlüsselstellung** ein: Regierungsmitglieder, Parlamentsabgeordnete, Richter, Ministerialbeamte, Funktionäre von Parteien und Interessenverbänden, Redakteure der Medien – sie alle haben irgendwann einmal eine Universität besucht oder doch Bücher studiert, die sie mit Methoden, Erkenntnissen und Konzeptionen versorgt haben, die ihre Grundvorstellungen und Arbeitsweisen prägen. Das gilt auch für die, welche diesen Einfluß abstreiten. Auch die Denkweise erklärter Wissenschafts*gegner* ist, selbst wenn sie es nicht wahrhaben wollen, stets direkt oder indirekt von bestimmten wissenschaftlichen Theorien beeinflußt – mögen dies bisweilen auch Theorien von gestern oder vorgestern sein.

Es ist selten, daß ein Mann der Praxis seine theoretischen Auffassungen noch einmal von Grund auf überdenkt. Meist wird er von den Beständen zehren, die er sich in jüngeren Jahren angeeignet hat. So kommt es, daß der theoretische Stand des Praktikers oft hinter der Entwicklung der Wissenschaft herhinkt. Die Soziologie spricht vom Phänomen der *Verspätung.*

Welchen Einfluß wissenschaftliche Lehren auf ganze Generationen von Hochschullehrern und deren Schülern, die später in leitende Positionen in Politik, Wirtschaft und Gesellschaft einrücken, ausüben können, haben *Rousseau, Locke, Adam Smith, Marx* und *Keynes* exemplarisch gezeigt.[3] Ähnliches gilt aber auch für weniger grundstürzende wissenschaftliche Konzeptionen, ja bis zu einem gewissen Grad für die Art des wissenschaftlichen Denkens und Arbeitens schlechthin. Dieser Einflußweg wirkt allerdings nur langfristig und mittelbar, dann aber oft um so intensiver. Die Wissenschaft muß sich ihrerseits dieser Wirkung und der daraus folgenden Verantwortung bewußt sein.

Hier ist auch der Ort, kurz auf die **Wissenschaftsfeindlichkeit,** die man unter Praktikern oft antrifft, einzugehen. Sie kann vor allem drei Gründe haben: (1) Entweder geht die Wissenschaft an den Problemen der Praxis vorbei oder (2) der Praktiker hat noch überholte wissenschaftliche Theorien von vorgestern im Sinn oder (3) die Wissenschaft stört den Praktiker beim Lavieren und Ideologisieren.

Zu 1: Im ersten Fall muß die Wissenschaft sich an die eigene Brust schlagen; sie darf bei der schönsten wissenschaftlichen Fassade nicht an den wirklichen Problemen vorbeigehen und vor lauter Feilen an Filigranlösungen den Gesamtkontext aus dem Blick verlieren, von dessen zutreffender Erfassung der Wert der ganzen Arbeit mitabhängt. Modellfetischismus diskreditiert die Wissenschaft nicht nur in den Augen des Praktikers.

Zu 2: Die Veraltung der Theoriekenntnisse des Praktikers ist ein Problem, welches durch Information und Aufklärung im Wege eines Aufeinanderzugehens von Wissenschaft und Praxis bewältigt werden muß.

Zu 3: Rührt die Wissenschaftsfeindlichkeit schließlich daher, daß Ideologisieren und Lavieren erschwert werden (vgl. vor allem oben G VI 3.4 und K III), so darf die Wissenschaft hierauf keine Rücksicht nehmen, vielmehr besteht ihre Funktion gerade darin, solche Verhaltensweisen aufzudecken und sie dadurch zu erschweren.

Wissenschaft übt Einfluß aber nicht nur mittelbar und langfristig über Lehre und Ausbildung aus; sie nimmt auch *direkt* Einfluß, etwa durch Gutachtenstätigkeit oder sonst durch Veröffentlichung von Forschungsergebnissen, vor allem aber durch wissenschaftliche **Kommissionen und Sachverständigenräte.** Diese Gremien sind Mittler zwischen Theorie und Praxis, verbindende „Scharniere", welche die Wissenschaft veranlassen, ihr Augenmerk auf praktische Probleme zu richten, und die Praktiker über neue wissenschaftliche Methoden und Erkenntnisse informieren. Zugleich erhält die Wissenschaft auf diese Weise direkten Einfluß auf die Politik – und *soll* ihn auch erhalten, denn die Aufgabe solcher

---

[3] Dazu die jeweiligen Abschnitte oben in Kap. 2.

Gremien ist es gerade, die Kapazität der Wissenschaft für die Bewältigung praktischer Probleme zu mobilisieren und interessentenbedingte Verschleierungen aufzudecken.[4]

III. Berücksichtigung des „politisch Realisierbaren" durch die Wissenschaft?

In diesem Zusammenhang stellt sich die Frage, inwieweit der Wissenschaftler auch vor solchen Vorschlägen nicht zurückschrecken soll, deren Realisierung zunächst einmal *„politisch unmöglich"* erscheint. Jeder, der mit den Beziehungen zwischen Politik und Wissenschaft einigermaßen vertraut ist, kennt die gängige Sentenz, ein bestimmter Besserungsvorschlag sei zwar „sachlich vernünftig, aber politisch unmöglich". Die Beurteilung dieses Satzes fällt unterschiedlich aus, je nachdem, ob man die langfristig-mittelbare Wirkung wissenschaftlicher Forschung und Lehre ins Auge faßt oder die kurzfristig-direkte durch Kommissionsgutachten etc. Bei grundlegenden *Neukonzeptionen* von Staat und Gesellschaft, wie sie etwa *Rousseau* oder *Adam Smith* entwickelt haben, wird die Wissenschaft ihrer „Besserungsfunktion" nicht gerecht, wenn sie ihre Überlegungen an den (tatsächlichen oder scheinbaren) politischen Schranken abbricht, welche ihrerseits von den Machtverhältnissen gesetzt sind. Es kann nämlich sein, daß solche Konzeptionen ein Eigengewicht entwickeln und gerade durch ihre Existenz und geistige Wirkung heute noch vermeintlich Unmögliches morgen oder übermorgen politisch durchaus realisierbar machen. Vor allem die Staats-, Gesellschafts- und Verfassungslehre darf sich nicht zur Dirne erniedrigen, „die sich den jeweiligen Machthabern an den Hals wirft" *(Laun);* sie kann ihre Funktion nur erfüllen, wenn sie nicht vor dem scheinbaren Recht des Stärkeren kapituliert (oben H I 11).

Etwas anders kann sich die Lage bei Gutachten von *Sachverständigenräten* etc. darstellen. Hier ist es oft nicht sinnvoll, die Grenzen des politisch Realisierbaren ganz aus den Augen zu lassen. Dies hat vor allem drei *Gründe.* Einmal ist der Kommissionsauftrag meist so formuliert, daß die Vorschläge sich innerhalb der Grenzen des mittelfristig Realisierbaren halten sollen. Damit im Zusammenhang steht ein *zweiter* Grund: Voraussetzung für eine möglichst baldige Verwirklichung von Kommissionsvorschlägen ist, daß sie in der pragmatisch-kurzfristig orientierten Atmosphäre des politischen Raumes Anerkennung finden. Entfernen sie sich zu weit vom kurzfristig politisch Realisierbaren, so erwecken sie leicht den Eindruck von Realitätsferne und können im Extremfall sogar

[4] Um so wichtiger wird dann aber die funktionsgerechte Ordnung des Auswahlverfahrens bei der Besetzung solcher Gremien. Dazu unten V 4.

naiv und lächerlich wirken. Ein *dritter* Grund liegt schließlich darin, daß Vorschläge, die „politisch Unmögliches" empfehlen, eben dadurch die herrschenden politischen Kräfte in Frage stellen oder doch Mängel ihres bisherigen Wirkens bloßstellen müssen. Das aber erfordert ein weites Ausholen, welches in Kommissionsberichten oft nicht möglich ist, schon wegen des meist engen Auftrags, darüber hinaus auch wegen der Weite des dann erforderlichen Einzugsbereichs und der Kühnheit des Gedankengangs; in einem Gremium, welches aus den verschiedensten Vertretern zusammengesetzt ist, besteht leicht die Tendenz, sich auf den kleinsten gemeinsamen Nenner zu einigen.

Andererseits liegt hierin aber auch eine große *Gefahr:* Nimmt der Wissenschaftler zu sehr Rücksicht auf das kurzfristig Machbare, so können seine Gutachten leicht als wissenschaftliche Absegnung politischer Fehlentwicklungen verstanden werden, nur weil diese als kurz- oder mittelfristig nicht behebbar gelten. Hier muß der Wissenschaftler versuchen, den Kreis seines Argumentationsfeldes möglichst weit zu halten, und notfalls auch die Berufung in eine Kommission ablehnen, wenn, etwa wegen des zu engen Auftrags, dies nicht gewährleistet ist. Immerhin scheint es aus den genannten Gründen nicht nur erklärlich, sondern innerhalb bestimmter Grenzen wohl auch legitim, daß Kommissionsberichte sich nicht allzusehr vom mittelfristig Realisierbaren entfernen.

IV. Funktion der Wissenschaftsfreiheit

Über die Funktion der Wissenschaft wurde auf den vorangehenden Seiten schon einiges gesagt. Dies soll nunmehr vertieft und dabei auch der **Sinn** der grundgesetzlichen Garantie der Freiheit von Wissenschaft, Forschung und Lehre (Art. 5 III GG) dargestellt werden.

Die grundgesetzliche Garantie grenzt zunächst einmal einen *Freiheitsbereich* für die Wissenschaft aus. Dies ist noch wenig Besonderes. Interessant und vielleicht auf den ersten Blick überraschend ist diese Freiheit in der Kombination mit der *staatlichen Alimentierung* der Lehre und vor allem auch der Forschung an den öffentlichen Hochschulen (und an bestimmten hochschulnahen Einrichtungen, wie etwa den Max-Planck-Instituten und den Einrichtungen der Deutschen Forschungsgemeinschaft). In der Garantie der Forschungsfreiheit bei gleichzeitiger Finanzierung auf Kosten der Steuerzahler liegt eine **Privilegierung;** dies wird deutlich beim Vergleich einerseits mit dem privat angestellten Forscher in der Wirtschaft, andererseits mit dem normalen öffentlichen Bediensteten, welche beide – im Gegensatz zum staatlich alimentierten Wissenschaftler – weisungs*gebunden* sind. Das Privileg bedarf einer besonderen *Rechtfertigung*. Es muß sich aus der Sicht der steuerzahlenden Gemeinschaft lohnen, weisungsfreie Wissenschaft zu alimentieren (oben G II 3.2). Was hat die Gemeinschaft davon? Die Antwort geht in zwei Richtungen.

1. Schutz von Kulturwerten

Einmal wird mit der Wissenschaft (wie auch mit der Kunst) ein **Wert als solcher** verbunden. Wissenschaft ist etwas, was Wissen schafft. Den wissenschaftlichen und künstlerischen Werken wird ein **Kulturwert** beigemessen. Es gibt sogar eine philosophische Richtung, die diese „Werkwerte" verabsolutiert und über alle anderen Werte stellt. *Gustav Radbruch* hat dieser Richtung eine ganze Staatsauffassung reserviert und sie als „transpersonale Auffassung"[5] gleichberechtigt neben die anthropozentrische und die staatsorganische gestellt (zu den beiden letzteren oben G II 1.1 und G IV 1). Die Verabsolutierung des Werkwerts kommt in *Treitschkes* berühmtem Wort zum Ausdruck: „Eine Statue des Phidias wiegt alles Elend der Millionen antiker Sklaven auf", am drastischsten aber in der Auseinandersetzung zwischen *Birdwood* und *Knollys*, über die *Radbruch* berichtet:

> Als der Tempel auf der Nilinsel Philae einer Bewässerungsanlage geopfert wurde, erhob Sir *George Birdwood* darüber in der Öffentlichkeit Klage. Darauf richtete Sir *George Knollys* an ihn die Frage: Was würde Sir *George Birdwood* tun, wenn er sich in einem brennenden Hause allein befände mit einem lebenden Kinde und der Dresdener Madonna *Raphaels*? Sir *George Birdwood* erwiderte, er würde der Dresdener Madonna den Vorzug geben.

Dieses Beispiel zeigt besonders deutlich, daß die Auffassung *Treitschkes* und *Birdwoods* mit der **anthropozentrischen Grundwertung** unserer Verfassung *kollidieren* kann. Das heißt allerdings nicht, daß Werken der Wissenschaft (und Kunst) kein Wert mehr zuerkannt werden könnte. Nur die *Verabsolutierung* ist *ausgeschlossen*. Der Anerkennung als Dienstwert für die Persönlichkeitsentfaltung des Menschen steht die anthropozentrische Auffassung keinesfalls im Wege: Das Schaffen von wissenschaftlichen und künstlerischen Werken kann der persönlichen Entfaltung des Wissenschaftlers (oder Künstlers) dienen. Eine Rechtfertigung für seine *staatliche* Alimentierung kann darin allerdings kaum erblickt werden. Die Frage, warum der *eine* seine Persönlichkeit auf Kosten *anderer* soll entfalten können, ist, wenn man entsprechend der Grundwertung der Verfassung vom gleichen Wert aller ausgeht, letztlich nicht befriedigend zu beantworten. Staatlicher Finanzierung würdig kann also nur der Umstand sein, daß die von Wissenschaft (und Kunst) geschaffenen Kul-

---

[5] *Radbruch,* Rechtsphilosophie, § 7 (S. 146 ff). Vgl. auch *Rawls,* Theorie der Gerechtigkeit, 360 ff.

turgüter auch *anderen* zur Erbauung dienen,[6] deren Persönlichkeitsentfaltung also förderlich sind.[7]

2. Besserungsfunktion der Wissenschaft

Eine wesentliche Rechtfertigung für das Privileg der freien und zugleich staatlich alimentierten Wissenschaft muß heute in etwas weiterem gesucht werden, nämlich in der Besserungsfunktion, welche die Wissenschaft gegenüber der gesamten Gemeinschaft hat. Angesichts ihrer ,,Schlüsselfunktion für die gesamtgesellschaftliche Entwicklung"[8] wird es besonders wichtig, daß die Wissenschaft ihren Einfluß möglichst im Sinne einer ,,Besserung" ausübt, indem sie ,,die Möglichkeiten und Maßstäbe menschlichen Handelns" ohne Rücksicht auf Interessenten jeglicher Art ,,immer wieder von neuem" durchdenkt und fortentwikkelt *(Klaus Vogel)*. Dazu gehören nicht nur Deskription und Analyse, sondern auch Kritik und Verbesserungsvorschläge. Die Wahrnehmung dieser Aufgabe bringt die Wissenschaft allerdings leicht in **Gegensatz zu den Mächtigen** in Parteien, Regierungen, Parlamenten, Verwaltung, Verbänden und Medien. Wäre die Wissenschaft von diesen Kräften *abhängig*, so könnte sie ihre Funktion nicht oder nur eingeschränkt wahrnehmen. Auch aus diesem Grund garantiert Art. 5 III GG die wissenschaftliche Freiheit, und der Staat finanziert einen als besonders qualifiziert vorgestellten Teil der Wissenschaftler aus allgemeinen Steuermitteln.[9] Die darin liegende umfassende Absicherung läßt sich zu einem guten Teil also nur *funktional* rechtfertigen: Sie ist erforderlich, weil sie die Wissenschaft in die Lage setzt, ihrer kritischen Besserungsfunktion gerecht zu werden.[10]

Wird die Wissenschaftsfreiheit (bei staatlicher Alimentation) aber we-

---

6 Ähnlich *Jonas,* Das Prinzip Verantwortung, 1979, 188f.

7 Vgl. auch Art. 158 II WRV, der die Schöpfungen der Wissenschaft, der Kunst und der Technik ausdrücklich anerkannte und sie zu Schutzobjekten staatlicher Fürsorge erklärte. Ferner BVerfGE 35, 79 (114f.), wonach die Bundesrepublik ein ,,Kulturstaat" ist.

8 BVerfGE 35, 79 (114).

9 Nach herrschender Auffassung besteht sogar eine dahin gehende verfassungsrechtliche Verpflichtung. Vgl. z.B. *Zwirner,* Zum Grundrecht der Wissenschaftsfreiheit, AöR 1973, 313 (339).

10 *K. Vogel,* VVDStRL 27, 200f. Weitere Fundierung bei *v. Arnim,* Gemeinwohl und Gruppeninteressen, 315–320; *Dietzel,* Wissenschaft und staatliche Entscheidungsplanung, 1978, 191ff.; *Hailbronner,* Die Freiheit der Forschung und Lehre als Funktionsgrundrecht, 1979. *Rousseau* hatte noch gesagt: ,,Durch Wahrheit kommt man nicht zu Vermögen, und das Volk hat weder Gesandtschaften noch Lehrstühle noch Jahresgehälter zu vergeben" (*Rousseau,* Contrat social II 2 a.E.). Ebendies ist heute aber geschehen. Das Volk gibt ,,Lehrstühle" und ,,Jahresgehälter", damit nicht durch Abhängigkeiten Verfälschungen auftreten. Deshalb ist die Unabhängigkeit zugleich Verpflichtung.

sentlich durch die Wahrnehmung jener Funktion legitimiert, dann ergibt sich als komplementäre Ergänzung zugleich eine gesellschaftliche **Aufgabe und Verantwortung,** eine besondere Gemeinwohlverpflichtung der Wissenschaft, ohne deren Wahrnehmung die Freiheit selbst nicht voll zu rechtfertigen wäre.[11]

3. Funktions*widrige* Gefahren und Fehlentwicklungen

Das skizzierte Verständnis von den Aufgaben der Wissenschaft steht allerdings im Widerspruch zu überkommenen Vorstellungen. Dies wird besonders deutlich, wenn es um die Beherrschbarkeit *naturwissenschaftlicher* Erkenntnisse geht. Nach überkommenem Selbstverständnis der Wissenschaft erscheinen die Forschung und ihre Ergebnisse gesellschaftlich *,,neutral"*. Denn Nutzen wie Gefahren entstehen regelmäßig erst durch die *Anwendung* der Forschungsergebnisse. Die Verantwortung, die sich aus dem Gebrauchmachen von wissenschaftlichen Erkenntnissen ergibt, insbes. dafür, daß Vorkehrungen gegen mögliche Gefahren getroffen werden, wird von der Wissenschaft auf die Politik abgeschoben. Ist diese Sicht aber heute noch haltbar? Die Intensität der Gefahren drängt doch die Frage auf, ob sich nicht aus der *Möglichkeit* der späteren Anwendung schon Vor-Wirkungen ergeben, so daß bestimmte Arten von Forschung *selbst* problematisch werden können. Diese Fragen mögen sich einem wissenschafts- und fortschrittsgläubigen Zeitalter noch nicht gestellt haben; sie sind heute mit der Entwicklung der Atombombe, der Möglichkeit von Gen-Manipulationen oder der retortenmäßigen Ausbrütung von Menschen aber zu zentralen Problemen geworden. Darf die Verantwortung für das Gebrauchmachen von wissenschaftlichen Erkenntnissen wirklich auf die Politik abgeschoben werden, so als hätte der Wissenschaftler damit nichts zu tun? Darf dieser sozusagen den Kopf in den Sand stecken? Ist nicht vielleicht weniger die Entwicklung neuen Könnens als vielmehr die ,,*Disziplinierung* dieses Könnens" ,,das vordringlichste wissenschaftsinterne wie gesamtgesellschaftliche Problem"?[12]

,,Wissen ist Macht" *(Bacon).* Wenn es aber richtig ist, daß Macht Verantwortung mit sich bringt, so muß dies auch gegenüber dem besonderen Wissen des Wissenschaftlers gelten. ,,Sagesse oblige" lautet die

---

[11] Die Frage, wer diese Gemeinwohlverpflichtung *durchsetzen* soll, ist wegen der Gefahr des Mißbrauchs allerdings heikel. In dieser Lage bietet sich die Entwicklung von adäquaten Organisations-, Finanzierungs- und Verfahrensformen an. Dazu unten 4.

[12] *Obermeier,* Wissenschaft und Verantwortung, Politische Studien 1980, 237 (242). Vgl. auch *Kass,* Making Babies, The New Biology and the ,,Old" Morality, The Public Interest 1972, 18 (55f.).

Formel von *André Mercier;* und auch *Karl Popper* hat hervorgehoben, die Zugänglichkeit zu neuem Wissen schaffe auch neue Verpflichtungen.[13] Ähnliche Gedanken hat *Hans Jonas* in den Mittelpunkt seiner ganzen Konzeption gestellt.[14]

Auch der Faktor Wissenschaft ist durchaus *ambivalent.* Er ist von vornherein weder unbedingt gemeinwohlförderlich noch -schädlich. Es gilt das gleiche wie generell für Macht. Alles kommt auf ihren richtigen *Gebrauch* an. Daß der Gemeinschaft von hochspezialisierten Forschern, die nach dem „gut" oder „schlecht" ihrer Resultate nicht fragen, Gefahren drohen können, zeigt sich nicht nur im Bereich der Naturwissenschaften. Fehlentwicklungen, wenn auch nicht so spektakuläre, kann es auch im *sozialwissenschaftlichen* Bereich geben, mögen diese auch für Außenstehende weniger deutlich hervortreten.

Hier sind vor allem die negativen Nebenfolgen der (im übrigen unvermeidlichen) Spezialisierung zu nennen. Wir haben schon bei Behandlung des öffentlichen Dienstes die **Mentalität von Spezialisten** hervorgehoben, deren Eigenart darin besteht, die Wichtigkeit ihres jeweiligen Spezialgebiets zu überschätzen oder gar zu verabsolutieren, wodurch die relativierende Einordnung der eigenen Rolle in das Gesamtbild erschwert wird (oben P III 2). Der gleiche Effekt kann sich auch in der Wissenschaft zeigen. Filigranprobleme werden manchmal bis zum Exzeß untersucht und die Frage nach dem Sinn und dem Wert der Untersuchung für die Allgemeinheit verdrängt. Es werden möglichst viele öffentliche Gelder, eine möglichst umfassende personelle und sächliche Ausstattung angefordert und in Anspruch genommen, ohne die Frage zu stellen, ob so viel Aufwand hochqualifizierter Kräfte angesichts des zu erwartenden Ertrages eigentlich noch lohnen kann. Die Gefahren des Spezialisteneffekts können sich bei der *politischen Beratung* noch erhöhen, ja geradezu multiplizieren. Unter dem durch den Beratungsauftrag begründeten Druck, eine möglichst konkrete Aussage zu machen, werden die dem Wissenschaftler vertrauten Zusammenhänge seines Spezialgebiets besonders heraus- und in den Vordergrund gestellt, andere treten dagegen notgedrungen zurück. Schon daraus kann sich ein schiefes Bild ergeben. Hinzu kommt, daß die Notwendigkeit, greifbare Ergebnisse vorzulegen, die Tendenz fördert, daß meßbare, quantitative Faktoren sich ungebührlich in den Vordergrund schieben und qualitative, schwer faßbare und noch schwerer quantifizierbare, auch indirekte und langfristige Wirkungen unter den Tisch fallen. Derartige Untersuchungen können leicht dazu beitragen, daß beim Versuch,

---

[13] *Popper,* Die moralische Verantwortung des Wissenschaftlers, Schweizer Monatshefte 1970/71, 561 (570).

[14] *Jonas* (oben FN 6).

Teile zu verbessern, **das Ganze** letztlich **verschlechtert** wird.[15] Das fördert wiederum die **Tendenz zum Aktionismus** auch dort, wo man – mangels ausreichenden Wissens über die Konsequenzen – sich im Zweifel besser zurückhalten würde.[16]

Es ist nicht auszuschließen, daß die Gefahren, die sich aus dem politischen Druck der Partikularverbände und des Ressortegoismus auf das politische Kräftespiel insgesamt ergeben, daß nämlich langfristige Interessen und solche, die die ganze Gemeinschaft betreffen (Querschnittsinteressen), zu kurz kommen und Aktionismus vorherrscht (oben I V 5; J II 1; K), in analoger Weise auch hier wieder auftreten. Dieser Effekt kann sich noch *verschärfen,* wenn z. B. Minister Gutachter bewußt im Hinblick darauf bestellen, argumentative Munition für die politische Absicherung von Ressortaktivitäten und für die Schaffung neuer zu bekommen (*Carl Böhret:* ,,Alibi-, Feigenblatt- und Rechtfertigungsfunktion" der Politikberatung). Hier verstärkt sich die Dominanz von Partikular- und Kurzfristinteressen weiter. Auch der Druck zum Aktionismus erhöht sich. Das **Kartell der Spezialisten** aus Interessenverbänden, öffentlicher Verwaltung und Wissenschaft ist dann kaum noch aufzubrechen.

Ein anschauliches *Beispiel* dafür, wohin die unheilige Allianz von Partikularverbänden, Spezialistenmentalität in der öffentlichen Verwaltung und der zumeist hochspezialisierten wissenschaftlichen Literatur in Gesetzgebung und Verwaltung führt, gibt das Erscheinungsbild des *Steuerrechts,* das jüngst *Tipke* drastisch beschrieben hat.[17]

4. Konsequenzen

Umgekehrt haben wir oben gesehen, daß die Herstellung der globalen **Zusammenhänge** und die Aufklärung der Menschen darüber von zentraler Bedeutung ist, weil darin eine Möglichkeit, vielleicht die einzige, liegt, dem einseitigen Einfluß von Partikularverbänden, Spezialisten, Ressortegoismus etc. *entgegen*zuwirken (K III). Hierfür ist wiederum die *Wissenschaft* unerläßlich, da eben *sie* dazu prädestiniert ist, die Gesamtzusammenhänge herzustellen. Ihr fällt hier eine Schlüsselrolle zu. Sie muß das Bewußtsein, daß ,,alles mit allem zusammenhängt", fördern, den Blick für die Zusammenhänge schärfen und dadurch auch dem Spezialistendruck entgegenwirken.

---

[15] *Etzioni,* An Analytical Framework of Social Reporting and Policy Analysis, The Annals of the American Academy of Political and Social Science, Bd. 388, 1970, 115. Vgl. auch *Steinberg,* Evaluation als neue Form der Kontrolle final programmierten Verwaltungshandelns, Der Staat 1976, 185 (206).

[16] Als ein *Beispiel* soll hier die kommunale Gebietsreform der 70er Jahre angeführt werden.

[17] *Tipke,* Steuergerechtigkeit, 1981, 147ff.

Das nächstliegende Mittel, den Blick aufs Ganze zu fördern, scheint mir eine fächerübergreifende **Zusammenarbeit verschiedener Wissenschaftszweige** zu sein. Die Notwendigkeit für eine solche Zusammenarbeit ergibt sich auch aus folgenden Überlegungen.

Mit den soeben (unter 2) angesprochenen ,,Maßstäben" und ,,Möglichkeiten" menschlichen Handelns, deren Durchdenken, Überprüfen und Fortentwickeln Aufgabe der Wissenschaft ist, sind die beiden Komponenten des wissenschaftlichen Beitrags zur Lösung von Gemeinschaftsproblemen angesprochen: Einerseits die realwissenschaftliche Erforschung von Tatsachen und Zusammenhängen, welche uns hilft, die **Möglichkeiten** menschlichen Handelns zu erkennen und zu erweitern und die Konsequenzen abzuschätzen, und andererseits die Entwicklung und Verfeinerung von **normativen Grundsätzen,** die Hilfestellung bei der Bewertung von Alternativen geben. Die Entwicklung von richtigen Lösungen (bzw. das Ausscheiden von unrichtigen) erfordert die Berücksichtigung *beider* Komponenten. Wenn die kritische ,,Besserungsfunktion" der Wissenschaft einigermaßen wirksam werden soll, bedarf es deshalb der *Zusammenarbeit* zwischen *seins*wissenschaftlichen und *norm*wissenschaftlichen Disziplinen, was eine wechselseitige Aufgeschlossenheit für die Denk- und Arbeitsweise des jeweils anderen Bereichs voraussetzt (oben H I 4). Die fächerübergreifende Arbeitsweise fördert zugleich die notwendige Entwicklung von **Generalisten,** die sich statt der Einzelheiten mit der Struktur und den Verfahren von Gemeinschaftsentscheidungen insgesamt beschäftigen.

Um solche interdisziplinäre Zusammenarbeit ist es derzeit *nicht zum besten* bestellt. *Mayer-Abich* hat dies auf die Formulierung gebracht: ,,Die Naturwissenschaften wissen zwar mehr von der Natur als die Menschheit je gewußt hat, aber sie sind blind gegen die Bedürfnisse. Diejenigen Wissenschaften wiederum, welche die Bedürfnisse des Menschen zum Thema haben, sind blind gegen seine Naturbefindlichkeit. Dieser Wissenschaftsbetrieb ist in der heutigen Situation nicht mehr zu verantworten, ist ein Mißbrauch der uns gewährten Forschungsfreiheit".[18]

Die *Konsequenz:* Die Förderung der Forschung, die Art. 5 III GG verlangt, kann nicht nur in der staatlichen Finanzierung bestehen. Es gilt auch, angemessene **Organisationsformen** bereitzustellen. Es bedarf der organisatorischen Zusammenführung von Seins- und Wertungswissenschaften (oben H I 4). Art. 5 III GG *erfordert* geradezu Organisations- und Finanzierungsformen, die eine **Zusammenarbeit von Wertungs- und Seinswissenschaften ermutigen** und begünstigen, statt sie zu erschweren. Man wird also über weitere (als die im Hochschulurteil genannten)

---

[18] *Mayer-Abich,* Versagt die Wissenschaft vor dem Grundrecht der Freiheit?, Zeitschrift für Didaktik der Philosophie 1980, 3 (9).

organisatorischen Konsequenzen für den Wissenschaftsbetrieb nachdenken müssen.

Die überkommene Auffassung, welche die Wissenschaft auf die Beschäftigung mit Fakten und natur- und sozialwissenschaftlichen Zusammenhängen beschränkt wissen wollte, ist gerade für die *Lehre vom Verfassungsrecht,* in welcher Wertungen heute als unerläßlich anerkannt sind, gar nicht mehr durchzuhalten. Mit der Einbeziehung von Wertungen wird (Sozial- und Staats-)Wissenschaft allerdings notwendig auch **„politisch“.**[19] (Um so wichtiger wird dann die Abgrenzung zur *Partei-* und *Interessenten*politik.) Dem überkommenen Selbstverständnis des Wissenschaftlers mag eine solche auch politische Funktion allerdings noch zuwiderlaufen. Er fühlt sich im elfenbeinernen Turm oft wohler. Die dargelegten Konsequenzen scheinen jedoch unausweichlich. Es gilt ähnliches wie in der Verwaltung (oben P VI), in der Gerichtsbarkeit (oben Q I) und der Finanzkontrolle (oben R VII), wo das Dogma von der unpolitischen Funktion ebenfalls ein zähes Leben hat, wo es aber ebenfalls letztlich überwunden werden muß.

V. Wissenschaftliche Politikberatung

1. Verbreitung, Bedürfnis

In der Bundesrepublik gibt es eine große Anzahl von **Sachverständigengremien,** die mit ihren Gutachten der Politik Informationen und Ratschläge vermitteln sollen. Allein beim Bund wurden 1977 358 solcher Gremien gezählt.[20]

Bedenkt man, daß die Regierung in den Ministerien und anderen Verwaltungen über Experten verfügt, stellt sich die Frage, *warum* daneben noch ein derart großes Bedürfnis nach externem Rat besteht. Die Antwort, welche die Bundesregierung darauf gegeben hat, lautet: Die Bundesregierung benötige bei der Erfüllung ihrer vielschichtigen und vielfältigen Aufgaben externe Beratung, „(a) wenn neue wissenschaftliche Erkenntnisse und Forschungsergebnisse genutzt werden sol-

---

[19] Vgl. auch *Ehmke,* Karl von Rotteck, Der politische Professor (1963), in: *Ehmke,* Beiträge zur Verfassungstheorie und Verfassungspolitik (hrsg. von *Häberle*), 1981, 396 (422): Die Rechts- und Staatswissenschaft ist „eine praktische Wissenschaft“, die „nicht vor lauter ‚Reinheit‘ ihren eigentlichen Gegenstand, die gerechte Ordnung des Gemeinwesens, verlieren darf“.

[20] Antwort der Bundesregierung auf die Kleine Anfrage der CDU/CSU v. 26. 5. 1977, BT-Drucks. 8/484. Hierbei sind allerdings auch zahlreiche Gremien mitaufgeführt, deren Mitglieder von Interessenverbänden entsandt sind.

len, (b) wenn Daten und Fakten, die erst mühsam erhoben werden müßten, bei Externen bereits vorhanden sind, (c) wenn eigener Sachverstand nicht spezialisiert genug ist, oder (d) wenn eine Prüfung und Bewertung politischen Handelns durch betroffene Interessenbereiche zweckmäßig erscheint".[21]

Bei dieser Aufstellung wird allerdings die **Kontroll- und Kritikfunktion** der Wissenschaft nicht explizit aufgeführt: Es bedarf des wissenschaftlichen Rats auch, um eine Kontrolle der Regierung durch das Parlament und überhaupt um eine Kontrolle *aller* Träger staatlicher Macht durch die Öffentlichkeit zu ermöglichen. Es geht darum, Problemlösungen und Entscheidungsprozesse durch Analyse und Abwägung des Für und Wider nach Kriterien der sachlichen Richtigkeit zu beurteilen und auf diese Weise allen am politischen Prozeß Beteiligten, nicht zuletzt auch dem interessierten *Bürger,* Beurteilungsmaterial an die Hand zu geben.

Die Regierung selbst kann diesen Bedarf nicht befriedigen. Sie müßte bereit sein, ihre eigenen Maßnahmen kritisch in Frage zu stellen oder gar frühere Fehler einzugestehen, was in der Praxis aber kaum der Fall ist, weil sie befürchten muß, ihre Position im politischen Wettbewerb mit den Oppositionsparteien zu verschlechtern. Die zahlreichen durch Gesetz, aufgrund einer Entschließung des Bundestags oder aus eigener Initiative vorgelegten **Berichte der Regierung**[22] erlauben dementsprechend in der Regel keine wirksame Kontrolle, sondern tendieren dahin, den Erfolg der Regierungsmaßnahmen herauszustreichen.[23] Sie dienen meist eher als Aktivitätsnachweis und der *Selbstdarstellung*. Deutlich wird dies etwa bei der Subventionsberichterstattung, bei welcher immer größere Anstrengungen unternommen wurden, um den jahrzehntelangen Mißerfolg beim gesetzlich vorgeschriebenen Abbau von Subventionen (§ 12 IV StabG!) verbal zu kaschieren.[24] Auch eine Vielzahl von anderen Berichten, die in den Ministerien für Parlament und Öffentlichkeit erstellt werden, sind als „Jubelberichte" häufig recht wertlos, jedenfalls haben sie viel geringeren Wert für die Allgemeinheit, als sie ihn haben *könnten*. Sie enthalten zwar interessante Daten, ermangeln aber doch regelmäßig der Anhaltspunkte für etwa nötige Kritik und Verbesserungsvorschläge. Es muß deshalb darum gehen, das **Berichtswesen** derart zu **organisieren,** daß wirklich für die Gemeinschaft Angemessenes dabei herauskommt.

Derzeit besteht in der Bundesrepublik ganz allgemein ein Übermaß

---

21 BT-Drucks. 8/484 (oben FN 20), S. 2f.

22 Übersicht bei *Fricke,* Institutionell-organisatorische Absicherung der Gesetzeskontrollfunktion (unveröffentlichtes Manuskript), Speyer 1982, 37ff.

23 *Steinberg* (oben FN 15), 203.

24 Näheres bei *v. Arnim,* Gemeinwohl und Gruppeninteressen, 344ff. m. w. N.

an Rechtskontrolle und ein **Defizit an Sachkontrolle.**[25] Dadurch bleiben wesentliche Entscheidungsbereiche unzureichend kontrolliert. Das läßt sich am Beispiel der *Staatsfinanzen* zeigen. Die Rationalität der steuer- und finanzpolitischen Willensbildung ist für jeden Bürger und Steuerzahler besonders wichtig. Die *gerichtliche* Kontrolle fällt für wichtige Bereiche völlig aus: Während der Bürger gegen rechtswidrige *Steuer*erhebungen von auch nur ein paar Mark jederzeit die Gerichte anrufen kann, hat er keine Möglichkeit sich gegen ein verschwenderisches *Ausgaben*gebaren der öffentlichen Hand gerichtlich zur Wehr zu setzen, obwohl die Steuerbelastung dadurch unnötig überhöht wird.[26] Die Wirtschaftlichkeit der Ausgabengestaltung soll zwar vom *Parlament* und vom *Rechnungshof* geprüft werden. Eben das geschieht aber nur eingeschränkt (oben R VI). Auch der *Wähler* hat – entgegen dem immer wieder vorgebrachten wohlfeilen Rat zur Selbsthilfe mit dem Stimmzettel – faktisch kaum eine wirksame Einflußmöglichkeit (oben Q IV 3.3). Aus diesen Gründen muß über die **Einrichtung neuer Sachkontrollinstanzen** nachgedacht werden (vgl. auch oben L II 2.4.3).

Der Bedarf erstreckt sich auf die Verwaltung ebenso wie auf die Gesetzgebung; er ist dort besonders offensichtlich, wo *Parlamente in eigener Sache* entscheiden, wo den Abgeordneten also die Unbefangenheit fehlt, so wenn es um den Status der Abgeordneten selbst geht oder um Fragen der Parteienfinanzierung (oben I V 3.2). Ähnliches gilt wegen des großen Anteils von öffentlichen Bediensteten in den Parlamenten (und erst recht in ihren Ausschüssen für Inneres) für die Regelung von Angelegenheiten des öffentlichen Dienstes (oben P V). Der Bedarf ist aber durchaus *nicht auf diese Bereiche beschränkt.* Er wird denn auch von vielen Seiten artikuliert, von der *Finanzwissenschaft,* wenn es um die Einschränkungen der Vielzahl überflüssiger Subventionen und Steuervergünstigungen oder generell um die Haushaltskontrolle geht,[27] oder von der *Verwaltungswissenschaft,* wo man im Zusammenhang mit der Kontrolle der Verwaltung[28] meist von „Evaluation" spricht, aber das gleiche meint, und von der *Politikwissenschaft.*[29]

---

[25] *v. Arnim,* Gemeinwohl und Gruppeninteressen, 193f. m. w. N.

[26] Näheres bei *v. Arnim,* Besteuerung und Eigentum, VVDStRL 39, 286 (311ff. m. w. N.).

[27] Näheres bei *v. Arnim,* Gemeinwohl und Gruppeninteressen, 338ff.

[28] *Bohne/Herbert König,* Probleme der politischen Erfolgskontrolle, Die Verwaltung 1976, 19; *Steinberg* (oben FN 15); *Hellstern/Wollmann,* Wirksamere Gesetzesevaluierung. Wo könnten praktikable Kontrollverfahren und Wirkungsanalysen beim Parlament und Rechnungshof ansetzen?, ZParl 1980, 547; *Fricke* (oben FN 22).

[29] Vgl. *Böhret,* Entscheidungshilfen für die Regierung, 1970; *ders.,* Art. „Poli-

Allerdings sind die Vertreter der einzelnen Wissenschaftszweige hier bisweilen selbst nicht ganz unbefangen, weil sie von einer Erweiterung der wissenschaftlichen Beratung der Politik durch lukrative Gutachtensaufträge profitieren können. Manche Stellungnahmen könnten denn auch leicht als Arbeitsbeschaffungsprogramme für gutachtensfreudige Wissenschaftler mißverstanden werden. Hier ist Nachdruck darauf zu legen, daß es insgesamt nicht so sehr um ein *Mehr* an Beratung und Berichterstattung geht, sondern in erster Linie darum, gewisse *Mindestqualitäten* der Beratung und Berichterstattung zu sichern.

2. Modelle

Zum Verhältnis von Wissenschaft und Politik werden verschiedene Konzeptionen vertreten. *Jürgen Habermas* unterscheidet drei idealtypische Modelle der Politikberatung, die er mit den Attributen „dezisionistisch", „technokratisch" und „pragmatisch" kennzeichnet.[30] Sie sollen wegen der weiten Verbreitung der *Habermas*schen Kategorien hier skizziert und zugleich einer kritischen Beurteilung unterzogen werden.

Das **dezisionistische Modell,** welches *Max Weber*[31] zugeschrieben wird, trennt scharf zwischen der wissenschaftlichen Aufweisung von Handlungsmöglichkeiten und der politischen Entscheidung. Das Modell ist durch die Vorstellung gekennzeichnet, der Politiker bediene sich des technischen Wissens, um die Handlungsalternativen zu erkennen, zwischen denen er sich dann aber erklärtermaßen ganz irrational entscheide, weil die zugrunde liegenden Wertentscheidungen rationaler Beurteilung nicht zugänglich seien. Hier geht die Rationalität der Mittelwahl also „zusammen mit der erklärten Irrationalität der Stellungnahme zu Werten, Zielen und Bedürfnissen" *(Habermas).* – Dieses Modell steht in offenbarem Widerspruch zu der grundgesetzlichen Festlegung der Politik auf bestimmte grundlegende Werte (oben G).

Das **technokratische Modell,** welches *Helmut Schelsky* zugerechnet wird,[32] geht davon aus, die Politik sei in derart komplizierte Zusammenhänge, welche nur die Wissenschaft durchschauen könne, gestellt, daß politische Entscheidungen weitgehend durch wissenschaftliche Erkenntnisse determiniert würden. Hier scheint sich „das Abhängigkeitsverhältnis des Fachmanns vom Politiker ... umgekehrt zu haben – dieser wird

tikberatung", in: *M. Greiffenhagen/S. Greiffenhagen/Prätorius,* Handwörterbuch zur politischen Kultur der Bundesrepublik Deutschland, 1981, 305; *Jann,* Der Policy-Ansatz, 1983 (Speyerer Arbeitshefte 45), 25ff.

[30] *Habermas,* Technik und Wissenschaft als „Ideologie", 1968, 120ff.

[31] *Max Weber,* Politische Schriften, 3. Aufl., 1971, 308ff.

[32] *Schelsky,* Der Mensch in der wissenschaftlichen Zivilisation, 1961.

zum Vollzugsorgan einer wissenschaftlichen Intelligenz“ *(Habermas)*. – Auch dieses Modell kann nicht akzeptiert werden; es ist unrealistisch, weil es die vielen Wissenslücken der Natur- und der Sozialwissenschaften und den zusätzlich oft bestehenden weiten Wertungsspielraum hinwegfingiert.

Das **pragmatische Modell,** welchem *Habermas* selbst zuneigt, ist auf eine enge Verzahnung der Funktionen des Wissenschaftlers und des Politikers, auf eine wechselseitige Kommunikation und eine gegenseitige Beeinflussung angelegt. Dabei beschränkt sich der Wissenschaftler nicht auf die *Folgenabschätzung* bestimmter Handlungsalternativen, er wirkt vielmehr auch bei der *Zielfindung* mit. Er zeigt nicht nur auf, *wie* bestimmte Ziele erreicht werden können, sondern auch *welche* Ziele mit alternativem Mitteleinsatz erreichbar sind, ferner, ob bestimmte Ziele und Zielkombinationen überhaupt realisiert werden können. – Dieses Modell kommt der diesem Buch zugrundeliegenden Konzeption relativ am nächsten. Es berücksichtigt allerdings noch nicht ausreichend die spezifisch *verfassungs*theoretische Komponente, nämlich die Erkenntnis, daß die Grundwerte der Verfassung und die daraus abgeleiteten einzelnen Verfassungswerte normative Richtlinien abgeben, welche zwar in einem Beziehungsverhältnis zu den tatsächlichen Grundvorstellungen der Menschen stehen, diesen gegenüber aber auch etwas Eigenes haben. Der Politiker muß sich von Verfassungs wegen vom Bestreben leiten lassen, möglichst gute Lösungen zu entwickeln und durchzusetzen (oben H II 2), wenn hier auch ein der Kontrolle nicht mehr zugänglicher, mehr oder weniger weiter Spielraum besteht (oben H II 5). Mit diesen **Ergänzungen** kann das pragmatische Modell akzeptiert werden.

3. Rechtliche Grundlagen

Obwohl Gutachten von wissenschaftlichen Kommissionen und Sachverständigenräten beträchtlichen Einfluß auf die praktische Politik haben können, enthält das *Grundgesetz* kein Wort über sie. Die rechtliche Regelung ist deshalb ganz unterschiedlich; sie fehlt zum Teil auch ganz.[33] Einige Gremien sind *durch Gesetz* begründet worden. So regelt das Gesetz über die Bildung eines **Sachverständigenrats zur Begutachtung der gesamtwirtschaftlichen Entwicklung** von 1963[34] Errichtung, Aufgaben, Zusammensetzung und Status des Sachverständigenrats. Eine

---

33 Ausführliche Übersicht über die Beratungspraxis und die rechtlichen Grundlagen der Arbeit von Sachverständigenräten bei *Dietzel,* Wissenschaft und staatliche Entscheidungsplanung, 1978, 46ff.

34 BGBl. I S. 685.

entsprechende Regelung enthält § 24b des Gesetzes gegen Wettbewerbsbeschränkungen[35] für die **Monopolkommission.** Dagegen ist z. B. der **Rat von Sachverständigen für Umweltfragen** nicht durch Gesetz, sondern aufgrund eines *Erlasses* des Bundesministers des Inneren von 1971 errichtet worden.[36] Wenn spezielle Regelungen überhaupt fehlen, bilden, soweit es sich um bestimmte Arten von Beratungen der Ministerien handelt, die *§§ 61 und 62* der Gemeinsamen Geschäftsordnung der Bundesministerien *(GGO I)* die rechtliche Grundlage.

4. Grundsätze für die Ordnung der wissenschaftlichen Politikberatung

Die unterschiedlichen rechtlichen Regeln für die wissenschaftliche Politikberatung muten z. T. ganz **willkürlich** an und scheinen nicht selten von den machtpolitischen Interessen des jeweils berufenden staatlichen Positionsinhabers diktiert zu sein. Angesichts der Bedeutung der Politikberatung ist es heute aber nicht mehr vertretbar, daß Art und Form ins Belieben der jeweiligen Amtsinhaber gestellt sind. Politikberatung wird immer mehr zu einem wesentlichen Element der staatlichen Willensbildung und Entscheidung. Ihre **Einrichtung und Organisation** gehört damit zu einer sinnvollen Ordnung der staatlichen Entscheidungsverfahren. Daran fehlt es bislang eben weitgehend. Die vorliegenden Regelungen konzentrieren sich immer noch auf das *Schlußstadium* der politischen Entscheidungsbildung, vor allem auf die Entscheidung im Parlament. Die ,,Vorformung des politischen Willens" im ,,vorparlamentarischen Raum" *(Scheuner)* bleibt dagegen dem Belieben der Akteure weitgehend überlassen. Dies gilt auch für Einrichtung und Organisation der wissenschaftlichen Politikberatung. Bedenkt man, daß im Stadium der Vorformung bereits Vorentscheidungen fallen, die den Inhalt der schließlich getroffenen Entscheidungen weitgehend festlegen können, so erscheint dies unerträglich und mit dem Gebot, eine befriedigende Gesetzgebungsordnung, ganz allgemein: eine befriedigende Verfahrensordnung der staatlichen Willensbildung, zu schaffen, unvereinbar.

Derzeit haben die politischen Positionsinhaber **Manipulationsmöglichkeiten** der verschiedensten Art. Das beginnt schon bei der Frage, *ob* überhaupt wissenschaftliche Gutachter eingeschaltet werden. Hier besteht die Gefahr des Mißbrauchs in mancherlei Richtungen. Erinnert sei z. B. an die Einsetzung einer Kommission mit der Absicht, ein ungeliebtes Projekt auf die lange Bank zu schieben. Manipulationsmöglichkeiten ergeben sich auch bei Festlegung der **personellen Zusammensetzung**

35 Die Vorschrift wurde 1973 ins GWB eingefügt.

36 BMBl. 1972, Nr. 3, S. 27.

von Kommissionen; hier können wichtige Weichenstellungen getroffen werden. Wenn z. B. für die Untersuchung der Parteienfinanzierung aus öffentlichen Mitteln Personen berufen werden, die durch häufige Gutachten, Prozeßvertretung oder ähnliches mit den Parteien verbunden sind, so kann man sich unschwer schon vorher denken, in welche Richtung ihr Votum gehen wird. Und selbst wenn die Befürchtung sich als unberechtigt erweisen sollte, so bleibt doch immer der ungute Schein, der unbedingt vermieden werden muß. Nach gewachsener und gesunder Rechtsvorstellung wird Befangenheit bereits durch Umstände begründet, die die Entscheidung in unsachlicher Weise beeinflussen *können* – ohne Rücksicht darauf, ob sie im Einzelfall wirksam waren. Allgemein gilt: Unabhängigkeit der wissenschaftlichen Politikberatung kann durch ihre gesetzliche oder sonstige *Postulierung* allein nicht gesichert werden. Es kommt entscheidend auf die angemessene Ausgestaltung des *Berufungsverfahrens* an. Manipulationsmöglichkeiten sind auch bei der Frage der *Veröffentlichung* gegeben. Ist diese nicht von vornherein festgelegt, so besteht die Gefahr, daß Gutachten, deren Ergebnisse dem Auftraggeber nicht passen, unter Verschluß gehalten werden. Eine Nichtveröffentlichung kann aber auch andere Gründe haben: Nicht jedes als wissenschaftliches Gutachten firmierendes Elaborat kann vor der Öffentlichkeit bestehen. Vor allem *Gefälligkeitsgutachten* scheuen das Licht. Weder der Gutachter noch der Auftraggeber sind an einer Veröffentlichung interessiert, der Gutachter nicht, weil der Gefälligkeitscharakter dann leicht aufgedeckt werden könnte, was seinem Ansehen abträglich wäre, der Auftraggeber nicht, weil sich mit den Gutachtensergebnissen nur solange Politik machen läßt, als der Gefälligkeitscharakter nicht ruchbar geworden ist.

Aus allem ergibt sich, daß die angemessene rechtliche **Ordnung der wissenschaftlichen Politikberatung** wegen ihrer zentralen Bedeutung für Staat und Gesellschaft und zur Unterbindung der derzeit bestehenden Manipulations- und Mißbrauchsmöglichkeiten zu einer Frage ersten Ranges, einer **Verfassungsfrage** im materiellen Sinn,[37] geworden ist. Aufgabe der Verfassungslehre ist es deshalb, Grundsätze für den gesamten Bereich der Politikberatung zu erarbeiten, Aufgabe der politisch Verantwortlichen und der Rechtsprechung, diesen Grundsätzen, die ihren Niederschlag teilweise auch in einer Ergänzung des Grundgesetzes finden könnten, zur Durchsetzung zu verhelfen.[38] Dabei werden neben der Sicherung der Fachkompetenz und der Konfliktfähigkeit vor allem die Grundsätze der Öffentlichkeit und der Unabhängigkeit eine zentrale Rolle spielen müssen.

---

[37] *v. Arnim,* Gemeinwohl und Gruppeninteressen, 334 m. w. N.

[38] Vgl. hierzu die ausformulierten verfassungs- und einfach-gesetzlichen Vorschläge bei *Dietzel* (oben FN 33), 395 ff.

4.1. Fachkompetenz

Die Sicherung der nötigen Fachkompetenz ist allererste Voraussetzung für wissenschaftliche Politikberatung überhaupt. Sachkontrollen können offenbar nicht ohne Sachverstand durchgeführt werden. Die Notwendigkeit der Fachkompetenz des Kontrollpersonals zeigt sich auch an den Kontrolldefiziten solcher Institutionen, in denen sie fehlt. Hier sei an den Bundesrechnungshof erinnert, dessen nur beschränkte Wirtschaftlichkeitskontrolle auch mit dem Vorherrschen rein juristischer Ausbildung zusammenhängt.

4.2. Konfliktfähigkeit

Während die Bedeutung der Fachkompetenz auf der Hand liegt, wird die Unerläßlichkeit von Konfliktfähigkeit nicht selten übersehen. Um die Durchsetzung von Verbesserungen zu fördern, ist es jedoch wichtig, daß Kontrolleinrichtungen selbstbewußt genug sind, um Konfrontationen mit den politisch Verantwortlichen aushalten zu können.[39] Die Notwendigkeit von Konfliktfähigkeit folgt unmittelbar aus der Funktion der Kontrolleinrichtungen, die Durchsetzung von Verbandsinteressen, von Ressortpartikularismus etc. zu erschweren. Solche Auseinandersetzungen drohen in noch verstärktem Maß, wenn die Berichte veröffentlicht werden. Hier muß der Adressat, will er von den Vorschlägen abweichen, öffentlich gegen sie Stellung nehmen, was die Berater nötigen kann, sie zu verteidigen. Erinnert sei in diesem Zusammenhang z. B. an die periodisch wiederkehrenden heftigen öffentlichen Angriffe der Gewerkschaften gegen den Sachverständigenrat zur Begutachtung der gesamtwirtschaftlichen Entwicklung. Notwendige Voraussetzungen und zugleich beste Garanten für Konfliktfähigkeit sind hohe Fachkompetenz und wirkliche Unabhängigkeit. Auch für diese Feststellungen mag wieder der Bundesrechnungshof als Beleg dienen, wenn auch leider als negativer: Wie oben R VII dargelegt, ist der Mangel an Selbstbewußtsein und Konfliktfähigkeit ein Grund für seine zu geringe Wirkung. Dieser Mangel ist nun seinerseits wiederum bedingt durch die eingeschränkte Fachkompetenz für Sachkontrollen nach dem Maßstab der Wirtschaftlichkeit und die Beeinträchtigung der Unabhängigkeit.

4.3. Unabhängigkeit

Der Grundsatz der Unabhängigkeit ist wegen der direkten politischen Auswirkungen der Gutachten von Sachverständigen-Gremien und ihrer möglichen Lästigkeit für die politisch Verantwortlichen von besonderer Bedeutung. Das Unabhängigkeitsgebot sollte durch Unvereinbarkeits-

---

[39] Vgl. auch *Fricke* (oben FN 22), 108, 115.

bestimmungen abgesichert werden. Die bloße rechtliche *Postulierung* von Unabhängigkeit reicht keinesfalls aus. Das zeigen vor allem die Fachausschüsse bei den Ministerien. Ein großer Teil ihrer Mitglieder wird von Interessenverbänden entsandt. *§ 62 II GGO I* bestimmt zwar, daß die Mitglieder der Fachausschüsse unparteiisch und objektiv beraten und Empfehlungen abgeben sollen. In der Praxis kann diese Vorschrift aber nicht verhindern, daß die Verbandsmitglieder sich vornehmlich als Interessenvertreter verstehen und die Interessen ihrer Organisationen bei ihrem Votum durchschlagen.[40] Hier müssen also Regelungen getroffen werden, die die Unabhängigkeit möglichst sicherstellen. Ein Weg ist die Bestellung mit Zweidrittelmehrheiten des Parlaments (oder eines Parlamentsausschusses), wie sie für den Präsidenten und den Vizepräsidenten des Bundesrechnungshofs vorgeschlagen wird (oben R VII 2). Ein solches Verfahren ist für besonders wichtige Beratungsinstitutionen angemessen. Aber auch bei anderen muß der Unabhängigkeitsgrundsatz möglichst weitgehend verwirklicht werden.

4.4. Öffentlichkeit

Von zentraler Bedeutung ist schließlich die Veröffentlichung der Gutachten.[41] Auf diese Weise kann ihre Wirkung verstärkt werden. Die politisch Verantwortlichen werden zur Stellungnahme gezwungen. Zugleich erhält der interessierte Bürger die Möglichkeit, sich zu informieren, und wird auf diese Weise bis zu einem gewissen Grad in die politische Willensbildung miteinbezogen: ,,Der Souverän wird souveräner" *(Noll)*. Solche **Öffentlichkeitsberatung** steht im Gegensatz zu einer exklusiven Beratung der Regierenden, die hinter verschlossenen Türen erfolgt und dem Bürger das Gefühl vermitteln muß, er habe in der Politik eher eine Objekt- als eine Subjektstellung inne. Öffentliche Politikberatung kann deshalb als **freiheitsorientierte** und demokratische Beratung bezeichnet werden – im Gegensatz zur **herrschaftsorientierten,** die sich ausschließlich an die Adresse der Herrschenden richtet.[42] Das Bestechende an (unabhängiger) Öffentlichkeitsberatung liegt darin, daß sie gleichzeitig zwei Werten dienen kann: der Erhöhung der Rationalität und Richtigkeit der politischen Willensbildung (output-Komponente)

---

[40] Daß davon auch die Ministerien selbst ausgehen, zeigt sich an einem interessanten Detail: Verbandsvertreter erhalten meist keine Reisekostenerstattung von seiten der Ministerien, obwohl ansonsten Berater ihre Kosten durchaus erstattet zu bekommen pflegen, ganz abgesehen von den z. T. üppigen Honoraren. Dazu *Dietzel* (oben FN 33), 145ff.

[41] Es geht hierbei um *Berichts*öffentlichkeit, nicht um *Verhandlungs*öffentlichkeit. Deshalb besteht auch keine Gefahr, daß ein etwa erforderlicher Kommunikationsprozeß zwischen Beratern und Auftraggebern, der auch die Zielfindung umfassen kann, beeinträchtigt wird.

[42] *Albert*, Konstruktion und Kritik, 1972, 119.

und der demokratischen Mitbestimmung der Bürger an der Politik. Das Gewicht dieser Aussage wird deutlich, wenn man berücksichtigt, daß zwischen beiden Werten ansonsten oft ein Konflikt besteht.

Veröffentlichung ist schließlich auch deshalb wichtig, weil sie die Beratungsakte ihrerseits der Kritik und Kontrolle durch die Öffentlichkeit unterwirft und auf die Weise hilft, **Einseitigkeiten** zu **entschärfen.**[43]

Aus dem gleichen Grund sollte auch einzelnen Kommissionsmitgliedern das Recht gewährleistet sein, **Minderheitsvoten** abzugeben, die gleichzeitig mit dem Votum der Mehrheit veröffentlicht werden.

Gegen die Veröffentlichung wird vor allem zweierlei eingewandt: Einmal gelte in Deutschland als Ausdruck beamten- und verwaltungsrechtlicher Tradition das **Geheimhaltungsprinzip.**[44] In dieser Argumentation schwingt aber offensichtlich noch ein guter Schuß Selbstwertvorstellung vom Staat mit. Es werden überkommene Wertungen fortgeschleppt ohne Prüfung, ob sie mit der grundgesetzlichen Ordnung noch vereinbar sind. Solange man den Staat und sein Instrument, die beamtete Verwaltung, als von der Gesellschaft unabhängigen Eigenwert verstand, hatte das Geheimhaltungsprinzip seinen Sinn. Heute ist dieser Vorstellung aber mit der anthropozentrischen Grundentscheidung unserer Verfassung und der Verwerfung jeder Form von staatlicher Selbstwertvorstellung (oben G II 1.1) die Basis entzogen. Das bedeutet zwar nicht, daß nun alles und jedes veröffentlicht werden müßte. Die Geheimhaltung bedarf aber nunmehr einer besonderen **Rechtfertigung.** Das Regel-Ausnahme-Verhältnis hat sich umgekehrt.[45] Gegen die Veröffentlichung von Beratungsberichten wird *weiter* eingewandt, sie würde Regierung, Parlament und andere politisch Verantwortliche in Zugzwang setzen und so ihren *Handlungsspielraum* ungebührlich *einengen.* Mit dieser Argumentation hat man sogar versucht, die Verfassungswidrigkeit der Öffentlichkeitsberatung durch den Sachverständigenrat zur Begutachtung der gesamtwirtschaftlichen Entwicklung zu begründen.[46] Dabei wird aber übersehen, daß der Handlungsspielraum von Regierung und Parlament ohnehin erheblich beschränkt ist, vor allem durch die Entscheidungskompetenz der Tarifparteien und den auch sonst großen Einfluß der *Interessenverbände* und des von ihnen in Dienst genommenen Fachwissens (oben J I 3.1.1). Von daher droht eine tendenzielle Desorientierung der politischen Willensbildung. Es besteht die Gefahr, daß organisationsschwache, insbes. allgemeine Interessen zu kurz kommen (oben J II; K). Funktion der Sachverständigenräte (insbes. auch des gesamtwirtschaftlichen) ist es, hier zusammen mit der Öffentlichkeit ein Gegengewicht zu bilden und der Regie-

---

43 Vgl. auch *Häberle,* Rezensierte Verfassungsrechtswissenschaft, 1982, 34: Gutachten sind zu veröffentlichen und dadurch der Kritik der Fachwelt auszusetzen. Zustimmend *Starck,* Rezensierte Verfassungsrechtswissenschaft, JZ 1982, 674 (675): „beherzigenswerte Forderung".

44 So z. B. *Quick,* Organisationsformen der wissenschaftlichen Beratung des Parlaments, 1976, 134ff., unter Berufung auf *Düwel,* Das Amtsgeheimnis, 1965, 111ff.

45 *v. Arnim,* Die Öffentlichkeit kommunaler Finanzkontrollberichte als Verfassungsgebot, 1981.

46 So *Böckenförde,* Die Organisationsgewalt im Bereich der Regierung, 1964, 255ff.; *Heinze,* Der Sachverständigenrat zur Begutachtung der gesamtwirtschaftlichen Entwicklung und die Umbildung der Verfassung, Der Staat 1967, 433ff.; *Eckart Klein,* Die verfassungsrechtliche Problematik des ministerialfreien Raumes, 1974, 71, 214f.

rung auf diese Weise die nötige Rückendeckung und Unabhängigkeit zu schaffen, damit sie in der Lage ist, Gemeinwohlkonformes möglichst durchzusetzen. Der Entscheidungsspielraum der Regierung wird in dieser Sicht also nicht eingeengt, sondern erweitert, indem es ihr erleichtert wird, Richtiges auch gegen den Widerstand von Partikularinteressen durchzusetzen. Erst dieser Zusammenhang läßt den **Gemeinwohlbezug der Öffentlichkeitsberatung** voll deutlich werden. Eine Sicht, welche nur den Druck, der von den Gutachten der Beratungsgremien auf die Regierung oder das Parlament ausgeht, ins Auge faßt, muß dagegen zu verzerrten Ergebnissen führen, weil dann der Sinn dieses Drucks als *Gegen*druck gegen einseitige Abhängigkeit und daraus resultierende Fehlentwicklungen nicht in den Blick kommt.[47]

---

[47] Näheres bei *v. Arnim,* Gemeinwohl und Gruppeninteressen, 334–338; *Dietzel* (oben FN 33), 176ff.; *Schuppert,* Die Erfüllung öffentlicher Aufgaben durch verselbständigte Verwaltungseinheiten, 1981, 354–356.

T. Medien (Presse und Rundfunk)

I. Einführung

Die zentrale Bedeutung einer freien öffentlichen Meinung für einen freiheitlichen politischen Prozeß ist bereits hervorgehoben worden[1] und gehört heute zum gesicherten Bestand unserer verfassungsrechtlichen Tradition. Wenn das vorbehaltlose Vertrauen in die automatische Richtigkeit der öffentlichen Meinung, welches die liberal-rechtsstaatliche Konzeption noch erfüllt hatte, heute auch kaum mehr besteht, so herrscht doch Einigkeit, daß ein staatlicher Meinungsdirigismus keine Abhilfe, sondern im Gegenteil das Ende von politischer Freiheit und Demokratie brächte. Das **Grundgesetz** garantiert deshalb in **Art. 5 I** fünf Einzelgrundrechte für jedermann:

1. die Freiheit der Meinungsäußerung und -verbreitung,
2. die Informationsfreiheit,
3. die Pressefreiheit,
4. die Freiheit der Berichterstattung durch Rundfunk und Film und schließlich
5. ein Zensurverbot, welches die anderen Freiheiten verstärkt und sichert.

Meinungs- und Pressefreiheit (einschl. des Zensurverbots) gehören zu den klassischen Freiheitsrechten: Die Pressefreiheit wird bereits in der Bill of Rights of Virginia (1776)[2] als eines der stärksten Bollwerke der Freiheit bezeichnet, die französische Erklärung der Menschen- und Bürgerrechte proklamiert die freie Mitteilung der Gedanken und Meinungen als eines der kostbarsten Rechte des Menschen. Dagegen findet sich die *Rundfunkfreiheit* im Grundgesetz erstmals. Der Rundfunk ist erst in den 20er Jahren eingeführt (und in Deutschland bald darauf vom Nationalsozialismus gleichgeschaltet) worden.

Die einzelnen Grundrechte des Art. 5 I GG stehen in einem inneren Zusammenhang einerseits zueinander, andererseits aber auch zum Wahlrecht; geschützt ist ein **mehrstufiger Prozeß,** der von der Vorbereitung der Meinungsbildung bis zur Äußerung der Meinung reicht: Notwendige Voraussetzung für die Meinungsbildung, jedenfalls für die Bildung einer fundierten Meinung, ist es, daß der einzelne sich zunächst *infor-*

---

[1] Oben D II 5, wo auch der Begriff „öffentliche Meinung" erläutert ist, und D IV.

[2] Oben D II 2.

miert. Dementsprechend gewährleistet Art. 5 I 1 (2. Halbsatz) jedem das Recht, sich aus allgemein zugänglichen Quellen ungehindert zu unterrichten. Die zweite – gedanklich auf die Information folgende – Stufe ist die Meinungs*bildung* (die als innerer, staatlicher Einwirkung ohnehin unzugänglicher Vorgang allerdings keiner ausdrücklichen grundrechtlichen Absicherung bedarf). Die dritte Stufe bildet die Meinungs*äußerung,* die durch Art. 5 I (1. Halbsatz) gewährleistet ist. Eine besonders wichtige Äußerungsform ist die demokratische **Wahl,** deren Freiheit das Grundgesetz besonders verbrieft (Art. 38, 28 I 2). Andere politisch relevante und grundrechtlich ebenfalls abgesicherte Äußerungsformen sind die **Mitwirkung in Parteien und Verbänden** (Art. 9 I, 21 I GG).

In der Praxis lassen sich Information, Meinungsbildung und Meinungsäußerung zwar kaum scharf voneinander scheiden, da die Meinungsäußerung häufig kein einseitiger, sondern ein Austauschprozeß unter den Menschen ist, der wiederum Rückwirkungen auf ihre Meinungsbildung haben kann. Es dient jedoch der Klarstellung, wenn man Information, Meinungsbildung und Meinungsäußerung analytisch zunächst einmal trennt.

Bei der zur Meinungsbildung (insbesondere auch zur Vorbereitung von Wahlentscheidungen und zur politischen Betätigung in Parteien und Verbänden) erforderlichen Information ist der einzelne nun vielfach auf die *Vermittlung Dritter* angewiesen. In unserer komplizierten Welt ist es nicht möglich, alle relevanten Informationen aus eigener Anschauung zu kennen. Die notwendige Vermittlungsfunktion üben vor allem **Presse und Rundfunk** (= Hörfunk und Fernsehen) aus.[3] Diese – wegen ihrer Vermittlungsfunktion sogenannten – *Medien* spielen deshalb eine zentrale Rolle für die Meinungsbildung. Das gilt gerade für den *politischen* Bereich, weil hier die Möglichkeit des einzelnen, sich direkt, d.h. aus eigener Anschauung, zu informieren, besonders gering ist. Die ganze politische Szene, jede Aktion, jede Äußerung eines Politikers oder Verbandsfunktionärs kann dem Bürger nur durch Presse und Rundfunk vermittelt werden. Diese haben im Prozeß der ,,Vorformung der politischen Willensbildung" die Funktion von Katalysatoren; sie vermitteln ein ,,stetes Gespräch" zwischen allen politisch Interessierten.[4] Presse und Rundfunk sind aber nicht nur Mittler von Informationen; die in ihnen Tätigen produzieren und verbreiten vielmehr auch selbst Urteile (Kommentare) über politische Vorgänge. So wirken die Massenkommunikationsmittel – oder besser: die in Presse und Rundfunk Tätigen – selbst als aktive Kraft an der politischen Willensbildung mit und werden zu **Faktoren der Meinungsbildung.**[5] Presse und Rundfunk spielen im Konzert

---

[3] Der Film bleibt wegen seiner immer mehr hinter dem Fernsehen zurücktretenden Bedeutung im folgenden außer Betracht.

[4] *Scheuner,* Pressefreiheit, VVDStRL 22, 1 (28f.).

[5] BVerfGE 12, 205 (260).

der politischen Akteure einen wesentlichen Part, wenn auch umstritten ist, *wie intensiv* ihr Einfluß wirklich ist.

Wegen der Bedeutung der Medien für die politische Willensbildung haben Regierungen immer wieder versucht, ihre Macht dadurch zu festigen, daß sie die Presse und (neuerdings auch) den Funk gleichschalten und zu staatlichen Propagandainstrumenten mißbrauchen. Dies zeigte sich im nationalsozialistischen Staat ebenso wie heute z. B. in der DDR. Demgegenüber soll die Garantie der Presse- und der Rundfunkfreiheit (Art. 5 I 2 GG) jegliche **Meinungsdiktatur verhindern** und eine freie Informations- und Meinungsbildung (nicht zuletzt zur Vorbereitung freier Wahlentscheidungen) gewährleisten – eine Gewährleistung, die auch dann gilt, wenn die Information den Mächtigen in Staat und Gesellschaft unangenehm ist oder die geäußerte Meinung sich gegen sie richtet.

Eine wesentliche Funktion von Presse- und Rundfunk besteht gerade darin, die politisch Verantwortlichen und ihre Entscheidungen zu **kritisieren** und zu **kontrollieren.** Dies geschieht durch Herstellen der Zusammenhänge, Abwägen des Für und Wider, durch Fragen nach den Konsequenzen etc. Kritik und Kontrolle können zugunsten oder zuungunsten der behandelten Entscheidung ausgehen. Die Medien sollen auf diese Weise auch dazu beitragen, daß Mißstände offengelegt, die Verantwortlichen zur Rechenschaft gezogen und Fehlentwicklungen korrigiert werden. Als „fleet in being" entfalten die Medien auch eine präventive Wirkung.

Diese Kontrollfunktion der Medien wird heute um so wichtiger,[6] als Regierung und Parlamentsmehrheit miteinander verklammert sind (oben L II 1.1), die zwischenparteiliche Zusammenarbeit in den Parlamentsausschüssen einer öffentlichen Austragung von Problemen hinderlich ist (oben L II 2.4) und die durch die Parteien vermittelte Verzahnung von Parlament und Verwaltung eine parlamentarische Steuerung und Kontrolle der Verwaltung erschwert (oben P IV).

II. Struktur der Massenkommunikationsmittel in der Bundesrepublik

Wenn es richtig ist, daß die Träger der öffentlichen Meinung, Verleger, Redakteure usw., Macht ausüben und die politisch Verantwortlichen kontrollieren, so erhält die Frage zentrales Gewicht, **wie** die **Kontrolleure** selbst **kontrolliert** werden, vor allem: wie eine einseitige Ausübung ihrer Macht verhindert werden kann.

---

[6] Vgl. auch *Scheuner* (oben FN 4), 29; *Starck,* Zusammensetzung der Rundfunkgremien und Rundfunkfreiheit, in: Evangelischer Pressedienst, Probleme der äußeren Rundfunkfreiheit (I), 1974, 10 (18 ff.).

1. Presse

Ein Machtmißbrauch ist dann kaum zu befürchten, wenn eine **Vielzahl unterschiedlicher Stimmen** zu Wort kommt, so daß Einseitigkeiten ausgependelt werden und im Gesamtkonzert der Meinungen ein gewisser **Ausgleich** zustandekommt. Ein solcher Ausgleich kann (mindestens) auf zwei Wegen bewirkt werden. *Ein* Weg besteht darin, für möglichst viele und möglichst vielfältige Meinungsträger zu sorgen, die sich gegenseitig kontrollieren und in Schranken halten. Dies ist der Grundgedanke, der der **Organisation der Presse** in der Bundesrepublik zugrundeliegt. Die Pressefreiheit beruht (wie alle klassischen Kommunikationsfreiheiten) auf der (unausgesprochenen) Voraussetzung einer ,,unübersehbar großen Anzahl" von Meinungsträgern ,,mit annähernd gleichem Einfluß",[7] so daß Einseitigkeiten durch die Vielzahl der miteinander konkurrierenden Meinungen kompensiert werden und ein **ausgewogenes Gesamtbild** zustandekommt. Zugrunde liegt ein ähnliches Konzept wie beim wirtschaftlichen Markt. Das *Bundesverfassungsgericht* ging in seinem Fernseh-Urteil von 1961 davon aus, jene Voraussetzung sei im Pressewesen der Bundesrepublik weitgehend gegeben, da ,,innerhalb des deutschen Pressewesens eine relativ große Zahl von selbständigen und nach ihrer Tendenz, politischen Färbung oder weltanschaulichen Grundhaltung miteinander konkurrierenden Presseerzeugnissen existiert".[8] Soweit dies tatsächlich zutrifft, erübrigt sich ein staatliches Eingreifen, so daß das Grundrecht der Pressefreiheit (Art. 5 Abs. 1 Satz 2 GG) ausschließlich als Schutzrecht vor staatlichen Eingriffen verstanden werden kann.

2. Rundfunk (einschließlich Fernsehen)

Eine solche Vielzahl und Vielfalt ist beim *Rundfunk* nicht möglich (oder doch jedenfalls zur Zeit des ersten Fernsehurteils von 1961 noch nicht möglich gewesen). Das *Bundesverfassungsgericht* hat dafür in dem erwähnten Urteil[9] zwei Gründe genannt: Einmal stehe aus **technischen Gründen** nur eine beschränkte Zahl von Sendefrequenzen zur Verfügung, zum zweiten lasse der große **finanzielle Aufwand** für die Veran-

---

[7] *Herzog,* in: *Maunz/Dürig/Herzog/Scholz,* Grundgesetz Kommentar, Art. 5 Abs. 1 und 2 (Bearb. November 1982), RN 180.

[8] BVerfGE 12, 205 (261).

[9] Das Rundfunkrecht ist in weitem Umfang durch die Rechtsprechung des Bundesverfassungsgerichts vorgezeichnet, welche den Grundsatz des Art. 5 Abs. 1 Satz 2 GG konkretisieren mußte. Grundlegend war das *Fernsehurteil von 1961* (E 12, 205), das durch das *zweite Fernsehurteil* von 1971 (E 31, 314) bestätigt wurde. Das *dritte Fernsehurteil* von 1981 (E 57, 295) brachte vor allem eine Präzisierung der Voraussetzungen für die Einrichtung von *privaten* Rundfunkanstalten. Zwei Urteile aus dem Jahre 1982 (E 59, 231 und E 60, 53) brachten weitere Klarstellungen.

staltung von Rundfunkdarbietungen nur eine geringe Zahl von Trägern zu. ,,Diese Sondersituation im Bereich des Rundfunkwesens" erfordere ,,besondere Vorkehrungen zur Verwirklichung und Aufrechterhaltung der in Art. 5 GG gewährleisteten Freiheit des Rundfunks". Anders als bei der Presse genüge bloß negatorische Staatsfreiheit nicht. Rundfunkfreiheit könne ihrer primären **Funktion,** der Meinungsfreiheit der Bürger zu dienen, nur gerecht werden, wenn sichergestellt sei, daß diesen eine möglichst breite und umfassende Information geboten werde. Das Gericht verlangt dafür drei Arten von **Sicherungen:**[10]

(1) Der Staat muß **organisatorische Vorkehrungen** treffen, die dafür sorgen, daß ,,dieses moderne Instrument der Meinungsbildung weder dem Staat noch *einer* gesellschaftlichen Gruppe ausgeliefert wird. Die Veranstalter von Rundfunkdarbietungen müssen so organisiert werden, daß alle in Betracht kommenden Kräfte in ihren Organen Einfluß haben und im Gesamtprogramm zu Wort kommen können". Mangels einer äußeren Vielzahl von Rundfunkträgern verlangt das Gericht also, daß die Rundfunkanstalten **intern pluralistisch** organisiert werden. Dadurch soll gewährleistet werden, daß ,,die Vielfalt der bestehenden Meinungen, Zielsetzungen und Aktivitäten in allen Lebensbereichen im Gesamtprogramm des Rundfunks möglichst vollständig und ausgewogen zum Ausdruck kommt".[11]

(2) Weiter hat das Bundesverfassungsgericht die Aufstellung verbindlicher **inhaltlicher Leitgrundsätze** verlangt, ,,die ein Mindestmaß von inhaltlicher Ausgewogenheit, Sachlichkeit und gegenseitiger Achtung gewährleisten".

(3) Schließlich stellt das Gericht noch eine formell verfahrensmäßige Voraussetzung auf, indem es eine Regelung **durch Gesetz** vorschreibt, denn die Einhaltung der unter (1) und (2) genannten organisatorischen und sachlichen Grundsätze ,,lasse sich nur sicherstellen", wenn diese ,,durch Gesetz allgemein verbindlich gemacht werden".

Damit hat das Bundesverfassungsgericht die Organisation der Rundfunkanstalten der Länder, wie sie durch die (Landes-)Rundfunkgesetze bzw. durch Staatsverträge der Bundesländer (insbes. ZDF, NDR und SWF) erfolgt ist, dem Grundsatz nach abgesegnet und dazu ausgeführt:

,,Eines der diesem Zweck (nämlich der Verwirklichung und Aufrechterhaltung der Rundfunkfreiheit) dienlichen Mittel ist das Prinzip, nach dem die bestehenden Rundfunkanstalten aufgebaut sind: Für die Veranstaltung von Rundfunksendungen wird durch Gesetz eine juristische Person des öffentlichen Rechts geschaffen, die dem staatlichen Einfluß entzogen oder höchstens einer beschränkten staatlichen Rechtsaufsicht unterworfen ist; ihre kollegialen Organe sind fak-

---

[10] BVerfGE 12, 205 (261–263).
[11] BVerfGE 60, 53 (66).

tisch in angemessenem Verhältnis aus Repräsentanten aller bedeutsamen politischen, weltanschaulichen und gesellschaftlichen Gruppen zusammengesetzt; sie haben die Macht, die für die Programmgestaltung maßgeblichen oder mitentscheidenden Kräfte darauf zu kontrollieren und dahin zu korrigieren, daß den im Gesetz genannten Grundsätzen für eine angemessen anteilige Heranziehung aller am Rundfunk Interessierten Genüge getan wird".[12]

So sieht z. B. das Hessische Rundfunkgesetz in § 5 Abs. 2 vor, daß die verschiedensten politischen, religiösen, kulturellen und sonstigen Gruppen im **Rundfunkrat** vertreten sind. Der Rundfunkrat ist das zentrale Organ, das insbes. den Intendanten auswählt, wichtige Kontrollbefugnisse besitzt und für die Beachtung der in § 3 enthaltenen inhaltlichen Leitgrundsätze zu sorgen hat.[13]

Die Rundfunkanstalten in der Bundesrepublik sind als **Anstalten des öffentlichen Rechts** organisiert. Diese Organisationsform ist durch Art. 5 I 2 GG allerdings nicht vorgeschrieben. Von Verfassungs wegen möglich ist auch die Errichtung **privater** Anstalten. Das Bundesverfassungsgericht hat schon 1961 die Einführung privatrechtlicher Organisationsformen grundsätzlich zugelassen; die dabei zu stellenden **Anforderungen** hat das Gericht in seinem Urteil von 1981 präzisiert. Danach bedarf es auch hier (wie bei der öffentlich-rechtlichen Organisationsform) einer *gesetzlichen* Festlegung, die alle wesentlichen Regelungen zu enthalten hat, insbesondere die Entscheidung über das Ob der Einführung privaten Rundfunks und über seine Organisationsform; zum Mindestinhalt des Gesetzes gehören weiter angemessene Zugangsregelungen, inhaltliche Leitgrundsätze (wie bei den öffentlich-rechtlichen Anstalten) und die Festlegung einer Staatsaufsicht (die allerdings nur die Einhaltung der verfassungsrechtlichen Anforderungen zum Gegenstand haben darf). Eine binnenpluralistische Organisationsform hält das Gericht nicht für unerläßlich; es reicht aus, wenn der Gesetzgeber durch geeignete andere Regelungen ,,externe (‚außenpluralistische') Vielfalt" herstellt und erhält.

Die wichtigste Aussage der Entscheidung von 1981 aber liegt in folgendem: Die verfassungsrechtliche Pflicht zu den genannten gesetzlichen Ausgestaltungen besteht auch dann, wenn die Knappheit der Sendefrequenzen und der hohe finanzielle Aufwand für Darbietungen des Rundfunks und seine dadurch bedingte Sondersituation im Zuge der modernen Entwicklung *entfällt*. Das Gericht *begründet* dies damit, auch dann sei eine Vielfalt der Meinungen durch Selbststeuerung noch keinesfalls gewährleistet:

---

[12] BVerfGE 12, 205 (261 f.).

[13] Eine Übersicht über die Rundfunkorganisation in der Bundesrepublik und die zugrundeliegenden Gesetze und Staatsverträge gibt *Rudolf*, Presse und Rundfunk, in: *v. Münch*, Besonderes Verwaltungsrecht, 6. Aufl., 1982, 925 (950ff.); *Starck* (oben FN 6), 28ff.

„Auch bei einem Fortfall der bisherigen Beschränkungen könnte nicht mit hinreichender Sicherheit erwartet werden, daß das Programmangebot in seiner Gesamtheit kraft der Eigengesetzlichkeit des Wettbewerbs den Anforderungen der Rundfunkfreiheit entsprechen werde. Gewiß mag manches dafür sprechen, daß sich dann eine begrenzte Vielfalt einstellen werde, wie sie heute etwa im Bereich der überregionalen Tageszeitungen besteht. Doch handelt es sich dabei nur um eine Möglichkeit. Während bei der Presse die geschichtliche Entwicklung zu einem gewissen bestehenden Gleichgewicht geführt hat, so daß es heute zur Sicherstellung umfassender Information und Meinungsbildung durch die Presse grundsätzlich genügen mag, Bestehendes zu gewährleisten, kann von einem solchen Zustand auf dem Gebiet des privaten Rundfunks zumindest vorerst nicht ausgegangen werden. Demgemäß ist ungewiß, ob bei einer Behebung des bisherigen Mangels in dem ‚Gesamtprogramm' als Inbegriff aller gesendeten inländischen Programme alle oder wenigstens ein nennenswerter Teil der gesellschaftlichen Gruppen und geistigen Richtungen auch tatsächlich zu Wort kommen, ob mithin ein ‚Meinungsmarkt' entsteht, auf dem die Vielfalt der Meinungsrichtungen unverkürzt zum Ausdruck gelangt. Zudem müssen gerade bei einem Medium von der Bedeutung des Rundfunks die Möglichkeiten einer Konzentration von Meinungsmacht und die Gefahr des Mißbrauchs zum Zwecke einseitiger Einflußnahme auf die öffentliche Meinung in Rechnung gestellt werden ... Bei dieser Sachlage würde es dem verfassungsrechtlichen Gebot, die Freiheit des Rundfunks zu gewährleisten, nicht gerecht werden, wenn nur staatliche Eingriffe ausgeschlossen würden und der Rundfunk dem freien Spiel der Kräfte überlassen würde ... dies um so weniger, als einmal eingetretene Fehlentwicklungen – wenn überhaupt – nur bedingt und nur unter erheblichen Schwierigkeiten rückgängig gemacht werden könnten. Es liegt vielmehr in der Verantwortung des Gesetzgebers, daß ein Gesamtangebot besteht, in dem die für die freiheitliche Demokratie konstitutive Meinungsvielfalt zur Darstellung gelangt. Es muß der Gefahr begegnet werden, daß auf Verbreitung angelegte Meinungen von der öffentlichen Meinungsbildung ausgeschlossen werden und Meinungsträger, die sich im Besitz von Sendefrequenzen und Finanzmitteln befinden, an der öffentlichen Meinungsbildung vorherrschend mitwirken ... Dies ist sicher nicht mit letzter Gewißheit möglich; zumindest muß aber eine hinreichende Wahrscheinlichkeit bestehen, daß sich in dem gesetzlich geordneten Rundfunksystem eine solche gleichgewichtige Vielfalt einstellt."[14]

Bewußt offengelassen hat das Urteil von 1981 die Frage, ob der Gesetzgeber unter den heutigen Gegebenheiten verfassungsrechtlich *verpflichtet* ist, privaten Rundfunk einzuführen. (1961 hatte das Gericht eine solche Verfassungspflicht noch abgelehnt.) Das Gericht hat sich vielmehr auf die Behandlung der Anforderungen beschränkt, die eingehalten werden müssen, *wenn* der Gesetzgeber, wie in dem zur Entscheidung stehenden Fall des Saarlandes geschehen, privaten Rundfunk einführt.

3. Dualistische Organisation

Die Massenkommunikationsmittel in der Bundesrepublik sind also dualistisch organisiert: Die **Presse** befindet sich in privaten Händen und

---

[14] BVerfGE 57, 295 (322–324).

wird grundsätzlich als staatsfreie Angelegenheit betrachtet. Wie die Erfahrung zeigt, kommen hier durch die Konkurrenz einer Vielzahl unterschiedlich ausgerichteter Presseunternehmen und Presseerzeugnisse grundsätzlich[15] eine wechselseitige Kontrolle und ein gewisser Ausgleich zustande. Beim **Rundfunk** liegen die Dinge, jedenfalls vorerst, anders. Die Aufrechterhaltung der Rundfunkfreiheit verlangt, daß der Staat positiv *tätig* wird, um sicherzustellen, daß im Rundfunk die Vielfalt der bestehenden Meinungen auch wirklich Ausdruck findet. Solange (aus technischen und finanziellen Gründen) von vornherein nur eine beschränkte Anzahl von Veranstaltern in Betracht kommt, scheint sich dafür nur die *binnen*pluralistische Struktur jeder einzelnen Rundfunkanstalt anzubieten. Die Pluralität, die bei der Presse ,,extern", d.h. durch eine Vielzahl der Unternehmen, gewährleistet wird, soll hier durch binnenpluralistische Zusammensetzung der Aufsichtsgremien gesichert werden. Mit dem Wegfall der technischen und finanziellen Zugangsbarrieren ergeben sich allerdings auch andere Möglichkeiten, die Rundfunkfreiheit zu sichern. Die Herstellung und Erhaltung von Vielfalt und Ausgewogenheit des ,,Gesamtprogrammes als Inbegriff aller gesendeten inländischen Programme" *(Bundesverfassungsgericht)* verlangt dann nicht mehr unbedingt eine binnenpluralistische Organisation. Hier besitzt der Gesetzgeber eine gewisse Freiheit der Gestaltung. Andererseits hat das Bundesverfassungsgericht es dem Gesetzgeber ,,zumindest vorerst" verwehrt, sich hier auf das ,,freie Spiel der Kräfte" und die ,,Eigengesetzlichkeit des Wettbewerbs" zu verlassen; vielmehr hat es die genannten gesetzgeberischen Mindestanforderungen zur Sicherung der (binnen- oder außenpluralistischen) Ausgewogenheit und Vielfalt (vorerst) für unabdingbar erklärt.

Auslegungsmethodisch ist von Interesse, daß das Gericht trotz des beinahe übereinstimmenden Wortlauts, mit dem das Grundgesetz Presse- und Rundfunkfreiheit gewährleistet, doch ganz unterschiedliche Konsequenzen gezogen hat, eben weil die tatsächlichen Anforderungen zur Gewährleistung eines ausgewogenen Gesamtergebnisses in beiden Fällen verschieden sind: Während die Pressefreiheit nach wie vor im wesentlichen als negatorische *Eingriffsschranke* für den Staat verstanden werden kann, weil die ,,Eigengesetzlichkeit des Wettbewerbs" jedenfalls im Prinzip eine ,,begrenzte Vielfalt" bewirkt hat, verlangt die Sicherung der Rundfunkfreiheit die gesetzliche Schaffung einer ,,positiven Ordnung" durch ,,materielle, organisatorische und Verfahrensregelungen" *(Bundesverfassungsgericht)*. Hier zeigt sich exemplarisch, daß die Auslegung trotz übereinstimmenden Wortlauts je nach dem Regelungssubstrat der Norm zu unterschiedlichen Resultaten führen kann. Das kann so weit gehen, daß dem Gesetzgeber eine *Pflicht zum Erlaß von ordnenden,* insbes. auch organisatorischen, *Regelungen* auferlegt wird.

---

[15] Zum Problem der Pressekonzentration unten III 1.1.

III. Problembereiche

Presse und Rundfunk sind von zahlreichen Problemen umgeben, die in einer kaum noch übersehbaren Literatur ausgebreitet werden. Getreu der Funktion der (kritischen) Staatslehre sei hier zumindest ein skizzenhafter Überblick gegeben. Dabei werden organisatorisch-verfahrensmäßige Fragen wegen ihrer zentralen Bedeutung für das Funktionieren der Medien in den Vordergrund gestellt.

1. Presse

Bei der Presse zeigen sich vor allem drei Problembereiche: die Pressekonzentration, die mögliche Abhängigkeit von kapitalkräftigen Inserenten und die Gefahr einer Niveausenkung.

1.1. Konzentration

(Unausgesprochene) Voraussetzung der Pressefreiheit ist die Existenz einer großen Anzahl von Presseerzeugnissen unterschiedlicher Richtung mit annähernd gleichem Einfluß, so daß sich aus der Vielzahl der Informationen und Auffassungen insgesamt ein ausgewogener „Meinungsmarkt“ ergibt. Hier braucht der Staat nicht einzugreifen, und er darf auch nicht eingreifen. Daraus erklärt sich der ursprünglich ausschließlich negatorische Charakter des Grundrechts, das sich nur gegen Interventionen des Staates richtete.

Staatliche Abstinenz wird dann aber *problematisch,* wenn die Zahl der Presseunternehmen und ihrer Erzeugnisse immer mehr abnimmt und die verbleibenden einen immer größeren Marktanteil bekommen, wie das in den letzten 20 Jahren der Fall war. Die Diskussion hat sich besonders an den Zeitungen des Springer-Konzerns entzündet; das Problem ist aber keinesfalls auf diese beschränkt.

Derartige Konzentrationsprozesse gehen etwa auf die Weise vor sich, daß ein finanzkräftiges Presseunternehmen ein Konkurrenzunternehmen aufkauft oder ihm die Abonnenten und Inserenten „wegschnappt“ und es so vom Markt verdrängt.

Inwieweit derzeit tatsächlich noch ausreichender Wettbewerb im Bereich der Presse besteht oder die Funktionsbedingungen der Pressefreiheit bereits eingeschränkt sind, ist schwer generell zu beantworten. Sicher muß man zwischen verschiedenen Märkten unterscheiden, so im Bereich der Zeitungspresse etwa zwischen den überregionalen Tageszeitungen (bei denen eine relative Vielfalt besteht) und der jeweiligen Lokalpresse (bei der oft nur ein einziges Blatt oder nur zwei Blätter des gleichen Unternehmens verfügbar sind). Im übrigen hängt die Beantwortung der Frage nach den Folgen der Pressekonzentration nicht nur von statistischen Erhebungen ab, sondern etwa auch davon, inwieweit ein Wettbewerbsverhältnis zwischen überregionalen und lokalen Zeitungen angenommen werden kann und welche Rolle die großen Nachrichtenagenturen spielen.[16]

Will man der aus der **Pressekonzentration** resultierenden Gefahr von Machtmißbrauch **entgegentreten,** so kommen vor allem **drei Möglichkeiten** in Betracht, die in der Bundesrepublik auch seit Jahren diskutiert werden.

Ein Weg besteht in der Bekämpfung der Konzentration durch **Zusammenschlußkontrolle,** Verhinderung einer mißbräuchlichen Ausnutzung der Marktmacht von Presseunternehmen durch **Mißbrauchsaufsicht** etc. Die Problematik liegt hier ähnlich wie bei anderen Wirtschaftszweigen. Dort ist durch das „Gesetz gegen Wettbewerbsbeschränkungen" bereits eine Bekämpfung der Vermachtung der Wirtschaft im allgemeinen vorgesehen.[17] Derartige Maßnahmen sind auch im Bereich des Pressewesens grundsätzlich *zulässig,* insbes. sind sie mit der Pressefreiheit vereinbar.[18] Darüber hinaus stellt sich die Frage, ob der Gesetzgeber *verpflichtet* ist, wirksame Maßnahmen zur Bekämpfung der Konzentration durchzuführen. Die Frage ist umstritten. Angesichts der überragenden Bedeutung der Offenheit des Meinungswettbewerbs in der Presse wird man unter gewissen Voraussetzungen aber eine verfassungsrechtliche Pflicht des Staates zum Tätigwerden annehmen müssen.[19] Auch das *Bundesverfassungsgericht* neigt anscheinend in diese Richtung, wenn es davon spricht, es „ließe sich etwa auch an eine Pflicht des Staates denken, Gefahren abzuwehren, die einem freien Pressewesen aus der Bildung von Meinungsmonopolen erwachsen könnten".[20]

Eine Novelle zum Gesetz gegen Wettbewerbsbeschränkungen, die durch Einführung einer pressespezifischen Fusionskontrolle dazu beitragen soll, die Pressekonzentration einzudämmen, ist am 28. 6. 1976 ergangen (BGBl. I S. 1697). Inwieweit ihr das gelingt, bleibt immer noch abzuwarten.

Ein *zweiter* Weg, der Gefahr von Machtmißbrauch bei Pressekonzentration entgegenzutreten, zielt auf eine bestimmte innere Verfassung von Presseunternehmen, die meist unter dem Stichwort **innere Pressefreiheit** diskutiert wird. Dabei geht es um das organisatorische Gefüge der Redaktion von Presseunternehmen, konkret darum, inwieweit der einzelne Redakteur (oder gar jeder Journalist) frei ist gegenüber dem Chef-

---

[16] Dazu Monopolkommission, Hauptgutachten II (1976/1977), 1978, Kap. VII („Konzentration im Pressewesen").

[17] Oben E VII 2.

[18] *Herzog* (oben FN 7), Art. 5, RN 182.

[19] *Scheuner* (oben FN 4), 77; *Herzog* (oben FN 7), Art. 5, RN 185 m. w. N.

[20] BVerfGE 20, 162 (176).

redakteur, dem Herausgeber und dem Verleger eines Presseunternehmens. Zugrundeliegt (neben dem Wunsch nach verstärkter ,,Partizipation") die Vorstellung, die Gefahr eines Machtmißbrauchs, die die Pressekonzentration heraufbeschwört, werde gemindert, wenn innere Pressefreiheit in dem Sinne bestehe, daß der einzelne Redakteur innerhalb der Redaktion ein hohes Maß an Freiheit besitze. Soweit solche Freiheit besteht, ist es dem Verleger nicht möglich, die meinungsbildende Kraft seines Blattes gezielt in eine bestimmte Richtung zu lenken. Vielmehr kann dann die fehlende (externe) Vielzahl der Zeitungen bis zu einem gewissen Grad durch die (interne) Vielzahl der Meinungen der Redakteure kompensiert werden. Dies ist jedenfalls der Grundgedanke. Bei seiner Durchführung ergeben sich allerdings erhebliche Probleme. Nach einem inzwischen nicht weiter verfolgten Referentenentwurf eines Presserechtsrahmengesetzes von 1974 sollte der *Verleger* auf die Auswahl der Redakteure und die Festlegung ,,der allgemeinen publizistischen Haltung" der Zeitung beschränkt werden. Das folgt bereits aus seiner Verantwortung für die ökonomische Grundlage der Zeitung. Dem *Chefredakteur* sollte eine ,,Richtlinienkompetenz" bei der Gestaltung der Zeitung zukommen, in deren Rahmen die *Redakteure* mit ihren einzelnen Beiträgen frei sein sollten.

Die eigentliche verfassungsrechtliche Frage, ob die gesetzliche Durchsetzung (etwa nach dem genannten Muster) *zulässig* oder gar *geboten* ist, ist höchst umstritten. Es werden praktisch alle denkbaren Auffassungen vertreten.[21] Hier zeigt sich besonders deutlich, wie sehr Verfassungsauslegung vom jeweiligen Vorverständnis abhängt.

Als ein *dritter* Weg, die Ausgewogenheit der Presse zu erhalten (neben der Bekämpfung der Konzentration und der Durchsetzung innerer Pressefreiheit), wird die **Übernahme** einer beschränkten Anzahl von Presseunternehmen **durch** die **öffentliche Hand** diskutiert. Sinn der Übernahme wäre es, daß den privaten Presseunternehmen Wettbewerb gemacht und so die Offenheit erhalten würde. Solche öffentlich-rechtlichen Unternehmen wären ähnlich zu organisieren wie derzeit die staatlichen Rundfunk- und Fernsehanstalten.[22] Berücksichtigt man aber deren (noch zu behandelnde) Mängel,[23] so läuft ein solcher Vorschlag wohl letztlich darauf hinaus, den Teufel mit dem Beelzebub auszutreiben.

---

[21] Vgl. *einerseits Forsthoff,* Der Verfassungsschutz der Zeitungspresse, 1969; *Weber,* Innere Pressefreiheit als Verfassungsproblem, 1973; *andererseits Kübler,* Empfiehlt es sich zum Schutze der Pressefreiheit gesetzliche Vorschriften über die innere Ordnung von Presseunternehmen zu erlassen? Verhandlungen des 49. Deutschen Juristentages, Bd. I Gutachten, 1972, S. D 13ff.; *Ridder,* Meinungsfreiheit, in: *Bettermann/Nipperdey/Scheuner* (Hrsg.), Die Grundrechte II, 2. Aufl., 1968, 254ff.; *schließlich Herzog* (oben FN 7), Art. 5, RN 172ff.

[22] Vgl. *Herzog* (oben FN 7), Art. 5, RN 191.

[23] Dazu sogleich unter 2.

1.2. Abhängigkeit von Inserenten

Ein weiteres Problem besteht darin, daß die Presse „neben und trotz ihrer öffentlichen Funktion" eine wirtschaftliche Unternehmung „ist und bleibt" *(Joseph Kaiser)*. Das bedeutet, daß das Presseunternehmen auf Gewinne angewiesen ist, jedenfalls nicht über längere Zeit Verluste machen darf, wenn es seine Existenz erhalten will. Die wichtigste Finanzquelle vieler Zeitungen sind Inserate. Die Einnahmen aus dem Anzeigengeschäft machen oft mehr aus als die Erlöse aus dem Verkauf der Zeitung. Aus der Abhängigkeit von Inserataufträgen kann sich (auch für solche Unternehmen, die um Unabhängigkeit bemüht sind) die Gefahr ergeben, daß bestimmte Nachrichten oder Meinungen *unterdrückt* werden, um mögliche Inserenten nicht zu verärgern. Wie intensiv der daraus resultierende Einfluß von Inserenten wirklich ist, läßt sich allerdings schwer abschätzen.

1.3. Niveausenkung

Eine Zeitung ist als Wirtschaftsunternehmen in der Regel auf eine möglichst hohe Auflage angewiesen. Mit wachsender Auflage erhöht sich nicht nur der Verkaufserlös, sondern auch der Werbewert und damit die Attraktivität für mögliche Inserenten. Einer hohen Auflage scheint eine gewisse Senkung des Niveaus einer Zeitung aber dienlich zu sein. So spekuliert die Massenpresse oft vordergründig auf die Sensationslust ihrer Leser, während politische Information und Aufklärung leicht geopfert werden.[24] Als Beispiel wird hier immer wieder die Bild-Zeitung angeführt. Andererseits zeigen viele andere Zeitungen, die zwar eine geringere Auflage, aber um so größeren politischen Einfluß besitzen, daß Niveausenkung vielleicht doch kein zwangsläufiger Zug der Entwicklung zu sein braucht.

2. Rundfunk (einschließlich Fernsehen)

Bei den öffentlich-rechtlich organisierten Rundfunkanstalten ergeben sich ebenfalls erhebliche Probleme, die allerdings ganz unterschiedlichen Argumentationsebenen angehören.

---

[24] *Scheuner* (oben FN 4), 26: „Immer mehr stellen sich die großen Presseorgane ein auf die Sensation und auf Themen, die emotionale Empfindungen ansprechen, und stellen dahinter die Rolle politischer Information zurück." Daß die teilweise Angewiesenheit des *Fernsehens* auf Werbeeinnahmen auch dort zu einem Sinken des Niveaus geführt hat, hebt *E. Stein,* Die Programmgrundsätze von Rundfunk und Fernsehen, in: Gesellschaft für Rechtspolitik (Hrsg.), Rundfunkrecht, Bd. 1, 1981, 108ff., hervor.

2.1. Gefahr einer Überflutung mit Programmen

Ein wesentliches Problem des Rundfunks liegt heute in der Frage begründet, ob man sich der technischen Entwicklung ausliefern muß oder ob nicht der Staat die Befugnis hat, hier einen Riegel vorzuschieben – angesichts der kulturellen und sonstigen Gefahren, die von einer Überflutung mit Fernseh-Programmen ausgehen können. Mit Recht hat die *Expertenkommission Neue Medien* vor Entwicklungsschäden, besonders bei Kindern und Jugendlichen, gewarnt, die eine Ausweitung von Fernsehprogrammen voraussichtlich nachsichziehen würde.[25] Dieses Problem wird allerdings durch den an den überkommenen Formulierungen des Bundesverfassungsgerichts anknüpfenden Streit über Fragen der Ausgewogenheit der Gremien und Programme bisweilen verdeckt. In Wahrheit ließe sich das öffentlich-rechtliche Monopol, das das Gericht 1961 noch mit den „technischen Gegebenheiten" gerechtfertigt und dessen Zulässigkeit es nunmehr (1981) ausdrücklich offengehalten hat, allein mit jenen Gefahren begründen.

2.2. Paralysierung der Kontrollgremien

Nicht minder große Probleme ergeben sich daraus, daß das Pluralismus-Konzept des Bundesverfassungsgerichts von vornherein *wenig realistisch* war. Das Gericht hatte verlangt, daß im Programm der Rundfunkanstalten die relevanten gesellschaftlichen Gruppen angemessen zu Wort kommen müßten. Es war weiter davon ausgegangen, die pluralistische Zusammensetzung der Gremien gebe ihnen „die Macht, die für die Programmgestaltung maßgeblichen oder mitentscheidenden Kräfte darauf zu kontrollieren und dahin zu korrigieren, daß den im Gesetz genannten Grundsätzen für eine angemessene anteilige Heranziehung aller am Rundfunk Interessierten Genüge getan" werde.[26] Diese Erwartung, durch die „formal pluralistische Konstruktion der Rundfunk- und Fernsehräte" werde wirklich eine „pluralistische Genese der öffentlichen Meinung" gewährleistet, hat sich kaum erfüllt.[27] Vielmehr hat der Gruppenmechanismus eher eine **gegenseitige Paralysierung** begünstigt.[28] Kontrolldefizite zeigen sich immer besonders deutlich bei Personal und Finanzen. Dies gilt auch für die Rundfunkanstalten, wie die einschlägigen Berichte der Rechnungshöfe zeigen.[29] Die **Rundfunkräte**

---

[25] Expertenkommission Neue Medien, Abschlußbericht, Bd. I, 1981, 105ff.

[26] BVerfGE 12, 205 (262).

[27] *Herzog* (oben FN 7), Art. 5, RN 219.

[28] *Geiger,* Sicherung der Informationsfreiheit der Bürger als Verfassungsproblem, AfP 1977, 256 (259f.).

[29] Z. B. Gutachtliche Stellungnahme des Landesrechnungshofs Nordrhein-Westfalen zur beabsichtigten Erhöhung der Rundfunkgebühren v. 3. 1. 1982.

haben sich als **wenig funktionstüchtig** für die ihnen vom Bundesverfassungsgericht zugedachte Kontrollaufgabe erwiesen. Das Fernseh-Urteil von 1961 ist deshalb als bereits im Ansatz *verfehlt* kritisiert worden.[30] Das Bundesverfassungsgericht hat jüngst (1981) noch einmal betont, die gesellschaftlichen Gruppen müßten **effektiven Einfluß** haben.

2.3. Herrschaft der im Rundfunk Tätigen

Die Schwäche der pluralistischen Kontrollgremien hat natürlich die Macht der im Rundfunk Tätigen *gesteigert,* eine Entwicklung, die dem vom Bundesverfassungsgericht entworfenen Bild ebenfalls entgegenläuft. In einem Minderheitsvotum zum zweiten Fernsehurteil haben die Richter *Geiger, Rinck* und *Wand* betont, daß ,,die berufsmäßigen Akteure" innerhalb der Rundfunkanstalten sich nicht als ,,Herr des Rundfunks und Fernsehens verstehen dürfen"; sie können ihre Legitimation vielmehr allein aus dem Dienst an der Aufgabe des Rundfunks ableiten. Die Rundfunkanstalten seien ihrerseits nur das *Instrument,* ,,mittels dessen die gesellschaftlich relevanten Kräfte und Gruppen die öffentliche Aufgabe erfüllen".[31] Diesem *normativen* Bild wird die *reale* Lage schwerlich gerecht.

2.4. Staatlicher Zugriff und Parteipolitisierung

Hinzu kommt, daß die vom Bundesverfassungsgericht vorgeschriebene **Besetzung der Rundfunkorgane** in der Praxis nicht eingehalten worden ist. Das Gericht hatte verlangt, daß der Rundfunk ,,weder dem Staat noch *einer* gesellschaftlichen Gruppe ausgeliefert" werde; vielmehr müßten ,,Repräsentanten aller bedeutsamen politischen, weltanschaulichen und gesellschaftlichen Gruppen" in angemessenem Verhältnis in den Kollegialorganen der Rundfunkanstalten vertreten sein. Demgegenüber ergibt sich heute vielfach das Bild, daß übermäßig viele Abgeordnete und Regierungsmitglieder (die sich zugleich als Parteienvertreter fühlen) in den Rundfunkgremien sitzen[32] und die **Parteien** auf diesem und auf

---

30 *Starck,* Rundfunkfreiheit als Organisationsproblem, 1973, 24; *Ossenbühl,* Rundfunkprogramm – Leistungen in treuhänderischer Freiheit, DÖV 1977, 381 (386); *Herzog* (oben FN 7), Art. 5, RN 220.

31 BVerfGE 31, 314, 337 (340).

32 Einen als verfassungswidrig erkannten Fall hat das OVG Lüneburg in einem Urteil v. 29. 8. 1978 behandelt, DÖV 1979, 170 mit Anm. *Kewenig.* Vgl. auch *Jarass,* Die Freiheit des Rundfunks vom Staat, 1981, 43ff. *Starck* entwickelt mit guten Gründen die weitergehende These, daß Minister, Regierungsbeamte und Parlamentarier in den Rundfunkgremien von Verfassungs wegen überhaupt nicht Mitglieder sein dürfen, insofern also eine strikte Unvereinbarkeit zu gelten habe. *Starck* (oben FN 6), 21, 23, 45. Dem entspricht das Rundfunkorganisationsrecht allerdings durchweg nicht. Vgl. *Starck* (ebenda), 52.

anderen Wegen „einen **überragenden Einfluß** auf die Rundfunkanstalten ausüben".[33]

Der beherrschende Einfluß der Parteien führt dazu, daß in den Rundfunkanstalten die parteiliche Ausrichtung des Personalapparats die Regel ist, die ihrerseits nicht gerade der Leistungsauslese dient.[34] Vor allem aber wird auf diese Weise das „verfassungsrechtlich gewährleistete **System von Herrschaft und Kritik"** *(Starck)* im Bereich des Rundfunks (oben I a. E.) weitgehend **lahmgelegt:** Der Parteienproporz und die ständige „programmbegleitende Protestpraxis"[35] durch die Parteien bewirken „weniger eine Ausgewogenheit der Kritik als eine Ausgewogenheit des Verschweigens".[36]

2.5. Strukturelle Mängel des pluralistischen Modells

Selbst dann, wenn die Rundfunkräte im Sinne der Rechtsprechung des Bundesverfassungsgerichts besetzt wären, selbst wenn sie ihre Lenkungs- und Kontrollfunktion wirksam erfüllen könnten und die relevanten gesellschaftlichen Gruppen angemessen zu Wort kämen, bliebe die pluralistische Struktur des Rundfunks doch problematisch. Es gehört auch zu den Aufgaben von Hörfunk und Fernsehen, gewisse strukturelle Mängel und Ausfallerscheinungen, die sich nicht nur im Wirken der Parteien, sondern auch in dem der Interessengruppen ergeben, zu artikulieren, zu bekämpfen und auf diese Weise ein **Gegengewicht gegen pluralistisch bedingte Fehlentwicklungen** auszuüben. Da Hörfunk und Fernsehen nun aber ihrerseits pluralistisch gegliedert sind, werden die strukturellen Mängel des Pluralismus, etwa die mangelnde Organisationsfähigkeit bestimmter Interessen und die Kurzfristorientierung der Politik,[37] leicht auch auf den Rundfunk *übertragen.*[38] Die Tauglichkeit des

---

[33] *Leibholz,* Bundesverfassungsgericht und Rundfunkfreiheit, FS *Geiger,* 1974, 9 (15); vgl. auch *Starck* (oben FN 6); *Hoffmann-Riem,* Rundfunkfreiheit durch Rundfunkorganisation, 1979, 46. Zur Notwendigkeit einer Begrenzung der Parteimitglieder in den Rundfunkgremien: *Starck* (oben FN 6), 23ff.; *Leibholz,* ebenda; *E. Stein* (oben FN 24), 110ff.; *Grimm,* Die politischen Parteien, in: *Benda/Maihofer/Vogel,* Handbuch des Verfassungsrechts der Bundesrepublik Deutschland, 1983, 317 (366ff.). Daß Art. 21 I GG den Parteien *kein Recht* gibt, im Rundfunkrat vertreten zu sein, hat das Bundesverfassungsgericht jüngst mit erfreulicher Klarheit hervorgehoben (BVerfGE 60, 53, 62ff.).

[34] *Forsthoff* (Industriegesellschaft, 156) hat in diesem Zusammenhang von „Nisthöhlen für Cliquen", *Geiger* ([oben FN 27], 259) von „Pfründen für Funktionäre" gesprochen.

[35] *N. Schneider,* Parteieneinfluß im Rundfunk, in: *Aufermann* u.a. (Hrsg.), Fernsehen und Hörfunk für die Demokratie, 1979, 121.

[36] So treffend *Grimm* (oben FN 33), 367f.

[37] Oben I V, J II, K II.

[38] *Herzog* (oben FN 7), Art. 5, RN 2201 *Hoffmann-Riem* (oben FN 33), 44f., 50f.

Rundfunks, seiner Kontroll- und Besserungsfunktion gerecht zu werden, wird auch von daher erheblich beeinträchtigt. Die Festschreibung der gruppenpluralistischen Struktur der Rundfunkanstalten durch das Bundesverfassungsgericht ist auch unter diesem Aspekt problematisch.[39] Dem Gericht ist deshalb geraten worden, „seine Grundkonzeption zu überdenken".[40] Als ein Schritt zur Verhinderung oder Aufbrechung verkrusteter Gruppenbildungen wird empfohlen, „auch standfeste und sachkundige Einzelpersönlichkeiten – unabhängig von Partei- und Verbandsrepräsentation" – als „Honoratioren neuen Typs" in die Rundfunkgremien zu wählen.[41]

---

[39] Das Gericht scheint die „faktisch bestehende Lage allzusehr dogmatisiert" zu haben. So *Scheuner* (oben FN 4), 15.

[40] *Leibholz* (oben FN 33), 21.

[41] *Starck* (oben FN 6), 48; ähnlich *Sontheimer,* Zum Problem der gesellschaftlichen Kontrolle des Rundfunks und seiner Organisation, in: Evangelischer Pressedienst, Probleme der äußeren Rundfunkfreiheit (II), 1974, 3 (41 f.); *Langenbucher,* Rundfunkkontrolle und gesellschaftliche Relevanz, in: Evangelischer Pressedienst, ebenda, 52 (77 f.).

Kap. 7: Wandel und Wachstum der Staatstätigkeit

U. Bestandsaufnahme

I. Strukturelle Wandlungen

1. Von der Rahmenordnung zur Lenkung und Umverteilung

Nach dem Konzept des Liberalismus war es Aufgabe des Staates, lediglich einen Ordnungs*rahmen* und gewisse Gemeinschaftsleistungen zur Verfügung zu stellen, die es Wirtschaft und Gesellschaft ermöglichen sollten, sich durch Selbststeuerung zu entfalten. Entfaltungsfreiheit wurde keineswegs nur deshalb gewährt, weil man sich zur Selbstbestimmung als aus der Würde des Menschen fließendem Eigenwert bekannte, sondern auch deshalb, weil man davon ausging, die freie Betätigung führe zu bestmöglichen Ergebnissen (oben D II 3): zu Gerechtigkeit, Rechtssicherheit und Wohlstand. Rechtliche (Haupt-)Regelungsmechanismen waren das – einen Ordnungsrahmen schaffende – Gesetz (oben D V) und der sich in diesem Rahmen entfaltende privatautonome Vertrag (oben D II 4.3). Im Verhältnis Staat – Gesellschaft galten die Prinzipien der Neutralität und der Minimierung der Staatsaktivitäten (oben D VI).

All das ist heute zwar nicht völlig überholt, aber doch in hohem Maße *ergänzungsbedürftig*. Die rechtliche und wirtschaftliche Unterdrückung der Arbeiter und andere gravierende Fehlentwicklungen mußten die Vorstellung von einer ,,prästabilierten Harmonie" erschüttern und riefen den Staat auf den Plan, von dem man in zunehmendem Maße Abhilfe, insbes. ein Einstehen für wirtschaftlich Schwache, erwartete. Verfassungsrechtlichen Ausdruck hat dieser Wandel der Vorstellung über das Verhältnis von Staat und Wirtschaft im Sozialstaatsprinzip gefunden, welches den Staat auffordert, Mängel der selbstgesteuerten Wirtschaft aktiv zu bekämpfen (oben E V 2.4). Das Sozialstaatsprinzip ist Gegenprinzip zum Neutralitätsprinzip; es spiegelt die Erkenntnis wider, daß Neutralität im Spiel ungleicher wirtschaftlich-sozialer Kräfte einer Parteiergreifung für den Stärkeren gleichkommt, und zieht daraus die Konsequenz: Der Staat muß den Schwächeren stützen und auch sonst Fehlentwicklungen nach Möglichkeit bekämpfen. So brachte das staatliche

Eintreten für soziale Gerechtigkeit zwei ganz neue Rechtsgebiete hervor, das Sozialrecht und das Arbeitsrecht, welche es zur Zeit und nach dem Konzept des bürgerlich-liberalen Rechtsstaats noch gar nicht gegeben hatte. Beide sind Ausdruck der bewußten Intervention des Staates in die Wirtschaft zum Schutz des sozial Schwächeren (oben E V a. A.).

Auch im übrigen versucht der Staat, den Wirtschaftsablauf in vielfacher Weise zu steuern. Hervorzuheben ist hier – neben der Wettbewerbspolitik (oben E VII) – die Konjunkturpolitik: In Reaktion auf die Weltwirtschaftskrise von 1929 und gestützt auf die Theorie von *J. M. Keynes* wurde die aktive Krisenbekämpfung zunehmend als staatliche Aufgabe angesehen, was die Verabschiedung des Prinzips des (materiell) ausgeglichenen Budgets verlangte und seinen rechtlichen Ausdruck 1967 in der Ergänzung des Art. 109 GG und im Erlaß des ,,Gesetzes zur Förderung der Stabilität und des Wachstums der Wirtschaft" fand (oben E VI). Hinzu kommen Wachstums- und Strukturpolitik. Über den sozial- und wirtschaftspolitischen Bereich hinaus trifft der Staat auch sonst vielfältige Steuerungsmaßnahmen. Als Folge der umfassenden Verantwortung des Staates für die gesellschaftliche Entwicklung hat sich etwas ergeben, was man treffend **Entgrenzung der Staatsaufgaben** *(Badura)* genannt hat.

Unter den **Instrumenten,** mittels derer der Staat interveniert, sind zwei von zentraler Bedeutung: die Einwirkung durch gesetzliche Geoder Verbote und finanzwirtschaftliche Maßnahmen.

Das **Gesetz** spielt bereits in der bürgerlich-liberalen Ära eine beherrschende Rolle. Soweit es nicht das Verhältnis der Bürger untereinander betrifft, wie z. B. das bürgerliche Vertragsrecht, sondern das Verhältnis Staat – Bürger, wie Steuer- oder Polizeigesetze, ist es dadurch gekennzeichnet, daß es den Staat und seine Amtsträger zu Eingriffen in die Sphäre des Bürgers ermächtigt. Auch der moderne Interventionsstaat bedient sich derartiger Eingriffsgesetze, um den Bürger zu dem jeweils angestrebten Verhalten zu zwingen.

Daneben und an ihrer Stelle werden aber in zunehmendem Maße die **staatlichen Einnahmen und Ausgaben** zur Erreichung politischer Ziele eingesetzt. Hierher gehören etwa Subventionen und Steuervergünstigungen, aber auch steuerliche Sonderbelastungen. Dabei sollen die Bürger nicht durch direkten gesetzlichen Zwang, sondern mittelbar *durch ökonomische Motivation* zu einem bestimmten Verhalten veranlaßt oder davon abgehalten werden, indem dieses Verhalten steuerlich prämiert oder diskriminiert wird. Ein derartiges ,,Steuern mit der Steuer" gilt heute als wichtiges Mittel der Interventionspolitik. Hinzu kommen *Redistributionsleistungen,* die den Empfängern ein bestimmtes Einkommen sichern sollen. Ihr Ziel ist es – anders als bei den vorgenannten Steuerungsformen – in der Regel nicht, zu einem bestimmten Verhalten zu veranlassen; sie sollen sich vielmehr in der Erhöhung des Einkommens der

Empfänger erschöpfen. Hier handelt es sich nicht um Lenkungs-, sondern allein um (der Einkommensumverteilung dienende) Leistungsgesetze.

2. Maßnahmegesetze

Kennzeichen des liberalen Gesetzesbegriffes war die Festigkeit und **Dauerhaftigkeit** der Regelung (oben D V 3). Beispiele sind das Bürgerliche Gesetzbuch und das Strafgesetzbuch, die Zivilprozeßordnung und die Strafprozeßordnung. Dieser Gesetzesbegriff steht in engem Zusammenhang mit der Grundvorstellung des bürgerlichen Liberalismus über das Verhältnis von Staat und Gesellschaft. Danach laufen die gesellschaftlichen Prozesse dann am besten ab, wenn sie der Selbststeuerung überlassen bleiben. Die Funktion des Staates besteht lediglich in der rechtlichen Anerkennung der – inhaltlich von den gesellschaftlichen Kräften bestimmten – Resultate. Die Aufgabe des Staates beschränkt sich deshalb auf die Festlegung einer formalen Rahmenordnung, was eben durch Gesetz zu erfolgen hat. Diese Ordnung soll ein für allemal gelten. Änderungen von Fall zu Fall erschienen nicht notwendig, sondern nur schädlich, weil die Ordnung unterschiedlichen Inhalten Raum gab und der Steuerungsmechanismus der Gesellschaft jeweils von selbst eine optimale inhaltliche Anpassung an geänderte Situationen versprach. So stellte sich das Gesetz als dauernde Regel dar, als ein ruhender Pol, dessen Geltung *von* der jeweiligen *Situation unabhängig* war.

Mit dem Verlust der Vorstellung von der harmonisch-optimalen Selbststeuerung der Gesellschaft wurde es aber zur anerkannten Aufgabe des Staates, Fehlentwicklungen von Fall zu Fall zu begegnen. Infolge des geschwundenen Vertrauens in die Selbststeuerung wuchs nunmehr dem Staat die kompensatorische Funktion zu, deren Wahrnehmung früher der Gesellschaft selbst vorbehalten blieb. Zum Vehikel für derartige staatliche Maßnahmen wurde in weitem Umfang das Gesetz, welches insoweit aber seinen **Charakter veränderte:** Neben das liberale Ordnungsgesetz trat das inhaltlich steuernde Maßnahmegesetz; dieses ist dadurch gekennzeichnet, daß es sich auf eine *konkrete Situation* bezieht, diese beeinflussen soll und deshalb auch in seiner zeitlichen Geltung auf die Dauer dieser Situation begrenzt ist. Maßnahmegesetze sind deshalb oft ,,Zeitgesetze", sei es in dem Sinne, daß sie von vornherein nur für eine bestimmte Frist gelten, sei es, daß sie im Nachhinein aufgehoben werden, wenn ihr Zweck erreicht ist.[1]

---

[1] Ist die Fehlentwicklung, der das Gesetz begegnen soll, allerdings eine Dauererscheinung, so muß auch das Gesetz von Dauer sein, so z. B. viele Sozial- und Arbeitsgesetze.

Derartige Maßnahmegesetze finden sich vor allem im Bereich der Wirtschaftslenkung. Ein Beispiel war ein Gesetz von 1970, durch welches – befristet auf elf Monate – die Einkommen- und die Körperschaftsteuer zur Konjunkturdämpfung um 10 v. H. erhöht und dieser „Konjunkturzuschlag" in einer sog. Konjunkturausgleichsrücklage stillgelegt wurde. Das Gesetz war also von vornherein auf elf Monate befristet, weil man davon ausging, die Fehlentwicklung, welche es bekämpfen sollte, sei dann vorüber. Der Gegensatz zum liberalen Dauergesetz liegt auf der Hand.

3. Verordnungen der Exekutive

Maßnahmegesetze müssen häufig rasch erlassen werden. Je schneller man auf Fehlentwicklungen, etwa eine im Entstehen begriffene wirtschaftliche Krise, reagiert, desto eher ist es möglich, sie noch mit relativ geringen Mitteln in den Griff zu bekommen. Umgekehrt haben Maßnahmen um so geringere Wirksamkeit, je länger es dauert, bis sie ergriffen werden. Hinzu kommt, daß die Vorbereitung bestimmter Maßnahmen strikt geheim gehalten werden muß, will man Reaktionen der Betroffenen vermeiden, die den Mißstand nur noch verschärfen.

Würde z. B. bekannt, daß die Regierung eine Aufwertung der Währung (im Verhältnis zu ausländischen Währungen) beabsichtigt, so würde die Spekulation mit dem Ankauf der inländischen Währung reagieren und damit die Fehlentwicklung, der die Aufwertung begegnen soll, noch verstärken.

Hier ergibt sich aber ein Problem. Das überkommene parlamentarische Gesetzgebungsverfahren ist auf das liberale Dauergesetz zugeschnitten. Es verlangt die mehrfache Beratung in Parlamentsausschüssen und im Plenum und die Mitwirkung anderer Verfassungsorgane, insbes. der Regierung und des Bundesrats. Wesentliche Stadien des Gesetzgebungsverfahrens sind zudem öffentlich. All diese Regelungen haben durchaus einen guten Sinn: Sie sollen die Ausgewogenheit der in diesem Verfahren zustande gekommenen Gesetze fördern und der Öffentlichkeit die Mitwirkung und Kontrolle ermöglichen. Kehrseite des komplizierten und vielschichtigen Verfahrens ist allerdings seine **Langwierigkeit,** welche es wenig geeignet macht zur Produktion von Regelungen, für deren Erfolg und Wirksamkeit es wesentlich auf den schnellen Erlaß ankommt. Beispiele dafür sind die soeben erwähnten Konjunktursteuergesetze. Es liegt auf der Hand, daß im Falle einer wirtschaftlichen Rezession oder Überhitzung rasch gehandelt werden muß. Aus diesen Gründen können die meisten Konjunktursteuerungsmaßnahmen, zu denen das Stabilitätsgesetz ermächtigt, durch Rechtsverordnung der Bundesregierung ergehen.

Darüber hinaus scheint das umständliche parlamentarische Verfahren dann erläßlich, wenn das Gesetz die grundsätzliche Entscheidung bereits getroffen hat und es lediglich noch um die Einzelausgestaltung geht. Das **Grundgesetz** sieht in **Art. 80 I 1** die Möglichkeit vor, daß die Bundesregierung, ein Bundesminister oder eine Landesregierung Rechtsverordnungen erlassen können. Voraussetzung ist zweierlei: Einmal muß der Verordnungsgeber durch ein Parlamentsgesetz zum Erlaß der Verordnung ermächtigt sein. Zweitens muß das ermächtigende Parlamentsgesetz bereits die generelle Linie für die zu erlassende Rechtsverordnung vorzeichnen; es muß – mit den Worten des Grundgesetzes – ,,Inhalt, Zweck und Ausmaß der erteilten Ermächtigung" festlegen. Das *Bundesverfassungsgericht* ist von einem ursprünglich strengen Verständnis dieser Voraussetzungen im Laufe der Jahre zu einer eher großzügigen Interpretation übergegangen.

4. Planung

Ein wesentliches Kennzeichen des qualitativen Wandels der Staatsaufgaben ist der gewaltig angestiegene Bedarf an staatlicher Planung.[2] Der Staat begnügt sich nicht mit der repressiven Beseitigung von auftretenden Fehlentwicklungen, mit punktuellem Intervenieren, sondern versucht, ein Gesamtkonzept zu entwickeln und teilweise auch zu einer präventiven **Gestaltung** überzugehen: Er sucht, die kommende Entwicklung zu prognostizieren und bei Abweichungen von der Programmvorstellung die Weichen möglichst frühzeitig in die gewünschte Richtung zu stellen.[3] Planung wird zum ,,Instrument rationaler Sozialgestaltung" schlechthin *(Zippelius)*. Besonders wichtig ist die mittel- und langfristige Planung. Ihr Zweck ist es, auch die längerfristigen Nebenwirkungen und Auswirkungen beabsichtigter Regelungen in die Entscheidungsbildung einzubeziehen, kurz: die Richtigkeit der Willensbildung und Entscheidung auch in Anbetracht größter Komplexität möglichst zu sichern. Politische Planung steht damit ,,im Mittelpunkt des Wandels vom liberalen zum regelungs- und leistungsintensiven" Sozialstaat und wird zum ,,verfahrensmäßigen Zentrum" *(Würtenberger)* auch eines Staates wie dem der Bundesrepublik. Dem entspricht es, wenn wir Planung (so wie sie erfolgen *sollte)* als das Verfahren rationaler Politik vorgestellt haben (oben H).

Als Beispiele sei auf die Finanzplanung, die Raumplanung und die Bildungsplanung hingewiesen.[4]

---

[2] Vgl. dazu die von *Kaiser* herausgegebenen Bände ,,Planung" I–VI (1965–1972); *Thomas Würtenberger,* Staatsrechtliche Probleme politischer Planung, 1979; *v. Arnim,* Gemeinwohl und Gruppeninteressen, 339ff.

[3] *v. Arnim,* Gemeinwohl und Gruppeninteressen, 339ff. m. w. N.

[4] Darstellung bei *Graf Vitzthum,* Parlament und Planung, 1978, 105ff.

II. Quantitatives Wachstum der Staatstätigkeit

Die „Entgrenzung der Staatsaufgaben", d. h. die Ausdehnung der Zuständigkeit des Staates auf alles und jedes (soeben I 1), hat nicht nur die Qualität der staatlichen Aufgabenwahrnehmung gewandelt, sondern gleichzeitig auch zu einer unerhörten quantitativen *Ausweitung* seiner Aktivität und des von ihm wahrgenommenen Aufgabenfeldes geführt. Da die beiden wichtigsten Instrumente des Staates, seine Aufgaben zu erfüllen, Geld und gesetzliche Regelung sind, läßt sich die Zunahme der Staatsaktivität an zweierlei besonders deutlich ablesen: an der Entwicklung des *Staatsbudgets* und dem Umfang der *Gesetzesproduktion*. Beide Medien staatlichen Wirkens sind allerdings bis zu einem gewissen Grad austauschbar. Bestimmte Ziele kann der Staat alternativ entweder durch staatliche Ausgaben oder durch gesetzliche Ge- und Verbote zu erreichen suchen. Will man ein Gesamtbild erhalten, so ist es deshalb erforderlich, die Entwicklung *beider* Bereiche, also die Ausweitung des finanziellen Staatsanteils und die Ausdehnung der Gesetzgebung, im Blick zu behalten.

1. Zunahme der (finanziellen) Staatsquote

Das Wachstum der Staatshaushalte zeigt sich am deutlichsten an der Entwicklung der sog. Staatsquote (Anteil der öffentlichen Ausgaben[5] am Sozialprodukt), die seit dem zweiten Jahrzehnt unseres Jahrhunderts rasant in die Höhe geschnellt ist.[6] Da für die Zeit der Weltkriege für Deutschland keine Daten vorliegen, ist auch die vergleichbare Entwicklung in den USA und in England wiedergegeben. In der Vorbereitungsphase des Ersten Weltkriegs nahm die Staatsquote zu und sprang alsbald förmlich nach oben. Wie das Schaubild zeigt, nahm diese Aufwärtsbewegung einen zickzackförmigen Verlauf.

---

[5] Unter „öffentlichen Ausgaben" sind die Ausgaben sämtlicher Gebietskörperschaften, also einschl. der Kommunen, zu verstehen. Je nach Berechnungsmodus können dazu auch die Ausgaben der sog. Parafisci, insbes. der Sozialversicherungen, gezählt werden. Je nachdem spricht man von der *kleinen* oder der *großen* Staatsquote.

[6] Bei allen Wenns und Abers im Detail (vgl. *Littmann*, Struktur und Wachstumsprobleme der Staatsausgaben, in: *Duwendag* [Hrsg.], Der Staatssektor in der sozialen Marktwirtschaft, 1976, 67ff.) ist die Staatsquote als grober Indikator für die Entwicklung der Staatsaufgaben durchaus brauchbar.

Öffentliche Ausgaben in Prozent des Sozialprodukts

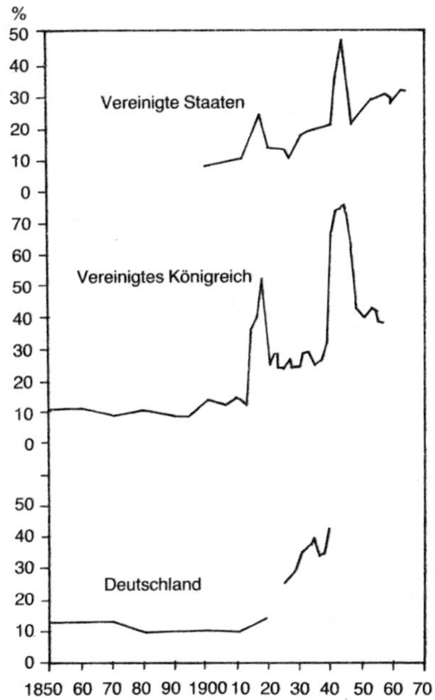

Quelle: W. Wittmann, Einführung in die Finanzwissenschaft, I. Teil, 1975

Auch in den vergangenen drei Jahrzehnten nahm die Staatsquote in der Bundesrepublik weiter zu. Die Entwicklung von 1950 bis 1980 zeigt die folgende Übersicht.

„Große" Staatsquote (Anteil der gesamten öffentlichen Ausgaben am Bruttosozialprodukt) – in v.H. –

1950	31,5
1960	32,5
1965	36,8
1970	38,0
1975	47,7
1980	48,7

Quellen: *Littmann,* Definition und Entwicklung der Staatsquote 1975, 168ff.; Gutachten des Sachverständigenrats zur Begutachtung der gesamtwirtschaftlichen Entwicklung 1982, S. 298f. (Tab. 32*).

Auffallend ist das Hochspringen des Staatsanteils im vorletzten Jahrfünft um fast 10 Prozentpunkte, eine Entwicklung, die in anderen westlichen Demokratien in ähnlicher Weise zu beobachten ist.[7]

2. Zunahme der Gesetzesproduktion („Gesetzesflut")

Da die Form, in welche sich zunehmende Staatstätigkeit kleidet, zu einem guten Teil das Gesetz ist, kommt das Wachstum der Staatstätigkeit auch in Zahl und Umfang der neuerlassenen Gesetze zum Ausdruck, eine Entwicklung, die in jüngerer Zeit mit den Schlagworten „Gesetzesflut"[8] und „Inflation im Recht"[9] gekennzeichnet wird.

So wurde ermittelt, daß im Jahre

1910 22 Reichsgesetze erlassen worden sind.
1930 wurden 99 und
1960 112 Bundesgesetze erlassen.[10]

Die Entwicklung ist auch in den 60er Jahren weitergegangen. Das Anschwellen der Gesetzesmasse kommt zum Ausdruck im **Umfang des Bundesgesetzblattes** (Teil I), in dem die neubeschlossenen innerstaatlichen (Bundes-)Gesetze und Rechtsverordnungen veröffentlicht werden. Während dieses 1960 noch einen Band mit 1091 Seiten umfaßte, waren es 1977 drei Bände mit 3188 Seiten. Wie die Bundesregierung auf eine parlamentarische Anfrage erklärt hat, waren Anfang 1977 1480 Bundesgesetze und 2280 Rechtsverordnungen in Kraft;[11] hinzu kommen die Gesetze der Bundes*länder,* die ebenfalls hohe Produktionszahlen aufweisen. Dabei ist die Unzahl von Satzungen, von Verwaltungsvorschriften und Gerichtsentscheidungen, welche die Gesetze erläutern und interpretieren, noch gar nicht mitgerechnet.

---

[7] *Rühle/Veen* (Hrsg.), Wachsende Staatshaushalte, 1979.

[8] Vgl. etwa *Steinbach,* Die Gesetzesflut – einige betrübliche Betrachtungen zu einem aktuellen Thema, Der öffentliche Dienst 1978, 69; *Hillermeier,* Eindämmung der Gesetzesflut, BayVBl. 1978, 321; *Hans-Jochen Vogel,* Zur Diskussion um die Normenflut, JZ 1979, 321.

[9] Vgl. z.B. *Berner,* Inflation im Recht, BayVBl. 1978, 617.

[10] Nach *Schreckenberger,* Sozialer Wandel als Gesetzgebung, VerwArch 68, 28 (31).

[11] BT-Drucks. 8/212.

III. Einige Auswirkungen des Wandels

1. Wachstum und Spezialisierung der Bürokratie

Der qualitative Wandel und die quantitative Zunahme der Staatstätigkeit führen zwangsläufig zu einer gewaltigen Vermehrung und Differenzierung der Aufgaben der Verwaltung, die die Gesetze ausführen muß. So findet die zunehmende Gewährung staatlicher Leistungen ihre Entsprechung im Aufbau einer Leistungsverwaltung (Sozialverwaltung, Subventionsverwaltung etc.). Aber auch im herkömmlichen Bereich der Eingriffsgesetze führt die Zunahme der Gesetzesproduktion und die Komplizierung der Materie zu einer Ausweitung und Spezialisierung der Bürokratie. Die Zunahme und Komplizierung der Verwaltungs*aufgaben* findet ihren Ausdruck im Wachstum des öffentlichen *Personals* (oben P I 2). Wegen der gewaltigen Rolle, die die Verwaltung im modernen Staat spielt, wird dieser bisweilen auch als *Verwaltungsstaat* bezeichnet.

2. Zunahme und Auffächerung der Ministerien

Die skizzierten Wandlungen der Staatstätigkeit spiegeln sich auch darin, daß zum klassischen Bouquet der Ministerien (Äußeres, Inneres, Finanzen, Verteidigung und Justiz) eine Vielzahl von *neuen* Ministerien hinzugetreten ist. Im Bund sind dies: das Wirtschaftsministerium, das Ministerium für Arbeit und Sozialordnung, das Ministerium für Ernährung, Landwirtschaft und Forsten, das Ministerium für Verkehr, das Ministerium für Post- und Fernmeldewesen, das Ministerium für Jugend, Familie und Gesundheit, das Ministerium für wirtschaftliche Zusammenarbeit, das Ministerium für Raumordnung, Bauwesen und Städtebau, das Ministerium für innerdeutsche Beziehungen, das Ministerium für Forschung und Technologie sowie das Ministerium für Bildung und Wissenschaft.

3. Wandlung des Abgeordnetenmandats vom Honoratiorenamt zum Beruf

Die Zunahme und Komplizierung der Staatsaufgaben, die sich in erhöhter (finanzieller) Staatsquote und Gesetzesproduktion niederschlagen, haben auch Rückwirkungen auf die Arbeitsbelastung des „Gesetzesproduzenten", d. h. des Parlaments und seiner Mitglieder. *Früher* galt das Abgeordnetenmandat als *Ehrenamt,* das neben einem (außerparlamentarischen) Beruf ausgeübt wurde. *Heute* ist die Last, welche das Mandat mit sich bringt, so groß geworden, daß sie in der Regel die volle oder doch die *überwiegende Arbeitskraft* des Abgeordneten verlangt. Dies gilt jedenfalls für den Bundestag.[12] Die Entwicklung der Abgeordnetentätigkeit zu einem **full-time-job**[13] hat Konsequenzen etwa für die Höhe der **Entschädigung.** Art. 48 III 1 GG gibt den Bundestagsabgeordneten einen Anspruch auf eine Entschädigung, die ihre Unabhängigkeit sichert. In Anbetracht der hohen Arbeitsbelastung ist diese Bestimmung heute dahin zu verstehen, daß die Abgeordneten ein Gehalt beanspruchen können, welches ihnen einen angemessenen Lebensunterhalt sichert[14] (vgl. auch oben E IV 2).

Dabei ist man – jedenfalls in den *Landes*parlamenten der Flächenstaaten – aber gleichzeitig *zu weit* gegangen. Die auch dort seit dem Diätenurteil vorgesehene Vollalimentation begünstigt die Entstehung eines Typs von Abgeordneten, der keine Berufserfahrung mehr mitbringt, aber wegen seiner vollen finanziellen Sicherung geradezu dazu motiviert wird, sich als Abgeordneter und Politiker ein ausreichendes Betätigungsfeld zu suchen. Das Mehr an Staatstätigkeit ist auch von daher vorprogrammiert. (Zum Zusammenhang zwischen großzügiger Parteifinanzierung, Entfremdung vom Bürger und staatlichem Aktionismus vgl. oben I V 4.)

4. Verwissenschaftlichung

Die Komplizierung der staatlichen Tätigkeit hat den Bedarf an wissenschaftlicher Durchdringung der Probleme vermehrt und die Bedeutung der wissenschaftlichen Politikberatung erhöht. Dies sei hier nur als Merkposten angeführt; eine nähere Behandlung ist bereits in Abschnitt S erfolgt.

---

12 Das Bundesverfassungsgericht zieht die gleiche Konsequenz auch für die *Landes*parlamente. Vgl. *v. Arnim,* Zweitbearbeitung des Art. 48 GG (1980), in: Bonner Kommentar, RN 52.

13 BVerfGE 40, 296 (314).

14 BVerfGE 40, 296 (315).

V. Beurteilung der Zunahme der Staatsaktivität

Haben wir *zu viel* Staat? Ist der Staatsanteil – verstanden als der Anteil der von der öffentlichen Hand bewirtschafteten Mittel am Sozialprodukt und der Umfang der vom Staat gesetzten Regelungen – zu hoch? Die Frage drängt sich besonders nach der gewaltigen Zunahme der finanziellen Staatsquote in den ersten 70er Jahren um ca. 10 Prozentpunkte (oben U II 1) auf. Im folgenden soll der Frage nach der Angemessenheit des Hochschnellens des **finanziellen Staatsanteils** nachgegangen werden, sozusagen als pars pro toto für die Ausweitung der Staatsaktivität insgesamt.

Diese Vorgehensweise findet darin ihre Bestätigung, daß sich die staatlichen Finanzen schon immer als besonders geeignetes Medium für die Erfassung und Kritik der staatlichen Willensbildung insgesamt erwiesen haben. *Jean Bodin* nannte die Finanzen anschaulich die Nerven des Staates, und *Joseph Schumpeter* hob hervor, daß allgemeine politische Entwicklungen in der Finanzpolitik besonders intensiv – sozusagen wie durch eine Lupe vergrößert und verdeutlicht – hervortreten. Geld ist eben meßbar; hier werden deshalb auch Fehlentwicklungen schneller manifest als anderswo. So stand die Geburt der Demokratie in Amerika im Zeichen des Kampfes um die Steuerbewilligung („No taxation without representation!"). Die Französische Revolution hatte mit der immensen Verschwendung des Ancien Régime wesentlich auch finanzpolitische Ursachen. Steuergesetzgebung und Budgetbewilligung markieren geradezu die geschichtlichen Grundlagen des modernen Parlamentarismus.[1]

Der Frage, ob der Staatsanteil *zu hoch* ist oder jedenfalls nicht weiter steigen sollte, folgt allerdings sogleich die Gegenfrage: *Wieviel* Staat wäre denn angemessen und richtig? Und diese Frage ist offenbar nicht eindeutig und mit Anspruch auf Allgemeinverbindlichkeit zu beantworten. Früher ging man einmal davon aus, der Zehnte wäre angemessen. Dann hielt man eine Staatsquote von einem Drittel für die gerade noch erträgliche Obergrenze. Nach ihrer Überschreitung meinen manche, in der 50 Prozent-Marke eine magische Schwelle erkennen zu können, die der Staat nicht übertreten dürfe. All solche Versuche, zu einer *absoluten* Grenzmarkierung zu gelangen, sind aber zum Scheitern verurteilt, weil sie an der eigentlichen Problematik vorbeigehen. Bei der **Frage nach der Angemessenheit des Staatsanteils** muß man von den vom Staat wahrgenommenen Aufgaben und ihrer Berechtigung ausgehen. Die Kernfrage geht deshalb dahin, ob die (durch Verausgabung von Finanzmitteln und

---

[1] *Jesch*, Gesetz und Verwaltung, 1961, 104ff. Zur Budgetbewilligung: *Heckel*, Die Entwicklung des parlamentarischen Budgetrechts und seiner Ergänzungen, Handbuch des Deutschen Staatsrechts, Bd. 2, 1932, 358ff.

durch Gesetze wahrgenommenen) Aktivitäten des Staates – in Anbetracht ihrer sozialen Kosten – berechtigt sind oder nicht. Nun scheint allerdings auch die Beantwortung *dieser* Frage auf den ersten Blick kaum weniger schwierig, sind doch die Versuche, berechtigte von anderen Staatsaktivitäten zu scheiden, bisher immer von vielen Zweifeln umgeben gewesen. Und doch verspricht ein der Problematik adäquates Vorgehen durchaus einen gewissen Erfolg. Dabei wird es vor allem auf die Analyse der Willensbildungs*verfahren* ankommen. Zeigen sich hier **Ungleichgewichte,** die tendenziell in Richtung auf eine Ausweitung der Staatsquote wirken, so kann man darauf die Feststellung gründen, daß die Staatsquote *zu* hoch ist, auch dann, wenn man die Frage, *wie* hoch sie letztlich sein sollte, nicht beantworten kann.[2] Dies wird im einzelnen noch aufzuzeigen sein.

Zunächst soll aber ein Ansatz skizziert werden, der immer noch viel diskutiert wird: das von *Adolph Wagner* aufgestellte sog. Gesetz des wachsenden Staatsbedarfs. Sollte das Wachstum der Staatstätigkeit nämlich einer Art von zwingender Notwendigkeit folgen, einem ,,Gesetz", das sich nicht beeinflussen läßt, dann wäre auch die Frage nach seiner inneren Berechtigung müßig.

I. *Adolph Wagners* Gesetz des wachsenden Staatsbedarfs

1. *Wagners* Prognose

Adolph Wagner, einer der Köpfe des *Kathedersozialismus* (oben E III 2), hatte das Anwachsen der Staatsquote bereits 1861 vorausgesagt, als er sein berühmtes ,,Gesetz der wachsenden Staatstätigkeit" und – daraus abgeleitet – das ,,Gesetz der wachsenden Ausdehnung des Staatsbedarfs" formulierte.[3] Mit dem Staatsbedarf nehmen natürlich auch die Staatsausgaben entsprechend zu; man spricht deshalb vielfach auch vom ,,Gesetz der wachsenden Staatsausgaben".[4] *Wagner* ging bei Formulierung seines ,,Gesetzes" zunächst einmal davon aus, daß die öffentlichen Ausgaben

---

[2] Zur zentralen Bedeutung der Willensbildungsverfahren oben G VII.

[3] *Adolph Wagner,* Grundlegung der politischen Oekonomie, I. Teil, 3. Aufl., Leipzig 1892, S. 895: Die Kenntnis der ,,inneren Gründe" für die ,,Ausdehnung der Staats- und der zwangsgemeinschaftlichen oder ‚öffentlichen' Thätigkeit überhaupt ... berechtigt uns, von einem (volkswirthschaftlichen) Gesetze der wachsenden Ausdehnung der öffentlichen und speciell der Staatsthätigkeiten zu sprechen, ein Gesetz, welches für die Finanzwirthschaft als Gesetz des wachsenden öffentlichen Finanzbedarfs des Staats und der Selbstverwaltungskörper zu formulieren ist".

[4] Zusammenfassend: *Recktenwald,* Umfang und Struktur der öffentlichen Ausgaben in säkularer Entwicklung, in: HdF, 3. Aufl., Bd. 1, 1977, 713 (722ff.);

überhaupt, d. h. *absolut,* wachsen. Darin liegt allerdings noch nichts Bemerkenswertes. Wenn eine Volkswirtschaft wächst, wäre es umgekehrt überraschend, wenn Staatsbedarf und Staatsausgaben nicht mitwüchsen. Das ,,Gesetz" *Wagners* umfaßt aber auch die Aussage, daß die öffentlichen Ausgaben *relativ,* nämlich im Verhältnis zum Sozialprodukt, wachsen, d. h., daß sie schneller zunehmen als die Ausgaben in der Privatwirtschaft.[5]

Das *Wagner*sche ,,Gesetz" verwirklichte sich zu *Wagners* Zeit allerdings zunächst noch nicht (was seinerzeit mangels aufbereiteten Zahlenmaterials noch nicht bekannt war): Der Anteil der Staatsausgaben am Sozialprodukt blieb in den letzten vier Jahrzehnten des 19. Jahrhunderts ziemlich unverändert; erst seit der Vorbereitungsphase des Ersten Weltkriegs schnellte die Staatsquote in zickzackförmiger Bewegung nach oben und beläuft sich heute auf fast 50 v. H. (oben U II 1).

Der Umstand, daß die Voraussage *Wagners* in der *Vergangenheit* tatsächlich eingetreten ist, hat seinen Thesen hohe Dignität verschafft. Welche Bedeutung kommt ihnen nun aber heute für die Beurteilung von Niveau und *weiterer Entwicklung* der Staatstätigkeit zu? Wäre ,,Gesetz" hier im Sinne einer unentrinnbaren, gleichsam naturgesetzlichen Zwangsläufigkeit zu verstehen (und träfe das ,,Gesetz" zu), dann müßte die Zunahme der Staatsquote auch *in Zukunft* weitergehen. Allenfalls könnte die Entwicklung vielleicht beschleunigt oder verlangsamt werden.

2. Ursachen des wachsenden Staatsanteils

Um zu einer zeitgemäßen Beurteilung kommen zu können, muß man versuchen, die wichtigsten Ursachen, die in der Vergangenheit die Aus-

---

Littmann, Art. ,,Ausgaben, öffentliche, II: Die Gesetze ihrer langfristigen Entwicklung", in: HdWW, Teil 1, 1977, 349 (350).

[5] *Wagner* (oben FN 3), 893f.: ,,Der Staat speciell, als Wirthschaft zur Fürsorge der Bevölkerung mit gewissen Gütern, besonders Gemeingütern für gewisse Bedürfnisse aufgefaßt, wird ... *absolut* immer wichtiger für die Volkswirthschaft und für die Einzelnen. Aber auch seine *relative* Bedeutung steigt, d. h. eine immer größere und wichtigere Quote der Gesamtbedürfnisse eines fortschreitenden Culturvolks wird durch den Staat statt durch andere Gemein- und Privatwirthschaften befriedigt – ein Satz, der nur den übrigen Zwangsgemeinwirthschaften (Gemeinde, Kreis, Provinz) gegenüber in Folge der Decentralisation der öffentlichen Verwaltung und der Organisation der Selbstverwaltung mehrfach eine wirkliche, sonst meist nur scheinbare Ausnahmen erleidet. Faßt man aber den Staat mit diesen anderen, seine Thätigkeit ergänzenden Zwangswirthschaften zusammen, was für mancherlei Zwecke nothwendig ist, so ergibt sich auch eine Zunahme der gesamten zwangsgemeinwirthschaftlichen oder ‚öffentlichen', besonders der staatlichen und communalen, auf Kosten der übrigen gemein- und privatwirthschaftlichen Thätigkeit."

dehnung des Staatsanteils bewirkt haben, zu ermitteln. Neben den von *Wagner* herausgestellten sollen auch andere, von späteren Autoren angestellte Erklärungsversuche genannt werden.

Eine wichtige Ursache für den (absoluten und relativen) Anstieg der Staatsausgaben ist uns bereits vielfach begegnet: Mit der Enttäuschung der bürgerlich-liberalen Harmonieerwartung wurde es zunehmend als Aufgabe des Staates angesehen, Fehlentwicklungen und Mißstände zu beseitigen oder bereits ihrer Entstehung vorzubeugen. *Wagner* spricht insoweit vom **Cultur- und Wohlfahrtszweck**, dem er eine ständig zunehmende relative Bedeutung gegenüber dem von ihm sogenannten „Rechts- und Machtzweck" zuschreibt.[6] Die Gewährung von öffentlichen Sozialleistungen an bedürftige Bevölkerungskreise hat gerade in Deutschland Tradition (oben E V 1). Dabei schufen die Demokratisierung des Wahlrechts (oben E IV 1) und die schlagkräftige Organisation der Arbeitnehmer (oben E V 2.1) wesentliche Voraussetzungen dafür, daß der Staat die neue Aufgabe übernahm (oben F I).[7] Der Anteil der öffentlichen Sozialleistungen am Sozialprodukt nahm in Deutschland von 0,4 v.H. im Jahre 1891 auf 22,5 v.H. im Jahre 1958 zu[8] und ist seitdem noch weiter gestiegen (oben U II 1).

Von zentraler Bedeutung für das Ansteigen der Staatsquote war auch der Umstand, daß die beiden **Weltkriege** natürliche Barrieren gegen Ausweitungen des Staatsanteils beiseite geräumt haben.[9] Wie das oben (U II 1) wiedergegebene Schaubild zeigt, ist die finanzielle Staatsquote in den Vereinigten Staaten und in England während der beiden Weltkriege steil in die Höhe geschossen;[10] sie fiel danach zwar wieder ab, verblieb aber doch auf einem höheren als dem Vorkriegsniveau. Für dieses „Hochschaukeln" bietet sich eine finanzpsychologische Erklärung an: Die existentielle Bedrohung durch Krieg und Kriegsfolgen drängte den natürlichen Widerstand der Bevölkerung gegen eine Erhöhung des Staatsanteils zurück und ermöglichte es den Politikern, gewaltige, vorher kaum vorstellbare Erhöhungen der öffentlichen Ausgaben und der zu ihrer Finanzierung erforderlichen Steuern und Kredite durchzusetzen. Hatte die Bevölkerung sich aber erst einmal an den hohen Staatsanteil *gewöhnt,* so brauchte er auch nach dem Wegfall der Ausgaben für Krieg und Kriegsfolgen nicht wieder vollständig zurückgenommen zu werden. Das Mehr gegenüber dem Vorkriegsniveau wurde stattdessen für die

---

6 *Wagner* (oben FN 3), 885ff., 900ff.

7 Vgl. auch *Recktenwald* (oben FN 4), 730ff.

8 *Wittmann,* Einführung in die Finanzwissenschaft, Teil 1, 1975, 19.

9 Dies heben hervor *Peacock/Wiseman,* The Growth of Public Expenditure in the United Kingdom, Princeton, 1961.

10 Für Deutschland gilt Entsprechendes mit der Maßgabe, daß sich hier schon in den 20er und 30er Jahren ein erheblicher Anstieg zeigt. Vgl. auch *Recktenwald* (oben FN 4), 719.

Finanzierung *neuer* öffentlicher Projekte verwendet. Zugleich trugen die Kriege, die ja „Volkskriege" waren, zwangsläufig zur Stärkung egalitärer Tendenzen bei und leisteten auch auf die Weise weiteren staatlichen Aktivitäten Vorschub. (So gesehen, besteht ein enger Zusammenhang zu den am Anfang genannten Ursachen.) Dieser Zusammenhang wurde besonders deutlich, als nach dem Ersten Weltkrieg in Deutschland das allgemeine, gleiche Wahlrecht seinen endgültigen Durchbruch erzielte, wodurch verstärkter Aktionsdruck für die staatliche Sozialpolitik entstand, gilt aber der Tendenz nach auch für den Zweiten Weltkrieg.

Als weitere Ursachen für den Anstieg der Staatsquote werden die zunehmende **Verstädterung** und die dadurch bewirkte Agglomeration der Bevölkerung angeführt. Auf die „Parallelität von Ausgaben und Bevölkerungsmassierung" hat *Arnold Brecht* nachdrücklich hingewiesen.[11] Eine andere Erklärung für das zunächst nur absolute, dann seit der Vorbereitungsphase des Ersten Weltkriegs auch relative Anwachsen der Staatsquote sieht *Herbert Timm* darin, daß die industrielle Entwicklung eine verstärkte **Nachfrage nach superioren,** d. h. höherwertigen **Gütern** (wie Erziehung, Gesundheitswesen und soziale Sicherheit), hervorrufe, die aber erst mit einer mehr oder weniger großen zeitlichen Verzögerung wirksam würde.[12] *Timms* Untersuchung leidet aber daran, daß „nicht nachgewiesen wurde, warum gerade der Staat Bedürfnisse nach superioren Gütern zu befriedigen" habe.[13]

Ein Erklärungsansatz beruht schließlich auf der Erkenntnis, daß ein großer Teil der Ausgaben des Staates auf die **Besoldung** seines Personals entfällt. Daraus wird dann folgende Argumentationskette abgeleitet. Das öffentliche Personal und seine Besoldung gehöre zum **Dienstleistungssektor** i. w. S.; der aber wachse in einer modernen Wirtschaft überproportional, und es sei nicht ersichtlich, wie der öffentliche Dienst von dieser Entwicklung ausgeschlossen werden könne. Schon dann, wenn die Gehälter im öffentlichen Dienst im gleichen Schritt mit denen der Privatwirtschaft stiegen, ergebe sich wegen der geringeren Rationalisierungsmöglichkeit im öffentlichen Dienst ein Anstieg der Personalausgabenquote. Auch dieser Erklärungsansatz krankt jedoch – wie der von *Timm,* zu dem auch sonst Parallelen bestehen – daran, daß nicht nachgewiesen wird, warum gerade der Staat und nicht die Privatwirtschaft die entsprechenden Bedürfnisse befriedigen sollen und warum in einer immer reicheren Gesellschaft die staatlichen Leistungen und damit auch das

---

11 *Arnold Brecht,* Internationaler Vergleich der öffentlichen Ausgaben, 1932.

12 *Timm,* Das Gesetz der wachsenden Staatsausgaben, FA N. F. 21 (1961), 201.

13 So mit Recht *Littmann* (oben FN 4), 356; vgl. auch *Wittmann* (oben FN 8), 26.

dafür notwendige öffentliche Personal nicht (zumindest relativ) zurückgehen können.

Die Durchsicht der möglichen Ursachen für das Wachsen des Staatsanteils zeigt, daß von einem ,,Gesetz" i. S. eines unabweisbaren, sozusagen naturnotwendigen Wachstums nicht die Rede sein kann. Deshalb läßt sich auch nicht schließen, welche Ausgabenentwicklung in *Zukunft* angemessenerweise weiter erfolgen sollte. Aus *Wagners* ,,Gesetz" läßt sich für die zukünftige Beurteilung also nichts ableiten. Im Sinne einer naturnotwendigen Zwangsläufigkeit hatte *Wagner* sein ,,Gesetz" im übrigen *selbst* nicht verstanden. Er hatte mit ,,Gesetz" eine ,,Entwicklungstendenz"[14] gemeint, welche nur gelte, wenn die zugrundeliegenden Ursachenzusammenhänge in der von ihm angenommenen Weise wirken, was aber, wie *Wagner* selbst hervorhebt, durchaus ,,nicht nothwendig" sei.[15] Die Kritik hat denn auch mit Recht darauf hingewiesen, daß *Wagner* nur Faktoren genannt hat, die eine absolute Zunahme der Staatsausgaben bewirken, aber kein Argument, ,,mit dessen Hilfe eine relative Ausdehnung der staatlichen Ausgaben zwingend oder wenigstens als hochwahrscheinlich nachgewiesen wird".[16] Vielmehr schwingt in *Wagners* Ausführungen sein Engagement als *Kathedersozialist* stark mit, so daß sie streckenweise eher einem Plädoyer für zunehmende Staatstätigkeit als einer Analyse gleichen. Wenn dieses Plädoyer zu *Wagners* Zeit durchaus angezeigt war (oben E), so braucht dies keinesfalls zu bedeuten, daß es auch *heute* unter gewandelten Verhältnissen noch als berechtigt anzuerkennen ist.

II. Zur Aufgabenkritik

Um ein verläßliches Urteil darüber zu gewinnen, ob die Staatsausgaben heute nach Umfang und Zusammensetzung gerechtfertigt sind, muß man an den konkreten Verhältnissen der Bundesrepublik ansetzen und überprüfen, welche Aufgaben der Staat richtigerweise wahrnehmen sollte. Dies ist das Thema der Lehre von den Staatsaufgaben.

---

14 *Wagner* (oben FN 3), 883f.

15 *Wagner* (oben FN 3), 235.

16 So *Littmann* (oben FN 4), 352. – Und selbst wenn zwingende Gründe für ein überproportionales Anwachsen der Staatsintervention wirklich vorliegen, so wäre noch nicht bewiesen, daß dies auch zu einem Anwachsen der (finanziellen) Staatsquote führen müßte, da zwischen der Intervention durch Ausgaben und durch gesetzliche Befehle bis zu einem gewissen Grad Austauschbarkeit besteht (oben U II a. A.). So auch *Littmann,* ebenda, 357.

1. Kritik bisheriger juristischer Ansätze

In der Staatsrechtslehre *fehlt* es bislang an einer Lehre von den Staatsaufgaben (es sei denn, man begnügte sich mit einer lediglich faktischen *Bestandsaufnahme* und bezeichnete als Staatsaufgaben solche Aktivitäten, die der Staat tatsächlich ausübt. Damit würde die eigentliche Frage, welche Aufgaben der Staat ausüben *soll,* aber gerade verfehlt). Die Entwicklung einer (auch) **normativen Staatsaufgabenlehre** ist ein unerfülltes Desideratum.[17] Die einschlägigen Versuche, die weißen Flecke auf der verfassungstheoretischen Landkarte zu erforschen,[18] haben noch keinen Durchbruch gebracht. Ein wesentlicher Grund dafür liegt m. E. in der Wahl eines *inadäquaten Ansatzes,* während der der Problematik angemessene Ansatz dem herkömmlichen staatsrechtlichen Denken verschlossen bleibt.

Häufig versucht man, als Staatsaufgaben einen Kreis von Tätigkeiten zu bestimmen, die dem Staat *eigentümlich* sind. Man sucht nicht etwa „nach den Unzulänglichkeiten der nichtstaatlichen Leistungsträger",[19] um daraus – sozusagen als Residuum – Staatsaufgaben herauszuschälen, sondern man möchte diese aus der Betrachtung des Staates *als solchem,* also ohne Blick auf die „Gesellschaft", ableiten.

Dieser Ansatz muß scheitern, weil es staatliche Aufgaben als solche überhaupt nicht gibt. Alle staatliche Tätigkeit muß, wie oben G II 1.1 dargelegt, in einem anthropozentrischen Gemeinwesen immer den Interessen der Menschen dienen. Die Unterscheidung zwischen den privat und den von Staats wegen wahrzunehmenden Belangen kann deshalb nur darin gesehen werden, daß erstere (mehr oder weniger) unmittelbar von den Betroffenen in genügender Stärke artikuliert werden und Wirtschaft und Gesellschaft ihre Erfüllung selbst überlassen bleiben kann. Dagegen sind Staatsaufgaben dadurch charakterisiert, daß die Selbststeuerungsmechanismen mit ihrer Realisierung überfordert sind und deshalb der „Staat" tätig werden muß oder genauer: daß die Gemeinschaft sich anderer als der gesellschaftlich-wirtschaftlichen Selbststeue-

---

17 *Böckenförde,* VVDStRL 30, 164; *ders.,* Die verfassungstheoretische Unterscheidung von Staat und Gesellschaft als Bedingung der individuellen Freiheit, 1973, 39: Die Lehre von den Staatsaufgaben ist nach wie vor ein „Desiderat der gegenwärtigen Staatsrechtslehre". *Scheuner,* Staatszielbestimmungen, in: FS Forsthoff, 1972, 325 (340ff.); *Ossenbühl,* Die Erfüllung von Verwaltungsaufgaben durch Private, VVDStRL 29, 159 m. w. N., 192.

18 *Paul Kirchhof,* Der Begriff der hoheitsrechtlichen Befugnisse in Artikel 33 Absatz IV des Grundgesetzes, Münchner Jur. Diss. 1968; *Krautzberger,* Die Erfüllung öffentlicher Aufgaben durch Private. Zum Begriff des staatlichen Bereichs, 1971; *Bull,* Die Staatsaufgaben nach dem Grundgesetz, 1973, 2. Aufl., 1977; *Kirberger,* Staatsentlastung durch private Verbände, 1978, 56ff.

19 *Paul Kirchhof* (oben FN 18), 115, aber mit entgegengesetzter Tendenz als der Text.

rungsmechanismen zur Wahrung ihrer Interessen bedienen muß, nämlich der „staatlichen" Entscheidungsverfahren Ebenso wie es sich beim sog. öffentlichen Konsum in der volkswirtschaftlichen Gesamtrechnung nicht um Konsum eines anonymen Staats handelt, sondern um Konsum der Bürger, also um die Befriedigung von Bürgerinteressen, deren Kennzeichen lediglich darin liegt, daß sie durch staatliche Organisation ermöglicht wird,[20] handelt es sich bei den vom Staat wahrzunehmenden Interessen ganz allgemein um Belange der Bürger, deren Wahrnehmung eben nur der staatlichen Organisation zufällt. Entscheidend ist also nicht der Inhalt des Interesses, sondern der angemessene Weg, das *Verfahren* seiner Befriedigung.

Die Frage nach den Staatsaufgaben kann (in der vom Grundgesetz und den hinter diesem stehenden Grundwerten konstituierten Gemeinschaft) also nur mit dem *Blick auf die Gesellschaft* beantwortet werden. Ohne die Beziehung zur Leistungsfähigkeit der gesellschaftlichen Selbststeuerung hängt die Staatsaufgabenlehre in der Luft.

Eine Staatsaufgabenlehre setzt zweierlei voraus: *Einmal* hat sie darzulegen, welche Belange der Menschen die **gesellschaftlichen Selbststeuerungsmechanismen** nicht befriedigend erfüllen können. Dies verlangt wiederum, daß diejenigen Disziplinen, welche sich mit diesen Steuerungsprozessen befassen, genutzt werden, insbes. die Volkswirtschaftslehre – eine These, die natürlich nicht als Plädoyer für die unkritische Übernahme bestimmter Lehrmeinungen mißverstanden werden darf. Aber man muß sich doch auch der wirtschaftswissenschaftlichen Denkweise bedienen, um begründet darlegen zu können, welche Belange von der wirtschaftlichen Selbststeuerung nicht erfüllt werden und ob es alternative Steuerungsmöglichkeiten gibt, die zu besseren Ergebnissen zu führen versprechen. Dabei bedarf es offenbar – und das ist die *zweite* Anforderung an eine Staatsaufgabenlehre – auch einer **Wertelehre,** die die Maßstäbe für die Beurteilung sowohl der Selbststeuerung als auch möglicher Alternativen liefert. Aus dem wertenden Vergleich von gesellschaftlicher Selbststeuerung und staatlichen Interventionen ergeben sich Kriterien für eine Staatsaufgabenlehre – allerdings noch nicht die alleinigen. Hinzu kommen muß nämlich noch ein weiteres: Es ist darzulegen, daß „der Staat" in der Lage ist, etwas als richtig Erkanntes auch tatsächlich *durchzusetzen.* Es reicht also nicht aus nachzuweisen, daß die Ergebnisse der gesellschaftlichen Selbststeuerung durch bestimmte staatliche Interventionen verbessert werden *könnten,* ohne Rücksicht auf die Frage, ob solche Verbesserungen *tatsächlich* durchsetzbar erscheinen. Um zu einem fundierten Urteil zu gelangen, muß vielmehr auch die Frage nach der Durchsetzbarkeit des „Richtigen" im staatlichen Willensbildungsprozeß behandelt werden.

---

[20] *v. Arnim,* Volkswirtschaftspolitik, 132.

Staatliche Aufgaben lassen sich also auf folgende (wenn auch noch sehr abstrakte) Weise kennzeichnen: Staatliche Aufgaben sind diejenigen, welche die gesellschaftlichen Selbststeuerungsmechanismen nicht bewältigen, die aber erfüllt werden sollten (was seinerseits natürlich voraussetzt, daß sie überhaupt erfüllt werden *können*) *und* deren angemessene Wahrnehmung im staatlichen Willensbildungs- und Entscheidungsprozeß auch durchsetzbar ist.

Gegen die hier empfohlene Art des Vorgehens wird vermutlich eingewandt werden, mit der Wahl der Selbststeuerungsmechanismen als gedanklichem Ausgangspunkt werde stillschweigend bereits eine Vorentscheidung hinsichtlich des relativen Gewichts von gesellschaftlicher Selbststeuerung und staatlicher Steuerung getroffen, eine Vorentscheidung zugunsten der Gesellschaft, wenn man so will. Dieser Einwand ist aber nicht berechtigt: Die Selbststeuerung ist kein Selbstzweck, sondern nur eine Art Werkzeug, welches darauf zu überprüfen ist, inwieweit es zu einer relativen Optimierung der Grundwerte, d. h. zum Gemeinwohl, beitragen kann. Nur soweit die Selbststeuerungsverfahren dafür brauchbar erscheinen, sind sie zu befürworten. Und daß sie unter bestimmten Umständen der staatlichen Steuerung vorzuziehen sein können, wurde bereits oben beim Vergleich Vertrag – Gesetz begründet (oben D VI 1).

Der Zugang zu diesem – m. E. der Problematik angemessenen – Ansatz ist der herkömmlichen Staatslehre aus mehreren Gründen *erschwert*. *Einmal* impliziert der Ansatz offenbar die Grundvorstellung, daß der Staat lediglich eine Art Instrument zur Erfüllung von Aufgaben für die Menschen ist, welche die gesellschaftlichen Selbststeuerungsmechanismen allein nicht erfüllen können. Die **Instrumentalvorstellung** vom Staat widerspricht der überkommenen deutschen Staatslehre, die den Staat wesentlich auch als *Selbstzweck* verstanden hatte. Diese Vorstellung ist zwar im Rückzug begriffen, ja sie ist mit dem Grundgesetz und seiner Wertordnung unvereinbar (oben G II 1.1). Die Konsequenzen aus dieser Feststellung sind allerdings nicht überall gezogen. Die Selbstzweckvorstellung wird vereinzelt sogar noch ausdrücklich vertreten, unausgesprochen geht man ohnehin nicht selten noch von ihr aus (oben G IV 1).

Ein *zweiter* Grund für die Vorbehalte der herkömmlichen (juristischen) Staatslehre gegenüber dem hier vorgetragenen Ansatz dürfte darin liegen, daß er eine Analyse der Selbststeuerungsmechanismen, insbes. der wirtschaftlichen, voraussetzt. Dadurch wird die Beantwortung der Frage nach den Staatsaufgaben mittelbar auch von sozial-, insbes. wirtschaftswissenschaftlichen Erwägungen abhängig.[21] Die Staatslehre ver-

---

[21] *H. P. Ipsen* sieht dies klar, wenn er betont, daß es „primär Aufgabe nichtjuristischer Disziplinen sein (dürfte), öffentliche Aufgaben der Wirtschafts- und Sozialordnung in Inhalt, Entfaltung und Beschränkung zu determinieren"; *Ipsen,* Fusionsverfassung Europäische Gemeinschaften, 1969, 49. Demgegenüber läßt

liert insoweit ihre (juristische) Eigenständigkeit, weil ihre Ergebnisse von außer-juristischen Vorermittlungen abhängen. Wer die Selbständigkeit des Juristen als solchen bewahren möchte, wird diese *Abhängigkeit* ablehnen. Der Preis ist allerdings hoch: Man muß auf die Entwicklung einer konsistenten Staatsaufgabenlehre verzichten. Wem dieser Preis *zu* hoch erscheint und wer deshalb nicht auf die Entwicklung einer problemadäquaten Staatsaufgabenlehre zu verzichten bereit ist, dem bleibt nichts anderes übrig, als sich – unter kritischer Heranziehung auch von sozialwissenschaftlichen Ansätzen und Vorarbeiten – um die **Analyse** von Defiziten **der** gesellschaftlichen, insbes. wirtschaftlichen **Selbststeuerungsmechanismen** zu bemühen. Hier zeigt sich an einem wichtigen Beispiel nicht nur der Preis, den die Ausblendung der Sozialwissenschaften aus dem Blickfeld der Staatslehre kostet, sondern umgekehrt auch der *Nutzen,* den ihre Einbeziehung vermitteln kann, indem sie den Zugang zu einer sinnvollen Staatsaufgabenlehre eröffnet. Dies aber setzt zugleich die Bereitschaft des (forschenden) Juristen voraus, sich auch mit Grundfragen der Sozial-, insbes. Wirtschaftswissenschaften, zu befassen (oder doch zu einer Zusammenarbeit mit Sozialwissenschaftlern). Dazu oben H I 3 und 4.

Der Zugang zu einer Staatsaufgabenlehre wird *schließlich* auch deshalb erschwert, weil es bisher an einer **Gemeinwohllehre** fehlt, die aber unerläßlich ist, um ,,Defizite" der gesellschaftlichen Selbststeuerung überhaupt identifizieren zu können.

2. Staatsaufgaben und Subsidiaritätsprinzip

Der Staat darf, wie dargelegt, Aufgaben nur übernehmen, wenn dies nötig ist. Diese Feststellung läuft letztlich auf das sog. Subsidiaritätsprinzip hinaus, welches man schlagwortartig in dem Satz zusammenfassen kann: ,,So wenig Staat wie möglich, so viel Staat wie nötig." Damit ergibt sich allerdings die Gefahr, daß all die Mißverständnisse, denen das Subsidiaritätsprinzip ausgesetzt war und ist, auch den hier skizzierten Ansatz miterfassen.

Zunächst einmal: Das Subsidiaritätsprinzip darf – anders als häufig unterstellt – nicht starr im Sinne eines a priori-Verbots der Übernahme bestimmter abgrenzbarer Aktivitäten durch den Staat verstanden werden, wie die Nachtwächtervorstellung vom Staat dies noch getan haben mag. Das Subsidiaritätsprinzip ist vielmehr *elastisch:*[22] Der Staat darf

---

Bull den sozialwissenschaftlichen Ansatz zur Bestimmung von Staatsaufgaben zwar bisweilen anklingen (*Bull* [oben FN 18], 240ff., 347), zieht ihn aber nicht konsequent durch (vgl. auch seine Vorbehalte zu der soeben angeführten Meinung von *Ipsen: Bull,* ebenda, 112f.).

[22] *Isensee,* Subsidiaritätsprinzip und Verfassungsrecht, 1968, 296ff.

grundsätzlich alle die Aufgaben übernehmen, die wichtig sind und die die Gesellschaft nicht allein bewältigen kann. (Zur Einschränkung, die sich aus möglichem Staatsversagen ergibt, sogleich unter 3.)

Das Subsidiaritätsprinzip wird allerdings im staatsrechtlichen Schrifttum überwiegend abgelehnt. Soweit man das Prinzip dabei auf das Verhältnis unterschiedlicher staatlicher Ebenen zueinander, etwa Bund – Länder oder: Staat im engeren Sinn – Gemeinde, bezieht, mag diese Auffassung zutreffen; in bezug auf das Verhältnis Bürger – Staat ist sie dagegen unrichtig.

Die Erkenntnis, daß das Subsidiaritätsprinzip im Verhältnis Bürger – Staat Geltung besitzt, ist (neben den soeben unter 1 genannten Gründen) für die juristische Staatslehre deshalb so schwer zugänglich,[23] weil das Subsidiaritätsprinzip als solches im Grundgesetz keinen unmittelbaren Ausdruck gefunden hat. Zu seiner Begründung bedarf es deshalb zunächst einmal übergreifender Maßstäbe, mit denen man sozusagen als Meßlatte die gesellschaftliche *und* die staatliche Aufgabenerfüllung beurteilen, sie miteinander vergleichen und sodann die eine der anderen vorziehen kann.

Wo finden sich solche übergreifenden Maßstäbe? Die zentralen **Staatsgrundsätze** (wie Demokratie-, Rechtsstaats- und Sozialstaatsprinzip) kommen als Richtlinien für ein solches wertendes Vergleichen *nicht* in Betracht, weil sie nur für *einen* Bereich, nämlich den staatlichen, nicht auch für den gesellschaftlichen, gelten (oben G IV 2).

Anders ist es mit den **Grundrechten.** Sie vermögen – zumindest für Teilbereiche – brauchbare Kriterien für den erforderlichen Vergleich zu liefern. Ein Grundrechtseingriff ist, wie heute weitgehend anerkannt, nur zulässig, wenn er geeignet, erforderlich und verhältnismäßig ist (oben H I 2, H II 4). Es überrascht deshalb nicht, daß auch Autoren, die eine *allgemeine* Geltung des Subsidiaritätsprinzips ablehnen, dieses im Bereich *grundrechtlich* geschützter Positionen dennoch anerkennen.[24] Liegt kein grundrechtlicher Eingriff vor, wird die Geltung des Subsidiaritätsprinzips von diesen Autoren abgelehnt.

Setzt man dagegen (statt an den Grundrechten) an den **Grundwerten** an, so braucht man nicht zwischen Grundrechts*eingriffen* und anderen Arten von staatlichen Aktivitäten zu unterscheiden. Da die Grundwerte in *beiden* Bereichen, im staatlichen und im gesellschaftlichen, gelten, erlaubt das Zurückgehen auf Grundwerte, gesellschaftliche und staatliche Steuerungsmechanismen miteinander zu *vergleichen* und Anhalts-

---

[23] Bezeichnend ist, daß *Isensees* grundlegendes Werk (oben FN 22) bisher nur auf relativ geringe Resonanz gestoßen ist.

[24] So vor allem *Bull,* Die Staatsaufgaben nach dem Grundgesetz (1972), Studienausgabe 1977, 190ff., 202ff.; *Schuppert,* Die öffentliche Aufgabe als Schlüsselbegriff der Verwaltungswissenschaften, VerwArch 1980, 309 (333ff.).

punkte für die Beurteilung zu gewinnen, ob der eine Entscheidungsmechanismus im konkreten Fall besser ist als der andere (oben G III 1). Dann wird deutlich: Auch der Staat, der, etwa bei Gewährung öffentlicher Leistungen, nicht in Grundrechte ,,eingreift", überschreitet seine Befugnisse, wenn er öffentliche Mittel verschwendet. Der Staat darf nichts Überflüssiges oder gar Schädliches tun.[25] Dies kommt auch in der Gemeinwohlbindung aller Staatsgewalt zum Ausdruck (oben H II 2). Die Beschränkung des Subsidiaritätsprinzips auf den Bereich von Grundrechtseingriffen ist letztlich aus den gleichen Gründen abzulehnen, aus denen auch die Beschränkung der Verfassungspflicht zu rationaler Politik auf den ,,Eingriffsbereich" abgelehnt werden mußte (oben H II 4). Das läßt sich allerdings nur begründen, wenn man auf die verfassungsrechtlichen *Grundwerte* zurückgeht.

Natürlich ist auch das Subsidiaritätsprinzip kein Patentrezept, das es etwa erlaubte, im konkreten Fall staatliche Aufgaben von anderen fein säuberlich zu scheiden. Es bleibt ein großer Unsicherheitsbereich. Immerhin kann man auf diese Weise doch zu den eigentlichen Problemen vordringen.

3. Verhältnis von Markt und Staat (Marktversagen und Staatsversagen)

Die Frage nach den Staatsaufgaben geht letztlich zurück auf diejenige nach der vergleichsweisen Leistungsfähigkeit der ,,gesellschaftlichen" und der ,,staatlichen" Entscheidungsmechanismen – jeweils bezogen auf die Grundwerterealisierung. Als pars pro toto für die gesellschaftlichen Entscheidungsbereiche soll hier wiederum die wirtschaftliche Selbststeuerung durch den Markt angeführt werden.

Die relative Leistungsfähigkeit von Staat und Markt ist im Laufe der Geschichte ganz unterschiedlich beurteilt worden. Seit dem Merkantilismus hat es immer ein Hin- und Herpendeln zwischen einseitiger Verherrlichung einmal der Marktsteuerung, das andere Mal der staatlichen Steuerung gegeben. Ähnliches haben wir auch in der Bundesrepublik erlebt. Nachdem sich in den 50er Jahren in Reaktion auf die nationalsozialistische Gängelung zunächst ein starker Ausschlag in Richtung auf marktwirtschaftliche Steuerung gezeigt hatte, schlug das Pendel dann zurück und führte in den 60er Jahren und Anfang der 70er Jahre fast schon zu einer Verteufelung des Marktes, deren Kehrseite eine Verherrlichung der staatlichen Willensbildung darstellte.

Auch heute werden ganz unterschiedliche Positionen hinsichtlich der

---

[25] Vgl. auch *Maihofer,* Rechtsstaat und menschliche Würde, 1968, 135: ,,Unnötige und überflüssige Gesetze sind ... nicht nur freiheitsfeindlich, sie sind auch menschenunwürdig."

relativen Leistungsfähigkeit beider Verfahren vertreten. Um dies zu skizzieren, erscheint es fruchtbar, wenn man sich zunächst einmal vergegenwärtigt, daß bei der Analyse *mehrere Ebenen* auseinanderzuhalten sind.

In der politischen Praxis wird oft aus der Beobachtung tatsächlicher oder vermeintlicher Mängel der marktwirtschaftlichen Steuerung ohne weiteres auf die Notwendigkeit einer staatlichen Intervention geschlossen. Dies ist aber ein argumentativer Kurzschluß, weil zwei zusätzliche Bedingungen übergangen werden, die gleichfalls vorliegen müssen, damit ein staatlicher Eingriff tatsächlich sinnvoll ist: Einmal muß die Möglichkeit bestehen, mit staatlichen Interventionen überhaupt eine Verbesserung zu erreichen, zum zweiten müssen die erforderlichen Regelungen auch tatsächlich politisch durchsetzbar sein (vgl. schon soeben unter 1). Daraus ergeben sich mehrere **Ansatzpunkte für** eine **staatliche Aufgabenkritik.**

Einmal kann man versuchen darzulegen, daß der Markt ein Anliegen zwar vielleicht nicht oder nicht in vollem Umfang befriedige, dies aber doch immer noch besser tue, als der Staat es durch Interventionen (welcher Art auch immer) vermag. So kann man z. B. fragen, ob *Keynes'* Konzept, die Gesamtwirtschaft durch antizyklische Variationen der Nachfrage zu steuern, tatsächlich auch heute noch greift.

Aber selbst wenn die abstrakte Möglichkeit besteht, marktwirtschaftliche Defizite durch staatliche Aktivitäten auszugleichen, setzt die Empfehlung, der Staat solle tätig werden, voraus, daß die erforderlichen Maßnahmen tatsächlich auch *durchsetzbar* sind. Solange man sich den Staat sozusagen als unabhängigen und ungebundenen deus ex machina vorstellt, der das Richtige ohne weiteres auch durchsetzen kann, besteht das Problem nicht oder wird nicht als solches erkannt. Die frühere liberal-aufklärerische Vorstellung von der automatischen Richtigkeit des Gesetzes und seine Gleichsetzung mit Vernünftigkeit schlechthin (oben D V 5) hat lange dazu verführt anzunehmen, beim Staat handele es sich um eine schiedsrichterlich-neutrale, über den Parteien und Interessengruppen stehende Einrichtung, die quasi automatisch das sachlich Richtige tun werde. Diese Auffassung hat auch in unserer Zeit noch vielfach nachgewirkt, obwohl sie – jedenfalls im außerjuristischen Schrifttum – längst als unhaltbar erkannt ist. Es ist keinesfalls gewährleistet, daß der Staat wirklich Richtiges tut bzw. Unrichtiges unterläßt. Daß die auf die staatliche Willensbildung einwirkenden Kräfte Fehlentwicklungen hervorbringen und an sich gebotene Entscheidungen verhindern können, ist in diesem Buch vielfach dargelegt worden.

Eine staatliche Aufgabenlehre darf sich also nicht auf den naiven Standpunkt stellen, lediglich die gesellschaftliche, besonders die wirtschaftliche Selbststeuerung könne versagen, sondern muß auch mögliches Staatsversagen in Rechnung stellen. Es gibt dann *drei* idealtypische

Standpunkte: Entweder man tritt trotz möglichen Staatsversagens für staatliche Interventionen ein, weil man meint, auch teilweise fehlerhaftes staatliches Handeln sei immer noch besser als gar keines. Dies ist ein Standpunkt, den wir **Etatismus** nennen wollen (dazu unter 3.1). *Oder* man plädiert für einen möglichst weitgehenden Verzicht auf staatliches Tätigwerden überhaupt. Dies ist der Standpunkt des **Neoliberalismus** (dazu unter 3.2). *Oder* man läßt die Frage nach mehr oder weniger staatlicher Aktivität zunächst beiseite und hebt als Wesentliches hervor, daß Vorkehrungen zur Sicherung möglichst richtigen staatlichen Verhaltens (insbes. durch Verbesserungen der Ordnung der Entscheidungsverfahren) getroffen werden müssen. Man könnte dies als **institutionell-organisatorischen Ansatz** bezeichnen (dazu unter 4).

3.1. Etatismus

Ein bedingungsloses Eintreten für staatliche Aktivität liegt besonders nahe, wenn gravierende wirtschaftliche Fehlentwicklungen vorliegen, deren Beseitigung möglich ist, und wenn die dafür erforderlichen Maßnahmen im staatlichen Willensbildungsprozeß auch ohne weiteres durchsetzbar erscheinen. Dies ist der Ansatz von *Keynes* und seiner Schule. *Keynes* hatte sein Konzept zur Überwindung von wirtschaftlichen Krisen mit Massenarbeitslosigkeit – in Reaktion auf die Weltwirtschaftskrise – entwickelt, und die zur Krisenüberwindung empfohlene Ausweitung staatlicher Ausgaben durch Kreditfinanzierung hat sich über längere Zeit als wirksam und auch als politisch leicht durchsetzbar erwiesen (oben E VI 1). Daraus hat sich dann eine ganze wirtschaftspolitische Grundstimmung genährt, der Staat solle den Wirtschaftsablauf durch Globalmaßnahmen, insbes. durch antizyklische Fiskalpolitik, weitgehend beeinflussen. Die Lehre der Keynesianer wird auch als **Neomerkantilismus** bezeichnet. *Keynes* hatte im 23. Kapitel seiner „Allgemeinen Theorie der Beschäftigung, des Zinses und des Geldes" selbst auf die Verwandtschaft seiner Lehre mit der merkantilistischen Wirtschaftsauffassung hingewiesen.[26]

Dieser Standpunkt hat auch im *staatsrechtlichen* Schrifttum seinen Niederschlag gefunden. Typisch für seine Vertreter ist, daß sie die Mängel der marktwirtschaftlichen Steuerung hervorkehren, die pluralistisch-parlamentarische Willensbildung dagegen nicht problematisieren, sondern ihre „Richtigkeit" wie selbstverständlich unterstellen. So hat *Horst Ehmke* in seiner Habilitationsschrift „Wirtschaft und Verfassung" (1961) das wirtschaftspolitische Laissez-faire-Konzept mit geradezu polemischen Wendungen abgekanzelt,[27] gleichzeitig aber mit der Wirtschaftsre-

---

[26] Zur merkantilistischen Wirtschaftsauffassung oben D II 4.1 a. A.

[27] Vgl. auch die Kritik von *Mestmäcker,* Wirtschaft und Verfassung, DÖV 1964, 606 (609).

gulierung durch den *Gesetzgeber* ohne weiteres politische Tugend, Sachverstand und ähnliche Qualitäten verbunden und zu Vertrauen in den politischen Willensbildungsprozeß aufgefordert.[28] Hier rächt sich die Ausklammerung aller „volkswirtschaftlichen und politischen Argumente für und wider die Wirtschaftsregulierung im allgemeinen und im besonderen", die *Ehmke* ganz bewußt vorgenommen hatte.[29] Denn eben solche Argumente und Zusammenhänge sind für die Beurteilung der Möglichkeiten, Grenzen und Fehlentwicklungen der staatlichen Wirtschaftsregulierung unverzichtbar. In die gleiche Richtung zielen die Veröffentlichungen von *Herbert Krüger*. Er wendet sich unter Hinweis auf „die Wirtschaftskatastrophe" und „das, was ihr politisch gefolgt ist",[30] ebenfalls gegen die wirtschaftliche Laissez-faire-Doktrin.[31] Der so entschieden verworfene „Optimismus, von dem diese Art von Freiheitlichkeit beseelt ist" (*Krüger*) taucht bei ihm aber als Optimismus in die *politische* Steuerung unversehens wieder auf. Das Ordnungsproblem auf politischer Ebene wird übersehen oder jedenfalls nicht in ausreichendem Maß berücksichtigt.

3.2. Neoliberalismus

Die Vertreter des Neoliberalismus kalkulieren die Möglichkeit staatlichen Machtmißbrauchs oder sonstiger Unrichtigkeit staatlichen Handelns ein und erheben deshalb – im Gegensatz zu etatistischen Doktrinen, die die Zuständigkeiten des Staates möglichst weit ausdehnen wollen – die Forderung, die **staatlichen Kompetenzen** möglichst **gering** zu halten, um Gefahren einzudämmen, die von einem unrichtigen Gebrauch der Staatsmacht ausgehen können. Denn je mehr Befugnisse der Staat habe, desto anfälliger sei er unter den Bedingungen einer parlamentarischen Parteien- und Verbandsdemokratie auch für gemeinwohlschädliche Politik. Der unkontrollierte *politische* Selbststeuerungsprozeß sei gegen Fehlentwicklungen noch weniger gefeit als der *wirtschaftlich-gesellschaftliche*. Ein Staat, der legal Sonderinteressen begünstigen darf, müsse, wie *v. Hayek* hervorhebt, dies praktisch auch tun.[32] (Und die Summe der durchsetzungsstark organisierten Sonderinteressen braucht eben durchaus nicht mit dem Gemeinwohl übereinzustimmen.) „Keine Partei kann sich in einem solchen System auf die Dauer am Ruder halten,

---

[28] *Ehmke,* Wirtschaft und Verfassung, 1961, z. B. 469. *Ehmke* hat selbst später wohl die Einseitigkeit dieser seiner Auffassung eingeräumt, vgl. VVDStRL 24, 94.

[29] *Ehmke,* Wirtschaft und Verfassung (oben FN 28), 86.

[30] *Krüger,* Die verfassungsrechtliche Beurteilung wirtschaftspolitischer Entscheidungen, DÖV 1971, 289 (291).

[31] Ähnlich *Krüger,* Staatslehre, § 31 (S. 572 ff.).

[32] *v. Hayek,* Freiburger Studien, 1969, 201.

die nicht bereit ist, sich die Unterstützung der Interessengruppen durch gezielte Maßnahmen zu deren Gunsten zu erkaufen", eine Situation, die *v. Hayek* drastisch als ,,inhärente Korruption der modernen Demokratie" bezeichnet hat. Der Staat wird ,,Leviathan gleichsam aus Schwäche".[33] Die Anwendung des sog. Verhandlungsparadoxons, wonach die Position einer Partei um so stärker ist, je weniger Konzessionen sie – für die Verhandlungsgegner erkennbar – machen kann,[34] auf das Verhältnis zwischen staatlichen Entscheidungsträgern und Interessenverbänden legt deshalb in der Tat die Folgerung nahe, die rechtlichen **Kompetenzen des Staates** möglichst zu **beschränken.** Bei rigoroser Durchführung dieser Konsequenz würde man zwar von vornherein auf die rechtliche Möglichkeit des Staates verzichten, Fehlentwicklungen zu bekämpfen; das wäre aber aus der Sicht der neoliberalen Doktrin das kleinere Übel, weil dem Staat zugleich die Möglichkeit genommen wäre, selbst Fehlentwicklungen zu initiieren. Damit erwächst der klassisch-liberalen Forderung nach staatlicher Zurückhaltung eine neue Rechtfertigung. Selbst wenn man zugibt, daß das wirtschaftlich-gesellschaftliche Kräftespiel durchaus nicht zum Optimum tendiert und staatliche Maßnahmen theoretisch eine Verbesserung bewirken könnten – beides wird von den Vertretern des Neoliberalismus im übrigen teilweise ebenfalls bestritten –,[35] kann man dennoch für eine Zurückdämmung des Staats plädieren mit der Begründung, die Chance, daß die theoretisch richtigen Maßnahmen in der praktischen Politik *durchgesetzt* würden, sei zu gering. Die Ausdehnung der Kompetenzen (und damit auch der Tätigkeit) des Staates erscheint ohne die faktische Macht, das Richtige einigermaßen zu gewährleisten, in der Tat nicht nur nutzlos, sondern auch gefährlich; mit der Lockerung der überkommenen Fesseln des Staates wird auch die Möglichkeit, Unrichtiges zu tun, erweitert. Die Vermehrung der Befugnisse des Staates bis hin zur ,,Entgrenzung der Staatsaufgaben" kann, so gesehen, die Fehlentwicklungen sogar potenzieren. Wichtige Repräsentanten dieser Grundauffassung sind neben *v. Hayek: Milton Friedman* und *Buchanan.*[36] Sie treten mit ihren Anhängern für Standhaftigkeit gegenüber dem ,,Um Himmels willen, so laßt uns doch etwas tun – Syndrom" (*Friedman*) ein und fordern – gegen *Keynes* und den Neomerkantilismus gewandt – den Verzicht auf jeden Versuch kurzfri-

---

[33] *Grossekettler,* Der Brennan-Buchanan-Plan zur Eindämmung der Staatstätigkeit. Oder: Brauchen wir eine neue Finanzwissenschaft?, FA N. F. 1981, 495 (504).

[34] *Schelling,* Strategy of Conflict, Cambridge (Mass.) 1960.

[35] *v. Hayek,* Freiburger Studien (oben FN 32), 11 ff., 45, 109.

[36] *Friedman,* Kapitalismus und Freiheit, 1971; *Buchanan/Wagner,* Democracy in Deficit, 1977; *Brennan/Buchanan,* The Power to Tax, 1981; *v. Hayek,* Die Verfassung der Freiheit, 1971 (amerikanische Ausg. v. 1960); *ders.,* Freiburger Studien (oben FN 32).

stiger antizyklischer Stabilisierungspolitik als Verzicht auf den „Versuch, mehr zu tun als wir können" (*Friedman*). *Friedman* plädiert stattdessen für eine Verstetigung der Politik, insbes. der Entwicklung der Geldmenge.[37] Er will keine aktive Konjunkturpolitik treiben, sondern eine falsche vermeiden. Auch sonst stehen die Vertreter des Neoliberalismus auf dem Standpunkt, der Staat würde die Mißstände, die er bekämpfen wolle, mit seinen Maßnahmen meist noch vergrößern.

4. Verbesserung der Ordnung der staatlichen Willensbildung

Die beiden skizzierten Grundeinstellungen sind durch eine gegensätzliche Auffassung über die relative Leistungsfähigkeit von Markt und Staat gekennzeichnet: Der Etatismus geht davon aus, die Leistungsfähigkeit der gesellschaftlichen, insbes. der marktwirtschaftlichen, Selbststeuerung sei gering, während er die staatliche Lenkung in verklärtem Licht sieht. Der Neoliberalismus steht genau auf dem entgegengesetzten Standpunkt; er hebt die Mängel staatlicher Lenkung hervor, möchte ihren Bereich deshalb möglichst einschränken und stattdessen der marktwirtschaftlichen Steuerung möglichst großen Raum geben. Nun mag auch der Standpunkt des Neoliberalismus übertrieben sein. Der zugrundeliegenden Ausgangsüberlegung kann die Berechtigung aber nicht von vornherein abgesprochen werden. Muß man aber die Möglichkeit staatlichen Versagens realistischerweise in Rechnung stellen, so hat dies *Konsequenzen*. Dann muß die berechtigte Kritik an der Verherrlichung marktwirtschaftlicher Steuerungsprozesse auch auf die politische Steuerung übertragen werden. Es gilt zu erkennen: Auch im Bereich der staatlichen Willensbildung und Entscheidung gibt es typische Fehlentwicklungen, die kanalisiert und unter Kontrolle gebracht werden müssen. Dies haben die Pluralismuskritik (oben F V; I V; J II; K) und die Diskussion um mögliches „Staatsversagen" deutlich gemacht. Auch wenn man nicht bereit ist, die Kompetenz des Staates von vornherein zu beschneiden, so ist es doch von zentraler Wichtigkeit, daß die Ordnung der staatlichen Willensbildung, etwa durch Beseitigung von Unausgewogenheiten, verbessert und so verfaßt wird, daß die resultierenden Ergebnisse eine möglichst große Richtigkeitschance erhalten. In der Tat liegt hier der strategische Ansatzpunkt für die moderne Wissenschaft vom Staat, von dem aus letztlich alle Probleme erst in der richtigen Perspektive zu sehen, zutreffend einzuordnen und zu behandeln sind. Die Frage, wie staatliche Willensbildung organisiert sein muß, um die Chance für gemeinwohl-adäquate Entscheidungen möglichst groß zu

---

[37] Dazu *v. Arnim,* Volkswirtschaftspolitik, 214ff.

halten, die Frage nach dem – in diesem Sinne verstandenen – „due process" ist die **Fundamentalfrage des** heutigen **Staats- und Verfassungsdenkens.**

Dabei hat auch eine kritische Untersuchung von zweierlei auszugehen. Erstens kann es natürlich nicht darum gehen, auf der grünen Wiese irgendwelche Verfahrensarten zu erdenken, vielmehr muß an den vorgegebenen Bestand *angeknüpft* werden. Zweitens ist an die oben schon getroffene Feststellung zu erinnern, daß es oft nicht möglich ist, Richtiges eindeutig als solches zu bestimmen, wohl aber *Un*richtiges (oben G I). Eine zentrale Aufgabe besteht deshalb darin, eindeutige **Unrichtigkeiten** in **der Ordnung des Willensbildungsprozesses** zu **identifizieren.** Offensichtlich sind solche Fälle, in denen die Amtsträger in eigener Sache entscheiden. Dazu sollen zunächst einige Beispiele genannt werden.

4.1. Entscheidungen in eigener Sache

Besonders heikel ist es, wenn der Regelungsgegenstand die Entscheidenden selbst betrifft. Hier zeigt sich die Problematik von Mängeln der Willensbildungs- und Entscheidungsverfahren besonders zugespitzt. Beispiele sind Gesetze über Abgeordnetenentschädigung oder über Parteienfinanzierung (oben I IV). Ganz gleich wie man die entsprechenden Entscheidungsprozesse einordnet, ob als wert- und erkenntnisorientierte oder als macht- und interessentenorientierte (dazu oben G VII 6), es fehlt in beiden Fällen an den notwendigen Verfahrensvoraussetzungen: Die Abgeordneten sind wegen Entscheidung „in eigener Sache"[38] befangen; auch der Mechanismus der Kontrolle der Regierung(sparteien) durch die Opposition(sparteien) funktioniert hier meist nicht: *Beide* sind in gleicher Weise entweder persönlich betroffen (so bei Regelung der Abgeordnetenentschädigung) oder haben doch ein wesentliches indirektes Interesse (so bei Regelungen über staatliche Parteienfinanzierung), und sind sich deshalb regelmäßig rasch einig, bringen die entsprechenden Gesetze gemeinsam ein, setzen sie gemeinsam durch oder versuchen, als nachteilig empfundene Änderungen gemeinsam abzublocken. Das in Sachen Diäten und Parteienfinanzierung häufig zu beobachtende All-*Parteien-Kartell* zeigt sich auch an der „ungewohnten Eilfertigkeit", der „Geheimniskrämerei" und der „Einstimmigkeit", mit der die einschlägigen Gesetze in den Parlamenten häufig verabschiedet werden.[39]

Angesichts des Nichtfunktionierens der Oppositionskontrolle ist es um so wichtiger, daß eine halbwegs wirksame Kontrolle auf *andere*

---

[38] So in bezug auf die parlamentarische Gesetzgebung über Abgeordnetenentschädigung ausdrücklich BVerfGE 40, 296 (327).

[39] So hinsichtlich Diätenregelungen treffend *Klatt,* ZParl 1973, 415 m. N.

Weise zustande kommt. Von besonderer Bedeutung ist hier Kontrolle durch Öffentlichkeit (vgl. oben I IV 3), wie auch das *Bundesverfassungsgericht* hervorgehoben hat.[40]

Die Transparenz des Willensbildungsprozesses verlangt auch eine sorgfältige öffentliche *Begründung* der Entscheidung des Gesetzgebers; erst sie schafft Durchschaubarkeit des Willensbildungsprozesses und ermöglicht Kontrolle. Sie ist hier besonders wichtig, weil wegen der Entscheidung in eigener Sache die Möglichkeit und Gefahr (oder auch nur der Anschein) von Manipulation und Mißbrauch naheliegen.

Schließlich führt die Entscheidung in eigener Sache auch zu einem gesteigerten Bedarf an *Kontrolle durch* die *Verfassungsrechtsprechung*. Parteienfinanzierung und Abgeordnetenentschädigung haben denn auch ihre wesentliche Struktur durch die Rechtsprechung des Bundesverfassungsgerichts erhalten, die hier eine besonders intensive Kontrolle ausgeübt hat (vgl. auch oben Q IV 3.2.2.1).

4.2. Ungleichgewichte in der finanzpolitischen Willensbildung

Darüber hinaus muß das Willensbildungsverfahren in der parlamentarisch-pluralistischen Demokratie ganz allgemein auf Elemente abgeklopft werden, die *Unausgewogenheiten des Verfahrens* begründen. Besonders stellt sich die Frage, ob in der Politik Kräfte wirken, die – unabhängig von sachlichen Notwendigkeiten – zu einer *Ausdehnung der Staatstätigkeit* tendieren. Die folgende Skizze konzentriert sich auf einige Aspekte der Staats*finanzen,* weil die staatliche Einnahmen- und Ausgabenwirtschaft für die Analyse der staatlichen Willensbildung insgesamt *besonders geeignet* ist. Allgemeine politische Entwicklungen und Fehlentwicklungen zeigen sich in der Finanzpolitik meist besonders intensiv – sozusagen wie durch eine Lupe vergrößert und verdeutlicht.

4.2.1. Kräfte, die zu einer Ausweitung der Staatstätigkeit drängen

Aufgrund der früheren Analyse lassen sich – ohne Anspruch auf Vollständigkeit – einige Elemente bestimmen, die von sich aus in Richtung auf eine Ausweitung der Staatstätigkeit wirken:

Bürokratieimmanente Aufblähungstendenzen

Da sich Prestige und Aufstiegschancen von öffentlichen Bediensteten wesentlich nach der Zahl ihrer Untergebenen und dem Volumen der finanziellen Mittel richten, über die sie verfügen, ergibt sich ein Druck in Richtung auf möglichst umfangreiche personelle und sächliche Ausstattung der Ämter (oben P III 1). In die gleiche Richtung wirken „Spezialisten-Mentalität“ und „vertikale Fachbruderschaften“ (oben P III 2 u. 3). Von der Verwaltungsspitze ist hier kaum ein wirksames Gegenhalten zu

[40] BVerfGE 40, 296 (327).

erwarten. Im Gegenteil: Sie wird selbst tendenziell nach möglichst viel finanzieller Verfügungsmasse trachten.

Ressortegoistischer Kampf der Fachminister

,,Da die Höhe der Ausgaben eines Ressorts gewissermaßen zugleich ein Gradmesser seiner Bedeutung ist" *(Schmölders)*, drängt jeder Fachminister von Jahr zu Jahr auf eine möglichst große Ausweitung seiner finanziellen Verfügungsmasse (oben O I 2). Auf der Ministerebene wirkt ein ähnlicher Mechanismus wie auf der Ebene der Verwaltung im allgemeinen.

Die Wachstumstendenzen, die der Bürokratie und den ministeriellen Ressorts immanent sind, spiegeln eine Entwicklung wider, die mehr oder weniger alle Bereiche durchzieht und sich folgendermaßen *generalisieren* läßt: Jeder spezielle Sachbereich – die Soziologie spricht von den verschiedenen Subsystemen – versucht, sich immer weiter zu entwikkeln, seine Funktionen auszudehnen, sich immer mehr zu differenzieren, einen immer höheren Standard zu erreichen – ohne Rücksicht darauf, ob die dabei gewonnenen sozialen Erträge für die Gemeinschaft als Ganze die sozialen Kosten wirklich noch rechtfertigen.[41] Die isolierten und immer mehr spezialisierten Ausdehnungs- und Verfeinerungstendenzen werden in den Augen der Akteure zum Selbstzweck. Motor dieser Entwicklung sind zu einem guten Teil die Fachleute der jeweiligen Bereiche: die Spezialisten in den zuständigen Ministerien,[42] in den Parteien und Fraktionen, in der Wirtschaft, in den Verbänden; sie kooperieren eng miteinander und engagieren sich für ihre jeweiligen Subsysteme und deren Ausdehnung. Auch die jeweils zuständigen speziellen Wissenschaftszweige pflegen, statt die übergreifenden Zusammenhänge herauszustellen, ihrerseits die Entwicklung zu fördern: Zusammen mit den Spezialisten in Verwaltung, Parteien und Fraktionen, Wirtschaft und Verbänden werden sie nicht müde, auf kleine und kleinste angebliche Fehler des betreffenden Subsystems hinzuweisen und auf immer mehr Perfektion zu drängen, auch wenn sich dies für die Gesamtheit nicht lohnt (oben S IV 3).

Ämterpatronage

In Richtung auf Expansion wirkt auch parteipolitische Ämterpatronage, weil sie die persönliche und fachliche Qualifikation der öffentlichen Bediensteten mindert, eine Ausweitung der Stellenzahlen fördert und so

---

[41] *Luhmann*, Politische Theorie im Wohlfahrtsstaat, 1981. Was *Wagener* speziell am Beispiel ,,vertikaler Fachbruderschaften" so plastisch dargestellt hat (oben P III 3), ist Ausdruck einer allgemeinen generalisierungsfähigen Entwicklung.

[42] Dazu, daß der geschilderte Effekt auch in den *Kommunen* seine Wirkung entfaltet, *Banner*, Haushaltssteuerung in der Krise, Städte- und Gemeindebund 1983, 163.

ebenfalls dahin tendiert, daß die Verwaltung über Gebühr aufgebläht wird (oben P IV 1, 2).

Unausgewogenheit des Lohnbestimmungsverfahrens im öffentlichen Dienst

Ein weiterer Faktor für die Ausdehnung der öffentlichen Ausgaben ist der Umstand, daß die Verfahren, mittels derer im öffentlichen Dienst das Einkommensniveau bestimmt wird, unausgewogen sind – ein Faktor, dessen Gewicht sich daraus ergibt, daß die Personalausgaben einen erheblichen Teil der Staatsausgaben insgesamt ausmachen. Hier ist in erster Linie die *tarifliche* Regelung für Arbeiter und Angestellte zu nennen. Im Gegensatz zur Privatwirtschaft ist im öffentlichen Dienst nämlich das Machtgleichgewicht, welches Tarifautonomie und Streikrecht an sich voraussetzen, zu Lasten des Staates und damit der Allgemeinheit der Bürger gestört; daraus folgt ein Druck auf ein überhöhtes Lohnniveau (oben P V 2).

Auch die Regelung der Beamtenbesoldung, die durch *Gesetz* geschieht, ist problematisch, weil die Parlamente und noch verstärkt die vorbereitenden Parlamentsausschüsse unter dem beherrschenden Einfluß der öffentlichen Bediensteten selbst und der Funktionäre ihrer Interessengruppen stehen (oben P V I).

Ganz allgemein scheint die gegenseitige Durchdringung von Verwaltung, politischen Parteien und Parlamenten (oben P IV 1) eine Kontrolle der Selbstwachstumstendenzen der Verwaltung fast unmöglich zu machen: „Der öffentliche Dienst ist fest in der Hand des öffentlichen Dienstes".

Druck der Interessenverbände und Parteien

Besonders wichtige Triebkräfte ergeben sich schließlich daraus, daß Parteien und Interessenverbände eine immer stärkere *Anspruchshaltung* der Bürger *fördern,* die Parteien durch die ständigen Versuche, neue Bedürfnisse bei den Menschen zu wecken, die der Staat dann auch zu erfüllen habe, die Interessenverbände dadurch, daß sie namens ihrer Mitglieder immer neue Forderungen an den Staat erheben (oben Kap. 4).

Die Forderungshaltung der Bevölkerung, zu der Demokratien ohnehin neigen, wird auf diese Weise immer weiter angestachelt, selbst wenn die Befriedigung der geweckten Erwartungen tatsächlich gar nicht mehr möglich ist. Hier entsteht eine *Eigendynamik* derart, daß die gesteckten Ziele, kaum scheinen sie erreicht, schon wieder weitergesteckt werden, so daß sie gleich einer Fata Morgana selbst bei größtem Bemühen nie wirklich realisiert werden können – eine Erscheinung, die bereits *Tocqueville* mit bleibender Gültigkeit für die Demokratie in Amerika beobachtet hat.[43] Ja, es will so scheinen, als lasse jene Forderungsmentalität die Ansprüche schneller noch wachsen, als die staatlichen Leistungen zu ihrer Befriedigung zunehmen können, so daß trotz zunehmender staatlicher Aktivität die Unzufriedenheit der Bürger steigt („Staatsverdrossenheit"), eine Erscheinung, die *Klages* plastisch als „sozialpsychologisches Mißgeschick des Sozialstaats" bezeichnet.

Hier zeigt sich ein grundlegender Unterschied zwischen *privater* und *staatlicher* Produktion und Verteilung von Gütern. Private Aufgabenerledigung ist dadurch gekennzeichnet, daß **Entscheidung und** finanzielle **Folgenverantwortung in einer Hand** vereinigt sind. Konkret gesprochen: Im privaten Bereich muß jemand, der in den Genuß irgendeiner Leistung (sei es einer Sache, eines Dienstes oder einer Geldsumme) gelangen möchte, dafür den vollen Gegenwert bezahlen. Demgegenüber sind Leistungen, die der Staat erbringt, dadurch gekennzeichnet, daß die Empfänger den Nutzen haben, meist *ohne* gleichzeitig die Kosten tragen zu müssen. Die Kosten zahlt vielmehr die Masse der Mitbürger (über ihre Steuern und sonstigen Abgaben). Zwar ist fast jeder Leistungsempfänger in irgendeiner Hinsicht auch selbst Steuerzahler, doch ist der Zusammenhang zwischen den staatlichen Leistungen und der Aufbringung der hierfür erforderlichen Mittel so indirekt und diffus, daß er in der Praxis keine wirksame Bremse gegen fortwährende Ausgabenwünsche bildet (oben K II). Bei den klassischen Staatsausgaben bestand ein solcher Anreiz, möglichst viel zu fordern, und damit die Gefahr, daß die einen die anderen ausbeuten, noch nicht. Dies schon deshalb, weil die ursprünglichen öffentlichen Leistungen (deren Erbringung die klassischen Staatsaufgaben ausmacht) durch das Prinzip der Nicht-Exklusivität *(Musgrave)*, d. h. dadurch gekennzeichnet sind, daß niemandem die Teilnahme an den betreffenden Vorteilen oder Genüssen vorzuenthalten ist, wenn die Leistung überhaupt einmal erfolgt. So profitieren von spezifisch-öffentlichen Leistungen mehr oder weniger *alle* Staatsbürger in gleicher Weise (oben D V 1).

Anders ist es, wenn Leistungen angeboten werden, in deren Genuß von vornherein nur ein *Teil* der Bevölkerung gelangen kann und deren Inanspruchnahme notwendigerweise *auf Kosten anderer* geht. Hier profitieren diejenigen, die die Leistung in Anspruch nehmen, zulasten anderer. Je mehr Leistungen „mitgenommen" werden, desto größer ist der eigene Vorteil und zugleich die Last für andere. Hier besteht die Gefahr, daß das **Auseinanderfallen von Vorteil und Kostenlast** zu kostentreibenden Auswüchsen führt und Mittel verschwendet werden, d. h. die Leistungen selbst dann zur Verfügung gestellt werden, wenn sie ihre Kosten

---

[43] *Tocqueville,* De la démocratie en Amérique, II. Bd., 2. Buch, XIII. Kap. (Amerik. Ausg. Alfred A. Knopf, N. Y. 1948, S. 138f.). Vgl. auch schon oben G II 6.

in den Augen der Begünstigten eigentlich gar nicht mehr wert sind; aber diese Kosten tragen eben die anderen. So entsteht die Tendenz, daß jede *Gruppe* versucht, die **Gesamtheit** nach Kräften **auszubeuten.** Individuell rationales Vorgehen führt zu kollektiver Irrationalität (oben J II 1).

Dies soll an einem einfachen, aus dem familiären Bereich entnommenen *Beispiel* demonstriert werden: Geht ein Vater mit seinen Kindern auf den Jahrmarkt, so werden diese bei jeder gebotenen Attraktion inständig um das nötige Kleingeld bitten. Als Folge werden die Gesamtausgaben hoch sein. Da die Kinder nicht selbst die Kosten tragen, werden sie praktisch alle Attraktionen mitmachen wollen, ohne Rücksicht darauf, ob diese in ihren Augen den geforderten Preis wirklich wert sind. Ihre ökonomische Perspektive ist verzerrt: Sie sind sozusagen auf dem Kostenauge blind. Ein leidgeprüfter Vater könnte nun aber auch ganz anders vorgehen und jedem Kind von vornherein einen festen Betrag geben, welchen es für beliebige Attraktionen verwenden oder auch sparen darf. Ein solches familieninternes Experiment führt regelmäßig zu dem Ergebnis, daß die Kinder eine Abwägung vornehmen, ob die Ausgabe sich wirklich lohnt, eine Abwägung, die manche Ähnlichkeit mit dem hat, was man in der Politik Prioritätensetzung nennt. Zudem wird insgesamt oft ein beträchtlicher Rest des Budgets übrig bleiben (und dem Sparschwein zufließen können).

Typische Maßnahmen, bei denen die Vorteile der einen gleichzeitig Nachteile und Lasten für andere schaffen, sind staatliche **Umverteilungen.** An ihrer Einführung und Erweiterung besteht aus naheliegenden Gründen ein besonders ausgeprägtes Interesse der Begünstigten. Nun ist an solchen Maßnahmen, die die einen auf Kosten der anderen fördern, durchaus noch nicht unbedingt etwas Schlechtes. In ihrer Durchsetzung bestand geradezu die Essenz der sozialen Bewegung, welche den liberalen Staat mit seinen Privilegien für Besitzbürger überwunden hat (oben E). Gedankliche *Voraussetzung* war hier aber immer die Vorstellung von einem starken und unabhängigen Staat, der Umverteilung vornimmt, sie aber gleichzeitig auf das wirklich sinnvolle Maß beschränkt. Eben an dieser Voraussetzung fehlt es aber heute. Der Staat ist nicht unabhängig, sondern in beträchtlichem Maße abhängig, z. B. von Interessengruppen, die jeweils für ihre Mitglieder immer mehr fordern und durchzusetzen suchen. Mit dem Salonfähigwerden der staatlichen Intervention zugunsten einzelner Gruppen lohnt es sich für jede Gruppe immer mehr, zusätzliche Kräfte für die Einflußnahme auf die öffentliche Willensbildung zu aktivieren, was nach Art eines Spiraleneffekts wiederum das staatliche Interventionsniveau erhöht (oben J I 3.1.3). Die Verbände und ihr Einfluß sind immer stärker geworden. Hinzu kommen die von Parteien und profilierungsbestrebten Politikern ausgehenden Aktionismustendenzen, die ebenfalls einen Druck auf Vermehrung staatlicher Regelungen schaffen.[44] Mangels präziser Maßstäbe

---

[44] Zu den zugrundeliegenden sozialpsychologischen Zusammenhängen *Klages,* Überlasteter Staat – verdrossener Bürger, 1981, z. B. 49f.: Pluralistische Syste-

liegt in dieser Situation die Gefahr eines unbegrenzten „immer mehr" auf der Hand.

Wandel des Parlaments vom Ausgabenbremser zum Ausgabentreiber

Früher gehörte es zu den Aufgaben des Parlaments, ein Zuviel an Ausgaben zu verhindern. Unter den *heutigen* Bedingungen hat das Parlament seine klassische Rolle als Ausgabenkontrolleur und -bremser verloren. Es ist umgekehrt im Blick auf Wähler und Verbände selbst zum Träger einer „bewilligungs- und subventionsfreudigen Ausgabenneigung" geworden.[45] Der Einfluß von Parteien und Verbänden kann sich um so eher auswirken, als der Satz von der Verantwortungsdiffusion in der großen Zahl auch auf das Parlament zutrifft. („Es lohnt sich für einen Politiker nicht, sich für eine Ausgabenkürzung einzusetzen.") Darüber hinaus fördert die Angewiesenheit der Parlamentarier auf Wiederwahl ein Denken im Vierjahresrhythmus oder wegen der auch bundespolitischen Bedeutung der Landtagswahlen gar in noch viel kürzerem Zeittakt und erschwert so eine längerfristige Perspektive (oben I V 5). Dazu heißt es im Gutachten der Kommission für wirtschaftlichen und sozialen Wandel aus dem Jahre 1976:[46]

„In der Bundesrepublik Deutschland bestehen vielfältige Einflußmöglichkeiten organisierter gesellschaftlicher Gruppen. Dies begünstigt im Zusammenhang mit dem ... Mangel an Langzeitorientierung eine Konzentration staatlicher Aktivität auf manifeste Probleme einzelner Gruppen, wodurch tendenziell eine kurzfristige partikulare ... Orientierung begünstigt wird." Und weiter: „Die Überzeugungskraft schneller und sichtbarer Erfolge beim Wähler veranlaßt Politiker in vielen Fällen dazu, langfristige ... Maßnahmen immer wieder zurückzustellen ... Je kürzer der Abstand zwischen Wahlterminen ist, die zu wahltaktischem Verhalten verleiten, um so schwieriger wird es, langfristige Maßnahmen überhaupt zu verwirklichen. In diesem Zusammenhang ist zu bedenken, daß die Landtagswahltermine über die vierjährige Legislaturperiode des Bundestags verstreut liegen."[47]

---

me, die auf dem Prinzip der Parteien- und Verbandskonkurrenz aufbauen, neigen unter bestimmten Bedingungen „zu einer überdimensionierten und hypersensiblen Übersetzung von psychischen Problemlagen, die in der Gesellschaft auftreten, in politische Verbindlichkeiten und Programmatiken ... Der Staat erscheint ... als diejenige Instanz, die man ansprechen muß, um den Weg des geringsten Widerstandes einzuschlagen (als die Instanz nämlich mit der maximalen Akzeptanzbereitschaft)."

[45] *Scheuner,* Verantwortung und Kontrolle in der demokratischen Verfassungsordnung, FS Gebhard Müller 1970, 379 (399).

[46] Kap. I, RN 36.

[47] Vgl. statt vieler weiterer *Ludwig Raiser,* Krise der Demokratie, FAZ v. 23. 11. 1977, S. 10 (11): „Ist die Demokratie nicht an die Grenzen ihrer Leistungsfähigkeit gelangt, wenn die Gefahr besteht, daß ein auf Zeit gewähltes Parlament und eine auf Widerruf eingesetzte Regierung mit gleichsam halbgeschlossenen Augen die Perspektiven verkürzen, um wenigstens kurzfristige Erfolge aufweisen zu können?"

Diese Zusammenhänge verdeutlichen, daß das Parlament nicht nur kein Gegengewicht gegen Tendenzen zur Ausweitung des Staatsanteils darstellt, sondern selbst zu einem treibenden Faktor dieser Entwicklung geworden ist.

4.2.2. Schwächung der Widerstände

Dem geschilderten politischen Druck zu mehr Staatsausgaben steht als wichtigstes „Widerlager" der **Unwille der Bürger gegen** Zusatzbelastungen durch **Steuern** und sonstige Abgaben entgegen. Ob dieses Widerlager ausreicht, um Ausgewogenheit herzustellen, und zumindest dazu führt, daß Mehrausgaben nur vorgenommen werden, wenn den Bürgern die Notwendigkeit dazu wirklich einsichtig gemacht wird, erscheint schon deshalb zweifelhaft, weil die Parteien sich hier ziemlich gleichgerichtet verhalten, so daß der Bürger gar keine realistische Möglichkeit besitzt, seinem Unwillen etwa bei Wahlen durch Abwahl der Regierung und Inthronisierung der Opposition politischen Ausdruck zu verschaffen (vgl. zur Problematik einer Entmachtung des Wählers allgemein oben I V 3).

Noch leichter wird es, staatliche Mehrausgaben durchzusetzen, wenn der **Widerstand** der Bürger durch besondere Ereignisse oder Einrichtungen **geschwächt** wird. Dann kann sich der geschilderte Ausgabendruck mangels genügender Gegenkräfte um so leichter durchsetzen. Dies soll im folgenden anhand einiger Beispiele illustriert werden.

Kriege und Kriegsfolgen

Am deutlichsten zeigt sich die Schwächung des Bürgerwiderstands gegen Mehrbelastungen im Falle von Kriegen, insbes. am Beispiel des Ersten und des Zweiten Weltkriegs. Hier hat die Bereitschaft der Menschen, Opfer für die Finanzierung von Krieg und Kriegsfolgen zu bringen, zu einem Hochschnellen der Staatsquote geführt. Die Gewöhnung an das höhere Niveau ließ dann aber den Gegendruck erlahmen, so daß nach Beseitigung des Anlasses zwar eine Senkung der Staatsquote erfolgte, das alte Niveau aber auch nicht im entferntesten mehr erreicht wurde (oben V I 2).

Ähnliches läßt sich auch bei einzelnen Steuern beobachten. So wurde z. B. die Sektsteuer im Jahre 1902 mit der Begründung eingeführt, sie solle zur Finanzierung der kaiserlichen Kriegsflotte beitragen. Dieser Anlaß zu ihrer Einführung ist längst entfallen, gleichwohl besteht die Sektsteuer auch heute noch und wird von Zeit zu Zeit noch erhöht.

Kreditaufnahme

Der Widerstand der Bürger gegen eine Erhöhung des Staatsanteils kann aber auch ohne Kriege und andere nationale Katastrophen geschwächt werden, insbesondere, wenn aufgrund besonderer Gegebenheiten die Merklichkeit der Zusatzbelastung gering ist, der Bürger als Staatsfinancier also sozusagen überlistet wird. Ein solches Instrument ist die Finanzierung von Staatsausgaben durch *Kredite.* Sie erlaubt es Regierung und Parlament, vermehrte Ausgaben zu bewilligen, *ohne* die *Bürger* (sogleich) mit zusätzlichen Abgaben *belasten* zu müssen. *Realiter* erfolgt allerdings in einer Volkswirtschaft mit ausgelastetem Produktionspotential auch im Falle der Kreditfinanzierung eine größere Belastung des privaten Sektors der Volkswirtschaft. Denn im Umfang der vom Staat zusätzlich in Anspruch genommenen Güter- und Leistungsmengen muß die Versorgung der Privatwirtschaft mit Konsum- und Investitionsgütern zwangsläufig *zurücktreten* (wenn man einmal außenwirtschaftliche Kompensationsmöglichkeiten außer Betracht läßt) ohne Rücksicht darauf, *wie* die staatlichen Ausgaben finanziert werden.

Die Finanzierung von Staatsausgaben durch Kredite **verschleiert** diesen Tatbestand. Darin liegt das zentrale Bedenken. Die Möglichkeit staatlicher Kreditaufnahme räumt eine Barriere gegen übermäßige Steigerungen der öffentlichen Ausgaben beiseite und leistet ihnen dadurch selbst Vorschub.[48] *Früher* wurden die Versuchungen, die von der Möglichkeit der Kreditaufnahme ausgehen, und die resultierenden Verzerrungen der finanzpolitischen Willensbildung von der politischen Ökonomie nachdrücklich hervorgehoben. Demgegenüber hat das *Keynes*sche Konzept des deficit spending die Staatsverschuldung sozusagen salonfähig gemacht. Läßt man die Kreditaufnahme aus konjunkturpolitischen Gründen erst einmal zu, so entsteht aber die Gefahr, daß die Grenzen verwischt werden.

Dies kann um so leichter erfolgen, als die Kriterien für die Zulässigkeit solcher Kreditaufnahmen höchst vage sind. Die Gebote der antizyklischen Finanzpolitik geben wegen ihres generalklauselartigen Charakters den politischen Akteuren eine große Ermessensspanne. Bedenkt man weiter, daß ein ,,Hinaufstabilisieren" (mittels deficit spending) politisch viel angenehmer erscheint und leichter zu realisieren ist als ein ,,Herabstabilisieren" (mittels Einschränkung der Kreditfinanzierung von Ausgaben oder gar mittels Stillegung von Einnahmen) und daß im Falle des ,,Hinaufstabilisierens" Ausgaben*ausweitungen* zumeist für wirksamer gehalten werden als Steuer*senkungen,* so wird klar, daß die antizyklische Verheißung in der Praxis zu einer ausgesprochen **asymmetrischen Verhaltensweise** führt mit der Konsequenz, daß die Kreditaufnahme und die Staatsquote ausgedehnt werden.

Keynes, dessen Überlegungen sich auf die kurze Frist beschränkten, hat diese langfristigen Gefahren bewußt ausgeblendet. ,,In the long run we are all dead" war *Keynes'* viel zitierte Antwort auf die Frage nach den langfristigen Auswirkungen seines Konzepts. Man mag diese Ausblen-

---

48 Eingehende Diskussion der Problematik bei *v. Arnim,* Grundprobleme der Staatsverschuldung, BayVBl. 1981, 514 (519ff.); *Gandenberger,* Thesen zur Staatsverschuldung, Vortrag auf der Jahrestagung des Vereins für Socialpolitik 1982, Schriften des Vereins für Socialpolitik, N. F. Bd. 134 (1983), 843; *Duwendag,* Staatsverschuldung – Notwendigkeit und Gefahren, 1983.

dung langfristiger Perspektiven vielleicht akzeptieren, solange man das *Keynes*sche Konzept tatsächlich als wirksames Instrument für die Sicherung eines hohen Beschäftigungsgrades ansieht. *Keynes'* Bevorzugung der kurzfristigen gegenüber der langfristigen Perspektive verliert aber ihre Vertretbarkeit in dem Maße vollends, in dem Zweifel auch an der kurzfristigen Wirksamkeit aufkommen. Dann müssen der Staatsverschuldung wirksame **Grenzen** gezogen werden. Das Grundgesetz (Art. 109, 115 GG) bewirkt keinen ausreichenden Schutz.[49] Erforderlich ist eine Novellierung des Art. 115 GG. Der einschneidendste Vorschlag geht dahin, **staatliche Kreditaufnahme** überhaupt – jedenfalls dem Grundsatz nach – zu **verbieten** und das Gebot des materiellen Haushaltsausgleichs in der Verfassung festzuschreiben.

Daß es sich dabei nicht um irreale, praxisferne Überlegungen handelt, zeigt die jüngere Entwicklung in den Vereinigten Staaten, wo derartige Begrenzungsvorschläge derzeit einen hohen politischen Stellenwert besitzen und von überwältigender öffentlicher Zustimmung getragen werden. Haushaltsausgleichsgebote sind nicht nur in den Verfassungen der Einzelstaaten bereits vielfach realisiert; auch im Bund geht die Entwicklung anscheinend in diese Richtung. Zwar ist die amerikanische Bundesverfassung nur sehr schwer zu ändern; sie ist eine der rigidesten der Welt. Eine Initiative zur Verfassungsänderung muß (wenn sie nicht vom Kongreß kommt) von zwei Dritteln der Einzelstaaten getragen werden. Immerhin: Im Sommer 1982 fehlten an diesem Quorum nur noch drei Staaten.[50]

Mögliche **Bedenken** gegen diese Vorschläge gehen in drei Richtungen:

(1) Nach einer überkommenen Auffassung ist eine Finanzierung von öffentlichen *Investitionen* durch Kredite angezeigt. Diese These hat in der neueren wissenschaftlichen Diskussion und unter den heute bestehenden Bedingungen in der Bundesrepublik aber immer mehr Widerspruch gefunden.[51]

(2) Ein zweites Problem besteht in folgendem: Die Bekämpfung eines gesamtwirtschaftlichen Ungleichgewichts mit Unterauslastung der Kapazitäten verlangt nach *Keynes*scher Lehre deficit-spending, d. h. staatliche Kreditaufnahme. Staatliche *Parallelpolitik* droht dagegen, die wirtschaftspolitische Lage nur noch zu verschlimmern. Für *Friedman* und seine Schule verflüchtigt sich das ganze Problem, weil sie das *Keynes*sche Konzept, insbesondere die Vornahme von staatlichem deficit-spending, ohnehin für falsch halten. Aber auch wenn man auf der Basis der *Keynes*schen Vorstellungen steht, könnte man zumindest formale Erschwerungen vorsehen, insbesondere durch Einführung *qualifizierter Mehrheiten* bei der Feststellung fundamentaler gesamtwirtschaftlicher Ungleichgewichte und der Festlegung der zu ihrer Abwehr zulässigen begrenzten Verschuldung.[52]

---

[49] Vgl. aber *Paul Kirchhof,* Verfassungsrecht und öffentliches Einnahmesystem, Vortrag auf der Jahrestagung des Vereins für Socialpolitik 1982 (oben FN 48), 33; *ders.,* Staatsverschuldung in der rechtsstaatlichen Demokratie, in: *v. Arnim/Littmann,* Finanzpolitik im Umbruch, 1984, 271.

[50] *Folkers,* Begrenzung von Steuern und Staatsaugaben in den USA, 1983, 18ff., 36ff.

[51] *v. Arnim,* Grundprobleme der Staatsverschuldung (oben FN 48); *Gandenberger* (oben FN 48).

[52] So der Vorschlag von *Folkers* (oben FN 50), 37f.

(3) Auch für *Notstände,* insbes. den Kriegsfall, könnte man *Ausnahmemöglichkeiten* vorsehen, von denen mit qualifizierten Mehrheiten Gebrauch gemacht werden könnte.[53]

Heimliche Steuererhöhungen

Ein anderes Instrument, welches den Widerstand der Bürger gegen Steuererhöhungen einzuschläfern geeignet ist, sind die sog. heimlichen Steuererhöhungen, welche sich aufgrund des Progressionseffekts unserer (Lohn- und) Einkommensteuer bei allgemeinem Wachstum der Einkommen ergeben.[54] Sie spülen, ohne daß der Gesetzgeber das Steuerrecht in irgendeiner Weise ändern müßte und ohne daß die mit Gesetzesänderungen verbundene Einschaltung der Öffentlichkeit (und damit die Aktivierung von Gegenwehr und Kontrolle) erfolgte, hohe – und zwar im Verhältnis zu den wachsenden Einnahmen weit *überproportionale* – Steuer*mehr*einnahmen in die öffentlichen Kassen.[55] Diese automatischen progressiven Steuererhöhungen sind besonders bedenklich, soweit sie auf lediglich nominellen, d. h. den Kaufkraftschwund nur ausgleichenden, Einkommenserhöhungen beruhen; denn insoweit muß der Steuerzahler ein Mehreinkommen progressiv versteuern, welches er der realen Kaufkraft nach gar nicht erhält.[56] Es ergeben sich Zusatzbelastungen und Belastungsverschiebungen,[57] ohne daß der Gesetzgeber das Für und Wider abgewogen hätte. Die Resultate sind vielmehr rein willkürlich. Dieser Mechanismus der heimlichen Steuererhöhungen gibt den politisch Verantwortlichen die Möglichkeit, die Ausgaben überproportional auszudehnen und gleichzeitig von Zeit zu Zeit die Steuersätze zu senken, sich also scheinbar zweifach großzügig und erfolgreich zu gerieren.

In *früheren* Zeiten mußten die Steuern (ebenso wie der Haushalt auch heute noch) periodisch neu bewilligt werden. Heute bleiben einmal bewilligte Steuern über die Jahre hinweg bestehen. Darüber hinaus erhöht sich das Aufkommen der Einkommensteuer von Jahr zu Jahr überpro-

---

53 Vgl. *Buchanan/Wagner* (oben FN 36), 173ff.

54 *v. Arnim,* Steuerrecht bei Geldentwertung, BB 1973, 621 (622ff.); *Brennan/Buchanan* (oben FN 36); *Molitor,* Die ,,Moderne und der Staat", Hamburger Jahrbuch für Wirtschafts- und Gesellschaftspolitik 1981, 257 (262ff.).

55 *Karl-Bräuer-Institut des Bundes der Steuerzahler* (Hrsg.), Bilanz der Abgabenbelastung, 1979, 10ff.; *dass.,* Belastungsanstieg ungebrochen, 1983, 13ff.

56 Steigt das Einkommen lediglich im Ausmaß der Geldentwertung, führt die heimliche Steuererhöhung dazu, daß das Nettorealeinkommen sogar absolut absinkt. Die Unerträglichkeit dieses Effekts wird desto deutlicher, je mehr dieser Fall in Zukunft zur Regel wird, weil das reale Wachstum nachläßt. Hinzu kommt, daß der Staat bei Geldentwertung nicht nur von der Progression des Einkommensteuertarifs profitiert, sondern auch von der Einkommensbesteuerung der Erträge von (nominellen) Vermögenswerten (oben G II 3.4).

57 Zu den aus den Belastungsverschiebungen resultierenden Ungerechtigkeiten oben G II 3.4.

portional – und zwar um so schneller, je höher die Rate der Geldentwertung ist. Dieser Effekt scheint mir schlechterdings unerträglich. Man mag darüber streiten, *welche* Abwägungen der Steuergesetzgeber bei der Änderung von steuerlichen Belastungen anstellen muß. Nicht streiten kann man aber darüber, *daß* er überhaupt das Für und Wider von Steuererhöhungen abwägen und seinen Willensbildungsprozeß vor den Augen und unter Mitwirkung der Öffentlichkeit vornehmen muß. An solchen öffentlichen Abwägungen jedweder Art fehlt es aber.

Da die heimlichen Steuererhöhungen Frucht reiner Willkür sind, weil sie gesetzgeberische Abwägungen, sei es über die Notwendigkeit einer Erhöhung des Niveaus der Steuerbelastung und der öffentlichen Ausgaben, sei es über die Verteilung der Belastung auf die verschiedenen Gruppen von Steuerzahlern, erübrigen, entbehrt dieser Mechanismus der verfahrensrechtlichen **Mindestanforderungen an die parlamentarische Willensbildung** und ist deshalb verfassungswidrig.[58]

Die angestellten Überlegungen sind auch keineswegs nur akademische Prinzipienreiterei, etwa deshalb, weil der Gesetzgeber derartige Steuererhöhungen, würde er sie tatsächlich öffentlich beschließen, durchaus vornehmen dürfte. Denn im Gegensatz zu einer offenen Steuererhöhung erfolgt die heimliche ohne Zurechenbarkeit der politischen Verantwortung und ohne die mit gesetzlichen Änderungen verbundene Einschaltung der Öffentlichkeit und die damit verbundene Aktivierung von Gegenwehr und Kontrolle. Die Bürger werden überlistet und so die politische Kontrolle geschwächt.

Hier muß für **Abhilfe** gesorgt werden. In den Vereinigten Staaten wird bereits ernsthaft über die Abschaffung der Progression überhaupt und die Einführung einer proportionalen Einkommensteuer diskutiert.[59] Die heimlichen Steuererhöhungen können aber auch auf weniger einschneidende Weise ausgeschaltet werden, etwa dadurch, daß der Tarif so gestaltet wird, daß das Belastungsniveau und die Belastungsrelation, die der Gesetzgeber ursprünglich mit seinem Steuergesetz erreichen wollte, auch bei Einkommenssteigerungen beibehalten wird. Auf jeden Fall müßten die durch Geldentwertung bewirkten Verzerrungen beseitigt werden. In der Schweizer Bundesverfassung heißt es ebenso knapp wie entschieden: ,,Die Folgen der kalten Progression" – so werden die heim-

---

[58] *Papier,* Besteuerung und Eigentum, DVBl. 1980, 787 (794ff.); *ders.,* VVDStRL 39, 372; vgl. auch *Kloepfer,* ebenda, 373; *Breuer,* ebenda, 385; *v. Arnim,* ebenda, 312f. – Die einzige Gegenstimme bei der Diskussion dieser Fragen auf der Staatsrechtslehrertagung in Innsbruck rührt von *Hans Meyer* her. Seine Annahme, die Beseitigung der heimlichen Steuererhöhungen laufe auf die Wiedereinführung der periodischen Steuerbewilligung hinaus (VVDStRL 39, 410), ist aber unzutreffend. Der einzuführende Korrekturmechanismus (dazu sogleich im Text) wirkt ein für allemal.

[59] Übersicht bei *Folkers* (oben FN 50), 40ff. Vgl. auch oben G II 3.4.

lichen Steuererhöhungen in der Schweiz genannt – ,,für die Steuer vom Einkommen der natürlichen Personen sind periodisch auszugleichen." (Art. 41ter Abs. 5). Daß hier praktisch realisierbare Lösungsmöglichkeiten bestehen, zeigt ein Blick nicht nur auf die Schweiz, sondern auch auf andere westeuropäische Nachbarstaaten, von denen viele bereits einen solchen Ausgleich gesetzlich institutionalisiert haben.[60]

Exkurs: Korrumpierung von Stabilisierungsbemühungen

Die Bedenken gegen eine Finanzierung von Staatsausgaben mit Krediten und gegen den Mechanismus der heimlichen Steuererhöhungen verstärken sich noch, wenn man sie im Zusammenhang mit den Bemühungen um Bekämpfung der Geldentwertung sieht, zu der der Staat an sich kraft Grundgesetzes (Art. 109 II) und auch aufgrund des Stabilitätsgesetzes verpflichtet ist (oben E VI 2). Dieser Verpflichtung nachzukommen, ist ohnehin schwierig genug, weil sie oft gegen den Druck starker Gruppen durchgesetzt werden muß. Hinzu kommt nun noch, daß auch mit Blick auf die Staatsfinanzen eine Tolerierung von Geldentwertung nahegelegt wird. Je höher die Entwertung nämlich ist, desto stärker sind nicht nur die heimlichen Steuererhöhungen, sondern auch die realen Entlastungen des Staates gegenüber seinen Gläubigern. Wenn der Staat aber auf diese Weise von der Geldentwertung gleich zweifach profitiert, so liegt die Gefahr auf der Hand, daß die Versuche einer ernsthaften Inflationsbekämpfung leicht korrumpiert werden.[61]

Vorwegabzug der Lohnsteuer und der Sozialversicherungsbeiträge

Der Widerstand gegen Erhöhungen der Einkommensteuer wird auch dadurch gemindert, daß ein immer größerer (und inzwischen ganz überwiegender) Teil der Einkommensteuer bei Unselbständigen vorweg einbehalten wird (also in der Form der Lohnsteuer anfällt). Im Gegensatz zum Selbständigen, der seine Steuer selbst (durch Vorauszahlungen und Nachzahlungen) entrichtet, wird dem abhängigen Arbeitnehmer nämlich die Steuer bereits vom Arbeitgeber abgezogen und von diesem ans Finanzamt abgeführt. Der Arbeitnehmer kennt deshalb oft seinen Bruttolohn gar nicht. Jedenfalls ist die Steuerlast für ihn weniger merklich.

---

[60] Überblick bei *v. Arnim,* Steuerrecht bei Geldentwertung (oben FN 54), 626f.

[61] Man hat versucht nachzuweisen, daß der Staat von Geldentwertung nicht nur profitiere, sondern auch unter ihr leide, weil sich auch seine Ausgaben erhöhten und sich, soweit er Gläubiger sei, der reale Wert seiner Kapitalforderungen mindere. Ganz abgesehen davon, daß mit wachsender Staatsverschuldung der Staat per saldo in immer stärkerem Maße Inflationsgewinner wird, bleibt die Argumentation im Text auch insofern zutreffend, als sich bei einer Einschränkung von Kreditaufnahmen und heimlichen Steuererhöhungen die Motivation für die staatlichen Entscheidungsträger, möglichst wirksam gegen Geldentwertung vorzugehen, jedenfalls *verstärken* würde.

Anders als der Selbständige braucht er meist auch keine Nachzahlungen zu leisten, sondern er erhält umgekehrt im Lohnsteuerjahresausgleich regelmäßig wieder etwas zurück. Dieser Effekt fällt um so mehr ins Gewicht, als die Lohnsteuer besonders schnell angewachsen ist und inzwischen den bei weitem größten Teil der Einkommensteuer insgesamt ausmacht.[62]

Auch die Sozialversicherungsbeiträge werden vorweg vom Arbeitgeber an das Finanzamt abgeführt, wodurch die Merklichkeit für die Belasteten gemindert wird. Bedenkt man, daß die Ausdehnung des finanziellen Staatsanteils zum großen Teil über die Ausweitung der Sozialversicherungsbeiträge finanziert worden ist – die Sozialabgabenquote,[63] die 1960 noch 9,2 v. H. und 1969 10,4 v. H. betragen hatte, ist bis 1981 auf 14,5 v. H. angewachsen[64] –, so wird das Gewicht auch dieses Faktors deutlich.

Erhöhung von indirekten Steuern

Ein weiterer Weg, die Steuern ohne allzu großen Widerstand der Steuerzahler zu erhöhen, ist die Anhebung von indirekten Steuern, die dadurch gekennzeichnet sind, daß die Bürger sie im Preis von gekauften Gütern mitbezahlen. Ihre Merklichkeit ist deshalb ebenfalls gering. Hier beschränkt man sich bei Erhöhungen oft auch auf solche Steuern, die nur bestimmte Gruppen von Gütern erfassen, z. B. auf die Branntwein- oder die Sektsteuer, wodurch der Widerstand noch weiter gemindert wird.

4.2.3. Ausblick

Es ist offenbar wichtig, daß die Elemente, welche zu einer Verzerrung des Verfahrens der Willensbildung führen, beseitigt werden. Einige Möglichkeiten wurden genannt, insbes. die verfassungsrechtliche Begrenzung der Kreditaufnahme und die Beseitigung der heimlichen Steuererhöhungen. Es handelt sich dabei um die Eliminierung von Faktoren, die den Widerstand der Bürger gegen eine Ausweitung der finanziellen Verfügungsmasse des Staates und seiner Funktionäre einschläfern. Beide Vorschläge beziehen sich auf die staatlichen **Einnahmen.** Zugrundeliegt die Vorstellung, daß eine Drosselung der Einnahmequellen zwangsläufig auch die staatlichen Ausgaben entsprechend dämpfen muß, wie umgekehrt in der Vergangenheit die enormen Einnahme*zuwächse* zu Mehrausgaben geradezu ermutigt haben. Von hierher rührt auch das geflügelte

---

62 Zum Hochschnellen der Lohnsteuerquote (= prozentuale Lohnsteuerbelastung des Durchschnittsverdieners), die 1960 noch 6,3 v. H. und 1970 11,8 v. H. betragen hatte, auf über 16 v. H. im Jahre 1981: *Karl-Bräuer-Institut des Bundes der Steuerzahler* (Hrsg.), Belastungsanstieg (oben FN 55).

63 Sozialabgabenquote = Sozialbeiträge in Relation zum Bruttosozialprodukt.

64 Quelle: Bund der Steuerzahler, Steuern, Staat, Statistik, 1982.

Wort ,,Volle Kassen machen sinnlich", weil sie zu Mehrausgaben von oft zweifelhaftem Wert anreizen. Das finanzielle Volumen der staatlichen Verfügungsmasse insgesamt möglichst knapp zu halten (,,Diktat der leeren Kassen"), ist noch immer ein besonders wirksames Mittel gegen die finanzielle Überlastung der öffentlichen Hand.

Indes wäre die Beschränkung der staatlichen Einnahmequellen allein nur eine sehr grobe Methode, um zu einer Verbesserung des finanzpolitischen Willensbildungsverfahrens zu gelangen. Es ist ja nicht gesagt, daß der Staat unbedingt *überall* zu viel tut. Es könnte auch sein, daß gleichzeitig zu viel *und* zu wenig Staat besteht – nur jeweils an der falschen Stelle, wie *Forsthoff* einmal formuliert hat, daß also wegen der politischen Dominanz von Interessen mit Verbands- und Parteiappeal für diese zu viel, für andere dagegen zu wenig vom Staat getan wird (vgl. oben K). Eine generelle Austerity-Politik bewirkt noch keine *Prioritäten*setzung. Es wäre denkbar, daß gerade die wichtigsten Aufgaben darunter am meisten zu leiden haben, während etwa überflüssiges (oder zu hoch besoldetes) öffentliches Personal fortbesteht. So sind in Zeiten öffentlicher Mittelknappheit bisher gerade immer die Investitionen am meisten gekürzt worden. Und auch dann, wenn man gewisse Globalvorgaben, etwa für die Senkung des Personalbestandes, macht, ist nicht sicher, daß der Kürzung wirklich die am wenigsten wichtigen Stellen zum Opfer fallen. Es besteht also die Gefahr, daß *die* Kräfte, die bisher eine Verzerrung bewirkt haben, im Falle einer pauschalen Einschränkung des verfügbaren Finanzvolumens darauf drängten, daß die Einschränkung vornehmlich auf Kosten gerade der wichtigsten Belange ginge. Man muß deshalb versuchen, gleichfalls den **ausgabentreibenden Faktoren** beizukommen. So müßte, um ein Beispiel zu nennen, das Streikrecht im öffentlichen Dienst beseitigt werden (oben P V 2). In Frage kommt auch eine Stärkung der Rechnungshöfe in Bund und Ländern (und der entsprechenden Behörden in den Kommunen).[65] Ihre Kontrollfunktion gegenüber bürokratieinternen Aufblähungstendenzen (oben P III) kommt schon jetzt in den Haushaltsordnungen dadurch zum Ausdruck, daß sie auch zu prüfen haben, ob die jeweilige öffentliche Aufgabe nicht ,,mit geringerem Personal oder Sachaufwand oder auf andere Weise wirksam erfüllt werden kann".[66] Die Erfüllung dieser wichtigen Funktion sollte zielstrebig ausgebaut werden.

In diesen Zusammenhang gehört der Vorschlag von *Willi Albers,* die Rechnungshöfe zu verpflichten, alle drei Jahre ein Drittel der Dienststellen auf ihren Personalbestand hin grundlegend zu überprüfen und dabei Vorschläge für Einsparungen im nächsten Haushaltsplan zu machen, die in sofortigen Streichungen, kw-Vermerken und Herunterstufungen bestehen. Vor Überprüfung durch den

---

65 Oben R.

66 Vgl. z. B. § 90 Ziff. 4 BHO.

Rechnungshof dürften Stellen nicht auf Lebenszeit besetzt werden.[67] Derartige Einsparungsvorschläge dürften, wenn sie veröffentlicht werden, Finanzminister und Haushaltsausschuß den nötigen Rückhalt geben, um prioritätenorientierte Einsparungen nicht nur zu erkennen, sondern auch durchzusetzen.

Insgesamt werden die Einrichtungen gestärkt werden müssen, die bewußt in Distanz zu Parteien und Verbänden gesetzt sind, um Gegengewichte gegen entsprechende Fehlentwicklungen darstellen zu können (unten W). Auch die Einführung gewisser plebiszitärer Elemente gehört hierher (unten Z).

Das Hochschnellen des finanziellen Staatsanteils hat vor allem in den **Vereinigten Staaten** in den vergangenen Jahren eine intensive Diskussion über Möglichkeiten, die Staatseinnahmen und die Staatsausgaben zu begrenzen, ausgelöst. Charakteristisch für diese Entwicklung ist die Zusammenarbeit zwischen Finanzwissenschaftlern und Bürgerbewegungen, die für eine Beschränkung der Staatsmacht eintreten. In der Folge werden in der einschlägigen amerikanischen Literatur nicht nur eine Fülle von möglichen Vorkehrungen behandelt, sondern es sind auch zahlreiche Versuche unternommen worden, entsprechende Vorkehrungen politisch durchzusetzen. Diese Versuche erzielten ihren ersten spektakulären Erfolg, der geradezu als ermutigendes Fanal für entsprechende Bestrebungen verstanden wurde, mit der sog. **Proposition 13** in Kalifornien im Jahre 1978. Es handelte sich dabei um die Initiative für eine Volksabstimmung, durch die die property tax, die wichtigste lokale Steuer, um mehr als die Hälfte gesenkt wurde. Der Volksentscheid kam mit der beeindruckenden Mehrheit von ca. 65 v.H. zustande. Welche einschneidende Wirkung diese Regelung für die Steuereinnahmen der lokalen Körperschaften in den USA hatte, wird daran deutlich, daß mehr als 80 v.H. der Steuereinnahmen dieser Ebene aus jener Steuer stammen. Zugleich enthielt der Volksentscheid eine Vielzahl weiterer Regelungen, vor allem auch die verfassungsrechtliche Verpflichtung auf materiellen Haushaltsausgleich und eine Verhinderung „heimlicher Steuererhöhungen".[68]

Der Erfolg in Kalifornien hat eine Vielzahl weiterer Initiativen in anderen US-Bundesstaaten beflügelt, die zum großen Teil auch verwirklicht wurden. Die Entwicklung ist vor allem durch zwei Merkmale charakterisiert: Die Einschränkungen werden wesentlich durch Volksinitiative und Volksgesetz durchgesetzt, also nicht durch Parteien und Parlamente,

---

67 *Albers,* Ursachen, Wirkungen und Begrenzungsmöglichkeiten einer wachsenden Staatsquote – Die Lage in der Bundesrepublik Deutschland, in: *Rühle/Veen,* Wachsende Staatshaushalte, 1979, 19 (49).

68 Vgl. auch die von *Klaus Vogel,* Verfassungsgrenzen für Steuern und Staatsausgaben, FS Maunz, 1981, 415ff., referierten Vorschläge, insbes. eine Begrenzung des Ausgabevolumens auf eine bestimmte Relation zum Sozialprodukt vorzunehmen.

sondern an diesen geradezu vorbei. Inzwischen hat sich das Bild allerdings gewandelt; die Politiker in Parteien und Parlamenten haben sich an die Entwicklung der Wählermeinung angehängt und bedienen sich ihrer in zunehmendem Maße.

Wie man sieht, handelt es sich um eine Ausprägung der Vorstellung von der richtigen **Ordnung der** gemeinschaftlichen **Willensbildung;** Kennzeichen dieser Vorstellung ist: Ohne inhaltliche Direktiven zu geben, soll der Willensbildungsprozeß derart kanalisiert werden, daß Unausgewogenheiten und Unrichtigkeiten möglichst nicht auftreten können (oben G VII).

Das *zweite* Charakteristikum der Entwicklung besteht darin, daß die rechtlichen Verfassungen als Bollwerk gegen ein Zuviel an Staat verstanden werden, die Initiativen deshalb auf konstitutionelle Änderungen abzielen; die Verfassungen sollen gegen die neuen Gefahren ausschwenken. So war auch die Proposition 13 auf eine entsprechende Änderung der Verfassung von Kalifornien gerichtet.

Beide Merkmale können sich auf amerikanische Traditionen stützen: Sowohl die direkt-demokratischen Elemente als auch das Verständnis der Verfassung als Schutzwall gegen ein Übermaß an Staat beruhen auf langgewachsenen Vorstellungen.

Wenn auch die Entwicklung in den USA nicht voll mit der der Bundesrepublik vergleichbar sein dürfte – wesentliche Besonderheiten bestehen nicht nur in den rechtlichen Möglichkeiten für direkt-demokratische Initiativen, sondern auch in der politischen Kultur –, so müssen die dortigen Erfahrungen und Entwicklungen doch aufmerksam beobachtet werden. In der Vergangenheit war es noch immer so, daß grundlegende Entwicklungen sich mit einer gewissen zeitlichen Verzögerung und sicher mehrfach gebrochen und wohl auch abgeschwächt auf die Bundesrepublik übertragen haben. Vielleicht markiert die gegenwärtige Entwicklung in den USA tatsächlich „einen Wendepunkt in der Finanzgeschichte unseres Jahrhunderts“.[69]

---

[69] So *Folkers* (oben FN 50), 22. Dieses Buch bietet auch sonst einen instruktiven Überblick über die Entwicklung in den USA.

Kap. 8: Wandlung staatlicher Grundsätze

Es wurde oben dargelegt, wie Verfassungsnormen und Verfassungswirklichkeit sich im Zuge der Entwicklung gewandelt haben und Parlament, Regierung und Verwaltung (oben L–P), aber auch Rechtsprechung und Finanzkontrolle (oben Q und R), nur noch vor dem Hintergrund dieser Wandlungsprozesse zu erfassen, zu analysieren, zu kritisieren und gegebenenfalls zu reformieren sind. Entsprechendes gilt auch für die überkommenen Grundsätze, die staatliches Handeln organisatorisch-verfahrensmäßig ordnen und lenken sollen. Will man ihren **bleibenden Sinn** auch **unter gewandelten Verhältnissen** erkennen und ihre Wirkkraft aufrechterhalten, so sind sie heute fortzuentwickeln und auf die neuen Gefahrenzonen zuzuschneiden. Dies soll im folgenden zumindest stichwortartig und beispielhaft für einige Prinzipien skizziert werden, um die Art solcher Wandlungsprozesse zu illustrieren.

W. Wandlung des Gewaltenteilungsprinzips

Das Prinzip der Gewaltenteilung und der Gewaltenkoordinierung gehört seit den klassischen Darstellungen durch *Locke* (oben D II 1) und *Montesquieu* (oben D III) zu den Kernbestandteilen westlichen Verfassungsdenkens. Angesichts einer seitdem völlig gewandelten Verfassungslage scheint das Prinzip allerdings heute vielfach „unwirklich und fassadenhaft".[1] Das gilt jedenfalls dann, wenn man es auf die überkommene Auslegung festschreibt und eine Anpassung an die modernen Gegebenheiten, insbes. eine Einbeziehung der neu entstandenen politischen Machtträger und Machtzentren, versäumt. Nur bei solcher Fortentwicklung kann das Prinzip auch heute noch wirken und seinen zeitlosen Sinn entfalten.

Das Prinzip der Gewaltenteilung ist, wie andere organisatorische Verfassungsprinzipien, nicht Selbstzweck, sondern soll bewirken, daß durch Aufteilung der Macht auf Träger unterschiedlicher Interessenrichtung die Machtträger sich gegenseitig zu größerer Richtigkeit steigern.[2] Das Zusammenspiel der Machtträger soll eine möglichst große Richtigkeitschance für Gemeinschaftsentscheidungen sichern. Darin liegt der bleibende Sinn, dem das Gewaltenteilungsprinzip über alle Änderungen der politischen Kräfte und der staatlichen Einrichtungen hinweg zu dienen bestimmt ist.[3] *Wie* die Machtverteilung erfolgen soll, ist damit noch nicht gesagt. Gewaltenteilung ist ein durchaus unterschiedlicher Ausprägung zugängliches Prinzip. Es ist jeder Zeit aufgegeben, die ihrer Situation und ihren Problemen angemessene Verteilungsform zu finden.[4] Notwendige Voraussetzung bleibt aber immer, daß überhaupt eine Aufteilung der Macht besteht, die bewirkt, daß Begrenzungen durch Gegengewichte gesetzt werden. *Montesquieu* war von den realpolitischen Machtträgern seiner Zeit ausgegangen und hatte die Exekutivgewalt dem Monarchen zugeordnet, die Legislative dagegen dem Volk und dem Adel gemeinsam, die sie durch volksgewähltes Parlament und Adelskammer ausüben sollten, und die politischen Akteure durch ein kunstvolles Netz von „checks and balances" miteinander verbunden. Dieses

---

[1] *Werner Weber,* Die Teilung der Gewalten als Gegenwartsproblem, FS Carl Schmitt, 1959, 253 (260).

[2] *Krüger,* Staatslehre, 269; *Herzog,* Staatslehre, 350ff.

[3] *Herzog,* Staatslehre, 235f.

[4] *Kägi,* Von der klassischen Dreiteilung zur umfassenden Gewaltenteilung. Erstarrte Formeln – bleibende Ideen – neue Formen, FS Huber, 1961, 151.

Modell hatte im vorigen Jahrhundert auch der Verfassungslage in Deutschland einigermaßen entsprochen.

In diesem auf den Gegensatz von monarchischer Regierung und gewähltem Parlament bezogenen Bild haben nun aber wichtige politische Machtträger *unserer* Tage noch keinen Platz, vor allem die **Parteien und die Interessenverbände.** Mit ihnen sind neue politische Akteure herangewachsen, die auf der geschichtlichen Bühne alsbald Hauptrollen übernommen haben (oben F I). Auch die **Rechtsprechung,** die in *Montesquieus* Augen noch ganz unbedeutend („en quelque façon nulle") war, hat einen Aufstieg sondergleichen erlebt. Vor allem das Bundesverfassungsgericht ist zu einem politischen Gestaltungsfaktor geworden (oben Q I). Weiter sind hier die **Medien,** insbes. auch der Rundfunk (oben T), **Wissenschaft und Sachverständigenräte** (S), **Bundesbank** (oben O II) und **Rechnungshöfe** (oben R) zu nennen.

Kennzeichen für die neuere Entwicklung ist, daß Parteien und Verbände nicht nur neben den überkommenen Staatsorganen und außerhalb von ihnen wirken, sondern diese selbst nach Möglichkeit zu durchdringen und ihrem Einfluß zu unterwerfen suchen (oben F I und Kap. 5 Vorbem.). Dies hat Folgen für das Verständnis jener Staatsorgane. Regierung, Parlament und Verwaltung sind nur noch vor dem Hintergrund des Wirkens der Parteien und Verbände zu verstehen, die sie wie ein mächtiger Überbau in ihr Kraftfeld einspannen. So hat das Gewicht der Parteien und ihr Kampf um die politische Macht dazu geführt, daß der klassische Gegensatz von Regierung und Parlament, wie er auch noch in Art. 20 II GG angesprochen ist, immer mehr überlagert wird vom Gegensatz zwischen Regierungs- und Oppositionsparteien (oben L II 1.1). Aus den gleichen Gründen schlägt auch im Bundesrat oft der Parteiengegensatz durch (oben M). Auch die organisierten Interessen suchen auf Regierung *und* Parlament Einfluß zu nehmen.

Die Tendenz der Parteien, alle überkommenen Gewalten zu durchdringen und gewissermaßen gleichzuschalten, wird auch manifest bei der **Verwaltung.** Hier greift die parteipolitische Ämterpatronage bei Einstellungen und Beförderungen immer mehr um sich. Gleichzeitig mit der Einwirkung der Parteien auf das Verwaltungspersonal nehmen auch die Zahl und das Gewicht der Verwaltungsangehörigen in den Parteien zu. Die Wahllisten der Parteien strotzen von Beamten, und in den Parlamenten von Bund und Ländern ist ihr Anteil hoch. Daraus ergibt sich eine wechselseitige personelle Verschränkung zwischen Parlament und Verwaltung, die wesentlich von den Parteien vermittelt wird (oben P IV). Auch in den **Rundfunk- und Fernsehanstalten** bemühen sich die Parteien um möglichst große Patronageanteile (oben T III 2.4). Hier ist der Gleichschaltungsprozeß besonders fortgeschritten.

Parteien (und teilweise auch Verbände) beschränken ihren Einfluß keinesfalls auf Regierung, Parlament, Verwaltung und Medien, sondern versuchen, auf *alle* politischen Machtträger auszugreifen. Dies gilt für die Gerichte, auch das Bundesverfassungsgericht, ebenso wie z. B. für die Rechnungshöfe (oben R VII 2).

Hier zeigt sich: Das uralte und doch ewig aktuelle ,,Gesetz der Macht" *(Kägi)*, wonach die Mächtigen im Staat dazu neigen, ihre Macht solange auszuweiten, bis sie an Grenzen stoßen – *Montesquieu* spricht von einer ,,expérience éternelle" –, gilt auch für Parteien und Verbände, ja es gilt für diese heute in besonderem Maße, nachdem sie zu den politisch mächtigsten Gruppierungen aufgestiegen sind.

Andererseits fragt es sich, ob der geschilderte Durchdringungsprozeß wirklich so bedenklich ist, wie es zunächst scheint. Stehen die Parteien nicht miteinander in Wettbewerb um Wählerstimmen und halten sich auf diese Weise gegenseitig in Schach? Trifft nicht auch jedes organisierte Interesse auf zahlreiche andere, so daß eine übermäßige, einseitige Interessendurchsetzung verhindert wird? Anders gewendet: Ist nicht neben und teilweise an die Stelle der überkommenen Dreiteilung eine neue Aufteilung der Gewalten auf mehrere Parteien und zahlreiche Verbände getreten, deren Funktionstüchtigkeit die teilweise Funktionslähmung der überkommenen Teilung kompensiert?

In der Tat: Könnte man davon ausgehen, daß das Wirken der Parteien und Verbände insgesamt zu ausgewogenen Gesamtresultaten führt, dann würden die geschilderten Tendenzen viel von ihrer Bedrohlichkeit verlieren. In diese Richtung gehen die Thesen der Pluralismustheorie (oben F II), und man wird ihr durchaus ein Stück Weges folgen können. Regierungs- und Oppositionsparteien halten sich gegenseitig in Schach. Auch die Verbände bilden Gegengewichte untereinander und gegenüber den Parteien. In diesem Sinne ist es wohl auch zu verstehen, wenn *Joseph Kaiser* ,,das Zusammenspiel, die Konkurrenz und die Balance der organisierten Interessen" als ,,Gleichgewichtssystem" besonderer Art bezeichnet und es eine **,,faktische Repräsentation"** genannt hat.[5]

Auf der *anderen* Seite muß man sich aber vor einer allzu harmonisierenden Sicht hüten. Es gibt typische, und zwar gravierende Defizite und Fehlentwicklungen im Spiel der Parteien und Verbände **(Pluralismusdefizite)**. Dies wurde bereits dargelegt. Parteien und Verbände neigen dazu, gewisse, z. T. besonders wichtige Belange nicht ausreichend zu berücksichtigen oder ganz auszublenden (oben F V; I V; J II; K). Der von der Gesamtheit der Parteien und Verbände ausgehende Druck, sozusagen die Resultante im Parallelogramm der Kräfte, ist alles andere als ausgewogen.

Hinzu kommt ein weiteres. Das überkommene Gewalten-Gegeneinander ist ja *nicht* durch ein neues *ersetzt* worden, sondern beide sind miteinander verschränkt und vermischt, und diese Mischung führt, wie

[5] *Kaiser*, Repräsentation, 355ff.

dargelegt (L II 2.4.2), dazu, daß der politische Druck zu rationaler **öffentlicher Begründung** erlahmt und damit auch die **Rationalitätschance** der Entscheidungen gemindert wird. Zugleich bleibt die **Transparenz** für den Bürger auf der Strecke, weil die Verantwortlichkeiten verwischt werden. Der Wähler kann häufig gar nicht mehr ermitteln, welcher Partei er welches Gesetz verdankt.

Die gegenseitige Durchdringung schwächt im übrigen die Möglichkeit, daß die eine Instanz der anderen überhaupt noch wehtut, mit der Folge, daß auch Fehlentwicklungen kaum noch einer wirksamen Kontrolle unterliegen. Als Beispiel sei wieder auf den öffentlichen Dienst und den Rundfunk hingewiesen. Die wechselseitigen Durchdringungen sind hier ja ein Hauptgrund für die Schwäche der Kontrolle der *Verwaltung* durch das Parlament und durch die Parteien, ein Tatbestand, der in die Bemerkung gekleidet wurde: „Der öffentliche Dienst ist fest in der Hand des öffentlichen Dienstes".[6] Wirkliche Reformen des öffentlichen Dienstes werden fast unmöglich. Dagegen sind massive Besoldungserhöhungen und Stellenverbesserungen aufgrund der „Selbstbedienung des öffentlichen Dienstes mit Hilfe des Gesetzgebers" *(Wagener)* in der Vergangenheit um so leichter durchsetzbar gewesen. Wie die wechselseitige Verschränkung und Verfilzung eine wirksame Kontrolle des *Rundfunks* durch Parlamente und Regierungen erschwert, zeigen die Berichte der Rechnungshöfe, die anläßlich der Gebührenerhöhung zum 1. 7. 1983 vorgelegt wurden und eine Vielzahl von gewichtigen Mängeln aufdeckten[7] – aber dennoch die Erhöhung nicht verhindert haben.

Aus allem wird deutlich, daß die Gefahrenlinien sich heute verschoben haben: Es bedarf wirksamer **Gegengewichte gegen Pluralismusdefizite.** Zu solcher Gegengewichtsfunktion prädestiniert erscheinen Kontrollinstanzen, die bewußt in Distanz zu den Parteien und Verbänden gesetzt sind und ihren Sinn vor allen Dingen von daher erhalten, daß sie auch gegen solche Fehlentwicklungen ausschwenken können, die vom Wirken der Parteien und Verbände drohen.[8] Dies sind neben den Gerichten auch die Rechnungshöfe, die Verwaltung, die Bundesbank, die Rundfunkanstalten und Sachverständigenkommissionen (oder *sollten* es doch sein). Diese Einrichtungen werden so zu Elementen eines gewandelten und erneuerten Verständnisses der Gewaltenteilung und Gewaltenkoordinierung.[9] Vor diesem Hintergrund gewinnen die besonderen

---

[6] Mitgeteilt von *Wagener,* Der öffentliche Dienst im Staat der Gegenwart, VVDStRL 37, 215 (237).

[7] Vgl. z. B. den (wohl als einzigen für die Öffentlichkeit zugänglichen) Bericht des Landesrechnungshofs Nordrhein-Westfalen über den Westdeutschen Rundfunk vom 3. 1. 1983.

[8] Vgl. auch *Zippelius,* Staatslehre, § 20 II 2.

[9] *v. Arnim,* Gemeinwohl und Gruppeninteressen, 196f. Vgl. zur Rolle der Gerichte auch *Steffani,* Rechtsprechende Gewalt in der pluralistischen Demokratie.

Anforderungen, die an ihre Organisation zu stellen sind, vor allem eben die Sicherung der **Unabhängigkeit,**[10] erhöhte Dringlichkeit. Umgekehrt gibt die Tendenz zu einer immer massiveren parteilichen Gleichschaltung der Verwaltung und der Rundfunkanstalten Anlaß zum Alarm.[11] Im Zusammenhang mit der (durch die Parteien vermittelten) „Verbeamtung der Parlamente" hat das Bundesverfassungsgericht denn auch die Frage aufgeworfen, ob diese Entwicklung mit einem „materiell verstandenen Gewaltenteilungsprinzip" vereinbar sei.[12]

Auch die Unabhängigkeit der anderen genannten Einrichtungen ist stets prekär; dies ist am Beispiel des *Bundesverfassungsgerichts* und des *Bundesrechnungshofs* dargestellt worden. Bedenkt man, daß das Bundesverfassungsgericht über die Aktionen der von den Parteien gestellten Parlamente und Regierungen zu entscheiden hat, so wird verständlich, daß die Parteien der Versuchung erliegen können, hier trotz der in Art. 97 GG gewährleisteten richterlichen Unabhängigkeit Einfluß zu nehmen. Zentrales Einfallstor für solche Einflußversuche ist die Bestellung der Richter, bei welcher die Parteien mitwirken. Das Bundesverfassungsgerichtsgesetz enthält deshalb einige Vorkehrungen, um die Unabhängigkeit dennoch möglichst zu wahren (oben Q II). Dagegen fehlt es beim Bundesrechnungshof, dessen Mitgliedern ebenfalls richterliche Unabhängigkeit garantiert ist (Art. 114 II GG), teilweise an entsprechenden Vorkehrungen, was die Widerstände gegen eine parteipolitische Gleichschaltung der Spitze des Bundesrechnungshofs (ebenso wie auch der Landesrechnungshöfe) vermindern mußte und sowohl Quelle der Kritik als auch Ansatzpunkt für eine Reform zum Besseren ist (oben R VII 2). Entsprechendes gilt für die Bundesbank (oben O II).

Ein großes Problem besteht allerdings darin, daß Korrekturen von Fehlentwicklungen des parlamentarischen Systems durch Rechtsprechung, Finanzkontrolle, wissenschaftliche Beratung etc. nur teilweise und z. T. höchst unvollkommen ausgeglichen werden können. Angesichts der Weite der Kontrollmaßstäbe und der Vorhandstellung von Gesetzgebung und Regierung können zwar einzelne Ausreißerentscheidungen verhindert werden. Wegen des großen Ermessensspielraums werden sich die Unausgewogenheiten des Kräftespiels aber im tagtäglichen politischen Prozeß dahin auswirken, daß das Ungleichgewicht die Grundlinie im Strom der einzelnen Entscheidungen tendenziell miterfaßt. Will man hier Remedur schaffen und Ausgewogenheit möglichst

---

Aspekte der Gewaltenteilung in der parlamentarisch-pluralistischen Demokratie von heute (1978), in: *ders.*, Pluralistische Demokratie, 117ff.

[10] Vgl. auch *Schuppert,* Die Erfüllung öffentlicher Aufgaben durch verselbständigte Verwaltungseinheiten, 1981, 354ff., 382ff.

[11] Einige Verbesserungsvorschläge sind oben P und T behandelt.

[12] BVerfGE 40, 296 (321).

herstellen, dann muß das **politische Kräftespiel** selbst **anders organisiert** werden. Dieser Ansatz läuft auf Verfassungsänderungen hinaus. Im *gegebenen* grundgesetzlichen System lassen sich die erforderlichen Korrekturen wohl kaum mehr in vollem Umfang bewerkstelligen. Derartige Verfassungsänderungen bedeuten keine Loslösung von den verfassungsrechtlichen **Grundwerten.** Im Gegenteil, die These geht dahin, daß die Grundwerte sich unter gewandelten Verhältnissen nur noch verwirklichen lassen, wenn gewisse Änderungen der Ordnung und Organisation vorgenommen werden. Wie es zur Zeit des Absolutismus darum ging, Grundrechte zu proklamieren und diese nicht nur durch die Rechtsprechung, sondern auch durch eine gewaltenteilende Organisation zu sichern, so müssen auch heute *beide* Wege in Erwägung gezogen werden: einmal die Kontrolle der Entscheidungen durch Gerichte etc. Daneben muß aber auch darüber nachgedacht werden, ob nicht eine organisatorische Umgestaltung des politischen Prozesses nötig wird und wie eine solche aussehen könnte.

X. Wandlung des Sozialstaatsprinzips

Das Sozialstaatsprinzip enthält nach überkommenem Verständnis die Ermächtigung und Aufforderung, daß der Staat zum Schutz schwächerer Gruppen, insbes. der im bürgerlich-liberalen Staat noch ausgebeuteten Arbeiter, tätig wird mit dem Ziel, die ,,Klassengegensätze“[1] im Wege der ,,sozialen Realisation“[2] auszugleichen und so die klassische soziale Frage zu lösen (oben E II 1 und E V 2.4). Diese Aufgabe ist inzwischen weitgehend erfüllt. Die Ausdehnung des Wahlrechts auf die Arbeitnehmer und die Zulassung gewerkschaftlicher Zusammenschlüsse haben die politische und soziale Emanzipation der ,,Arbeiterklasse“ bewirkt. Die frühere Disparität in der Durchsetzung von Arbeitgeber- und Arbeitnehmerinteressen wurde weitgehend beseitigt. Von daher muß das überkommene Verständnis des Sozialstaatsprinzips sozusagen wegen Zweckerreichung immer mehr zurücktreten. Es wäre nun aber falsch, das Sozialstaatsprinzip auf den überkommenen Inhalt festzuschreiben. Genau wie beim Gewaltenteilungsprinzip und bei der Verfassungsauslegung allgemein muß vielmehr auch hier – unter Aufrechterhaltung des bleibenden Sinnes – eine Anpassung des Verständnisses an die gewandelten Zeiten und Umstände erfolgen, so daß das Prinzip **gegen aktuelle Gefahren** ausschwenken kann. Der *bleibende Sinn* des Sozialstaatsprinzips besteht in etwas vielleicht zunächst banal Erscheinendem. Der Staat hat ,,das jeweils Notwendige zu tun“.[3] Was notwendig ist, läßt sich zwar selten exakt und im einzelnen ermitteln; über die allgemeine Richtung können jedoch eher Schlüsse mit der notwendigen Sicherheit gezogen werden. Diese Richtung hängt von den *Fehlentwicklungen* der gemeinschaftlichen Willensbildungsprozesse ab, die sich im Laufe der Zeit ändern bzw. Schwerpunktverschiebungen erfahren können. Insoweit ist auch der Inhalt des Sozialstaatsprinzips einem Entwicklungsprozeß unterworfen. Was nötig ist, bestimmt sich heute schwerpunktmäßig anders als früher: Während es in den vergangenen 100 Jahren vor allem um die Wahrung der Belange der Arbeiterschaft und der in ähnlicher Weise Abhängigen ging, tritt heute das **Zukurzkommen langfristiger und allgemeiner Interessen** immer mehr in den Vordergrund (oben I V 5; J II 1; K). Diese Veränderung der Verhältnisse muß auch im Verständnis des Sozialstaatsprinzips ihren Niederschlag finden. Das Sozialstaatsprin-

---

1 BVerfGE 5,85 (229).
2 *Forsthoff,* Industriegesellschaft, 31.
3 *Benda,* Industrielle Herrschaft und sozialer Staat, 1966, 104.

zip fordert den Staat also zunächst einmal auf, auch zur Bekämpfung *dieser* Fehlentwicklung tätig zu werden und z. B. Vorkehrungen gegen die zunehmende Schädigung der Umwelt zu treffen. Erforderlich ist jedoch nicht nur eine betonte Förderung allgemeiner, langfristiger Interessen, sondern auch umgekehrt die *Zurück*drängung der übermäßigen Durchsetzung von *Partikular*interessen und der durch Anspruchsmentalität begünstigten Begehrlichkeit. Ein unbegrenztes subjektives Anspruchsdenken auf Kosten der Allgemeinheit ist unvereinbar mit dem Sozialstaatsgedanken.[4] Hier besteht eine Berührung zum Subsidiaritätsprinzip (oben V II 2), das ja gegen überflüssige oder gar schädliche staatliche Aktionen frontmacht.

Die bloße *Feststellung* der Pflicht des (als eine Art deus ex machina verstandenen) Staates, allgemeine, langfristige Interessen besonders zu schützen und partikulare zurückzudrängen, reicht heute aber nicht mehr aus. Was nottut, ist nicht die Postulierung einer dahingehenden abstrakten Pflicht unter Ausblendung der derzeitigen Mängel der Willensbildungsverfahren, sondern die konkrete **Anpassung der Ordnung und Organisation** dieser Verfahren an die neue Gefahrenlinie, die sich aus dem Aufkommen des modernen pluralistischen Staates ergibt, und den für ihn typischen Pluralismusdefiziten. Es geht um die bewußte und konkrete Schaffung des **due process** der gemeinschaftserheblichen Willensbildung, wodurch das Postulat der angemessenen langfristigen Wahrung allgemeiner Interessen erst *durchgesetzt* werden kann. In der Aufforderung an den Staat, derartige Voraussetzungen durch Neuordnung des Willensbildungsverfahrens zu schaffen, liegt die *neue* Komponente des Sozialstaatsprinzip, die ergänzend zu seinem bisherigen Inhalt hinzu tritt.

---

[4] BVerfGE 33, 303 (334). Diese Aussage ist deshalb so wichtig, weil viele Verbände, auch Gewerkschaften, sich immer noch auf Sozialstaatlichkeit berufen, sich aber in ihren Ansprüchen höchst unsozial verhalten.

Y. Zum Sinn des Öffentlichkeitsprinzips heute

In liberal- bürgerlicher Sicht bot die Öffentlichkeit der staatlichen Willensbildung nicht nur eine Möglichkeit für das Publikum, an der politischen Willensbildung teilzuhaben, sondern war zugleich auch ein Mittel zur Gewährleistung inhaltlicher Richtigkeit: Publizität erschien als ,,Vehikel und Gewähr der Wahrheit" und ,,Richtigkeit der Ergebnisse, die in öffentlicher Auseinandersetzung, öffentlichem Verfahren gewonnen" wurden.[1] Öffentlichkeit wurde deshalb mit Richtigkeit schlechthin, auch mit inhaltlicher Richtigkeit, gleichgesetzt (dazu oben D II 5).

Heute, ,,nach einem Jahrhundert ernüchternder massenpsychologischer Erfahrungen",[2] stößt die Vorstellung von der quasi automatischen Richtigkeitsgewähr der Öffentlichkeit auf Skepsis. Der frühere Glaube[3] ,,an die Unfehlbarkeit der öffentlichen Meinung" ist ,,entschwunden".[4]

Auf der anderen Seite muß man sich davor hüten, heute vom einen ins andere Extrem zu fallen. Eine gewisse Skepsis gegenüber den idealisierenden Übertreibungen des 19. Jahrhunderts ist berechtigt. Die Öffentlichkeit kann irren. Ihre *automatische* Gleichsetzung mit Wahrheit und Gerechtigkeit ist nach aller Erfahrung nicht haltbar. Daraus läßt sich aber nicht auch die Folgerung ableiten, das Prinzip der Öffentlichkeit sei überholt. Wenn die idealisierende Überhöhung der früheren Auffassung heute auch zurückzuweisen ist, so braucht sie ihre innere Berechtigung doch *nicht vollständig* verloren zu haben.[5]

Bei dem Versuch, den auch heute noch begründeten Kern des Öffentlichkeitsprinzips herauszuschälen,[6] muß man sich daran erinnern, daß das klassische Prinzip der Öffentlichkeit mit *zwei* Überlegungen begründet wurde: mit seiner angeblichen (inhaltlichen) *Richtigkeits*gewähr *und* mit der Notwendigkeit, dem ,,Publikum" die *Teilhabe* an der politischen Willensbildung zu ermöglichen.

Faßt man beide Aspekte getrennt voneinander ins Auge, so ergibt sich folgendes. Aus der Erkenntnis, daß eine Richtigkeits*gewähr* durch Öf-

---

[1] *Smend,* Zum Problem des Öffentlichen und der Öffentlichkeit, in: *ders.,* Staatsrechtliche Abhandlungen, 2. Aufl., 1968, 466.

[2] *Smend* (oben FN 1), 467.

[3] *Krüger,* Staatslehre, 444: ,,Wunderglaube".

[4] *Martens,* Öffentlich als Rechtsbegriff, 1969, 53.

[5] So auch ausdrücklich *Herzog,* Staatslehre, 356.

[6] Vgl. den Hinweis *Smends,* es müsse dem ,,begründeten Kern" des Öffentlichkeitsprinzips, ,,der heute zu sehr vernachlässigt wird", sorgfältig nachgegangen werden. *Smend* (oben FN 1), 468.

fentlichkeit *nicht* geschaffen wird, läßt sich keineswegs die Konsequenz ableiten, Öffentlichkeit müsse der inhaltlichen Richtigkeit von Willensbildungsprozessen stets *entgegenstehen,* so daß aus der früheren Garantin von Richtigkeit nunmehr ihre geborene Feindin geworden sei. Denn wenn Öffentlichkeit auch keine Richtigkeit *verbürgen* kann, so ist damit doch noch keinesfalls ausgeschlossen, daß sie sie unter gewissen Voraussetzungen tendenziell zu *fördern* in der Lage ist.[7] Unter diesem Aspekt ergibt sich also zumindest kein genereller Einwand gegen Öffentlichkeit. Auf der anderen Seite ist Öffentlichkeit von allem Staatlichen unter dem Aspekt der **Teilhabe der Bürger** unverzichtbar. Wahlrecht, Mitwirkung in Parteien, in Verbänden und Medien bleiben ohne ausreichende Information formal und nur von beschränktem Wert. Allein die Information bzw. die Informationsmöglichkeit bietet die Grundlage, um sinnvoll mitzuwirken. Die Information der Bürger kann aber nur durch Öffentlichkeit, d. h. durch allgemeine Zugänglichkeit von allem Staatlichen, erfolgen. Ohne Öffentlichkeit gibt es keine fundierte Mitwirkungs- und Mitbestimmungsmöglichkeit für die Bürger. Solche Teilhabemöglichkeit stellt in der staatlichen Gemeinschaft der Bundesrepublik – unabhängig vom Ergebnis der Willensbildung – per se einen *Grundwert* dar[8] (wenn natürlich auch nicht den alleinigen). Durch Öffentlichkeit wird der „Souverän souveräner" *(Noll).* Das Öffentlichkeitsprinzip bleibt deshalb auch dann verfassungstheoretisch fundiert, wenn man die frühere Annahme einer automatischen Richtigkeitsgewähr heute nicht mehr teilt. In diesem Sinne ist es zu verstehen, wenn *Scheuner* Öffentlichkeit als „Lebenselement demokratischen Verfassungslebens" bezeichnet hat.

Die bisherigen Darlegungen begründen zwar nicht die verfassungsrechtliche Pflicht des Staates, alles und jedes der Öffentlichkeit zugänglich zu machen, ergeben aber doch einen Grundsatz, von dem **Ausnahmen** nur dann gemacht werden dürfen, wenn sie sich besonders **rechtfertigen** lassen.[9] Vom Öffentlichkeitsgebot darf „nur aus einem zureichenden Grund abgewichen werden".[10]

Hier ist nun eine schon früher vorgenommene Differenzierung (L II 2.4.3) wieder aufzugreifen: Öffentlichkeit ist nicht gleich Öffentlichkeit. Man muß unterscheiden zwischen der Öffentlichkeit des Entscheidens

[7] Es gilt ähnliches wie hinsichtlich des wirtschaftlichen Marktes. Auch er hat – im Vergleich zum klassischen Modell – zweifellos einen tiefgehenden Strukturwandel erlebt, der die Richtigkeit der marktwirtschaftlichen Ergebnisse eingeschränkt hat. Und doch kann man daraus nicht die Folgerung ableiten, die Marktwirtschaft müsse abgeschafft werden. Denn die Marktwirtschaft verspricht in beiden Bereichen immer noch weit mehr inhaltliche Richtigkeit ihrer Ergebnisse als die möglichen Alternativen.

[8] Oben G II 2.2 und 2.3.

[9] So im Ergebnis auch *Martens* (oben FN 4).

[10] *Zippelius,* Staatslehre, § 16 II 2.

und der Öffentlichkeit der Entscheidung, d.h. zwischen der Öffentlichkeit des Prozesses der Entscheidungs*findung* und der Öffentlichkeit der *gefundenen* Entscheidung (einschließlich ihrer öffentlichen Begründung). Während der Öffentlichkeit des Entscheidungsverfahrens im Einzelfall durchaus erhebliche Gründe entgegenstehen können, ist dies hinsichtlich der Öffentlichkeit der gefundenen Entscheidung nicht oder doch nur in sehr viel geringerem Maße der Fall. Darüber hinaus kann das Erfordernis der öffentlichen Begründung per Rückkoppelung auch einen **rationalisierenden Effekt** auf die Entscheidungsbildung selbst haben. Öffentlichkeit des Entscheidungs*prozesses* ist dagegen sehr viel problematischer und oft bereits aus tatsächlichen Gründen nicht erreichbar. Ein Beispiel: Vollständige Öffentlichkeit des parlamentarischen Entscheidungsprozesses, d.h. insbesondere Aufhebung der bisher bestehenden grundsätzlichen Nicht-Öffentlichkeit der Beratungen der Parlaments*ausschüsse,* wäre wohl nur um den Preis zu erreichen, daß die sachorientierten Austausch- und Willensbildungsprozesse auch hier erstickt, bestenfalls in informelle vorbereitende Gremien verlagert würden. Damit wäre nichts gewonnen. Die Herstellung vollständiger Öffentlichkeit der politischen Willensbildungsprozesse ist also oft nicht sinnvoll oder auch nur machbar. Um so wichtiger aber ist es, wenigstens zu einer sorgfältigen **öffentlichen Begründung** der getroffenen Entscheidungen zu gelangen. Eine rationale politische **Mitwirkungsmöglichkeit des Bürgers** setzt öffentliche Begründung der staatlichen Entscheidungen voraus. Auch die Willensbildung in Presse, Rundfunk und Wissenschaft, ferner die innerhalb der Parteien und Interessenverbände ablaufenden Diskussions- und Kontrollprozesse, schließlich auch die Kontrolle durch die Verfassungsrechtsprechung, sie alle bedürfen, um möglichst rational mitwirken, Kontrolle ausüben und gegebenenfalls entscheiden zu können, der öffentlichen Begründung der staatlichen Entscheidungen.

Hier gibt es auch keine legitimen Gründe der politischen Machtinhaber, ihre Entscheidungen nicht oder nicht in vollem Umfang zu rechtfertigen. Sicher: Durch umfassende Begründung werden auch die Ansatzpunkte für die Kritik durch Bürger, Medien etc. verstärkt, dem Bestreben der politisch Verantwortlichen, das zu vermeiden und dadurch ihre Machtposition zu stärken, muß in einer Demokratie aber jede Berechtigung abgesprochen werden.[11]

Die öffentliche Begründung der getroffenen Entscheidungen mag *lästig* sein. Berücksichtigt man aber den rationalisierenden Effekt auf die Entscheidungsbildung und vor allem die Unverzichtbarkeit der Begrün-

---

[11] *Bäumlin,* Die Kontrolle des Parlaments über Regierung und Verwaltung, ZSR N.F. 85 (1966), 2. Halbbd., 165 (239f.); *Wenger,* Grundfragen der öffentlichen Kontrolle im freiheitlich-demokratischen Rechtsstaat von heute, in: Das öffentliche Haushaltswesen in Österreich 17 (1976), 41 (50).

dung für eine sinnvolle Mitwirkungsmöglichkeit der Bürger, so fällt die bloße Lästigkeit im allgemeinen nicht ins Gewicht.

Die Fruchtbarkeit der Unterscheidung der beiden klassischen Gründe für Öffentlichkeit zeigt sich auch bei den Berichten von Rechnungshöfen (oben R VII 4) und Sachverständigengremien (oben S V 4.4). Bei beiden ist Öffentlichkeit der Berichte geboten, weil dies nicht nur einen Rationalisierungseffekt auf die politische Diskussion hat, sondern auch dem Bürger die unerläßliche Informations- und damit Mitwirkungsmöglichkeit gibt. Die Öffentlichkeitsberatung durch solch unabhängige Instanzen wird um so wichtiger, je stärker Parteien und Interessenverbände die Öffentlichkeit mit ihren oft vordergründigen Anliegen zu beherrschen suchen. Vor allem für die so notwendige Aufklärung über die Zusammenhänge (oben K III) ist Öffentlichkeitsberatung zentral.

Z. Repräsentation und Bürgerentscheid

Das Grundgesetz begründet eine repräsentative Demokratie (oben D IV). Daß die *Bürger selbst* über Sachfragen entscheiden, ist – abgesehen vom Sonderfall der Neugliederung des Bundesgebiets (Art. 29, 118 GG) – *nicht* vorgesehen. Sie sind vielmehr darauf beschränkt, ihre Repräsentanten zu wählen; und auch hier erfolgt nur die Wahl der *Parlamentsabgeordneten* direkt, im übrigen erfolgt die Wahl indirekt, indem die Parlamente *ihrerseits* die Repräsentanten, etwa die Regierungen (bzw. den Regierungschef) und den Bundespräsidenten, wählen.[1]

Dies ist nur vor dem Hintergrund der Lage in Weimar zu verstehen. Die *Weimarer Reichsverfassung* hatte – ganz abgesehen von der Direktwahl des Reichspräsidenten – dem Volk noch erhebliche unmittelbare Entscheidungsbefugnisse vorbehalten, vor allem die Möglichkeit, durch Volksbegehren Gesetze einzubringen und sie durch Volksentscheid inkraftzusetzen. Die Prüderie des Grundgesetzes gegenüber direkt-demokratischen Elementen war eine bewußte *Reaktion,* mit der die Verfassungsväter im Parlamentarischen Rat „das in ihren Augen Gefährliche und sozusagen Dämonische an der Weimarer Verfassung zu bannen suchten" *(Werner Weber).* War es eine *Über*reaktion? In jüngerer Zeit mehren sich die Stimmen, die die Frage bejahen und für den Einbau direkt-demokratischer Elemente in die Rechtsordnung der Bundesrepublik eintreten.[2]

---

[1] Zu Verbesserungen des Wahl- und Nominierungsverfahrens oben I I 2.2.

[2] *Oppermann,* Das parlamentarische Regierungssystem des Grundgesetzes, VVDStRL 33 (1975), 7 (26, 44f.), im Anschluß an die frühe Kritik von *Werner Weber,* Weimarer Verfassung und Bonner Grundgesetz (1949), in: *ders.,* Spannungen und Kräfte im westdeutschen Verfassungssystem, 3. Aufl., 1970, 9 (19ff.); vgl. auch schon die Bemerkungen von *Fraenkel,* Die repräsentative und plebiszitäre Komponente im demokratischen Verfassungsstaat, 1958, 56, es habe „den Anschein, als ob die Väter des Grundgesetzes in das andere Extrem verfallen sind und den repräsentativen Charakter des Regierungssystems überbetont haben". Neuestens nachdrücklich *Pestalozza,* Der Popularvorbehalt, 1981; *ders.,* Volksbefragung. Das demokratische Minimum, NJW 1981, 733; vgl. auch *Zippelius,* Staatslehre, § 16 III 2,3. Sehr restriktiv allerdings Enquête-Kommission Verfassungsreform, Schlußbericht, BT-Drucks. 7/5924, S. 9. Zurückhaltend hinsichtlich der Schweizer Erfahrungen *Hans Huber,* Das Gesetzesreferendum, 1969. Entgegengesetzte Beurteilung aber bei *Imboden,* Die politischen Systeme, 1962, 30ff. Bei den zurückhaltenden, der Einführung direkt-demokratischer Elemente kritischen Stellungnahmen, insbesondere durch *Hans Huber,* muß allerdings bedacht werden, daß sie aus einer Zeit stammen, in der noch die Vorstellung von Pluralismusharmonie vorherrschte und die Defizite im Spiel der Parteien und Verbände noch nicht ins allgemeine Bewußtsein gedrungen waren.

Bevor auf das Für und Wider dieser Vorschläge eingegangen wird, sollen zunächst die *Begriffe* Volksbegehren und Volksentscheid geklärt und einige ausländische Regelungen, auch die Regelungen in den deutschen Bundesländern, kurz angesprochen werden.

Volksbegehren ist das formelle Einbringen von Gesetzentwürfen (oder Entwürfen zur Änderung der Verfassung) auf Initiative einer Mindestzahl von Wählern, z. B. eines Zehntels der Wahlberechtigten. **Volksentscheid** ist die Entscheidung über das Geltensollen eines Gesetzes oder einer Verfassungsänderung durch Volksabstimmung. Volksbegehren und Volksentscheid können von der Rechtsordnung in mehrfacher Weise *kombiniert* werden: Sie können beide gleichzeitig oder nur jeweils eines von beiden vorgesehen sein. Sie können Verfassungsänderungen oder die einfache Gesetzgebung zum Gegenstand haben oder beides. Auf diese verschiedenen Möglichkeiten kann hier nicht im einzelnen eingegangen werden. Es sei lediglich erwähnt, daß in *Weimar* sowohl Verfassungsänderungen als auch die einfache Gesetzgebung durch Volksbegehren und Volksentscheid erfolgen konnten (Art. 73, 76). Gleiches gilt heute in mehreren *deutschen Bundesländern* (Baden-Württemberg, Bayern, Bremen, Rheinland-Pfalz). In anderen Bundesländern (Hessen, Nordrhein-Westfalen, Saarland) können durch Volksbegehren und Volksentscheid immerhin einfache Gesetze eingebracht und erlassen werden.[3] Nur in Berlin, Hamburg, Niedersachsen und Schleswig-Holstein bestehen gar keine derartigen Regelungen.[4]

In der **Schweiz** sind in fast allen *Kantonen* obligatorische Volksentscheide (dort Referenden genannt) vorgesehen, d. h. alle vom Parlament verabschiedeten Gesetze müssen, sollen sie in Kraft treten, vom Volk gebilligt werden. Auf *Bundes*ebene können in der Schweiz nur die Verfassung, nicht auch einfache Gesetze zum Gegenstand von Volksbegehren und Volksentscheid gemacht werden.[5] Nach dem Vorbild der Schweiz wurden auch in vielen Einzelstaaten der **USA** direkt-demokratische Momente in die Verfassungen übernommen.[6] In Italien, Österreich und Spanien ist das Volk auf Volksbegehren beschränkt, also auf das Einbringen von Gesetzentwürfen und die Verpflichtung des Parlaments, diese dann zu behandeln.[7]

Hinsichtlich des Gegenstandes der Volksgesetzgebung bestehen in den

---

[3] In Hessen bedürfen auch vom Landtag beschlossene Verfassungsänderungen der Zustimmung im Wege einer Volksabstimmung.

[4] Einen Überblick über die Regelungen in den Bundesländern gibt *Pestalozza,* Popularvorbehalt (oben FN 2), 15ff.

[5] *Schambeck,* Das Volksbegehren, 1971, 9ff.

[6] Zur neuesten Entwicklung im finanzpolitischen Bereich: *Folkers,* Begrenzung von Steuern und Staatsausgaben in den USA, 1983.

[7] Übersicht bei *Pestalozza,* Popularvorbehalt (oben FN 2), 25.

deutschen Bundesländern bestimmte **Ausnahmebereiche.** Der Staatshaushalt, Abgabengesetze und Besoldungsordnungen sind zumeist der Parlamentsgesetzgebung vorbehalten. (Die Vorbehaltsbereiche könnten allerdings durch Verfassungsänderung, die ihrerseits teilweise durch Volksgesetzgebung erfolgen könnte, aufgehoben werden.) *Anders* ist es in der *Schweiz* und auch in den *USA,* wo gerade die Referenden über *finanz*wirksame Gesetze besonderes Gewicht besitzen.[8]

Bei der Abwägung des Pro und Contra eines verstärkten Einbaus direkt-demokratischer Elemente im Bund muß man sich zunächst vergegenwärtigen, daß es nicht um eine Ersetzung des repräsentativen Systems durch ein plebiszitäres gehen kann. Zur Debatte steht lediglich die *Ergänzung* des repräsentativen Systems um einige direkt-demokratische Elemente. Zwar ist *ein* Grund, der die Einführung der repräsentativen Demokratie ursprünglich unabdingbar machte, heute zurückgetreten. Die Großflächigkeit moderner Territorialstaaten (oben D IV) dürfte im Zeitalter der elektronischen Massenkommunikationsmittel (mit der technischen Möglichkeit rückgekoppelter Dialoge vor den Augen und Ohren von Millionen) keinen zwingenden Grund mehr gegen eine direkte Demokratie darstellen. Auch mag zweifelhaft sein und deshalb hier dahinstehen, inwieweit die besondere Qualität, die der Liberalismus den Abgeordneten als den ,,Besten des Volkes" zuschrieb (oben D IV), tatsächlich besteht. Aber aus anderen Gründen sind der unmittelbaren Mitwirkung des Volkes doch von vornherein Grenzen gesetzt: Die Selbstentscheidung des Volkes verlangt vom Bürger eine gewisse Vertrautheit mit den Problemen. Die klassische Demokratietheorie ging davon aus, diese Voraussetzung sei ohne weiteres gegeben. ,,The common man", der Bürger, wisse um die vernünftige Lösung der die Gemeinschaft berührenden Probleme. Diese Annahme mag die Wirklichkeit schon immer etwas idealisiert haben, sie ist heute vollends problematisch geworden, nachdem alle politischen Entscheidungen in komplizierte Zusammenhänge gestellt sind, was dem Bürger schon die Gewinnung eines groben Überblicks erschwert, ganz zu schweigen von den Detailinformationen, die für vernünftige politische Entscheidungen häufig erforderlich sind. Das Postulat, alle müßten sich für alles interessieren, wäre deshalb heute eine totale Überforderung.[9]

Auch im politischen Bereich bedarf es einer *Arbeitsteilung.* Es muß Menschen geben, die sich von Berufs wegen mit Politik beschäftigen.

---

[8] In den USA sind Volksentscheide gerade in jüngster Zeit zu wichtigen Vehikeln der tax-revolt-Bewegung geworden, die 1978 ihren spektakulären Ausdruck in der Proposition Nr. 13 in Kalifornien gefunden hat. Dazu oben V II 4.2.3 und unten zu FN 22.

[9] Vgl. auch *Kaisers* Wort von ,,der absurden Ermahnung an den ahnungslosen und längst überforderten Mann auf der Straße, alle müßten sich für alles interessieren". *Kaiser,* Repräsentation, 222.

Wie im Sport gilt auch hier, daß Professionals besser sein können als Amateure. Kennzeichen solcher Berufspolitiker ist es, daß sie nicht nur für, sondern auch von der Politik leben[10] und sich deshalb konzentriert mit ihr befassen können. Für sie gilt die für die Masse der Bürger bestehende Konkurrenz von Beruf und Politik[11] nicht; sie sind vielmehr auch aus beruflichem Ansporn politisch interessiert und engagiert. Diese Überlegungen schließen eine Ersetzung der repräsentativen Demokratie durch die plebiszitäre aus. Die direkte Mitwirkung der Bürger ist von vornherein nur begrenzt möglich;[12] selbst in der Referendumsdemokratie der Schweiz verbleibt dem Prinzip der Repräsentation notwendigerweise ein weiter Raum.[13]

Die angestellten Überlegungen sprechen aber nicht dagegen, unter Beibehaltung des primär repräsentativen Systems die Mitwirkungsmöglichkeiten der Bürger zu verbessern und auf diese Weise auch eine gewisse **Kontrolle gegen** den **Machtmißbrauch** der intermediären Kräfte, insbes. **der Parteien,** zu schaffen. Damit sind auch schon die beiden Hauptargumente angesprochen, die sich *für* die Einführung direkt-demokratischer Elemente ins Grundgesetz anführen lassen. Die **Mitwirkung des Volkes** an politischen Entscheidungen ist ein Wert an sich[14] (wenn auch natürlich nicht der einzige). Die integrierende Wirkung der unmittelbaren Selbstbestimmung ist von großem Gewicht. Man darf nicht übersehen, daß eine Tendenz zur **Parteien- und Staatsverdrossenheit** in jüngster Zeit weite Kreise der Bevölkerung dem Staat und den Parteien zu entfremden droht. Die Einführung von Möglichkeiten der Volksgesetzgebung könnte diese kritischen Kräfte in verfassungsmäßige und staatliche Bahnen lenken. Auch wenn ein Volksbegehren oder Volksentscheid nicht zum Ziel führt – und gerade dann –, würde ein Verfahren bereitgestellt, das eine demokratische Befriedungsfunktion ausüben kann. Es würde auf diese Weise ein verfassungsrechtlich kanalisiertes Ventil für den Ausdruck von Bürgerunzufriedenheit geschaffen; fehlt es dagegen an einem solchen Ventil, so ist die Gefahr nicht von der Hand zu weisen, daß Staats- und Parteienverdrossenheit letztlich zu einem Explosivfaktor für das ganze parlamentarische System werden.

Andere, informelle Möglichkeiten der politischen Partizipation können keinen Ersatz bieten. *Max Kaase* hat darauf hingewiesen, daß die Möglichkeiten informeller politischer Partizipation, die in der jüngeren Vergangenheit zunehmend

---

10 *Max Weber,* Politik als Beruf, 2. Aufl., 1926, 15.

11 Dazu *Schumpeter,* Kapitalismus, Sozialismus und Demokratie, 2. Aufl., 1950, 416; *Scharpf,* Demokratietheorie zwischen Utopie und Anpassung, 1970, 58ff.

12 *Hans Huber* (oben FN 2), 16.

13 *Scheuner,* Das repräsentative Prinzip in der modernen Demokratie, in: FS Hans Huber, 1961, 236ff.

14 Oben G II 2.2.

Gewicht erhalten haben, wegen des faktischen Übergewichts sozial höher gestellter Schichten paradoxerweise und entgegen der ursprünglichen Intention zu einer immer größeren Entmachtung der Masse der Bevölkerung führen, und hervorgehoben, diese Entwicklung könne ,,nur durch eine Ausweitung und gleichzeitige Institutionalisierung politischer Beteiligung unter der speziellen Perspektive der politischen Gleichheit abgefangen werden".[15] Diesen Anforderungen genügen die diskutierten direkt-demokratischen Möglichkeiten in hervorragender Weise.

Das andere Hauptargument liegt in Fehlentwicklungen und Defiziten des repräsentativen Systems, welches heute wesentlich von Parteien und Verbänden geprägt ist, die ihrerseits der Kontrolle bedürfen, einer Kontrolle, die, wie in diesem Buch unter verschiedenen Aspekten dargestellt, durch die Parteien- und Verbandskonkurrenz und die Parlamentswahlen nicht mehr gewährleistet ist (oben F V; I V; J II; K). Ausdruck der Defizite sind Staats- und Parteienverdrossenheit, das Bedürfnis nach mehr direkter Beteiligung und das Aufkommen der grünen Parteien, die dem repräsentativen System ausdrücklich den Kampf angesagt haben. Was nottut, sind **Gegengewichte,** damit die Gesamtheit sich gegen die Ausbeutung durch partikulare Gruppen und Bereiche wirksam zur Wehr setzen kann (oben W). Ein Instrument, das dem Willen des Volkes *als Ganzem* Ausdruck verleihen kann, scheint hier besonders geeignet.[16]

Die Möglichkeit des Volksbegehrens und des Volksentscheids könnte bereits durch die *bloße Existenz,* sozusagen als ,,fleet in being", Wirkung entfalten. Zu berücksichtigen ist auch, daß den Parlamenten (und den sie beherrschenden Parteien) die Möglichkeit gegeben werden könnte, sich eine Gesetzesinitiative, welche durch Volksbegehren zustande gekommen ist, zu eigen zu machen und selbst zu verabschieden, wie dies in den Verfassungen der Bundesländer (ebenso wie schon in Weimar) vorgesehen ist. Auf diese Weise könnten Parlamente und Parteien die ihnen entglittene Initiative wieder an sich ziehen, einen Gegensatz zur Mehrheit des Volkes verhindern und Ansehensverluste vermeiden oder doch in Grenzen halten. Entfremdungserscheinungen würden durch positive Aktivität abgebaut. Direkt-demokratische Elemente würden deshalb die ,,Entfremdungserscheinungen zwischen Staat, Parlament und Volk" – anders als die *Enquête-Kommission Verfassungsreform* gemeint hat – wohl nicht verstärken, sondern sie eher abbauen helfen. Auch der weitere Einwand der Enquête-Kommission, in den deutschen Bundesländern sei von den direkt-demokratischen Möglichkeiten bisher ,,so gut wie nie

---

15 *Kaase,* Politische Beteiligung und politische Ungleichheit. Betrachtungen zu einem Paradoxon, in: *Albertin/Link* (Hrsg.), Politische Parteien auf dem Weg zur parlamentarischen Demokratie in Deutschland, 1981, 363, 377.

16 Vgl. auch *Thoma,* Handbuch des Deutschen Staatsrechts, 1. Band, 1930, 196, der Volksbegehren und Volksentscheid als ,,Gegengewichte" und Korrektive ,,gegen einseitige Parlamentsherrschaft und Parteienherrschaft" bezeichnet hat.

Gebrauch gemacht worden",[17] trifft nicht zu,[18] ganz abgesehen davon, daß ihr Effekt eben bereits in ihrer *Existenz als solcher* bestehen kann.

Nach den Erfahrungen in der Schweiz wird man von vermehrten direkt-demokratischen Elementen eine Verstärkung ,,konservativer" Elemente in der Politik zu erwarten haben. Im einzelnen dürfte sich tendenziell folgendes ergeben:[19]

(1) Zunächst einmal dürfte es in der **Tendenz zu ,,weniger Staat"** oder doch zu einer Erschwerung der weiteren Ausdehnung des Staatsanteils kommen. Dem exzessiven staatlichen Aktionismus könnten Barrieren gezogen werden. Vorlagen, deren Dringlichkeit nicht offenkundig ist, hätten kaum eine Chance. Der Gesetzesinflation (oben U II 2) würde verstärkt Einhalt geboten. Gegen die Ausweitung der finanziellen Staatsquote (oben U II 1) ergäbe sich mehr Widerstand als bisher, sofern wie in der Schweiz[20] und in den USA auch finanzwirksame Vorlagen einbezogen würden.[21] Als Indiz dafür läßt sich die deutlich geringere Staatsquote in der Schweiz anführen. Die Vereinigten Staaten haben mit dem gelungen Volksentscheid über die sog. Proposition Nr. 13 ein Zeichen gesetzt, das auch in der Bundesrepublik zu einem neuerlichen Überdenken Anlaß geben sollte.[22]

Andererseits können auch wichtige Vorlagen scheitern; die Innovationsfähigkeit wird eingeschränkt; ungelöste Probleme können auflaufen.

(2) Die Interessen von **Minderheiten** haben es schwerer, Berücksichtigung zu erlangen. Dies hat zwei Seiten: Die Überwucherung von Allgemein-Interessen durch Partikular-Interessen, wie sie für den pluralistischen Staat kennzeichnend ist und oben immer wieder als einer der ernstesten Mängel hervorgehoben wurde, würde voraussichtlich zurückgedämmt. Andererseits könnten aber auch *berechtigte* Minderheitsinteressen leicht ,,abgeschmettert" werden. Noch schwerer würde es, Interessen zu fördern, die gar keine Stützung unter den Abstimmenden besitzen (etwa Entwicklungshilfe).

(3) Gewarnt wird auch vor der **Anfälligkeit des Volkes** für irrationale Argumente und die Verführung durch Demagogen.[23] Diese Gefahr ist sicher nicht leicht zu nehmen. Andererseits könnte die Einführung direkt-demokratischer Momente vielleicht selbst ein Instrument werden,

---

[17] Enquête-Kommission Verfassungsreform, Bundestagsdrucks. 7/5924, 13.

[18] Vgl. *Pestalozza,* Popularvorbehalt (oben FN 2).

[19] Die folgenden Erwägungen beruhen wesentlich auf den auf Schweizer Erfahrungen gegründeten Ausführungen von *Fleiner-Gerster,* Staatslehre, 266ff., 297.

[20] Dazu *Janssen,* Limits of Taxation. Paper prepared for the 1980 Meeting of the Mt. Pelerin Society (hektographiert).

[21] Dafür entschieden *Pestalozza,* Popularvorbehalt (oben FN 2), 27f., 32.

[22] Dazu *Folkers* (oben FN 6) und oben V II 4.2.3.

[23] So z.B. Enquête-Kommission Verfassungsreform (oben FN 17), 13.

um den Bürger politisch heranzuziehen und auch bis zu einem gewissen Grad zu erziehen. Im übrigen dürfte das Volk in manchen grundlegenden Fragen durchaus ein gesundes Urteil haben, etwa in bezug auf Fehlentwicklungen im Parteienkräftespiel. So könnte man etwa hinsichtlich der Reform der Entscheidungsverfahren im öffentlichen Dienst (oben P V) und der Bekämpfung der parteipolitischen Ämterpatronage (oben P IV 2), also für besonders gravierende Probleme, zu deren Bekämpfung die Parteien sich nicht aufraffen können, bei Einführung direkt-demokratischer Elemente die notwendigen Reforminitiativen erwarten.

Hält man die Nachteile dennoch für zu hoch, so sollte man auch die Möglichkeit bedenken, bloße **Volksbefragungen** einzuführen. Dadurch würden mangels effektiver Entscheidungsbefugnisse des Volkes die Gefahren solcher Neuerungen gemindert, gleichzeitig ergäben sich Vorzüge, weil Mehrheitsentscheidungen des Volkes die Aufmerksamkeit der Parteien auf bestehende Probleme hinlenken könnten.[24] Solche Volksbefragungen unterscheiden sich von Volksbegehren dadurch, daß hier nicht schon ein Bruchteil der Stimmberechtigten (etwa ein Zehntel) ausreicht, um ein Volksbegehren zustandezubringen. Sonst wäre ein wesentlicher Vorzug des Volksentscheids, die Erschwerung der Durchsetzung von Partikularinteressen, leicht dahin. Volksbegehren ohne die Möglichkeit von Volksentscheiden könnten umgekehrt Vehikel für pressure groups werden, ihre einseitigen Interessen durchzusetzen.[25] Vielmehr würden bei der Volksbefragung alle Bürger von Amts wegen zur Beantwortung der gestellten Fragen aufgefordert (ohne daß dadurch natürlich eine Abstimmungspflicht begründet würde).

---

[24] *Bernholz,* Grundlagen der politischen Ökonomie I, 214ff.; *Pestalozza,* Volksbefragung (oben FN 2), 733.

[25] *Hans Huber* und *Kägi,* zit. nach Schambeck, Volksbegehren, 1971, 13f.

Sachregister

Hauptfundstellen sind kursiv hervorgehoben